从红小鬼到总书记

(上卷)

陈利明⊙著

人民日报出版社

图书在版编目（CIP）数据

从红小鬼到总书记——胡耀邦 / 陈利明著. -- 北京：
人民日报出版社，2015.8
ISBN 978-7-5115-3310-4

Ⅰ. ①从… Ⅱ. ①陈… Ⅲ. ①胡耀邦（1915～1989）
—传记 Ⅳ. ① K827=7

中国版本图书馆CIP数据核字（2015）第 209395 号

书　　　名：	从红小鬼到总书记——胡耀邦
编　　　著：	陈利明
出 版 人：	董　伟
责任编辑：	程文静
装帧设计：	阮全勇
出版发行：	人民日报出版社
社　　　址：	北京金台西路2号
邮政编码：	100733
发行热线：	（010）65369509　65369527　65369846　65363528
邮购热线：	（010）65369530　65363527
编辑热线：	（010）65363530
网　　　址：	www.peopledailypress.com
经　　　销：	新华书店
印　　　刷：	北京鑫瑞兴印刷有限公司
开　　　本：	880×1230mm　1/16
字　　　数：	641 千字
印　　　张：	48.5
印　　　次：	2015年10月第2版　2015年10月第1次印刷
书　　　号：	ISBN 978-7-5115-3310-4
定　　　价：	88.00 元（全二册）

《从红小鬼到总书记：胡耀邦》读后（代序）

·胡德平

《从红小鬼到总书记：胡耀邦》（后称《胡耀邦传》）一书是陈利明的新作。陈先生是湖南家乡人，在传记文学和纪实文学的创作中，他特别钟情于中国共产党和国民党起义将领中代表人物的研究和创作。他写作的《胡耀邦传》就用了他17年的宝贵时间，可见他对专业孜孜不舍的追求精神。

在《胡耀邦传》中，作者对一些史料的取舍、综合十分有特色，这对说明书中主人公的成长过程和思想成熟很有帮助。比如书中提到，毛泽东说过耀邦同志是一个"幼稚味还未完全脱掉的同志"。毛泽东曾向叶挺同志介绍过我父亲是"我党培养起来的小知识分子"。1948年在平山召开了党的"九月会议"，那时参加会议的父亲已在徐向前指挥的兵团领导层中任职。当毛泽东在军委作战室见到父亲时，仍戏称他是一个娃娃。这是军委工作人员成普同志的回忆。毛泽东也称赞过一代名将粟裕是我党的小知识分子，可见这种称谓也非一种孤立现象。我党在革命年代产生一批小知识分子，这是党内一种特别有趣的现象。

父亲的文化程度是初一，他的成长历史，和革命工作是紧密联系的。父亲在1939年初转到中央军委总政治部组织部，接替方强部长的工作。当时军委副主席王稼祥任主任，谭政、傅钟任副主任，陶铸任秘书长，肖向荣任宣传部长，吴溉之任保卫部长，王学文任敌工部长。总政的工作体现了三大法宝的工作方法，首先是把握住抗日战争的国内总形势，看到了大量知识分子涌入延安，投奔共产党的洪流。据统计，这时已有一万名知识分子进入各抗日根据地。1939年6月25日，王稼祥、谭政联合署名发出了"总政治部关于大量吸收知识分子和培养新干部的训令"。总政的训令及时准确地抓住了这一涉及全局的问题，为革命军队吸收了大量素质较高的知识分子，为革命青年敞开了革命的大门。1939年12月，毛泽东又为党起草了"中共中央关于吸收知识分子的决定"，文中明确指出"没有知识分子参加，革命的胜利是不可能的……对于知识分子的正确政策，是革命胜利的重要条件之一"。作者在书中引述了党内这两份关于知识分子的重要文献，有此背景，人们对毛泽东关于"小知识分子"概念的形成，也不会觉得生硬唐突。当时父亲又任八路军的组织部长，当然要积极贯彻知识分子政策，工作又促进了他的学习，他自己的获益也是难以估量的。改革以来，他对年轻干部的"四化"极其重视，竭力为新干部的培养进步而出谋划策。陈利明抓住父亲这段历史经历，我认为他写作的思想综合能力是很强的。

又如，父亲对"文革"中冤假错案的现状总是抱着一种"实事求是"，"有错必纠"绝不动摇的态度。但错误的、极左的干部路线，阶级斗争为纲的路线，血统论的流毒只是在"文革"中才形成的吗？他的眼光逐渐投射到新中国成立后，历史上一次又一次"左"的运动上。"文革"结束以后，凡是错误政策涉及的、运动中错误处理的干部、知识分子、群众，党中央都做出了相应的政策决定予以解决，父亲则是这些政策决定中最积极的参与者。陈利明同志在《胡耀邦传》中还写到父亲对我党重要创建人陈独秀的评价，我觉得十分值得回味，这是作者独特的思考。

1984年初春，陈独秀的后人向中央提出恢复陈独秀党籍的请求。中央书记处专门研究讨论了这个问题,最后的意见是党籍不必恢复,但指示由中央党史研究室胡绳同志把关,写出一篇恢复陈独秀本来面目的权威理论性的文章。以后来的党中央评述建党时期的总书记,并不是一件轻松简单的工作。文章虽然摘掉了陈独秀头上"汉奸"、"特务"、"托派"的政治诬陷帽子,但只要涉及党的路线斗争、大革命失败等问题,因袭旧说的成论、定见仍然难以消除。为此,父亲于当年11月23日又请一些理论权威、党史专家开会,会上他引用鲁迅纪念章太炎的文章说:太炎先生晚年既离民众,渐入颓唐、参与投壶、接收馈赠,……但这也不过是白圭之玷,并非晚节不终。他能以大勋章作扇坠,大骂袁世凯包藏祸心,六次被捕,三入牢狱,革命之志,终不屈挠者,并世再无第二人。父亲主张对中共首任以及后来的几任总书记的评价,应根据详尽史料进行分析,应有鲁迅那样的深邃巨眼评价历史人物。岁月如逝,当前苏东各国的原共产党均已垮台,共产国际的秘密文件多已流传市井,唯有中国共产党仍是执政党,并不断在中国特色社会主义的道路上探索前行,认真评价陈独秀一生功过总是一件绕不开的历史课题。

陈利明先生说的"红小鬼"是个很有时代意义的话题,这也是新书题目的关键词。土地革命时期,有多少红小鬼在军队里,在根据地的党机关里战斗、工作着。他们小小年纪就离开父母参加革命,他们的内心世界究竟怎样,我们了解得太少了。陈先生写到的瑞金少共中央机关,就集合了一批这样的青少年,当时"反帝拥苏大同盟"的组织也和少共中央一起办公,两块牌子。

我知道在那里工作过的同志就有张爱萍、陈丕显、赖大超、毛泽覃、刘英、刘导生、王盛荣、李秀英、任质彬、肖月华、我父亲,年纪大的赵品三同志也在其中,还有一位朝鲜同志。这些同志大都看到了革命的胜利,有的还成为党和国家的领导人,但是更多的同志或是牺牲了,或是无名英雄;或是解放后极其低调地度过了自己的晚年,没有任何的功利名誉的追求。

前些天，肖月华阿姨的后人给我讲了些她和我父亲的交往。听后令人感动不已。肖阿姨大我父亲4岁，是广东梅州市大埔县百侯镇人，从小就被卖到别人家做童养媳，后做童工，大革命后期加入共产主义青年团，参加了迎接南昌起义部队的三河坝战役。1932年8月调到少共中央文书科担任文书。她的一生是革命的一生，是为人民军队服务的一生，在政治道路的选择上，她终身无憾，但在个人婚姻上却有着无法抹去的遗憾。1933年经中央领导同志介绍安排，她和共产国际派来的军事干部李德结婚。她虽然悉心照料李德的生活起居，终因语言不通，性格不合，还要经常受到李德坏脾气的伤害，但她仍把青春年华和革命事业连在一起，个人利益服从革命利益，忍受着身心上的巨大创痛，想方设法改善夫妻关系。

她和父亲在江西瑞金、陕北延安的少共机关一起工作。长征期间，从瑞金出发直到遵义会议结束，也在一起行军、工作。她和父亲关系很好，她关照父亲的成长，父亲对她特殊的婚姻也十分了解。因为父亲家中有一个出嫁的姐姐，在夫家经常受到丈夫的打骂，每当父亲看到姐姐和母亲抱头痛哭的场面，心中总是愤愤不平，为姐姐难过。将心比心，推己及人，父亲也非常同情肖阿姨不幸的婚姻。肖阿姨对父亲那时的情况十分清楚。20世纪70年代中，她和部队同志去浏阳文家市参加"八一"纪念活动，还情不自禁地向同去的朋友介绍，胡耀邦同志的家怎么走，翻过哪几座山就到了父亲的家乡。1977年父亲到中央党校工作，曾给她写过一封三页纸的信，不知为何还送她一个保温瓶。以后，她也来信反映一些军队干部落实政策的问题。1981年她不幸身患癌症，父亲请洪学智同志安排她到解放军301医院医治，平时住中直招待所。她看到招待所的房间很大，怎么也不住，生怕付不起房费。1982年她离京前，父亲请她在中南海吃饭，张爱萍、陈丕显、李坚贞、刘导生、赖大超同桌话别。父亲请她动笔回忆她一生的经历往事，也请军队领导彭富九同志回忆湘赣苏区儿童团的历史。希望作者在写红小鬼方面的故事能更多一点，也不必局限在一两个人的身上。当年的赤子赤孙，红小鬼们都已是七十左右的耄耋老人了。肖阿姨1983年去世，去世前总政下达了她任副军职的命令。当今人们又在社会红色的色调上加上了绿色、蓝色的色彩，真希望我们的社会能让"每一滴露水在太阳的照耀下都闪耀着无穷无尽的色彩"。

陈利明先生在《胡耀邦传》中，还表达了这样一种思想——"人无完人，金无足赤"。书中他列举了吴江同志对父亲一些中肯的批评和建议；也记录了于光远同志对他某个观点所持的保留态度。我非常看重父亲1983年1月在全国职工代表大会上关于改革的讲话，而陈利明先生则从不同角度提出如何落实这些改革措施，而少遭责难的意见。我认为书中有这些评论是非常有益的，有利于读者更深入讨论研究改革过程中的复杂问题。

中国革命的历史不应割断，我国改革的历史也不应割断。十八届三中全会的文件中，非常强调推进改革事业是不能割断历史的，一以贯之的精神都要以人民的解放、幸福为宗旨，都要坚持改革开放的正确方向。陈利明先生以自己的新作说明了中国共产党党内，何以有一个人从红小鬼到中共领导人的成长历史，尽管还不是那么完美，也是为党史做了一件非常有意义的工作。

（本文系作者在该书首发研讨会上的发言稿，曾刊登在《南方周末》报上。这次发表时对个别字句作了修改，是以为序。作者系胡耀邦同志之长子，中国工商联原党组书记，中央统战部副部长）

目 录

（上 卷）

一 浏阳河畔俊少年

童年时代 …………………………………………………… 001
年少志壮 …………………………………………………… 009
崭露头角 …………………………………………………… 018

二 "红小鬼"苏区立功

投奔革命 …………………………………………………… 026
苏区立功 …………………………………………………… 030
蒙冤"AB团"分子 ………………………………………… 041
艰苦长征 …………………………………………………… 049

三 延安年华堪回首

渡河东征 …………………………………………………… 066
抗大历练 …………………………………………………… 071

总政组织部长 ·················· 079
伉俪深情 ···················· 087

四　解放战争声威震

三战三捷 ···················· 095
清风店冲锋陷阵 ················ 104
参与石家庄战役 ················ 116
打好太原"攻心战" ··············· 127
把政治工作做到第一线 ············· 143
南下川北 ···················· 150

五　主政川北行署

集党政军权于一身 ··············· 156
清剿土匪 ···················· 159
川北土改 ···················· 163
统战典范 ···················· 173
不负重托 ···················· 178

六　执掌共青团中央

赴京受命 ···················· 190
受到毛泽东赞赏 ················ 195
"背靠党委，面向青年" ············· 200
指导办好团中央报刊 ·············· 208
青年的知心朋友 ················ 218
关爱同志 ···················· 225
好学勤思 ···················· 239

善抓典型 ·· 249
严于律己 ·· 254
求真务实 ·· 263
创立"青年思想" ······································ 270

七　在湘潭挂职的日子里

兼任地委第一书记 ······································ 282
关爱农村干部 ·· 288
把群众疾苦挂在心上 ···································· 301
一切从实际出发 ·· 308
"胡耀邦不吃请" ······································ 312
即兴赋《新桃花源记》 ·································· 316

八　陕西主政两百天

履任陕西省委第一书记 ·································· 324
提出施政纲领 ·· 329
《电话通讯》起风波 ···································· 345
离开西安 ·· 349

九　历尽"文革"磨难

横祸突然降临 ·· 352
干校生涯 ·· 360
困惑与深省 ·· 372
铮铮铁骨 ·· 379
赋闲在家 ·· 385

一　浏阳河畔俊少年

童年时代

> 浏阳河，
>
> 弯过了几道弯，
>
> 几十里水路到湘江，
>
> 江边有个什么县哪？
>
> 出了个什么人？
>
> 领导人民得解放……

这首久唱不衰的民歌，响遍神州大地，大江南北，使浏阳闻名遐迩，令人神往。

浏阳地处湘赣边界，始建于东汉建安十四年（209年），位于湖南东部，周围自东至北依次与江西铜鼓、万载、宜春、萍乡及湖南省的醴陵、株洲、长沙、平江等八县市为邻，浏阳境内群峰挺拔，山川交织，名胜棋布，资源丰富，人民勤劳勇敢。山麓竹海如云，松涛翻滚，山头有田畴湖泊，平坦如镜，历史上常为义军安营扎寨之地。

古老的浏阳河贯穿东西部，它从湘赣交界的九岭山发源，沿着东部逶迤跌宕的山势，滚滚向西奔流，以百折不挠之势，穿峡谷，跨险滩，绕群峰，水清，湾奇，蜿蜒曲折地流经县城，直泻入长沙，汇入湘江，奔向烟波浩渺的八百里洞庭。

浏阳物华天宝，令人神往。丰富的物产，除农、林、牧、副、渔外，还有品种繁多的土特产。鞭炮、烟花、相思鸟、菊花石、夏布、豆豉等，大都久负盛誉，驰名中外，其花炮始于唐代，已畅销全世界100多个国家和地区，有"浏阳花炮响天下"、"中国烟花之乡"之佳话。产于永和镇的菊花石，早在1921年巴拿马万国博览会上就荣获了金质奖牌，有"全球第一"之美称。

浏阳是一方神奇的土地，人杰地灵，更令人心往神驰。历史上，这里曾是烽火四起、义旗高扬的农民暴动多发地区。进入近代以来，相继爆发了"征义堂"起义、萍浏醴起义等较大的农民武装斗争，先后涌现了维新变法"戊戌六君子"之一的谭嗣同，任自立军诸军督办、发愤"权大节、倡大难、行大改革"的唐才常，"三湘二杰"的湖南第一任军政府正、副都督焦达峰（曾任同盟会联络部长）和陈作新等一批杰出的爱国志士，他们都由这片热土哺育成长。

这里又是湘赣革命根据地的中心地区。1927年，毛泽东率秋收起义部队在浏阳文家市会师；红一方面军、红十八军先后在浏阳的永和、小河成立；中共湘赣特委、湖南省苏维埃政府曾在这里驻留办公，在长期艰苦卓绝的革命斗争中，经过血与火的洗礼，涌现了一大批浏阳籍的无产阶级革命家和我军高级将领，如胡耀邦、王震、宋任穷、王首道、张启龙、杨勇、李志民、唐亮、孔石泉、张藩、李贞、彭珮云等。他们都出生在这片神奇的热土上，喝着浏阳河水长大。

正是由于浏阳富饶多姿，故历史上常为朝野垂涎、官兵掠夺之地。据清

一 浏阳河畔俊少年

胡耀邦故居

胡耀邦故居近景

同治十一年（1872年）县志记载："宋德祐二年（公元1276年）正月，元兵破潭州（今长沙），浏遭歼屠殆尽，财物亦被抢劫一空。"后来，"清康熙十五年（公元1676年），安亲王岳乐又率部经萍乡入浏阳"，浏阳人民再次遭劫。几经残杀，原来的居民所剩无几，不得不从邻近的江西、广东、湖北等三省各县移民以"实其地"，致使浏阳成了一个多民族、多语言、风俗不一的特殊县份。

距浏阳县城63公里的山枣潭乡（现为中和镇）中和村（现为苍坊村），群山环抱，树木葱茏，环境幽雅。坐落在此处的西岭下有一栋旧式瓦屋，背靠耸翠的山峦，郁郁苍苍，前面清溪环绕，流水潺潺。1915年（民国四年乙卯）11月30日（据《胡氏族谱》记载：胡耀邦阴历10月24日生，故阳历为11月30日——笔者）午时，一个男孩在这里呱呱坠地，啼哭声异常清亮、高亢，引得荷锄归来的人们前来观看、祝贺。这婴儿就是后来成为中国共产党

胡耀邦出生时的床铺

中央总书记的胡耀邦。

关于胡耀邦名字的由来,笔者赴中和镇采访时,乡亲们告知,胡耀邦母亲请三伯父胡祖仪为新生儿起名字。胡祖仪是乡下有名的读书人,又是私塾先生,当即说道,语云:"观国之光,首在君王。邦国安定,人民斯乐。"《诗经·大雅·文王篇》亦云:"周离旧邦,其命维新,百姓昭明,协和万邦。"为此,胡祖仪就为侄儿起名胡耀邦,字国光。

关于胡耀邦的祖籍,据《胡氏族谱》记载,胡氏自始祖胡满起,至今凡3123年,已传128代。古时的胡氏族人,先后迁徙过河南、湖南、甘肃、江苏等地。其中重要的一支徙居江西,始于第62代世祖胡藩。

胡藩,字道序,东晋安帝时(397—420年),因屡建战功,封土豫章(今江西南昌),遂举家从江苏邳州宿迁徙于豫章以西之新吴,择地华林山麓而居,始为华林胡氏之鼻祖。此后数百年,胡氏在华林成为名门望族。至第89世(华林第28世)祖胡元凤,门下8个儿子(后人称之为"八仲"),多居官宦游。其中,第5个儿子胡仲雅,出任江西吉水县令,其直系后裔未再回归华林居住。

胡仲雅的长子胡用先,随父居吉水,得中进士后,官授岳州巴陵县令,升授福建邵武府同知。南宋绍兴二年(1132年),胡用先病逝于邵武任上(另有一说为后梁乾化三年逝世),其子胡汪扶柩回江西,途经乐安县十七都之浯塘村(今乐安县龚坊乡浯塘村),适逢天寒地冻,冰雪封路,日久仍寸步难行。于是,胡汪将其父卜葬于枫山寺旁,且结庐墓左,守孝三载。从此,胡汪未再离开浯塘,由此相传,枝繁叶茂,又成一名门望族。因胡用先道葬于浯塘,故此处胡氏族人尊用先公为浯塘一世祖。

胡耀邦出生在湖南浏阳市之中和镇苍坊村,这里古时称西岭,故这一带的胡氏统称为西岭支,而西岭支正是江西乐安浯塘胡氏的分支。据《胡氏族谱》记载,浯塘第23世祖胡允钦,字建十,大约在明万历年间的晚期(16

世纪末），为避战乱，遂领部分人移民浏阳西岭聚居立族，繁衍生息至今，故此，西岭胡氏尊允钦公为开基始祖（西岭一世祖），在族谱上称他为建十公。至胡耀邦这一代，当为西岭第12世、浯塘第34世孙。另据考，西岭"耀"字同浯塘"发"字同辈。

胡氏从第62世祖胡藩算起，其间历经了华林世系—浯塘世系—西岭世系（往前还有更早的宿迁世系、陈国世系）。清乾隆年间《西岭胡氏七修谱序》载："其祖（胡）允钦，自江西来浏，系实出于乐安浯溪（即浯塘）胡氏之巨族。"并认定西岭胡氏为"浯溪之嫡派"。胡耀邦的祖籍，是江西省抚州市属之乐安县龚坊乡浯塘村。

胡耀邦父亲叫胡祖仑，系成瀚公长子，通派符虞，字元圃，号伯龙，出生于1882年（清光绪八年壬午七月十三日辰时），8岁时亲生母亲刘氏不幸辞世，14岁时父亲与继母邱氏先后离世，妹妹才12岁，弟弟由伯父胡成杓抚养，苦度时光。胡祖仑与文家市龙潭口的刘明伦结婚后，就离开抚养他长大的叔父，重新回到祖居独立门户。胡祖仑夫妇生六子四女，儿子依次是：胡耀芬（夭折）、胡耀襄（20岁时患骨髓炎病逝）、胡耀馥、胡耀邦、胡耀杰（早逝）、胡耀英（早逝）；女儿依次为：胡福英（早逝）、胡石英、胡菊华（又叫三妹）、胡建中。在叔伯兄弟中，胡耀邦排行第九，故父母叫他"九伢子"。

据胡氏族谱记载："西岭胡氏，浏之望族也。允钦公于明朝自赣之乐浯溪来浏，奠居斯土，椒衍瓞绵，又十余世矣。"《西岭胡氏派》云：胡氏世派分别为二十四代，序列为："允谦甫育，元奇志中，名成祖耀，德厚家兴，千年远绍，万代恒昌。"

耀邦曾祖父胡名钟，中泮次子，通派钟著，字秀卿，号毓元，例授国学生。胡耀邦祖父胡成瀚，名钟三子，生于1859年正月十三日，原名成彩，字海文，号彰五，业儒博通经史，崇尚圣道，为胡氏族中有识之士，倡导建祠、兴学、修桥、补路等公益事业。他曾倡建孔嘉坪族祠，并撰写碑文，大意云：重视教育，为国谋才。他一生坎坷，逆境迭起，先后娶妻两堂。1894年与他相依为命的发妻刘氏不幸病故，他随后娶邱氏续弦，邱氏两年后早逝。他贫病交加，于同年8月因病谢世，时年38岁。丢下儿子祖仑（胡耀邦之父年仅10岁）和祖淮（年方4岁）。

胡耀邦的曾祖父、祖父既然为"例国学生"、"业儒博通经史，崇尚圣道"，可谓"书香门第"，读书人家。然而岁月悠悠，时过境迁，到其父亲一代，已是一介布衣，靠耕种五六亩薄田为生，在中和村30多户农家中，家境只属中等水平之列。

胡耀邦父亲胡祖仑，因子女多，负担重，除种田以外，常到附近煤窑干挑炭的苦力，披星戴月，日夜劳作，也难维持一家温饱。当地民谣云：

为人莫挑炭，终年腰压扁。
如在地狱里，累死早归天。

胡耀邦的家境每况愈下，父亲胡祖仑饱尝人间酸甜苦辣，世态炎凉，养成了正直豪爽、好打抱不平的性格，为当地人所称颂。母亲刘氏，宽厚仁慈，勤劳朴实，心灵手巧，种麻织布，样样能干，她亲手织的"浏阳夏布"，不仅解决一家人的穿着，还拿到市场上出卖，挣点油盐钱。父母正直、勤恳的美德，耳濡目染，潜移默化，使胡耀邦幼小的心灵受到良好的影响。

胡耀邦聪明伶俐，从小热爱劳动，常帮父母做一些力所能及的事情，如割草喂猪，砍柴放牛。一次，他上山砍柴，看到孤寡老人刘奶奶在山道上步履蹒跚，胡耀邦见状，顿生同情之心，忙上前问道："刘奶奶，你来这里干什么？"

"唉，没柴烧了，我是来拾柴的。"刘奶奶叹息道。

"刘奶奶，莫急，我帮你折点枯枝背回去烧吧。"胡耀邦说罢，忙走近一棵樟树下，举目一望，见树上有几根光秃秃的枯枝，便似猿猴攀援而上。原来，胡耀邦平日有爬树掏鸟窝的习惯。爬到树上，他使尽浑身力气，一口气折断了好几根枯条，当他下到树腰时，因体力不支，便从树上跌落下来。

刘奶奶急忙将他扶起，只见胡耀邦头破血流，她一面抚摸胡耀邦的伤口，一面歉疚地问："孩子，你为我跌伤了脑袋，回家父母不会骂你吧？"

"不要紧，等下会好的。"胡耀邦若无其事地回答。

回到家里，父母见胡耀邦脑袋上留下了一条长长的伤口，心疼地问他怎么回事，胡耀邦如实说明事情的原委。父母不但没有骂他，反而齐声夸赞他乐于助人的举动。在苍坊村，至今还流传着胡耀邦从小乐善好施的佳话。

胡耀邦出生的年代，正处于中华民族阵痛之时——辛亥革命，清帝逊位，张勋复辟，南北议和，二次革命，护国讨袁……时代风云，王旗变幻，无不给神州大地带来深重的灾难。

苍茫大地，已是四野凋敝，百姓枯槁，民不聊生，饿殍遍地，而贪官污吏，欺上压下，胡作非为，更使穷困不堪的百姓挣扎在苛捐杂税之中。

父母十分喜爱胡耀邦，尽管家境贫寒，也设法让他读书。父亲说：家再穷也要让儿子读书识字，将来有所成就。胡耀邦5岁时，父母便送他到附近的"种桃书屋"启蒙，同时由胡耀邦的堂兄胡耀清老师带他到山枣乡长寿村（离胡耀邦家住地中和乡10余里）琢玉私塾去读传统教科书。村塾是胡氏宗族和村里其他氏族合办的，授课内容是相沿成习的《百家姓》、《人之初》、《千字文》，对简单的对子，描红练字，背诵唐诗，教授《论语》、《孟子》、《幼学》等。胡耀邦记忆惊人，思维敏捷，勤学好问，因而成绩出类拔萃，老师教授的课文，他熟读几遍，就能倒背如流。对于一些疑难句子，他也要打破沙锅璺（问）到底。因此，私塾老师非常赏识他，常在他父母面前夸赞道："耀邦这孩子非同凡响，是个人才，将来定有出头之日，你家洪福非浅也。"胡耀邦7岁时，进入胡氏族学兴文小学就读，由于天资聪颖，勤奋好学，成绩仍然名列前茅。

年少志壮

在五四新文化运动的影响和推动下，中国传统的旧式教育制度已经废止，代之而起的是"适应社会进化之需要"的洋学堂。浏阳各乡相继办起了小学。

1926年春，百花争妍，万树吐绿，小鸟在枝头歌唱。10岁刚出头的胡耀邦，心花怒放，他被离家约13公里的文家市礼文小学（现为里仁小学）高小部录取。礼文小学坐落在文家市的文庙内，是一所完全小学，分初小与高小两部。这所新式高小从创办之日起，就十分注重对学生进行民主、爱国的思想教育，并且吸引不少先进知识分子来校任教。

文家市是位于浏阳、万载、宜春、萍乡四县交界的边陲小镇，古有"东南锁钥，吴楚咽喉"之称。这里地势险要，层峦叠嶂，在中和村东北方向，是浏阳县南乡的首镇。胡耀邦走出闭塞的山村，在这里大开眼界，立下勤奋读书，将来干一番事业的宏愿。

胡耀邦在礼文学校读书的学生生活是异常艰苦的，他每日起得特别早，背上母亲给他准备好中午用餐的饭菜盒和书包，翻山越岭，抄近路赶到学校上课，来回20余公里，风雨无阻，从不间断。高小学习，使他练就了一双铁脚板。在7年后二万五千里长征中，胡耀邦冲破险阻，带伤走完全程，也得益于小学时候的每日步行数十里的锻炼，他在二万五千里长征前，在家读高小就在崎岖山路上行走了二万五千里。

礼文小学的课程，开设了国语、算术、地理、历史、体育、音乐等，至

1927年还增加了训育课,主要教授三民主义等政治内容。

胡耀邦深知读书的机会来之不易,特别珍惜分分秒秒。上课时,他聚精会神,专心致志。老师讲得条理分明,口若悬河,他听得津津有味,如痴如醉。但下课铃一响,他便到课堂外踢毽子,做游戏,与同学追追打打,玩得特别开心。由于他在课堂听讲十分认真,善于独立思考,因而每门功课都是优秀,深得师生们的赞赏和钦佩。胡耀邦的任课老师甘思藻曾经回忆说:"我在里仁学校教了20多年书,所见最为好学的学生莫过于胡耀邦。当年他在班上的年龄数最小,可是他的功课成绩却名列前茅。一个高小学生能写出长篇的文章,这在当时就寥寥无几,若在今日,可断言更是凤毛麟角!"

胡耀邦对老师的培养从不忘怀,在浏阳刚解放不久的1950年,他就给甘思藻老师写了一封感人至深的信,信中叙述了他们之间深厚的师生情谊,还随信寄去50万元钱(旧币,合人民币50元),以表示他对老师的深情厚谊。

在浏阳中学读书的时候,胡耀邦的班主任老师是喻科盈,新中国成立后系马鞍山矿山研究院的工程师。

20世纪60年代,胡耀邦在湖南湘潭工作时,曾向当地的浏阳一中(即前浏阳中学)的校长打听过喻老师的情况,但浏阳一中也不知道喻老师的去向。1981年,胡耀邦再次写信到喻老师的家乡浏阳社港区打听,才得知喻老师在马鞍山矿山研究院工作,随即于当年11月29日致信邀请老师去北京会面。

胡耀邦在信中写道:"科盈老师:得悉玉体犹壮,健饭如常,儿女已走上工作岗位为国家为人民尽力,不胜欣慰,我没有忘记您,没有忘记小学和初中时期其他几位老师,因为这些老师那种正直、廉洁和诲人不倦的精神,曾经给了我巨大的感染力量。很希望能在北京见到您,不过此地气候已严寒,于年事过高之人,诸多不适,希望您明年夏秋季节来……"

1982年7月,喻科盈老师由女儿陪同,到北京赴约,见到了分别50多年的学生胡耀邦。

"您的名字我记得很清楚。"胡耀邦端详着喻老师的鹤发童颜,深情地说,"您大致的轮廓我还记得,可是您现在面部变化太大了。"

"是啊,你的记性真好,半个多世纪了,那时我才20来岁,现在都快80岁了,岁月不饶人啊!"

"杨勇也是您的学生,不知您可记得?可惜他现在不在北京,不然他一定会来看您的。"

"你们工作都很忙,我不能耽误你们过多的时间。"

"喻老师,小学和初中的老师,我找了很久,能找到的,只有您一位了……"胡耀邦无限感慨地与喻老师亲切交谈着。

离京的前一天,师生一起合了影。胡耀邦为老师和他的女儿各买了块上好的衣料,并设宴为老师饯行。临别时,胡耀邦依依不舍地说:"祝您健康长寿,下次再来!请代向师母问好!"

胡耀邦在学校里,是一名聪明好学的学生,在节假日和课余时间,却是一个活泼好动的调皮孩子。据乡亲们回忆,童年的胡耀邦,喜欢在正月跟随大人耍龙灯、闹元宵,10岁时就加入了龙灯队,特别引人注目。他对自己小时候的一次恶作剧记忆犹新。他不到10岁时,有一次,邻居办喜事,他见大人划拳喝酒,热闹非凡,便与几个同龄小孩偷了一壶酒,躲在屋角落里,学着大人的模样开怀畅饮,结果一个个醉成一团,东倒西歪。他们被大人发现后遭到一顿打骂。从此,胡耀邦懂得酒不比水,不可过量,乃至终生在喝酒时从不过量。

胡耀邦的高小读书生活并不平静。1926年上半年,胡耀邦进入礼文学校不久,正值国共合作最佳时期,北伐战争势如破竹。5月,国民革命军第七军一部和第四军叶挺独立团等作为先头部队,先行出兵湖南援助正被北洋军阀吴佩孚部击败而退守湖南衡阳的第八军唐生智部。7月9日,国民革命军正式出师北伐。打倒列强，争取国民革命军独立的革命雄风席卷长江南北，浩荡中原大地。

在北伐战争的推动下，湖南农民运动汹涌澎湃，农民协会会员从40万人激增到200万人，湖南农民几乎有一半已经组织起来。农民有了组织，便开始积极行动，造成一个空前的农村大革命，其主要攻击目标是土豪劣绅、不法地主，旁及多种家法的思想制度、城里的贪官污吏、乡村的恶劣习惯。攻击的形势如暴风骤雨，真正做到了"一切权力归农会"。

民风强悍，素有革命传统的浏阳农民运动搞得热火朝天。至1926年11月，浏阳县成立区农民协会21个，乡农民协会586个，会员达139190人。乡农民协会数目与会员人数均占全省59县的第三位。在潘心源、田波扬、夏明翰等党员骨干的领导下，在浏阳建立了党团组织，至1926年，浏阳已有300余名中共党员，200余名团员。其中王震、宋任穷、王首道、杨勇、张启龙、李志民、张翼翔、李贞等人，后来成为党政军高级领导人。

全省各县农会迅猛发展，平民救国团、农民武装队等革命群众组织纷纷成立。这些组织除了直接参战、狙击溃兵、肃清反革命残余外，还为北伐军带路、送信、运输、救护、扫雷、送饭、慰劳。一时间，土豪劣绅东藏西躲，胆战心惊，工人、农民扬眉吐气，大快人心。

文家市也像换了人间。贫苦农民纷纷加入区、乡、村农民协会，五行八作的工人成立了工会，学生们组织起儿童团，各界妇女成立了妇女联合会。过去进行地下活动的共产党员公开出来领导这些群众团体。文家市党支部就设在礼文学校的后楼教室里。

当时，在广州农民运动讲习所的部分湖南籍学生，以国民党湖南省党部农民运动特派员的身份，活跃在湖南省各地。他们有的以中小学教师的身份进行民主思想和爱国主义教育。胡耀邦就读的礼文小学的高小教员甘思藻，就是一位共产党员，他在学生中进行农民要翻身就要斗争、就要参加国民革命运动的宣传教育，并发展了杨勇（原名杨世峻，后成为解放军上将，他是胡耀邦的姨表兄）、张清夷等同学参加了共青团，成立了共青团支部。比杨勇小两岁多的胡耀邦，也是甘思藻老师着意培养的"苗子"，常常给他看些《马克思主义浅说》、《共产主义ABC》、《中国青年》等进步书刊上的文章。通过学习，胡耀邦扩大了视野，懂得了许多革命道理，在幼小的心灵里，萌发了救国救民的愿望。

礼文学校的校长陈世乔，是文家市的党支部书记。他除了向学生灌输马列主义的革命道理外，还特别喜欢用当地人民喜闻乐见的谭嗣同、唐才常等爱国志士的英雄业绩教育学生，胡耀邦深受感染，从小立志向他们学习。

中国近代资产阶级著名政治家、思想家、维新志士——谭嗣同，为了推动维新变法运动，于1897年10月，在巡抚陈宝箴的支持下，力排叶德辉为首的湖南守旧派的阻挠，在长沙创办"时务学堂"。次年，又倡设"南学会"，举办《湘报》馆，宣传变法，抨击旧政，成为维新运动的激进派。当湖南新政遭王先谦、叶德辉攻击时，他表示即使"杀身灭族"也决不后退。8月，具有求新思想的光绪皇帝将谭嗣同召进北京，辅佐新政，并破格授予四品章京。眼看维新变法指日可望实现，但就在这时，心怀鬼胎的袁世凯突然向荣禄告秘，于是这场准备已久的伟大变革终被以西太后那拉氏为首的顽固派残酷镇压下去了。光绪被囚，康有为、梁启超逃往海外。在此生死关头，谭嗣同却大义凛然，力谢众友劝其东渡日本的好意，决心以自己的最后牺牲，来唤起后人继续奋斗。他对梁启超说："不有行者，无以图将来，不有死者，无以召后起。"又对日本公馆派来相助的官员说："各国变法，无不从流血而成，今中国未闻因变法而流血者，此国之所以不昌也。有之，请自嗣同始。"被捕后，他临危不惧，并在狱中墙上题写"望门投止思张俭，忍死须臾待杜根。我自横刀向天笑，去留肝胆两昆仑"的诗句，抒发了他为变法视死如归的雄心壮志和大无畏的英雄气概。临刑时他作绝命词一首：

"有心杀贼，无力回天，死得其所，快哉快哉！"胡耀邦将老师讲的关于谭嗣同事迹铭刻于心。他把谭嗣同风格雄健的诗词抄在小本子上，常常诵读，以至能背诵如流，永不忘怀。

自立军首领唐才常的就义诗，他特别感兴趣，常常在同学面前吟诵：

一

喋血幽燕志未成，复生浩气欲凌云。

廿年肝胆频相照，今夜黄泉定笑迎。

二

头可断兮血可流，丹心一片付千秋。

忧国忧民多遗恨，后继有人解我愁。

像谭嗣同、唐才常这些杰出人物的名篇、名句，他背得烂熟，而且作为座右铭予以效法，身体力行。他常对老师和同学说："做人就要做谭嗣同、唐才常这样'丹心一片付千秋'的人。"这些中华民族杰出人物的宝贵品质和民族气节，给他幼小的心灵以潜移默化的影响，为他刚正不阿、忧国忧民性格的形成，起到了良好的作用。

在北伐战争和农民运动的时代风云影响下，礼文学校的师生思想特别活跃，大都投入革命洪流之中。1926年下半年，11岁的胡耀邦参加了学校的童子军，并成了积极的一员，校长陈世乔指定胡耀邦担任少年先锋队队长和宣传组组长。他与其他成员一道，在课余时间，走出校园，积极宣传破除迷信、捉赌徒、写标语、教唱歌。毛笔字练得不错的胡耀邦，还在街头墙上书写"打倒列强！打倒帝国主义！打倒土豪劣绅！"等标语，引来行人驻足观看，不时发出啧啧称赞声。

风云突变，革命形势急转直下。1927年4月12日，蒋介石公然叛变革命，首先在上海发动反革命政变，树起"清共分共"的旗帜，疯狂镇压革命运动。他们以"清党"为名，大规模捕杀共产党人和革命群众。4月18日，蒋介石在南京另行成立代表大地主大资产阶级利益的"国民政府"，与武汉的国民政府相对立。与此同时，北方的奉系军阀张作霖也捕杀大批共产党员和革命群众，大革命遭受了严重的挫折。

5月21日，长沙反动军官许克祥，发动了骇人听闻的"马日事变"。浏阳县笼罩在一片白色恐怖之中，地主还乡团配合国民军，大肆杀戮农会骨干分子。甘思藻等一批共产党员和杨勇等一批激进学生，被迫远走他乡，暂避风险。胡耀邦人小个矮，不引人注目，仍每日来回数十里，照常上学读书。

9月16日早晨，文家市上空阴云密布，下街头的团防局里正磨刀霍霍。霎时，枪声大作，文家市人民奔走相告："共产党的军队来了！毛委员来了！"大家齐集街头，燃放鞭炮，摆着茶水，热烈欢迎秋收起义部队，整个文家市沉浸在一片欢乐的气氛中。

首先进入文家市的是工农革命军第三团，指战员大都是浏阳人。接着第一团和第二团以及安源工人爆破队也相继到达。各团指战员为胜利会师而欢欣鼓舞，兴高采烈。

9月19日，朝霞满天，晨风轻拂，工农革命军第一团、第三团和第二团部分指战员及安源爆破队共1500余人集合在里仁学校操场，举行隆重的会师大会。三支队伍会合，到处飞扬着欢乐的歌声：

> 我们本是工农兵，千年痛苦都受尽。
> 团结齐心力量大，杀土豪，除劣绅。
> 推翻国民党，奴隶翻身做主人！
> ……

胡耀邦按捺不住激动和好奇的心情,爬到学校的围墙上,凝望毛泽东率领的工农子弟兵。

会师大会开始了,胡耀邦看见一位身材伟岸、穿着一身老蓝布农民服装的人走到队伍前面的台阶上。他就是领导秋收起义部队来这里会师的毛泽东。毛委员招呼大家坐下,然后用浓重的湘潭口音,向大家报告了大革命失败后的政治形势和党面临的任务,讲解放弃攻打长沙、上山下乡的原因和意义,阐述了枪杆子的重要性。他用平和的语调说:"同志们,蒋介石、汪精卫、唐生智叛变了革命,正在疯狂地屠杀革命同志和工农群众,革命已经转入低潮。我们受挫,是吃了没有抓住枪杆子的亏。现在,我们有了自己的武装,事情就好办多了。这次暴动,虽然打了几个败仗,受到一点挫折,但算不了什么。有些人经不住考验,从队伍中逃跑了,这也没什么了不起,少些三心二意的人,我们这支队伍定会更纯洁,更巩固,更坚强。常言说,失败乃成功之母。拉武装,我们没有经验,万事开头难嘛。只要我们善于从失败中吸取教训,咬咬牙,挺过这一关,革命总有出头的一天!"

少年时代的胡耀邦

胡耀邦俨然像一个编外战士,蹲在围墙上听得入神,深为毛委员明白、浅显、生动、明了的话语所感动。听到这里,只见毛委员伸出左手在半空中划了一个大圆圈,形象地比喻说:"蒋介石好比一个大水缸,"他随后伸出右手的大拇指,声调高亢地说,"我们好比一块小石头。"接着,他用右手不停地撞击左手,风趣而自豪地说:"我们这块小石头,不断地打那口大水缸,总有一天会打烂蒋介石那口大水缸的,最后胜利是属于我们的!"

会场上顿时爆发起一阵热烈的掌声和笑声,胡耀邦也天真爽朗地笑了起来,他觉得毛委员讲得入情入理,饶有趣味。

毛委员微笑着环视全场,待声音平静下来,接着提高声调说:"我们这次秋收暴动,原计划去打长沙。长沙好不好?长沙好,可是长沙打不下来。敌人连萍乡、浏阳都挡住不让我们过,更不会让我们进长沙。既然像长沙这样的大城市,目前还不是我们蹲的地方,那就不要去了。我们可以到敌人管不着或管不了的地方去,到乡下去,到山上去,同那里的农民一起打土豪,分田地,进行土地革命,开展武装斗争。等我们在乡下、在山里站住脚跟,力量大了,有了本钱,再到长沙去。不但去长沙,还要打到武汉去,打到南京去……"

会后,工农革命军在毛泽东、卢德铭、余洒度率领下,高举红旗沿着湘赣两省边界南下。南下途中,因情况发生变化,便改变去湘南的计划,向井冈山进军,在井冈山地区创建了第一个农村革命根据地。

放学的路上,胡耀邦觉得浑身是劲,步履生风。回到家里,他像报喜似的把当日在学校的见闻告诉了父母:"我见到毛委员了!我见到工农革命军了!毛委员是个了不起的人物!"

胡耀邦小小年纪,目睹了农民运动的潮涨潮落,看到了工农革命军这颗冲破阴霾的璀璨明星,心头充满胜利的喜悦和希望,萌发了坚定走革命道路的志向。就这样,他度过了丰富多彩的两年高小学生生涯。

崭露头角

1928年春，大地复苏，杨柳叶绿，麦苗青青，阳光和煦，使人感到生机勃勃，春意盎然。

这时，一批浏阳籍在外读大学的进步学生陆续归来。留日归国的胡纪献，首倡在浏阳县城创办了浏阳县立初级中学，自任校长。他广揽贤俊，聘请的老师大部分是武汉大学的高才生，也有其他大学毕业的立志为家乡教育献出聪明才智的优秀青年，如出生在浏阳北乡的喻科盈，毕业于北京农业大学，担任过胡耀邦的数学老师。

浏阳县立初级中学的创办，是全县一大喜事，极大地方便了浏阳及邻县的求学青年。在此之前，浏阳县内的高小毕业生，若要上中学读书，只能到离县城70公里的省城长沙去报考。胡耀邦适逢其时，正当他高小毕业之时，县立中学创办了，而且当年招收秋季班学生100名。

胡耀邦全家喜出望外。当胡耀邦提出投考县立中学的要求时，父母亲欣然赞同。父亲坚毅地说："只要耀邦能考上中学，卖掉几亩薄田，我也心甘情愿。"

为了迎考，胡耀邦日夜复习功课，有时桐油灯通宵达旦地亮着。尽管他的学习成绩很好，但他还是将高小所读的课文全面复习一遍，做到有备无患，万无一失。

浏阳中学坐落在城东蜈蚣岭磨盘街原红十字会旧址，离胡耀邦的家乡中和村60余公里。该校的前身是浏阳公学，后改为浏阳甲种师范，校址均设在长沙。直到这年秋天，甲种师范才迁回浏阳，改名浏阳县立初级中学。浏阳中学的创办，引起各界的关注，人们奔走相告，尤其是四乡的青年学生，更是无不为之翘首，跃跃欲试。

与胡耀邦同去投考的，有姨表兄杨勇，他这时刚好躲风从江西万载县的亲戚家归来。发榜这天，胡耀邦很早来到学校，见自己的名字写在红榜上的前10名之列，不禁激动万分。与他同时投考的文家市11名同学竟然全部录取。大家欢呼雀跃，相互庆贺，人人脸上挂着喜悦的笑容。其中一名学生自豪地说："我们文家市的考生百发百中，为礼文学校争了光呀！"

说罢，他提议大家齐唱礼文学校校歌。"好得很，我来打拍子！"个子矮小的胡耀邦，几乎高兴得跳起来。在他的指挥下，顿时响起了高昂激越的歌声：

六龙山畔溪水滨，
百草互争芬，
礼文储群英，
灿烂光明。
……

看罢红榜，胡耀邦三蹦两跳，一路小跑，几乎一口气走完60余公里山路，他要尽快地将喜讯告诉父母，让他们分享他被录取的喜悦。父亲听到儿子被县立中学录取的喜讯，情不自禁地将胡耀邦搂入怀中，热泪盈眶地说："我们种田人终于出了个读书人，耀邦，好好读书，将来定有出息。"

的确，在乡亲与世代种田人眼里，能考上县立中学，无异于在清朝考上了"秀才"。方圆几里的胡氏族人和左邻右舍，前来贺喜的络绎不绝。

在县立中学寄宿，食宿费每月得一元多银洋，学费至少要十几元银洋。一个中学生，一年要30余元银洋的费用，对于一个贫苦农民家庭来说，谈何容易！胡耀邦父母，为了造就孩子的前程，省吃俭用，终于凑了一部分学费。加上当时乡下有一种不成文的规矩，胡氏家族祠堂有一笔族款，用来资助本族穷困子弟升学读书。胡耀邦以优异成绩考上中学，理所当然地受到族上的资助。这样,胡耀邦如愿以偿,兴致勃勃地上中学深造。

学校设有国语、英文、数学、物理、化学、地理、历史、美术、音乐、体育、训育等科目,学制为三年。1928年春,招收了第一批学生50名,编在第一班。1928年秋季招收的100名学生,分别编在二班、三班。个子矮小的胡耀邦被编在三班。

胡耀邦胸怀开阔,从小就友善同学,与同学相处得十分融洽,从不为一点小事与同学争吵。与他同桌而坐的同学叫杨有根,是浏阳县城关小学毕业的。坐落在县城的城关小学,由留学法国的宋彬先生创办,并由他亲任校长。该校师资雄厚,教学设备齐全,考取该校的学生都有一种优越感、自豪感,大半城关小学的毕业生能考中县立中学,其中部分同学看不起各乡考来的学生,时常发生争吵。胡耀邦与并排而坐的杨有根相处得十分友好,互相尊重,互相切磋,每当杨有根向胡耀邦请教一些问题,他都有求必应,对答如流,深得杨有根和其他同学的赞赏。

胡耀邦在中学时代求学特别用功,勤学好问,思维敏捷,记忆惊人,学习成绩总在班里前几名,尤其国文、数学成绩总是全班第一。据他的数学老师喻科盈在1989年回忆胡耀邦的文章中说:"耀邦天资聪颖,学习认真,不懂就问,好追根求源,成绩优秀,在班上一直是佼佼者。"

由于他对语文十分爱好,不仅熟读课文,反复吟诵,还喜欢看课外书籍,如《三国演义》、《水浒传》等古典小说,他看过之后,能讲述其中一些生动感人的情节,为书中的英雄人物所深深感染和熏陶。因此,他的作文也写得很好,老师经常在课堂上宣读他写的文章,并在作文本上画上圈圈点点,在班上叫同学们"传观"。

胡耀邦性格倔强,爱与人争辩,有时为了弄清一个问题,常常争得面红耳赤。他坐在前排,喜欢举手发言,回答问题滔滔不绝,特别引人注目,同学们夸他有"少年负胆气,好勇复知机"的慑人力量。

当时浏阳县城还创办了一所迎呼寺女子中学，常与浏阳中学同学在一起开会，因胡耀邦个子矮小，站队时站在女生前面，有的同学见状，不禁发出笑声。校长胡纪献幽默风趣地说："同学们莫见笑，别看胡耀邦个子矮小，可他人小志气大，品学兼优，是我校的高才生哩！"

许多任课老师都非常喜爱胡耀邦这位"善于独立思考，接受能力强，应对敏捷"的学生，如教授数学、英语的喻科盈老师，教授国语的周乃今老师，教授体育的黎谷材老师等等。有一次，周乃今老师叫胡耀邦在课堂上背诵《滕王阁序》一文，胡耀邦霍地从座位上站起来，声音洪亮，抑扬顿挫，一字不漏地将全文背了出来，博得师生们的啧啧称赞。

当然，也有的老师对胡耀邦"善于争辩，寻求甚解，决不盲从"看不顺眼，认为"不安分守己"。如担任训育主任的何珍如，就是这样的老师。

此人在国民党县党部任职，后官至浏阳县县长，他在县立中学上训育课阐述三民主义时，大放厥词，说什么"国民革命已经大功告成，东北三省已经易帜。现在同学们要紧的是做学问，要安分守己，毕业后为国家做事业，为个人争前途……"

胡耀邦听到这里，心里像翻倒五味瓶，很不是滋味。胸中奔涌着愤懑的怒潮，恰似拦洪坝中的洪水一样，一旦闸门开启，就会奔腾咆哮，一泻千里。但他在课堂上强忍着，不便立即发泄出来。

训育课后，同学们边玩边议论未来，居然有位同学附和说："何老师言之有理，国民党的国民革命算是成功了，现在好好读书，将来凭个人本领，在社会上出人头地，飞黄腾达……"

胡耀邦不以为然，理直气壮地反驳道："东北三省虽然易了帜，但日本人的军队驻在那里，长江里的外国军舰还挂着旗帜横冲直撞，我们湖南的军阀走马灯似的换个不停，唐生智打败了，程潜来了，程潜走了，又来了个鲁涤平，将来还不知道谁来当湖南省主席，执掌湘政。我看天下并不太平，列强尚未打倒,军阀仍然存在。我们学生当然要读书,但要关心国家大事。古人云:'国家兴亡,匹夫有责!'国家危难之时,我们岂能'两耳不闻窗外事,一心只读圣贤书'?国家不太平,书也读不成……"他的一番慷慨陈词,说得周围同学心悦诚服,连连点头。

正好从这里经过的胡纪献校长听到胡耀邦的一席话语,想不到一个13岁的学生,竟能说出此番忧国忧民的至理名言,对他无比赞赏。次日操练完毕训话时,他在全校师生面前大肆夸赞胡耀邦的远见卓识。从此胡耀邦崭露头角,师生们对他刮目相看。

中华大地,果真并不太平。从1928年至1930年,在中国国内,新老军阀混战没有停止过,蒋介石虽然率领国民革命军进行了第二次北伐,东北易帜转向南京,北洋系统老军阀们靠边,但新军阀又开始了相互拼杀,先是蒋桂之战,接着是蒋唐之战、蒋冯之战,到1930年,又爆发了中原大战,终于形成国民党新军阀混战的局面,冯(玉祥)、阎(锡山)、桂(李宗仁)三个集团,倾其全力,共同反蒋,进行一次破釜沉舟的决战。双方动员的军队超过百万,战线绵延数千里,造成人民生命财产的巨大损失,是辛亥革命以来军阀混战中规模最大、战斗最烈、死伤最多的一次大混战,大大地损伤了国家的元气。

不久,在军阀混战的动荡局面中,处于兵灾旋涡中心的浏阳县城也随之混乱不堪,浏阳中学的学生有的投奔红军,有的为国民党效命,有的远走他乡谋生,一些老师也请"长假"自谋生计。在此情况下,校长胡纪献不得不宣布浏阳县立初级中学暂时停办,刚读到初中二年级的胡耀邦,无奈结束了学生生活,回家乡担任儿童团工作,积极开展革命活动。

胡耀邦的老家中和乡苍坊村,是红军的根据地,乡里成立了苏维埃政府。当时农村的中学生很少,胡耀邦有文化,苏维埃政府要他负责儿童团工作,他表现出很好的组织才能和演讲才能,受到了人们的重视。乡苏维埃召开的大会，由于乡干部的文化水平低，很多时候便由胡耀邦来讲话，他喜欢演讲，每次讲得有声有色，感染力很强，富于鼓动性。

他爱好文艺活动，首倡组织了一个文艺宣传队，在八区苏维埃所辖乡村进行演出宣传。

当时演出最大的困难是没有剧本，区苏维埃大多数人没有文化。虽然有几个读过私塾的人有些文化，但他们又不能适应新要求，能编戏的人更无法找到。

胡耀邦被逼上梁山，他自己动手编写剧本。他编写的第一个戏名叫《打倒柴山虎》。

戏的内容是：一个贫苦青年农民进山捡柴回家，途中遇上大恶霸柴山虎的走狗，这伙爪牙仗势欺人，抢劫柴担和柴刀，并将青年打伤。就在这个时候，恰巧来了一群砍柴人，拔刀相助，将这伙走狗砍伤了。柴山虎知道了，便纠集反动团总，四处烧杀抢劫，逼得农民无路可走，不得安宁。于是，便纷纷参加赤卫队。因为剧情写的是山区农民的事，很受观众欢迎。

演出队的人，都赞扬胡耀邦写的戏好演，而且情节动人，为乡亲们喜闻乐见。他成了这个宣传队深受欢迎的"编剧"。

胡耀邦自己写的戏，一般都自己参加演出。有一次，宣传队在苍坊村胡氏祠堂演出《打倒柴山虎》。他扮演青年砍柴农民，他要小学同班同学牛牯子帮他搞两捆柴来做道具。牛牯子非常高兴地挑来一担80多斤重的枝桠柴交给胡耀邦说："这担柴可不轻，可以吗？"

胡耀邦见状，捧腹大笑说："牛牯，我是要柴演戏，不是要柴做饭，演戏是假假真真，有虚有实，只要在表演上做得真实就行了。如果戏里面骑马，你真的骑着马跑到这草台子上来，那马要是发烈，在台上乱蹦乱跑，那不会将演戏的人摔死？"

他指着柴担说："如果我挑着这担柴，又唱又做，还要和敌人对打，能演得出来吗？再说，戏台这么小，我挑这么一大担柴，怎么好转身？观众到底是看柴还是看戏？来，你和我一道上台演演看，你体会一下就知道了。"

从此，牛牯子和一些青少年参加了这个宣传队。

胡耀邦以大无畏的精神，在家乡积极参加写标语、散发传单等一系列宣传活动。

有一天，胡耀邦和八区苏维埃的一个同志在苍坊村胡氏宗祠的墙壁上，正写着两条每个字一人多高的大标语：

医 治 白 军 伤 病 兵
猛 烈 扩 大 红 军

村里不少人耳闻目睹，都跑到祠堂来围观，有的议论说："我们这祠堂里的后生子，看来耀邦大有出息。"

有个胡氏"成"字辈的白发老人成大爹，把胡耀邦拉到一旁说："邦伢子，你干革命我支持，但你不要大白天在本地大写大画，要干晚上去干。"大爹思考片刻后又关心地说："耀邦，如今的世道是白军走了红军来，红军走了白军又回来，就像翻红薯藤一样，翻来覆去，干这号事是脑壳提在手上跑，你可要谨慎啊。"

胡耀邦毫不在乎地说："老公公，我邦伢子革命不怕死，怕死不革命，为了广大穷人不受苦，为了耕者有其田，砍了我的脑壳也只有碗大的疤。"

成大爹听到这番掷地有声的话后，深受感动地向围观的人说："我们都是胡氏子孙和婆媳，邦伢子为了穷苦人干革命，在这祠堂里写的这些字，任何人不准损坏，一定要好好保留下来。"

峥嵘岁月，暴风狂飙，60年来，这13个字，都留在祠堂里作为胡耀邦离家前干革命的见证，直到后来修整胡氏祠堂时，才将大字粉刷掉，但胡耀邦从小置生死于度外的革命情操，长留在乡亲们的记忆中。不久，他便走上了新的革命征程。

二 "红小鬼"苏区立功

投奔革命

毛泽东领导的秋收起义的火种点燃了各地的革命烈火。浏阳自1928年11月第一区苏维埃政府成立后,经过一年多的艰苦卓绝的斗争,全县各区乡都先后建立了苏维埃政府,特别是1929年10月,中共湖南省委派王首道回浏阳秘密工作,恢复和发展党团组织,他与夏明翰一道在浏阳全县建立了13个区委,有党员2400余人。县委还组织了"浏东游击队"开展武装斗争。

在军阀混战、红白相拼的动荡局势下,浏阳县立中学被迫停课,大多贫苦出身的学生投入了革命的洪流,胡耀邦的姨表哥杨勇参加了红三军团。

胡耀邦的家乡,成为共产党活动的中心地带。1928年文家市恢复了党的组织成立了农民协会。胡耀邦的父母、哥哥、姐姐都参加了革命。父亲胡祖仑是乡苏维埃政府的土地委员,母亲刘明伦是乡妇联主任,哥哥胡耀福是儿童团团长,大姐是妇联的积极分子。亲人的革命行动,深深影响了胡耀邦。1929年12月,在家度假的胡耀邦参加了革命斗争,担任了浏阳第八区四十三乡(今中和镇)少年先锋队队长兼儿童团总团长。从此,胡耀邦走上了革命道路。

年少志壮的胡耀邦，带领儿童团员团结在共青团组织的周围，积极参加反帝反封建的斗争，利用节假日上街下乡搞宣传、贴标语、喊口号、散发传单。起初，有的土豪劣绅、顽固分子嘲讽他们，说他们是"儿戏团"、"鼻涕团"。可是，当胡耀邦发动儿童团员们反对封建势力，拦路打烂他们的轿子，剪掉他们的辫子，撕破他们的袍子时，他们都无可奈何地跪在这些娃娃面前求饶："儿童团先生们，请高抬贵手！"在胡耀邦的带领下，儿童团真正成了党和团的有力助手和后备军。

在朱德、毛泽东率领红一军团攻打文家市战役以及红一方面军攻打长沙的战役中，胡耀邦率领儿童们，不畏流血牺牲，积极协助红军打仗，传送指令，侦察敌情，为红军送信、送水、送饭、写标语，积极从事宣传活动。乡政府召开大会时，因胡耀邦擅长演讲，很多时候由他出来讲话。他讲得有生有色，富于鼓动性和感染力，常常博得阵阵掌声。他几次路过自己的家门而不入，为文家市大捷、为红军第一次占领长沙，立下了汗马功劳。

与此同时，由于胡耀邦是一位读过中学的小"秀才"，他在"少共列宁学校"儿童启蒙教育工作中，大显身手，经常到各赤色小学校去讲课，宣传革命道理，传授文化科学知识。据当时县苏维埃文化委员会统计，"该县计有列宁学校4所，学生211名，其中男144名，女67名。赤色小学校116所，学生4237名"。许多学校都留下了胡耀邦这位"小教师"的身影和足迹。

经过革命斗争的洗礼，1930年8月，胡耀邦经杨国英等人介绍，加入了中国共产主义青年团，并担任乡团支部书记。从此，他更加日以继夜地从事革命活动。

8月19日，骄阳似火，热浪蒸腾。红一军团在朱德、毛泽东带领下，驻扎文家市附近。次日拂晓，朝霞满天，山野一片宁静。红一军团全面发动进攻，由红三军（军长黄公略、政委蔡会文）担任主攻，先取制高点九峰寺。红四军（军长林彪、政委罗荣桓）和红十二军（军长罗炳辉、政委谭震林）

从西南截击。在文家市当地群众的支持下,经过四个多小时的激烈战斗,全歼敌三个团,击溃一个团,毙敌旅长戴斗垣和一个团长,获得了军团成立后第一次重大胜利。

文家市大捷后,红一军团挥师西移,于8月23日到达东乡永和镇,与由平江长寿街南来的红三军团胜利会师,成立中国工农红军第一方面军和中共第一方面军总前委,由朱德任红一方面军总司令,毛泽东任红一方面军政委兼前委书记和工农革命委员会主席。

红军主力进入浏阳和红一方面军的成立,大大激发了浏阳人民的革命热情,鼓舞了浏阳人民的斗志。为适应这一新的革命高潮,县委和县苏维埃做出决定:在全县实行土地革命,在各区成立拥红会、互济会、妇联等群众组织。毛泽东发出关于"补充整理军实",要求浏阳协助扩军一万名的指示。同年10月,胡耀邦被调到浏阳十八区区委从事宣传工作,并担任团区委委员。

在扩红工作中,胡耀邦凭着他富于鼓动性的口才和幽默的语言,全身心地投入"扩红"工作之中。他带领团员们,走村串户,一面大力宣传鼓动适龄青年参加红军,一面加紧做好优待红军家属的工作。在县委县苏维埃的号召下,通过做深入细致的发动工作,一批又一批优秀浏阳儿女应征入伍。据初步统计,在红军两次攻打长沙期间,浏阳青壮年加入红军的有一万人以上,超过红一方面军提出的要求。如唐亮、孔石泉、饶子健、杨世民、王才伦、叶子龙、张翼翔、黎东汉等,都是在这时参加红军的。他们随红一方面军南征北战,在血与火的战斗洗礼中成长,后来都成为中国人民解放军的高级将领。

随着形势的发展,中共湘东特委急需干部,决定在特委所属的浏阳、茶陵、萍乡等相邻的11个县选拔,由乡苏维埃政府选送。青年工作卓有成效,崭露头角的胡耀邦被派去湘东特委工作。

二 "红小鬼"苏区立功

这时,中共湘东特委驻地在萍乡。1931年春,春光明媚,微风轻拂,鸟语花香。刚满15岁的胡耀邦,踌躇满志,怀着无限喜悦和依依惜别的心情,告别家乡父老和双亲,独自一人向江西进发,走到芦溪一条河边,遇敌设防拦截。芦溪是湘赣边界的要道,敌人在此处严加把守,并张贴布告:凡出入桥头者,一律要严格搜查,可疑者一律扣押。本来,为安全起见,区委拟派区联队护送,但胡耀邦考虑到区联队战斗任务繁重,而且人多容易暴露目标,引起敌人注意,便婉言谢绝,独自赶路。

从家乡苍坊到芦溪,多为山间羊肠小道,胡耀邦凭着一双铁脚板,迅速来到芦溪郊外,进入了敌占区。他加倍警觉,巧妙地躲开敌人的盘查和关卡。但要进芦溪镇,必须经过一座桥头堡,而这正是敌人严加防守之地。胡耀邦一边向前行走,一边思量对策。蓦然,他见一位推着独轮车打柴归来的老者正要过桥,便灵机一动,急步向前,大声喊道:"大伯,看样子您老人家推车很累,我来帮您拉车。"

大伯被胡耀邦的言行所感动,连声夸赞他是个"好后生",两人边走边聊,得知大伯姓罗,唯一的儿子被国民党军队抓去当壮丁,他体弱多病,与老伴苦度光阴,胡耀邦顿生怜悯之心,便将自己急于到镇上去的打算如实告诉罗大伯。他满口答应把胡耀邦当作自己的远房亲戚带他进镇。

他们走上桥头,只见三步一岗,五步一哨,如临大敌。原来,今日萍乡防区敌人来此巡视,除本地人可以通行外,外来人员一律不准入镇。尽管大伯好话说尽,也无济于事。

胡耀邦担心连累大伯,便理直气壮地冲着拦截他的哨兵说:"既然你们对我这个走亲戚的学生都这样害怕,不讲情面,那我今天就不进镇子了。不过我们湖南人不会像你们这样无情无义!"

一个哨兵大声号叫:"这小东西嘴巴好厉害,把他捆起来!"

"老总,他是帮我打柴的亲戚,您就高抬贵手,让他进去吧!"罗大伯再一次哀求道。

"不让人家进镇，就让人家回去吧。天快黑了，一个细伢子在外怎么办？"人群中有人说起公道话。

众怒难犯。哨兵不由分说，对着胡耀邦吼道："你快给我滚回去！"

胡耀邦无奈，只得离开桥头堡，连夜返回浏阳苍坊老家。

这次芦溪受阻，胡耀邦未实现赴特委的计划，心急如焚。特委得知这一情况后，指示区委一定要派人尽快护送胡耀邦到特委上任。就在三天后的深夜，区联队突袭了芦溪镇桥头堡，胡耀邦安全地进入芦溪，与特委赶来迎接他的交通员接头，顺利地到达目的地。

苏区立功

不久，中共湘东南特委由萍乡迁至莲花县城附近的花塘村，并改为湘东南特委。胡耀邦远离家乡，担任少共湘东南特委常委，兼任湘东南儿童团总团长。

胡耀邦离别家乡，奔赴江西中央苏区时，对同窗好友说，好男儿岂能恋守几亩土地几间房屋？应该像李立三那样去闯天下，离家干革命。

李立三是湖南醴陵人，1927年4月，他与毛泽东共同出席了中共五大，被选为中央政治局委员。7月，他又任中央临时政治局常委，参与领导南昌起义。1928年11月任中央政治局常委、宣传部长。1930年6月，他主持召开了中央政治局会议，通过了他提出的《新的革命高潮和一省和数省的首先胜利》的决议，两次命令红军打长沙，标志着"左"倾冒险主义在党中央的统治地位，但很快得到纠正。

中学时代的李立三，在与同窗好友罗章龙的合影照背面题道："天下英雄，唯使君与吾耳，虽不必有此事，亦不可无此志，非敢自负，实自勉也。"

李立三中学未毕业，就离家去闯天下，他在言志诗中写道："浩气横牛斗，如焚痛国仇。诗书从此别，投笔效班侯。"

李立三的壮举与诗篇，对胡耀邦影响很大，他立志像中共早期领导人李立三那样，告别"诗书"，投笔从戎，成就一番惊天动地的事业。

1931年2月，胡耀邦改任少共湘东南特委技术书记。8月，湘东南特委、湘南特委以及赣西南所属西路、北路三个特委合并成立湘赣临时省委（10月上旬正式成立省委，王首道任书记），10月17日至25日在莲花县花塘村召开了湘赣省第一次苏维埃代表大会，正式成立了湘赣省苏维埃政府（袁德生任主席，张启龙、彭德怀任副主席），同时，组成了湘赣省少年先锋总队和湘赣省儿童总局，由谭启龙任少年先锋总队总队长，胡耀邦任儿童总局书记。在此任内，他积极组织全省青少年学习革命理论，参加革命斗争，并在《列宁青年》刊物上发表文章，呼吁各级党、团组织进一步重视儿童工作。他还不辞劳苦，经常深入各县学校检查巡视，要求各校在抓好文化科学知识学习的同时，抓好儿童的品德教育、共产主义理想教育和一般的军事常识教育，培养他们成为优秀的共产主义事业接班人。

胡耀邦在1931年至1932年这两年里，一直在湘赣苏区负责少儿工作。他虽然只有十六七岁，弱冠年华，但人小志大，开朗活泼，朝气蓬勃，吃苦耐劳，被人们称为"红小鬼"。在他的带领下，湘赣苏区的儿童工作开展得有声有色，丰富多彩，苏区儿童身心得到健康发展。胡耀邦对苏区少儿工作尽职尽责，为苏区根据地的巩固和发展作出了贡献。

胡耀邦对湘赣苏区的少年儿童工作抓得很紧。他根据少年的性格好跳爱唱，对儿童除了政治教育以外，还开展很好的文艺活动来陶冶他们的心灵，使他们健康成长。在湘赣省共产主义儿童局工作期间，胡耀邦抓了儿童局主办的《红色儿童报》的编辑工作，并亲自编刻。当时，各级儿童团成立娱乐部、列宁室，开展队列训练、做操、踢毽子、滚铁环等体育活动和唱歌、跳舞等文娱活动。1932年5月下旬，在胡耀邦的组织下，省儿童局举办了全省儿童文娱体育活动总检阅，更推动了儿童文体活动的开展。

胡耀邦非常重视对儿童的思想教育，亲自抓了《共产主义儿童报》的编辑出版工作。这是一份四开页的半月刊，每一期的组稿、编写甚至油印工作，都花费了胡耀邦大量的精力。这份报纸办得生动活泼，通俗易懂，为广大苏区儿童所欢迎，在增长儿童知识、培养儿童共产主义世界观方面起了很大作用。

同时，他还主编儿童团的机关刊物《时刻准备着》，他在创刊号上写过一首生动的诗歌："你们是贫苦工农的小弟妹，我们是从小做工的苦姐哥，我们都是皮安尼尔（儿童团员），我们要时刻准备着！先努力把这些怪物打掉，再携手儿向鲜红的苏维埃乐园走！……"

在胡耀邦的领导下，湘赣边区的少年儿童工作开展得红红火火，卓有成效。当时少共苏区中央局冯文彬来湘赣巡视工作，对湘赣少共工作评价很高，说湘赣儿童是革命的小英雄，是全国的模范。在当年所做的大量工作中，有几件事给大家留下深刻的印象：

全省儿童总检阅。1932年5月，湘赣儿童局举办全省儿童总检阅。参加者有湘赣全省200余县的少先队和儿童团的代表共计近万人。其中永新、莲花两县代表最多，各有100余人。检阅集中在永新、莲花两县之间进行。内容有三：一是集体军事演操，项目有正步、跑步、齐步走，以及刺杀、投弹等；二是政治测验，考试儿童团组织的基本知识；三是文艺表演，赛歌赛舞。通过检阅推动了全省的儿童工作。接着，永新县在县城沙罗洲举行全县少年先锋队和儿童团操练检阅比赛，参加者有里田、石陂等8个乡的少先队代表。比赛后，有500余名青年集体报名参加了红军。

胡耀邦注意发挥儿童在根据地的战斗作用，组织儿童团站岗放哨，警戒敌人，维持地方治安。当时湘赣边区每个区乡都设有哨卡，由儿童团担负警戒，来往行人都要出示乡政府以上的通行证，方能放行；凡形迹可疑者，经详细检查后，交乡政府处理。每次敌人想派侦探打入苏区，都因为哨卡检查严密，阴谋未能得逞。儿童团员办事非常认真，从不徇私舞弊。有一次，军区总指挥蔡会文因事经过永新里田，忘了带通行证，被儿童团抓住送交乡政府。事后，他竖起大拇指夸奖儿童团说："小朋友，你们做得对！"

对一些特殊重要的任务，胡耀邦还亲自布置，面授机宜。一次，省军区白区工作团需要一名女孩去白区侦察敌情，胡耀邦就从儿童团中挑选了斗争性强、机智灵敏的贺金姬小姑娘去执行任务。

临行前，胡耀邦严肃地告诉贺金姬："这是一次特殊的任务，你要机智勇敢，不怕牺牲，千方百计迷惑敌人，拼死也要完成省军区交给的任务。"

贺金姬忽闪着一双精灵的大眼睛，记住胡耀邦的叮嘱，利用巧妙的方法获得了重要的情报。事后，胡耀邦表扬了她，她还受到省军区的赞扬。

胡耀邦在湘赣省苏区期间，工作作风踏实，十分注重调查研究。他经常不辞辛劳跋山涉水深入基层巡视工作，湘赣苏区到处都留下他的足迹。他每到一地，总要找干部和群众了解情况，他随身带着一本用牛皮纸包着的笔记本，把了解的情况记录下来。

胡耀邦在繁忙的工作中还挤出时间来为《湘赣红旗》、《列宁青年》等报刊撰写文章、山歌，以鼓动苏区群众的革命热情。如1932年8月30日出版的第13期《列宁青年》上就刊载了胡耀邦写的题为《拥护红军》的山歌。唱词是：

男　唱

山歌开口不骂人，告诉朋友两事情，

讨婆要讨贫家女，当兵要当我红军。

女　唱
一针一针又一针，做双鞋子送红军，
先生老板我不想，不嫁红军不甘心。
男　唱
你我同意又合心，何不结成自由婚，
自由婚姻结成后，你理家事我当兵。
女　唱
亲哥勇敢愿当兵，愿与亲哥就结婚，
家中事情你莫念，望你努力杀敌人。

在第20期《列宁青年》上又刊登了他写的《参战歌》。

胡耀邦刚任儿童局书记时，有些区、乡、村儿童团组织尚未建立或不健全，这些地方的儿童工作还未真正开展起来。针对这种情况，他即把儿童团组织建设作为最首要的工作来进行，并主持制订了湘赣苏区发展儿童团组织的工作计划，强调应迅速建立和健全各级儿童团组织，扩大儿童团队伍。为把计划落到实处，胡耀邦还带着省儿童局干部到县、区、乡检查指导工作，帮助建立儿童团组织。经过一段时间的努力，全省各区、乡、村都普遍建立了儿童团组织。

儿童团建立后，广大儿童踊跃参加自己的组织，但也有些家长认为细伢子参加儿童团是图好玩，参加儿童团要耽误做家务，因而不让自己的孩子参加。胡耀邦了解到这种情况后，要求儿童团干部利用各种场合进行宣传鼓动，挨家挨户去做家长的思想工作，使他们自愿让孩子加入儿童团。他强调说："刘备三顾茅庐请出了诸葛亮，为了革命事业，我们也可以去三顾茅庐嘛。"经过各级儿童团组织积极宣传动员，儿童团队伍迅速扩大。到1932年7月全省计有7万余名儿童加入了儿童团。这时，培训儿童团干部又成了面临的一项重要任务。省儿童局不定期地举办了儿童团干部训练班，胡耀邦亲自与训练班研究制订培训计划，编写有关教材，并以自己的亲身经历来讲怎样做儿童工作。他讲课时，声音洪亮有力，还不时插入一些生动的例子，幽默风趣，学员们听得津津有味，很受教益。通过培训，儿童团干部的素质得到了很大提高。

胡耀邦非常重视苏区儿童教育，懂得教育必须"从娃娃抓起"的重要性。由于当时湘赣省各县经济贫困，文化教育十分落后，绝大多数儿童都上不了学。为了造就和培养革命后代，胡耀邦要求各级儿童团组织把动员和鼓励儿童学习文化知识当作自己义不容辞的责任。他在全省儿童局书记会议上强调，"必须用最大的力量动员和督促广大儿童入学"。胡耀邦还在共青团湘赣省委主办的刊物《列宁青年》上发表了一篇题为《目前团在儿童运动中的一件中心工作——领导全体学龄儿童到列宁学校去读书》的文章。文章指出了苏区儿童教育不发展的主要原因是"团组织领导不力"。文章阐述了对儿童加紧共产主义教育和学习的重要性，并向各级儿童团提出：1. 要领导广大学龄儿童到列宁学校去读书；2. 向儿童及其家长广泛宣传，启发儿童的求知热情；3. 没有建立列宁小学的地方，儿童团组织要负责发起并着手进行组织。他的文章对苏区儿童入学起到很大的促进作用。他每次下基层，都要把儿童入学问题列为检查内容并帮助解决一些实际问题。一次，胡耀邦来到永新厚田、三房一带检查工作，在村口，看到一个八九岁的小孩坐在路旁哭，他当即走向小孩的身边询问，原来是小孩没有钱买课本读书，他便把身上当月分伙食尾子得来的20个铜板给了这个孩子。回到省里后，他即向省苏维埃政府反映了这个情况，并建议村、乡政府从公田收入中拿出一些钱来解决部分贫苦农民孩子无钱买书的困难。在他及各级政府、儿童团组织的重视和关心下，苏区儿童基本上都进入了列宁小学和识字班读书学习。

胡耀邦注重训练儿童深入白军做兵运工作。有一次，他在湘赣省儿童团代表大会上做了热情洋溢的讲话。他说,儿童年纪小,善于隐蔽,不易引起敌人的注意,具备深入白区做兵运工作的许多有利条件,人小可以干出大事业来。他的一席符合儿童心理特征的话,使与会者深受启迪。

果然,1932年,湘敌陈光中部进攻茶陵,重兵盘踞腰陂镇,其时,有三个白军士兵经儿童团的几名团员做细致的思想工作,终于带枪投奔红军。像这样在儿童的影响下白军投诚的例子在边区莲花、攸县、分宜等县不胜枚举。莲花花塘村儿童团员彭晓与两个迷路的白军士兵套近乎,取得他们的信任后,将他们故意带到红军游击队中,让他们乖乖地带枪投奔红军。

组织儿童团跳舞唱歌慰劳红军。胡耀邦能歌善舞,还吹得一手小号,是个出色的文艺活动能手。在他的感召下,每次部队胜利归来,省团部组织儿童团去慰问红军。他亲自负责训练文艺骨干,编写节目和慰问词、祝贺信,并亲率慰问队去医院慰问红军伤病员。当战士们听到嘹亮悦耳的歌声和热情洋溢的慰问词时,个个感动得热泪盈眶。

有一次,胡耀邦即兴向凯旋的指战员表演了自己参与编写的深受湘赣军民喜爱的采茶剧《大放马》。该剧以牧童与村姑对唱的形式,歌颂了十月革命和工农运动。歌词中的一段是:

> 共产党宣言是什么人起草?
> 十月里个革命什么人领导?
> 什么人呀在中国组织工农运动?
> 共产党宣言马克思起草,
> 十月里的革命列宁来领导,
> 苏兆征是工人的首领,彭湃来个毛泽东组织农民运动。

此节目受到广大观众的欢迎,还获得优秀奖。

动员儿童收集废铜烂铁，支援前线。当时苏区红军枪支弹药十分匮乏，为了支援前线，湘赣儿童局号召广大苏区儿童收集废铜烂铁送到红军兵工厂造子弹。广大少年儿童积极响应，很快掀起了收集废铜烂铁的热潮。在胡耀邦等同志领导下，每日往永新县委驻地肖家祠送废铁的少年儿童络绎不绝。据不完全统计，1932年，永新少年儿童收集的废铜烂铁，总数竟达36万斤。

识字扫盲，移风易俗。儿童团除了站岗放哨以外，还担负着识字扫盲的任务。每个哨卡都有识字岗，竖着识字牌，每天新换五至十个字，过往行人除检查通行证外，还要能识字方准通行，不识字的由儿童团负责带读，直到认识为止。通过这项工作，苏区的文盲大为减少。其次是禁烟禁赌禁缠足。当时苏区内吸鸦片、赌钱、缠小足的风气很浓，用行政命令禁止很难见效。儿童团发动起来后，日夜上阵，这几种坏习气很快就看不到了。人们称赞道：儿童团神通广大。

胡耀邦深知学习的重要性，他学习十分勤奋，虚心好学，经常向斗争经验丰富、文化水平高的省委领导同志王首道、林瑞笙、张启龙、袁德生等请教在学习和工作中遇到的一些问题。他尤其爱好读书，除读一些革命书籍外，也涉及中国古典名著。由于胡耀邦刻苦努力，他在湘赣苏区工作这段时间里，知识水平和工作能力提高很快，受到省委领导和同志们的一致好评。

胡耀邦性格活泼，勤奋好学，待人热情，胸怀开朗。他读过初中，在当时称得上是少有的"知识分子"，且能刻一手漂亮的钢版字。他在任湘赣儿童局书记时，仍主动参加刻钢版的工作。因此，当时出版的《列宁青年》和《共产主义儿童报》上，都留有他苍劲俊逸的笔迹。他还热情地帮助文化较低的同志学习文化。原山东省委书记谭启龙在《谭启龙回忆录》中写道："省少先队总队部机关同省委机关都在永新县城北门附近的肖家祠堂办公。同时住在祠堂里的还有省儿童局书记胡耀邦同志……那时，我们都住在肖祠堂二楼上，他住在二楼的西边，我住在二楼的东边，又同是少共省委的执行委员,我们一起工作,一起学习,一起玩耍,他还教我学习文化知识,我们相处得很好,亲如兄弟,从此,奠定了我们以后近60年革命友谊的基础。"

提起胡耀邦与谭启龙(新中国成立后任四川省委书记、中央委员)的友谊,在湘赣苏区流传着许多动人的故事。

在湘赣苏区战斗的岁月里,两个"红小鬼"感情甚笃。胡耀邦深深同情谭启龙苦难的童年。谭启龙1914年出生在江西永新县象形乡黄塘村一个赤贫家庭,上无片瓦,下无立锥之地,父亲靠做长工、打短工养家糊口。他6岁时,父亲因积劳成疾,无钱医病,丢下孤儿寡母,撒手人寰。4年后,母亲被豪绅家的团丁欺凌毒打,含恨离开人世。10岁的谭启龙,成为一个举目无亲的孤儿。他只得给人家放牛、砍柴,苦度光阴。1928年,14岁的谭启龙怀着对阶级敌人的深仇大恨,参加了革命,成为儿童团团长。湘赣省委成立后,他担任省少先队总队长。

一个月白风清的夜晚,胡耀邦拉着比他大一岁的谭启龙的手,推心置腹地谈心:"小老兄,我们既参加了革命,就得好好干,为天下劳苦大众的翻身得解放,奋斗终生!"

谭启龙仰着童稚的脸蛋,忽闪着机灵的大眼睛,认真地回答说:"老兄,共产党把我从苦海中解救出来,我不会忘记共产党的恩情,一定跟着党好好干革命。不过,我没进过学堂门,仅在儿童团里学习了一些字,由于没有文化,工作起来非常吃力。你肚里墨水多,以后要多多帮助我学习文化,好吗?"

胡耀邦高兴地回答:"我肚里谈不上有多少墨水,也只在学校读过7年书,学习还得靠自学,边干边学嘛。只要你肯学习,我一定帮助你。"

胡耀邦历来办事认真,说到做到,从不违背诺言。他根据谭启龙的实际情况,为他制订了一个详细的学习计划,什么时候读哪些书,看哪些文件,每天写多少字,都一目了然。无论工作多忙,他总是抽时间进行检查督促。

每当谭启龙在学习上遇到困难，他总要耐心解答，直至帮助他弄懂为止。

几十年后，谭启龙还深情地说："我在湘赣苏区工作期间，文化知识和思想政治水平提高较快，这与耀邦的热忱帮助是密不可分的。"

在湘赣苏区工作期间，胡耀邦与谭启龙总是相互支持，配合默契，哪个工作环节遇到困难，就共同想办法一起解决。

对于动员苏区8至16岁的儿童加入儿童团，谭启龙为胡耀邦出了好主意，他说："我可以向全省的少先队员布置一个任务，每个队员要做通自己父母或叔伯的思想工作，并主动多做家务，让自己的弟妹参加儿童团。你看怎么样？"

胡耀邦听了心中乐开了花，高兴地打了谭启龙一掌，笑着说："要得！好主意！行得通！"

通过各方面艰苦细致的工作，湘赣省百分之九十以上的儿童都参加了儿童团。

对于谭启龙担负的全省少先队的工作，胡耀邦更是尽力支持。苏区少先队是由16至23岁的青少年组成，是半军事性质的群众武装组织，是红军的后备军。胡耀邦要求各级儿童团组织要把年满16岁的儿童团员及时地输送到少先队去，壮大少先队组织。

在湘赣苏区，胡耀邦和谭启龙都是少共湘赣省委的执委，他们经常一道下基层，到县、区、乡检查、巡视共青团及儿童团、少先队的工作，一起交流工作经验。在他们的努力下，湘赣省的少先队和儿童团的工作都开展得卓有成效。

胡耀邦和谭启龙在生活上更是互相关心，亲如兄弟。胡耀邦性格活泼，待人热情，谭启龙性格直爽，做事踏实，以诚待人。两人又有共同的革命理想和追求，情同手足。工作之余，他们一起讲各自家乡的风土人情、民间故事、革命人物。胡耀邦读书多，还讲《水浒》、《三国演义》以及现代文学作品中的一些故事。谭启龙经常率领模范少先队去前线配合红军打仗。有一次，他在执行任务中，崴了脚，肿得像个大包子，走路疼痛。胡耀邦每天背他下楼办公、上楼睡觉，为他端饭送水，又到红军医院抓草药，熬成汤，帮他擦洗。

1932年10月的一个深夜，肖家祠内一片静谧。谭启龙一觉醒来，见胡耀邦房门缝隙透着灯光。耀邦怎么还未睡？他推门进去，只见胡耀邦在微弱的灯光下伏案写作。谭启龙带着责备的口气说："这么晚还不睡！不能明天再写吗？"

胡耀邦站起身，揉揉眼睛，说："《列宁青年》为配合全省开展的秋季扩红运动，准备出一期专刊，约我写一篇文章和一首山歌。我明天要去吉安县检查工作，今晚要打个夜班写出来。山歌已写好了，你看行不？"

谭启龙接过来一看，山歌名为《拥护红军》，清秀的字迹映入眼帘，看完后，连声称赞："蛮好！形式蛮新，唱起来肯定好听。"说着，好像突然记起了什么，转身回到自己房间，手里拿着一个大红薯回来，说："下午从埠前乡回来，王大娘硬塞给我这个烧红薯，我没舍得吃，正好犒劳你。"

"真是雪中送炭，我肚子正饿得咕咕叫哩。"胡耀邦也不客气，接过来，一把掰成两半，一半递给谭启龙说，"二一添作五。"

"哈哈哈！"两人笑得前俯后仰，笑声在寂静的夜空中荡漾。

1932年6月，根据少共中央局的指示，少共中央局巡视员冯文彬在湘赣省委的协助下，改组了少共湘赣省委，以加强省委中工人雇农的成分。由工人出身的王炳生代替学生成分的易心平任省委书记，易心平任宣传部长，王坚中任组织部长，曾昭明、王泉媛为青妇委员，郭英清任秘书长，胡耀邦、谭启龙、易素兰、王龙光、段苏权、刘培德、曾元等被选为执行委员。

胡耀邦不负重托，恪尽职守，把苏区的少儿工作开展得有声有色，受到少共中央局的表彰。

蒙冤"AB团"分子

正当胡耀邦领导儿童局工作开展得有声有色之时,以王明"左"倾错误为标志的党中央,对革命组织内部隐藏的阶级敌人,做了过分夸大的估计,提出了一系列过"左"的肃反政策,并强令将湘赣根据地的大批领导干部当作"AB团反革命分子"列入肃反对象,责令省委进行"审理"。

"AB团"中的"A"字,是英文"反"字的第一个字母,即反对的意思。"B"字代表布尔什维克。"AB团"是国民党右派1927年初建立的一个反共组织,几个月后便被解散。但以王明为首的"左"倾机会主义者在中央占据了领导地位,受其影响,湘赣苏区的肃反工作出现了简单化、扩大化的错误,错杀了一批好干部、好同志。对一些被怀疑的对象随意拘捕,大搞"逼、供、信",严刑拷打,致使不少同志屈打成招,惨遭杀害。领导肃反的肃反委员会只凭口供,不做调查,使许多革命同志含冤九泉。

湘赣省委书记王首道认为,对待肃反问题,必须慎之又慎,一定要重调查研究,重确凿的证据,绝不能错杀无辜。但苏区中央局再三催促"速办",甚至指责省委在肃反问题上"右倾",逼迫省委抓紧肃反工作。

当时的湘赣省总工会委员长"左"得出奇,他背着省委,挑选了一些战士,成立了一个纠察队,用逼供信的办法,逼着一批战士承认自己是"AB团"分子,全部将他们杀害。

苏区中央局偏信湘赣省总工会委员长一面之词,他打"小报告"说湘赣省委在肃反工作上软弱无力,对"AB团"姑息纵容,从而爬上了肃反委员会主要负责人的宝座。此人心狠手辣,品质极坏(在长征时叛变)。他是湖南醴陵人,木匠出身。1932年4月任湘赣省总工会委员长,10月当选为中共湘赣省委候补常委。他任省总工会委员长时,就把工人纠察队以"AB团"的罪名搞掉了。之后,纠察队又重新抽调政治上可靠的骨干组成,结果又被他搞掉了。他任肃反委员会头头后，耀武扬威，首先加害于朱昌偕，逼得他在永新梅花山自杀身亡。

在这段时间，王首道与张启龙等同志，较好地控制了肃反局面，保护了大批好同志。有的上级下令要杀，被抵制住，免遭杀害；有的上级下令要逮捕，他们没有执行。后来中央认为他右倾，撤销了他的湘赣省委书记职务。

面对湘赣苏区大抓"AB团"的严峻局势，引起大家的极度恐怖，到了人人自危的地步。胡耀邦感到无比困惑和迷茫，心中生起一阵阵疑团："肃反"怎能如此胡来？昨天还是一起冲锋陷阵、拼命工作的同志，今天怎么就成了反革命？省委书记王首道不遗余力地领导苏区军民建设和保卫根据地，成绩显著，有目共睹，怎么竟被撤销职务，受到残酷斗争、无情打击？

一场横祸随即降临到他和谭启龙的头上。胡耀邦（时任湘赣儿童团团长）和谭启龙（时任省少先队队长）的私下议论很快被省委政治保卫局知悉。加之胡耀邦的一个老师是"AB团"，他平日和这位老师在工作中接触较多，胡耀邦又是一个读过初中的"小知识分子"，湘赣省保卫局"顺藤摸瓜"，认定胡耀邦也是"AB团"成员。1932年底，保卫局报肃反委员会同意，将他们两人列入"AB团"分子名单，并停止了他们的工作。由于他俩是省里两个部门的领导，对他们的处理还需要提交省委常委会讨论。会议一开始，肃反委员会头头当场宣布：谭启龙、胡耀邦是新侦破的"AB团"分子，应立即逮捕。

到会的大部分同志感到很突然，不相信这是真的，不相信他们这两个从小参加革命、对党忠心耿耿、勤奋工作的"红小鬼"，会是"AB团"分子。有的领导还说：抓了他们又怎么办？会场气氛顿时紧张起来，空气几乎要凝固了。

沉默片刻，省委常委、省苏维埃政府副主席谭余保站起来毫不含糊地说："这两个红小鬼，出身苦，从小参加革命，工作一贯积极，思想活跃，直言快语我了解他们，他们怎么会是'AB团'分子呢？不能抓！"

当时，肖克、王震带兵打仗在外，新委任的省委书记任弼时尚未到任，谭余保讲话还是有些分量的，他的话使肃反委员会头头露出窘相，然而他硬是一口咬定胡耀邦和谭启龙是"AB团"分子。

恰值少共中央局巡视员冯文彬列席这次会议，根据他在湘赣苏区巡视、检查了解到的情况，认为胡耀邦和谭启龙是在革命队伍中长大、工作很不错的年轻干部，不可能是"AB团"分子，决心把他们保护下来。他看着肃反委员会头头与谭余保争论不休，便起身坚毅地说道："我正准备近两天回中央苏区汇报工作，这两个人就让我带到中央苏区去'审查'吧！"

谭余保一听，心想，冯巡视员这是要保他们，于是表示同意。肃反委员会头头觉得也有台阶可下，没有反对。其他与会者更不持异议。就这样，胡耀邦和谭启龙躲过了当"AB团"分子被杀害的厄运。

12月下旬，冯文彬带着胡耀邦、谭启龙，还有省总工会干部宋新怀等一起到了中央苏区。

一天，天色阴沉，寒风凛冽，少共中央局书记顾作霖把少先队中央总部部长张爱萍叫去，严肃地对他说："交给你两个'AB团'嫌疑分子，是从苏维埃湘赣转过来的。对他们要认真审查，既不能冤枉好人，也不能漏掉敌人，一定要实事求是。"这两个人就是胡耀邦和谭启龙，都是十六七岁的小青年。

张爱萍对当时那种随便怀疑人、审查人的整人做法大为反感，况且他自己也有过一次险遭杀头的切身感受，因此，对胡耀邦和谭启龙没有丝毫怀疑态度，压根儿也不相信这两个娃娃是"AB团"分子。既然组织上把他俩交给他"审查"，便分别找他俩谈话。他了解他们的出身、经历、爱好和特长，觉得他俩纯系冤屈，于是重新分配他俩的工作。当时张爱萍兼任"反帝拥苏大同盟"青年部长，便把胡耀邦留在青年部当干事。20世纪末，张爱萍在《丹心耀日，矢志兴邦》的回忆文章中写道："经过一段时间的相处和工作实践，我认为这两个同志（指胡耀邦、谭启龙）都无问题。胡耀邦聪颖活跃，热情能干，虚心好学，还颇有文才，对许多问题都有个孔夫子'每事问'精神，好打破沙锅璺（问）到底；小小年纪就有为共产主义奋斗终生的坚强决心，干起工作来又是个拼命三郎。我正式向顾作霖报告：这两个人绝不是'AB团'成员，从籍贯、年龄到工作经历，特别是现实表现，足可以证明他们是革命同志。"

听了张爱萍的报告，顾作霖双眉紧蹙，陷入沉思。停了片刻，他对张爱萍深有感慨地说："是啊，我们对革命同志一定要从爱护出发，不能捕风捉影，陷害好人。"

胡耀邦17岁的年纪，人小心红，却无端受屈，他感到无比痛苦和烦恼。为了澄清是非，还自身一个清白，经再三考虑，他决心去找少共中央书记顾作霖，一吐为快。

一天晚上，朔风呼啸，寒气袭人，胡耀邦鼓足勇气，来到顾作霖住地，向他开门见山地倾吐自己的苦衷。他与顾作霖彻夜长谈，从家庭出身，文化程度，谈到14岁离家参加革命，加入共青团，到湘赣省做儿童团工作等革命经历。顾作霖听后深受感动，安慰他说："你别急，是不是'AB团'，会弄清楚的，你好好等着。"事后，顾作霖对冯文彬说："不像吧，胡耀邦那么小的年纪，怎么会是'AB团'呢？"冯文彬回答："是啊！耀邦的历史是很清楚的，这几年他一直在苏区工作，一个十六七岁的娃娃，不可能是'AB团'分子。"

这以后，胡耀邦有了行动自由。冯文彬经常鼓励他，要相信党，耐心等待。有话就找领导和同志们谈，别闷在心里。

不久，冯文彬被派去福建工作，胡耀邦泪眼婆娑地去送他，一边走一边问："你走后，我怎么办呢？"

冯文彬深情地安慰他："相信组织上会对你做出正确的结论的，不要急，更不要想不开，要经得起考验，你应坚强起来。"

胡耀邦依依不舍，一直把冯文彬送到村外的桥头。冯文彬策马走了一阵，回过头来，看到胡耀邦仍在寒风中伫立不动，目送他渐渐远去。

后来，在顾作霖的主持下，组织上实事求是地为胡耀邦做出了正确结论，使他免于灭顶之灾。

1933年1月，胡耀邦调到苏区中央局所在地瑞金，先期由少共中央局派他到福建省宁化和清流县巡视工作。5月，到中央苏区儿童局，从事少共中央局《青年实话》的编辑工作，并主编儿童局机关刊物《时刻准备着》。组织上发现他具有很强的宣传组织才能，便调他任"反帝拥苏大同盟"宣传部长。9月，不到18岁的胡耀邦由共青团员转为中共党员。1934年初出任少共中央局秘书长。谭启龙被任命为中华苏维埃少年先锋队中央总部巡视员。两人后来得知，他们走后，被打成"AB团"分子的一些干部，如袁德生（省苏维埃主席）、易心平（团省委书记）、张槐荪（省委秘书长）等都被错杀了。

1982年9月，在党的十二大上，胡耀邦当选为党中央总书记，时任中共四川省委书记的谭启龙正巧遇见时任中央党史资料征集委员会主任冯文彬，跟他开玩笑说："你保了个'总书记'。"冯文彬哈哈直笑，说："还保了你这个省委第一书记。"

1933年10月，谭启龙奉命赴湘鄂赣苏区工作，在离开中央苏区前夕，胡耀邦特意来看望他。两位同生死、共患难的战友，都知道这一别不知何时才能见面，真有点依依不舍，相互紧握着对方的手，互相鼓励在各自的战斗岗位上干出更好的成绩来！

自中央苏区一别，直到全国解放，16个春秋，他俩未谋一面。新中国成立后，胡耀邦和谭启龙各自担任着重要的领导职务，尽管他们见面机会很少，但是他们战争年代结下的革命情谊，没有被岁月的风雨冲淡。他们始终深切地关心和惦念着，莫逆之交情谊深啊！

1988年春，谭启龙赴京参加党的十三届二中全会，得知胡耀邦因病在京住院治疗，即抽空前往医院看望。谭启龙的到来，使胡耀邦很是欣喜，两人尽情叙谈。胡耀邦还坚持要谭启龙把家人都叫来，一起吃顿饭。席间，谭启龙劝胡耀邦在身体状况许可的情况下到处走走，散散心，以利于早日恢复健康。胡耀邦说："我也这么想过，除掉散散心，也做些调查研究。"两人在倾谈中，胡耀邦回忆了在苏区受迫害的难忘岁月，他无限感慨地说："我们庆幸碰到了三个好领导：一个是冯文彬同志，一个是顾作霖同志，再一个是张爱萍同志。没有他们认真负责的态度和坚持实事求是的原则，我们何能得以'双脱险'呢？"

同年夏，胡耀邦身体稍有好转，即去胶东视察、游览。9月返京路过济南时，特意停留一天，打算与居住在济南的老战友谭启龙见见面。不料，谭启龙因身体有疾已于日前去了上海检查、治疗，因而未能如愿。胡耀邦在住所，静静地想着战争年代的峥嵘岁月，想着与谭启龙几十年的战友情谊，不禁心潮翻滚，感慨万千，当即赋诗一首：

回京路过济南拟访老战友谭启龙同志，始悉因病去沪治疗，怅然若失，书此相寄。

年逾古稀能几逢，逆交难忘六十春。
冤蒙AB双脱险，战处南北俱幸存。
牛棚寒暑相忆苦，开拓岁月倍感亲。
遥祝康复更添寿，寿到雏声胜老声。

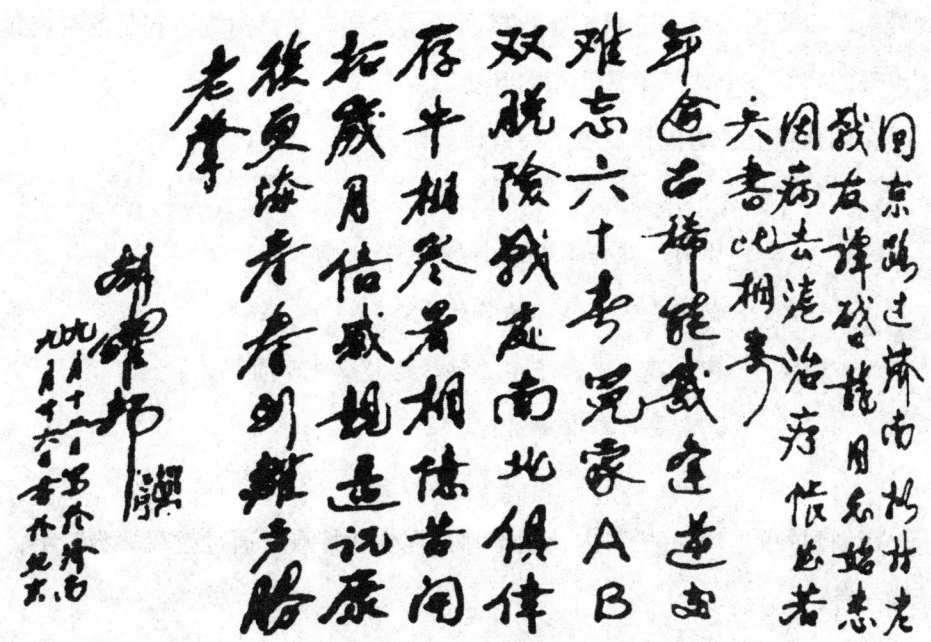

1988年9月16日,胡耀邦赠谭启龙诗

9月26日,胡耀邦回家后,将此诗用宣纸抄好,也不知何故并未及时寄出。1989年4月胡耀邦逝世后,他的家人清理遗物时,发现此诗,由他的儿子胡德平将此诗寄给了谭启龙。

谭启龙将此诗捧读再三,诗中那至诚至深的战友情谊激荡着他的心,胡耀邦的音容笑貌、桩桩往事重又浮现在他的眼前。他再也抑制不住内心的激情,不禁潸然泪下,在胡耀邦赠送的诗篇上留下了斑斑泪痕。

在中央苏区工作的几年里,胡耀邦倾注了年轻人火热年华的全部心血,夜以继日,忘我地工作。

他组织创办了苏区中央儿童局机关刊物《时刻准备着》,为苏区的青年运动和团的建设做了大量工作。

《时刻准备着》创刊于1933年10月5日,到1934年7月25日终刊,共出18期,每期发行4000份。凯丰、胡底、陈丕显、胡耀邦都曾为该刊撰稿。在创刊号上，少共中央局书记凯丰亲自撰写了《发刊词》，称赞该刊是苏维埃领土出现的"第一个共产主义儿童的刊物"。

在创刊号上，胡耀邦发表了一首诗。诗云：

你们是贫苦工农的小弟妹，
我们是从小做工的苦姐哥，
我们都是皮安尼尔（英译意"少先队员"），
我们要时刻准备着！

在创刊号的"识字栏"内，胡耀邦根据少儿特点，通过教写"狗"字，配诗一首：

狗儿汪汪叫，
见了主人跳两跳；
国民党也像一只狗，
见了帝国主义就把尾巴摇一摇。

胡耀邦少年气壮，工作起来生气勃勃，总有一股"不搞出点名堂，决不罢休"的劲头。一次，他到地方参加扩大红军突击运动回来后，要赶着出一期《时刻准备着》刊物，因为版面上有块空白，不能付印，他便拉着赖大超（时任少共儿童局书记）到张爱萍（时任少先队中央总队长）办公室共同凑了一组猜名人谜语作为补白，其中三则妙趣横生，使版面增色不少。抬耳向上——张闻天；精通往事——博古；谁是雇农——何长工。胡耀邦兼职主编《时刻准备着》，他除了负责审稿、定稿外，版面的编排，甚至校对，他都亲自去干，乐此不疲。

1933年9月27日，胡耀邦在苏维埃中央政府机关刊物《红色中华》第113期"党的生活"栏，发表了一篇《共产青年团领导之下的苏区共产儿童三个月的活动情形》的文章。该文翔实地总结了1933年红五月以来苏区儿童团的各项工作。在充分肯定红五月以来3个月工作成绩的同时，指出了工作中存在的缺点：一是有些地方对少儿工作重视不够，没有很好理解儿童工作的重要性；二是实际工作中存在某种"左"的倾向，如有些地方拒绝中农子女加入儿童团等。据此，他提出了"目前儿童局的三大工作"：第一是加强阶级教育；第二是大力发展组织；第三是"苏区的皮安尼尔们，学习我们过去的经验，努力执行共产青年团、中央儿童局给我们的任务，我们是皮安尼尔，我们时刻准备着！"

胡耀邦在少共中央局工作期间，他特别重视调查研究，养成了深入实际、密切联系群众的好作风。他在任少共中央局秘书长后，除协助主要领导抓全面工作外，还管机关事务，工作再忙再累，他都要挤时间深入基层做调查研究。一次，他发现不少家庭甚至学校，不同程度地存在用打骂方法教育子女、学生的情况，还有童养媳的严重问题。他及时向少共中央局作了反映，据此，少共中央协同教育部门发了专门指示进行纠正，并在《青年实话》、《时刻准备着》、《红色中华》等报刊上发表报道和评论，使上述不良现象得以及时克服。

他先后任少共中央儿童局委员、少共中央局秘书长等职，在不同岗位上他都勇于开创局面，卓有成效地进行工作，得到上级领导和同志们的一致赞扬。

艰苦长征

由于王明"左"倾教条主义的错误领导，中央红军未能打破蒋介石的第五次"围剿"。到1934年10月初，敌人继续向中央革命根据地中心区域进攻，红军伤亡越来越大，根据地越来越小，局势越来越严重。这时，中共中央和红军领导人博古、张闻天等决定放弃中央革命根据地，实行战略转移，到湘西同二、六军团会合。

10月10日夜，乌云密布，秋风萧瑟，党中央和红军总部率主力红军所属第一、第二、第三、第五、第八、第九等军团及后方机关共8.6万余人，分别从江西的瑞金、雩都和福建的汀洲、宁化等地出发，开始举行举世闻名的二万五千里长征。

长征开始时，党中央机关（包括党中央、中央政府、供给部、卫生部、红大、军委二局等）组成军委第二纵队，代号为"红章"纵队，当时随二纵队行动的有毛泽东、张闻天、王稼祥等领导人。年方19岁的胡耀邦，调二纵队中央工作团任党总支书记，开始了震惊中外的二万五千里长征。

10月中旬，正在华北视察的蒋介石得知红军主力突围的意图，便急忙赶到南昌，召见军政要员，商量对策。他电令西路军何键、南路军陈济棠等负责堵截，在江西、广东、湖南、广西等省设置四道封锁线。他唯恐部下对他的命令执行不力，特意叫侍从室主任晏道刚在命令上引用古代兵家尉缭子的四句话："众已聚不虚散，兵已出不徒归；求敌若求亡子，击敌若救溺人。"

长征开始时，胡耀邦编在"军委二纵队"的"中央工作团"里，从事思想政治工作。他血气方刚，像每一个红军战士一样，胸前挂着手榴弹，肩挎上了刺刀的步枪，背着沉重的背包、粮食等，全副武装地踏上了漫漫长征路。长征开始没几天，个子矮小的胡耀邦不幸身患疟疾，打起摆子来，全身战栗，高烧不止，行走十分困难，靠战士们用担架抬着行军。

这时，任红三军团五师十四团政治处主任的杨勇，在战斗中负伤后骑着马跟随休养团行动。他不时与其他休养员谈笑着，那爽朗的笑声使胡耀邦感到特别亲切和熟悉。

"那不是世俊（杨勇的原名）哥吗？你过来呀，世俊哥！"胡耀邦在担架上用微弱的声音喊着。

"谁呀？"杨勇顿生疑惑，红军中知道杨勇的人很多，但知道原名世俊的人却很少。他不顾伤痛，翻身下马，循声走去，来到担架旁，使他大吃一惊，"怎么会是你呀？耀邦！"接着用双手将胡耀邦扶起，见他面色蜡黄，关切地问："你是不是病了？"

胡耀邦有气无力地回答着，脸上露出一丝微笑，然后蓦然消失，拉着杨勇的手说："世俊哥，我担心到达不了行军的目的地哩。"

杨勇安慰他："不会的，你要有信心。再说，有我在一起哩。"

杨勇和胡耀邦，不仅是浏阳河畔的老乡，而且是浏阳小学、中学的同学和姨表兄弟，杨勇的母亲和胡耀邦的母亲是亲姐妹。他们从小朝夕相伴，亲

胡耀邦1985年9月，重返长征路

如同胞一母生。后来，一起参加共青团秘密支部，一起参加十万农军攻打长沙的战斗行列，一起爬在里仁学校的围墙上聆听毛泽东对秋收起义部队所做的鼓舞人心的报告。杨勇十分钦佩姨表弟勤奋学习的精神和惊人的记忆，胡耀邦的国文和数学成绩总是全班第一。他记忆犹新，有一次，教师让胡耀邦背诵一篇赋的序文，他竟一字不漏地背诵出来。他的作文常被教师批上"传观"，在班上当众宣读。

如今，两人竟然在长征路上相遇，一个身负战伤，一个染上疟疾，真是无巧不成书啊！

杨勇让出自己的坐骑，忍着伤痛，把姨表弟胡耀邦扶上马，他俩随着浩浩荡荡的人流，坚强地向前跋涉着。

红军经过英勇奋战，虽然突破了四道封锁线，转移到湘江以西地区，却遭到惨重损失，由出发时的8万人，锐减到3万余人。

这时，蒋介石集中了5倍于我的兵力，在武宁、绥宁一带阻拦，同时命令广西军阀向西延、龙胜一带追击，企图彻底围歼红军。

在这危急关头，正是毛泽东挽救了红军。他力主放弃会合二、六军团的计划，改向敌人力量薄弱的贵州前进，争取主动，打几个胜仗，使部队得以稍事休整。

他的主张得到张闻天、王稼祥等大部分同志的赞同。于是，部队在12月占领湘西南的通道之后，立即向贵州前进，一举攻克了黎平，接着冲破乌江天险，攻占遵义城。当时如果没有毛主席坚决果断改变方针，所剩3万多红军的前途只有毁灭。

1935年1月7日，中央主力红军占领黔北重镇遵义城。中共中央在这里召开了政治局扩大会议，即举世闻名的遵义会议。参加这次会议的有政治局委员博古、周恩来、毛泽东、朱德、张闻天、陈云，政治局候补委员王稼祥、刘少奇、邓发和凯丰，红军总参谋长刘伯承，总政治部代主任李富春。军团一级的干部也参加了这次会议。

这次会议着重批判了王明"左"倾错误统治下的党中央主要领导人博古以及李德在军事上的严重错误,通过了《中共中央关于反对敌人五次"围剿"的总结决议》。

遵义会议集中全力解决当时具有决定意义的军事问题和组织问题,改组了党和军队的领导,解除了博古的总书记职务和李德的军事顾问职务,选举张闻天为总书记,增选毛泽东为中央政治局常委。成立了以毛泽东为首,有周恩来、王稼祥参加的三人军事指挥小组,作为最高统帅部,负责指挥全军行动,从而确立了毛泽东在红军和党中央的领导地位,在危急关头挽救了红军,挽救了党。这是中国共产党具有历史意义的伟大转折。

遵义会议后,中央政治局决定对红军进行整编,中央纵队被精简,各级领导人员大部分充实到作战部队,从而加强基层单位的力量。胡耀邦从"中央工作团"调任红三军团由名将彭雪枫任团长、李干辉任政委的第十三团任党的书记。

彭雪枫领导的十三团,是一个具有同敌人打硬仗、能攻善守、英勇作战的英雄团队。早在1927年就参加了邓小平、张云逸领导的白色起义,1932年夏到中央苏区,和红三军团五师合并为十三团。在反对蒋介石对江西革命根据地的五次"围剿"中,有名的"高虎脑万年亭战斗"就是该团配合友军进行的。战斗中,国民党军汤恩伯、攀崧甫两个纵队6个主力师,在7架敌机、几十门大炮的掩护下,气焰嚣张地向我石城县高虎脑防御阵地猛烈攻击。我团指战员顽强地死守阵地,连续打退敌人6次进攻,打死打伤敌人4000余名。敌军死亡惨重,两个师完全失去战斗力。此役使十三团一举闻名全军。

胡耀邦被调入该团任职,他感到无比的自豪和荣幸。他上任伊始,就经历了激烈的娄山关攻夺战。

当时,蒋介石把重兵往川南调动,贵州境内敌军空虚。军委和毛泽东决定出敌不意，回师东进，二渡赤水，重入贵州，首先歼灭王家烈在桐梓、娄山关、遵义一线的8个团。

2月10日，细雨霏霏，道路泥泞。红军占领了云南的威信，因渡江受阻，红三军团军团长彭德怀（三军团政委为杨尚昆，参谋长为邓萍，政治部代主任是刘少奇）命令十三团千里回师，再渡赤水，攻占娄山关。

彭雪枫、李干辉率红十三团过水造桥，巧渡二郎滩，再渡赤水河。指战员们心中的敌人，除了王家烈之外，还有自江西出发的尾随其后的周浑元。"打倒王家烈！消灭周浑元！"的口号声，响彻在浩浩荡荡的行军途中。

中央红军二渡赤水后，迅速挥戈黔北，直逼娄山关。

娄山关是雄踞娄山山脉的最高峰，是通向遵义的门户。其周围群峰陡峭，直插云天，中间峰回路转，曲径奇特，真有"一夫当关，万夫莫开"之势。

毛泽东足智多谋，运筹帷幄，决胜千里。他把攻打娄山关的任务交给了红三军团。

彭德怀、杨尚昆又把夺取娄山关的主攻任务交给了彭雪枫、李干辉领导的十三团，同时令张宗逊、邓国清等部配合攻关。

25日，春日和煦，微风轻拂。彭雪枫、李干辉率红十三团配合友军，只用一个小时就击溃桐梓城守敌，占领桐梓城，残敌向松坎方向逃命。

这次战斗后，彭德怀来到红十三团驻地，对彭雪枫说："娄山关是遵义通向桐梓的大门，贵州北部的要冲。若是我军占领娄山关，无险可守的遵义城，就是囊中之物了。现已得悉敌人向娄山关急进，你团力求先敌进占娄山关！"

彭雪枫牢记彭德怀的教导，回到团部，召集李干辉、胡耀邦等团部领导开会部署，他斩钉截铁地说："攻打娄山关，关系到红军长征成败的大问题。敌人就像手上的五个指头，我军要一个指头一个指头地把它割掉。如果娄山关这一仗打不赢，就不可能割掉五个指头。战情十分紧急，红十三团的行动刻不容缓。"

谈到这里，彭雪枫转脸向坐在一旁的胡耀邦说："耀邦，你是善于做宣传鼓动工作的，战斗鼓动就靠你发挥威力了。"

"团长有令，我坚决执行。请你放心，我是会竭尽全力做好政治鼓动的！"胡耀邦声如洪钟，一字一顿，像是在临战前宣誓。

战斗打响前，胡耀邦以他敏捷的思维，丰富的政治工作经验，很快拟好了鼓动口号："同志，为了夺取遵义，必须占领娄山关！""潇水渡过去了！湘江走过去了！乌江飞过了！苗岭爬过了！一个娄山关，同志们，飞不过吗？同志们，难道飞不过吗？同志们，在这场敌死我活的斗争中，我们一定要发扬高虎脑顽强作战精神，猛打猛冲猛追，不怕流血牺牲，占领娄山关，夺取遵义城，消灭王家烈！"

胡耀邦又带领和勉励全团党团员学会和高唱《高虎脑、万年亭战歌》：

杀啊、杀，冲锋、冲锋！

高虎脑，万年亭，

红军个个都英勇，

杀得敌人尸横遍野，

杀得敌人胆战心惊，

前进，快前进！

消灭前面的敌人，

最后的胜利属于我们！

……

攻击前，歌声响彻云霄，口号声在营房震响。共产党员和青年团员在连队活跃起来了,这个说:"过去那个陈矮子(陈诚)都不在话下,如今王家烈又算老几?"那个说:"鸦片烟鬼王家烈,我们领教过了!这次捉到他,要缴他的三支枪(水烟枪、鸦片烟枪、步枪)!"一个连一个连地喊着口号:"攻过娄山关,猛打猛冲猛追,多打胜仗多立功!"

指战员们义愤填膺,摩拳擦掌,誓死攻下娄山关。

桐梓县城距娄山关大约15公里,巨蟒似的盘山公路,蜿蜒曲折,公路两旁是悬崖峭壁。突然,前卫营营长莫寿庭跑过来向团部报告,该营在路上碰上8个背煤的人,发现他们神情慌乱,行踪可疑,经再三盘问,他们承认是王家烈部派来的侦探。该营还从俘虏口供中得知,敌人的主力已于昨夜赶到板桥宿营,两个团已出娄山关,其中第六团由娄山关向桐梓县城前进,第十团于当日午后3点钟占领了娄山关。

根据这一情况,团部预料在娄山关外围会与敌遭遇,便把强占娄山关的主攻任务交给了一营,决心集中优势兵力夺下点金山。然后全团一股作气,智夺娄山关。

团部首长彭雪枫、李干辉、胡耀邦等爬上一个山坡,用望远镜极目远望,只见不远处的娄山关上,有一座高大的石碑,上书"娄山关"三个大字,特别引人注目。大娄山的苍林褐石,浮沉在茫茫云雾之中。刀削斧砍般的山峰,重峦叠嶂。点金山之高、尖、陡、大,犹似一根擎天柱,直插云霄。缠山绕岭的盘山公路,直穿闻名遐迩的关隘——娄山关。

"好险呀!难怪人们说'桐梓是大门,娄山关是二门,大门易进,二门难开',真是名不虚传!"团政委李干辉在50年后向笔者谈及攻占娄山关的情景时,无比感慨地如是说。

彭雪枫手拿望远镜,凝视前方,激动地说:"我们就是要凭借这个天险,叫王家烈寸步难行,插翅难飞!"他又转身对胡耀邦等紧随其后的团里其他领导说:"目前,我红三军团的主力还在桐梓,为了抢关,我团只能

'强攻'了,再加上出奇制胜,一定能拿下娄山关!"

"是啊,我们无论如何要夺取娄山关!党团员的战斗动员就看我的了!"胡耀邦坚定地回答。

红十三团指战员按预定时间抵达娄山关,遭遇战打响了,强攻的第一梯队一营,在第二梯队二、三营强大火力的掩护下,把敌人打得落花流水,纷纷退回娄山关两侧的工事里,用火力封锁了公路和左翼的山路。

时近黄昏,天上飘着毛毛细雨。敌团长指挥敌军往关下冲锋。红十三团首长命令机枪手率先打倒一排敌人,然后向指战员高喊:"同志们,敌人企图凭借娄山关高地,据险死守待援,最后同我们决战……我们一定要攻上娄山关,全歼敌人!"

胡耀邦在战斗中,一面做政治动员,鼓舞士气,一面身先士卒,冲锋陷阵带头杀敌。

霎时,战士们端着雪亮的刺刀冲入敌阵,与敌人展开白刃格斗,打得敌人四处逃窜。一会儿,敌人增援部队赶到,双方呈胶着状态,枪声炮声响成一片,娄山关的群峰都在晃动。阵地上,一串串手榴弹在敌群中炸响,炸得敌人血肉横飞。

经过连续战斗,红十三团接连打垮敌人6次冲锋。正当敌我双方打得难解难分之时,张宗逊、黄克诚指挥红十团从左侧杀向敌群,与敌人展开了肉搏战。同时红十一团、十二团积极配合,一同向敌人发起进攻,致使黔军阵脚大乱,纷纷溃逃。经过多次夹击冲锋,红十三团终于按照军团命令,于黄昏攻占了娄山关。

至此,敌吴奇伟两个师大部被歼灭。吴本人若丧家之犬,仅带少数残兵向乌江方向逃窜。当红一军团追到时,他不等败兵过江,为了保命,便下令斩断乌江上小浮桥保险索,把1000余人甩在北岸,成了红军的俘虏。

中央红军在遵义地区连战皆捷,消灭敌人两个师和王家烈的12个团,这是长征以来红军首次大捷，震撼了全团，鼓舞了全军。从遵义到娄山关两次大捷，红十三团杀出了军威。

不几日，红三军团在贵州鸭溪举行了隆重的祝捷大会，庆祝长征以来获得的第一次胜利。

在庆功祝捷的日子里，朱德、周恩来、彭德怀、叶剑英（三军团参谋长）一起骑马来到红十三团驻地，特意看望英勇善战的指战员，和彭雪枫、李干辉、胡耀邦等团领导一一握手，祝贺他们在娄山关战斗中取得辉煌胜利。

朱德高兴地说："你们红十三团的同志，一天冲杀十多个山头，夺回了娄山关，扭转了整个局势，为红军争了光！"

周恩来用凝重的江浙口音说："这次从娄山到遵义，你们红十三团确实打得勇猛出色，为中央红军立了大功！打仗嘛，就是刀枪对刀枪的斗争！英勇善战的团队，就是战无不胜的部队！"

作为红十三团直接领导的红三军团军团长彭德怀，兴奋地对彭雪枫说："你们红十三团一拿上去就打了大胜仗，20多个小时攻下12座山头，打得敌人尸首成堆，血流成河！我军四战皆捷，大煞了王家烈、吴奇伟的嚣张气焰，大长了红军的志气！"

朱德连连点头，笑着说："是啊，是啊，遵义会议后，我们红军转败为胜，愈战愈勇。早几天，毛泽东还诗兴大发，写了一首词——《忆秦娥·娄山关》，赞颂红军攻打娄山关的辉煌业绩。"

周恩来激情满怀，自告奋勇地说："我来朗诵这首词给大家听听吧。"

顿时，抑扬顿挫的朗诵声在指战员中间回响：

西风烈，
长空雁叫霜晨月。

二 "红小鬼"苏区立功

霜晨月,

马蹄声碎,喇叭声咽。

雄关漫道真如铁,

而今迈步从头越。

从头越,

苍山如海,残阳如血。

天有不测风云,人有旦夕祸福。2月27日,正当娄山关战斗胜利告捷,红军快速前进的时候,在离遵义不远的地方,胡耀邦和他率领的宣传队在这里待命:一旦部队打垮了敌人的主要抵抗力量,胡耀邦就进城帮助维持秩序。突然天空一阵轰鸣,一群低飞的国民党飞机,向着红军俯冲下来,胡耀邦急忙叫大家迅速隐蔽,可是他自己的右臀部被弹片击中,负了重伤,顿时鲜血直流。

胡耀邦负伤后,被战士用担架抬进遵义的一所教堂里医治,外科医师土彬给他做了手术,但有一块弹片未能取出,一直留在臀部里。身边的一位战友对他说:"耀邦呀,你可是捡了一条命啊!"

胡耀邦本来体弱多病,伤口没有完全愈合,很需要在医院治疗一个时期,但他坚持要随部队出发征战。由于征程劳顿,得不到休养,他的伤口感染,高烧到40度,只得由两名战士用担架抬着他,和大家一路长征。伤势稍愈,他就策马而行。不几天,他便把坐骑让给比他更需要骑马的同志。他不顾伤口隐隐作痛,坚持与大家一道徒步行军。

经过伤病的考验,胡耀邦的革命意志更加坚强,革命信仰更加坚定,他无限感慨地说:"我已经把死亡置之度外了。"

在娄山关战斗中,原五师政委钟赤兵和参谋长孔宪权,身负重伤,腿被打断。他们的勇敢精神和顽强意志,深深地感染了胡耀邦,使他深受感动。当时部队没有麻醉药品,钟赤兵硬是咬紧牙关,让医师锯掉一条腿。他坚持不掉队,坐担架行军。他很快伤愈,可以骑马了,用一条腿在马背上翻上翻下,跳跃自如。

孔宪权在战斗中胯骨被打碎了,手术后伤口很难愈合,他坐了两个多星期的担架,一直到赤水河畔的毕节专区黔西县,才被留在当地养伤。胡耀邦回忆这些情景时,激动地说:"孔宪权使我整夜睡不着,他在睡梦中老是喊:杀!杀!杀!每当想到战友们身负重伤都如此坚强,我就从来没有想到过死。别的出路是没有的,别无选择,我们只有顽强地战斗下去,才有出路。如果我们不战斗,无论怎样,我们都会被敌人杀掉。与其坐以待毙,不如血战到底!"

胡耀邦伤势刚愈,便担任了红三军团直属收容队队长,同时负责民运工作和青运工作。行军中,他随时将伤病老弱和一时掉队的人员组织起来,互相照顾,鼓舞斗志,勉励大家克服行军途中各种艰难险阻,树立永不掉队的信念,百折不挠地跟着大部队行进在漫漫征途。

红军长征经过贵州、四川时严重缺粮,胡耀邦负责红三军团某部的筹粮工作。有一次在贵州某地,胡耀邦向一位彝族部落首领筹粮,那位首领坚持说没有粮食。精灵的胡耀邦发现,那位首领在与他谈话时,眼睛老是盯着一个地方。胡耀邦于是认定这里有粮食,而且就藏在首领不断盯着的地方。经过耐心说服,终于为部队筹集到一大批粮食。胡耀邦在长征中筹粮的事迹很突出,红三军团将他的事迹报告了中共中央。红军到达陕北后,毛泽东在瓦窑堡的总结大会上表扬了胡耀邦。在延安,毛泽东与胡耀邦有了更多的接触。毛泽东酷爱读书学习,也特别爱结交好读书的人,而胡耀邦也酷爱读书,因此毛泽东多次表扬胡耀邦能刻苦学习,并且非常注意教育和培养胡耀邦,见了面总是热情地叫"小胡",询问他的学习工作情况,不断地给予鼓励和指导。

前进征途是异常险恶的。为了在运动中歼灭围追堵截之敌,红三军团四渡赤水,抢渡金沙江,飞越大渡河,连战连胜,后又穿过野兽成群的泡桐岗,占领天全河,再经宝兴翻越邛崃山脉,来到一座海拔4900多米的大雪山下。

一路上,年近20岁的胡耀邦,作为参加长征的32名共青团中央委员之一,不顾伤口疼痛和身体消瘦,以充沛的精力和对同志的满腔关爱,沿途悉心照料老弱病伤的同志,艰难行军,不使同志掉队。每当见到掉队的人员,胡耀邦总是上前安慰,嘘寒问暖,向他们讲清"坚持就是胜利"的道理,鼓励他们坚忍不拔地走到目的地。他以火一样的热情感染着每个收容者。部队来到夹金山下,只见山上皑皑的积雪覆盖着连绵起伏的山峦,恰似昂首呼啸的银龙,奔腾飞向天际。在夕阳余晖照射下,银装素裹,分外妖娆。胡耀邦带领大家高唱着在当地流行的一首民谣,霎时,嘹亮的歌声在山谷中回响:

夹金山,大雪山,冰封雪裹银龙翻。
鸟儿飞去从无还,平日无人敢登攀。
夹金山,大雪山,盛夏登山身穿棉。
口喝姜汤手拄棍,喇嘛庙里求神仙。

6月15日上午,在洪亮雄壮的军号声中,收容队的工作人员,在队长胡耀邦的带领下,互相搀扶着,拄着木棍,一步一个脚印地跟随红三军团主力部队,浩浩荡荡地向夹金山进发。

翻越夹金山,接着又攀登梦笔山。爬到山腰,胡耀邦臀部伤口处疼痛难忍,豆大的汗珠直往下掉。但他不吭声,始终坚持照料体弱多病的同志,常用幽默风趣的话语,引起阵阵欢笑声。

红三军团通过少数民族地区时，胡耀邦带领收容队员模范地执行少数民族政策，尊重当地少数民族的风俗习惯。这里气候变化无常，土地贫瘠，满目荒凉，老百姓苦不堪言。部队在藏区驻扎几天，胡耀邦与队员们向当地群众宣传"红军为穷苦人民翻身求解放"的道理，启发他们的阶级觉悟，加上他以身作则，对老百姓做到秋毫无犯，深得少数民族的欢迎。

胡耀邦率领的收容队战士，克服比大部队更难以想象的困难，终于闯过重重难关，向毛儿盖进军。

这时，张国焘对川陕根据地和整个革命形势做了悲观估计，决定放弃川陕根据地。红四方面军在1935年三四月间渡过嘉陵江、涪江、岷江，到达理番、懋功一带。6月，红一、四方面军在懋功会师。6月26至28日，中共中央在两河口召开了政治局会议，否定了张国焘的错误主张，决定集中主力向北进攻，以创建川陕甘苏区。会后，毛泽东率领部队接连翻越长板山、打鼓山等大雪山，到达松潘附近的毛儿盖。

中央政治局在毛儿盖的沙窝召开会议，就一、四方面军会合后的政治形势与任务做出决议，并决定兵分两路北上，到抗日第一线，遂将部队编为右路军和左路军。右路军由徐向前、叶剑英、陈昌浩率领，包括一方面军之一、三军团，中央直属队及四方面军之四军、三十军。中共中央主要负责人毛泽东、周恩来随右路军行动。左路军由张国焘率领，包括四方面军之九军、三十一军、三十三军及一方面军之五、九军团。红军总司令朱德、总参谋长刘伯承随左路军行动。

8月21日清晨，晨曦初露，金风轻拂，右路军后卫的红三军团在彭德怀军团长和杨尚昆政委的率领下，向茫茫无垠的大草地进军。胡耀邦带领收容队的战士步履艰难地行进在大部队中，他一面帮助体弱伤病的同志拿东西，一面鼓励大家鼓足勇气，不怕千辛万苦，穿过人迹罕至的草地。

过草地，是红军长征中最艰苦的一段行军。红军要经过的这块草地，是

二 "红小鬼"苏区立功

一块纵横数百里,没有房屋,没有牧民,没有羊群的一片大沼泽地,被深草覆盖着。

是日,部队行走了40余里,进入了一望无垠的草地。胡耀邦举目远望,不禁触目惊心!只见草地茫茫苍苍,阴森迷蒙,雾气缭绕。草中河沟纵横,黑水横流,一片泥沼泽国。草丛里积水,呈现淤黑色,散发着腐臭的气味。这里没有石头,没有树林,更没有人烟,有的只是一丛丛足有数尺高的青草。走在上面,稍一不慎,就会陷进泥潭里不能自拔。胡耀邦常常提醒大家,必须踏稳前脚提后脚,一脚一脚地走好,千万不能误入泥潭,更不能误饮含有毒素的黑水。

草地的天气是娃娃脸,说变就变。早晨浓雾蒙蒙,天昏地暗,中午狂风大作,吹开积云,天空忽然晴朗,射出万道阳光;可是到了午后,乌云密布,气温骤降,不一会,电闪雷鸣,大雨滂沱;时近黄昏,由于暴雨的袭击,河水挡住了去路,部队只能在一个稍高的小坡上宿营。

每当宿营时,胡耀邦不知疲倦地忙开了:时而为患感冒者送姜汤,时而为体弱者送温水烫脚,时而为脚痛者挑脚泡。他像一团永不熄灭的火焰,哪位同志有困难,他那矮小瘦削的身影就会出现在面前,难怪大家说他对同志有大海一样的深情。

长征时任红十三团政委、新

胡耀邦与姨表兄杨勇在陕北

中国成立后曾任中共中央军委副秘书长、国防部部长、上将张爱萍在《丹心耀日，矢志兴邦》的纪念文章中回忆道："耀邦同我们一起在草地里跋涉。草地里布满沼泽，险象丛生，天气变化无常，又缺少吃喝。但耀邦充满乐观主义精神，他常对指战员说，草地景色美不胜收，草地里的月亮也比草地外的大，不好好欣赏欣赏，过了这个村可就没有这个店啦！他协助我这个政委做了不少细致而生动的思想政治工作。"

经过7天的艰难跋涉，历尽千辛万苦，右路军终于走出了草地，接着向班佑、巴西、阿西一带前进，在包座河边的救济寺，消灭了胡宗南一个师。尽管右路军仅剩下七八千人，但至此，完全走出了被称为死亡地带的草地，再一次打破了敌人的围追堵截。"魔毯"般的草地没有成为红军的陷阱，上下包座也没有成为红军的生存障碍。

9月，天高云淡，金风送爽，右路军从巴西出发，渡包座河，沿白龙江前进，跨过栈道，攻克天险腊子口，越过岷山，到达甘南岷县、西固（今宕昌）间的哈达铺。这时，敌人急忙拼凑二三十万人马，妄图在渭水堵击。红军在哈达铺休息两天之后，故作向天水前进的势态，诱敌将主力集中天水。红军乘虚以急行军自武山、漳县之间顺利渡过渭水封锁线，相继占领榜罗镇和通渭城。

金秋十月，右路军经过回民区，连续突破会宁、静宁之间的封锁线和平凉、固原之间的封锁线，击败敌4个骑兵团的追击，翻越六盘山高峰，终于抵达陕北根据地之吴起镇，与陕北徐海东、刘志丹、程子华领导的十五军团胜利会师。

至此，中央红军历尽千难万险，穿越11个省份，行程二万五千里，翻过18座山脉，渡过24条河流，攻破62座大小城镇，经过300余次战斗，突破百万敌军的围追堵截，熬过368个不平凡的日日夜夜，终于胜利完成富有历史意义的史诗般的长征。

胡耀邦在长征中忍受常人难以想象的疾病和伤痛的折磨，克服无数艰难险阻，经受了死亡的严峻考验，增长了才干。在纪念长征胜利50周年的日子里，作为中共中央总书记的胡耀邦，在一次大会上豪迈地说："当今正在进行现代化建设的长征，我们应该从红军长征中吸取勇气、力量和智慧，夺取新长征的伟大胜利。"

到达陕北后，胡耀邦任少共中央局秘书长、宣传部长。

三 延安年华堪回首

渡河东征

　　1935年9月20日,红军先头部队攻占哈达铺,进入甘南。这时,张国焘拒绝北上,阴谋分裂红军。为此,党中央决定将红一、三军团及军委纵队改编成北上抗日先遣队,对外称工农红军陕甘支队,继续北上。先遣队司令员彭德怀,政委毛泽东,副司令林彪,副政委杨尚昆,参谋长叶剑英,政治部主任王稼祥。下辖三个纵队,胡耀邦所属红三军团改编为第二纵队,彭雪枫任司令员,李富春任政委,肖劲光任参谋长,罗瑞卿任政治部主任。

　　直罗镇一仗,粉碎了蒋介石向陕甘边区的第三次"围剿",给党中央把全国革命大本营放在西北的任务,举行了一个奠基礼。

　　1935年12月中旬,中央政治局在瓦窑堡召开扩大会议,确定了党的抗日民族统一战线的政治策略和军事战略,实行"反蒋抗日"的方针,决定实施东征战役。

　　胡耀邦亲聆毛泽东给东征部队团以上干部的动员报告,毛泽东明确提出东征的任务是:"到外线打击阎锡山,并调动他在陕北的四个旅的兵力,借以粉碎敌人对陕甘边区新的'围剿',配合'一二·九'学生抗日爱国运动和全国反内战高潮，壮大自己的力量，促进抗日民族统一战线的实现。"

东征军由毛泽东任总指挥，彭德怀为副总指挥；林彪、聂荣臻率一军团为右路军，徐海东的第十五军团与刘志丹的第二十八军为左路军。

1936年2月上旬，东征军先头部队到达黄河的清涧县袁家沟，计划次日两路大军齐渡黄河。恰在当晚，大雪纷飞，北风呼啸，"大河上下，顿失滔滔"，渡河日期只得推迟。

2月20日夜，日月潜形，苍穹一片漆黑。浑黄奔腾的河水，在高山峡谷间千回百转，奔腾不息，发出震耳欲聋的咆哮声，大有"崩浪万寻，悬流千丈；浑洪赑怒，鼓若山腾"之感。河里大小不一的冰块随着急流时浮时沉，若隐若现。对岸阎锡山的晋军防守严密，密密麻麻的碉堡，不时闪出阴森的光亮。

是夜，红一军团以红二师为前锋，红四师、红一师、红十五军团八十一师随后，从沟口实施渡河，迅速突破晋军黄河防线，控制了河东滩头阵地，并积极扩大渡河场地。到23日，红军全部控制辛关到三交镇之间的渡口，占领了三交、留誉、义牒各镇。

东征军后勤供应与扩红、筹饷工作总负责人是李富春（北上抗日先遣队第二纵队政委），下设12个工作队，随军东征。胡耀邦是石楼县征兵、扩红和给养工作队队长，负责在该县扩红、筹款和开展群众工作。他随毛泽东所在的红十五军团在河口处夜渡黄河成功，23日便到了义牒镇。这里离他所要进驻的石楼县仅数十里之遥。

红军东渡黄河以后，阎锡山急调进占绥德、米脂的晋军四个旅回防山西柳林、离石、中阳地区，从而减少了对陕北根据地的威胁。

为打破晋军防堵，红一方面军决定主力迅速进占柳林、离石、中阳、孝义、隰县、永和这一弧线内的有利阵地，并开展地方工作，争取群众的支持。

阎锡山面对红军的攻势，一面请求蒋介石派兵增援，一面把晋军的机动部队编成四个纵队，分路反击。

面对晋军的进攻，红军两个军团主力奋起还击，将敌两个纵队击溃，歼灭两个多团，粉碎了阎锡山的第一次反击。

胡耀邦所在十五军团一部，在石楼、中阳、孝义、隰县、永和之间吸引、牵制敌四个纵队主力的反击，控制黄河渡口，保障后方交通运输。

胡耀邦率领全体工作队队员，到石楼县后，即以战斗的姿态，迅速开展了宣传、征兵、筹饷和给养的工作。

石楼县是个穷县，据清代《石楼县志》记载："镇多位于山谷，极为贫困。尤以汾地为甚，农夫不菜粮，女不事织，生计维艰。"又云："石楼，十村九空，十室九空堂，皆因闯王（李自成）掳掠，至人烟荒芜。"

当时的石楼县，仅万余人口，是吕梁山区的贫穷县之一。胡耀邦在这里开展工作，其难度可想而知。他凭着当年在湘赣和中央苏区做青运工作和民运工作的丰富经验，决心为把这个县建成东渡红军占领的第一块临时根据地而作出贡献。

他带领工作队员，夜以继日地开展群众工作。胡耀邦带头张贴《中国人民红军抗日先锋军布告》，宣传红军东征的目的是准备对日作战，呼吁停止一切内战，号召当地青年参加红军、组织抗日游击队，发动贫苦农民向地主土豪算账，进行筹款工作。

一日，一位年近花甲的老农悄悄向工作队报告，所在村有一个大地主家的暗窖里，藏着许多金银财宝、名画、古玩。根据这位老农提供的线索，胡耀邦带领队员打开暗窖，只见里面各种物资应有尽有，令人眼花缭乱，其中一件文物，价值数十万元。胡耀邦根据红军政策，当即打了这家"土豪"，将一部分财物分给当地穷苦人民，一部分作为红军的给养。

胡耀邦率领工作队在石楼县开展群众工作，把扩红、筹款与发动群众抗日和实行土地分配政策有机地给合起来。他们发动贫苦农民，把一部分民愤极大的恶霸、地主、土豪、劣绅的土地、财产、房屋予以没收，分配给穷苦群众。他们走村串户，认真宣传红军为穷人翻身得解放的宗旨，揭露阎锡山勾结日军、欺压人民的罪行。胡耀邦还带领队员利用文艺节目、画壁画、发表演说等多种形式进行宣传，使广大群众受到生动的教育。这样一来，"扩红"工作热火朝天，各级抗日组织雨后春笋般地建立起来，前来报名参加红军的络绎不绝。石楼县很快成为东征军在黄河东岸的给养基地和稳固的根据地。

一位跟随毛泽东东征的机要人员在回忆文章中写道："我们的行动路线经常改变。有时径直北上，有时挥戈南下，有时掉头向西，大都在孝义、灵石两县以西，中阳县以南，石楼、隰县以东的范围转来转去。后来敌人齐头并进，我们便一路朝西，把敌人一直引向黄河岸边。……由于群众热爱红军，加上我们注重群众工作，保密工作做得好，敌人始终摸不清我们的底细。"

胡耀邦在石楼的工作非常出色，表现出了顽强的拼搏精神，受到了毛泽东的接见和表彰。

然而，由于劳累过度，积劳成疾，加之水土不服，胡耀邦在石楼县的工作将要结束时，患了一场重病，上吐下泻，头晕目眩。幸亏他血气方刚，抵抗力强，很快得到痊愈。

东征军"在发展中求巩固"的策略和行动，很快遭到蒋介石和阎锡山的联合反击。3月下旬，蒋介石急调五个师进入山西向红军进攻，另五个师和一个旅已在同蒲路南段和晋东南集结。敌军企图先夺取红军控制的晋西黄河各渡口，封锁黄河，然后围歼红军于黄河以东地区。

据此，红一方面军领导决定各路红军向中间靠拢，沿途歼灭围堵的敌军，做好西渡回师的准备。

5月2日，方面军总部下达渡河命令，规定全军分批西渡黄河。5月5日，红军全部安全地回到陕北根据地休整，避免了和优势敌人决战，使蒋介石、阎锡山企图围歼红军于黄河东岸的阴谋彻底破产。

这次东征战役，历时25天，歼敌7个团，俘敌4000余人，扩大红军8000余人，筹款40万元，组织地下游击队30余支。同时，在沿途所经32个县宣传了党的抗日主张，扩大共产党和红军的政治影响，推动了抗日民族统一战线和抗日救亡运动的发展。

胡耀邦回陕北后，先后任少共中央局组织部副部长、部长、宣传部长等职，为陕北革命根据地的青年工作作出了贡献。

西安事变后，为适应迅猛发展的抗日运动形势，扩大统一战线，推动抗日救亡运动，党中央于1937年4月12日至17日，在延安鲁迅艺术学院召开了首届西北民族救国大会。参加会议的有312名代表，代表着参加各青年群众组织的20余万青年。毛泽东、朱德、周恩来、张闻天等中央领导出席大会并做了重要讲话。胡耀邦作为青年代表参加了这次会议。无论大会小会，胡耀邦都显得很活跃，特别引人注目。他的谈吐和见解，出语不凡，入木三分，给人留下深刻的印象。

大会通过了《全国青年救国纲领》（草案），制定了《中华青年救国联合会组织简章》，并决定成立西北青年联合会组织，作为在全国青年救国会成立前各地青年救国团体的最高领导机关。大会选举出55位执委。在第一次执委会上，选举冯文彬为主任，白治民、高朗山、刘秀梅、黄天熙、徐克仁、李瑞山为常委，胡耀邦与刘西元一道，被选为候补常委。

胡耀邦东征回到陕北后，主要工作是组建边区"青年救国会"。他以满腔热情和不懈的努力，将青年团改组成为抗日救国的青年团体，使众多的热血青年，积极投入抗日救国的洪流之中。

抗大历练

1937年春，为适应抗日形势发展的需要，党中央和毛泽东将在保安的"中国红军大学"迁往延安，并改名为"中国人民抗日军政大学"（简称抗大）。毛泽东任教育委员会主席，林彪任校长，罗瑞卿任副校长，刘亚楼任教育长。

抗日战争爆发后不久，国共两党实现了第二次合作，抗日民族统一战线正式形成。

卢沟桥事变后，全国各地的热血青年，满怀抗日救国的理想和执着追求，纷纷奔向延安。进入抗大学习，成为他们的强烈愿望。

胡耀邦自首届西北民族救国大会结束不久，是年5月，就被调到抗日军政大学该期第一队学习，队长为任红一军团第一师师长的陈赓，胡耀邦被选为一队党支部书记。

抗大该期共有学员2767人，绝大部分是红军一、二、四方面军和陕北红军中的高级干部，也有部分从全国各地来延安要求抗日的爱国青年。毛泽东亲自为抗大学员讲授了《中国革命战争的战略问题》、《反对日本进攻的方针、办法和前途》、《矛盾论》、《实践论》、《论持久战》等。胡耀邦认真听讲，勤奋学习，乐于助人，受到领导和学员的好评。他的学习成绩居全班之冠，令人羡慕不已。

抗日战争爆发后，抗大该期学员为适应需要，于7月提前毕业，分赴抗日前线，驰骋抗日疆场。胡耀邦因品学兼优，各方面突出，被作为在学员中选拔的28人之一，留在抗大高级研究班学习。学习期间，他珍惜分分秒秒，潜心学习马列主义理论和毛泽东著作，而且能联系实际，融会贯通，举一反三，政治理论和马列主义水平得到进一步提高。有一次，毛泽东到抗大召集座谈会，倾听大家对办好抗大的意见。胡耀邦在会上发言提出办好抗大的三点意见，很受毛泽东赞赏并被采纳。毛泽东还根据胡耀邦提供的抗大学员的思想状况的材料，写出了著名的《反对自由主义》一文。是年秋，胡耀邦从抗大毕业，经毛泽东亲自选拔，担任了抗大政治部副主任兼党总支书记。

　　胡耀邦遵照毛泽东的指示，一手创办了抗大校刊——《思想战线》。1939年9月7日，毛泽东以"反对自由主义"为题写了一篇论文，发表在《思想战线》上。胡耀邦看后感触颇深，便写了一篇学习毛泽东《反对自由主义》一文的体会，以"论自由主义与反自由主义"为题，刊登在《思想战线》上。文章列举了抗大学员中存在的各种自由散漫的现象，强调反对自由主义的重要性和必要性，深受毛泽东的赏识。

　　在抗大，胡耀邦还编写出版了《生产导报》、《我们的事业》这两份小报。他从组稿、编排、写标题、刻版以至发行工作，样样都干。

胡耀邦（右三）与抗日军政大学一分队学员合影

同时，胡耀邦又主要负责在青年知识分子中发展党员的工作，胡耀邦遵照并执行党中央和毛泽东"团结、教育、改造"知识分子的方针政策，积极慎重地发展党员。这项工作，对于年轻的胡耀邦来说，感觉担子特别重。过去吸收党员时，只是问对方："哪里人？家里共几口？以往干过些什么？愿意参加共产党吗？"现在这种问答式的方法不适用了。抗大的知识分子居于多数，他们单在简历材料上所写的历史情况和社会关系往往就达数千字，比起以往那些农民出身的党员情况复杂得多。

胡耀邦不仅亲自审查每份材料，提出问题，而且同他们个别谈话，向他们深入宣传中国共产党首倡建立抗日民族统一战线，加强和扩大任何抗日党派，就是加强和扩大抗日战线，加强和扩大抗日力量的道理。通过做思想工作，胡耀邦力图使他们在政治上理解党的基本方针，树立坚定正确的政治方向，将他们当中的积极分子尽可能多地吸收到党内来。

经过他与同志们的共同努力，抗大第三期知识分子学员，将近百分之七十被吸收加入中国共产党，壮大了党在抗日民族统一战线中的力量。

1938年4月，抗大规模进一步扩大，根据工作需要，胡耀邦调任抗大第一大队政治委员。

当时，抗大第一大队驻陕北瓦窑堡，离延安有90公里，是个独立大队，干部配备很强，共有学员300人。

胡耀邦与大队长苏振华率抗大第一大队学员进驻瓦窑堡后，以师范学校为基础，不仅开展军政训练，而且组织学员深入农村广泛宣传中国共产党"抗日救国十大纲领"，他们尤其向农民强调第六条，即减租减息，因而取得了良好的效果。学员们不仅增长了统战工作的实际经历，同时也给瓦窑堡的人民群众带来了中国共产党的方针政策，带来了党与人民群众同甘共苦、为人民服务的工作作风。

抗大一大队驻地瓦窑堡，是子长县（原安定县）的政治中心，是一个政治斗争尖锐复杂的地区，由于国共第二次合作的缘故，国民党政府与中国共产党领导的政府共存，这里既有共产党陕甘宁边区安定县抗日民主政府，又有国民党的安宁县政府；在军事上，有共产党的保安队，又有国民党的保安队。根据双方协定，县城内的地盘归国民党管辖，县城外归共产党管辖。随着抗大一大队的到来，当地革命力量突然强大起来，国民党右派对此惧恨交加，不断挑起事端。

国民党安定县县长田杰生是一个"磨擦专家"，反动透顶，他不断对抗大一大队进行挑衅、破坏活动。他们经常雇用特务、流氓，晚上朝抗大宿舍和过往人员砸石头，暗杀抗大学员，侵占抗大校舍。他还在群众中散布谣言，说什么"抗大害怕日本人，不敢上前线，在后方与民争利"，煽动群众不给抗大腾房子，不借给抗大生活用具。

胡耀邦与抗大一大队领导同志一道，坚持党的统一战线中独立自主方针和又联合又斗争的原则，领导一大队教职学员与田杰生进行了有理有节的斗争。

毛泽东曾经说过，陕北有毛驴子，拉毛驴子上山，驴子不走就用驴钩子拉，再不走就在后面推，还不走就用鞭子抽，赶着它走，它不走是不行的。蒋介石是不愿抗战的，但人民的抗战浪潮势不可挡。他不抗战，全国人民就拉着他抗战，再不抗战就推着他走，还不抗战就逼着他走，西安事变就是逼着他走的例子。我们党领导全国人民抗战，这是矛盾的主要方面，我们起决定作用。蒋介石不肯合作，就逼着他合作。但驴子是会踢人的，我们要时刻提防它，不要让它伤着我们，这就是又联合又斗争。

毛泽东生动形象的比喻，给胡耀邦留下了深刻难忘的印象。在与田杰生的斗争中，胡耀邦充分运用又联合又斗争这一统战谋略，显示了高超的统战才华。

1939年春，田杰生非法抓捕八路军驻安定办事处民运干部薛铭山、贾仲清。不久，又以召开清乡运动会议为由，乘机绑劫赴会的中共安定县民主政府县长薛南斌，挑起严重摩擦事件。面对田杰生的严重挑衅，胡耀邦表现出过人的胆识，据理奋起斗争。他认真了解当地的民情社情，研究了斗争的政策和策略，决定采取如下措施：

1. 他亲自主持房东座谈会，介绍抗战的形势，揭露国民党顽固派不抗战的真相，宣传八路军的战绩，讲清抗大是干什么的，为什么要驻在这里；

2. 重申"三大纪律八项注意"，严格群众纪律，密切军民关系，发动全体人员向人民群众普遍开展宣传活动；

3. 必要时，由领导干部亲自出面，警告田杰生，与他展开面对面的斗争。

大家很快地行动起来，军民关系迅速地得到了改善。一天，胡耀邦把一大队宣传干事牛克伦叫到他的窑洞里，对他说："大队研究决定，由我去见见田杰生，你跟我一起去，怎么样？"牛克伦坚定地回答："没问题，带枪吗？"胡耀邦笑笑说："没必要，带支笔就行了，做做记录。"他那轻松的样子，根本不像是要深入虎穴，倒像是要去参加一个普通的座谈会。牛克伦深知胡耀邦身经百战，胆识过人，更兼口才出众，田杰生根本不是他的对手。

路上，胡耀邦向牛克伦讲了许多统战斗争的知识和经验，并嘱咐他："要沉着冷静，有理、有利、有节。"

田杰生的县政府是个庞大的院落，门口懒洋洋地站着两个保安队员。胡耀邦与牛克伦看都不看他们一眼，昂首直入。听说有八路军找他，田杰生吓得半天不敢出来，后来知道来的只有两个人，而且没带武器，便又恢复了常态，皮笑肉不笑地钻了出来，口口声声喊着"胡政委"，点头如同鸡啄米，又是敬烟又是沏茶。

胡耀邦开宗明义地向他说明来意，严肃地指出，抗日是全民族的大事，抗大是共产党培养抗日干部的学校，维护抗大就是支援抗日，就是维护抗日民族统一战线,希望田县长认清形势,顾全大局。

田杰生唯唯诺诺,口是心非,跟他们兜起了圈子,还厚颜无耻地吹嘘起自己的政绩。胡耀邦紧紧地把握住主题,问道:"抗大到贵县以来,对民众秋毫无犯,这是有目共睹的,可是有人却说抗大来与民争利,这明明是挑拨我军民关系,破坏后方安定。还有人侵占抗大校舍,袭击抗大人员,这些情况你知道吗?"田杰生故作姿态,赶忙说:"我不知道,确实不知道!"胡耀邦声色俱厉地问:"你身为一县之长,而且自称那样能干,怎么连这么重要的情况也不知道呢?"胡耀邦义正词严的发问,问得田杰生支支吾吾地说:"一定调查,一定调查。"胡耀邦严正指出:"一切主张'团结抗日'的人都是我们的朋友,我们都会与他合作,凡是破坏团结抗日的人,都是汉奸,都不会有好下场!'"最后,他严肃地对田杰生说:"惩治汉奸,恐怕你们的蒋委员长也不会不同意吧?"田杰生强作镇定,连声道:"当然,当然。"

回来的路上,胡耀邦对牛克伦说,田杰生这类人的反动本质是不会改变的,我们既要同他谈,又要准备打。事情后来的发展,证明胡耀邦的判断是正确的。在这一回合的斗争中,胡耀邦打击了国民党顽固派的嚣张气焰,迫使田杰生的破坏活动有所收敛,并且争取

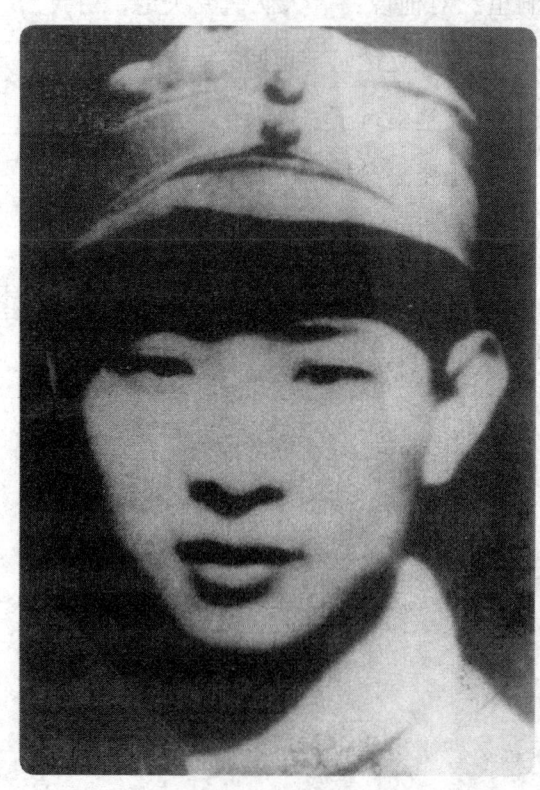

胡耀邦1939年在延安

了群众，孤立了敌人，为一大队初到瓦窑堡的学习和工作，创造了一个相对安定的环境。

陕北的冬夜异常严寒，胡耀邦住的窑洞里有时连炭火也没有；户外北风呼号，室内一灯如豆，但是每一个曾在这里与胡耀邦相对恳谈过的人，都永志不忘那种如沐春风的情怀，他像一团火温暖着每一个人。

根据胡耀邦的指示，一大队办起了队刊。采访、编辑、排版都由牛克伦负责，他虽在一二·九运动时也参加过《救亡时报》的编辑，但如今要比较全面地负责队刊的工作，感到有些力不从心。

一天，牛克伦在胡耀邦那里汇报完工作正要走，胡耀邦把他叫住，取出一本牛克伦送胡耀邦审定的队刊。牛克伦担心，大概要挨批评了！谁知，胡耀邦丝毫没有批评他的意思，而是把刊物摊放在桌子上，一丝不苟地评判起来：报头该怎样画，版面为什么显得不够生动，所选文章该怎样取舍，以及怎样采访组稿……点点滴滴，细致入微。那神情，俨然是一位和蔼的老师在向学生授课。

胡耀邦的指点令牛克伦心悦诚服，同时感到惊异：一位贫苦出身、由红小鬼成长起来的领导干部，居然对办刊物如此内行！胡耀邦看出了牛克伦的疑问，笑着说："其实，我也是被逼出来的。在抗大总校当政治部副主任时，毛主席让我编校刊，我对主席说，我没有经验，编不好。主席说：'不会可以学嘛！'还说：'可以让各级领导干部带头写稿子嘛！'我马上就说：'那就请主席写一篇稿子吧！'毛主席笑着说：'你这个胡耀邦，马上就将军喽？'后来，主席很快就送来了一篇稿子，就是那篇著名的《反对自由主义》，我们刊登在抗大校刊第一期上，我还写了一篇编者按呢！"

接着，胡耀邦满面春风地对牛克伦说："今天，我也把毛主席这句话送给你——'不会可以学嘛'。你是知识分子，基础比我强得多，只要善于从实践中学习，就一定能把队刊办好。"

胡耀邦的一席话，宛如冬天里的一把火，烧得牛克伦周身暖洋洋的，他回到窑洞，把这期稿件从头到尾重新编排了一遍。天已大亮，他竟毫无睡意。早饭后，他把改过的稿子拿给胡耀邦看，他仔细地翻看了每一页，笑着说："很好嘛，士别一夜，便当刮目相看！"接着又说："领导干部都要写稿，我带头！"

胡耀邦说到做到，他不但大力提倡，还身体力行，带头写稿，他的模范行动带动了全队的办刊热情，使刊物一期比一期办得好，受到领导和学员们的普遍欢迎。

不久，田杰生妄图利用其保安队与抗大一大队在一条街上站岗执勤之机，瓦解抗大中央党史研究室学员，煽动学员开小差。胡耀邦就针锋相对，动员抗大学员向保安队宣传抗日救国的道理。结果，不少保安队士兵"开小差"，参加了八路军。田杰生不得不调新的保安队换防。与此同时，胡耀邦又与我边区警备队联合行动，做好战斗准备，并举行游行示威，向田杰生施加压力；另一方面，又及时向上级汇报，请求向国民党高层蒋介石等提出强烈抗议。胡耀邦利用报纸充分揭露田杰生的行为，田杰生被迫释放了无罪被捕的同志，取得了斗争的胜利。

台湾地区出版的《中共研究》杂志，曾叙述胡耀邦既敢于斗争又善于联合的统战谋略。

"胡耀邦不仅有军务工作与党务工作之长期经验，其统战工作尤见成效。时值卢沟桥事变之后，位于延安东约100里的绥德县（瓦窑堡）由（国民党）政府委任之县长管辖，并有县保安团守护，此系政府在共党控制之陕北地区一重要基地，虽陈伯钧与王震所率八路军一二〇师三五九旅驻扎城外，但并不敢贸然以武力夺取。其后，'抗日军政大学'之分校政治部首脑胡耀邦，率学员二三百人进入绥德县城，名为'联合抗日'。他们接管了绥德师范学校校园，将其改为'抗大分校'。继而运用'统战'策略，大谈

'抗日统一战线'之伟大原则。胡耀邦要县长将县城自动让给他们。与此同时，发动'抗大'学员要做'结交朋友'之举动，对保安团展开心理战，在其队伍中制造政治不和。他又经常与驻扎城外之三五九旅保持联系，商讨使用武力战略。胡耀邦同时运用'既联合又斗争'的'统战战术'，中共于是不费一枪一弹夺得绥德县城。其后，胡耀邦'既联合又斗争'之经验成为毛泽东'统战'理论与战略之重要内容。'统战佳话'在中共干部中广为传播，其后，影响至为深远。"

在抗大一大队驻守瓦窑堡期间，虽然国共两党之间摩擦不断，国民党一直蓄意挑衅，但一大队从未开过一枪，并且在反摩擦中屡占上风，这与政委胡耀邦正确的统战谋略不无关系。

胡耀邦任一大队政委时，他最初倡导发起"斯达汉诺夫"（斯达汉诺夫是苏联的一位劳动英雄）运动，开展了热火朝天的"革命竞赛"，以调动全大队学员的学习和劳动积极性，克服某些懒散、拖拉的作风和消极因素。在他的带动下，这个"斯达汉诺夫"运动卓有成效，迅速推广到全校。为此，胡耀邦还连续给队刊写了几篇很有影响的文章，指导运动健康发展，总结群众的经验，使队刊成为几千名学员的必读之物，连毛泽东也每期必看，对队刊评价很高。

王稼祥当时是抗大的领导人之一，他对胡耀邦十分关注，多次在各种场合给予表扬。他在一次干部大会上兴奋地说："你们要加强马列主义理论学习，不仅要去听经济学家王家文和何恩敬、哲学家艾思奇等同志的课程，还要下功夫多读书。你们要向胡耀邦同志学习，学习他刻苦攻读的精神。"

总政组织部长

1939年3月，陕北大地复苏，万木吐绿，春意盎然。胡耀邦率一大队返回延安。不久，经毛泽东亲自提议，胡耀邦荣任中央军委总政治部组织部副部长、部长。胡耀邦接替方强（湖南平江县人，新中国成立后曾任海军副司令员等职，1955年被授予中将军衔）任总政组织部长，可见毛泽东对胡耀邦十分赏识，把他视为很有才干大有作为的年轻干部。胡耀邦在一篇自述文章中写道："毛泽东主席亲自提议我任组织部长，那时我仅23岁。组织部的负责人就得同高级干部谈话，我那时谈话的有陈赓将军、肖克将军、徐海东将军、王树声将军等。"新中国成立后，这四人除肖克被授予上将外，其余都被授予大将。

当时中央军委总政治部的领导成员是：主任王稼祥，副主任谭政、傅钟，秘书长陶铸，组织部长胡耀邦，宣传部长肖向荣，保卫部长吴溉之，敌工部长王学文。

胡耀邦在任军委总政治部组织部长6年间，在极端艰难困苦的情况下，坚持抗日民族统一战线，认真贯彻党的方针政策，为加强我军政治思想建设和组织建设不懈地工作，取得了出色的成绩。

在工作中，他认真听从政治部主任王稼祥的领导和安排，对王稼祥高超的领导艺术、渊博的学识、高尚的品格极为尊重和钦佩。他在1984年《党史通讯》第2期上发表《深切地纪念王稼祥同志》的文章中写道："我对王稼祥同志有着非同寻常的深刻印象。这不仅因为从1939年到1944年我在他的直接领导下工作，那些年里从他那里学到了许多东西。更重要的是，在我党历史上的一个关键时期，他作出了极其重要的贡献。"

1994年6月1日，笔者赴京访问了王稼祥夫人朱仲丽女士，她在宅邸热情地对笔者说：

"我与胡耀邦第一次见面是在延安王家坪我家的窑洞里。王稼祥是军委副主席、总政治部主任，他当时是总政治部组织部长，常到我家向稼祥同志汇报工作。他脑子非常灵活，性格开朗，说话幽默，对干部十分关心和了解，能量才录用，发挥他们的长处。他的马列主义水平很高，工作能力强，稼祥非常器重他。

"胡耀邦和李昭结婚后，住在我家的左侧，我们成为邻居。他住的是两间简陋的小平房，墙壁上的白粉早已变成黑色，有的地方粉皮也脱落了，因年久失修，露出土砖。下雨的季节，房间潮湿，冬天又较寒冷。雪花飘落的时候，只有一个炭火盆供主人取暖。冬天，不像在窑洞里生的炭火那样舒服，夏天不像窑洞那么凉快。耀邦作为总政的组织部长，负责全军的人事调配和政治思想工作，他是很忙的。作为一个20多岁的年轻人，他担负这么重要和繁忙的工作，在今天来说很难想象。他显露出了惊人的工作能力，干得很好，被稼祥称为'少壮派'。

"稼祥在和平医院住院期间，耀邦同志经常去看望。现在住在一块儿，更是日日前来问候病情。他发现稼祥病中寂寞，想法为稼祥舒解心烦。在工作之余，邀了好几位同志，来我们窑洞里打打麻将。这些同志中有罗瑞卿、陶铸、王鹤寿、张经武、边章武。这使我们的窑洞里很热闹。

"打牌的时候，稼祥往往坐在陶铸和胡耀邦之间的桌子角旁。因为他们两人打牌很精，互相猜牌，稼祥能看清他俩手中的牌，看得饶有兴趣。

"我非常欢迎他来玩麻将牌，而且也饶有兴致地观察他们的音容笑貌，一举一动。

"毛主席当时曾形容胡耀邦是一个'幼稚味还未完全脱掉的同志'。他在牌桌子上是很有意思的。他在这几位牌客中，年纪最小，人最精干，两手搁在桌子上，说话不多，头颅不停地摆动，两只炯炯有神的眼睛侦察牌势和打牌人的表情。这样，他就能大概断定谁要吃什么，谁将和什么。而他自己总有一张牌在手。我在桌边看着他那认真的表情，感觉无论在工作上、学习上或业余活动中，他全身都有那么一股劲儿，这是很值得我学习的。"

朱仲丽沉思片刻，接着说：

"那次耀邦同志和稼祥商量工作的时间很长。他一边和稼祥谈,一边抽着质量很差的纸烟。说起吸烟,耀邦同志烟瘾是很重的,食指和中指的指尖,已熏成黄色。我在里间织毛衣,到吃晚饭的时候,听到了椅子声,知道谈完了,便急忙过来,和耀邦同志打招呼。

"稼祥对他说:'耀邦,人员的安排就按照你的计划配备,老干部要好好带领这批新调来的人员,搞好工作,抓紧时间学习。'

"'好的,好的。'耀邦同志走到窑洞门口,向稼祥敬个礼。

"他走后,我问稼祥,'胡耀邦这么年轻,学习和工作都认真,看样子,你很喜欢他?'

"'他不会比你大,只怕是同年(他们是同龄人——笔者)。他善于学习,读书很多,早年还是青年团的骨干。'稼祥一边收拾文件,一边说。

"我说:'他读的政治书比我多,我读的医学书可比他多。'

"'应该多读书,但更重要的是善于在实际中应用,用书本知识联系实际。胡耀邦在这方面做得很不错。'稼祥赞赏地说。

"我的确感到他俩在工作上很融洽,这由于胡耀邦对问题的观点、分析和处理,与稼祥是一致的,而耀邦同志在执行任务方面很认真,效果也明显。"

朱仲丽作为一名大器晚成的作家,还向我描述了胡耀邦由不会下围棋到棋艺高超的故事,可见他凡事善于学习、力求甚解和精通的风格。她回忆道:"从医院重回王家坪之后,我还经常和胡耀邦同志下围棋。他原来不会下,但他好学,有兴趣时就找我教他。想不到短时间内,他的棋艺提高很快,竟能和我一争胜负了。渐渐地,我输给他的次数就多起来。我不服气,总想和他较量。当他一天工作结束后,晚饭前,李昭下班回家了,又忙着孩子的事,我便走进他们的屋子。一见到我,李昭便笑盈盈地和我寒暄。如果胡耀邦在内屋,她必叫,'耀邦,仲丽来了!'

"于是，耀邦便笑着走出来，首先要问稼祥身体情况，然后说：'下盘棋吧。'便立即拿棋盘和棋盒，摆开战场。

"每次，我都带着必胜的信心去，不少时候是打败仗而归。耀邦同志棋风非常好。每当下至紧要关头，我若失误，就吵着要悔掉这颗子，他总是让步，让我悔子。他若输了一子，是从来不悔子的，只轻声说：'这颗子下得不对，错了，错了。'"

胡耀邦在王稼祥的直接领导和关注下，忠于职守，兢兢业业，为加强我军的政治思想工作和组织工作作出了贡献。

胡耀邦在任总政组织部长期间，非常重视军队中的知识分子工作。抗日战争爆发后，全国各地大批青年学生和革命知识分子怀着满腔爱国热忱和献身精神，参加八路军、新四军，投身抗日洪流。从抗战开始到1939年的3年中，全军共吸收知识分子1万人左右，占全体干部总数的近20%。这就为全军培养选拔干部增加了新的活力。大量吸收知识分子参加军队工作，采取正确的政策至关重要，这是摆在作为组织部长的胡耀邦面前的新课题。

1939年6月25日，王稼祥主任同谭政联合署名发出《总政治部关于大量吸收知识分子和培养新干部的训令》，指出：吸收新的革命知识分子参加军队已成为目前干部工作上的一项重要任务。《训令》还做了如下规定：一、大批吸收纯洁的革命知识分子参加下层工作；二、经常考察他们的思想动向，及时开导他们前进；三、经常考察并发挥他们的特长；四、用一切方法逐渐提高他们的组织观念、纪律性和坚定性，继承和发扬我军的光荣传统。《训令》要求所有的老干部要重视和了解新的知识分子，把大胆吸收和耐心带领他们看作是自己的责任，反对歧视和偏见，要求新的革命知识分子虚心向实践学习，向老干部和工农干部学习，以确立无产阶级的人生观，反对看不起工农干部的错误观点。

胡耀邦认真学习和贯彻《训令》精神，带头宣讲，带头落实，层层检查，使《训令》的规定落到实处。

1939年12月，毛泽东针对党内军内存在着的不重视知识分子、不愿意大量吸收知识分子的思想，起草了《中共中央关于吸收知识分子的决定》，指出："没有知识分子参加，革命的胜利是不可能的。""全党同志必须认识，对于知识分子的正确的政策，是革命胜利的重要条件之一。"

胡耀邦遵照毛泽东的指示和总政的《训令》，在各种会议上，反复强调在大量吸收知识分子的问题上要有正确态度，认真纠正"左"的错误倾向，这是关系到抗日根据地能否巩固和发展、中国革命事业能否胜利的大问题。

当时在军委总后勤部和总卫生部等所属机构，集中了一批工程技术人员、医务工作者，有的还是颇有名气的专家。他们历尽千辛万苦来到延安。如高士其曾获得美国芝加哥医学研究所医学博士学位，他从美国回来，带了一台高倍显微镜，后又想方设法带到延安；何穆是治疗肺病的专家，还带来了一台X光机；内科名医史书翰则带来了一个医疗小组；工程技术人员沈鸿则从上海带来了技术人员……胡耀邦把他们看作是民族的精英、宝贵的财富。

对这样的一批知识分子，胡耀邦首先信任他们，充分发挥他们的专长，把他们安排到适当的工作岗位上，使他们施展自己的聪明才智，为革命事业服务。胡耀邦常说，我们做领导工作的同志一定要认识到，没有革命知识分子，没有文化知识和科学技术，就不可能取得抗日战争的胜利，也就不可能取得中国革命的胜利！

1941年4月23日，中央军委发出《关于军队中吸收和对待专门家的政策指示》，明确规定，对各种专门人才，应以他们的专门学识为标准，给以充分的负责工作，并给予充分的信任，物质上给以特别优待。对非党的专门人才，只要求他们服从军队纪律与各种章程条例，不强迫他们参加政治学习，不强迫上政治课，参加政治集会及测验等。对于他们一些生活习惯不应干涉。对于这一指示，胡耀邦衷心拥护，坚决赞同，并把它落实到政治工作的每一个环节中去。

一天深夜，万籁俱寂，王稼祥的窑洞里闪着灯光。胡耀邦向王稼祥汇报工作之后，聚精会神听他的指示。

王稼祥用浓重的安徽口音对他说："耀邦，根据我们对部队知识分子工作的经验，是否可以概括为'容'、'化'、'用'三个方面？所谓容，就是争取知识分子加入我们军队，能够容纳他们，使之成为我们的优秀干部；所谓化，就是转变知识分子的小资产阶级思想意识，使他们革命化、无产阶级化；所谓用，就是正确地分配他们的工作，使他们有适当的发展前途。"

王稼祥话音刚落，胡耀邦高兴地笑着说："王主任，你概括得太好了，这是我军对知识分子工作经验的生动总结，我们正是这样做的。经你这样一说，我们的工作目标就更明确了。"

自此，胡耀邦将"容"、"化"、"用"三字的内容，在各种会议上反复讲，与组织干部个别谈话时也讲，强调这是落实知识分子政策行之有效的方法，必须身体力行，他自己则率先垂范，受到同志们的普遍赞扬。

1942年2月2日，毛泽东在中共中央党校开学典礼上做了《整顿党的作风》的报告。2月8日，又在延安干部会议上做了《反对党八股》的演讲。4月3日，中共中央宣传部做出《关于在延安讨论中央决定及毛泽东同志整顿三风的决定》，标志着整风运动由党的高级干部扩展到广大干部中进行。

在4月10日中央书记处工作会议上，决定成立各个委员会，以利于系统地领导学习研究整顿"三风"的文件和检查工作。军委直属系统委员会，由王稼祥、陈云、朱德、叶剑英、谭政、傅钟、胡耀邦、肖向荣、陶铸、叶季壮等人组成。当时胡耀邦不到27岁，是最年轻的整风委员。

延安的整风运动，是中国共产党历史上一次思想解放运动，使全党在马列主义、毛泽东思想基础上达到了空前的团结和统一，为党的第七次全国代表大会召开做了准备，为夺取抗日战争和民主革命的胜利奠定了牢固的思想基础。但是，在整风运动后期，康生插手和制造的"抢救失足者运动"，导致了一场残酷的闹剧。

康生的关于"抢救失足者"的报告，曾被称为"恐怖的信号"，把整风运动中的审干运动引向歧路。李维汉回忆说："康生所作'抢救失足者'的报告，是阳奉阴违，直接对抗毛泽东指示的。但由于康生当时在党内的地位，使他的报告带上了极大的权威性。此后，延安党政军民学各机关就纷纷召开'抢救'大会，出现'抢救'高潮。"

一时间，延安城里，草木皆兵，人人自危。不少人无辜遭受迫害，有的被错误处死。连陶铸因坐过敌人监狱，也被整成"叛徒"，气得他骂道："老子在国民党政治犯中不是第一号、也是第二号坚强的，他们想把我打成'叛徒'，简直是胡闹！"

当时兼任中央社会调查部处长、整风领导小组成员的胡耀邦，内心充满矛盾和疑虑，一方面他要履行自己的职责，认真执行、贯彻和宣传延安整风运动的精神，成天忙忙碌碌，起草整风文件和关于整风的文章，在整风大会上做报告；另一方面对康生那一套"左倾"做法心怀不满。一天，他来到延安中国医科大学做传达报告时，主要传达毛泽东主席一次讲话的部分内容。由于康生的错误情报，导致毛泽东下决心开展抢救运动，他把麻木不仁、毫无警惕、无敌情观念的同志，比喻为泥菩萨，胡耀邦在会上照本宣科："唉，这个泥菩萨，一声不响，二目无光，三餐不食，四肢无力，五官不齐，六亲不认，七窍不通，八面威风，九（久）坐不起，十（实）在无用……"

胡耀邦在会上做起报告来振振有词，生动风趣，但会后默默暗想：哪有这么多特务？许多年轻知识分子怀着满腔爱国热情，从小不畏艰难险阻，投奔延安，立志革命，也会是特务吗？

胡耀邦在整风运动中，坚持实事求是的原则，尽量防止造成冤假错案，力求多保护一些同志。

毛泽东多次在中央党校做报告说：这两年有许多错误，整个延安犯下许多错误，谁负责？我负责，因为发号施令的是我。戴错了帽子的在座有这样的同志，我赔一个不是。凡是搞错了的，我们修正错误。

毛泽东的自责精神，使胡耀邦深受感动。听了毛泽东多次自我检讨的报告，胡耀邦无比感慨地说："在整风运动中，我作为总政治部组织部长和军委直属系统整风委员会成员，无疑地执行了'左'的政策，犯了'左'的扩大化的错误，这是应该坚决改正的。我决心引以为戒，从中吸取深刻的教训。"

伉俪深情

1941年底，26岁的胡耀邦与中国女子大学学员李昭相识了，并由相识到相知相爱，两人终成伉俪，在延安被传为佳话。

李昭，原籍湖南宁乡县。1921年生，从小父母离异，随父亲浪迹天涯，辗转来到安徽宿县居住。1937年，李昭年方十六，当念高中一年级的时候，卢沟桥事变爆发，神州大地，燃烧着抗日的烽火。国家兴亡，匹夫有责。花季年华的李昭，爱国心切，毅然放弃学业，投身宿县战地服务团，参加新四军领导的抗日救亡运动，积极宣传抗战爱国思想。

政治风云突变。1939年国共发生摩擦，在民族危亡的紧急关头，她于元宵佳节这一天，离开宿县，冲破艰难险阻，投奔延安，进入中国女子大学深造。这时，她将原名李淑秀改为李昭。

中国女子大学成立于1939年7月20日，学生大部分是延安周围及沦陷区来的20岁左右的女知识青年。

中国女子大学办学的宗旨是:"以培养抗战后建国的妇女干部人才为目标","以养成具有革命理论基础,革命工作方法,妇女运动专长和相当职业技能等抗战建国知识的妇女干部为目的"。学员分为普通班、高级研究班、特别班三种。高级研究班培养较高深理论的干部,特别班主要培养有妇女运动经验的工农干部。基本课程有社会发展史、政治经济学、马列主义、中国革命问题等,另外还选修妇女运动、军事教育、医药卫生、教育、俄语、英语、日语等。教育方法采取集体上课和个人自学相结合,同时让学员参加农业、修路等劳动,在实践中锻炼提高。李昭是女子大学高级研究班的学员。

在大学里,她潜心攻读马列主义,认真学习文化科学知识,积极参加各种社会活动,成为一名品学兼优的女大高级班学员,并于1940年加入中国共产党。

不久,她转入延安大学学习俄语。延安大学对面,就是中共中央所在地——王家坪。其时,胡耀邦任中央军委总政治部组织部长,常来延大做报告,参加学员们的一些社会活动,他俩从此相识了。

共同的革命理想和追求,像一根无形的纽带,把他俩紧紧地联系在一起。每次相见,相互交谈对革命的认识,对人生的见解。随着时间的推移,

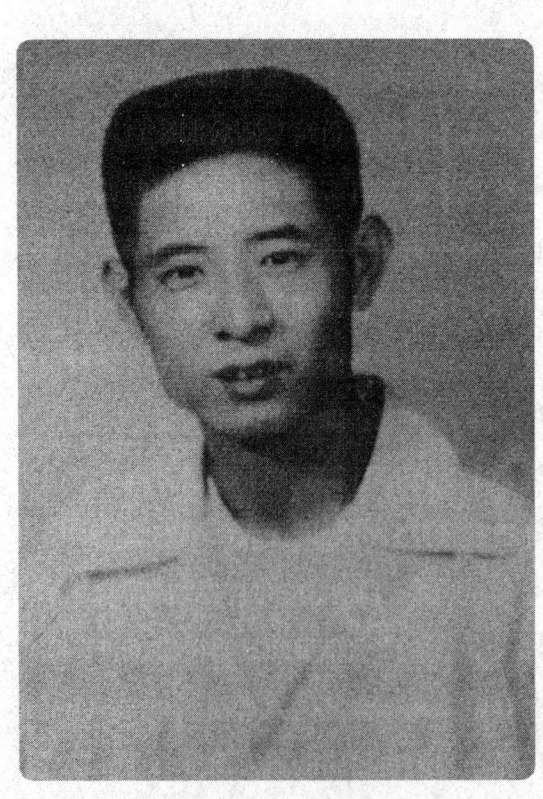

青年时代的胡耀邦

两人情深意笃，心心相印，真诚相爱。在他俩看来，相爱，意味着随时可以进行感情、精神上的互补和内心秘密的相互托付，意味着随时可以卸下心灵的重负，因而激起双方生活的勇气和对事业的执着追求。

"红小鬼"出身的胡耀邦，比情窦初开的李昭大6岁。一个月白风清的夜晚，微风习习，树影婆娑，四周一片宁静。胡耀邦与李昭相约畅谈心曲。

"李昭同志，我们为了一个共同的目标，来到革命圣地延安。共同的理想和事业，是建立家庭的基础，你说对吗？"胡耀邦富于哲理的倾吐，打破了夜晚的沉寂。

李昭羞赧地微低着头，两手极不自然地放在膝上。沉默片刻，她鼓起勇气道出了自己的心声："耀邦，我了解你，你才华横溢，做报告生动感人，对事业有执着的追求，对党无限忠诚，襟怀坦荡，你是一名年轻有为的高级干部，可我……"她的话似涓涓清泉，戛然而止。

"你，是一位有理想、有抱负的女大学生，来到延安，刚到入党年龄，就成为党的一员，在这漫长的革命征途上，让我们携手前进吧。"胡耀邦坦诚的话语，在李昭心灵深处激起幸福的波澜。

遥望皎洁的明月，面对无垠的苍穹，他俩尽怀倾吐对对方的爱慕之情。

"建立婚姻家庭，要靠男女双方不懈的努力，共同去创造美好的前程，千万不能沉湎于小家庭，一味卿卿我我。有些人朝三暮四，高兴时卿卿我我，不顺心时喜新厌旧。对爱情是否忠诚，不是挂在口头上，而是看他（她）的为人和品德。只有品德高尚，情操纯美，爱情才具有生命力。"胡耀邦发自内心的表白，似为自己立下的海誓山盟，他一生实践着自己的诺言，始终坚贞不渝。

水到渠成，瓜熟蒂落。1941年冬，胡耀邦和李昭喜结良缘。

婚后，他俩一道遵循婚前的约法三章，首先是志同道合的同志，然后才是伴侣；建立小家庭后，不忘共同的事业，不忘为共产主义奋斗终身的大方向；能经受住各种风浪的考验，在任何情况下，都互相帮助，互相鼓励，携手共进。

冬去春来，斗转星移，48年风风雨雨，无论在硝烟弥漫的战斗岁月里，还是身处逆境的凄风苦雨中，他俩一道风雨同舟，荣辱与共，相携同行，无怨无悔。

1994年4月6日，当笔者访问李昭的时候，她颇有感慨地说，婚后不久，正值延安整风。由于王明"左倾"错误的影响，当时担任中共中央社会调查部部长的康生，在延安整风运动的后期，主持所谓"抢救运动"，他把一些地方的共产党判定为"红旗党"（即打着红旗的假共产党，而实质上是国民党的特务机关），怀疑一切，认为高级干部的爱人都是一些钻进来的特务，连中国女子大学毕业已入党的她，也当作怀疑对象，纳入被审查之列，强迫她作自我检讨，即所谓"自救"，她背上了沉重的思想包袱。

当时，胡耀邦是军直系统整风领导小组成员，对"抢救运动"感到迷茫和困惑，心中升起阵阵疑团，像李昭这样的热血青年，冒着生命危险，投身革命圣地延安，立志救国救民，居然被怀疑为"特务"，他连连摇头，自言自语："不可能，绝对不可能！"

夜深人静，残月如钩，胡耀邦来到李昭居住的招待所（婚后仍未分住房），情真意切地说："李昭，我了解你，你参加革命早，天真无邪，对共产主义事业充满坚定的信念，我相信你能经住各种考验，党组织审查你，这就是一种最实际的考验。你应实事求是，是则是，非则非，不说违心的话，要相信党，相信同志。"一席肺腑之言，使李昭增添了无穷的勇气和胆识，她经受了严格的审查，党组织给她做出了正确的结论。

中华儿女浴血疆场，抗日战争即将取得全面胜利。李昭怀上了第二个孩子。胡耀邦出席党的七大后不久，就任冀热辽军区政治部主任，将赴前线参加殊死的战斗，李昭也要求同往。

1955年，胡耀邦、李昭于北京寓所

"耀邦，我不愿因孩子拖累革命，准备实行人工流产。我身体不好，万一流产不成，孩子生下来我也带不了，你看怎么办？"李昭用征询的眼光望着丈夫，诉说着自己的意愿和苦衷。

"还是克服一切困难，将孩子留下来吧。"胡耀邦深情地望着妻子，爱抚地说。

"我不具备带孩子的条件，我要与你同上前线，经受血与火的考验。"李昭语意坚决，句句扣动丈夫的心弦。

"怎么办？"夫妻俩经过再三协商，决定将生下来的孩子送给别人抚养。不久，老二呱呱坠地，又是一个男孩。幸好李昭在中央党校学习时的一个陕北同学，为他们找到南区合作社副主任刘世昌，他只有一个女儿，正好想要一个男孩，欣然答应收养他们的孩子。

胡耀邦深情地对刘世昌说："从现在起，老二就是老区人民和刘家的孩子了，一定要姓刘，名字也由你取。"

刘世昌沉思片刻，兴奋地说："那就叫他刘胡吧。"

胡耀邦拍着刘世昌的肩膀，笑着说："那好，不过'胡'字要加三点水，'湖'水的'湖'。"

在战火纷飞的年代，刘湖在陕北黄土地上茁壮成长，一晃13个春秋过去了，刘老汉把刘湖送回北京胡家。从此，胡耀邦一家三个姓。

胡耀邦夫妇反复叮嘱儿子："你永远是世昌的儿子，是老区人民的儿子，不要忘记养育之恩。"刘湖不负党的培育和严格的家教，后来成为对外经济贸易部的司局长，为我国的外贸工作奉献自己的聪明才智。

1945年冬，胡耀邦夫妇即将赴解放战争前线。其时，他任冀热辽军区第四纵队（后改为晋察冀野战军第三纵队）政委，参加指挥保卫张家口战役。出发前，经夫妇俩商量，决定将年仅3岁多的老大胡德平留在后方。

可怜天下父母心，每当前线有人去后方，李昭总要给孩子捎去卫生衣之类的物品。胡耀邦对子女要求特别严格，任何时候都不允许有丁点儿特殊化。他严肃地对李昭说："现在延安还很困难，不能让儿子比别人的孩子穿得好些，产生优越感。一定要顾全大局，对别人的孩子要一视同仁。孟子曰：'老吾老以及人之老，幼吾幼以及人之幼。'我们是党的干部，理应比古人做得更好。"

李昭连连点头称是，每次给儿子捎去的东西，都和别人一样，甚至自己掏钱，买同样的东西，分送给其他留在后方的孩子。

在硝烟弥漫的艰苦岁月，胡耀邦夫妇相依为命，甘苦共尝。

1947年4月至7月，晋察冀野战军接连举行了正太、青沧、保北三次战役。任四纵队（后任三纵队）政委的胡耀邦，与司令员陈正湘（第四纵队司令）、郑维山（第三纵队司令）参加与指挥了这三战三捷的战斗。由于晋察冀野战军组织严密，指挥得当，实力集中，速战速决，我军共歼敌21800余人，完成了中央军委赋予的拖住华北敌人、不使其增援东北的任务。作为纵队政委的胡耀邦，在指挥战斗中立下了战功。李昭分享着战斗胜利的喜悦，默默为丈夫祝福。

然而，天有不测风云，人有旦夕祸福。一天，李昭接到胡耀邦从前线寄回来的一封信，打开一看，几行动人心魄的字迹跳入她的眼帘："李昭，战争是残酷的，作为一个军人，随时要准备流尽最后一滴血。假若我牺牲在战场上，你千万要坚定、镇静，永远做一个生活的强者。"

捧读沾满硝烟的家书，李昭泪眼模糊，心潮翻滚，思绪万千，难道这是他阵亡前的征兆？难道是他用血与泪写成的遗书？

原来，三战三捷之后，晋察冀野战军经请示中共中央军委，晋察冀军区并中央军委批准，于9月2日至12日，发起了大清河北战役，向进攻霸县、雄县地区之敌展开攻势。

大清河北地区位于北平、天津、保定之间，号称平、津、保三角地带，战略地位十分重要，是敌我必争之地。晋、察、冀战场的国民党军在遭到正太战役、青沧战役、保北战役的连续打击之后，为确保平、津、保地区的安全，于1947年7月调集了5个师的兵力向大清河北进行"扫荡"之后，留下其第十六军7个团，第九十四师两个团及河北省保安第三总队、第七总队等部，连续进行"点线清剿"，企图拱卫北平、天津。双方争夺异常激烈，战斗呈胶着状态。在紧急关头，胡耀邦置个人生死于度外，深入连、排阵地指挥，率部连续苦战，但很难突出敌人重围。他随身携带的文件和香烟全被敌人的子弹打掉，连身上的衣服也被打了几个窟窿，险些丧生。他是在战斗的间隙向李昭写信的，面对连天的炮火和如雨的枪弹，他随时准备以身殉职。

胡耀邦终于化险为夷，与司令员郑维山一道，率部突出重围。夫妻相见，感慨之情难以言状。他对李昭风趣地说："打仗难免要流血牺牲，敌人的子弹从我身上擦过，把衣服打了个大洞，就是打不进我的骨肉，看来福分匪浅，马克思不让我去报到啊！"

李昭嫣然一笑，乐不可支地说："看你这个乐天派，大难不死，必有后福！"

"有福同享，有难同当！"

"哈哈哈！"两人爽朗的笑声，在室内回荡。

此刻，他俩领悟了爱情的真谛，它是血与火的交织与熔炼，是生命与灵魂的奉献与抵押，是权利、义务和责任的共有！

在48年夫妻生活中，胡耀邦与李昭风雨同舟，患难与共，无论是风云变幻莫测的战斗岁月，还是在十年"文革"浩劫中，也无论是仕途顺利的和平环境里，还是被迫辞职的人生逆境中，他们总是命运与共，互相帮助和慰藉，分担忧患，甘苦共尝。

四　解放战争声威震

三战三捷

　　1945年4月23日至6月11日，中国共产党第七次全国代表大会在延安杨家岭中央大礼堂召开。出席大会的正式代表547人，候补代表208人，代表着全国121万党员。不满30岁的胡耀邦，作为正式代表参加了这次大会。

　　会上，胡耀邦与代表们一道，聆听了毛泽东《论联合政府》、朱德《论解放区战场》、刘少奇《关于修改党章的报告》三个报告，受到极大的鼓舞。他激动地说，党的七次全国代表大会，表现了全党的空前团结。这种团结是全党经过整风运动，以毛泽东思想为指导的团结，是在广泛发扬党内民主与自我批评的基础上的团结。这次代表大会，为打败日本侵略者，为新民主主义革命在全国的胜利奠定了基础。

　　抗日战争胜利后，国民党军向解放区发动大举进攻，企图侵吞胜利果实，遭到全国人民的同声谴责和我军的沉重打击。在此形势下，我军调派大批干部赴前线参加指挥作战，1946年1月，胡耀邦调任冀热辽军区政治部代主任，7月，改任晋察冀野战军第四纵队政委。

　　此时，国民党反动派置"停战协定"于不顾，自2月开始，在东北向我军大举进攻，在关内对我各解放区频繁进行骚扰和进犯，造成了"关外大打，关内小打"的局面。至5月底，蒋介石先后向内战前线运送和调动了130万兵力。6月26日，蒋介石悍然撕毁国共两党签订的《关于停止国内冲突的命令和声明》（即停战协定），以围攻中原解放区为起点，发动对解放区的全面进攻。从此，揭开了全国解放战争的帷幕。

当时国民党当局用于进攻解放区的总兵力为193个旅（师）、160万人，占国民党全部正规军86个整编师（军）248个旅（师）约200万人的80%。国民党军队的主要战略企图是：沿主要铁路干线，由南向北进攻，夺取并控制解放区城市和交通线，歼灭人民军队主力，或将它压迫到黄河以北，而后聚歼于华北地区。蒋介石倚仗国民党的军事优势，夸下海口："如果配合得法，运用灵活，……就一定能速战速决。"他的参谋总长陈诚也扬言："也许3个月，至多5个月，即能整个解决"中共领导的人民军队。

国共两军力量对比极为悬殊，国民党军队占着绝对优势，当时人民军队的总兵力为127万人，装备基本上是缴获日、伪军的步兵武器，仅有少量火炮；后方也不巩固，而且解放区被国民党军分割包围，在物资上得不到任何外援。

面对这一严峻形势，中央军委对晋察冀和晋绥军区提出夺取"三路四城"的战略计划，即两军区及晋冀鲁豫军区部队一部，以半年左右时间，夺取平汉路北段、正太路、同蒲路以及保定、石家庄、太原、大同4个城市，使晋绥、晋察冀、晋冀鲁豫各解放区连成一片。

当此之时，进攻晋察冀军区的国民党军队有16万多人。北平的傅作义军一部，山西阎锡山军一部，蒋介石嫡系李文兵团，首先将兵力指向解放军占领的张家口。

根据中央军委指示，晋察冀中央局和军区，决心集中主力4个纵队及地方部队在晋绥部队参加下，粉碎敌军的进攻，保卫张家口。解放军以3个纵队部署在平绥路平张段,力争歼灭由北平方向西进之敌一部。以胡耀邦为政委、陈正湘为司令的第四纵队牵制集宁、丰镇方向之敌,以6个旅的兵力及地方武装共3万人,向平汉路北平至石家庄段出击,配合作战,热河军区部队在热西牵制敌第十三军的行动,冀东部队出击北宁、平古路,破坏交通配合作战。

2001年3月8日,笔者采访当时任第四纵队政治部主任、党的十一届三中全会后任中纪委书记的李昌,他向笔者回忆了他与胡耀邦在第四纵队共事的战斗岁月。胡耀邦与士兵命运与共,不顾个人安危,经常深入前线指挥。1946年集宁战役打响后,胡耀邦约李昌一道到前线视察,他们正在接近前沿的指挥所吃饭,敌人的飞机突然从山后飞来袭击,子弹把胡耀邦的饭碗打得碎片四溅。战士们急忙拖着胡耀邦和李昌转入防空洞,躲开了敌机的轮番扫射。胡耀邦对李昌幽默地说:"打仗难免要流血牺牲,敌人的弹片打碎了我的饭碗,就是打不进我的骨肉,看来老天有眼,马克思不让我去报到哩!"李昌也风趣地回答:"你这个乐天派,大难不死,必有后福!""哈!哈!哈!"两个湖南老乡,笑得乐不可支。

李昌记忆犹新,在集宁战役前的围攻大同和这次战役后的几次战斗中,胡耀邦都置生死于度外,亲临前线指挥作战,深受指战员的爱戴。

在第四纵队,李昌与胡耀邦患难与共的日子里,胡耀邦善于做指战员的思想政治工作,富于鼓动演说,使李昌永志不忘。1946年10月,在大批敌军围攻下,张家口失陷,我军撤退到涞源山区。对物资堆积如山的河北日军的兵站张家口的"得而复失",有的指战员思想不通,情绪低落,埋怨惋惜。胡耀邦在灵丘召开的干部会议上,以"不得了,还是了不得"为题,做了激动人心、鼓舞斗志的报告。他生动地分析了张家口失陷并非不得了,敌人也没有什么了不得。敌人反对人民,孤军深入,占领一城,必然要分兵把守,分散兵力;而我军才是真正了不得,我为解放人民而战,深得人心,到处得到群众的拥护和配合。一时失去张家口固然感到痛心，但这样没有包袱，可以集中兵力机动灵活作战，想夺取哪里就有把握打胜仗，就打到哪里，最后就可以收复张家口和比张家口更大的北京、天津、上海等城市。他的报告令人信服，大家深受鼓舞，指战员的情绪迅速高涨起来，立即转入休整练兵和投入平汉路北段作战，取得了重大胜利。

为提高部队的政治和文化素质，胡耀邦高瞻远瞩，呕心沥血，作出了创造性的贡献。李昌作为第四纵队政治部主任，与胡耀邦紧密配合，为提高部队的政治素质和战斗力绞尽脑汁。野战军运动作战，必须在山区平原驰骋，胡耀邦创建了流动铅印车（用几辆马车拖着铅字和印刷机随军运动），坚持出版铅印的《前卫报》。李昌也为写稿、组稿竭尽全力。《前卫报》及时刊载了陕北总部对战争形势的评述和政治部编写的连队学习材料，使广大指战员的政治水平和部队的战斗力迅速得到提高。

在第四纵队，胡耀邦看到战士们文化水平低，又缺少适用的学习材料，便亲自主持，组织和谷岩、陈明任编辑，邓拓作画，先在纵队出版了《人民军队三字经》，它通俗易懂，琅琅上口，图文并茂，深得战士们喜爱。它共57段，系统地、深入浅出地介绍了人民军队的建立、发展和性质任务、纪律、战略战术、军民关系等。1947年12月，晋察冀军区政治部把它列为正式的学习材料，印发到各部队，广为学习和传颂。有些当年的干部战士，至今还能背诵其中的一些段落。如其中的一些片段：

学 习

为革命，把兵当，人民军，大学堂。

同志们，是老师，毛主席，像校长。

学政治，练思想，学文化，知识广。

学军事，打好仗，三字经，念几行。

能文武，本领强，指战员，状元郎。

红 军

共产党，不灰心，一心干，为人民。

二七年，大暴动，八月一，建红军。

打土豪，把田分，工和农，齐参军。

建苏区，翻身心，反围剿，歼蒋军。

没中共，没红军，咱中国，没如今。

军 民

山换地，树从树，解放军，靠人民。

生于民，长于民，保人民，大翻身。

拿起枪，不忘本，老百姓，父母亲。

说话时，态度好，又排水，又送粪。

帮人民，度灾荒，爱人民，是本分。

老百姓，解放军，骨肉亲，永不分。

李昌对胡耀邦书海行舟、博览群书推崇备至。他回忆说："每次解放一座城市，耀邦都要搜集当地的史志、地理、风土人情和各种书刊，抓紧一切时间学习，即使戎马倥偬，行军打仗，他都随身携带书籍，就是骑在马上，也能读一页是一页，能读一章是一章。他原来只有初中文化程度，由于勤奋好学，他知识非常渊博，出口成章，终成大器。正如他自己所说：'延安时书很少，搞到一本，就拼命读。白天没时间，就晚上在窑洞里点个煤油灯读。我文化程度不高，遇到不认识的字，就查查字典。有时对一些古书读不懂，就一遍遍硬读硬钻。'这种刻苦读书的精神，对我这样知识分子出身的干部，也是一个莫大的鼓舞和启迪。"

1946年9月29日，国民党军向解放军发起全面进攻，东路敌军遭解放军顽强阻击，于10月4日被阻于怀来一线。陈正湘、胡耀邦率领第四纵队转战于冀东、冀北地区，集中优势兵力"围城打援"，打歼灭战，取得了较好的战果，收复了张家口失守之后的一些地方，站稳了脚跟。

晋察冀野战军司令部为集中兵力，歼灭向怀来进攻之敌，以晋绥部队接替了第四纵队阻击大同及集宁、兴和方向之敌的任务，将第四纵队东调怀来方向。傅作义集团3个师及骑兵部队2万多人，乘我调整部署之际，由集宁经南壕堑直插张北，此时张北只有解放军一个连防守，7日敌人占领张北，随即由我侧后向张家口进攻，我主力机动部队及晋察冀军区机关遂于10月11日撤出张家口。此役，我军共歼敌2.2万余人。

敌军侵占张家口，国民党十一战区孙连仲部为打通平汉线交通进而控制铁路以西各县城，准备出紫金关，协助傅作义部打通涞（源）易（县）公路，将我军围困在山区。敌九十四军于1946年11月初向易县进犯。

为粉碎敌人的进攻，晋察冀野战军决心以第二、三、四纵队和地方部队联合歼灭进犯易县之敌。

晋察冀野战军司令部部署三纵和四纵为主要突击部队，任务是歼灭正面之敌九十四军。在门墩山，我军和敌人整整打了一天一夜，双方伤亡很大。"野司"决定撤出战斗。但是十旅的二十团已攻入敌阵，撤不出来。这时，敌人的火力越来越猛，并出动了坦克，上级再次下令撤退。

十旅政委傅崇碧对亲临前线指挥的第四纵队政委胡耀邦说："不能撤，我们还有一个二十团在里面，我们得把他们接应回来！"

胡耀邦听到傅崇碧的报告后，坚定地回答："好，我们应从实际情况出发，根据变化了的情况作出正确的抉择，坚决不撤！不执行野司的命令，有你一份，也有我一份。这一仗如果打不好，打你五十大板，也得打我五十大板。"幽默风趣的一席话，使傅崇碧有些紧张的心绪顿时平静了许多。

傅崇碧率领三十团先把敌人的坦克击退后，继续向敌人进攻。我军一进攻，敌人弄不清真相，慌作一团，开始后撤。胡耀邦、傅崇碧命令会合后的二十、三十两个团向敌青年师追击，把刚才还在追击我军的敌人打了个晕头转向。在激战中，胡耀邦的军帽被敌人飞来的子弹打穿了一个洞，他仍然坚持到追击部队的最前面去。胡耀邦又命令在十旅南面的十一旅配合十旅向撤退之敌猛追不舍。这场战斗，由于十旅顽强追击，活捉了300多敌人，缴获了大量枪炮。

部队凯旋，胡耀邦无限感慨地说："如果当时别的部队也不撤，抓住战机，追歼敌人，这个青年师就被我们全歼了。看来，指挥战斗，必须根据客观实际作出抉择，只有这样，才能无往而不胜。"胡耀邦指着帽子上被枪打的窟窿，笑着说："瞧，板子挨不上了，帽子倒替我挨了打，没要我的命，就让我回来了，真是化险为夷，大难不死，妙哉，妙哉，天助我也！"

他眉飞色舞地说着，大家也都开心地笑了。

自1946年6月至1947年2月共8个月时间内，晋察冀军区所属各纵队，在运动战、歼灭战中共歼灭8万余国民党军队与地方武装，遏制了国民党军队向解放区的全面进攻，胡耀邦率领第四纵队参加了各次战斗。在战斗中，战斗动员，鼓励指战员顽强拼杀，他自己更是身先士卒，日夜坚持在指挥阵地。纵队愈战愈强，此时由两个旅扩充为3个旅。

1947年4月至6月，晋察冀野战军连续发起了正太、青沧、保北战役，取得了三战三捷的胜利。它标志着华北我军已开始扭转战局，转入了主动进攻阶段。相继任第四纵队、第三纵队政委的胡耀邦，与陈正湘、郑维山两位司令员率部参加了这三次战役，立下赫赫战功，胡耀邦从此声威大震。

1947年春，国民党军为确保北平、天津、保定战略要地，维护交通秩序，将其9个正规军收缩于平、津、保地区及其间的铁路沿线，并以7个团的兵力向大清河以北地区发动局部进攻。而正太铁路沿线和石家庄及其外围，仅以一个正规军和保安总队守备，在战略上已处于守势。

晋察冀军区司令员兼政委聂荣臻根据敌我双方形势，决定4月3、4两日，部队分头向预定集结地域开进。以杨得志、李志民指挥第二纵队，杨成武指挥第三纵队，指向石家庄以北；以陈正湘、胡耀邦指挥第四纵队指向石家庄以南。8日，开始了战役第一阶段的石家庄外围作战。4月10日，以陈正湘为司令员、胡耀邦为政委的四纵队，在冀中军区部队的配合下，攻克了栾城。4月12日，二纵队、三纵队配合攻克了正定城。两县附近据点90余处随之攻克，共歼敌1.5万人。

在正太战役第二阶段作战中，我第二、三纵队主力沿滹沱河两岸秘密西进，一举攻克了井陉、获鹿，随后沿正太铁路及其两侧向西进击。我军采取迂回包围、猛插分割、断敌退路的战术，第二、第三纵队从正面牵制住敌人，并切断敌人向西、向北逃跑的退路。陈正湘、胡耀邦指挥第四纵队从井陉地区西进，3个纵队密切配合，逐步压缩包围，使敌人慌了阵脚，企图夺路逃跑。5月2、3日，敌三十三军第七十一师、暂编第四十六师、暂编四十九师等部，被我军分别在阳泉、寿阳及其周围地区大部歼灭。最后在阳泉附近狮垴山固守的为阎锡山在日本投降时收编的日军500多人，在我军的猛烈攻击下，由大队长腾田信雄率领，也向我军投降。至此，东自获鹿，西至榆次，180余公里的正太铁路为我控制。从4月9日至5月10日共歼敌3.5万余人，打通了晋察冀和晋冀鲁豫解放区的联系，对扭转华北战局起到了重要作用。

正太战役的胜利，使晋察冀和晋冀鲁豫两大战略地区连成一片，使石家庄的敌人陷入孤立。这次战役，使解放区战局开始转入主动。当时，毛泽东在给晋察冀野战军的电报中，曾将正太战役的经验总结为："这即是先打弱的，后打强的，你打你的，我打我的（各打各的）政策，亦即完全主动的作战政策。"后来，毛泽东又将"先打分散和孤立之敌，后打集中和强大之敌"列为著名的十大军事原则之一。

正当胡耀邦沉浸在指挥第四纵队夺取攻克石家庄以南一系列战斗胜利之时,接到毛泽东给晋察冀野战军的电报,他认真领会,反复琢磨,将电报原原本本地向纵队各级指挥员宣读、讲解,进行政治鼓动,他兴奋地说:"毛泽东主席的电报,是对我军指战员的高度评价和极大鼓舞,气可鼓不可泄,更大的胜利还在后头哩。"

正太战役结束后,晋察冀野战部队再次进行整编,成立了新的领导机构,由杨得志任司令员,罗瑞卿、杨成武分别任第一、第二政委,耿飚、潘自力分别任参谋长和政治部主任。下属第二、第三、第四3个纵队和1个炮兵旅。第二纵队由陈正湘任司令员,李志民任政委;第三纵队由郑维山任司令员,胡耀邦任政委;第四纵队由曾思玉任司令员,王昭任政委。这次整编,为迎接新的胜利做好了组织准备。

为了配合东北我军的夏季攻势,不使关内敌人增援东北,晋察冀野战军继正太战役之后,于1947年6月12日,发起了以破坏津浦铁路青县到沧县段为主的青沧战役。这一带守敌大多是国民党收编的伪军,老百姓称之为"铁杆汉奸"。胡耀邦与郑维山率领三纵队指战员,与第二、第四纵队以及察哈尔军区、冀中军区、渤海军区等地方部队密切配合,打得非常顺利,胜利地完成了战斗任务,解放了青县、沧县、永清三座县城,控制了捷地、减河以上至陈官屯段铁路70余公里,歼敌1.3万余人,有力地配合了东北战场的作战。

6月25日,晋察冀野战军又发起了保(定)北(河)战役。在保定以北地区,我军多次作战,由于地形熟悉,组织计划周密,仗打得也很顺利,全歼了徐水、固城、满城、完县等据点守敌7000余人。郑维山、胡耀邦指挥的第三纵队攻克北河、固城两车站,并围攻固城。保北战役,有力地配合了我军二兵团冀东作战的计划,取得了全歼敌暂编三十一师的胜利,调动了敌增援冀东的部队的回援,使敌人处于疲于奔命的状态。

在三战三捷中，胡耀邦作为四纵、三纵队的政治委员，与陈正湘、郑维山两位司令员配合默契。1991年10月，笔者采访他们时都激动地说："耀邦作战勇敢，身先士卒，善于做政治思想鼓动工作，表现出杰出的指挥才能和政治家的风度。"正如杨成武将军在长篇回忆录《战华北》中所描述的："胡耀邦同志原来是四纵队政委，参加过二万五千里长征和八年抗战，一直从事政治工作，有很强的作战指挥能力和丰富的政治工作领导经验。他对四纵队、三纵队军事政治建设和战斗力的提高，起到了重大作用。不久，他任十八兵团（原华北一兵团）政治部主任，更发挥了他政治领导工作的卓越才能。"

清风店冲锋陷阵

正太、清沧、保北三战三捷，我军士气旺盛，杀敌心切，晋察冀野战军司令部（简称野司）决定抓住战机，围城打援，发展胜利。随即野司领导杨得志、罗瑞卿、杨成武、耿飚、潘自力等周密部署：由二纵队加上独立第七旅围攻徐水，诱敌增援；第三、第四纵队向徐水以东、以北开进，准备歼敌援兵，首先攻打涞水城，并由二纵和四纵北上大清河包围国民党十六军。此役称之为大清河北战役。

关于打涞水，1991年10月12日，笔者访问老将军郑维山时，他追述了与胡耀邦在战斗中的动人故事：

胡耀邦是个乐天派，无论战斗怎么激烈，面前遇到多大危险，他总是满怀乐观主义精神和充满必胜的信心，时不时还和指战员开开玩笑，对谁都亲切、随和。但做起鼓动工作来，能令人入心入脑。他每次作战斗动员时，往台上一站，那响亮的声音，那深入浅出的道理，那妙语连珠的话语，特别是那动人心弦的激情，能把台下几千人，讲得热血沸腾，热泪盈眶。

胡耀邦学识渊博，善于鼓动，是由于他嗜好读书。他有一个小小的木头书箱，走到哪儿带到哪儿。里面装的有线装的《史记》、有托人从敌占区买来的世界名著《简爱》，有联共党史，有毛泽东、刘少奇、朱德等人撰写的小册子，也有从附近一些县志上摘抄的史料。他骑马行军时，身上总要挎着一个布褡子，里面全装着书。他每到一地，总要利用战斗空隙看书。

在穿着上，胡耀邦也与众不同。别人穿裤子，讲究一点的扎皮带，不讲究的随便找根绳子一系就完事。他别出心裁，粗针大线地在裤腰上缝了两根背带，穿起来颇有点西装背带裤的味道。

胡耀邦还喜欢诗词，尤其酷爱毛主席那首大气磅礴的《沁园春·雪》，没事的时候，便独自咏诵，语调抑扬顿挫，连走路的脚步也随着语调高低起伏。久而久之，他身边的战士居然也都学会了背这首词。

按照围点打援的设计，敌人的援兵被引出来了。但一两天内援兵整整聚集了5个师，却是始料未及的。敌人吸取了以往孤军冒进的教训，仰仗其制空权和炮火优势，紧紧猬集在一起，齐头并进。切不开，割不断，呈现出两军对峙的局面。几天来，虽然给敌人以惨重的杀伤，但我军的损失也不小。

情况异常严峻，狭小的徐（水）、固（城）、容（城）三角区域，竟集结了双方数万人马，势均力敌，进退维谷。

当郑维山与胡耀邦率三纵在保北战场与敌人打成对峙局面时，野司命令他们撤出战斗，西去攻打涞水。这时，通讯员给三纵指挥部送来一份电报："司令员，野司电报！"

郑维山接过来看了一眼，沉默不语，将抽得已经捏不住的烟蒂狠狠捻在鞋底子上。

郑维山每逢思考问题时，总喜欢在屋里来回踱步，总喜欢一根接一根地吞云吐雾。他对整个战斗发展、战役全局，有着一种内在的洞察力和感知力。根据前几天交战的情况，他已隐隐感觉到，再这样打下去不行，心里浮荡起一种暗暗的隐忧。但是，下一步的态势究竟如何发展，眼前又似乎罩着一层雾霭，令人难以捉摸。

郑维山将电报递给胡耀邦。

胡耀邦以最快的速度将电报扫了一遍，几乎发出惊奇的声音："什么？让我们打涞水？为什么要打涞水？"

胡耀邦默默注视着黑漆漆的苍穹，心潮起伏。

涞水位于涿县与固城之间，一旦战斗打响，难免不会腹背受敌。况且，从部队目前的集结地到涞水，要经过敌人的防区，孤军深入，属军事上的大忌。退一步讲，部队经过几天鏖战，各方面损耗已经不小，再打涞水，能不能攻得下来？即使攻下，要付出多少代价？

郑维山、胡耀邦、文年生，三人相互交换了眼色，似乎在心里说，军人以服从命令为天职，下级服从上级，这是每个军人最起码的常识，特别是在战场上，更容不得任何人去讲价钱，谈条件。

郑维山打破短暂的沉默："我们是不是给野司回个电报，谈谈看法？"

"你就不怕人家说你抗旨不遵？"文年生半开玩笑半认真地把电报在手里抖了抖。

郑维山陷入沉思。平心而论，他对野司几位领导是信赖和尊重的。野司组建不久，第一仗就打得不顺，应该维护他们的威信。可是，他深深懂得，一个合格的下级指挥员，不仅仅是首长的传声筒，而应当成为首长的耳目、大脑和神经。

"将在外，君命有所不受。古人早有明训，何况我们可以把理由向野司首长陈述清楚，征得野司同意，再决定下一步行动。"胡耀邦快言快语，直抒己见。

作为一名优秀的军事将领，不仅能够坚决贯彻执行上级的命令和意图，更能做到根据战场的实际变化，果断地作出正确的判断和相应的抉择。这不仅需要过人的智慧,更需要超人的胆略。

"这么说,三个臭皮匠,合成一个诸葛亮了。"文年生指指郑维山、胡耀邦,又指指自己。

"政委,你耍笔杆子出身,人称儒将,能者多劳,电文还是你来起草吧。"文年生满口湖南乡音,毫不掩饰自己的观点。

胡耀邦也不推辞,一挥而就:

野司:

来电收悉。关于打涞水,我们没有考虑,也不准备打涞水,我们认为目前条件不太成熟,我们意见就地坚持,争取情况的变化。

胡耀邦把电文交给郑维山。郑维山看了看,表示赞同,连忙递给文年生。

"措辞是不是太生硬了?"文年生直言不讳,向胡耀邦投去征询的目光。

"我们主要是讲情况,措辞怎么样,野司首长不会介意的。"胡耀邦自信地回答。

"既然这样,我没意见。不过,丑话说在前头,如果挨板子,咱们谁也跑不了。"郑维山不无顾虑地说。

胡耀邦心直口快,坚定地回答:"野司首长如果批评我们,我这个政委应负主要责任,风险由我担当!"

"哈哈哈!"三人同时发出会心的笑声。

这封电报发出后,不但没有受到野司的批评,反而被野司所采纳。

正是由于胡耀邦、郑维山这一正确的坚持,导致孙连仲和正在北平的蒋介石误以为保北战斗我军兵力不足,已陷入难以脱身的被动境地,便令罗历戎的第三军仓促北上，以期与我军会战，从而才有我军取得全歼第三军、活捉罗历戎的清风店大捷。

野司终于决定主力部队撤出战斗，经固容公路转移到铁路以西姚村地区，集结待命。

1947年9月，由于大清河北战役打得不够理想，野司命令三纵队从保定以北向冀中腹地河间地区转移。

在部队转移途中，指战员的情绪出现低落和波动，有的埋怨道："人家前进，我们后退。"有的指挥员甚至说："肉没有吃上，门牙倒是碰掉了。"

火红的晚霞喷射出万道光芒，映照在秋风轻拂的田野上。胡耀邦和郑维山躺在一辆大车上，眼睛遥望繁星闪烁的夜空，耳边响着令人心烦的虫鸣，心情感到特别沉重。胡耀邦的脑海里，不断翻腾着令人揪心的话语："肉没吃上，门牙给碰掉了！"他想：打了胜仗，部队最容易产生骄傲情绪；仗没打好又容易心灰意冷，相互埋怨。这两种情绪都会削弱部队的战斗意志。他翻身望了望身旁的郑维山，未等他开口，郑维山倒是先开了腔："政委，我们必须先稳定部队情绪，你善于做思想政治工作，开个会怎么样？"

两人不谋而合，想到一块了。胡耀邦猜测说："野司对这次战役，可能要总结一下。这次战役，没有整师整旅消灭敌人是有多方面原因的，我们先收集一下大家的反映，在党委会上进行认真研究。"

郑维山接过话茬："看来战士的情绪还不错，主要还是说服我们的干部，可是如何向干部解释呢？"

胡耀邦乐观地说："郑司令，这个工作我会尽力去做，责无旁贷嘛！"

两人的脸上同时露出欣喜的笑容。

笔者于1994年5月31日下午，特意赴京访问了郑维山老将军。他1955年被授予中将军衔，曾任北京军区和兰州军区司令员。这时他已年逾八旬，重病缠身,在家静养,基本上不会客、不接待,但得知我采访胡耀邦事迹,欣然允诺与我交谈。一见面,他兴奋地告诉我:"我与耀邦共事两年多,在三纵队,我俩是搭档,配合得很好。他胸怀开朗,思维敏捷,作战勇敢,尊重同志,有自知之明。在指挥青沧、保北、清风店、石家庄等一系列战斗时,我俩互相支持,同心协力。"接着,他向我回顾了清风店战役的前前后后。

大清河北战役结束后,三纵队根据野司的命令,正在从保定以北向冀中腹地河间地区转移途中,接到中央军委拍来的电报,是毛泽东主席亲自起草的。郑维山和胡耀邦认真地阅读着,字字句句扣击着他们的心弦。毛泽东告诉他们:大清河北战役歼敌一部虽未获大胜,战斗精神很好。只要有胜利,不论大小,都是好的,伤亡较多并不要紧。并嘱咐他们经过一定时间休整后,根据地区的具体情况部署新的战役……看了毛主席的电报,他们真是百感交集。仗没打好,毛主席没批评他们,反倒给他们以鼓励,越发使他们感到责任重大,思想豁然开朗。

夜深人静,郑维山与胡耀邦等三纵队几位首长在驻地秉烛而谈。他们回顾到,三纵队这一次执行打涞水未克,虽调动了敌人,但没有给增援之敌以狠狠打击,给准备歼灭大清河北敌军的二、四纵队加重了负担,联系到野司首长关于这次作战经验和教训的总结,越谈越兴奋。1947年春天连续在正太、青沧、保定南北对敌发动了主动进攻。由于部队正确执行了毛泽东"你打你的,我打我的,先打弱的,后打强的"的主动作战指示,前后歼敌6万余人,控制了石家庄通向太原、保定的铁路,使石家庄守敌完全陷于孤立无援的境地。这一切都为晋察冀野战军大量歼敌准备了更加有利的条件。这次仗没打好,野司首长说:主要是由于对敌情侦察得不够确实;动作急躁了些,口张得大了;在战术上、兵力上显得不够集中。从三纵队来说,任务完成得不太好,也应分担一定的责任。大清河北战役,给他们上了生动的一课。现在野司已根据毛主席和军区的指示进行了总结,号召全军"打一仗,进一步"。聂荣臻司令员还特地告诉他们：碰掉了门牙不要紧，还可以镶镏金的。他们很快把中央军委、毛主席的电报精神、军区和野司的指示向下做了传达，动员大家满怀胜利信心准备投入新的战斗。

10月11日，大清河北战役结束后的一个多月，晋察冀野战军的3个纵队又突然出现在保北，向敌人发动了新的进攻。这一次，野司用的是攻点打援的战法。当二纵队和三纵八旅一个团猛攻徐水时，国民党保定绥靖公署主任孙连仲派来了援军，一下子来了5个师和1个战车团，并且猬集一起，这又大大增加了我军打歼灭战的困难。

激战正酣，在三纵队指挥所里，电话铃响个不停，郑维山、胡耀邦不断接到八旅打退敌人一次又一次进攻的报告。夕阳西下，敌人有撤退的迹象，纵队指挥所立刻发出作战命令：从三面向撤退之敌实行分割包围，吃掉它一个师。可是，没想到敌人5个师交替掩护着，很快地缩进了固城。

激战到第三日，纵队仍命令部队猛烈攻击，务必把敌人抓住。当敌人刚撤退，部队便迅速插上去，把敌人一个师围在固城和我军阵地之间的田村铺。天刚擦黑，七旅一部已揳进敌前沿工事，战斗越打越激烈……正在这时，三纵队接到野司的电话说："四纵队不打了，你们打不打，由你们自己根据情况确定。"胡耀邦已是三天三夜连续指挥作战，两眼熬得通红。当得知野司的指示，便与郑维山商量"打与不打"的决策，他俩从分析形势入手：这时战场上的形势是，在田村铺，敌人一个师三面被我包围，在田村铺村东约胡集，有敌人一个师和四纵队黏在一起，在田村铺北后10余里有敌人3个师。以我一个纵队吃掉田村铺的敌人，一夜间终归是难于解决战斗的。天亮后，固城敌人增援上来，自己肯定会伤亡甚众。白天怎样往下撤，不撤又怎样坚持，后果会如何？在此情况下，打下去弊多利少，得不偿失。不打，工作怎样做？四纵队不打了，一定有他们的具体原因。敌人既然看透了我们仅以3个纵队的兵力，是难于一口吃掉它这5个师加上1个战车团的，因此，死死把兵力集中在一起，轻易不敢分开。在这样的情况下，是撤出战斗，知难而退呢？还是坚持到底，不惜伤亡……

夜已深沉，四野一片寂静，前线的枪声、炮声早已停息，唯有秋虫的鸣声偶尔传来。胡耀邦面色凝重，思绪联翩，在室内来回踱步。随着岁月流逝，他不仅积累了丰富的战斗经验，还养成了好学深思、百折不挠的坚强品格。霎时，他喃喃自语："不能撤，再撤是给部队泼冷水，政治工作更不好做！"

胡耀邦此言一出，打断了郑维山的沉思遐想，他觉得政委的话不无道理，他转而想到，撤是不行的，几天前从田村铺撤下来时，战士们那脸色真难看。如果就此罢手，另寻战机也好，不然，大家难以接受，部队一向是越打越勇，越躲越稀松。八旅这几天一直打得很好、很顽强，七旅、九旅还未投入战斗，再坚持几天是没问题的。打仗嘛，我们想吃掉敌人，敌人又何尝不想吃掉我们，只要敌人有贪心，仗就好打了。想到这里，他对胡耀邦说："政委，是否建议上级再坚持几天，看看情况变化怎样？"

胡耀邦坚定地回答："要得！"他接着说，"我们有阵地，只要敌人来攻，它就会有伤有亡！"

郑维山点头称是："孙连仲虽然不让我们一个一个吃掉他的5个师，可是他也不会舍得让我们吃掉徐水之敌，只要他还不死心……"

胡耀邦有些激愤地说："敌人肯定要犯错误的。这一点，毛主席早在红军时期就把这些孙儿子的脾气看透了！"

正当我军与孙连仲指挥下的5个师在保北打得难解难分之时，驻在石家庄的罗历戎却看出这是他率军北上的一个好时机。他认定我军主力在保北，保南一定空虚，于是在蒋介石煞费苦心设计的南北夹击我军与我决战的命令下，罗历戎亲率第三军军部、第七师和第十六军第六十六团在16日已经渡过滹沱河北犯，17日可进新乐地区，估计18日可抵定县，19日可达方顺桥，故于10月16日离开了石家庄，向北进犯。这个情况立刻经过电波传送到正准备向路西转移的野战军司令部。杨得志司令员和第二政委杨成武立刻下定歼灭罗历戎的决心……

一盏油灯照亮了摊在桌上的五万分之一的地图。郑维山、胡耀邦等三纵队的几位首长正在绞尽脑汁，研究下一步战斗行动。从徐水前线到方顺桥，是120余公里的距离，按照野司首长的命令，四纵队全部、二纵队两个旅和三纵的九旅共6个旅，必须用一昼夜多一点的时间，分别从保定以东和以西绕过它，并于19日上午赶到方顺桥以南的清风店地区。然后对北上的罗历戎实行迂回包围，以求得把它全部消灭。在保定还有敌新编第二师和地方杂牌武装，如果罗历戎一接近保定，这次歼灭战又难打了。分妙必争，刻不容缓。文年生副司令员和郑维山、胡耀邦简单交谈几句，立刻和赶来接受任务的九旅旅长成仿仁、政委蔡顺礼一道迅速出发。郑维山和胡耀邦站在村头听着渐渐消失的马蹄声，一直到听不见的时候，才转身走进指挥所的院落继续进行战斗部署。

形势严峻，军情紧迫。面对敌人的5个师，背后还有徐水、保定的敌人蠢蠢欲动，伺机反扑，此时此刻不是考虑困难的时候，而是考虑如何顶住敌人保障南线的胜利。胡耀邦挥舞拳头，对郑维山斩钉截铁地说："八旅的同志会懂得他们守住阵地，以一当十，顽强缠住敌人，这对南线打歼灭战有多么重要的价值！"郑维山决定留下七旅在手边，这样可以随时给敌人一个不轻的打击。果然不出所料，当郑维山把这个决心告诉八旅旅长和政委时，他们愉快而坚定地表示："我们一定完成任务！我们连夜加修工事，召开战斗动员会，保证一个打他十个、百个……"

10月19日拂晓，天刚蒙蒙亮，向我八旅进攻的敌人，便开始在炮火掩护下发起冲击。正在这时，三纵指挥所接到了文年生拍来的电报："九旅已提前4小时赶到方顺桥，现在根据野司的命令，向敌侧翼迂回！"三纵指挥所立刻把这个喜讯在电话里告诉给八旅旅长宋玉林。霎时，"嗒嗒嗒"的机枪声和手榴弹爆炸声连成一片，阵地上硝烟弥漫尘土飞扬，杀声震天。打到上午，纵队政治部小报记者从战场跑回来，一进门咕嘟嘟喝了一大瓢凉水，接着便指手画脚说有个战士，一连刺倒好几个敌人……八旅打得十分顽强，敌人丧魂落魄。到下午，便把进攻的方向转向二纵队的第五旅，一直攻到傍晚，敌人也没有前进半步。

次日，正当郑维山翻开八旅的伤亡统计时，突然接到野司的特急电报："为了加强南线的兵力，野司决定调七旅星夜南下。"看完电报，他与胡耀邦当即分析敌我势态：在南线，敌人是一个军部加4个团，我军在七旅赶到后，总兵力则增加到24个团；在北线，敌人是陆续增至5个师10个团，我们是3个减员不少的旅。解放战争以来的作战经验告诉我们：集中优势兵力打歼灭战，不单是战役问题，也是个战术问题。在攻击敌人时，战役上集中了兵力，战术上未集中，不能形成尖刀，不能打烂敌人、实行穿插分割，全歼敌人。后续部队跟不上，也不能对敌实行全歼，这叫有前劲没后劲。同时，历次作战经验还告诉我们：集中优势兵力，不单是某一级指挥员的问题，是上上下下各级指挥员都要考虑的问题。现在越来越感到野司首长打歼灭战的决心，已一步步地实现。在这个节骨眼上，多向南线增加一兵一卒都是对罗历戎的致命一击。为了保障南线以十歼一，北线必须继续发扬以一当十的顽强精神。基于这样的认识，三纵首长当即决定，由胡耀邦亲自带七旅南下。临出发时，他紧紧握住郑维山的手说："老郑，我们又兵分两路，你们的担子更重了。"郑维山深情地说："放心吧，我们一定阻住南犯之敌。"

10月20日，夜幕低垂，星河朗然。胡耀邦肩负野司重托，率三纵七旅全体指战员星夜向南急驰。

河北大平原的夜晚，秋风送爽，阵雨初霁，空气里含着浓重的雨雾，湿润着指战员的征衣，大家带着临战的喜悦，感到惬意极了。一路上，胡耀邦用野司的战斗命令鼓舞着每位指战员：

"同志们！罗历戎第三军北上了，我们打大歼灭战的机会到了！"

"不怕疲劳，坚决执行命令，消灭敌第三军！"

"不怕困难，不叫苦，不急慢！走不动也要走，爬着滚着也要追，坚决不放跑敌人！"

……

野司拟就的动员令，即刻化作鼓动口号，激荡着每个指战员的心。

时间就是生命！先前两天开拔的晋察冀野战军6个旅，也以一昼夜行军120公里的速度赶到了目的地。胡耀邦深知，他所率领的七旅必须以更快的速度赶到清风店地区。行军中，沙沙的脚步声清脆有力，表达了全体指战员的共同信念：突飞猛进，尽快赶到战斗地点，坚决消灭敌第三军！

受过二万五千里长征的洗礼，早已磨出了"铁脚板"的胡耀邦，经过星夜兼程的急行军，浑身感到疲惫不堪。此刻，遥望广阔的原野，他想起了长征时为抢占泸定桥而进行的急行军，他坚信，野战军的指战员定会发扬红军长征的光荣传统，创造出长途奇袭歼敌的奇迹。他率领的七旅指战员终于以一天一夜急行军120公里的速度，于21日晚赶到方顺桥战场，投入清风店的最后总攻击。

清风店战役从19日拉开序幕。20日，天色微明，我军发起攻击。敌我双方相互争夺，呈胶着状态。

战斗打得异常激烈，到21日晚，周围的村落全被我军占领，罗历戎剩下的1万余人马被包围在西南合庄。罗历戎苦苦向保定绥署主任孙连仲和第三十四集团军司令李文呼救，但被围3天，一直未见援兵的影子。

与此同时，阻援到了紧急关头。被阻的孙（连仲）、李（文）以10个团的兵力向我猛攻，孙连仲甚至亲自飞临上空督战。在我独八旅扼守的伸向南方的公路上，敌人约3个团的兵力在炮火和轻重机枪的掩护下，像汹涌的波涛一样，进行集团冲锋，一个浪头卷着一个浪头向我阵地冲来。在敌前沿阵地的后面，沿公路一字长蛇地排列着几百辆大卡车，车上满载着敌人的增援部队。在我军炮火猛击下，敌人一次又一次被击退，在我钢铁般的阵地前，布满了敌人的尸体。直到22日，敌军仍被阻击在保定一线，而他们要救援的第三军，却已到了风烛摇曳的垂死时刻。

22日3时40分，随着杨得志一声令下，野司指挥部上空升起彩色信号弹。顿时排炮齐鸣，从指挥所眺望西南合庄，只见炮弹爆炸的闪光，恰似大雷雨中的闪电，房屋若隐若现，爆炸的声音震撼着广阔的原野。霎时，滚滚浓烟把整个西南合庄完全吞噬了，只见灼热的云团在猛烈扩散、升腾。

部队发起了总攻，我军指战员冒着扑鼻的硝烟，勇猛冲锋。第六旅全力由北向南，第四旅及第十二旅由西向东，胡耀邦一面率七旅冲锋陷阵，一面在前沿阵地鼓动。几万大军从四面八方突入村内，霎时间，枪声、炮声、喊杀声排山倒海，惊天动地。至22日11时30分，战斗全部结束。由蒋介石亲自指挥并运用多批飞机掩护的第三军主力，在清风店地区被我全部歼灭。计有第三军军部、第七师及第十六军第六十六团全部，共歼灭11400余人，打死打伤2400余人，活捉了第三军军长罗历戎中将、副将军杨光、军副参谋长吴铁军及第七师师长李用章等高级军官。

清风店一战，我军歼敌1.7万人，"创晋察冀歼灭战新纪录"，受到陕北党中央的祝贺和嘉奖。朱德总司令还特意写了一首《贺晋察冀军区歼蒋第三军》的诗，诗云：

南合村中晓日斜，频呼救命望京华。

为援保定三军灭，错渡滹沱九月槎。

卸甲咸云归故里，离营从此不闻笳。

请看塞上深秋月，朗照边区胜利花。

清风店打了一个漂亮的翻身仗，削弱了石家庄守敌的主力，孤立了石家庄，为之后的石家庄战役取得胜利铺平了道路。最使蒋介石恼火的是，石家庄的防御工事、兵力部署和火力配置图都落到了聂荣臻的手里。

清风店战役结束当天，聂荣臻便向中央军委发电，提出："现石门仅有三个正规团及一部杂牌军，我拟乘胜夺取石门"；希望"太行准许以有力部队抓住元氏敌人，以减弱石门防御力量"。

毛泽东接到聂荣臻的电报后，亲自拟电说：

"清风店大歼灭战胜利，对于你区战斗作风之进一步转变有巨大意义。目前如北敌南下则歼灭其一部，北敌停顿则我军应于现地休息10天左右，整顿部队，……侦察石门（即石家庄），完成打石门之一切准备。然后，不但集中主力几个旅，而且要集中几个地方旅，以和石门打援兵姿态，实行打石门……"

清风店一战，打出了华北战场的新形势，也为石家庄的解放打出了一个好开端。作为三纵队政委胡耀邦，又一次经受了血与火的考验，立下赫赫战功，以至30年后的1978年，当聂荣臻元帅与时任中共中央组织部部长、昔日的老部下胡耀邦见面交谈时，深有感慨地说："耀邦，在解放战争中，你作为一名高级指挥员，带头冲锋陷阵，屡建战功；如今，在拨乱反正中，你又落实党的政策，平反冤假错案再冲锋陷阵，为党为人民立下不朽的功勋！"

参与石家庄战役

清风店一役，使蒋介石偷鸡不成反蚀一把米，偌大的石家庄仅剩下正规三十二师，再加上河北保安纵队第一团、第二团及周围9个县的保警队，总共不过2万人。蒋介石感到军心动摇，兵力薄弱，不得不挖肉补疮，急从保定空运保定绥署独立团及一个榴炮营，以加强石门的防守，以求一逞。

聂荣臻认为，敌第三军主力被歼，石家庄虽设防坚固，但兵力空虚，敌人惊恐万状，我军夺取石家庄的时机已趋成熟。他于10月22日向中央军委建议，乘胜夺取石家庄。

他的建议得到中央军委及毛泽东的首肯，并复电明示，同意"实行打石门"，从而坚定野司一举攻克石门的决心。

聂荣臻接电后，指示晋察冀野战军首长杨得志、罗瑞卿、杨成武、耿飚，立即召开旅以上干部会议，拟订战役计划。他还电告杨得志司令员："石家庄设防坚固，不要强攻，要一口一口吃，逐步推进，以减少伤亡，攻城时要争取先把飞机场和制高点拿下来。"

11月5日，聂荣臻又一次指示杨得志："打石家庄要精心部署，力求速决，但指挥上又不要太急，入城后部队要坚决执行党的城市政策。"

石家庄又名石门，是平汉、正太、石德三条铁路的交叉点，是华北地区的重要交通枢纽，这里田野平坦，河流蜿蜒，大小村镇星罗棋布，确实是块风水宝地。这里向西可动摇太原，向北可威慑京都，向南则直通安阳，是河北的重镇，战略地位极为重要，历来为兵家必争之地。敌第三军抢占石家庄以后，苦心经营，企图使这座城市成为向我冀中、冀南、冀晋、太行各解放区进攻的中心。

清风店战役结束后的第三天，即10月25日，晋察冀野战军党的前线委员会召开了旅以上干部参加的扩大会议，研究解放石家庄的计划和准备工作。朱总司令在会上做了重要指示，提出了"勇敢加技术"的口号。会议决定：第三纵队（司令员郑维山、政治委员胡耀邦）、第四纵队（司令员曾思玉、政治委员王昭）和冀中军区（副司令员周彪、副政治委员李天焕）、冀晋军区（司令员唐延杰、政治委员王平）的部队攻打石家庄；第二纵队（司令员陈正湘、政治委员李志民）和独立第九旅，第三、第九军分区的部队，集结在定县南北地区，阻敌援兵，把攻打石家庄放在稳妥可靠的基础上。会议针对石家庄的防御体系，决定先占四郊，缔造地形，挖壕接敌，突破两道市沟，猛插核心工事，歼灭守敌。会议做了具体部署：三纵队在西南面，四纵队在东北面，担负主攻的任务。冀中军区部队由东南面、冀晋军区部队由西北面，协助第三、第四纵队，向石家庄发起进攻。

野司经过慎重侦察、分析和研究，认为石家庄设防坚固；敌人利用日本侵略军占领时的旧工事，连年修成三道防线：第一道是外市沟，第二道是内市沟，第三道是市区的核心工事。除设有铁丝网、鹿砦、地雷、碉堡、电网，还有纵横交错的地道和交通壕，把城郊各据点连接起来。石家庄的大小堡垒竟达6000多个。敌人曾吹嘘："三道防线胜过马奇诺防线"，"凭石家庄的工事，国军可坐守三年"，"没有飞机、坦克的共军，休想拿下石家庄"。

野司也做了分析，敌人在石家庄虽设防坚固，但并非"固若金汤"，在周围20公里的防线上，仅有2.4万兵力，驻守石家庄的正规军只有三十二师和第三军直属炮兵营、坦克连等1万余人，他们的最高指挥官为第三十二师师长刘英。故蒋介石给守城部队三十二师师长刘英打气："共军若敢攻石家庄，兄当亲率陆空大军前去支援。"

野司还对作战中的战术、技术难点，有针对性地进行了反复研究，从而提高了攻坚作战的信心和能力。

会议之后，轰轰烈烈的战备在全野战军迅速展开。攻打坚固设防的石家庄，不但在华北我军，就是在全军也是头一遭，意义重大。部队用了10余天的时间，大搞军事民主，开展提困难想办法的群众运动，发挥从清风店战役中补充的解放战士的积极性，让他们介绍石家庄敌人的设防情况，共同研究接近和通过市沟、破坏电网、穿过马路、爆破地堡以及对付坦克、装甲车办法。然后，进行攻坚作战的实际演习，演练挖掘地道爆破外壕，对付装甲车，攻打核心工事，模拟巷战。

初冬的华北原野，冷风嗖嗖，寒气袭人。可练兵场上，却一片热气腾腾。"勇敢加技术"的标语到处可见，战士们龙腾虎跃，苦练杀敌本领。自安国会议之后，各纵队普遍掀起了训练热潮。结合石门攻坚特点，训练穿壕过沟、突破障碍的本领。提高街巷作战、穿插分割的能力，村外到处挖的都是掩体交通壕；人人练捆炸药包、安雷管、接导火索、常规四大技术（射击、投弹、刺杀、爆破）。各纵队还开展了"我为石门献一计"的群众运动。

是日，吃罢早饭，胡耀邦和郑维山一道来到八旅二十二团。

八旅是三纵的主力旅，二十二团又是八旅的主力团。其前身是晋察冀军区独立团，从八路军一一五师一个排的基础上发展起来的。

团长徐信把胡耀邦和郑维山带到一条刚挖好的壕沟前。胡耀邦和郑维山探身看了看，沟很宽，沟壁笔直，沟底还蓄着一些水。沟边设置着鹿砦铁丝网等障碍物，以及一些模拟地堡。看样子是仿照石家庄外市沟的样子挖的。

"过沟的办法想了没有？"胡耀邦问。

一位指挥员回答："办法想了很多，有坑道爆破法、竹竿爆破法、米袋爆破法、连续爆破法。"

胡耀邦很有经验地回答："比较起来，坑道爆破法威力更大些，只要炸药的角度距离选择得当，可以将大量土方推进沟里。"

徐信将胡耀邦、郑维山带到一处爆破后的壕沟。这里，笔直的沟壁被炸成了斜坡，几个战士搬着四五米长的云梯，正在练习战术本领。"很好！"胡耀邦称赞道："演习多流汗，正是为了战时少流血，你们苦练战术本领，很好！"

胡耀邦和郑维山走进另一个阵地。只见部队正在进行巷战训练。墙脚下、屋角旁、房顶上、胡同口，到处都是战士的身影。

街道两边的墙上、树上，到处贴着引人注目的红绿标语。

忽然，郑维山用手一指："政委，到那边看看去。"

只见一棵大树下密密麻麻地聚着一群人，他们是一些汗流浃背的战士，也有村里的老百姓。原来是一个小宣传队员，腰里扎着一条宽宽的皮带，脚下踩着一张八仙桌，桌子上又垫了几块砖头，挺胸昂首，正在向大家宣传鼓动：

"大家知道，我们马上就要打石家庄了。石家庄能不能打得下来呢？有人有畏难情绪，也有人有麻痹思想。纵队胡政委说得好，石家庄就是石家庄，既不是钢家庄、铁家庄，也不是泥家庄、土家庄，石头不是钢铁，可以捣碎；但也不像泥土，一触即溃。要捣碎石头，是需要下苦功夫、用大气力的……"说到这里，他把手轻轻一扬，那神态，真像胡耀邦平日讲话的姿式。

郑维山轻轻碰了碰胡耀邦："政委，这下你可不愁没有接班人了。"

胡耀邦望着八仙桌上的小鬼，情不自禁地笑起来。这些话，是他昨天在营以上干部会上讲的。

原来，他在干部大会上根据野司以三纵队从西南为主攻的部署，明确指出："石家庄，既不是钢家庄、铁家庄，也不是土家庄、泥家庄。石头不如钢铁坚硬，也不像泥土易碎，但它有顽石、磐石，更有花岗岩，不是不堪一击。因此，我们不能掉以轻心，一定要在战术上高度重视，将石头击得粉碎！"他还要求指战员严格遵守野司颁布的"政治训令"和入城纪律。他那形象比喻的一席话，振聋发聩，使人听而不忘，不少像小宣传员这样的青年更是烂熟于心，故有上述发生的一幕。

11月1日，野司发出了石家庄战役作战命令。11月5日夜，我军经隐蔽突然的动作，包围了石家庄外围各据点。

11月6日零时，大地一片宁静。大战前的沉寂令人紧张、激动，指战员们都意识到战役已箭在弦上，一触即发。霎时，夜空烟雾蒸腾，枪炮声惊天动地，石家庄战役打响了。

双方争夺激烈，战至拂晓，我第三纵队占领了西郊和南郊的留营、张营、大车行、北杜村、王村、西三教、塔谈村等敌据点；第四纵队占领了东郊和东北郊的柳林铺、柳辛庄、桃园村、小沿村、南翟营、北翟营、谈固村、北宋、北伏口等敌据点；冀中军区部队占领了东南郊的大安舍、小安舍、大郭村、马庄、西三庄等敌据点，并包围了飞机场。

当日下午5时，在十旅政委傅崇碧的指挥下开始攻云盘山。云盘山在日军占领时，即修有碉堡。第三军"接收"后，以山上的一座庙宇为核心，用钢筋水泥修了3层地堡。山下有深壕、电网，守敌有重机枪、轻机枪、大炮，组成了交叉火网，被称作"铁打的云盘山"，准备长期固守。

傅崇碧就是要啃下云盘山这块硬骨头。傅崇碧是华北我军一员猛将，有胆有识。1993年11月28日，当笔者访问他时，这位曾任北京卫戍司令、北京军区政委的老将军，不仅绘声绘色地追忆胡耀邦指挥作战时有勇有谋，还眉飞色舞地讲述了他指挥十旅攻打云盘山的动人场景。

傅崇碧首先指挥配属给十旅的野战军炮兵群在300米距离上向云盘山核心工事进行直瞄射击。炮弹在核心工事上爆炸，硝烟散尽，但从望远镜里发现工事竟完好无损。头一次进攻未能奏效，傅崇碧碰上石家庄大战中第一块难啃的骨头。

他急中生智，立即指挥部队挖壕接敌，把几百斤炸药装到核心工事前，一声巨响，部队冒着浓烟冲了上去。敌人并没有被炸死，核心工事依然完好，但敌人已被震晕，失去了抵抗能力。英勇的指战员没等敌人回过神来，已经冲到跟前，从射击孔中塞进爆破筒，一个加强连的敌人全部被歼。

当外市沟外面的最后一个据点被拔除，傅崇碧指挥部队把大炮架上云盘山向敌人的发电厂轰击，击毁了发电设备，整个石家庄的灯火忽然之间全部熄灭，敌人用以阻挡我军进攻的电网，顷刻失去作用。

石家庄深而宽的外市沟，犹如一条巨蟒，蜿蜒盘踞在石家庄近郊的四周。沟外地形开阔，无法接近。我军在广大民兵、民工的协助下，于6日夜开始土工作业，改造地形。各进攻部队都以第一梯队构筑进攻阵地，以第二梯队挖进攻阵地的交通壕，战役第二梯队和民兵、民工挖后方交通壕。

在指挥指战员挖进攻阵地的交通壕时，胡耀邦身先士卒，带头挖壕。严冬的夜晚，华北平原寒风凛冽，胡耀邦却挥汗如雨。他在交通壕里对郑维山开玩笑说："郑司令，在地壕作战，是我优越性高，还是你优越性高？"

身材魁梧的郑维山一时语塞，望着比他矮过一头的胡耀邦"嘿嘿"笑了两声。

胡耀邦步履轻盈，抬头挺胸地来回走动，十分得意地说："你看，我个子1米55，在战壕里昂首挺胸，敌人的子弹难于打到我的身上，我的优越性不是比你强吗？"

郑维山顿时领悟，满面笑容地说："噢，原来你说的是这个，我个子比你高，人高马大，在战壕里我只能猫着腰走，你却行走自如，当然没有你优越性高喽！"

"哈哈哈！"两位指挥员爽朗的笑声，感染了周围的指战员，战壕里蓦然爆发出一阵舒心的笑声。

经一天两夜的土地作业，至8日清晨，我军的交通壕已伸展到距外市沟百米以内，隐蔽的坑道则挖到了外市沟外沿，完成了进攻准备。

8日下午4时，我军对外市沟发起全线攻击。三纵七旅第二十团首先在外西兵营爆破成功，将外市沟炸开了两个8米至10米宽的缺口，该团第二营乘着爆破的烟雾跨越市沟，夺取了敌人的前沿阵地。而后向两翼发展，占领了农业试验所。第一、三营随后，占领了西焦村和西里村。第二十一团也相继突入，占领了城角村、洒洒等要点，并击毁敌装甲车一辆。

16时30分，八旅第二十二团由西三教西北架梯突破，第二十三团亦于振头以西突破。两个团当即钳击振头镇,守敌赵县保警队大部被歼,少数窜入内市沟。

10日下午4时,我强大的炮群突然咆哮起来,对内市沟发起总攻。

火炮群向目标猛烈轰击:山野炮弹在敌人的野战散兵阵地上开花,重炮向敌纵深实施压制性射击。内部爆破与外部爆破同时并举,顿时,整个石家庄在震耳欲聋的炮声、爆炸声中剧烈颤抖,到处火光闪烁,浓烟滚滚,瓦砾乱飞。

4时半,部队发起冲击。在西南主攻的三纵七旅,用梯子战术把先头连下到沟里。但没等把梯子靠到对面的壁上,却遭到敌人密集火力的杀伤。呼啸的弹雨像刮起血腥的旋风,旋转着,扩张着。这个连队的指战员血染沟底,为解放石家庄献出了宝贵的生命。

主攻团意外受挫,胡耀邦心情异常沉重,但使他聊以自慰的是助攻的八旅二十三团却在相邻地段上获得成功。

原来,二十三团把坑道挖在内市沟的下面,装上大量炸药。总攻开始后,一经引爆,那一段市沟就像个小火山爆发似的腾空升起,地堡也飞上了天,落土沉积下来,使几丈深的沟壁立即变成了平缓的斜坡。二十三团四连的勇士们冲上这道口子,由于土质过于松散,前头的同志一踏上去就浑身陷在土中。冲锋时刻,时间就是生命,就是胜利。后续人员继续猛冲,先头人员用自己的血肉之躯铺平了通向胜利的道路。

下午4时40分,四连在敌"英字"23至25号碉堡间首先突破。敌九十六团三营即以坦克为掩护进行疯狂反扑。四连在五连、六连的协同下,连续3次将敌击退。敌反扑更加猖狂,二十三团以二梯队三营投入战斗,敌大部被我歼灭。4时55分,我二十三团全部攻入南兵营,巩固了既得阵地,掩护全旅于16时全部通过内市沟。

刘英眼看末日来临,便把他的老本二梯队九十六团全部投了进来,在坦克的掩护下，疯狂地发起反击。

战斗进行得异常激烈，若打不退敌人的二梯队进攻，就有可能被敌人反击成功，那就意味着前功尽弃。胡耀邦和郑维山果断地指挥二十三团以一部正面抗击，大部经左右两翼向敌侧后迂回，截断敌人的退路，将敌九十六团大部歼灭。此时七旅经过二十三团的突破口也先后通过了内市沟。七、八两旅开始进入市街战斗。

12日清晨，当我军加强进攻核心工事时，第四纵队指挥所了解了战斗进展情况后，立即命令第四纵队十一旅攻击车站和正太饭店，为最后总攻大石桥创造条件。

上午8时，按杨司令员的命令，三纵队从西、西南、西北，四纵队从东、东南、东北，向敌核心工事发起攻击。在我军猛烈炮火的轰击下，敌人钢筋水泥碉堡大部被摧毁。我军各部队相继突入敌人阵地，用"破墙连院"的方法逼近敌人，展开市街巷战。战斗神速而顺利，三纵、四纵和冀晋军区部队，向刘英盘踞的敌指挥中心大石桥发起进攻。在惊天动地的枪炮声、爆炸声和敌军的哀号声中，四纵十旅三十团的英雄们首先冲进敌三十师师部，俘虏了钻在床底下的刘英。在十旅政委傅崇碧的严令下，刘英无可奈何地命令仍负隅顽抗的残敌缴械投降。

历经6昼夜的攻击作战，11月12日中午，石家庄战役胜利结束，华北平原上的重镇石家庄宣告解放。此役，我军全歼守敌2.4万余人，俘虏了包括敌三十二师师长刘英在内的高级军官多名。

石家庄战役的胜利，使晋察冀和晋冀鲁豫两个解放区完全连成一片。党中央特电嘉奖，朱总司令称赞这一战役是"夺取大城市的创例"，以"攻克石门"为题，作诗庆贺：

石门封锁太行山，勇士掀开指顾间。

> 尽灭全师收重镇，不叫胡马返秦关。
> 攻坚战术开新面，久困人民动笑颜。
> 我党英雄真辈出，从兹不虑鬓毛斑。

陈毅也赋诗一首，写给朱德同志：

> 滹沱河畔与君晤，指点江山气象殊。
> 南指中原传屡捷，石门北望庆新都。

此役结束后，胡耀邦的心情如大海波涛，滚滚翻腾。三纵队八旅二十三团，最先突破内市沟，并与兄弟部队一道最后消灭在铁路公寓顽抗的敌人。因而该团荣获中央军委授予的大功臣团光荣称号。作为三纵队政委的胡耀邦，感到无上光荣，他要对该团大加表彰。然而，二十三团四连在入城后严重违反军纪，给二十三团抹黑，他要对违纪者进行严惩。连日来，胡耀邦思绪万千，悲喜交集，他在严峻地思考、思索，他一根接一根地抽烟，似乎要烧掉心中的块垒，要烧去军中的污点。能容忍四连的违纪行为吗？不行！他要铁的军纪，只有军纪严明，才能攻无不克；只有赏罚严明，才能军心大振。他与郑维山等反复研究，方案铁定。他手一挥："开个庆功会！"转而对郑维山严肃地说："司令员，会由你主持，我讲话。"

战后休整一天，冬阳艳丽，北风轻拂，三纵司令员郑维山站在临时搭起的讲台上，庄严地宣读着嘉奖令。接着，政委胡耀邦代表中央军委授给八旅二十三团一面写着"能攻善守"4个大字的奖旗。

团长张英辉伸出双手把这面写满了军人骄傲和悲壮的鲜艳奖旗高高地举过头顶，顿时全场欢声雷动。

授奖完毕，胡耀邦走到台前。他清了清嗓门，高声说："同志们，今天是喜庆的日子，我们纵队涌现出那么多特功、大功功臣，这是纵队的骄傲，也是每个军人的光荣。本来，在这种场合，我不应该宣读这个决定，可是，为了严肃军纪，我必须宣读。"他停顿了一刹那，表情凝重严肃，目光如炬。

台下霎时鸦雀无声，空气似乎要凝固起来。

"鉴于八旅二十三团四连入城后严重违反军纪，纵队决定，为二十三团记大过一次。"

胡耀邦的话音低沉地在全场回荡，与会者用充满疑惑的目光望着瘦小精干的胡政委。二十三团，就是那个刚刚捧走奖旗的英雄集体，就是在井冈山时期战功卓著的红军英雄团队，怎么一面授功勋奖，一面受处分？

与会者的目光不约而同地一齐转向二十三团，团里所有的人都齐刷刷地低垂着头，四连连长张鸿更是头垂胸口。这个喝白洋淀水长大的血气方刚的汉子，宛如万箭穿心，他感到无地自容。

那是12日晚上，石家庄战役已经结束，打得只剩下30多人的四连又困又乏。他们走进一条小胡同，顶头的院子四门大敞，几间房子全都空荡荡的。张鸿顾不上多想，便安排部队住了进去。

战士们过内市沟时棉袄都扔了，一个个冻得瑟瑟发抖，看到院内的墙上挂着几件衣服，因光线昏暗，没看清究竟是什么颜色，便胡乱套在身上和衣而睡。

睡到半夜，张鸿懵懵懂懂地爬起来去查哨，走进靠门的外间屋，突然睡意全消。炕上全没人，枪也不翼而飞。他脑袋一热，抄起驳壳枪便追了出去。追出不远，隐隐地仿佛听到了脚步声。跑到跟前一看，眼前的情景使他目瞪口呆。几个战士衣裳被扒得只剩下一条单裤，双手被反绑着，嘴里塞满了破布条。

战士们见连长来了，拼命地扭动着手臂，目光里充满了委屈。

张鸿以为绑人的是土匪，不分青红皂白，一气之下，抬手就撂倒了两个。

后来才得知，这些人不是土匪，是巡逻的民兵。他们奉命去查抄警察所长的家，发现炕上的人都穿着狗皮，误以为是国民党军队，便把睡梦中的战士都捆绑起来。

一场误会酿成了惊人的血案。

为此，张鸿的大功被抹掉，连长职务被撤销。他自己认为咎由自取，对处分心服口服。可他万万没想到，全团都要跟着他背黑锅。此刻，他真恨不得钻进地缝里去。

有人曾经建议，是不是将功补过，功过相互抵消得了。

胡耀邦不同意。他认为，记功，是为表彰部队英勇顽强的战斗精神。记过，是对违反纪律的行为敲响警钟。二者怎么能互抵呢？英雄的部队不一定没有过失，勇于正视错误的团队，才是真正的英雄团队。

纵队党委接受了胡耀邦的意见，一致同意对二十三团同时做出奖惩两个决定。

共产党之所以有铁的军队，是因为有铁的纪律。胡耀邦对此毫不含糊。

"能功善守"这面鲜艳的奖旗，如今还保存在这个团的荣誉室里，依旧放射着夺目的光彩。

打好太原"攻心战"

解放战争进入1948年春，国共两军的力量发生了急剧的变化。在长江以北的战区，蒋介石指挥的国民党军队节节败退，只好改变战略战术，将"分区防御"改为"重点防御"。

在华北战场，晋察冀野战军于1947年11月底攻克石家庄之后，蒋介石撤销了孙连仲担任的保定"剿匪"总司令的职务,要傅作义接替孙连仲的职务,任命他为华北"剿总",统揽华北5省军事指挥大权。傅作义上任后便把他自己的绥远的主力军集结在北平附近;然后把北平、天津、张家口、保定地区的部队编组为平绥兵团、平汉兵团、津浦兵团等3个兵团,实行"以主力对主力"、"以集中对集中"的战法,处处猬集一团,以防被人民解放军消灭。

傅作义上任后不到两个月,就在1948年的1月中旬,在保定以北的涞水、庄町一役,由郑维山和胡耀邦指挥的第三纵队与唐延杰、李葆华以及王平领导的第一纵队协同作战,狠狠打击了傅作义的"王牌"三十五军,歼灭了他新整编的第三十二师,打垮了第一〇一师,共7000余人,敌中将军长鲁英被迫自杀,少将参谋长田世举、新编三十二师少将师长李铭鼎等多名高级军官被我军击毙,沉重打击了国民党华北"剿总"傅作义的嚣张气焰。

紧接着,郑维山、胡耀邦率三纵队及四旅相配合,向平古(北口)路和承德方向的热西、冀东地区进击,取得了一系列胜利;并成功地将傅作义的主力吸引在关外,使东北野战军得以从容对付关外国民党军,做好了发起辽沈战役的准备。

与此同时,徐向前率华北野战军第一兵团,接连发动了攻打运城、临汾、晋中诸战役,歼灭了山西军阀阎锡山军共10万余人。

晋中战役,像一场势不可挡的暴风雨席卷晋中平原,人民解放军从四面八方逼近了山西省会太原。

1948年5月9日,中共中央及中央军委根据形势的发展,决定将晋察冀和晋冀鲁豫两个战略区及其领导机构合并,组成华北军区。下辖第一、第二两个兵团和两个直属纵队及冀中、太行、太岳、冀南、冀鲁豫等二级军区。由聂荣臻任司令员,薄一波任政委,徐向前任副司令员。到1948年8月,为适应形势大发展的需要,华北军区主力部队组成第一、第二、第三3个兵团,直属中央军委。第一兵团由徐向前兼任司令员和政委，周士第任副司令员兼副政委，陈漫远任参谋长，胡耀邦任政治部主任。该兵团辖第八、第十三、第十五3个纵队，全兵团统率有8万余人。

为了争取早日解放太原，中央军委于7月28日批准成立中共太原前线委员会，徐向前为书记，周士第为副书记，胡耀邦等5人为委员。8月4日，前委扩大会议在榆次县相立村召开，会上传达了中央军委关于对太原"围困、瓦解、军事攻击"的作战方针以及前委对部队的指示，号召各部队加强准备，求得在思想上、战术技术上、后勤工作上，尽快完成攻打太原的准备。

太原是山西省首府，位于晋中盆地北部，濒汾河东岸，东、北、西三面有高山拱卫，形成一道天然屏障，是一座易守难攻的古城，素为兵家必争之地，为华北战略要冲。在日寇占领时期，就修筑了坚固的防御工事。阎锡山为了"保卫太原"，又日夜加修碉堡。这座30万人口的城市，不仅有钢铁厂、兵工厂、机械厂等80多个工厂，还特设了一个"碉堡建设局"，修筑各式各样的碉堡5000余座，星罗棋布，相互关联。阎锡山吹嘘：太原是抵得住150万大军的"碉堡城"。

阎锡山防守太原的兵力有5个军部、13个步兵师和3个暂编师，10万余人，并有各种不同口径的火炮600余门。太原号称"攻不破的要塞区"。

为做好打太原的战备工作，中共太原前线委员会又在榆次县召开了团级以上干部扩大会议。徐向前在会上提出了"攻打太原市，活捉阎锡山，解放全山西"的口号，并且部署了组织与训练工作，为进攻山西做好准备。作为第一兵团政治部主任、前委委员的胡耀邦主持了这次会议，并在会后立即着手部队的各项战备工作。

会后，胡耀邦于8月17日来到第十三纵队，参加了部队的庆功大会，并对1100名在临汾、晋中战役中英勇立功的战斗模范表示了热烈的祝贺。他还与各部队的代表以及纵队的干部们进行了亲切交谈，详细询问了部队的情况，并且征求他们对于如何加强党的领导以及如何为攻打太原做好政治思想准备工作等重大问题的建议和看法。

8月18日，胡耀邦与纵队的指挥员们交换了意见，对党委工作进行了分析，指出党的工作中还存在一些重大问题，如党委会组织不够健全，缺少计划，工作不够细致具体，责任不明确等等。他要求团以上各级党委会要把下级中一些主要负责的党员充分发动起来，从而进一步加强组织工作。

根据胡耀邦建议，纵队政治委员会在8月28日召开了党委扩大会议，检查和改进党委的工作。会议期间，胡耀邦每天都打电报给政工干部徐子荣，了解会议进展情况，并通过认真研究，提出指导性的意见和建议。后来他又来到第十三纵队，了解团级以上干部尤其旅级以上高级将领的思想和工作情况。

在徐向前麾下，胡耀邦的政治工作做得十分出色，受到官兵的一致好评。徐向前对荣升为本兵团政治部主任的胡耀邦极为钦佩，他满怀深情地说："胡耀邦同志朝气蓬勃，工作热情，积极性特别高。他一上任便组建政治机关，同时创办《人民子弟兵》报，认真贯彻上级指示，善于做宣传鼓动工作和思想政治工作，成绩卓著，保证了党对军队的绝对领导。"

9月6日，胡耀邦主持了兵团政治工作会议，整整开了8天，着重总结临汾攻坚战的经验，解决执行城市政策、纪律这两个方面的问题。

会后，胡耀邦随徐向前来到河北平山县西柏坡，参加中央政治局召开的"九月会议"。会后徐向前病重，一时难以坚持战役指挥。刘少奇便和徐向前商量，要他先到石家庄休息一段时间再赴前线，争取打下太原后再休养。

徐向前即要胡耀邦先回太原前线，向兵团负责人传达中央会议的精神。当年任胡耀邦秘书的贺明回忆，徐向前司令员非常信任胡耀邦，把大量的组织和思想工作交给胡耀邦，彼此配合十分默契。有一次在司令部，徐向前正和胡耀邦谈工作，突然口吐鲜血。胡耀邦见状马上说："徐司令请不要谈

<<< 四 解放战争声威震

了,你的意思我知道了。"说完他就下部队把事情办了,事后他归来汇报时,徐向前还不能说话,朝着胡耀邦伸出了大拇指。

当时,徐向前的身体很差,晋中战役时,他是坐着担架指挥的。兵团党委决定,徐向前在晋中战役总结大会开过之后,即回后方休养一段时间。因此,攻打太原的政治准备工作,由胡耀邦承担下来。他根据兵团《关于攻取太原准备工作的指示》,主持召开了全兵团的政治会议。会议除贯彻执行党中央加强党委领导,克服无政府无纪律状态,加强请示报告制度的决定外,着重部署了关于攻打太原的有关政治工作。胡耀邦认为,这是前线部队工作的当务之急。当时兵员枯竭,只好把一大批俘虏编入部队。因此,他在政治工作会议上,特别强调改造俘虏(又称解放战士)和巩固部队的重要性,以强有力的政治思想工作,保证攻打太原战役任务的胜利完成。

胡耀邦始终保持军队政治工作领导的优良作风,深入实际,深入连队,

1947年,胡耀邦在河北省平山县北望楼召开的华北野战军第四纵队政治工作会议上做报告

了解情况，解决问题。他深入部队各级领导层与基层连队，既抓党委集体领导与请示报告制度，又抓党群关系与士兵政治思想教育，使从国民党部队投诚俘虏过来的解放战士与分地后征入的农民翻身战士，扩充组织编成的新部队的干部无政府主义、游击习气，基层兵士逃亡现象、自由散漫现象及官兵关系紧张等，得到了很好的改善，部队的政治思想工作呈现出生机勃勃的气象。胡耀邦负责的两个多月的整训工作，保证了党对部队的有效领导，挑起了徐向前提出的"在思想上、战术技术上、政治工作上完成攻取太原的充分准备"的重担。

针对新兵和新提升的指战员缺乏经验，胡耀邦还提议部队政治工作应努力抓好三件大事：打仗好，遵守纪律、执行政策好，部队团结工作好。

整训工作结束后，徐向前当机立断，抓住阎锡山兵分三路，沿汾河以东、同蒲路以西向南进犯的蠢动，计划提前发起太原战役。

胡耀邦不愧为徐向前的得力助手。太原战役发起前的第13天（1948年10月2日）敌方出动7个师的兵力，向太原城南人民解放军控制的地域进犯，目的是想扩大其统治区，解决太原守军的粮食和兵员问题。前线突然出现这一紧急情况，前线指挥周士第、陈漫远和胡耀邦立即向中央军委和在后方休养的徐向前做了报告。徐向前当即指出，敌人走出碉堡林立的城防工事，不正是在运动中歼灭敌军的大好时机吗？徐向前把提前发起太原战役的意图向中央军委做了报告，中央军委批准太原战役提前发起。

为此，胡耀邦向前线各参战部队发出他连夜为兵团起草的《攻取太原紧急动员令》，号召全体指战员立即投入攻打太原的战斗！

10月5日，太原战斗打响后，胡耀邦把《人民子弟兵》报送到前沿阵地上，并在阵地前沿做宣传鼓动讲话。他说："不拿下敌人四大要点，誓不罢休。"

他号召政治工作者到基层去，到第一线去。胡耀邦常对徐向前说：你是太原前线的前委书记、前线司令员兼政治委员，军事的、政治的全面负总责的工作担子，就够你挑的了。你的身体又不好，我们年轻，身强力壮，有些事情，我们去做好了。胡耀邦和徐向前在太原前线就是这样密切配合，紧张而有序地工作的。徐向前深为有胡耀邦这样的同志做他的政治部主任而感到欣慰。

为争取和平解放太原，鉴于中国共产党与阎锡山在抗日战争时期有过一段共同坚持抗战的历史，毛泽东和徐向前，都在做争取阎锡山的工作。毛泽东曾派华北军区副参谋长王世英到太原前线来，要他与徐向前商量，可否持他的亲笔信进太原直接与阎锡山会晤？徐向前经过一番思考，认为阎锡山虽然损兵折将，孤军无援，防守死城，但他并不认输，他尚有10万人马驻守太原，要他放弃抵抗不可能，他是不会与共产党谈判的。他妄想依托堡垒抵抗，苟延残喘。因此，王世英进了太原城，可能有去无回。

"那你说咋办？"王世英问徐向前。

徐向前说："这样吧，咱们还是放长线，军事攻击与政治争取相结合，兵团成立一个对敌斗争委员会，由你王世英和胡耀邦两人负责，做组织对敌宣传、政治瓦解和政治争取方面的工作。我先给阎锡山写封信，送进城去交给阎锡山试探试探。"

"这封信，谁去送呢？"王世英、胡耀邦有些焦急地问。

徐向前笑了笑说："前几天，有个年近八旬的老秀才，他是阎锡山的老师，他对我说，愿为太原和平解放尽力，我打算请这位先生进城去见阎锡山。"

于是，徐向前给阎锡山写了一封信，大意云：太原已是孤城，你应认清形势，以太原30万人民生命为重，还是和平谈判解决为重。谁知阎锡山不但不听劝告，竟不顾师生情谊，将自己的老师杀害。

徐向前早在晋中战役快要结束时，便在战地接待了被俘的阎锡山的将领、他的五台同乡赵承绶。徐向前和胡耀邦动员赵承绶立功赎罪,希望他能为山西老百姓做些有益的事。原来,徐向前在后方休养的时候,他交代社会部,通过上海地下党组织,竟把赵承绶在上海的女婿、女儿接出,送到华北解放区来了。由徐向前的妻子黄杰陪送赵承绶的孩子来到太原前线,使赵承绶父女相会。在太原战役中,赵承绶在阵地前沿做策反工作,使太原城内四大重点阵地守敌之一的赵瑞率部举行战场起义,动摇了整个太原的敌人城防。

赵瑞率部起义后,徐向前派胡耀邦亲赴起义军集结地去做赵瑞、赵承绶和杨诚的工作。因为这项工作做好了,直接关系着阎军内部的瓦解。胡耀邦宣布:赵瑞起义军改编为中国人民解放军华北野战军第一兵团独立第二支队。任命赵瑞为支队司令员,韩培义为支队政治委员。又当着杨诚的面,发给赵瑞冀南票币500万元以资奖励。杨诚曾回忆说:"胡主任以平易近人、和蔼真诚的态度,勉励我们好好学习,自我改造,继续为解放太原贡献力量,使我们深受感动。"

1948年11月下旬,徐向前肋膜炎严重复发,毛泽东代表中共中央和中央军委致函徐向前,信中写道:

> 向前同志:
>
> 闻病极念,务望安心静养,不要挂念工作,前方指挥由周、胡、陈担任。你病情略好能够移去时即来中央,待痊愈后再上前线。总之,治疗和休养是第一等重要,病好一切好办。
>
> 毛刘朱周任
> 11月29日

从此,胡耀邦肩上的担子更重了,他与周士第、陈漫远三人共同指挥进攻太原的战斗。在他们三人指挥下，各路进攻纵队的指战员，按照徐向前总结打临汾的攻坚经验"火力掩护、单兵爆破、小组突击"的新战术，不顾牺牲，前赴后继，以生命和勇敢为代价，一寸寸艰难地向前推进。当时解放军的炮少，炮弹则更稀罕，一发炮弹一头牛，每打一发炮弹都必须预先经过上级批准；而阎锡山精心建造的碉堡之坚固，根本不是手榴弹和炸药包能炸毁的，有的甚至直到堆放达750公斤炸药，才能将其掀翻。这一仗打得十分艰难，呈胶着状态。经过19昼夜反复激烈的争夺，我军终于攻下了东山，夺取了城南所有战略据点，歼灭敌人两万余人。

12月初，华野第一兵团及第八纵队在周士第、胡耀邦、陈漫远的指挥下，先后接连攻占了汾河以西及太原城东、城北等一些阎锡山军队的外围据点，封锁了红沟机场，将太原孤城紧紧地包围，接着就地休整并展开以瓦解阎军为主的对敌政治攻势。这样，胡耀邦就负起了发动这场攻心战役的指挥之责。

为了打好"攻心战"，胡耀邦竭尽全力，冥思苦想，设计一整套军队政治工作的策略和方法，并认真组织实施，收到突出成效。

在一次兵团政工会议上，胡耀邦做了激动人心的演讲，他把进行对敌政治攻势比作一场特殊的战斗，号召大家要认真作为一场战役来打，提出"政治攻势瓦解敌军做得好"，是攻下太原的四大要素之一。胡耀邦就对敌进行政治攻势作战在目的、对象、方法、策略、纪律等方面归纳为十大要点，予以具体阐述，并宣布成立一个由他指导下的对敌斗争委员会，在日后的心理战中，工作开展得有声有色，发挥了特殊的作用。

胡耀邦在论述如何攻心时说："根据敌人内部情况，要'从俘虏中来，到敌军中去'。如李子法（原防守太原郊外南线阎军四十四师师长）被俘后向我们说了他们士兵的情绪，我们据此进行工作，就更能打中敌人的心坎，收到双倍的效果。因此，我们俘虏的敌人军官，无论新老大小，都可以做我们的'参谋'和'顾问'。"

在谈到派遣工作时说:"可向太原选派打入的对象。现有三种人:一种是被我俘虏的阎军尉校级军官。如果每天放回去5个,一个月顶多只150个,假使这些人放回去都变坏了,也不过一个连的人数,没有给敌人增加多大力量,我们还可再消灭他;如果其中有几个人起了作用,其价值可能就更大。第二种是,可利用敌人的亲属朋友,如商人、女人、老头等带信进去。这些人不会被敌人抓兵,增加他们连队的兵员。第三种是,将阎军的重伤员救护后要尽量设法送回去,有人说这是我们自找麻烦,但不知道给我们找的是小麻烦,给敌人找的是大麻烦。这里须注意,不要派老百姓抬去,免得被阎匪抓去当兵。"

在太原攻城战役发起之前,徐向前了解到,驻守太原的蒋军第三十军军长黄樵松,抗日战争中是个有民族气节的将军,他指挥部队浴血疆场,英勇抗日,立下战功。

他和邯郸起义将领高树勋(原国民党军十一战区副司令,高率新八军和河北民军一个纵队起义。起义后,任刘邓部队的民主建国军总司令)有部属之谊。因此,徐向前在后方休养时,便找高树勋谈话,高欣然同意设法与黄樵松取得联系,动员黄脱离反动营垒,弃暗投明,率部起义。高树勋写信对黄樵松说:"希望当机立断,毅然举起义旗,坚决回到革命方面。"黄樵松打算起义时派军队直捣山西"督军府",活捉山西土皇帝阎锡山以作内应,迎接我军入城,解放太原。

11月2日深夜,黄樵松派出亲信中校参谋兼谍报队长王震宇(又名王正中),出城与解放军第十八兵团八纵队接洽,表示愿意立即交出该部防守的东、北两座城门,接应解放军进城。

徐向前授予胡耀邦全权负责与黄樵松接洽起义。11月3日天快亮的时候,胡耀邦、高树勋等人来到八纵指挥部。这时王震宇仍未起床,胡耀邦、高树勋先和八纵司令员王新亭交换情况。

清晨，双方会晤。胡耀邦向王震宇面交了徐向前至黄樵松的信：

　　樵松军长勋鉴：

　　来函敬悉，贵军长为早日解放太原30万人民于水火，拟高举义旗，实属对山西人民一大贡献。向前当保证贵军起义后仍编为一个军，一切待遇与人民解放军同。惟时机紧迫，更为缜密计，事不宜迟。至于具体问题，兹特请高总司令树勋将军，并派本军胡政治部主任耀邦，来前线代表向前全权进行商谈。

　　专此

　　顺颂商祺！

徐向前

11月2日

胡耀邦向王震宇问及黄军长举义的方案。

王震宇回答："军座已经在亲信部属中，做了部署和动员，尚无反对者。他的打算是，以最可靠的部队，把太原绥靖分署阎锡山指挥机关包围起来，逼阎交出指挥权，如阎不从，则以武力解决。然后通电宣布起义……"

胡耀邦听后深沉地说："王代表，此可关系重大。围城后，请向黄军长阁下转达，对阎锡山老牌军阀，可要特别提防。况且，阎锡山统治山西近40年，还没有哪一派势力能征服他。在山西，阎锡山是有社会基础的，而且特别会耍手腕，千万千万要警惕！"

高树勋一旁插话说："胡主任讲得有道理。王代表应尽快回城，将此忠告向樵松军长转达。"

经过双方协商，达成如下协议：王返回汇报后，黄樵松的三十军即起义，交出大小东门等防地，引导解放军入城围攻绥署，消灭阎锡山所部。三十军撤出城外集结，接受改编。王震宇提出，现在商定的方案，回城后需报呈黄军长。同时，为了沟通城内城外联络，交换情报，请解放军派一名负责干部随他入城掌握起义部队。

事关大局，刻不容缓，胡耀邦走出与王震宇谈话的房子，要通了徐向前的电话，急速汇报情况："我已和黄樵松的联络代表商定一个可行方案，黄部拟交出该部防守的东门和北门，接受我军入城解决阎锡山。然后，黄部撤出城外，到指定地域接受改编。但我方急需派一名代表入城协助，并与太原前线司令部保持通信联络。"

胡耀邦清了清嗓子，声音洪亮地说："现在的问题是，派谁入太原城？"没等徐向前回答，他就自告奋勇地说："徐司令，那我就亲自入城协助黄樵松举义吧。"

"啊！你亲自去？"徐向前没有当即决定，他要慎重考虑。

是夜，晋中的天气特别闷热，天上的繁星忽明忽暗，似眨着诡秘莫测的目光。胡耀邦双眉紧蹙，在室内来回踱步，脑海在快速地思索："在争取蒋军起义的紧急关头，我应亲赴太原城，以解放全人类为己任的共产党人，赴汤蹈火，在所不辞。"

考虑成熟之后，他将想法告诉夫人李昭，深沉而坚定地对李昭说："我有一个重要的腹案，亲赴太原城，做瓦解敌军的工作，力争阎锡山部队战场起义。我这一去，可能凶多吉少……"

"你，非去不可吗？"未等胡耀邦说完，李昭睁大惊疑的双眼，急切地问，"是组织的决定，还是你自己的主意？"

"当然，这是我的要求，在紧急重任面前，我责无旁贷，从入党那天起，我们就把一切交给了党。"胡耀邦的话语，掷地有声，然后语气平缓地说，"不过，最后还得由徐司令决定，军人以服从为天职嘛！"

"好，我支持你的壮举，祝你机智勇敢地战胜敌人，报效祖国和人民。我期待着你胜利归来。"

当胡耀邦把自己的要求再次向徐向前汇报时，经徐司令深思熟虑，严肃而关切地对他说："你正气凛然，不畏牺牲的精神值得称赞，但你是一个兵团的政治部主任，打仗更需要你，你不能去！而且，那里的情况还没搞清楚，耀邦，我考虑再三，你去不得呀！还是另外派人去吧。"

胡耀邦只得听从徐司令的安排，经与八纵队司令员王新亭、副司令员兼参谋长张祖谅、政治部主任桂绍彬商量，决定派八纵队参谋处长晋夫作为我军联络代表，持徐向前致黄樵松的亲笔信，与黄樵松的联络代表王震宇和晋夫的随员侦察参谋翟许友一道进入太原城。

不幸的事情发生了：当黄樵松与晋夫共同制订了起义计划，将要高举义旗的时候，被他一手提拔为二十七师师长的戴炳南向阎锡山告密。黄樵松和参谋处长晋夫、侦察参谋翟许友一起被阎锡山逮捕。阎锡山从搜得黄樵松身上的徐向前的信中，误以为晋夫即胡耀邦，觉得逮捕了中共高级将领，可以邀功请赏，便将他们押送南京，交蒋介石军法处决。南京方面判处"胡耀邦"、黄樵松、王正中3人死刑。不久，晋夫、黄樵松和王正中3人在雨花台被国民党杀害，翟许友被判无期徒刑。晋夫临刑时英勇不屈，高呼："共产党万岁！"黄樵松在监狱墙上留下了一首就义诗："戎马仍书生，何处掏虎子？不愿蝇营活，但愿艺术死！"

噩耗传来，胡耀邦夫妇悲痛不已，怒斥阎锡山的罪行，发誓要为烈士报仇雪恨。几十年来，他俩一直缅怀这两位为解放太原献身的烈士。胡耀邦曾叹惜地对李昭说："我为此事一直感到深深的悲痛和遗憾。"胡耀邦于1985年9月6日给黄樵松的家乡河南尉氏县政协的亲笔信中这样写道："我同王震宇交谈磋商后，原拟自己进太原城同黄樵松军长会晤，经电话同向前同志商量，向前同志认为不需要我亲自出马，才改派六十军（即原八纵队）参谋处长晋夫同志，以军政治部宣传部长的名义，并带领随员侦察参谋翟许友进城的。"他希望人们记住壮烈牺牲的晋夫烈士。

胡耀邦是个感情丰富、注重友情的人，他还始终惦记着翟许友的下落。翟许友被关在南京，南京解放后得以释放，并回到山西作战部队工作。胡耀邦得知后，感到莫大的欣慰。

后来托人四处打听，胡耀邦夫妇才知这两位烈士安葬在雨花台烈士陵园，他俩曾前往陵园向晋夫和黄樵松烈士遗像敬献花篮，以告慰烈士忠魂。

此后，胡耀邦并没有因为黄樵松起义的失败而放松对敌"攻心战"的信心，他指挥各旅都成立了政治攻势委员会，团营成立政治攻势领导小组，连队也成立政治攻势工作小组。群众性的"攻心战"全面展开。《人民子弟兵》报编辑科长韩铁民回忆说，有一天晚上，夜深人静，他突然接到通知赶紧到前线指挥部见胡耀邦。韩铁民飞身上马，跑了10来公里赶到那里。胡耀邦对他说，把你找来，是想谈一谈太原前线形势和最近报纸工作应该注意的一些问题。在我军强大的军事力量打击下，太原城里敌人很惊慌，士气低落，处于分崩离析的状态。现在阎锡山的部队和胡宗南的部队矛盾加深，各自为自己的前途打算，互不信任。我们要抓住这个时机，大力开展政治攻势。

胡耀邦坚定地说："如果我们瓦解敌军的工作做得好，可能争取大批敌人投诚、起义。最近一个时期，报纸应该注意宣传瓦解敌军的方针政策，并加强这方面的报道。"

太原前线瓦解敌军的工作在胡耀邦的指挥下卓有成效。从1948年10月到1949年4月，先后印发了近50种各式各样的宣传品和100万份传单，送出1万封信及大批"罢战安全证"、"立功优待证"，共瓦解阎军近3万人，约占敌人兵力的25%，其中成建制单位投诚的近7000人。

不久，毛泽东发出缓攻太原的电令，其目的是缓取太原，稳住平、津敌人，不让它因太原解放而渡海南逃。从此，太原被围困近半年之久，我攻打太原的部队向守敌开展连续的政治攻势。

1949年3月1日，中央军委发布命令，将华北野战军第一兵团改为中国人民解放军第十八兵团，徐向前任司令员兼政委，周士第任副司令员兼副政委，陈漫远为参谋长，胡耀邦仍为政治部主任。

冬去春来，随着平津的解放，根据军委命令，以十八兵团为基础，第十九、二十兵团于1949年3月底由平津调来加强太原前线，同时将第四野战军炮一师全部及炮二师1个团调入。由徐向前、杨得志、罗瑞卿、杨成武、李天焕、周士第、陈漫远、胡耀邦8人组成中共太原总前委，其中徐向前、罗瑞卿、周士第、陈漫远、胡耀邦5人为常委，徐向前为书记，罗瑞卿、周士第为副书记。并组成太原前线指挥部，徐向前为司令员兼政委，周士第为副司令员，罗瑞卿为副政委，胡耀邦为政治部主任，统一指挥太原前线我军约25万人。4月5日，总前委召开扩大会议，分析了敌我形势和总攻的必胜条件，决定了总攻方案：首先集中大部兵力，割裂敌人外围据点，歼其大部或全部，占领攻城有力阵地，而后集中全力从12个突破口攻城。

太原前线的形势发生了大变化：我军的兵力比敌人占了绝对优势，把太原团团围住，水泄不通。"誓与太原共存亡"的阎锡山看到形势不妙，便于29日借口拜见蒋介石，把随身的医生、厨师、理发匠、洋狗全装上飞机，急飞南京，逃之夭夭。困守太原城内的王靖国（太原守备总司令）、孙楚（绥靖公署副主任）、戴炳南（敌三十军军长）等不识时务，仍企图顽抗。

1949年4月20日，太原前线人民解放军发动总攻。各路军队不顾敌人阻击，一鼓作气，出其不意地从敌人阵地后面出击，打得敌人晕头转向，纷纷溃退。到22日上午9时，太原外围战斗全部结束，占领太原城外围全部敌据点，共歼敌12个整师。人民解放军兵临太原城下。

鉴于参战部队多，入城教育尤为重要。胡耀邦以太原前线政治部名义，向各部队重申《入城守则》，提出执行城市政策纪律的要求，"使全军所有同志，都能去严守纪律、去执行政策，并且能去监督和维护政策纪律，所有干部必须成为遵守纪律执行政策的模范。"

此时的胡耀邦，已考虑着如何在战后重建太原，他向部队的政治工作者交代，太原是山西的省城，也是华北的重要工业城市，有著名的太原兵工厂。夺取了太原，可以有力地支援解放全国的战争。在发起总攻前的一次兵团常委会议后，胡耀邦找来兵团政治部干部科科长染秀昆，要他骑马3天内跑遍太原前线的团以上单位，看看他们是怎样贯彻前委关于城市政策的指示的。他亲自为染秀昆写了介绍信，督促他完成这个任务。

七届二中全会后，彭德怀返回西北，毛泽东要他先到太原前线视察。因为太原战役结束后，十八兵团将归属第一野战军指挥。

4月23日，彭德怀来到榆次的峪壁，看望了正在养病的徐向前。徐向前商请彭德怀留下指挥攻城，拿下太原后再走。中央军委于当天批准了徐向前的请求。

彭德怀对徐向前说："明天我就上阵地看地形，找个年轻人陪我上阵地吧。"

徐向前对彭德怀说："从打仗而言，应该由周士第副司令陪你去，但周士第是前线副司令，又是总前委副书记，他得向兄弟兵团介绍太原情况。要论年纪嘛，胡耀邦主任最小，就由他陪你吧。"

胡耀邦欣然答应："我愿意跟彭老总学打仗。"

发起总攻太原城的那天凌晨两点多钟，彭德怀与胡耀邦一同到前沿阵地视察。两个湖南老乡（彭德怀原籍湘潭县与胡耀邦原籍浏阳县同属湘潭地区）并肩而行，逐一巡视前沿阵地，勉励指战员英勇杀敌，再立战功。

4月24日凌晨5点30分，总攻开始。3颗红色信号弹像流星一样划破夜空。突然，1300门大炮齐鸣，千万条火龙飞向太原城垣。顿时，地动山摇，太原的城墙、碉堡一批批往下倒塌。经过4个半小时的殊死激战，解放了太原城，活捉了太原敌最高指挥官王靖国（敌十兵团司令）、孙楚（敌十五兵团司令员）、温怀光（敌十兵团副司令）、高卓之（敌三十四军军长）等10余名将领，歼灭全部守敌12.4万余人。从此，阎锡山在山西经营38年的"反共模范堡垒"终于毁灭！

太原解放后，经中共中央与毛泽东批准，立即成立以徐向前为主任，以罗瑞卿、胡耀邦、赖若愚为副主任，以周士第、罗贵波、肖文玖、裴丽生、解学恭、康永和为委员的太原军事管制委员会。

把政治工作做到第一线

太原战役后，1949年4月25日中央军委命令第十八兵团、第十九兵团编入中国人民解放军第一野战军建制，准备挺进大西北，为解放大西北浴血奋战。

次日，胡耀邦带着满身征尘，与周士第、王新亭、陈漫远一道，率领第十八兵团所属六十军、六十一军、六十二军及兵团直属队，离开太原，分为4个梯队，沿同蒲铁路，经榆次、介休、灵石、霍县、临汾、侯马南下，分别经风陵渡、茅津渡横渡黄河，向西北挺进，进驻潼关。兵团先头部队连续强行军11天，于6月7日到达西安，接替第六军担任警备任务。是时，西安刚解放10余天，胡（宗南）、马（马步芳、马鸿逵）集团正在伺机反扑。第十八兵团部队尚未到齐即投入战斗。

当时，西北战场上，我第一野战军彭德怀部仅有15.5万人，而蒋军尚有胡宗南部13个军17万人，西北军政长官公署代理长官马步芳、副长官马鸿逵部及蒋系部队共8个军约14万人，加上新疆陶峙岳部3个军7万余人，总兵力为38万余人，为我第一野战军的两倍多。

当中国人民解放军第二、第三野战军渡过长江，第四野战军先遣兵团逼近武汉，第十八、十九、二十兵团解放太原后，胡宗南集团慑于被我军歼灭，开始实行战略退却，从铜川、蒲城、耀县等地后撤，企图与青海、宁夏的马步芳、马鸿逵相配合，以陕中、陇东为防御重点，确保西北，屏障西南，迫不得已则退踞陕南、川北。

其时十八兵团辖第六十、第六十一、第六十二3个军。攻占太原之后，由于吸收了大批翻身战士与投诚士兵，兵团总人数增加到了10万人。十八兵团司令部进行了改组，周士第任司令员兼政委，胡耀邦任政治部主任，陈漫远任参谋长，黄新庭任副司令员。兵团的政治思想工作主要由胡耀邦担任。

1949年5月，胡耀邦提出：十八兵团应迅速完成战役结束后的善后工作。他日以继夜地组织和派遣政治部干部深入连队，了解部队的情况并帮助解决问题。他与政工干部一道进行调查研究，召开会议部署工作，给连队以具体指导。1949年5月上半月，《人民子弟兵》发行了12期，刊载的文章中有8篇都是胡耀邦亲自撰写的，他还以兵团政治部名义起草颁布了进军大西北的《八大胜利条件》、《四大精神准备》和《五大要求》。这些文章阐明了部队进军西北之前必须完成的准备工作。

5月4日，十八兵团前委做了《关于"向前进"的准备工作决定》，提出"在全军指战员中深入地进行'解放西安去，解放大西北去，解放全中国去'的思想教育与动员，是目前一切工作的中心"。为了贯彻中央军委交给十八兵团的任务和"前委决定"精神，负责抓思想教育与动员工作的胡耀邦，总是殚精竭虑，忘我工作。

1949年5月9日上午，胡耀邦在直属部队排以上干部会上做了鼓舞士气的报告，他要求大家下定"革命到底，光荣到底"的决心时，要做好"四大精神准备"。除了言简意赅地阐述了准备的内容外，还将领衔的两句编成韵律句：第一，坚决前进不想家，一心一意把敌杀；第二，出征就要运动战，长途行军练到家；第三，新区条件可能差，吃苦耐劳克服它；第四，新区群众未发动，群众工作都参加。这些句子琅琅上口，指战员能背诵如流，深受鼓舞。

他对巩固部队、遵守纪律的"五大要求"是这样讲的："一、动员深入情绪高，奋勇向前减员少；二、长途行军不掉队，保持体力顶重要；三、政策纪律要搞好，八项注意全做到；四、展开团结大互助，一切困难克服掉；五、干部党员作模范，完成任务立功劳。"这些明确、简洁、生动的要求，脍炙人口，很快为广大干部战士所熟记，变成了做好前进准备和行军作战的鼓舞力量。

这次"向前进"的政治动员，是胡耀邦运用群众路线方法让群众自己教育自己的一次生动实践。他根据自己和政治部人员到基层调查了解的情况，针对部队实际，把"向前进"的政治动员，概括成至少需要解决五个问题，布置部队分为五个步骤，经过群众路线一一加以解决。这五个问题和步骤是："第一，是为什么要向前进的问题。要用诉苦、数胜利果实、讲毒蛇咬农夫一类的故事等方法，使大家从切身的利益、家庭的利益提高到阶级的利益、人民的利益，反复讨论前进的必要和不前进有什么后患，激发大家爱护自己光荣历史的荣誉心与前进心。第二，是向哪里前进的问题。……第三，是请假回家看一看的问题。……让大家讨论：假如大家都请假回家去看一看，队伍还能前进作战吗？结果不是拖延了革命的时间给了反动派以喘息的机会吗？要用大禹治水三过家门而不入的故事勉励大家。第四，是前进的有利条件和困难问题。……第五，是怎样前进的问题。除了行军中一般要注意的事项以外，特别要发动大家订互助立功的前进计划，发扬体力与思想各方面的互助，保证部队团结巩固，顺利前进。"胡耀邦号召大家，要"说到做到，西安对照"。

兵团部队向前进的政治动员，按照兵团党委的决定和胡耀邦的具体部署和要求，紧张而有秩序地进行着。通过充分发动群众，展开广泛深入的讨论，干部战士认清了形势，明确了任务，眼界开阔了，觉悟更高了，斗志更旺了。大家纷纷上书毛主席和兵团各级党委，表示要"革命到底，光荣到底！""解放大西北去，解放全中国去！"各单位和个人普遍订立了互助立功计划，开展"向前进"和"新大禹"运动。部队斗志昂扬地开进时，出现了许多路过家门而不入的动人事例。《大进军》的歌声，嘹亮激昂："十万个同志一条心，奋勇前进杀敌人，西北残余蒋家军，全部彻底消灭净，活捉战犯胡宗南，解放西北显威名……"

胡耀邦针对有的战士想回家、开小差等情况，强调下级军官必须真正关心和爱护士兵，以稳定军心。胡耀邦认为：要巩固和壮大部队，除加强思想教育外，最根本的一条是干部要爱护士兵……有责任心的干部应当像磁铁一样能把战士紧紧吸引住，又像冬天的火炉一样，使群众都围绕在自己的周围。这样，战士才会心甘情愿地与你一道患难与共，同心协力。他还要求干部要做到"十个一定"："一定不要采取一级逼一级的方法，一定不准虐待逃亡战士，一定不要靠消极的防范，一定要取消消极的所谓破案方法，一定要经常开展军事、政治、经济三方面的民主运动，倾听广大战士的呼声和意见……"同时，他还为兵团前委草拟《关于"向前进"的准备工作决定》，并组织各级干部深入部队，传达贯彻党的七届二中全会的决议，进行"将革命进行到底"的教育，进行思想动员，号召全体指战员为解放大西北、解放全中国做出贡献。

正当胡耀邦在部队中开展政治思想工作时，彭德怀领导的第一与第二兵团攻打并占领了西安和咸阳，然而却在宝鸡地区遭到了胡宗南部队与马步芳、马鸿逵继援部队的夹击。胡宗南早已和青海的马步芳与马鸿逵合兵一处，提出了"打回咸阳，占领西安"的口号，因此形势十分严峻。6月初，十八兵团的一八一师与六十军增援咸阳部队，保卫咸阳的战役一开始，胡耀邦立即奔赴前线去做鼓舞士气的政治工作，亲自写了题为《紧急动员起来！坚决歼灭胡马敌军》的文章，广为宣传，为迅速粉碎敌马步芳、马鸿逵继援部队的进攻奠定了坚实的思想基础。

胡耀邦工作起来没日没夜，给人一种总是在观察、思索问题的感觉。无论是部队整训，还是行军作战，他经常以一个普通战士的身份，到连队去，到士兵群众中去，了解情况，检查各项工作贯彻落实情况。下部队时，他拎着一个照相机，仅由一个警卫员跟着，轻装简从，有时还夹带一叠《人民子弟兵》报，亲自把报纸送到战士手里。一位当年在六十一军基层单位工作过的同志回忆说："一次，我们部队在离宝鸡不远的地方蹚水过河，见一位年轻干部，兴致勃勃地给大家照相。当时，我还以为是上级机关的宣传干事呢！事后，有人告诉我，那是兵团政治部主任胡耀邦！"

周士第、胡耀邦等兵团首长奉一野彭德怀司令员命令，派先头部队去守咸阳城，后续部队在西安布防。不久，敌马家军主力第八十二军3个师和骑八旅即来猛力攻击。十八兵团经过10余天连续急行军，未能休整，就投入"打马"战斗，与敌人激战一昼夜，歼马家军2000余人，完成阻击任务，胜利地保卫了刚刚获得新生的古都西安。国民党军胡、马集团反扑西安的企图失败后，"二马"龟缩乾县、永寿以北地区，胡宗南则占据武功、扶风、眉县的渭河两岸。胡、马慑于被歼，便联合对解放军作战。然而又都想保存自己，谁也不肯与解放军首先交锋。因此，彭德怀司令员决定采取"钳马打胡"、"先胡后马"的作战方针，指挥4个兵团，发动扶眉战役。7月初，周士第、胡耀邦等率第十八兵团担任正面攻击任务。这一仗，横扫八百里秦川，激战一昼夜，消灭了胡宗南部4个军，计4.4万人，攻占县城8座及陕中广大地区，为迅速解放整个西北地区奠定了基础。

扶眉战役后，7月中旬，十八兵团向宝鸡方向前进。胡耀邦乘吉普车走在前边。报社的几个同志，乘印刷厂的汽车随后跟进。一路上尘土飞扬，热浪炙人。刚到宿营地，胡耀邦就派人送来一篇他写好的报道这次战役的胜利消息。消息先综述了战役的胜利战果和意义，接着就从政治思想上给部队提出新的任务和要求："现在，敌人整个防御计划已被我们打碎，急如丧家之犬，掉头奔逃。但敌人还有力量。因此，摆在我们全体同志面前的任务，就是不让敌人有喘息的机会，必须继续奋勇前进，克服一切困难，克服一切疲劳，乘胜追歼敌人！""我们决不可丝毫有所松懈，一定要兢兢业业，再接再厉，争取更伟大的胜利。"

扶眉战役结束后，敌人退却集结于凤县、佛坪、东江口地区，组织防御，企图依托秦岭阻击我军南取汉中。彭德怀司令员根据中央军委关于暂不占领汉中，集中兵力歼灭青、宁"二马"的指示，采取"钳胡打马"的方针，决心乘胡马两部彼此相隔甚远之机，实施战略追击，歼青、宁"二马"于六盘山、三关口、平凉地区，以钳制胡宗南部，滞其退入川境，配合二野入川作战。此役后，第十八兵团进驻宝鸡，对付胡宗南退入汉中的残部，保障一野主力西征的侧后安全。

7月24日，宝鸡战役后，追歼青、宁"二马"的陇东战役打响。第一、第二、第十九3个兵团分成左、中、右三路西进，十八兵团分出六十二军尾随左路进攻部队为总预备队，而以主力位于西安、宝鸡线钳制该线以南的胡宗南军。8月26日，左、中、右三路大军攻克了西北要塞兰州，歼灭了固守的马步芳军主力；同时十八兵团主力向秦岭胡宗南部的三十六军、五十七军残部发起进攻，先后攻占了东河桥、黄牛铺、天台山等地，军锋直抵凤县，沿秦岭、大巴山一线，与蒋介石最后一支嫡系王牌军胡宗南集团军相对峙。

胡耀邦在十八兵团进军西北的战役中，始终活跃在最前线，随时掌握着部队的新情况，实践着他一贯主张的把政治工作做到第一线的思想。

8月29日，十八兵团在周士第、胡耀邦等领导下，发起秦岭战役。所辖六十军和六十一军两个师向防守川陕公路正面秦岭要隘之敌攻击，造成解放军欲经川陕公路南下入川之势。

这一战略果真见效,胡宗南和他的高级幕僚深信解放军决不会舍近求远,必然由西边取三国魏军伐蜀的路线,一路从兰州南下,经武都,出碧口,一路沿川陕公路南下,两路直插川西。

蒋介石完全同意胡宗南的分析,于是做出了"拒共军于川境以外,以陇南、陕南为决战战场"的部署。

为利于第二野战军出敌不意地以大迂回动作完成包围,贺龙指挥十八兵团恰当地把握攻打胡宗南的"火候"。既像真打,又"攻而不破",打到一定的程度,即结束战役,转入休整。

胡宗南误以为秦岭战役"挫败"了共军,便得意忘形地向蒋介石报功:"共军多次猛攻秦岭,无一处突破。"并吹嘘说:"我的两个兵团守秦岭万无一失。"

蒋介石信以为真,任命胡宗南为川陕甘边绥靖公署主任,裴昌会为副主任。胡宗南扬扬得意,派其第五兵团李文部4万余人把守秦岭川陕公路两侧地区;派国民党第十八兵团李振部4.4万余人防守李文部以西地区;裴昌会的第七兵团6个军沿川陕公路的白龙江、米仓山、大巴山布防,构成第二道防线,摆出坚守的架势。

看到敌军的布防,贺龙、周士第、胡耀邦十分高兴,他们趁机安排十八兵团主力休整,进行深入南下的动员和山地作战训练,养精蓄锐,等待时机。

在我军强大攻势和政治争取下,9月25日,国民党新疆警备总司令陶峙岳将军通电起义。9月26日,国民党新疆省政府主席兼新疆保安司令包尔汉也通电起义。这样,西北大局已定,十八兵团进军西北的战事大功告成。

南下川北

十八兵团取得节节胜利，西北告捷，胡耀邦沉浸在无限欣慰之中。

清晨，胡耀邦在西北黄土地的原野上漫步。他养成了一种习惯，在紧张的战斗、工作之余，喜欢独自一人踱步、沉思，或欣赏眼前的自然景色。他举目远望，一轮红日冲出天际那一层层的薄云缓缓升起，在云层中涌动、喷薄。胡耀邦心旷神怡，凝思遐想：作为一名党的军事指挥员，面临的战斗是无止境的，况且全国尚未全部解放，更艰难、更复杂的战争还在后头，要准备走更长更艰难的道路。他感到有一种继往开来的神圣使命在心头涌动，宛如天空喷薄而出的朝阳。

转眼到了1949年9月21日，510名中国各阶层各团体的正式代表云集北京，参加第一届中国人民政治协商会议。胡耀邦作为中国新民主主义青年团的10个代表之一，带着满身征战的硝烟，风尘仆仆地赶到北京参加了这一历史性的会议。这时，他还不到34岁。参加革命已20年的胡耀邦与中国各阶层的代表济济一堂，共商国事，他感到无比自豪。

参加会议的中国新民主主义青年团的10位正式代表是冯文彬、蒋南翔、胡耀邦、宋一平、陆平、王治周、张本（女）、杨述、高景芝（女）、王明远。胡耀邦排名第三，领衔的冯文彬是其在江西苏区搞青年团工作的老上级。胡耀邦显然是以军队中的新民主主义青年团的代表身份参加会议的。

9月30日第一届中国人民政治协商会议结束后，胡耀邦10月1日参加了中华人民共和国开国大典。

10月11日，胡耀邦从北京回到秦岭驻地部队，他兴奋地谈起政协会议和开国大典的盛况，风趣而幽默地说："我参加会议主要做了两件事，一是举拳头，二是拍巴掌。"是啊，中国人民经过几十年的流血牺牲，前仆后继，终于迎来了新生的人民政权，怎能不高举拳头拥护、喜拍巴掌庆祝呢？

11月16日十八兵团召开了团以上干部会议，由胡耀邦传达中国人民政治协商会议精神并做了部队接受入川任务的报告。他说，我们要给部队讲清楚、讲彻底几个问题：一、入川是光荣的；二、完成光荣任务不难；三、四川很好；四、我军的任务；五、还有些困难。又说："这是我们最后一次打大仗了，是一个难得的好机会，我们每个同志，应该抓紧时机，大显身手，把我们的光荣带到四川去。我们要有始有终地革命到底，光荣到底！"

这时，十八兵团和第一野战军第七军，已由贺龙直接指挥，在秦岭、大巴山一线与胡宗南作对峙攻防战，双方交战6次，各有胜负。

10月中旬，党中央决定组成中共中央西南局，由邓小平、刘伯承、贺龙任第一、第二、第三书记，统一领导西南的全面工作。

10月，广州即将解放，国民党将其"政府"又搬到重庆，妄图继续负隅顽抗。其残存的军队有：胡宗南集团十一军约16万人依秦岭山脉构成主要防线，并沿白龙江—米仓山—大巴山一线构成第二道防线，阻击人民解放军由陕入川的一野及十八兵团；宋希濂集团军位于川鄂边建始—恩施一线，与位于巫山、奉节的敌第十六兵团（孙元良）配合，扼守川东门户；敌第十五兵团（罗广文）位于南充、达县、大竹地区机动；敌第十九兵团（何绍周）分散配置在贵州境内的湘黔公路两侧；另外还有敌卢汉、李弥等部分别控制滇越公路和战略要点。敌军企图以四川为防御重点，西起岷山，经秦岭、大巴山、巫山和武陵山，南至五岭山脉西部，构成所谓"西南防线"，以阻止我军由陕入川解放大西南。如固守不成，则保存实力，由康、滇逃往国外，依附于帝国主义与我做长期周旋。

中央军委根据上述情况，及时指示我军，消灭胡宗南军及川、康诸敌，非从南面进军断其退路不可。对西南各敌均采取大迂回动作，插至敌后，先完成包围，然后再回打之方针。并具体指出：在第四野战军向广西进军的同时，第二野战军主力应以大迂回包围的动作，从湘黔边直出贵州，进占川东、川南，切断胡宗南集团和川、康诸敌退往云南的道路；位于陇海路西段宝鸡、天水地区的第十八兵团等部，首先抑留胡宗南集团于秦岭地区，待第二野战军主力进入川境将敌退路切断后，即迅速南下入川，会同二野，占领川北和成都地区，而后两军协同，聚歼川境敌军。

当贺龙、周士第、李井泉、胡耀邦率十八兵团及一野第七军，兵分三路，从陕西挺进南下，在秦岭北麓吸引住胡宗南集团军主力时，势吞两广、浩浩荡荡南下的四野与正屯兵鄂西的刘邓二野主力，已完成对川黔大迂回包围的战略部署。

11月中旬，川黔战役的炮声震撼着西南大地，揭开了人民解放军最后这一大仗的序幕。至11月末，刘邓大军与四野一部，先后攻占贵阳、宜宾，强渡乌江，歼宋希濂与罗广文兵团3万余人于南川山地，继而又乘势攻下了重庆，把川西的大小门户都关了起来，从东、西、南三面形成了对成都盆地的包围。诡计多端的胡宗南，至此方知中了我军"声北击东"之计，于是赶快将主力撤出秦岭、大巴山防线，聚集主力于成都四围。

在第一野战军副司令员贺龙领导下，1949年11月上旬，周士第、胡耀邦等率第十八兵团和第七军，分左、中、右三路，由陕西南下，隐蔽在秦岭北面，以吸引胡宗南集团于秦岭地区，然后向西南进军，配合二野司令员刘伯承、政委邓小平率领的第二野战军解放大西南。

在进军途中，第十八兵团指战员情绪高涨，斗志昂扬，为解放大西南而战。许多指战员求战心切，要求加快进军速度。胡耀邦与周士第一道，耐心向指战员做解释工作："党中央、中央军委和毛泽东主席确定的作战方针是先慢后快，即二野切断敌人退路前，十八兵团进军宜慢；二野切断敌人退路后，第十八兵团进军宜速。首先，我们由秦岭北麓进攻的速度要稍慢点；太快了，会惊动胡宗南集团，他们就可能赶快向四川逃跑。等刘邓大军二野入川，在南面切断敌退路，那时，我们就可关起门来打狗，我们的速度就要加快。"当指战员明白了这些歼敌的道理后，都恍然大悟，一切按上级意图行动。

当胡宗南集团仓皇入川的时候，十八兵团如猛虎下山，日夜兼程，发起对胡宗南部的总攻，以迅雷不及掩耳之势，从秦岭猛扑过来，沿途追歼敌人。指战员攀越悬崖隘路，闯过栈道险关，冒着严冬的飞雪，紧紧揪住胡宗南的断后部队穷追猛打。敌人见势不妙，掉头就逃，狼狈不堪。

向四川进军途中，胡耀邦深入前沿阵地视察战情，与指战员同吃同住，促膝倾谈，使大家深受鼓舞。战士们高唱着"快快追，快快赶，不怕脚肿不怕寒，赶到成都捉战犯"的战歌，向前疾进。特别是在贺龙提出的"打好、走好、合好、接好"的口号鼓舞下，指战员分左、中、右三路，以神速的动作，向四川地区追击前进，行程千余里，沿途消灭和俘获大批敌人，并修筑好被敌人破坏的公路、桥梁，继续挺进。十八兵团以伤亡不足500人的代价，解放了陕西、甘肃、四川三省的汉中、广元、绵阳、德阳、南充等40余座县城，歼敌7万余人，直向成都盆地疾驰。

进军大西南时，十八兵团歼敌的沿途，都是三国时代魏、蜀两国交战的古战场。所到之处，胡耀邦以他那书海行舟获得的渊博历史知识对身边的指战员讲述历史事件和历史人物，评述他们的功过是非。如他到香烟缭绕的张良庙参观时，边看边评述名将张良。他对张良不图名、不争利、不贪封侯爵给予高度评价，但他认为张良的"功成则退"的悲观消极思想不可取。解放定军山时，胡耀邦与身边的工作人员参观诸葛武侯陵墓和诸葛庙。他深为诸葛亮"出师未捷身先死，长使英雄泪满襟"而惋惜，但又深对孔明"鞠躬尽瘁，死而后已"的精神称赞不已。他深有感触地说："共产党人要学习古代豪杰'鞠躬尽瘁，死而后已'的传统美德，并身体力行，才不愧为当代英雄。"他在戎马倥偬之中总要挤时间去参观古蜀道的人文景观，以至在后来几十年的革命生涯中，他养成了一个良好习惯，每到一地视察，他都要翻阅当地史籍志书，了解那里的历史地理、风土人情，用以引经据典，教育人民，指导工作。

在我军强大攻势下，蒋介石一面令重庆及其以北地区西撤之敌，在正面迟滞我军向成都前进，一面急令胡宗南集团迅速撤至成都地区，企图继续抵抗我军或向西康、云南突围逃跑。此时，胡宗南集团主力已撤至川北，敌第十六兵团正向成都方向撤退。在此情况下，我军决定第十八兵团（中央军委于11月下旬指示归第二野战军指挥）南下川北，第二野战军第三、第五兵团主力继续迅速西进，断敌退往康、滇道路，聚歼胡宗南集团及川境之敌于成都盆地。

随后，我屯兵秦岭的十八兵团等部，分兵三路，在贺龙、周士第、胡耀邦等统率下，长驱直入，势如破竹，从秦岭猛扑下来，对胡宗南集团穷追猛打。部队越秦岭，跨巴山，攀摩天岭和米仓山等山脉，沿着"难于上青天"的蜀道进入四川境内，将南逃之敌后尾8万余人，尽歼于川北地区。接着人民解放军追击部队从四面八方，把胡宗南集团和川境残敌数十万人全部围困在成都盆地。

蒋介石不甘心失败，在逃离大陆前夕，曾于8月和11月两度乘飞机到成都，召集西南地区党、政、军头目部署"成都会战"和"西南敌后游击战"。为此，曾任国民党行政院院长的张群和胡宗南都曾叫嚣要在成都和我军决一死战。当时，胡宗南和四川省长王陵基仍有20多万军队在成都一带，正在制订应变计划。但是由于刘邓大军由南面迅速切断敌人退路，周士第率领的部队又由北面势如破竹，乘胜而下，南北两线部队，迅速对成都形成夹攻之势，致使敌军26万人先后起义或投降。胡宗南眼看失败已成定局，便乘飞机溜之大吉。各路国民党军失去主帅，群龙无首，失去指挥，也相继投降。12月9日，云南的卢汉，川、康的刘文辉、邓锡侯、潘文华等部分别在昆明、雅安等地起义，云南、西康两省和平解放。但敌第八、第二十六军破坏云南的和平解放，继续与人民为敌，并乘隙向昆明进犯，我第四兵团在第四野战军第三十八军和滇桂黔边纵队的配合下，于1950年1月1日至2月7日，在滇南地区将该敌歼灭，残敌一部逃往缅甸。

胡宗南的亲信、敌第五兵团司令，在保北战场上与胡耀邦死硬相对的李文，仍率7个军与我军进行突围战。但大势所趋，李文兵团无异以卵击石，经26日我军猛烈反击，李文所部5万人被歼或被俘。至26日，除少数残敌向西昌逃窜外，大部被我歼灭于新津地区，俘第五兵团司令李文以下5万余人。敌第七、十五、十六、十八、二十5个兵团、敌兵司令部及所属部队，被迫相继宣布起义，我军解放成都。至此，蒋介石的最后一支主力胡宗南集团和退集到成都地区的其他部队除少数逃窜外，全部被歼；解放了四川、云南、贵州、西康4省及湘鄂陕等省40余座县城，取得了辉煌战果。全国最后一次大歼灭战胜利结束。

成都解放后，1949年最后一天，即12月31日，按照毛泽东与中央军委电令，由贺龙、周士第、李井泉、胡耀邦等率十八兵团将士，作为攻占成都的胜利者，举行了隆重的入城仪式。

贺龙、周士第、李井泉、胡耀邦等分乘军用吉普车，在上百万市民的夹道欢呼声中驶入西南重镇成都。

五　主政川北行署

集党政军权于一身

第十八兵团完成解放川西、川北及西康的任务后，集中的大规模的作战任务已经结束。中共中央西南局于12月中旬电告以贺龙为首的川西北临时军政委员会："同意组织川北党的临时工委，以胡耀邦同志为第一书记，赵林同志为副书记。"当时新的任务，就是执行中共中央西南局书记、西南军区政委邓小平的指示："我们的部队面临着一个很大的转变，即由对付集中之敌转到对付分散之敌，由公开的斗争转到公开与秘密相结合的斗争，由单纯的战斗队转到战斗队与工作队相结合，有些部队不久的将来，还要执行战斗队、工作队、生产队三者相结合的任务。"兵团各部队指战员，继续以勇敢前进的姿态，学习新斗争，执行新任务。

1950年1月，中央军委批准十八兵团在西南组建川西、川北、西康三个省级军区。

2月，西南军区正式成立，贺龙任司令员，邓小平任政委。十八兵团各军便分散在川西、川北、西康地区兼军区、军分区工作。六十一军开进了川北重镇南充。川北1200多万军民迎来了解放后的第一个春天——1950年的新春佳节！人民的新政权——川北行署在南充成立，川北区党委、川北军区也相继成立。刚满34岁的胡耀邦担任川北行署主任、川北区党委书记、川北军区政委，集党、政、军大权于一身。

胡耀邦奉命到地方工作，受命于危难之中，当时兵团的政治工作任务还很繁重，需要总结南下的政治工作经验，适应新情况制定新的政治工作纲要及实施办法，特别是对起义、投诚和被俘的20多万蒋军的接管、教育和改造等，都要花费胡耀邦大量的心血。只有在这些任务部署就绪之后，他才能离开部队走上新的工作岗位。从受命之日起，胡耀邦就在考虑自己如何学习和掌握治国的新本事。"能攻心则反侧自消，自古知兵非好战"；"不审势即宽严皆误，后来治蜀要深思"。成都武侯祠这一楹联时刻萦绕在他的心中。如何"治蜀"？在人民民主时代，又应该怎样借鉴前贤的治平经验呢？面对历史，好学深思的胡耀邦踌躇满志，他决心要为建设好川北，建设民主、繁荣、富强的新社会而奋力拼搏，继续新的长征。

川北区是1950年1月设置的受中央西南局和西南军政委员会领导的省级行政区，面积9万平方公里，人口1300万，耕地2450余万亩，全区35个县，新中国成立后增设南充市。以通江、南江、巴江为中心区的24个县，是早年徐向前领导的红四方面军的革命根据地。诸葛亮说"益州险塞"，川北足以当之。就经济而言，在四川当时的四区一市中，川北是比较落后的。发展生产的潜力虽然巨大，但解放时则是满目疮痍，百业凋敝，百废待举，民不聊生。1949年的农业产量，尚不及抗日战争前的80%。

胡耀邦肩负重担，走马上任，深有感慨地说："耀邦以不满五尺之躯，来到川北，其有利于川北人民乎？"话音中不免流露些许忧虑，但更多的是呈现出建设新川北的坚定信念。从受命到调离的两年零8个月中，他率领各级干部和全区广大军民奋力工作，建立和巩固了新民主主义政权，完成了以土地改革为中心的一系列民主改革，恢复和发展了经济和文教事业，培养了一支干部队伍，完成了既定目标。

1950年2月20日，胡耀邦告别兵团，驱车前往南充，当晚便同区党委常委同志见面。

川北的早春，乍暖还寒，室内温暖如春，胡耀邦环顾在座的区党委主要领导成员，其中大多都是并肩战斗过的老战友、老相识，交情甚笃。

中共川北区党委副书记赵林（后为第二书记）、组织部长李登瀛、行署副主任秦仲方均为晋绥根据地的党政领导同志，有丰富的地方工作经验；韦杰、郭林祥为六十一军（兼川北军区）军长、副政委，是胡耀邦的老战友；区党委委员、秘书长饶兴也是戎马半生转到地方的。他们先期到达川北，完成了南下干部的分配和行政接管，部队已进入紧张的剿匪斗争。他们的年龄都长于刚满34岁的胡耀邦。

作为"班长"，胡耀邦从内心尊重他们，决心汲取他们的经验，接受他们的意见。而胡耀邦的远见卓识、多谋善断、民主宽厚、勇于承担责任的品格，也很快得到这一班人的信任。这是当时各项工作得以顺利进行、令行禁止的首要条件。多年以后，胡耀邦还以十分感谢的心情回忆这个班子，特别是赵林同志。他认为，只有靠赵林把区党委的日常业务统管起来，他自己才有可能瞻前顾后，总揽全局，加强建政工作。

2月下旬，区党委召开县以上干部会，根据中央的方针政策和西南局的部署，大会讨论制定了《川北初期工作纲要》，明确了目标，统一了思想。胡耀邦在会上强调指出，全区中心工作将一个接着一个：剿匪肃特、征粮、减租退押、反霸、土地改革，都需要连续不断地、一环套一环地穿插进行。而恢复发展生产、恢复发展文教事业等，则必须始终抓紧。川北是新区中的新区，而老解放区已有几年或上十年的历史，只有主动争取时间把工作做好，才能使建设新川北的美好愿望变成活生生的现实。

胡耀邦按照西南局的部署，率领川北党政军民，团结战斗，在短短的8

个月时间里，取得了剿匪、征粮、建立革命秩序和各级人民政权、恢复发展生产的巨大胜利，为建设新川北打下坚实的基础。

清剿土匪

胡耀邦上任伊始，面临着严峻的形势：匪特横行，治安混乱，人心不稳。当时，四川潜伏的土匪、特务，国民党反动派留下的残余武装大肆骚扰。甚至有些起义部队也乘机叛变，投靠反动武装。这些反动武装勾结地方封建势力，利用封建迷信组织，制造反革命暴乱。2月5日，解放军一七八师政治部主任朱向济经距成都东部20公里的龙潭寺时，竟遭潜伏的敌特杀害。这是成都解放后反动武装开的第一枪，是向我军进攻的信号。一夜之间，土匪、敌特、散兵游勇、袍哥武装（反动武装）和部分叛变的起义部队勾结起来，进行反革命武装叛乱，在成都四周打响了叛乱的枪声。到2月10日，各地叛乱匪徒打死我征粮工作队军民1000余人，切断7条公路线，霸占4座县城。

早在1949年8月，蒋介石亲自由广州飞抵西南重镇重庆，进行部署，企图保存残余势力，凭借西南死灰复燃，卷土重来。接着，国民党反动派就在西南布置了"应变计划"，留下大批潜伏的土匪、特务、反动武装。新中国成立后，特别是西南解放后，四川、云南、贵州、西康（解放后撤销这个省，所辖地区分别划入四川、西藏）等省的潜伏匪特、反动武装与土豪劣绅等封建势力相勾结，利用迷信团体出面，疯狂制造反动武装叛乱。到1950年3月，西南地区土匪竟达1000多股，27万余人，分布在上述地区，并在农村继续扩大反动武装力量。

在川北地区，蒋介石逃离大陆前，有计划地潜伏下来的武装匪特，操纵封建会道门，在各地掀起武装暴乱，围攻营山、盐亭、中坝等城镇，抢劫粮食,在交通沿线伏击抢劫军车、商车,杀害地方干部;恶霸地主和旧乡保甲人员威胁农民,强迫夺佃,破坏征粮。一时间交通阻塞,物价上涨,人民不能安心生产,社会秩序混乱不堪。

川北重镇南充地区的匪特尤为猖狂,公开暴露的匪特达50余股,8000余人,他们四处兴风作浪,为非作歹,与我人民政府为敌,并利用春荒之机,公开煽动群众抗缴公粮。一些反动党、团、会道门头子,明目张胆地贴出污蔑我党的反动传单,呼喊打倒我军的反动口号。全专区一时公开活动的就有"国社党"、"富农青年党"、"党国民党"、"枪盟会"、"营火社"、"强勇团"、"金山党"、"复兴建国社"、"天洪教"、"扇子会"、"盖天党"等20多个反动组织。他们以"反共、抗粮、救国、救人民"以及"不杀四川人,专杀外省人,专杀解放军"等反动口号来蛊惑人心。

在中共中央西南局第一书记、西南军区政委、西南军政委员会副主席邓小平,中共中央西南局第二书记、西南军政委员会主席刘伯承,中共中央西南局第三书记、西南军区司令员贺龙等,针对西南诸省匪特比较严重的特点,把剿匪作为西南全面工作的中心任务来抓。1950年2月6日,在中共中央西南局第一次全体会议上,邓小平就西南工作情况、工作方针和今后的任务做了报告,他强调指出,"剿匪已成为西南全面工作的中心任务,不剿除土匪,一切无从着手"。要求西南全党全军必须坚决贯彻党中央制定的"军事打击、政治瓦解、发动群众三者相结合"的方针,必须正确执行"镇压和宽大相结合"的政策。

胡耀邦根据邓小平的指示,在西南局和西南军区领导下,召开军区党委会议,通过了以剿匪为中心工作的决议。2月初,部队全面展开剿匪,投入新的战斗。开始由于对剿匪肃特的复杂性和艰巨性认识不足,认为蒋介石的800万正规军都被消灭了,剩下几股小土匪何足挂齿。作战时,用打大仗的办法,对付分散隐蔽和狡猾的敌人。有的行动不密,经常扑空;有的急于求成，不讲政策，普遍忽视发动群众和政治瓦解。因此，头4个月虽然把敌人打得团团转，到处逃，但歼灭敌人不多，成效不大，匪特气焰仍很嚣张，甚至有的部队还遭大股匪特袭击和围攻。

5月16日，在总结剿匪经验教训的团以上干部会上，胡耀邦针对剿匪中存在的问题，着重讲了全面贯彻剿匪方针和克服轻敌麻痹思想。他说："要准备对付匪特有三十六计和七十二变，匪特已施行造谣、暴动、抢人、分散、隐蔽、射藏、假投降、假悔过、放火等，还将要放毒、暗杀、潜入内部、挑拨离间、施美人计等，要充分全面地贯彻剿匪方针。"他强调，要将英勇顽强的斗志与机敏灵活的战术相结合，党委、政府、军队、群众相结合，宽大与镇压相结合，军事打击与政治瓦解相结合，战斗队与工作队相结合，发动群众与分化地主、控制乡保甲相结合。要彻底歼灭匪特，还要挖掉匪根，否则就会时起时伏，我去彼散，我走彼起。挖匪根就要抓出不上阵的指挥官、惯匪头子，以及幕后操纵者、出主意、出钱财者。过去，前一类抓得多，后一类抓得少。今后，要坚决抓后一类，必须严办。要彻底歼灭匪特，挖掉匪根，更要依靠发动群众，组织农会，进行减租减息，实行土地改革。真正把群众发动起来，团结在我们周围，股匪是可以迅速肃清的，争取9月以前消灭四川地区匪特的目标，就一定能够实现。

胡耀邦还特别强调，要认真贯彻组织军事进剿、开展强大政治攻势和发动广大人民群众三者紧密结合的方针。他还教育和部署部队深入到土匪活动地区进行调查研究，了解匪情、我情、群情。有时，他不顾个人安危，亲自深入一些地方了解匪情。川北地区少数民族较多，他要求参加剿匪的部队，要坚决执行党的关于少数民族的政策和各项纪律，尊重少数民族的风俗习惯，以便发动少数民族，协同我军一起清剿土匪。他对大家说："只要我们团结起那里的少数民族，同心同德，群策群力，就能筑起剿匪肃特的铜墙铁壁。"

胡耀邦的讲话，入木三分，打中要害，鼓舞人心，提高了广大指战员全面贯彻剿匪方针的自觉性和积极性。部队把发动群众放到首要位置，各团都成立了百人以上的群众工作队，连队普遍建立群众工作组，结合军事清剿，召开各界代表大会和群众大会。宣传党和人民政府的方针、政策，组织农会和农民自卫队。这一招真灵，群众带头报匪情，自动设站查哨，仅遂宁军分区就设立了11000多个小组，布下天罗地网。

通江县长坪区大恶霸杨恩品、杨载珊，作恶多端，解放前曾杀害红军家属150余人，通江解放时，自知血债累累，死有余辜，便上山为匪。该区自卫队员2400多人，在数十里不见人烟的深山老林中进行搜捕。当队员忍饥挨饿追击时，匪首杨恩品跳过一丈多宽的深谷，躲藏在峭壁的石洞里。自卫队员在石洞周围埋伏了三天三夜，第四天半夜，杨恩品以为自卫队走了，便从洞里钻出来，企图逃往陕西，被埋伏的自卫队捕获。

当时，各地匪特暴动时有发生，其活动特点是"我来则分散，我走则集中"，无固定盘踞地点，手段毒辣，危害极大。为尽快彻底肃清匪特，胡耀邦指示各军分区、各级党委和政府在开展武装清剿、造成强大军事威慑和社会压力的同时，还要注意对土匪的政治瓦解工作。他们通过各种渠道，采取多种方法，运用不同手段，大力开展宣传攻势，反复交代政策，指明出路，效果很好。仅南充地区政治瓦解之匪特达9066名，占同时期总数的59%。

在部队的清剿中，胡耀邦深入军分区，现场指导，夜以继日地进行研究部署，强调要采取机动灵活的战略战术：有的采取伏击和袭击相结合、赶鱼入网的战术，歼灭了行为狡猾、一触即逃的股匪；有的采取一点扑空、四处搜索、一点击准、数路包围的战术，将股匪全歼。胡耀邦明确指示剿匪部队召开匪属座谈会，利用匪属劝降，同时出布告、散传单，广泛开展政治攻势，使匪特内部日益动摇分化，纷纷投诚自首。"反共救国军"军长王义民及其七师师长鲜政祥，在我军强大攻势下，走投无路，自动投案。由于川北军区剿匪部队实行分区包干，剿匪作战取得明显效果，有的团一个月就歼匪6236人，超过任务数字的4倍。7月下旬，剑阁、达县两军分区武装，配合陕南军区部队，剿灭川陕边土匪4000余人，到8月底全区歼灭股匪73000余人，其中政治瓦解2400多人。粉碎了匪特企图在营山、江油、盐亭、射洪、蓬安、南充等地暴动的阴谋，比原定计划提前一个月肃清了股匪，从而安定了社会秩序，保证了征粮任务的顺利完成，促进了工农业生产的恢复和发展。在剿匪斗争中组织起来的150多万农会会员和80万自卫队员，带头组织变工队、互助组，开荒闹生产，仅达县分区，就为红军烈属耕种田地23000多亩，开荒50多万亩，成了发展生产的主力军。在群众发动起来的基础上，顺利进行减租退押和土地改革，广大农民从此彻底翻身。

胡耀邦深切地认识到，川北社会的根本安定，不仅是要肃清土匪，而更重要的是发展生产，改善人民生活。因此，他认真贯彻执行贺龙关于"剿匪部队要积极参加生产、救灾、筑路和兴修水利，积极支援农民减租退押的斗争，使广大农民通过参加清匪反霸、减租退押斗争，在政治上、经济上都得到利益，使广大群众拥护共产党的政策"的指示，使川北成为名副其实的铜墙铁壁。

川北土改

胡耀邦与党、政、军"一班人"在领导川北地区胜利进行征粮、剿匪、减租、退押斗争的基础上，不失时机地于1951年2月中旬，开展了声势浩大而又扎扎实实的土地改革运动。

1951年新年，胡耀邦亲自撰写了一篇以《新川北在战斗中行进》为题、亲笔书写标题的新年献词，刊登在《川北日报》上。文章激情洋溢，很有文彩，在社会上产生了强烈反响。全文如下：

新川北在战斗中行进

全川北欢欣鼓舞庆贺解放一周年,并以新的战斗姿态迎接1951年。

严冬底太阳是分外温暖的。共产党与人民解放军恰如太阳一样,在去年严冬里,把温暖带给了川北的人民。

卑怯的蒋胡(指胡宗南——引者)残匪,在刘、贺、邓将军指挥底英勇健儿长追猛打下,迅速地溃灭了。但残暴透顶的敌人,却不甘心死亡。他们预伏下的成百成千特务,趁着我们立足未稳,勾结恶霸,煽动并裹胁了一部分落后分子,燃烧起叛乱烽烟。勇士们又继续战斗了。在广大人民支援下,半年苦斗,最终结束了这股家伙的罪恶命运,其中顽抗者受到了严惩。现在,除极少数漏网者窜在大巴山某些深林丛莽里,进行绝望的挣扎外,全区业已净化。化形潜伏的匪首,正纷纷落网,革命秩序业已稳定。

跳出水火的人民,不单是以若狂醉的神情来欢迎我们,更以如饥如渴的企求眼光投向我们。这样,一开始就同时要求我们:一方面进行广泛的政治教育工作与组织工作;另一方面进行艰巨的经济重建工作。而我们也就这样做了。在工厂里、农村中、学校里、城镇上不断地集会,政策一天深一天地和广大群众见面;训练班、人民大学、报章、文教馆一个接着一个办了出来;数千所学校恢复了;革命的思潮随着春风吹遍了各个角落。工人、农民、学生、妇女、工商界等人民团体,有如雨后春笋,在生长、在茁壮。显示全区人民大团结的首届各代会,在6月份就肩负起了它的历史任务,集中全区人民意志的"川北当前施政方针",正一一付诸实施。全区近20万户的工商业,经大力调整与扶助后,已欣欣向荣。被匪徒们破坏的1000多里公路,迅速得到恢复。成千上万的失业工人与灾民，得到以工代赈的救济。数千万斤贷粮，迅速地落到勤劳农民的手上，百余个国营贸易公司与数十个人民银行，连续地建立起来。物价平稳了，濒于绝境的经济，迈上了新生。

当然，经济的重建，不能光指靠勇敢和勤奋的精神力量，还得指靠雄强的物质实力。这样，上级又同时给了我们以合理的但是是巨大的财政任务。这门课，在一个时期内，我们被考试落第了。我们检讨，我们使劲地温习领袖的话："不懂就学，不会走就爬。"激励发奋，大伙深入到群众中去。广大群众起来了，一切困难都迎刃而解。1950年度的公粮任务，以60天时间胜利完成。税收任务亦正确完成，公债也超过原定任务。近1.5万人的财经队伍业已建立。

紧接着公粮的完成，我们就来满足1000万农民的减租退押与反恶霸的要求。广大农村顿然沸腾起来，数千年来用镣铐所织成的网罗被农民冲断了。农民协会会员迅速地增到260万，还有25万的农民拿起了自卫的刀枪。现在，罪恶的保甲制度被普遍地废除了。第一步占全区三分之一的500余个乡的"减退"工作业已胜利结束。少数的恶霸分子与不法地主，受到了应有的惩治，庞大的胜利果实，正源源投入生产。农民们还到处自动组织起夜校和识字班，学习文化。信奉鬼神的人突然少了，他们说："死菩萨不顶事，现在有了活菩萨。"

鸭绿江彼岸美国侵略的炮声传来，站立起来了的川北人民怒吼了。和平签名人数，突破了400万，广大青年正狂热地响应祖国的召唤而报名参军。抗美援朝、保家卫国的巨浪在汹涌澎湃。

回顾一年，我们已有了一个开端。开端是艰难缔造的，是从烈炎中生长的。

光荣属于人民解放军。因为他们是川北人民的解放者和保卫者，他们的光彩与史长存。

光荣属于川北人民。因为他们发挥了排山倒海的革命威力，他们不愧是新川北底主人。

光荣属于广大的新老干部。因为他们为川北人民的事业而矢志勿渝。

光荣属于领袖毛泽东，属于共产党中央和她的代表机关西南局，属于西南军政委员会。因为他们随时指引着我们正确地前进。

开端是良好的，但成就是微小的。新年给我们带来了新希望和新任务。

我们要有领导、有准备、有步骤地完成地区的土地改革。

在土改的基础上要干净彻底清除一切公开与暗藏的匪特。

在土改的基础上，要进一步建设一支保卫土改果实、保卫人民江山的强雄底地方武装。

在土改的基础上，要把政权建设、经济建设、文化建设各方面，都推向前进一步。

在土改斗争中，要把数十万干部与农村积极分子的政策水平，大大提高一步。

要在一切人民中进行更广泛而深入的爱国反美动员，为捍卫祖国、反对美帝，发挥我们的无穷威力。

展示地图，川北地区恰似一片葡萄叶。但他被匪帮们摧残得枯萎憔悴，现在她才慢慢复活过来。不过，她充满着生命的活力：她拥有1300万勤劳勇敢的人民，拥有广袤的幅员和丰富的资源。我们深信：只要我们这批"园丁"善于学习，勤于"灌溉"，在这片叶子下，将会结出累累香甜的果实。

土改前，胡耀邦与川北区党委、川北行署其他领导一道，召开了一系列的重大会议，认真分析了川北的形势特点：

一是封建统治势力十分强大。封建势力的代表——地主阶级兼并和占有土地的现象十分严重，封建土地所有制在农村占统治地位。据典型调查，大约占总人口7%左右的地主阶级，占有耕地总面积34%的土地；而占总人口54%的贫农和雇农，则只占有耕地总面积13.4%的土地。地主较为集中的岳池县7个乡，占总人口6.43%的地主，占有耕地总面积64.1%的土地，而占总人口50%的贫雇农，却只占有耕地总面积8.3%的土地。广大农民在经济上遭受地主阶级的高额地租和高利贷的盘剥，在政治上还遭受着地主阶级所掌握的乡保政权和武装势力以及国民党反动派的黑暗统治，川北人民群众长期生活在水深火热之中。因此，废除封建土地所有制，实现"耕者有其田"，既是广大农民群众强烈而迫切的要求，也是新中国进行民主革命的基本内容。

二是国民党残余势力同当地的封建势力相互勾结。国民党反动派从四川溃败前，曾有计划地潜伏下大批特务、武装力量、"地下军"。他们同当地的土匪、恶霸、反动党团骨干等封建黑势力相勾结，不时袭扰我部队和区、乡人民政府，杀

中年时代的胡耀邦

害我工作人员和农民积极分子,破坏交通,放火抢粮,组织反革命暴乱。他们这些反革命破坏活动,严重威胁新生的人民政权和人民群众的生命财产安全,使这里的阶级斗争形势异常复杂和激烈。

三是有一半的县、区属于原来的老苏区,这些地区曾有较好的工作基础,人民群众有较高的思想觉悟。巴中、阆中、仪陇等18个县曾是红四方面军于1933年创建的川陕革命根据地的主要组成部分。1935年3月,红四方面军退出川陕革命根据地开始长征,国民党和地主阶级反动势力进行了疯狂的反攻倒算和惨绝人寰的血腥屠杀。在地主阶级对农民的血腥屠杀下,一些不坚定分子倒向了敌人一边,成为地主阶级的帮凶,这就使敌人的气焰更加嚣张,也使形势更加复杂化。老苏区人民对国民党和地主阶级反动势力普遍有着刻骨的仇恨,具有强烈的革命要求和参加革命的积极性。

在认清形势的基础上,胡耀邦领导区党委、行署"一班人"从实际情况出发,对全区的土改工作进行精心部署和周密安排,制定出正确的方针、政策,使这项伟大的群众运动健康地向前发展。

土改开始前,区党委按照《土地法大纲》及中央和西南局的各项有关政策、指示精神,做出了开展土地改革运动的《决定》,在调查研究的基础上制定了土地改革《实施细则》;在组织上成立有民主人士参加的川北区和各县的土改委员会,号召"司令官上前线"和领导干部亲自动手,组建了由区党委常委、委员、地委书记或相当于这一级干部担任正副团长的土改工作团,分赴各县。开展土改的区、乡均由上一级主要负责干部亲自指挥。每期土改开始前,召开土改工作会议,做出具体的安排和部署,以一个月左右的时间培训干部和贫雇农骨干分子。为了对土改工作进行更直接更具体的领导,区党委决定直接领导各工作团的工作,对工作团的纪律、联系办法都做了具体规定。创办《土改通报》,交流各工作团的情况、问题和经验,及时提出应注意事项。运动进行到一定阶段后,区党委还召开碰头会,交流经验，解决工作中的问题。区党委以及各级党组织对土改工作自始至终的坚强领导，为土改运动的健康、顺利进行提供了可靠的保证。

胡耀邦兼任川北土改工作团总团长，经常下乡检查工作。他再三要求工作团同志要熟悉土改总路线、总方针和一系列政策，要大张旗鼓地宣传，做到家喻户晓，深入人心；要依靠政策来发动贫雇农团结中农，去执行政策，对富农和地主也要求他们懂得政策，要守法不要违法。在惩罚不法地主时，则根据不同情况，区别对待，做到合理合法，名正言顺。

对于地方上一些在历史上虽有罪恶、但解放前后出力立功的头面人物，胡耀邦采取了"保证过关"的办法，他不允许农民进城抓人，更不能只听少数勇敢分子的话，而由领导出面进行调解和说服。合情合理地摆清事实，讲清政策，得到农民的赞同。他对待行署委员和政协委员中的民主人士，则实施硬性保护，甚至由行署借款向农民退赔。这样做有利于社会的稳定和发展。

夜已深沉，胡耀邦仍在挑灯批阅办公桌上堆着的一份份"土改简报"。突然，他双眉紧紧拧在一起，似乎内心深处有一股烈焰在燃烧，他发现有一则简报写道：有的地方在土改中出现过火行动，对地主分子不分青红皂白，一律进行严刑拷打，灌辣椒水，向赤身淋冷水，并进行人身侮辱，连他们未成年的子女也被抓来"陪斗"，低头认罪。胡耀邦心绪难平，喃喃自语："不能搞'左'的一套。"随即他在区党委情况分析会上明确指出：进行土改，是消灭封建势力和地主阶级，而不是消灭地主分子的肉体，我们无产阶级有解放全人类的广阔胸怀，包括将地主分子改造成为自食其力的劳动者。至于他们的子女，投胎在哪个娘肚子里是无法选择的，他们的出生，何罪之有？胡耀邦向各级党委和政府及时做出指示：严禁对守法地主搞刑讯逼供，更不能侮辱和歧视其子女，要求土改工作队员认真执行土改政策，防止类似事件发生，使土改运动沿着正确的轨道向前发展。

这样一来，某些有"左"倾思想情绪的人，便指责"川北区是和平土改"。

胡耀邦在一次土改工作总结大会上对此风趣地回答："'和平'有何不好？我们既要做坚强的革命斗争，又要做和平战士，莫说是'和平土改'，我们还为'世界和平'而努力奋斗哩！在革命道路上，过'左'过'右'都不好，比如过桥，左了右了都会跌倒在桥下，被水淹死。"入情入理的一席话，说得大家心悦诚服，连那些有过"左"言行的人也感到汗颜，对胡耀邦十分佩服。

整个土改分三期进行，第一期于1951年2月开始，每期有1万余干部参加，还不算中央和西南局来的工作团近千人。土改采取适当集中的做法，在地域上和数量上选择了位居腹心地带、经济文化较为发达、辐射力较强、影响较大的遂宁、南充、三台、岳池、阆中等7县和其他县的11个区进行。这期土改带有实验的性质，在培养干部方面又具有"战地练兵"特点。第二期是在总结第一期经验的基础上开展的。这期的规模最大，土地和人口各占全区近一半。这是关键性的一期，这期任务完成，整个土改就完成了较多的工作量。胡耀邦要求各级党政部门投入更大的力量，做法上要慎之又慎，只准做好。第三期的面积比较辽阔，人口和土地都比前两期为少。每期土改又分为广泛宣传政策、深入发动群众，整顿基层组织；划分成分，分清界限；没收征收地主财产；公平合理进行分配；总结工作，布置生产五步进行。第三期针对农民干部中发生的"滑坡"思想，又增加了进行为人民服务和共产主义远景教育。

在整个土改过程中，胡耀邦特别注意深入群众，做细致的调查研究，他发现土改初期，广大贫苦农民经过一年多的清匪反霸、减租退押等运动，政治觉悟有了一定提高，运动中还涌现出一些积极分子。但从总体上讲，还没有来得及对农民特别是贫苦农民进行深入的阶级教育和细致的思想发动工作。地主阶级也并不甘心他们的失败，他们还时时采取各种破坏手法瓦解农民群众的斗争热情，致使一部分农民群众的斗争情绪不稳定，存在着怕"变天"、怕遭报复的思想。

胡耀邦与区党委"一班人"认真分析这种形势，明确指出，发动和依靠贫雇农是完成土改任务的关键，必须贯串于土改运动的全过程。各工作团按照区党委的指示精神，首先对干部进行贫雇农在土改中的地位作用的教育，克服干部中存在的忽视或看不起贫雇农的思想。在提高干部思想认识的基础上，动员和组织农民群众特别是贫雇农对地主恶霸的血泪控诉、算剥削账，从思想上解决究竟"谁养活谁"的问题。在整顿基层组织中，保证贫雇农在基层领导成员中占2/3，主要领导人由贫雇农担任。同时针对部分农民怕"变天"、怕遭报复的心理，配合以及时镇压反革命，对不法地主开展斗争。通过这些活动，进一步激发了贫雇农的阶级仇恨，提高了他们的阶级觉悟，消除了部分农民的思想顾虑，从而调动了贫苦农民的斗争积极性。

团结中农的工作，运动一开始胡耀邦就给予充分的注意。当发动贫雇农的工作取得一定成效后，胡耀邦及时指出要更加重视团结中农的工作。各工作团普遍在贫雇农召开会议时邀请中农派代表列席会议；整顿和组建农会时，规定必须有1/3的中农是农会的组成人员；批斗违法地主或恶霸地主时吸收中农参加领导；划分中遇到富农和中农的界限不清时，宁可放宽尺度，也要防止伤害中农；在各种活动中充分听取和尊重中农的意见，十分注意保护和照顾他们的利益，在政治上不排斥，经济上不侵犯，分配土地时还使不少中农增加了土地。从而使中农从内心感到他们不是外人，在思想上、感情上离贫雇农更近，离党更近，调动了中农的革命积极性，使中农成为土改不可缺少的力量。

保存富农经济、中立富农和保护工商业的政策，党中央和西南局早已做了明确规定。在土改开展以后，胡耀邦领导区党委更具体地抓了这一政策的落实，对富农出租的部分采取了征收一部分的政策；涉及工商业时则予以保护；如发现他们有违法行为则采取调处的办法解决，以示和地主的区别。这些政策的实施，大大地减少了土改运动的阻力。

胡耀邦在土改运动中，非常重视建立和发展反封建的统一战线。他说："统一战线是克敌制胜的'三大法宝'之一，在土改中一定要抓住这个法宝。没有群众我们会成为孤家寡人，没有朋友我们也会孤立无助。"因此，他要求各级党委切实重视和广泛开展统一战线工作。

在胡耀邦这一统战思想的感召下，川北各级党组织十分重视统战工作，组建各县、区土改委员会时，一般吸收1/3支持土改的民主人士参加，让他们参与对土改工作的领导；在土改地区的城市、城镇成立土改调解委员会，吸收民主党派、开明士绅、工商界代表参加，专门调处土改中涉及地主和富农有关商业方面的具体问题。开始土改的地区，一般都召开了地主会议，由领导出面向他们讲话，交代土改政策，讲明土改是大势所趋，要他们学习《土地改革法》和有关政策法令，争当开明人士，积极地支持农民的正义要求，过好土改关。对违法的富农和小土地出租者只按价赔偿，一般不予判罚。在二、三期土改中，胡耀邦还组织民主人士和各界积极分子3000多人参观和参加土改，使他们亲眼看到土改中统一战线政策的执行情况。通过以上工作，一些民主人士和开明士绅的思想和情绪有了很大的转变，在土改中起了积极作用。

经过1年零4个月的土地改革，于1952年4月上旬胜利结束。全区没收地主的土地776万亩，连同征收富农的土地965万亩，占全区耕地总面积的39.4%。通过这场伟大的土地改革斗争，彻底摧毁了封建土地所有制，使广大农民千百年来第一次真正成为土地的主人，实现了"耕者有其田"。川北区土改的胜利，极大地解放了全区社会生产力和推动了社会历史的进程，为新生政权建立以后开展大规模的经济建设和全面进行社会主义改造奠定了坚实的基础。

由于整个土改过程是和镇压反革命运动、抗美援朝爱国主义教育运动结合进行的，几项主要运动密切配合，互相推动，使土改运动显得声势浩大，波澜壮阔，广大农民欢欣鼓舞，情绪十分高涨，激发了爱国主义热情。广大农民群众迅速投入第一次在自己的土地上进行生产的同时，积极响应党和人民政府"抗美援朝，保家卫国"的号召，踊跃参加中国人民志愿军。在短短几个月里就有4万多名青年报名参军。在朝鲜战场上更涌现出像黄继光、柴云振这样著名的全国战斗英雄。全区在爱国捐献活动中情景更是感人，短短几个月就提前超额78%完成了"新川北战斗机大队（27架）"的捐献任务。经过结合土改开展镇压反革命活动，川北地区的社会秩序有了根本的好转，人民群众安居乐业。基层政权和农民协会、农民武装自卫队都得到进一步的巩固和发展。川北区的土改工作，得到了西南局和西南军政委员会的充分肯定，西南局在复川北区党委的电报中说："各区土改发展正常，甚慰，你们的各项处置妥当。"这也是对胡耀邦领导土改工作的高度赞扬，他的才干和决策能力得到了西南局第一书记、西南军区政委邓小平的赏识。

统战典范

胡耀邦高度重视党的统战工作，在川北工作期间，已被军民传为佳话，称他是统一战线的典范和楷模。

川北行署的辖区和人口均相当于欧洲一个中等国家，政府工作牵涉面广，需要各种社会力量和知识分子合作。因此，大力加强统一战线工作，充分调动各方面社会人士的积极性非常重要。胡耀邦始终强调各级党委团结各民主党派、各界民主人士和共产党一道参加新政权的建设，互相监督，荣辱与共，长期共存。为便于工作，胡耀邦兼任区党委统战部部长，直接领导统战方面的重要事宜。各地、市委也设立统战部,由地委书记或专员兼任部长,另设专职副部长。

针对党内部分同志以功臣自居的思想、不善于同党外人士协商合作、独断专行的偏向,胡耀邦提醒大家:"共产党人只能三面威风,不能八面威风。对帝国主义势力、封建势力和反革命分子敢于打击和压倒他们。面对其他方面,知识分子、工商业界、宗教界、少数民族、各民主党派、民主人士等,都是统战对象,都要善于同他们协商合作,调动各方面的积极性。""工农是我们的基础,没有基础不行。但没有朋友也没有力量,基础就不稳定。"由于统战思想的感召,在剿灭股匪时,有的民主人士深入匪穴,配合我部队的军政优势,加速了匪帮的分化解体,仅安岳一县,即瓦解股匪1万余人,起到共产党干部所起不到的特殊作用。

胡耀邦在安排行署领导班子时,很注意团结民主人士。起义将领裴昌会任行署副主任兼工业厅厅长,赵子立任川北军区副司令员;民盟负责人(亦系地下党员)贾子群任文教厅厅长,民主人士傅子东任文教厅副厅长,民盟领导成员谭卫根任交通厅厅长,民主人士徐孝恢任农林厅副厅长,李海渠任工业厅副厅长,奚致和任商业厅厅长,张雪岩任法院院长,卢子鹤任川北监委副主任,谭琴舫任妇联副主任,杨达璋任副秘书长。他们都有职有权,在区党委和行署领导下,心情舒畅,工作十分努力。

在剿匪反霸中,胡耀邦指示各级党、政、军动员民主人士参加。当时,各县主要领导干部多是南下干部,苦于找不出民主人士,胡耀邦要求大家在有民主倾向的人中找民主人士。这样各县果真找出一些民主人士,他们在剿匪反霸中做出了成绩。遂宁李树骅先生即是其中的一个代表。川北的民主人士在社会上有一定政治地位,影响很大,对土匪、哥老会头目也有影响,因而在对匪霸劝降、瓦解、清理、安定社会方面,起了很大作用。在减退和土改中群众要求把有的民主人士送回原籍清算剥削,根据胡耀邦的指示,区党委采取了保护政策，没有让农民把他们带回原籍。

清匪反霸和减租退押之后，接着进行土地改革。中央派胡愈之、严济慈等民主人士到川北参加土改，川北区党委也组织民主人士下乡参加土改，过土改关。他们在土改中受到了深刻教育，阶级立场有了根本改变。

胡耀邦明确指出，统战部的主要工作之一是帮助贾子群先生整顿川北"民盟"，帮助裴昌会先生建立"民革"组织，请林泉九先生筹办工商联。他指示统战部副部长兼行署秘书长刘玉衡，把工业建设抓起来。刘玉衡对工业不熟悉，经过贾子群介绍，拜访了川北大学教授夏昌槐、刘一等先生，请他们设计建筑，筹办工厂。在他们的帮助和努力下，设计并完成政协、统战部办公楼、自来水厂、电影院、旅馆大楼等10多项基本建设工程。

由于川北的统战工作成绩出色，在中共西南局统战工作会议上，受到邓小平的表扬。

行署秘书长刘玉衡在宗教界"三自革新"行动中，对南充天主教主教王文成态度不好有反感，一次宴会上大家举杯祝贺，刘玉衡竟不与他碰杯，使他下不了台，也引起民主人士对刘玉衡有畏惧情绪。胡耀邦见此情景，立即上前举杯说："为了团结，大家碰杯！"并主动与王文成碰杯，解了他的围。后来，王文成转变了态度，同意参加"三自革新"。

胡耀邦同原国民党第七兵团司令、起义将领裴昌会的终生友谊，堪称统一战线的楷模，被传为美谈。两军在秦岭对峙时，裴昌会就曾派人到我军联系起义，由胡耀邦接见来人，指导该部应该积极进行准备，至于何时起义，则需要掌握最恰当的时机。几个月后，裴昌会在德阳起义，胡耀邦当即接见了他，勉励有加。起义部队整编完毕，裴昌会向西南军政委员会刘伯承主席要求转业到地方工作。刘伯承对他说："你同耀邦同志熟悉，就到川北工作。"接着报请政务院，周恩来总理任命裴昌会为川北行署副主任。区党委统战部副部长兼行署秘书长刘玉衡到重庆迎接裴昌会到任后，因新房尚未完工,胡耀邦就将自己的住房腾出一间请裴昌会暂住,帮助他了解全面情况,多方面关心他的生活,还任命他兼任工业厅长。裴昌会有职有权,经常下到基层,决心从头学起,成为内行。经提请民革中央李济深主席批准,由裴昌会负责川北区民革的筹备和建立工作。胡耀邦还鼓励裴昌会要经常与各界人士接触,听取真话,发挥特殊作用。其后许多年,裴昌会在重庆工作,又是全国人大常委会委员,每次到北京,都要同胡耀邦畅叙友谊,并得到新的启示。他念念不忘胡耀邦对他讲的话:"党对你是负责到底的。"

胡耀邦十分重视各界人民代表会议,认为它是团结各阶层人民,实行人民民主制度的基本组织形式。2月20日至28日,南充市召开第一届各界人民代表会议,党群见面,布告安民。胡耀邦在会上分析了川北地区的形势,阐述了党的方针政策,号召各阶层人民同心同德,建立、发展和加强统一战线,建设新南充、新川北。

在各主要县、市相继召开各界人民代表会议之后,区党委和行署于1950年6月召开川北区首届各界人民代表会议。胡耀邦根据《共同纲领》的原则,按照川北区的实际情况,亲自起草了《川北区当前施政方针》,提交会议讨论。会后,又委任回族代表马腾九先生负责行署民族事务工作,并派他率访问团,代表行署前往平武、青川、北川等9县进行了3个月的工作。像这样真诚欢迎党外人士知无不言和从善如流的做法,深深博得了各界人士对党和政府的信任和拥戴。这种党和非党人士协商共事的精神,一直贯彻到川北区工作的始终。

在这次会议上,选举出川北政治协商委员会和川北行署委员会。政治协商委员会定期开会,商讨重大问题。在行署委员会中,各民主党派、民主人士占多数,均有职有权,能够正常地开展工作。在剿匪运动中,行署和专区两级都委任知名民主人士担任清剿委员会的负责工作。有的老先生不辞劳苦,深入匪穴招降,有力地配合着强劲的军事攻势,促使匪特迅速瓦解。

川北民盟组织历来较强，新中国成立以前，有14个县已有民盟组织，新中国成立后经过整顿，民盟组织希望在这些县中适当发展。民盟中央领导人胡愈之到川北参加土改时，也提出这个意见。胡耀邦认为这是符合中央精神的，同意有步骤地适当发展。但是西南局统战部有人认为不符合中央规定，还需"待中央决定"。胡耀邦则认为不必这样做。他说："下面的事不可能件件请示上面来拍板，并且中央对此已有明确政策。""凡事必须从实际出发，我始终相信，实践是检验真理的标准。"在他的领导下，川北民盟组织得到了适当发展，并且发挥了积极作用。

在土地改革完成之后，党内有些人误认为统战工作可以减少，党外也有些人怀疑"共产党的圈子是不是一天天在缩小"。针对这种情况，区党委于1951年10月再一次召开全区统战工作会议。胡耀邦在会上详细地阐述了党的统一战线政策的长期性，他意味深长地说："统一战线什么时候不要了呢？大概是共产党也不要了那一天，统一战线就不要了。"他讲述的共产党与民主党派之间长期共存的思想，在川北党内外的影响极为深远。

在川北区的政权建设中，区党委十分重视政府工作，重视各项具体方针政策的贯彻实施。胡耀邦就在行署办公，吃住都在行署，大力领导政法、财经和文教各方面的建设，党务方面则主要由区党委第二书记领导。胡耀邦经常要求党的各级干部要熟悉政府的政策法令。他强调："'政府'两个字不能忽略，因为我们许多政策法令都是以政府名义颁布的，党与政府的政策法令是一致的。但有的同志，不重视或根本忽视政府的政策法令，认为党的决定才是要坚决执行的。不了解正因为我党是领导全国政权的大党，即使尚有某些策略不便公开来讲，但是策略、方式、方法是服从于政策的。也正因为我们党掌握着领导权，因此，我们的干部熟悉政府公布的政策法令的意义就更大。"他经常告诫各级领导，要充分发挥人民政府的功能，共产党员在政府工作中，必须发挥遵纪守法和同党外人士共事的模范作用。这些都是巩固人民民主制度必须遵循的根本原则。由于胡耀邦尊重和爱护民主人士，川北的民主人士至今仍然怀念胡耀邦，每当提起他就油然而生敬佩之情。

不负重托

　　1952年7月中旬，中央决定"四川四个区合并为四川一个省"。8月31日，行署委员会和川北政治协商委员会，举行最后一次联席扩大会议，讨论和总结川北区的工作成就，号召川北区全体干部和广大人民继续发扬团结一心、艰苦奋斗的精神，在四川省人民政府领导下，为完成新的历史任务而胜利前进。至此，历时两年零8个月的川北区党政领导机构，在中央和西南局的正确领导下，胜利完成了艰巨而光荣的历史任务，宣告结束。

　　作为川北党政军一把手的胡耀邦，此刻心情很不平静，他回顾两年多来的战斗历程，百感交集，思绪万端。是夜，天蓝如洗，残月如钩，大地一片静谧，他仰望夜空那满天星斗，不禁回想起入川前后的一幕幕动人场景：

　　1949年，胡耀邦出席中国人民政治协商会议和参加开国大典后，来到山西临汾。贺龙前来与晋绥分局领导商议大批干部南下四川的配合问题。10月30日，南下干部誓师，也是山西父老欢送子弟兵南征的大会。会上，贺龙分析了全国形势和进军西南的任务：消灭盘踞西南的数十万蒋军，解放全四川，解放全西南。他号召南下干部入川以后，学习二野的优良作风，配合刘邓大军共同战斗。第十八兵团政治部主任胡耀邦代表兵团讲话，提出要保证胜利进军，保证部队入川以后，既是战斗队，又是工作队，配合地方同志建立和保卫新政权，建立新四川。当时会场上坐着已经决定预分到川北的1000余名干部，他们还不知道这位颇具鼓动力的小个子兵团主任，将是他们在川北工作时期的带头人哩！

　　随后，胡耀邦夜渡风陵渡，来到秦岭前线。根据毛主席的战略决策，兵团拟订了本部3个军加第七军共4个军的南下作战方案，经彭德怀、贺龙批准后上报中央军委确定下来。我北线兵团将配合南线刘邓大军及四野一部，对以西南为最后巢穴的蒋军实行大迂回、大包围、大聚歼，进行中国大陆上最后一次大战役。

刘邓大军以雷霆万钧之势，从西南地区向川黔进军，在歼灭宋希濂、罗广文两兵团主力后，于11月30日解放重庆，又飞速向北向西横扫，截断了蒋军逃向康、滇的退路。这时，北线之敌胡宗南集团急速从秦岭—巴山防线后撤，妄图在川西北同我军顽抗。从12月初开始，十八兵团兵分三路向川西、川北进军。左路六十一军在穿越大巴山占领南江县后，急速跨越嘉陵江、涪江，一路扫灭残敌，直抵中江县城。中路、右路军从汉中和天水地区向南挺进，以破竹之势攻占广元、剑阁、绵阳等地，又进占广汉、金堂、新都等县，直逼成都。南北两路大军会合，把蒋军最后一支主力——胡宗南集团数十万人包围在成都盆地。

在我军强大的政治攻势下，敌军5个兵团相继起义，敌宪兵部队等也宣布起义。原守备成都的敌七兵团司令裴昌会起义后，同十八兵团商定和平解放成都的实施办法。12月30日，贺龙、周士第与胡耀邦等率十八兵团举行盛大入城仪式，兵团奉命接管和警备成都。至此，十八兵团入川的主要战斗任务已基本完成，胡耀邦长期的军旅生涯也即将画上圆满的句号。

胡耀邦入川后，不负中央重托，严格履行南下干部会上自己提出的"保证部队入川以后，既是战斗队，又是工作队"的庄严诺言，脚踏实地，干出了出色的成绩。

胡耀邦非常重视党的宣传工作，牢牢抓住舆论工具。他在赴川北上任之前，就开始着手创办《川北日报》的筹备工作。他认为"宣传工作是一切革命工作的前提"，而办好一张机关报，是大张旗鼓地进行宣传工作，把政策交给广大干部和人民群众，广泛进行思想动员的主要手段。他从十八兵团商调新华社分社社长袁玉明来担任《川北日报》总编辑（社长由区党委宣传部副部长张永清兼任），又从兵团政治部新闻训练班抽调30余名学员，同他一道来到川北。一个月后，用土纸出版印刷的《川北日报》终于和广大读者见面。

胡耀邦十分注重办报方向，指导报纸正确地宣传贯彻党的路线、方针、政策。他除了吸收报社负责同志参加有关会议外，经常给报社写信、打电话，传达区党委意图，给报纸规定每一个时期的宣传方针和任务。他还多次到报社，给报社同志讲形势、任务、政策，帮助编采人员提高政治思想水平和政策水平。有一段时期，胡耀邦感到报纸对先进人物的宣传较弱，除了让报纸于1951年8月14日发表他给张永清同志的信《表现英雄人物是我们的创作方向》外，曾直接到三版编辑室，向有关编辑讲宣传英雄人物的意义和方法。

胡耀邦在兼任川北党委宣传部长时，经常为报纸题字、看大样，组织撰写重要社论，修改文章，甚至注意版面、印刷上的问题；还推动区党委和行署各部门关注和运用报纸进行工作。《川北日报》围绕着各个时期的中心任务，系统、生动地宣传党的方针政策，激励广大干部和群众团结奋斗。

胡耀邦看清样时，认真修改，字斟句酌，为报纸工作人员树立了踏实、认真负责的榜样。他认为报纸试刊号一版头条不该用不大重要的国内新闻，就与宣传部副部长张永清一起到报社，让副社长袁毓明换上一条川北区清匪反霸的新闻，由他口授修改意见，当场定稿。他审阅1950年3月22日创刊号的清样后，凌晨通知袁毓明带几个编辑到他那里，他从怎样办好党报，在版面上突出本区的中心运动，讲到报纸编排要尽可能方块化，使读者阅读方便，不要让长稿在版面转栏太多。

胡耀邦在指导办报中，十分注意加强报纸的言论工作。社论委员会每次开会，胡耀邦都要出席。他不仅仔细审阅、修改报纸的社论，有时还自己执笔撰写重要社论。解放初期，敌特造谣破坏，影响各项工作的顺利进行。胡耀邦即为报纸撰写社论《及时而公开地打击造谣分子》，有力地指导当时的对敌斗争。社论《划清界限严惩反革命分子》，则是有关同志根据胡耀邦的讲话改写的。胡耀邦经常出题目，由社论委员会其他同志执笔完成。有一次他出了10个题目，《从"资格"的囚笼里冲出来，大胆选拔德才兼备的新干部》、《来自人民、永远与人民血肉相连》、《勉作人民好儿女》等刊出后收到很好的效果。

胡耀邦以身作则，在报纸上公开进行批评与自我批评，发挥舆论监督作用。1950年5月，行署干部的一幢宿舍被匪特纵火焚烧，胡耀邦指示报纸公开报道并加以评论。他在审稿时加上"领导思想的麻痹，也是造成该失火事件的原因之一"。又以行署名义发出《各级政府工作人员应以正确态度对待人民群众的批评和控告》的指示，在报上刊登，极大地推动了公众对干部的监督工作。

胡耀邦还十分关心办报人员的政治和生活，尊重他们的才干。他与袁毓明长期保持着上下之间的友谊。1957年，袁毓明因直言而被错打成右派，胡耀邦深感痛心。他始终认为袁毓明是党的好干部。他到京工作后，还对袁毓明进行安慰和鼓励。

坚持实事求是，一切从实际出发，是胡耀邦一贯的工作作风。在川北的"反对贪污、反对浪费和反对官僚主义"的运动中，胡耀邦始终密切注视着每个阶段的动态，精心地进行指挥。运动之前，区党委已经发现个别干部有贪污蜕化现象，并陆续进行了处理。但由于运动来势迅猛，思想缺少准备，初期的计划不够周密，在进入清查贪污分子阶段，曾发生简单粗糙和追求数字的现象。当遂宁地委反映运动中发生"逼供信"时，胡耀邦指示区党委立即通报各地，指出："必须严厉而坚决地反对。"并且决定立即停止区、乡以下进行"三反"运动，在中、小学中也一律不进行"三反"。同时，派了一部分负责同志分头去各县巡回考察和指导。在运动高潮中，胡耀邦夙夜思考掌握方针政策问题。在1952年3月1日至6日中，他向各地打了5次招呼，连续指明："三反是场严重的、困难的、复杂的斗争，前面的困难还多得很，如果把它设想得很容易了，很简单了，那就要犯错误。""每一个新问题、新步骤，要精细地思考成熟，不要过于慌忙。""凡属社会上、干部群众中实际上不同情的事就不可做。这里不可以完全听信少数勇敢分子的话。""在的确错了之后，平反得早好不好？好！可以使好同志不受屈，使大家心服。"力争避免差错。

川北区的"三反"运动，历时8个多月结束。这是一次巨大的改造思想和整顿作风的运动。但由于在城市中究竟应该如何进行这样的运动，缺少经验，在追查贪污分子的高潮中，头脑不够清醒，贪污在1000万元（1万元相当于现在的1元人民币）的数字曾一度达到10000多人，虚假现象甚多。胡耀邦对此产生疑问，便派人下去调查，经过摸底排查，反复核实，最后将这个数字进行压缩，凡不符合事实者都给予纠正。

民以食为天。政策的好坏，体现在工农业生产是否快速发展，社会生产力和人民生活水平是否不断提高。基于这一认识，胡耀邦首先抓了农业这一国民经济的基础。1951年春耕时节，全区土改正处于高潮时期，根据胡耀邦的要求，行署向各级政府、各土改工作团、各地农民发出《大力领导春耕生产十项命令》。其主要内容为：一切工作都必须围绕春耕生产进行，已土改区务于春耕以前把土地分配完毕，把可以推后解决的问题放到春耕以后解决，保证农民已经分配的土地财产不受侵犯；未土改区应巩固减租退押成果，保证佃权，保证不荒芜一寸土地，谁种谁收；允许富农经济发展，严格保护中农；提供农村借贷自由，有借有还；对缺少劳动力的烈军属组织好代耕工作；督促地主、游民、懒汉参加生产；发生灾荒地区，抢种早熟作物度荒自救；县区乡三级组织农业生产委员会，统一领导耕种事宜。这些都具有很强的政策性，符合当地当时的需要，因而基本保证了在土地改革中农业生产的正常发展。

1951年春季，川北大部分县发生旱灾，部分地区又有风雹虫灾，灾情严重。胡耀邦召开紧急会议部署抗灾斗争，决定一切灾区，无论是已土改区、正土改区或未土改区，均应毫无例外地以领导与发动群众抗灾为中心任务。土改因此不能按期完成者，时间可以推迟。经过群众性的抗灾自救，各地驻军大力协助，政府也拨给一部分救济粮，再加上以后普遍降雨，1951年仍获得较好的农业收成。到1952年全区土改完成以后，农业生产的成绩是可喜的。与1949年相比，粮食增长130%，棉花增长150%，蚕丝增长120%，为川北农村生产开拓了良好的前景。

土地改革完成以后，川北经济应当如何发展，以适应全国大规模工业建设的形势？胡耀邦在反复调查研究之后，确认川北的农业既然占全区生产总值的85%，当然还是应该以农业为主。1952年春，他向全区提出了全面发展农业的"四大"方针，即大量发展蚕丝棉麻、大力提高粮食生产、大规模植树造林、大量繁殖牲畜。但他又认为，只靠增加农业生产，农民还是富裕不起来的。农产品必须卖得出去，工农业产品的剪刀差要缩小，这就需要大力发展交通运输事业。两年多的时间，川北除整修好路外，共翻修新修公路1600公里，疏浚嘉陵江、涪江、渠江航道2000公里，架设电话线1万多公里。

川北农村的互助合作运动，是根据实际情况稳步推行的。土改以后，互助组较普遍地建立起来。1952年开展了"万户千组一百乡"的爱国增产运动。个别县试办农业生产合作社，但农民并不欢迎，就停了下来。胡耀邦认为首先应大量建立供销合作社，以配合国营商业供应生产资料，促进土特产品的输出，切实增加和保护农民利益。至1952年8月，全区一半以上乡镇都建立了基层供销社，业务逐步扩大。全区和各县都召开土特产交流会，促进土特产增产和城乡物资交流见效颇快,深受城乡人民欢迎。

胡耀邦注重培养和使用干部,做到大刀阔斧,放手使用,产生了深远的影响,被传为美谈。

解放初期,川北干部主要由三部分人组成。一部分是随军南下的干部,一部分是地下党干部,一部分是由部队转来的干部,共4000多人。这是骨干力量,首先必须团结好、使用好。区党委坚决贯彻党的"五湖四海"的干部政策,胡耀邦强调不论哪里来的干部,在工作安排上一视同仁,一切服从革命需要,适合担任什么领导工作,就做什么工作,各展所长,互相支持,不搞山头主义,不搞小圈子,从而密切了南下干部和地下党干部、从地方来的干部和从部队来的干部的团结。

当时南下干部仅有1680人,每个县只能分到20来人,小县不到10人,数量很不够用。这时,分布在26个县的作为第二条战线的地方党员发挥了很大作用。新中国成立前后,地方党员积极发动各阶层人民起来斗争,配合人民解放军进军和进行接管各种工作。区党委随即在他们中选拔1000多人参加各级党政工作,又从六十一军抽调干部698人,西南局又分派来500多人,就是依靠这4000多人的队伍,川北完成了接管和建立县、区以上新政权的工作。

曾经长期在延安担任中央军委总政治部组织部长的胡耀邦,对培养、使用和关心干部有全面的经验。他首先强调南下党员和地方党员加强团结。晋绥边区南下的干部和四川本地成长的地方干部,成长的经历不同,各有长短,必须做到密切合作,互相尊重,取长补短,这是做好工作的关键。南下干部大都担任主要职务,更有责任主动地去团结地方干部。对于地方党员中的主要骨干,胡耀邦都细心安排,在各方面加以关心。地方党主要领导人王叙伍担任区党委委员、行署民政厅长兼区党委组织部副部长,独立承担工作,另一位领导人王朴庵任区党委统战部办公室主任。王朴庵为了进出机关方便,上班时穿上了军装。胡耀邦见后劝告他说,你穿上军装显得身份变了,但你同他们(指统战对象)就显得远了,你的作用也就可能小了。王朴庵觉得此话有道理,于是又恢复了过去的穿着。

在接管和建政中,区党委邀请各界人士400多人参加,同时,录用旧职员2000多人工作。在局势稳定之后,即创办川北革命大学、川北党校和各种训练班培养干部。在各种运动中,选择一批工农积极分子和青年知识分子参加工作。到1951年年底,全区干部共发展到4万多人,另有乡村干部9万余人,为新川北的建设事业奠定了组织基础和干部基础。

当时川北有许多岗位缺少领导干部,而一些优秀干部又因资格不够得不到提拔,不能充分发挥作用。针对这种情况,胡耀邦提出从"资格"的"囚笼"里冲出来,大胆选拔使用新干部,提出把"资格"看得比德、比才还重要,这是一种腐朽观点,要在思想上来一个革命;并在《川北日报》发表社论广为宣传,使这个问题得到很好的解决。他还以"拉着黄牛当马骑"做比喻,要敢于让新干部挑担子。他曾说:"我胡耀邦就是一头牛,中央要我到川北来,我就只好把自己当马了。"至川北区撤销前,各级领导干部已基本配齐。

胡耀邦对干部要求严格,要求党内经常开展批评和自我批评,保持清醒头脑,保持前进动力。对待犯错误的同志,要多教育、少处分,使其口服心服。

胡耀邦非常重视和爱护知识分子。1951年对电影《武训传》的批判,恰似暴风骤雨,席卷全国,对知识分子震动很大。川北虽未放映这部影片,也未展开批判,但其影响不可低估。其后,开始了知识分子的"思想改造"运动。按上级部署,川北于1951年寒假中举行"学习会",有2000余名教师参加,进行思想改造和组织清理。胡耀邦亲自讲解政策,贯彻"和风细雨,帮助到底"、"放下包袱,轻装前进"以及"坦白从宽,既往不咎"等精神,关心教师们的食宿,照顾老年,做到与人为善。这种群众运动,不可避免地出现了若干界限不清和简单化偏向，虽得到及时纠正，但是恶语伤人，终使人不大痛快。在学习会结束时，胡耀邦题词给大家送行："敬祝诸位平安返校！敬祝诸位在为人民、为后勤服务中获得更大的功绩！"给广大教师以极大的鼓励。

1952年12月30日，胡耀邦指示以行署主任的名义在《川北日报》发出《向全体文教工作者慰问和贺年》的一封信。大家感慨地说："政府要员向知识分子拜年，实属新鲜！"

《毛泽东选集》第一卷公开发行时，因印刷数量少，买书要发购书证。胡耀邦指示给全区有名的知识分子每人发一张购书证，保证他们的需要，这

胡耀邦家人1952年夏天于四川南充市。左起：胡祖仑、胡德平、胡耀邦、刘明伦（抱小孩者）、李恒（刘明伦怀抱小孩）、胡德华、李昭、高惠兰

对知识分子鼓舞很大。

既大胆使用干部，又严格要求干部，使广大干部保持了旺盛的革命热情。胡耀邦始终注意对干部进行三大作风教育，坚持理论联系实际，密切联系群众，认真开展批评与自我批评。他要求领导干部以身作则，严于律己，工作中发生偏差和问题时，首先承担责任，首先进行自我批评，而不上推下卸，这对带出一支作风好、有干劲的干部队伍，影响巨大。他自己正是这样身体力行，许多同志特别是青年同志在回顾自己的成长过程时，认为这一时期是自己进步最快，也是思想上最愉快的时期。

在大量培养干部的同时，还培养了50多万名工农积极分子，充任基层干部，数量众多的干部和积极分子的涌现和成长，是建设川北地区的极其宝贵的财富。

胡耀邦坚持调查研究和民主作风令人称道。他坚持调查研究，实地掌握第一手材料。他经常深入实际，深入基层，调查研究，几乎跑遍了川北各县。他常常教育各级领导，要注意调查研究，总结经验，通过总结提高工作效率，提高工作认识能力。他对汇报工作时不了解具体情况的泛泛而谈，一定给予严厉的批评。他到区、县搞调查，对一问三不知的干部的批评更是不讲情面。他坚持民主作风，关心群众，了解和善于使用干部。对于干部，胡耀邦总是放得开、抓得紧，放手使用干部又对干部严格要求，能用其所长，偶尔出了问题他敢于承担责任，而不是向下推卸责任，所以，在他的领导下工作，大家都感到心情舒畅。

他善于听取党外人士和下级的意见，心诚意挚，从不做表面文章。1950年2月，在南充县召开各界人民代表会议时，在大会发言中，回族代表马腾九，慷慨陈词："政府不注意民族工作，在施政方针上没有少数民族这一条。"此言一出，语惊四座，全场哑然，许多人为他捏了一把汗。这时，胡耀邦带头鼓掌，说："此言甚善！"表示诚恳接受马先生的意见。不久，又把马腾九调到行署民政厅专搞民族工作。对卢子鹤、贾子群等所提的尖锐意见，胡耀邦也是虚心接受，真正体现出了"闻者足戒"、"言者无罪"的作风。

胡耀邦革命干劲始终旺盛，精力充沛，数十年如一日。在川北工作期间，他的工作干劲和吃苦精神实在令人钦佩。他从不害怕困难，无论工作多么紧张和艰难，他从不叫苦，不泄气。

胡耀邦做报告很富特色，他的报告生动而又富于感染力，他将充沛的革命精神贯注于报告之中，凡是听他报告的干部，听他一次讲话，就受到一次深刻的教育。许多同志回忆说，他讲话时，精力充沛，声音洪亮，话语亲切，吸引着大家全神贯注聆听。他的讲话富有特色，没有长篇大论的讲话稿，只有他自己写的一张纸的提纲，但内容丰富，观点明确，论证充分，条理清晰，逻辑性强，他把人们的实际思想与革命道理生动地结合在报告之中。说到紧要之处，他还特别用手势加重语气，使之具有说服力、感染力。

他深刻、生动的报告，源于他好学多思，学识渊博。他的学习从不间断，无论是战争环境还是和平建设时期，始终坚持对马列主义的学习研究。他把《毛选》从头到尾学了好几遍，还学了《苏联社会主义问题》、《联共（布）党史》、《干部必读》，学了米丘林学说。过去在抗大时他是大队政委，曾受到抗大副校长罗瑞卿的表扬。后来到部队，无论是学习上、工作上都经常受到上级表扬。不管地方工作多么忙，在川北的日日夜夜，他总是坚持学习、学习、再学习。

胡耀邦高瞻远瞩，着眼未来，更是令人赞不绝口。川北区党委和行署存在的时间不长，只有两年零8个月，但在胡耀邦的治理下，南充市城市面貌焕然一新。市区建起了川北行署、川北大旅社、川北电影院、川北人民银行、自来水公司、电厂和一条宽阔的人民大道，一扫过去的荒凉凄冷景象。当时全四川四个行署，川南最富最有钱，而川北较穷，但胡耀邦不着眼于把机关工作环境搞舒适，而是把钱用于为民造福方面，所以建设搞得最好，深受群众欢迎。

1995年笔者到南充市委党史办征集胡耀邦事迹资料，迈步街头，只见南充广阔的人民大道和两旁的高层建筑，布局合理，很具有现代都市气派。陪同人员告诉笔者，南充的市政建设基本上是按胡耀邦当年的规划和思路进行的。可见他办事的远见卓识，具有非凡的战略眼光。

六　执掌共青团中央

赴京受命

1952年8月，北京的初秋，天高云淡，繁花似锦，气候宜人。年方37岁的胡耀邦，受党中央毛泽东、刘少奇的重托，从川北区党委书记兼行署主任的任上，接替冯文彬担任团中央书记。

此前一个月，胡耀邦的顶头上司身任西南局第一书记、西南军区政委的邓小平，于7月调中央工作，被任命为中央人民政府政务院（国务院前身）副总理兼中央财经委员会副主任。他曾向中央提议受他赏识的下级胡耀邦调来北京工作。此前，时任团中央书记的冯文彬需调动工作，刘少奇提出三位接替冯文彬的人选：胡耀邦、陈丕显、谭启龙。他们都是红军时期的"红小鬼"，都有团的工作经验，而且都是年轻的省委干部。名单到了毛泽东手里，他大笔一挥，圈定了胡耀邦。

毛泽东找赴京上任的"红小鬼"出身的胡耀邦谈话，风趣地问他："你敢不敢在知识分子面前做报告？"胡耀邦坚定地回答："有党中央和毛主席的正确领导，我一定敢字当头，做好团的工作。"毛泽东哈哈大笑起来，对他说："好，我就要你这样的人！"

毛泽东接着说：青年的特点是英勇积极，知识不足。面对着一个新的时期，学习是更加特别突出的任务。除了党的中心是团的中心外，青年共同的普遍的经常的东西，是学习、教育。学习马列主义的基本理论，文化教育、科学技术教育。还要注意体育，一定要把青年一代的身体搞好。

胡耀邦聚精会神地听着，频频点头，将毛主席的谆谆教导铭刻在心间。

接着，刘少奇也找胡耀邦谈话，语重心长地对他寄予愿望，对他说：你年轻，曾经做过团的工作，你领导过一个省，有全面工作的经验，你当过军委总政治部的组织部长，人缘好，能联系多方面的关系，能听从党的安排，选来选去就选中你。

的确，胡耀邦从来以党的需要作为自己的第一志愿，在川北工作时，他曾豪情满怀地在干部大会上说："党分配到哪里，就到哪里，分配什么工作，就不讲价钱，把工作做好。"如今，他身体力行，毫不犹豫地走上了青年领导工作岗位。

胡耀邦上任不久，在党中央的支持与领导下，于8月25日至9月4日，主持召开了青年团一届三中全会。会议着重讨论并通过了《关于当前工作问题的决议》，特别强调指出学习是青年团今后的一个"更加特别突出的任务"。会议讨论了毛泽东主席在党中央会议提出的两个问题：一是党委应如何领导青年团；二是青年团应该如何工作。通过讨论，从思想上原则上基本弄清了青年团怎样开展自己的工作。会议改选和扩大了团中央书记处，选举胡耀邦、廖承志、蒋南翔、李昌、荣高棠、宋一平、刘导生、罗毅、许世平9人为书记，区棠亮、高扬文、杨述、章泽、胡克实5人为候补书记。

胡耀邦来团中央，当时，新民主主义青年团建立才3年，正值我国开始进行有计划的经济建设的前夕，面对经济建设艰巨而复杂的任务，没有直接可供借鉴的经验可循，所以，开展青年团工作困难很大，任务艰巨。胡耀邦经过慎重思考，周密调查，针对青年团工作"战线长、配合多"的特点，果断提出了"上下请示,左右求援,自我奋斗"的工作指导思想。这既表现了一个青年干部谦虚谨慎的优良品质,也表现了积极工作、努力开创新局面的革命精神。

随后,胡耀邦在党中央的直接领导和亲切关怀下,遵照毛泽东主席的指示,确定了围绕党的中心工作,照顾青年特点,开展团的独立活动的工作方针,统一了全团的认识,带领全团开始创造性地开展青年工作。

在团的独立活动中,如何处理好青年团与党的领导的关系,从而服从于党的中心工作这个大局?这是胡耀邦日夜深思的问题。

胡耀邦用太阳系中地球与太阳的运行关系来生动地、形象地说明青年团和党的领导的关系。他说,青年团要像地球,既要围绕太阳公转,又要自转,要把公转和自转结合起来,既要服从党的领导和党的中心工作,又要积极主动地开展有益于青年身心健康成长的独立活动和工作,充分发挥青年团的积极性和主动性,使这一中国先进青年的群众组织发挥其最大能量,真正成为中国共产党的有力助手。

胡耀邦到团中央卜任的消息不胫而走,机关的同志个个喜形于色,大家得知他在中央苏区曾任湘东儿童总局局长、少共湘东南特委技术书记、湘赣省儿童局书记、少共中央局秘书长、共青团中央局书记等职,是一位具有丰富革命经验的老青年工作者,大家对他寄予厚望。

一天傍晚,夕阳的余晖洒满北京东城区关东店一号的一个大四合院。进入褪了色的朱红漆大门,但见一棵参天大槐树,枝繁叶茂,浓荫蔽日,环境十分幽静。胡耀邦一家就住在这里。是夜,《中国青年报》的几位负责同志兴高采烈地来看望新来的团中央年轻的一把手。

胡耀邦留着平头,身材矮瘦,一双乌黑的眼睛闪着深邃智慧的光芒。他衣着朴素,圆口布鞋,俨然一个风尘仆仆从前线回城的战士。他热情、坦诚、健谈,给人以亲切感,连说"大家随便坐",使来客顿感无拘无束。

来客三句话不离本行，请胡耀邦指示怎样办好团报的问题。屋里顿时寂静下来。胡耀邦吸着烟，微笑的面容显出若有所思的神色。他吞云吐雾，谦虚地说："'下车伊始'，怎能就'哇啦哇啦'发表意见哩！还是请你们先发表高见吧。"

大家感到轻松自然，以张黎群、陈模为正副总编辑的几位团报负责人便争先恐后地向胡耀邦汇报了工作概况。他认真地听着，还不时地做着记录。然后，他详尽地询问团报的组织、人员、编辑以至印刷、读者反映等情况。

他在屋子里踱来踱去，脑子在快速地思索，讲话时抑扬顿挫，谈锋犀利，出语非凡。他有见地地说，团中央之所以办《中国青年报》，是为了通过它指导青年工作，以共产主义精神教育青年。它区别于党报和其他报纸，具有青年特点。你们办的报纸我看是有青年特点的，今后要使这个特点更加突出。办报不像上课，也不像编杂志，而是必须提出和解决实际工作问题。他还深情地说，对青年讲道理还是必要的，因为青年对很多事情是非观念不明确，需要对他们比较系统地讲些道理。但最深刻、最能感动青年、影响青年的，还是要通过具体的事例，让事实说话。必须以事感人，以情动人，晓之以理。

当谈到报纸的战斗性问题，胡耀邦不禁激动起来，他从座位上霍地站起来，猛吸了一口烟，习惯地用右手一挥，慷慨地说："报纸是号角，要鼓舞人们前进的，因此声音必须洪亮。力量微弱，有气无力，战斗性不强，就不能很好地起到引导与鼓舞大家前进的作用。今后《中国青年报》应当加强战斗性，也就是加强指导性、鼓舞性，开展批评与自我批评。报纸应当有声有色，有言论，争取每天有一篇社论。"

胡耀邦从报纸谈到团的建设，从革命经历谈到当前形势，谈兴甚浓，已至夜深人静。客人请他和报社全体干部见面，他欣然允诺。

不久，胡耀邦来到《中国青年报》全体干部中间。那时团中央没有礼堂，他就在团中央机关食堂与大家见面聚谈。他笑容满面地说："不要做什么报告，请同志们提问题吧。"于是，一张又一张条子纷纷送到他的手里。他根据大家的提问，一一作答，语言亲切坦率、深刻尖锐，令人心悦诚服。最后，语惊四座："一个人做工作，免不了犯些错误，我来团中央工作，也可能犯这样那样的错误。但是有一条我不会犯，就是道德品质和生活作风的错误。"

胡耀邦刚上任不久的一天晚上，团中央机关工作人员大会在正义路三号院内召开。胡耀邦精神抖擞地向席地而坐的全体干部说："中央调我来和大家一起做好团的工作，这是党中央对我的信任。就我个人来说，这副担子很重，但我有信心搞好。因为有三个依靠：一有党中央的正确领导，这是做好我们青年团工作的根本保证；二有一批有经验的多年从事青年工作的负责同志，我可以随时向他们请教，取得帮助，把工作搞好；三有我们青年团一支好的干部队伍和广大团员队伍。"他沉思片刻，接着说："有这三条还不够，还必须请今天在座的同志们经常监督我们书记处的工作，一旦发现我们有了缺点，特别是我有什么不妥的地方，请同志们毫不客气大胆地提意见嘛，批评嘛！不要有顾虑，若是打击报复，你们就向中央告状嘛！告我胡耀邦的状嘛！"他坦诚、真挚、生动的报告，激起与会者雷鸣般的掌声。

当时，胡耀邦同志与团中央机关干部同住在一个大四合院里，一日三餐与大家同坐共席。他的饭量不大，吃惯了辣椒，北京菜不合他的口味，大家劝他另开小灶。他风趣地回答："你们不要孤立我嘛，大家同吃一锅饭，有说有笑才香啊！"他一直与大家一起吃大锅饭。每餐前后，他都无拘无束地和大家交谈，相互了解和熟悉得很快，思想感情得到及时交流，毫无隔阂和成见。特别是他参加中央的会议回来，就在这种场合把最新的消息和会议精神迅速地告诉大家，使之先听为快。当笔者访问原团中央书记刘导生时，他激动地回忆说："当时这种愉快的情景过去四五十年了，至今回忆起来，仍然十分令人留恋。"

笔者于2000年9月访问原《中国青年报》总编辑张黎群，请他谈谈胡耀邦到团中央上任时的情景，他深情地说："耀邦同志一来到团中央，便马不停蹄，深入青年工作系统的方方面面进行调查研究，制订工作规划。他满怀豪情地要在新中国青年事业方面有创造性的建树，将一个联系全国亿万青年的团组织办得朝气蓬勃，有声有色，富有生命力和创造力，能够真正代表青年切身利益，切实保护青年权益，引导青年健康成长，从而真正成为全国人民依靠的革命和建设事业的先锋力量，成为真正鼓舞青年人奋发向前的一面鲜红的旗帜！"

受到毛泽东赞赏

胡耀邦领导团中央的工作，有他的独特风格和作风。他专抓大事，统筹全面，各个方面的工作分工由书记处成员分头去做，他及时给予必要的支持和帮助。他的政治思想水平很高，具有远见卓识、非凡的人格魅力，但是在研究和决定工作时，他总是虚心听取和尊重大家的意见，反复切磋琢磨。尽管许多事情他都和大家交谈、商议，取得了共识，但他仍然每周照例召集一至两次书记处会议，集思广益，民主讨论决定重大事情，真正实行集体指导，从不独断专行，个人说了算。原团中央书记处书记刘导生回忆说："在耀邦同志领导下，大家同心同德，团结合作，互相支持，密切配合，很快形成了一个坚强的领导集体。他的为人风格和领导才能，很快赢得了我们的尊敬。人生难得遇到一个知人善任、放手工作又热情支持、作风民主而亲切和蔼的领导人。大家都为自己能在他领导下的集体里工作感到高兴。"

胡耀邦在团中央任职期间，正是我国社会主义建设事业刚刚兴起的时期。脱离了长期战争环境的中国青年，迎来了一个全新的时代。他认为如何面向新中国从战略的高度来掌握青少年一代前进的航向，这是共产党的青年工作干部必须研究的重大课题，必须学会的新本领。

胡耀邦以其对共产主义的坚定信念，对党、对国家、对人民的忠诚，对促进青少年一代健康成长的高度责任心，努力学习马克思、列宁关于青年的论述，特别是深刻钻研、掌握毛泽东这方面的论述。他对毛泽东有关青年问题的讲话、批示，每次都是反复领会、琢磨，思考如何据以指导自己的言行和工作。当毛主席在编辑《中国农村的社会主义高潮》一书时，在《中山县新平乡第九农业合作社的青年突击队》一文上写了一篇按语，说："青年是整个社会力量的一部分最积极最有生气的力量，他们最肯学习、最少保守思想，在社会主义时代尤其是这样。希望各地的党组织，协同青年团组织，注意研究如何特别发挥青年人的力量，不要将他们一般看待，抹杀了他们的特点。"胡耀邦总是在思考和领会这段批示。他多次说，毛主席这个"四最一尤其"，是对社会主义时期的青年特点最精辟的概括，把青年最本质的特点给我们指出来了，而且为我们青年团工作指明了方向，我们要下力气很好地研究如何特别发挥青年人的力量。在相当长一段时间里，他在青年团的各种会议上，反复强调要好好学习领会"四最一尤其"，并且要《中国青年报》、《中国青年》等报刊大力宣传贯彻。

经过对青年在社会实践中的实际作用的认真思考和总结，胡耀邦明确指出青年是社会中一支不可忽视的重要力量，而且是一支先锋队伍，他们的先锋作用和模范作用决不能低估，看不到这一点，就不能够成功地领导革命与建设。胡耀邦的这种见解是有针对性的。在不同的历史时期，如何评价青年的地位和作用，都存在着分歧。有人批评青年冒头、先锋主义、骄傲自大，看不起领导，看不起工农干部，也有一些人散布"一代不如一代"的论调。胡耀邦通过理论和实践，用大量充分的事实证明青年确实是一支英勇的突击力量，是社会的先锋，走在时代前列，但并不是先锋主义。他指出，中国青年一代是拥护中国共产党领导、拥护社会主义的基本社会力量,这是对青年一代政治本质的准确把握。他利用各种不同的场合,宣传他的这一基本观点。作为团中央的最高领导人,他经常出席党的大会、人大的大会、政协的大会和其他各种全国性会议,他以团中央最高领导人的身份发言,总是热情地赞颂青年一代的风貌,也帮助了全社会各界人士理解青年一代的基本政治本质和发展方向。胡耀邦对青年一代的本质和主流的论述非常及时、非常科学,至今还是评价青年一代的重要指针。

毛泽东在1953年6月3日接见中国新民主主义青年团第二次全国代表大会主席团成员时,做了《青年团的工作要照顾青年的特点》的重要讲话。他说:"青年团要配合党的中心工作,但在配合党的中心工作当中,要有自己的独立工作,要照顾青年的特点。""这是从实际出发。青年就是青年,不然何必要搞青年团呢?""青年团的工作,要照顾多数,同时注意先进青年。""重点要放在多数,不要只看到少数。""党和团的领导机关,都要学会领导团的工作,善于围绕党的中心任务,照顾青年特点,组织和教育广大青年群众。""青年团要学会领导青年,和成年人一道,在农村把农业搞好,在城市把工业搞好,在学校把学习搞好,在机关把工作做好,在军队把国防军练好,成为现代化军队。"新中国"要为青少年设想","保护青年一代更好地成长"。毛泽东主席祝贺青年"身体好,学习好,工作好"。大会一致决定将毛泽东主席指示的"三好"作为今后青年团的工作方向。

大会听取、讨论和通过了胡耀邦所做的《团结全国青年在建设祖国伟大行列中奋勇前进》的工作报告,这个报告指出青年团在新的历史时代的任务是"在党的领导下,在毛主席的教诲下,继承和发扬中国青年运动的优良传统,团结全国各族青年为建设祖国而忘我地劳动,为建设祖国而奋发地学习。在建设祖国的伟大斗争中,协助党以共产主义精神教育团员和青年,使他们成为热爱祖国、忠于人民、有知识、守纪律、勇敢勤劳、朝气蓬勃、不怕任何困难的年轻一代，遵循我们伟大领袖毛主席指引的方向，为逐步实现国家工业化和逐步过渡到社会主义社会而奋斗"。

在青年团二届一中全会上，胡耀邦主持讨论了如何领会与贯彻毛泽东主席的指示和团的二大决议的问题，选举了胡耀邦等21人组成团中央常委会，胡耀邦、廖承志、刘导生、罗毅、王宗槐、荣高棠、区棠亮、章泽、胡克实为团中央书记处书记。

胡耀邦在青年团二大上，根据一年来的经验，再次指出：我们应该加强和改进各级团委的领导，这里最可靠的保证就是各级团委要十分尊重党中央和各级党委的领导。一方面，青年团不要脱离各级党组织的中心任务，孤立地强调团组织的特殊任务以及过分强调团的垂直领导；另一方面，为了切实完成党和同级党委交给团组织的任务，使团真正成为党团结教育青年的亲密助手，各级团委应当在党委的监督和指导下有系统地建立自己的经常的工作，而不要撇开团的组织，放弃团在广大青年群众中的活动，如果不是这

1953年7月，胡耀邦在青年团第二次全国代表大会上做报告

样，就不能保证党在青年中的领导。

后来，他对此又进行了深刻阐述：党的领导是团的生命线。中国青年运动的全部历史证明，只有党，才能对我国青年指明正确的方向和道路，才能给我们青年最好的关怀和教育。共青团保证党的绝对领导，就是要在各级党委的领导下，动员、组织团员和青年坚决贯彻执行党的路线、方针和各项政策，积极参加中心工作，为实现党的政治任务而斗争。同时，要注意结合中心工作，建立和健全团的经常工作，按照青年特点，开展一些独立活动。只有这样，才能使团成为党的忠实助手。

胡耀邦关于青年团如何在党的领导下工作的理论及实践，为青年团工作积累了宝贵的经验，作出了突出的贡献。

胡耀邦始终认为，青年团必须巩固和服从党的领导，必须围绕党的中心任务来开展团的工作。

他刚主持团中央工作时，就提出了保证党在青年中的领导这一问题。

如何在团的工作中体现党在青年中的领导？这是胡耀邦时刻思考的问题。

胡耀邦在1952年团的二届三中全会上指出，团服从党的领导绝不是一句空话。第一，要认真研究党的方针政策，并把这些方针政策贯彻到自己的工作中去。只有这样，才能从政治上保证党的领导。第二，不要过分强调团的系统领导，而要切切实实地尊重各地党委的领导。上级团委必须顾及各地的全面情况，切不可抛开各地区的特点，向下级团委提出自己的主观空想的硬性的千篇一律的工作指示，相反，上级团委应该经常监督下级团委切实贯彻当时党委的指示。只有这样，才能从组织上保证党的领导。第三，每个团委要服从党委的整个工作部署，特别要服从党委的中心工作，在党委的整个意图下，参照上级团委的工作方向，提出团的切实可行的工作计划。只有这样，才能从工作上保证党的领导。第四，团委不懂得的东西，要随时向党委请示。对于某些地方和某些部门可能发生的缺点和错误,要采取积极的正确的批评和自我批评的办法,在党的领导下协助党来克服它。

这四点意见是胡耀邦在新的历史条件下,关于青年团如何在党的领导下开展工作问题而进行的有益探索。

胡耀邦始终要求广大青年团干部,不要只关心本部门的工作,而要关心整个工作的全局,要认真领会和理解党中央的各项方针、政策和指示精神。遇到一些重要的问题,还要召开团中央全会,进行讨论,做出相应决议后,加以贯彻执行。这样,保证了党对团的领导,使团的工作紧紧围绕着党的中心任务去进行。

在胡耀邦出色的领导和组织下,广大青年团干部都自觉地去把握全局,了解青年的实际情况,因地制宜地组织丰富多彩的团的独立活动。

胡耀邦在团中央工作的成效初见端倪,受到毛泽东主席的赞赏。他在中央一次会议上高兴地说:威信是逐渐建立的……群众对领导者真正佩服,要靠在革命实践中了解,真正了解,才能相信。现在团中央威信已经相当高。有些人还不佩服,慢慢会佩服的。小伙子刚上台,威信不高,不要着急,不受点批评不挨点骂是不可能的。有"小广播"是因为"大广播"不发达。只要民主生活充分,当面揭了伤疤,让人家"小广播",他还会说没时间,要休息了。

毛泽东的热情鼓励,字字千钧,使踌躇满志的胡耀邦,更加充满了搞好团的工作的坚定信念。

"背靠党委,面向青年"

胡耀邦在团中央工作期间,敢于创新,勇于开拓,深入实际,根据青年的特点,紧紧围绕党的中心工作,开展丰富多彩的独立活动,取得显著成就。

胡耀邦坚持一切从实际出发，不唯书，不唯上，把掌握的理论知识和上级的指示精神与实际紧密结合起来。在这方面堪称典范。他熟读马列主义和毛泽东著作，博览群书，用自己的模范行动提倡和帮助广大团干部刻苦用功读书，更在理论联系实际方面率先垂范。因此，他在工作中敢于创新，不拘一格。

他最忌教条主义照本宣科，形式主义地贯彻上级指示。有一个暑假，团中央举办了高等学校团委书记学习会，他在会上做了一个别开生面的报告。他有针对性地指出："你们希望毛主席亲自来做报告，指示如何做好团的工作，这个愿望是好的。但是毛主席领导全党全国的工作，忙得很，你们提出的大都是一些比较具体的问题，怎么好去麻烦他老人家呢？再说，团的工作，毛主席早已指明了原则，就是既要引导青年在党的中心工作中发挥作用，又要按照青年特点开展团的独立活动。至于具体业务上的问题、办法和经验，首先要靠我们自己去实践、去交流、去总结，不要事事都去请示党中央、毛主席。否则，还要团的干部做什么呢？"这些真知灼见，本是无可厚非，但在十年浩劫中，都成了胡耀邦的一大"罪状"，说他"煽动大家反对毛主席"。

"背靠党委，面向青年"是胡耀邦主持团中央工作时提出的青年工作口号。这个口号不仅体现了青年团的性质，而且反映了青年团的工作特点和任务。

胡耀邦认为，青年团干部应当主动到群众中去，面向广大青年，开展团的工作，他常说，"年轻人腼腆，你不主动去结交他，他才不会理你呢"。因此，他要求团的干部要"背靠党委，面向青年"。

在他主持团中央工作期间，团中央机关有这样的制度：每一个书记要直接联系几个基层支部，作为了解情况的渠道和开展工作的试点。他本人就曾深入北京大学，与中文系五九级汉语专业团支部建立了联系。

五六十年代搞团的工作的人都记忆犹新,那个时候,北京团组织搞什么活动,胡耀邦几乎每请必到。有时候他连续一二十天泡在北京基层搞调研,倾听青年的心声。

与青年人交朋友,成为胡耀邦生活中的重要内容。

1955年,胡耀邦出差到广东,在火车上,他走进一节满载大学生的车厢,和大学生们聊上了,彼此像久别重逢的老朋友,谈了个把钟头。当大家知道前来交谈者是团中央书记,一下欢叫起来。

胡耀邦身体力行,带动了从团中央到地方的团干部,改变了过去某些"面向党委、背对青年"的不正确做法。

1964年,胡耀邦在共青团九大工作报告中总结道:密切联系青年群众,对于共青团来说是一个根本性的问题。我们要最大限度地把青年团结和组织起来,每个团的干部,每个共青团员,都必须关心青年,接近青年,了解青年的意见和要求,做青年的知心朋友。

围绕党的中心任务,照顾青年特点,开展组织和教育青年的独立活动,是胡耀邦实践和总结共青团活动经验而规定的一条基本原则,它揭示了共青团工作的基本规律。

胡耀邦担任团中央书记后,始终按照青年特点,开展丰富多彩的活动,作为调动和吸引广大团员和青年的一种重要手段。

早在1953年,胡耀邦就指出:"在工作中不少干部还不善于领导团员正确地发挥作用,不善于按照青年的特点,采用青年所喜闻乐见的生动活泼的方法来进行工作,不懂得青年团的作风应当是既严肃而又活泼,既反对轻浮而又反对沉闷枯燥,如果我们要求青年和要求成年老年一样,就一定要脱离实际、脱离群众。"

他认为,青年有旺盛的精力,有着多方面的兴趣和爱好,而且青年时期又是思想感情矛盾最多的时期,少年没有出现的问题,他们已经出现,成年人已经解决的问题，他们还没有解决。正因为这样，青年团就不能用一般化的方法去带领青年，要创造一些适合青年特点的方法，去发挥青年的社会主义积极性，去满足青年的各种进步要求，并且使青年干部在社会实践中增长才能。总之，要开展有益于社会主义事业又适合青年特点的独立活动。

胡耀邦深刻地认识到，青年团的独立活动能否适合青年的特点，这关系到独立活动的成败。青年思想活跃，好奇，喜欢翻新花样，团组织就根据党的中心任务的要求，不断提出新口号，采取新形式，使得活动变化多样，生动活泼；青年求知欲强，当时的文化水平又低，团组织就协同有关部门建立各种技术夜校、技术培训站、文化补习班，进行业余教育，帮助他们学习文化技术。仅1956年一年，在农村就有530万青年脱盲；青年朝气蓬勃，进取心和上进心强，团组织就在活动中通过可比性强的各种竞赛，通过宣传树立先进人物来激发青年的积极性。团中央决定1955年9月召开"社会主义建设积极分子大会"。会上，胡耀邦代表团中央做了《中国青年实现第一个五年计划而斗争的任务》的报告，报告极大地鼓舞了全国工业、农业、基本建设等各条战线上的青年，他们纷纷行动起来，"争做社会主义建设积极分子"。1958年团中央又召开了第二次青年社会主义建设积极分子大会。会上，胡耀邦做了题为"发扬共产主义精神，努力建设社会主义"的报告，就劳动、学习、作风、思想4个问题，向全国青年提出努力方向。他指出，为了更好地为祖国的社会主义事业服务，全国青年第一必须积极参加劳动，养成劳动习惯，并在劳动中刻苦钻研，提高本领；第二必须努力学习文化科学，学习马列主义理论，并把这两种学习结合起来，向"又红又专"、"红透专深"的目标前进；第三，必须继续发扬积极性和创造性，彻底破除迷信、解放思想、敢想敢说敢做，并使敢想敢干的精神同实事求是的作风密切结合起来；第四，必须自己思想上树起共产主义的红旗，不断提高共产主义思想觉悟，不断地提高自己的共产主义道德品质。

这两个会议前，各级团组织广泛发动组织；会议期间，内外结合，扩大影响。通过这一活动，极大地鼓舞了全国青年的斗志，出现了"学先进，赶先进"的群众性热潮。中共中央充分肯定了团中央的做法，指出"采取召开青年积极分子大会的方法来组织和发动青年建设社会主义积极性是一项好经验"。

与此同时，胡耀邦对少儿工作极为关注，在1958年6月召开的共青团三届三中全会上，他主持制定了团中央常委《关于开展蓬勃的共产主义儿童运动》的报告，并做了关于少年儿童工作的总结讲话。他常说："我们的党，从老祖宗马克思、恩格斯开始，都把儿童看作我们的未来，我们的希望。每个共产党员，每个革命者，都要热爱我们的儿童，关心教育我们的后一代。"

笔者1993年5月5日访问原团中央书记处书记、中央组织部原第一副部长王照华，他激情满怀地回忆说："五六十年代的团干部热情很高，但许多同志对青年团的工作，特别是少年儿童工作深远的战略意义认识并不深，还有的认为青年团的工作都是说说笑笑，打打闹闹，蹦蹦跳跳，认为做少年儿童工作低人一等，没出息，'家有三斗粮，不当孩子王'。通过耀邦同志反复启发开导，打开了大家的政治眼界，从根本上提高了对团的工作、少年儿童工作重大意义的认识，明白了肩负党和人民的重托，从而把工作热情建立在政治觉悟之上。当年我们看到耀邦同志对团的工作那样投入、执着，对青少年那种关心、热爱，感到钦佩，受到鼓舞。现在更加明白了，他之所以如此，那是因为他把祖国的前途和命运同青少年的成长联系在一起，开始就自觉地为祖国的未来而工作，自觉地从事建筑祖国的'希望'这项伟大工程了。"

在胡耀邦的精心谋划和领导下，共青团率领全国青年全面投入社会主义建设的热潮，组织青年建立青年班组、节约岗、青年苗圃、造林队、垦荒突击队以及读书学习小组等等，广泛开展争当社会主义建设积极分子、向科学进军等活动，搞得有声有色，热气腾腾。

由于工作方针与措施得力，在五六十年代，青年团的工作相当活跃，团的独立活动多种多样，成绩巨大：在工业战线，为适应大规模经济建设的需要，青年团发动和组织了青年突击队活动，极大地激发了青年人的生产热情。像李瑞环、倪志福、张百发、郝建秀等一批成为党和国家领导人的杰出人才，就是当时在青年突出队活动中涌现出来的生产能手。

在农业战线，为发展农业生产，配合党和政府提出的"开展移民垦荒"任务，青年团适时发动和组织了"青年志愿垦荒队"活动，既开垦了荒地，发展了农业生产，又在青年中倡导了一种"垦荒精神"和"向困难进军"的精神；青年团发动亿万青少年开展绿化祖国、植树造林活动，使荒山秃岭披上了绿装，从而改善了生态环境，保持了水土。从1955年秋到1956年春，全国青年造林546万亩，植树22亿株。1956年3月，团中央在延安召开陕西、甘肃、山西、内蒙古、河南5省（区）青年大会，胡耀邦做动员报告，在全国青年中产生了强烈反响，迅速掀起了植树造林热潮。仅1956年，全国就有1.2亿青年参加植树造林活动。不久，又开展了绿化长江、黄河，绿化黄土高原、荒山秃岭等活动，使祖国山河逐步披上了绿装。

笔者2000年9月访问《中国青年报》原总编辑张黎群时，他满怀激情地回忆了40年前的一件往事：

1956年，他随胡耀邦到广东考察农村工作。一路上，胡耀邦就如何发挥农村青年的积极性和创造性问题，与农村青年促膝谈心，和团干部交流心得，进行了大量的调查。当时，有一部分人认为没有必要把青年单独组织起来，让他们和中老年农民一起劳动就可以了。而胡耀邦主张，要在农村举起一面旗帜来。他提出了如何组织农村青年突击队来激励他们投身社会主义建设事业的设想。受到他的思想的鼓舞，回到北京，张黎群就写了一本题为

《社会主义农村青年突击队》的书，当时风行全国。这本书中的最核心的思想就是胡耀邦所倡导的，通过适当的组织形式，最大限度地调动青年的积极性，使青年的作用得以充分发挥。

胡耀邦一直非常关心农业的发展和青年农民的作用。他曾说："中国地域广大，不同地区的土壤结构不相同，如何因地制宜发展农、林、牧、副业生产，大有讲究。我们要组织青年为农业多做贡献，就要提出切实可行的口号和要求来。"经过深思熟虑，他认为要发动我国北方地区的青年开展大规模的植树造林、保持水土的活动。后来，在广大农村，涌现出无数战天斗地、植树造林的先进青年和先进集体。

在文教科技战线，青年团则发动和组织了青年学习文化、扫除文盲和"向科学进军"的活动，至1957年全国扫除青年文盲达2000多万人，为提高全民族文化科学水平作出了贡献。

所有这些团的独立活动，得到了党和国家的充分支持和肯定，也受到了社会各界人士的广泛好评。

笔者于1999年访问了原中央团校干部郑洸，他以无比激动的心情向笔者回忆了40多年前建立全国第一支青年志愿垦荒队北京青年垦荒队和江西德安县"共青社"时的动人情景：

1955年秋天，胡耀邦在自己家里亲切接见了北京青年垦荒队的5位发起人：杨华、庞淑英（女）、李连成、李秉衡、张生。他充分肯定了他们可贵的爱国热情，并对垦荒队的规模、地点和今后发展方向等谈了具体意见。61名首批垦荒队员出发时，他亲自为他们送行、授旗，并发表了"向困难进军"的热情洋溢的讲话。10个月后，1956年6月6日，胡耀邦亲自去黑龙江萝北县看望垦荒队队员，勉励大家决不向困难低头，做到"劳动、团结、学习、纪律、身体五样都好"。还赠给队员8个字："忍受、学习、团结、斗争"。当垦荒队遇到曲折和困难时，他于1959年12月和1960年10月两次亲笔写信给杨华和垦荒队员，教导他们正确对待遇到的困难和挫折。他在信中深情地写道："我们没有忘记你们，没有忘记响应党的号召、为祖国需要，在严寒的北大荒英勇奋斗的全体同志们，同时告诉队员们既要提高生活，又要提高思想。"语重心长的话语，温暖着队员们的心，给大家以极大的鼓舞和精神力量。

1955年8月17日，胡耀邦和周恩来、邓颖超等参观少年儿童科学技术和工艺品展览时和孩子们合影

首批垦荒队的这一壮举,引起了全国广大青年的强烈反响,相继有天津、哈尔滨、河北、山东、河南等地的2570名垦荒队员也来到"北大荒"。与此同时,全国先后有辽宁、黑龙江、上海、武汉、湖南、广东、浙江等16个省市及部分县组织了青年志愿垦荒队。仅一年多时间,全国组织了近20万名青年参加垦荒大军,为祖国的边疆建设做出很大的贡献。

1955年,98位上海青年响应团中央号召,豪情满怀地来到江西德安县,在荒无人烟、荆棘丛生的鄱阳湖畔,进行开垦创业。不久,时任团中央书记的胡耀邦来看望大家,与垦殖队员一道住草棚、喝稀饭、嚼咸菜,白天共同开垦,晚上促膝谈心,还为队员题写了"共青社"3个字。以后每当"共青社"发展到一个新阶段,胡耀邦就为它依次题名"共青垦殖场"、"共青城"。在1984年"共青人"扎根鄱阳湖畔30周年纪念的日子里,作为党中央总书记的胡耀邦又一次来到他们中间。当看到这里由不毛之地变成一座新城,他无比兴奋,挥毫写了"有志者事竟成"6个大字,以资鼓励。他与"共青城"结下了不解之缘,以至他去世后,他的骨灰安葬在他亲手创建的共青城的绿林之中,长眠在这块他生前眷恋的土地上,他永远地同"共青人"在一起,永远地活在青年人的心中。

指导办好团中央报刊

胡耀邦担任团中央书记、第一书记期间,一直注重媒体舆论的作用,他全力以赴地指导办好团中央的报刊。这些报刊主要是《中国青年报》、《中国青年》、《团的工作》等。通过这些报刊,把党的方针、政策及时传达到团的干部和广大青年中,使青年团及青年工作形成了一种生动活泼、追求真理、奋发向上的氛围。

《中国青年》原总编辑邢方群向笔者详尽地介绍胡耀邦为办好团报、团刊殚精竭虑的情况。他回忆说，胡耀邦一上任，就十分强调抓好青年出版物。在主持团中央书记处的会议时，他常常谈论团的思想工作以及出版团的刊物等宣传任务。1953年秋季，胡耀邦每星期天晚上都要召集那些负责《中国青年报》、《中国青年》、中国青年出版社以及团中央宣传处的同志到他家开会，会上他总要传达党中央领导人的一些重要思想和讲话，要求他们更好地开展工作，特别是写好社论，并且检查、总结编辑和新闻处如何根据党中央的政策精神开展工作。每次谈话，胡耀邦还提出一些题目，要报刊写文章，并组织报道。

胡耀邦在加强内部管理的同时，还决定聘请两类人为青年刊物写文章。一类是老一辈无产阶级革命家、著名学者和专家，另一类是青年通讯人员以及评选出的先进青年和有突出贡献的青年。这样做，既提高了报刊的水平，加强了趣味性和可读性，同时又加强政策、理论等的政治指导，体现了报刊的革命性、进步性和指导性，真正发挥了党的工作、党的报纸的助手的作用。

胡耀邦在团中央工作期间，他不仅亲自向上述两类人约稿，还要求报刊编辑人员都出去主动约稿。由于胡耀邦做工作，许多老革命家，包括毛泽东和刘少奇，还有不少作家、学者、专家，如郭沫若、钱伟长等都为《中国青年报》和《中国青年》题词，甚至亲自写文章。陶铸的《理想·情操·精神生活》、陈毅谈红与专问题的《致首都高校应届毕业生讲话》、郭沫若的《天才与勤奋》、钱伟长的《中国古代科学发明》、李锐的《毛泽东早年读书生活》等，都是为这些青年报刊写的，这对我国五六十年代的青年一代产生了极其深远的影响。

由于胡耀邦对青年报刊的严格要求和经常督促，报刊的文章生动、活泼，在广大青年读者心目中享有极高的声誉。胡耀邦到团中央上任时，《中国青年》发行量不到20万份，到1955年，发行量已超过100万份，到了60年代初，它的发行量已超过了200万份，至"文革"前，发行量已达260万份。《中国青年报》的发行量增加得也很快，"文革"前已达到100余万份。

　　胡耀邦一到团中央工作，就把宣传工作抓得很紧，常常作为第一位工作来安排。在胡耀邦心目中，宣传工作既是对青年的引导，也是反映青年自身对社会的看法的渠道。一次，胡耀邦直截了当地说："团中央所以要办《中国青年报》，是为了通过它指导青年运动，以共产主义精神教育青年，它区别于党报和其他报纸，是具有青年特点的。"他还谈了许多如何了解青年、把握青年、做好青年工作的观点。

　　胡耀邦对青年报刊既呵护有加，又严格要求。一方面是积极运用舆论宣传以扩大影响，另一方面，他更懂得报刊出了差错，特别是原则方向上出了问题，那就不仅仅是对青年团的影响，甚至会造成全社会的损失。所以，他对报刊宣传抓得很细，这方面，张黎群和邢方群深有同感。平时，他们经常收到胡耀邦对报道的详尽指示，从报刊方针、宣传主题、文章题目，甚至版面设计，他都做过指示，提出建议，以至有人开玩笑问：青年报的总编辑是张黎群还是胡耀邦？《中国青年》的总编辑是邢方群还是胡耀邦？在那个时期，青年团的报刊出版事业蓬勃发展，成为宣传战线上一支强大力量，当时毛泽东都说过，他很喜欢看青年报刊。《中国青年报》也是最早在报眼有计划、有针对性地引用毛主席语录的。胡耀邦从到团中央上任以来，每年都要去报社多次，或找负责同志汇报、谈话，或向编辑部、记者做报告，报社编印的《胡耀邦同志谈办中国青年报》就有4万余言，可见他对报纸倾注了多少心血。

　　青年报刊也培养出一大批人才，近几十年，首都许多新闻出版单位的负责人和骨干中，出自团中央的大有人在。他们不同程度地受到胡耀邦有关抓宣传、重舆论、办好报刊重要作用的教育和熏陶。青年报的社长、总编辑、主任、记者、编辑，在"反胡风"、"反右派"、"反右倾"等一个接一个的运动中不少人被戴上帽子，境遇悲惨；平反后，又都振奋精神活跃在新闻战线上，没有倒下去一蹶不振的。这个现象绝非偶然。

事隔数十年，每当张黎群回忆那段难忘的岁月，对那种平等讨论切磋问题的情景，那种亲密的相互信赖的关系，总是心向往之。他说，要真正了解青年，只有真诚地和他们平等相待，不轻视他们，不高高在上以教育者自居，而是以心换心，取得青年人的信任，这样，他们才可能和你说真心话，彼此不戒备，不设防。胡耀邦曾让张黎群邀请北京大学和人民大学的部分同学前来与他座谈，所谈的都是青年日常中最经常碰到、最关心的实际问题。胡耀邦耐心地听取同学们的发言，有时插上几句话，与他们共同讨论。座谈中，有一位大学生突然问胡耀邦应该怎样谈恋爱。他毫不犹豫，立刻回答说："真心实意地追，追，追到底！"同学们爆发出满堂的笑声。胡耀邦指示，青年报要设立"青年呼声"栏目，多反映青年的要求，重视青年的呼声！要关心青少年自身的利益，要保护青少年的权益。针对当时有些人简单化地反对所谓的小资产阶级情调，胡耀邦公开说，青年人要敢于穿花衣服，爱美是人的天性嘛，更何况是青年人。

胡耀邦反复强调，青年的特殊利益是不能忽视的。他从各种角度对青年特殊利益问题进行了大量阐述。他实际上在新中国第一次提出了社会群体的特殊利益的问题，并通过实际工作做了很有启发性的探索。

胡耀邦力求保护青年的切身利益。他主张青年报刊为青年人说话、撑腰，支持他们的正义行动。当时《中国青年报》上刊登的有关这方面的文章、报道，涉及司法案件的，如《宋北方事件》（该文报道宋北方因受冤屈，申诉受阻，青年报为此打抱不平）、《白司长来了以后》的报道（批评地质部白司长在正定地质学校压制学生的事件）、王家英事件（批评不许流产，逼得一个女记者吃大量奎宁丸而损坏了视力）等等，都产生了很大影响。这类保护青年的报道不一而足。如果没有胡耀邦的大力支持，书生们是不敢造次的。

他往往以幽默的语言化解报纸的困境。《中国青年报》办有《辣椒》副刊，专门揭批坏人坏事。有人不舒服，对胡耀邦表示不满，希望取消。胡耀邦听到反映后哈哈大笑，说："苏联有《鳄鱼》杂志，是动物，专门讽刺官僚主义，我们有个《辣椒》，是植物。这叫异曲同工啊！"

进入社会主义建设时期以后，党的思想宣传的一个重点就是强调新中国各个方面和各个人群的共同利益，较少提到某一个群体的特殊利益，许多人害怕特殊利益的提法会带来政治上的麻烦。而胡耀邦则以独具的胆识鲜明地提出青年的特殊利益问题。他在全团会议上指出："青年团要善于代表和维护广大青年的利益"，"青年人是整个人民群众的一个组成部分，有自己的特殊利益和特殊要求。合理地照顾青年的特殊利益，适当地满足青年的特殊要求，使青年更积极地参加社会主义建设，这也完全符合人民的整体利益"。这一段话表明，他正面确认了有青年的特殊利益的存在和它的合理性。为此，就有青年的特殊要求，这些要求与其他人群的要求是不一样的；他正面确认了这些特殊要求是需要适当地给予满足的；他正面地确认了满足青年的特殊要求的目的是为了鼓励他们更加积极参加社会主义建设。他从政治高度上确认，青年的利益是符合全中国人民的整体利益的。

从这一思想出发，胡耀邦组织报刊从各方面对青年的特殊利益和特殊要求进行了广泛的探讨，并根据不断的工作实践来把这一思想具体化和丰富化。他这样来阐述共青团工作的基本特点：要鼓励青年"积极参加国家和社会的政治生活，经济生活，文化生活，同时又采取了青年所喜爱的方法，开展了各种各样的独立活动"。关于"特殊要求"，他特别强调帮助青年增长知识，培养身体。早在1955年一次讲话中，他就提出，"关心城市青年的劳动就业是长期任务"，"要关心青年的吃饭、睡觉、休息、婚姻等问题"；在《向科学进军》的讲话中，他指出，"帮助青年树立正确的学习态度，从本行业入手，融会贯通，独立思考，自我努力。帮助青年解决学习上的困难"。他甚至提到了如何利用书籍、讲座、学习班等形式为青年服务的具体做法。他还指出，要"减少团的小组的会议，使大家有更多的时间用在学习上"。显然，学习是青年的特殊要求，也是青年成长并为国家做贡献的基本前提，胡耀邦是在满足青年的特殊要求以符合人民的整体利益的高度上来论述这一问题的。《中国青年》原总编辑邢方群回忆说，胡耀邦任职团中央期间，《中国青年》办得独具特色，成为中国青年的良师益友，不可须臾离开的精神食粮，这与胡耀邦的直接领导、具体指导是密不可分的。

胡耀邦多次强调，《中国青年》杂志并不是一般的刊物，而是充满着思想性和战斗性的刊物，他说："《中国青年》第一位的工作是抓思想，根据当前中心工作，根据党的路线和政策谈思想。不是个别青年的思想修养问题，也不是某一部门、某一个短时期的偏向。当时，这也是思想问题，但我们不只限于这个问题，还要扩大，我们要搞更多人的思想问题，也就是搞那个时期的思想问题。"他在另一场合又指出："《中国青年》的性质、任务和特点是什么呢？我觉得，《中国青年》与其他杂志相比，有它的特点和任务。《学习》杂志是个理论、政策的教育刊物，应该成为宣传马克思主义理论的权威；《文艺报》是宣传文艺政策和文艺理论的刊物，应该成为文艺政策和文艺理论的权威……而《中国青年》是个政治思想教育的综合性刊物，那么它就应该有思想的权威。这就是我们杂志的个性。我们杂志从来就是有这个历史特色的，不过有时这个特色表现得鲜明一些，有时表现得黯淡一些罢了。"他强调，刊物的思想性要比报纸的思想性来得有系统，说理性也强一些。他说："刊物一定要结合当前政治生活、群众生活中的大事，以马列主义理论来改造青年的思想。青年最关心的是世界往何处去，中国往何处去，自己往何处去。因此我们杂志的主要任务，就是应该配合国内外大事，宣传党的方针政策，解决青年的思想问题。就是说，要抓时代的思潮……

在刊物文章中，如果没有问题，不赞成什么，反对什么，宣传就是教条主义。"

胡耀邦主张《中国青年》宣传现代科学技术，每期刊物要有一两篇这方面的文章。他认为，这个工作很重要，在这方面教育青年是我们的历史任务。这是当前与今后在国际竞争中的很重要的问题。我们在这方面要极大地增长自己的勇气，不能因我们现在在这方面的少知或无知而冷淡。人的能动性、人的意志，也要靠先进的科学技术。现在，敌人讥笑我们不行，但我们决不动摇。我们在这方面要提起青年的极大兴趣、愿望与决心。

胡耀邦也赞成刊物指导青年的生活，他曾对编辑人员说，提倡青年晚婚问题应大搞一下，尊敬父母的问题也可以搞。《中国青年》曾转载一篇从苏联报刊上翻译过来的文章《吸烟的害处》，文章说明，每支烟里有多少尼古丁，人们每天吸多少支烟，实际上吸进了相当数量的尼古丁，而这些尼古丁日积月累起来，对人的身体极有害处。这篇文章一发表，在全国人民中产生了巨大的影响，一个时期，全国纸烟的销售量为之下降。胡耀邦称赞了这篇文章。《中国青年》还转载过一篇苏联刊物上的文章《审判后的谈话》，文章讲一个老学者和他的夫人溺爱儿子，儿子堕落了，走了犯罪的道路，被法院判了刑。老学者后悔不迭，对记者讲了自己的痛苦教训。这个故事给我们国家的一些干部特别是高级干部敲了警钟。我们有些干部在全国解放后，生活条件改善了，他们对子女娇生惯养，要求不严，有的干部子女就沾染了好逸恶劳、贪图享受以致腐化的恶习。胡耀邦把这篇文章连同《中国青年报》上发表的《马小彦是怎样腐化堕落的？》以及其他有关文章，送给了中央一位领导同志。中央领导同志嘱咐把这几篇文章印发给中央各部委和各省、市、自治区的负责干部，作为鉴戒。《中国青年》还登载过一篇短诗，题目是《幸福像孔雀一样飞来》。胡耀邦看后，对编辑人员说，幸福要靠青年艰苦奋斗、发愤图强去争取，哪能不费一点力气，幸福就会从天上飞来？要教育青年用自己的艰苦劳动,去创造祖国人民和自己的幸福生活,不要使青年们幻想在家里闲坐着就会得到幸福。

胡耀邦一向主张《中国青年》要提高质量。1956年11月20日,他召集《中国青年》杂志、《中国青年报》和中国青年出版社的有关编委,共同研究《中国青年》的工作问题。胡耀邦在听了大家谈的情况和问题之后,谈了他的意见。他说:"总结杂志过去的经验教训,我想,首先应该要求每期刊物都要有两三篇非常切合当前广大青年在政治生活中的问题的文章,这好比是工业中的156项,没有它,就压不住,杂志的分量就显得轻飘……"1960年1月7日,胡耀邦对编辑人员讲:"《中国青年》每期要有一篇挂帅文章,立大志,力争上游。文章要做到:不看,感到可惜。这样的文章要提到书记处的办公会议上讨论。文章可上可不上的,坚决不上。当然,杂志还要定期出。要加强理论性、指导性,使人不能不看。这类文章不一定都是负责同志写,还可找青年写。要把最近10年的《中国青年》看看,究竟有哪些文章在青年中影响很大,为什么能如此?从中找出经验教训,总结一下。"

为了提高质量,胡耀邦主张抓住青年最关心的问题。他批评《中国青年》在1956年下半年在好几个问题上没有跟上时代的潮流。如没有深刻谈谈个人崇拜的问题,对党的八大也宣传得不够有力,波匈时局、二中全会都没有及时配合上。他说:"党的八届二中全会提出与群众同甘共苦问题,要好好谈谈;配合整风,把整风所要反对的官僚主义、主观主义与宗派主义好好加以解释;要写一篇文章,题目叫《国际共产主义运动的形势》,加一个副题《目前时事宣传的基本提纲》,把青年对时局的重大思想问题都谈一谈,并提供新材料,登出去,青年一定愿意看。"关于党的八届二中全会,他主张写一篇《二中全会的主要精神是什么?》。他说,一看这标题,就能吸引人。他还说:"你们每期都要有骨干性的文章,这就得好好设计,看应该抓哪些大问题。"1962年,《中国青年》编辑部几个同志,曾就青年提出的有关天才这方面的一些问题,去请教郭沫若。郭老谈了许多对青年极有教益的意见,编辑部把他的谈话记录加以整理,经郭老修改,以《天才与勤奋》为题在刊物上发表。胡耀邦看了,大为赞赏,嘱咐编辑部继续收集青年有关这方面的问题,再请郭老写第二篇。

胡耀邦也主张刊物要有一些轻松活泼的东西。他说:"现在有些青年愿意看轻松的东西,这方面不能没有,目前刊物不够活泼,活泼轻松的东西应多一些。刊物可分两部分,上一部,下一部。"他又说:"关于生动活泼的问题,不应该只从形式上来考虑,生动活泼务必与思想指导、战斗性相结合。"

胡耀邦强调刊物应该团结一些骨干作者,使他们能够帮助刊物写些好文章。同时也要注意培养新生力量。胡耀邦还特别强调报刊都要好好发表来自群众的东西。应该造就更多的作者,这是一件更有深远意义的事情。

胡耀邦很注意报刊改进文风,他指出:论文一定要切合青年的实际。一是青年,一是实际。不是抛开青年写其他的政治思想论文,也不是不问青年中存在着什么带普遍性的问题而乱写一通。我们过去有些时候遇上一件较大的事情,或者逢年过节,不管有没有必要,照例要写篇社论或一篇大论文,因为不是从实际出发,不是从究竟青年需要不需要出发,只是为了表态,为了应景,就只好硬凑。硬凑当然写不好,白白花费气力。切合青年实际的政治思想问题很多,这方面是写不完的,但是要写好,要有认真的调查研究,要有认真的写作态度。

他对文章的通俗化,讲了很精辟的见解。他说:"究竟什么是通俗化呢?这个问题我们一定要弄清楚。现在我们有些人对这个问题却有两个极端,认为要理论化,就得堆积一大堆概念,生造一大批离奇古怪的词汇;认为要通俗化,就把群众现在还不熟悉的马列主义中的一些非常重要的观念、概念一律砍掉,把普通的一句话当做三句话、四句话来说。这两种极端怎么能叫理论化和通俗化呢？应该说这叫庸俗化、低级化。一个能够说出深刻理论的人，一定是一个善于用通俗形式表达的人。"他还说，我们的一些论文，应该掺合一些历史知识、科学知识来写，不要堆砌概念，不要板起面孔，更不要用大话去吓人。

　　胡耀邦不仅关怀《中国青年》杂志，而且十分关怀杂志社的编辑人员。每当《中国青年》编辑部总结工作、检查工作中的缺点错误时，他总是为大家鼓劲，肯定杂志取得的成绩。他说："现在谈改进，是因为面临着新的情况而需要改进，这就要参照过去的经验教训，根据新的形势和新的特点，把杂志提高一步。"他向大家指出，思想上不要怕改，要不断地改。他告诉大家不要骄傲，要继续前进，要虚心，要学习，要听取别人的意见，学习别人的经验，吸取别人的长处，来充实自己。他强调指出，不怕改进的人和不怕改进的党，是不可战胜的。他要求杂志社的同志努力学习专业知识，精通一门学问。要在编辑部内提倡良好的学风，要经常了解研究党的政策，对政治理论和政策要有兴趣。他指示大家要同生活联系，同实际联系。他说，人能生存就是因为他同社会保持一定的联系。如果同自然界隔绝了，就要死亡，就无生命；如果同社会隔绝了，就要在政治上死亡。同自然界、同社会生活隔绝，这是违背自然规律，违反马列主义根本原理的。所以要密切联系实际，联系生活，决不要把自己从社会中孤立起来。他要求采编人员多搞调查研究。他说："我们是做青年工作的人，我们就要接触青年，了解他们的心理，从他们的日常生活中抓住他们在想些什么，这就会把我们的工作搞得更加生动活泼。"他还说："人们的心情和想法并不是每天都从嘴巴里讲出来，并不是都见之于行动，要靠我们去琢磨和了解。"

青年的知心朋友

胡耀邦在团中央工作整整14个春秋，多次强调要最大限度地把青年团结和组织起来，号召各级团干部关心青年，听取他们的意见和要求，做他们的知心朋友。他自己努力践行，率先垂范，时时处处做青年的知心朋友，从政治、生活、工作各方面关心他们的成长，成为他们的知音。

胡耀邦特别关心青年政治上的进步，谆谆告诫他们紧跟党的战略部署，跟上时代步伐，永不落伍掉队。1956年5月7日至16日，青年团中央召开团的省、市委书记会议，根据中共中央召开的省、市委书记会议提出的把一切积极因素调动起来的精神检查了团的工作，并对下半年工作做了部署。胡耀邦做了会议总结，指出，毛泽东在4月25日关于把一切积极因素调动起来的讲话，是全党当前的行动方针，同样是我们青年团当前的行动方针。他说，全国青年的社会主义积极性是很高的，青年们的这种积极性是一项极宝贵的财富，不但要很好地加以爱护，而且要很好地组织和引导。胡耀邦在讲了青农、青工、扫盲、统战等方面工作后，着重讲了要实事求是的问题，他提出应当提倡：一、有啥说啥，不要弄虚作假；二、调查研究，不要盲目迷信；三、尊重事实，不要随便猜测；四、有错改错，不要知错再错；五、大公无私，不要意气用事。

在1957年5月举行的中国新民主主义青年团第三次全国代表大会上，胡耀邦代表青年团二届中央委员会做了题为《团结全国青年建设社会主义的新中国》的报告。他在报告中指出：在建设社会主义的伟大斗争中，我国青年的任务可以用三个口号来概括：积极劳动，努力学习，加强团结。共产主义青年团的工作，也就是要在这三个方面对全国青年贡献出自己的力量，帮助青年更好地完成自己的任务。这次大会一致通过了《关于将中国新民主主义青年团改为中国共产主义青年团的决议》，决议指出："为了确切地反映我们团所担负的政治任务和广大团员的意志,大会一致通过将中国新民主主义青年团改名为中国共产主义青年团。"

5月26日,中国共产主义青年团第三届中央委员会举行第一次全体会议,分别选举产生了中央委员会常务委员和书记处第一书记、书记。胡耀邦为书记处第一书记,刘西元、罗毅、胡克实、王伟、梁步庭、项南为书记。

怎样做青年的知心朋友呢?胡耀邦认为,最重要的一条,就是要待人以诚,尊重人,关心人,爱护人。他待人坦诚宽容,豁达大度,不计个人恩怨,从不在背后揭人之短,反之,喜欢道人之长,向人家的长处学习。

胡耀邦的秘书曹智雄,曾于1954年至1957年在胡耀邦身边工作了3年半,他对胡耀邦的言行极为敬佩,受益终生,永志不忘。他回忆说,1955年华东之行,胡耀邦在南昌向团员、青年做报告时,曾对会上上千青年人说:有同志问我什么时候参加革命的,我可以告诉同志们:我是在家乡浏阳入的团,那时刚15岁,觉悟不高,懂得的革命道理很少,比今天在座的同志们差多了。后来到湘赣苏区,开始时,也只是组织少年儿童识字、唱歌、站岗放哨。而你们的邵省长(指邵式平)早已担任领导工作了。在我的记忆里,胡耀邦同志,不论是在上千人的大场合,还是少数人中间,他总喜欢由衷地称道人家,真是"平生不解藏人善"啊!

胡耀邦胸无城府,为人坦直,待人真诚,秉性宽容、谦逊,好为人着想,从不为己谋。因此,革命队伍中他有许多朋友,有的堪称挚友。他们之间,既有战友之情,也有私交之谊。1955年和1956年,胡耀邦先后出差华东和东北数省,所到之处,分别看望了江渭清、陈丕显、江华、邵式平、曾希圣、黄火青、赵林、朱德海、欧阳钦等同志,同时也从他们那里了解了当地的基本情况。同样,一些地方领导同志到北京开会时,也总要来看望他。来得最多的是陶铸、曾希圣、张平化、张经武等,还有冯文彬、李昌等已分配到外地工作的团中央老书记。这些老革命相聚时,高谈阔论,谈笑风生,兴之所至，还要搓几圈麻将放松放松！

在中央工作的一些老领导、老上级，每逢节假日胡耀邦总要去看望像贺龙、聂荣臻、叶剑英元帅，罗瑞卿、王震将军等。

胡耀邦同历史学家、第二届全国青联副主席吴晗颇有交谊。1955年，时任北京市副市长的吴晗，主持十三陵中定陵的发掘工作，取得丰硕成果。他很快将这一喜讯告知与文物考古工作没有丝毫关系的团中央书记胡耀邦，并在打开万历帝朱翊钧棺椁的那天安排他去现场参观，吴晗亲自陪同讲解。这是一种特殊的"礼遇"，胡耀邦觉得不敢当，又不能拂吴晗的盛意，便欣然前往。那天受邀去参观的还有邓拓，他也是一位明史学家。出土文物丰富多彩，琳琅满目，而且大多数都是精品，令人目不暇接，加上这两位著名的明史专家的详细讲解，令人大开眼界，胡耀邦高兴得乐不可支。胡耀邦连声称道："增长见闻，获益很大，精彩极了，叹为观止！"他再三感谢吴晗给他上了一堂生动的"历史课"。

一次，胡耀邦开完政协会议回来，他打开公文包取出会议文件时，掉下来一张纸。只见纸上写着两行娟秀的字："耀祖耀宗又耀邦"。尾随其后的曹秘书觉得挺有意思，问他："这是谁写的？嵌进了你的名字。"胡耀邦笑着说："刚才开会，孙维世坐在我侧边，她爱开玩笑，写了这个给我，说是半副对联，非要我对出下联不可。""对上了吗？""我也凑了7个字，她抢走了。""嗨！可惜啦！""没什么！"说着他拿张纸写着："维国维家还维世"，递给曹秘书问道："对得行不行？"曹秘书回答："这副对联不错，意思很好，对仗也工整；如果上下联颠倒一下，就更合平仄了。"曹秘书无所顾忌地说。胡耀邦连声说："提得好！提得好！"

胡耀邦在部下和同志们面前毫无架子，随和谦逊，大家都乐于和他交朋友，无拘无束地畅所欲言，吐露真情。

在如何对待和教育青年的问题上，胡耀邦根据几十年工作经验，认为方

>>> 六 执掌共青团中央

法只有一个，那就是"引导"。他说，"引导"比"教育"更精确，意义更宽，这是我几十年工作经验的总结。压制的方法，一个巴掌打下去，是封建家长的办法，孔老二的办法。我们要回到引导的办法上来。

他谆谆告诫共青团的干部，要注意时时刻刻对青年做具体分析。这样，就可以找到一种正确的工作方法。青年团的干部不要坐在屋子里，冥思苦

1957年5月25日，胡耀邦陪同毛泽东、周恩来、陈云、董必武等党和国家领导人接见出席中国新民主主义青年团第三次全国代表大会的代表

想，写什么又长又空的指示文件，而是要经常到青年中去，发现青年中的先进事例，先进典型，并且凭借这些先进的东西去引导、教育、影响其他的青年。

1956年，他在党的八大上汇报青年团的工作时说，我们必须善于用说服教育的方法去发扬青年群众的积极性和主动性，这也是我们党在过渡时期对青年进行思想教育的根本方针，我们必须遵循这个方针。

他接着说，对待青年生活上，往往干涉过多，什么时候打球、看电影、唱歌、休息，都给青年加以安排，有的学生反过来讽刺我们的同志说："中国青年太幸福了，除了睡觉的姿势没有规定，做梦的时间没有安排以外，什么都安排好了。"他分析道："这些同志所以这样做，原是出于好心好意，希望青年能够更快地成长，可是没有了解，这种做法反而束缚了青年的积极性。"

他提出的这两个存在的问题，给许多从事青年工作的同志敲响了警钟，使他们认识到必须遵循思想教育这个方针，引导青年群众，推动青年工作的发展。这对于以后青年的工作，起到了指导作用。

胡耀邦对学有所长、德高望重的知识分子、尤其非党同志特别尊重，乐于和他们交朋友。1952年中国青年出版社筹建时，与开明书店合营，他认为这是一件大好事，因为开明书店有一批饱学之士和业务骨干，如胡愈之、叶圣陶、邵力子等，这些著名的党外人士，与开明书店关系密切，是进步出版事业的先驱，把他们吸收到中国青年出版社工作，可以共同把团的出版事业办好。到正式成立中国青年出版社时，胡耀邦自任合营董事长（邵力子为副董事长），以便初创时打开局面。他多次对主持日常工作的负责人李庚说："我就是尊重那些有知识、有学问、有业务经验、正派的、踏踏实实、勤勤恳恳一辈子干事业的人，我们应该重视这样的人。"

他经常对李庚说："我们一定要和他们团结好，把他们安排得当，用其所长，让他们有职有权，能充分发挥作用。"他亲自参与讨论和决定中国青年出版社的人事安排，并提议民主人士顾均正担任副总编辑。

这时，团中央和青年出版社有人议论，说什么"李庚要把出版社变成知识分子成堆的地方"，"太重视文化人，不重视工农干部"。胡耀邦力排众议，理直气壮地说："知识分子在共产党领导下工作是好事嘛！一个文化事业没有文化人参加行吗？知识分子成堆了力量大嘛！中国不是知识分子多了，是少了，要欢迎更多的知识分子、有文化的人来参加社会主义建设。我们就是要团结更多的人来搞社会主义。"他一再嘱咐出版社的党员负责人要注意党员和团干部，不要因为开明书店过去是私营企业，就把书店的同志看做"私方人员"，产生歧视的态度。他再三强调，在新单位要提倡：党团干部与开明同人要彼此尊重，取长补短，互相学习，做他们的知心朋友，从而在业务工作中争取共同进步。

遵照胡耀邦的指导，中国青年出版社创建才几年，党和非党同志合作得很好，彼此融洽无间，事业得到迅速发展，出版品种由1952年的十几种增加到1956年五六百种，每种发行量达几十万、上百万册的书已非罕见。几年工夫，中国青年出版社已发展成为全国屈指可数的有重大影响的出版社，像《青春之歌》、《红岩》、《谁是最可爱的人》、《红旗谱》等一批畅销书都由该社出版发行。

胡耀邦平易近人，没有一点官架子，对人热情相待，能虚心听取别人的意见，这也是他成为青年的知心朋友的一个先决条件。

著名作家刘绍棠曾对好友祖丁远说："耀邦同志不仅指导过我的文学创作，也是我的道德品质之师。在我的成长过程中，对我帮助最大的人，第一个就是胡耀邦！"

胡耀邦与刘绍棠的友谊要追溯到20世纪50年代初。在刘绍棠写《青枝绿叶》之前，时任团中央书记的胡耀邦，一次找他谈话聊了4个小时，希望他写青年题材，让他到东北采访、体验生活。胡耀邦的亲切交谈，启发了刘绍棠的灵感，指明了创作的方向，他在东北住了两个多月，把得到的素材放在家乡的背景上，换上了熟悉的人物，写出了名篇《青枝绿叶》，在全国引起轰动，此文被收入中学教材。

胡耀邦逝世后，刘绍棠写了多篇回忆文章，其中写道："耀邦活着的时候，我不写他，他去世了，我写他。在我心里他一直都不是大官，而是我的老师，耀邦对知识分子尤其爱护。"

刘绍棠由夫人曾彩美用轮椅推着送他到文化部参加一次会议，他激动地说："耀邦同志酷爱读书，艰苦朴素，品德高尚，光明磊落，从不懂得生活享受，他是我的道德品质之师，我们全家永远怀念他……"

李庚回忆了这样一个故事：胡耀邦经常找他和张黎群研究重要文章和讲话稿，字酌句斟，有时通宵达旦。有一次，李庚对他直言不讳地说："我们工作担子都很重，各有专业任务，你找我们帮你工作未必十分恰当。"他风趣而诚恳地说："我要帮嘛！"

李庚脱口而出，开了句玩笑，说："可不能胡要帮呀！"他不以为忤，付之一笑后爽朗地说："谢谢你们，以后我们改变一下合作的办法好了。"

正是因为胡耀邦具有海纳百川的胸襟，他的部属、同事在他面前都敢于直言不讳，从不感到拘束。他秉性坦率，心里想什么就说什么，从不说套话，多有新颖、独特之见，同志们说他是"语不惊人誓不休"。但言多必失，有时难免说话不当。团中央宣传部副部长戴云有一段时间常跟他下基层调查，经常提醒他："耀邦啊！你今天说话说走嘴了！"他立即回答："你快说啊！哪些话说错了？"戴云有时与他的意见相左，两人争论得面红耳赤，他也不在乎。

有次他出差苏州，同行的秘书刘崇文，沿途对他的说话挑毛病，有时还抬扛，在旁的记者劝刘秘书不要那样。刘秘书笑呵呵地回答："没关系，耀邦就是这脾气，愿意听反面意见，在他面前讲错了也不要紧。他平等待人，从不以领导者自居。"他这种兼听则明的民主作风，实属难能可贵。

胡耀邦这种从善如流、虚怀若谷的谦虚态度，赢得了青年朋友的无限崇敬。

关爱同志

胡耀邦没有官架子，作风民主，他经常教育团干部们说：领导干部同人民群众的关系就如同鱼和水的关系，是不能分开的。只有与群众同呼吸共命运，才能在人民群众的汪洋大海中畅游。他要求团干部要和青年打成一片，建立鱼水关系，不要有官气、摆官架子、别人口必称官衔，而要叫名字，最好称"同志"，同志者，志同道合之谓也。

一个老团干回忆起胡耀邦讲这段话的情景时说："他激动地在台上跳起来，用手拍着胸脯说：'我这个胡耀邦的名字就是要叫的嘛！大家都要叫胡耀邦，不要称书记。'从此以后，共青团的干部，不论职位高低、官大官小，一律都直呼其名，显得亲切感人。"

他认为，同志之情谊是人间最珍贵的东西，特别值得珍惜。他一来到团中央就反复声称："同志们，我喜欢大家喊我老胡，或叫耀邦同志。"他在团中央工作10余年，大家都习惯叫他"耀邦同志"。

胡耀邦对同志总是怀有一种特殊的感情，以大海一样的胸怀，去关怀、爱护他们，尤其是同志们身处逆境、遇到危难之时，他会伸出友谊之手去救助，去慰藉，去呵护。这样的事例，不胜枚举。

1955年开展"肃反"运动时，因情况复杂，又有人写匿名信，把水搅浑，致使团中央错误地伤害了一些同志。在"肃反"总结会上，胡耀邦主动承担了责任。他从秘书手中接过被错误对待同志的名单，逐一宣读。接着他沉重地说："这是书记处的责任，首先是我的责任，是我的失误。我要向这些好同志道歉！同志们，对不起你们。"说罢，他站到讲台正中，对台下深深地鞠了一躬。面对此情此景，大家深受感动。当被平反的同志得知，胡耀邦为澄清事实真相，曾进行了大量的内查外调，付出了辛勤的劳动和心血时，不少人流下了感激的热泪。

1956年夏，胡耀邦赴黑龙江萝北县看望北京青年志愿垦荒队后，从哈尔滨乘飞机返京途中，他看到6月13日《中国青年报》上刊登了一篇署名文章，题为《灵魂深处长着脓疮》，点名批评中国人民大学法律系学生林希翎。胡耀邦十分生气，说：对一个青年学生，即使犯了错误，批评当然可以，但应像列宁所说的，允许青年人犯错误，也允许青年人改正错误，不要将人"一棍子打死"嘛！他让曹秘书回去立即打电话：叫张黎群马上来见我。返京回到住所已是下午，中国青年报社社长兼总编辑张黎群接到电话后，立即来到关东店胡耀邦家中，向他汇报了刊登此文的经过。胡耀邦严厉批评了他，让报社提出处理办法，并说要见见林希翎，让报社联系安排。

胡耀邦接见林希翎时，他询问了林希翎的经历、学习等方面的一些情况，说《中国青年报》那篇批评文章太过分了，已批评了报社的负责同志，报社会采取一些补救措施。他勉励林希翎不要因此背上包袱，要把精力放在学习上，缺点错误也要很好地改正。最后他用毛主席的"身体好、学习好、工作好"祝愿她。此时，已到了吃饭的时间，胡耀邦留她和家人一起用餐。

中国青年报社相继采取了几项补救措施，以"特约记者"的名义，派林希翎到陕西、青海进行采访；于7月10日在《中国青年报》上刊登一篇检讨性质的文章；8月4日又刊登了《事实与教育——关于"林希翎事件"的调查报告》，以此澄清事实真相，使林希翎放下了思想包袱。

胡耀邦信奉"君子之交淡如水"，对同志不表示过分亲热；见面不谈一般应酬话，彼此相见真诚、朴实、自然，可以无话不谈。在团中央工作的曾德林，曾对"三面红旗"说了一些意见，有人要把他定为"右倾机会主义分子"。胡耀邦坚决不同意，认为曾德林只不过是犯了自由主义错误，检讨一下就可以了。胡耀邦从政治上、思想上、为人处世方面对他教育和关心，就是曾德林调离团中央以后，也仍然得到胡耀邦的关怀和帮助。

1972年，曾德林被军代表下放到了四川，省革委根据他长期从事青年、文教工作的经历，把他分到重庆大学任党委书记、校长。其时，正值"文化大革命"，运动一个接一个。学校刚开始复课，学生大部分是工农兵学员，军宣队、工宣队是实际的领导，教职工中的造反派不断兴风作浪。在这种情况下，根本难以开展工作，他心情极为苦闷。那时胡耀邦刚从河南潢川"五七干校"回京不久，当他听说曾德林处境困难时，托一位熟人带口信给他，意思是：目前这种情况绝不会持久，告诉老曾一定要沉着应付，不能急躁，硬顶硬碰不行，也不能完全照他们那一套搞，能拖就拖，有时不能表态也是一种态度。在那史无前例的浩劫年代，胡耀邦这些话，真是空谷足音，弥足珍贵，感人肺腑，使曾德林没齿难忘。

胡耀邦作为团中央一把手，对团的各级干部特别注意培养，关心他们在政治上不断成长。

他始终把做好青年工作与培养青年干部这两者紧紧地联系在一起。他说过，"我们团的干部担负着两重任务，一方面是把青年带领好，把工作做好；另一方面是在工作过程中积极地把自己锻炼成为马克思列宁主义的坚强干部"。他的工作实践也证明他成功地做到了这一点。在他的领导下，共青团系统成长起来了一大批干部，他们年富力强，勇于创新，成为活跃在各条战线上的很具有特点的有生力量。

在共青团第三次代表大会上，他指出，"青年干部必须不断努力学习，不断加强集体领导，不断运用批评和自我批评的武器来总结经验，修正错误"。在关于思想工作的一次谈话中，他提出，"我们全团要形成这种风气，搞材料，掌握思想情况；另一方面，提倡我们的干部要多读政治理论书籍，这是我们青年团干部向科学进军的目标"。关于青年干部的作风培养，他注意得更多，他说，"各级团干部应当打掉官气，深入下层，脚踏实地，调查研究，和群众同吃、同住、同劳动、同学习、同娱乐，切实改变脱离群众的官僚主义和主观主义作风"。在一次团的工作观摩学习会上，他发表讲话说，"团干部应当深入实际，调查研究具体情况，把上级的指示，结合本地区的情况，创造性地进行工作"。他号召："坚决反对那种机械地、形式地、毫无生气地执行上级批示的工作态度。"

胡耀邦要求青年干部特别要在政治思想品德方面做青年人的表率，说到做到，不放空炮，脚踏实地，刻苦自律。这种严格要求，实际上是对青年干部的爱护。对那些勤于学习、有创造性、有优异表现的干部，他总是热情地赞扬和鼓励。对于犯了"错误"的干部，他也决不像当时通行的做法那样"一棍子打死"，从此划清界限，不管不问，而是毫不歧视，热情关怀。在50年代的"反右"以后，胡耀邦对待团中央系统被划为"右派"或定为"右倾"的一些人，仍然亲切地接见他们，找他们谈话。当时有100余人调出团中央和青年报刊到陕北米脂劳动锻炼，接受改造。临行前，胡耀邦接见了大家。他没有做什么疾言厉色的讲话，而是娓娓道来为大家送行，他说："你们这次到老区陕北米脂去，这是个很重要的任务。陕西的人民是为革命立过大功的，尤其是陕北，是我们的革命根据地，是革命的摇篮。但是，现在老区的经济还不发达，老区人民的生活还很苦。你们要带着建设繁荣老区的使命去寻找老区脱贫致富之路。这是大有作为的。你们不要背思想包袱，过去种种犹如昨日死，今后种种犹如今日生。我希望听到你们的好消息。"胡耀邦的讲话，总是那么鼓舞人、感动人、振奋人，那么温暖人心，使同志们在困境中感受到莫大的希望和无穷力量。

胡耀邦深深懂得在路线确定之后，干部就是决定的因素。在他的领导下，青年团系统的干部以正派、活跃、爱学习、求锐进的特点为社会称道，他常说，人是最宝贵的，事在人为。干部要干，战士要战，做领导干部的，有责任和义务保护好干部，特别要保护好干部的"政治生命"。凡是和胡耀邦共过事的同志都能感受到他对同志的真诚和爱护。他平易近人，敢于为下属承担责任，尽全力保护干部。

胡耀邦在团中央工作期间，经常告诉各级团干部："引导新中国青年一代，要切实解决好四个关系，即青少年同共产党、国家、人民的关系（热爱祖国，热爱人民，拥护共产党）；青少年同学习的关系（学习知识，掌握专业本领，建设祖国）；青少年同自然的关系（保护环境，绿化大地）；青少年同社会的关系（讲究公德，遵守法纪，热心公益事业）。"他想法很多，点子不少，但是，在"左"倾指导思想统治的年代，他壮志难酬，无力回天，障碍重重。他的有关青年和青年工作的思想和理论，很难得以实现。

1956年，团中央宣传部长项南鉴于青年团活动空间太小，曾指出"四权、三化"的主张，即青年团应有人权（人事权）、财权（财务权）、活动权和自主权，"三化"即民主化、群众化、自治化。那时梁步庭也提出了相类似的"十条"。这些主张刚刚提出就传了出去，受到中央领导人的严厉批评，认为这是青年团闹独立性，向党要权。不久，就展开了对项南和梁步庭的批判。后来，项南被打成"右倾机会主义者"，受留党查看两年的处分，调离了团中央。

对这件事，胡耀邦受到很大的刺激，一方面，他始终感到负疚于项南，感到团中央一些他认为不错的优秀同志实际上是代他受过；另一方面，也不能不看到今后青年团只能是捆着手脚跳舞。正如一位熟悉当时情况的有识之士所说：共青团中央虽是全国性组织，可是"令不出宫门"，想做的不能一竿子插到底，有的只在关东店里（各书记住所）议论，有的只停留在正义路三号（团中央大院），有的也只能在报刊上宣传一通。因为，服从党的同级党委的领导,是青年团的组织原则,各省各地各县一直到基层都得听党的"一把手"的。

其所以发生这种状况,是由于50年代中后期,党的思想路线逐渐背离实事求是原则,"左"的指导思想以致极左的一套做法接踵而来。从1955年"反胡风"开始,到1957年"反右",达到了乱整人的高峰,规模之大,涉及面之广,尤其是在知识分子中所带来的损失和负面影响之大真称得上是史无前例。许多比较优秀的有独立见解、敢说敢为的有志青年被打成"右派";不少年轻人,正处在受教育阶段的大学生,仅仅因为给党组织,甚至仅给党支部负责人提了些意见而一夜之间成为"敌我矛盾"、"异己分子",被开除学籍,被放逐边陲劳动改造。而青年团作为"党的助手和后备军",历来是以配合党的中心任务为己任的,像"反右派"这样声势浩大的"阶级斗争"一来,它不可能有其他选择,只能紧跟党的路线,听从领导的部署与安排,参与到运动中去。这样,青年团作为青年的组织,在大批青年面临厄运的关头,就不能独立地、公正地、有力地保护青年。

置身于大政治环境中,作为共青团第一书记的胡耀邦,心境之矛盾可想而知,从他的本意来看,他深刻了解青年的思想状况,了解青年热爱共产党、热爱新中国的情意。对于团中央的知识分子干部特别是报刊、出版社、团校宣传部门的负责干部,他是很了解的。他对这种自上而下地搞整风"反右"运动,是心怀疑虑,甚至是抵触的,他不忍心划"右派"。有位团干部说:"1957年后,正义路三号无大将了。"意思是说,中国青年报社领导班子全军覆没了,中国青年出版社的领导人被整垮了,团中央宣传部长留党察看了,办公厅主任挨批评了……

在胡耀邦出国访问期间,团中央以"左"著称的掌权者大刮"反右派"风,向"知识分子成堆"的报刊和宣传部门大打出手。胡耀邦从国外回来,到新疆下飞机,就叹气道:"损失惨重。"1957年整风以后,胡耀邦在很多重大问题上，特别是在政治斗争方面，是很为难的，有时不得不做违心的事，说违心的话，他苦于无奈只能招架应付，无力回天。但是，他对青年工作并不懈怠，仍然力所能及，在其权限的有限空间，尽力缩小"左"倾错误的影响，要求各级团的干部努力改进工作方法和工作作风，避免简单粗暴的过火斗争。

在"反右"斗争的急风暴雨中，胡耀邦尽量设法保护了一批同志。当一些同志被打成"右派"、身处逆境的艰难时日，他尽量给以慰藉，鼓励他们"重新做人"的勇气。"反右"斗争风起云涌的1957年7月16日，胡耀邦率中国青年代表团赴莫斯科参加第六届世界青年和学生和平友谊联欢节活动，历时两个月。其时正是"反右"夏季高潮，胡耀邦在异国度过了中国历史上不平常的岁月。他回到新疆，便立即打电话给主持"反右"斗争的团中央负责人，询问"反右"情况，当得知中国青年报有17人被打成"右派"，其中5个正副社长和正副总编辑中有3个被打成"右派"，1个被撤职调离下放；9个部主任中有4个被打成"右派"，其余10个"右派"大多是业务骨干。他立即命令停止"反右"扩大化，一切等他回来裁定，使不少人免遭被戴上"右派"帽子的厄运。

据《中国青年报》原总编辑张黎群回忆，他因在首都第一次新闻工作者座谈会上做了切中时弊的发言，差点被打成了"右派"。他向笔者回忆说："在'反右'斗争中，我被同志、领导保护过关了。当我有如大海波涛中一叶扁舟，亟待有人拉一把之时，胡耀邦同志从国外回到新疆，了解到主管运动的书记向知识分子成堆的青年报连发重炮，正打得起劲，他大声疾呼：'必须刹车了！'这个'刀下留人'之令，确也起了作用。后来他亲自向中央、小平同志反映情况力保了我。"

纽约《华语快报》1985年5月20日登载《胡耀邦其人其事》的文章中，有这么一段话："张黎群……倘在别的部门，必定被打成'大右派'、'极右派'、'反革命'无疑,而他却仅在如火如荼的'反右'八卦炉中打了一个滚儿,居然平安过关,未戴'右派'帽子,诚可谓1957年一大奇迹。而这显然与其顶头上司幸系宽宏大量的'胡书记'有关。"

1979年8月23日,在时任中共中央秘书长兼中宣部部长的胡耀邦的力促下,共青团中央做出《关于为张黎群同志平反的决定》称:"反右派运动中,张黎群同志因1957年5月16日在新闻工作者座谈会上的发言,在新闻界受到批判。之后,1958年1月共青团三届二中全会又因此对他进行了批判,并做出了《关于撤销张黎群同志共青团中央常务委员会委员的决定》。最近,我们复查了张黎群同志的这一问题。我们认为,张黎群同志1957年5月16日发言的基本思想、观点没有错。原《决定》说他的发言'充满了资产阶级新闻观点,犯了严重的政治错误',是不实事求是的,撤销他共青团中央常务委员会委员职务也是不对的,应予平反,恢复张黎群同志的政治名誉。"

在此之前,即1979年2月20日中国青年报社做出《关于撤销张黎君同志党内严重警告处分的决定》称:"反右运动期间,张黎群同志曾在中国青年报社受过党内严重警告处分。最近,我们参照中共中央〔1978〕55号文件精神,对1958年3月12日中国青年报社第一支部《关于张黎群同志所犯错误和给予处分的决定》进行了复查,复查意见如下:当时中共中国青年报社第一支部给张黎群同志党内严重警告处分的根据是,张黎群同志1957年5月16日在第一次新闻工作者座谈会上的发言。原决定中说他这个发言充满了资产阶级新闻观点,离开了无产阶级报纸的党性和原则,孤立地谈如何办青年报的问题,引起了一些新闻工作人员的思想混乱,助长了新闻界中的修正主义思想,被右派分子利用来向党的新闻事业进攻,被台湾反动报纸利用,作为诋毁新中国的材料,产生了恶劣的影响。据查,当时张黎群同志为新闻记者协会常务理事,他在第一次新闻工作者座谈会上发言,是事先记协几次打电话约请他讲的。那次会上，他发表了自己在青年报工作中所感受到的一些问题和看法，纯属对新闻工作问题的探讨，出发点是为了改进报纸工作。从通篇发言内容来看，基本思想、观点没有错。当时，各报发表他的发言时，断章取义，各取所需，是摘登了他讲话中的某些句子，没有全面反映出他的原意，所谓'引起了一些新闻工作人员的思想混乱'，'被右派分子利用来向党的新闻工作事业进攻'等等，责任不能归咎于他。因此，我们认为中共中国青年报社第一支部1958年3月12日给张黎群同志党内严重警告处分的决定，是不对的，不是实事求是的，应予撤销，恢复政治名誉。"

对于团中央系统直属单位划了那么多个"右派分子"这件事，胡耀邦一直感到忐忑不安，以后做过多次检讨。当笔者访问原团中央书记处书记刘导生时，他记忆犹新地说："在'反右'告一段落时，胡耀邦激动地说：总不能天天'反右派'吧，总不能成为'反右派'的'专家'吧，还是要抓好团的工作，立即组织力量下去搞调查。对于被错划为'右派'的一些同志，都较早地摘了帽子，安排了工作，有的还照常受到重用。后来1975年我去看他时，耀邦说：'我在工作上是强调创造性的，强调不断开拓，但在人的组织处理上我是采取慎重态度的。'而有些同志则相反，'在工作上是保守的，但对人的处理上往往过分。'我还多次讲过对待干部要'历史问题看现在，家庭问题看本人'。"

胡耀邦的秘书曹治雄因与林希翎有恋爱关系和"林希翎事件"被打成"右派"，开除党籍，由18级降为21级。他下放劳动之前，带着"负罪感"去胡耀邦家里看望他。他是做了接受严厉批评乃至责备、训斥的思想准备而去的。然而，胡耀邦并没有责备他，反倒说，几年来对他的工作有帮助，表示感谢，勉励他千万不要悲观泄气，要好好吸取教训，好好干，重新再来。他把这些意思编成两句顺口溜："吸取教训向前看，重新再来好好干！"算是给他的临别赠言。胡耀邦还嘱咐他：下去后和他保持联系，主要用写信的方式，半年写一封给他。

1959年春节前，曹治雄从陕北回京探亲。回家放下行李包后，就去看望胡耀邦。他甚为高兴，向曹问了下放劳动和陕北农村的一些情况。

春节过后，曹治雄又赴晋南临猗农村继续劳动。到9月下旬，队领导传达团中央的决定：队中有三个"右派"摘掉帽子，曹治雄是其中一员。年底又回京探亲，他放下行李就去看望胡耀邦，胡耀邦详细问了曹的近况和他母亲的身体状况，使曹得到莫大的安慰。

1960年春节后，组织上通知他不再下放劳动了，分配到中国少年儿童出版社做编辑工作。1961年，他所在的知识读物编辑室编了一套《中国历史小故事》，次年出版后，引起了胡耀邦的关注，他传话叫曹治雄去聊聊，曹如约到了关东店。胡耀邦说已看了送给他的样书，也看了吴晗的书评，说给中小学生普及历史知识很有必要，你们的书也编得很好，亦文亦图的方式更适合少儿阅读。胡耀邦还说："你做编辑工作我看也是能胜任的，努力干吧。"胡耀邦对他的勉励、关怀和鞭策，使他感激不已。

胡耀邦即使在最倒霉的日子里，仍然十分关心同志。"文革"中胡耀邦和大家一起在河南潢川的"五七干校"劳动改造，还要接受批判。一日，胡耀邦来到曹治雄劳动的连队。

互道寒暄后，他问曹治雄母亲来干校没有。当得知曹的母亲也来到干校，他特意去看了她，还问了她和周师母的好，也问了周同志好！周师母是中国青年出版社资深老编辑周振甫的夫人，大家习惯称她"周师母"。

夜深人静，曹治雄躺在床上久久不能成眠，浮想联翩：耀邦同志身处逆境，我也并非真正的"革命群众"（有人在背后还叫他"摘帽右派"），但他还这样关心我和我的母亲。想着想着，他情不自禁地流下了热泪。

《中国青年》的丁盘石，"反右"运动之前，在大鸣大放之中，对"肃反"运动的一些过"左"做法向团中央领导提了意见，后被点名批评，下放劳动。一天,《中国青年》杂志社打长途电话,要他速回北京做检讨。丁盘石忐忑不安,唯恐被补划为"右派"。他回到社里,一位领导宽慰他说:"耀邦同志已经说了,只要做了检讨就行了,你放心,不要紧张。"果真如此,他平安过关。在反"右倾"向党交心时,他交代了自己脑子里的"一闪念":"毛主席是不是也有错误?"在那迷信盛行的年代,这种"腹诽"实属罪莫大焉,自己非戴上"右倾机会主义分子"的帽子不可。不料团中央书记处主管运动的同志告诉他:"根据耀邦同志的指示,能这样向党交心,很好,这不算问题。"因此,他不但没有受任何处分,而且以后还得到信任。40年后,丁盘石回忆这场有惊无险的往事,无限感慨地说:"我曾多次想过,在我的老同学、老熟人中,有些人就因为向领导或对运动提了意见,谈了看法,或向党交了心,讲了内心深处的'一闪念',就被戴上帽子,受尽人间折磨。我如果不是在团中央工作,没有耀邦同志这样的好领导的关爱和保护,将会落得什么下场啊!"

1958年,团中央干部向胡耀邦汇报高校开展"红专"大辩论时,谈到"红专"与"白专"的争论中,有的同学想"利用有限人生,在青年时期打好基础,将来在科学上有所贡献",因而不大关心政治,不愿参加班级活动。这些学生当时受到很大的压力,甚至被扣上"白专"的帽子,有些学校还因此把学生分成左、中、右,进行政治排队。胡耀邦听了这些情况后认为:这里红与白放在一起是政治概念;红是革命的,白是反革命的,如红军、白狗子等,不能乱用。一些学生专心读书是好的,应当鼓励,我国的社会主义建设正需要各种专门人才;他不关心政治,我们可以做一些宣传工作,慢慢引导,但不能轻易扣上"白专"这样的政治帽子,那不是把人推到敌人一边去了吗?关于左、中、右的政治排队问题,他说学校是国家培养人才的地方,学生的进步有早晚、快慢的差别,不宜搞政治排队。当汇报谈到一些学生认为"走中间道路保险"、"红透专深"的要求太高时,胡耀邦说："红透"是指什么呢？如果要求每个大学生都熟读马克思和毛主席的著作，熟知党的路线、方针和政策，这个要求是太高了。社会是有分工的，这些是对政治工作干部的要求，学生的主要精力和大部分时间应当用在专业学习上，政治上拥护党，拥护社会主义，懂得马克思主义的基本道理就可以了。胡耀邦的独特见解，使大学的团干部在那场"红专"辩论中没有去火上浇油，保护了许多努力钻研的大学生。

胡耀邦刚到团中央时曾讲过做好团的工作有三条基本经验：上下请示，左右求援，自我奋斗。他说上下请示是上向马克思请示、向毛主席请示，向党的方针政策请示，向同级党委请示，不要自作主张。下向群众请示，深入做调查研究，向群众学习，做群众的小学生。左右求援是配合行政、工会、妇联工作，共同完成党交给的任务。自我奋斗是主要的。大家听了这般形象的讲话，牢记在心，工作中照着去做，效果很好。向科学进军，有些团干部不大安心工作，胡耀邦对这点表示理解，认为我们首先要减轻学生团干部的工作负担，使他们能集中较多的精力去学习。如果学习成绩不好，在群众中没有威信，也不利于工作。对于专职团干部那是另一回事，他们的主要精力和大部分时间应当用在工作上。他语重心长地说：现在的团干部不可能一辈子做团的工作，到一定年龄要毕业，要转业的。"我也考虑这个问题。将来转业做一名将军吧？"他用手按了一下自己的头，摆摆手风趣地说："不行，不行，个子太矮了，不合适。考虑来，考虑去，将来毕业后还是做党的工作或政府的工作。"他告诉专职团干部，为了迎接转业，从现在起要做好四方面的准备。一要学习马克思主义，读毛主席的书，学习党的方针政策，从理论上、政策上做好准备。二是学会做调查研究，深入实际，只有这样才能理论联系实际，做到实事求是，这是我们做好一切工作的基础。三要和群众交朋友，交几个知心朋友，了解他们的思想情况，关心他们的爱好和要求，这也是做好党的工作的基本功。四要学会写文章、做报告，结合实际通俗地宣传马克思主义和党的方针政策。胡耀邦这个讲话给大家以深刻的启迪，使他们受益终身，在工作实践中积累了"资本"，多数同志转业后成了党和政府工作的领导骨干。

胡耀邦对"反右"斗争有着自己的独特想法，他在无法改变既成事实的情况下，便尽可能地做了各种补救和安排：1958年3月，团中央一大批"右派"下放"劳动改造"前夕，在机关三楼会议室里，胡耀邦语重心长地送给他们12个字："错误十分严重，前途十分光明。"他引用了陶渊明的一句话——"悟以往之不谏，知来者之可追"，以此来激励他们。此前，他曾一个一个地点名，跟下属有关领导打招呼："这些人都是有才能的，要好好帮助他们。他们改好了，可以回来工作，还可以恢复党籍嘛！"此后，他又指示下放带队的同志："对他们政治上严格要求，生活上要一视同仁。"那时，像胡耀邦那样对待"右派"实属罕见。当时不少别的基层单位的"右派"在劳动改造中继续挨整，受伤、致残，甚至折磨至死。而团中央所属单位却没有出现这些情况，这与胡耀邦极力保护这些身处逆境的同志是分不开的。

团中央机关一共打了49个"右派"。1958年春，团中央特为打成"右派"的受害者开了一个座谈会。与会者神情沮丧，默默无语。会场凄凉，空气凝固。一向坦诚、直率的胡耀邦，快言快语，首先打破了难堪的沉闷气氛："我先说几句，同志们！你们中间的绝大部分是有才华的，才华横溢！为党为人民曾作过不同程度的贡献，可你们这次错误犯得太大了……"他越说越激动，动情地继续说："可有的人也太骄傲了，你们看，刘宾雁还拒绝参加今天的座谈会，连我请他都请不动！"

他沉思片刻，解开胸前的衣扣，用右手向前一挥，心情沉重地说："今天你们犯了这么大的错误，我有不可推卸的责任。我平常对你们只知使用，帮助不够，敲打得不够。你们中大多数人现在悔恨、难过，我也不好受，很不好受。可是你们要明白：党中央、毛主席认为是一个大是大非的问题，是敌我矛盾，但可当内部矛盾处理。因此，团中央组织上对你们不作出任何处理。"

他接着说："你们中间绝大部分同志要下去劳动锻炼，有些还要到北大荒去。你们要认真、彻底地改造思想。下去，肯定不习惯，尤其过去长期生活在南方、在大城市的同志。北大荒那儿劳动条件很苦，你们要有充分的思想准备。希望你们能自觉地找苦头吃，自觉地好好地劳动，通过劳动彻底地改造非无产阶级的世界观，彻底地改造资产阶级思想，争取早日回到革命队伍中来！可以恢复党籍，可以入党嘛！我们马克思主义老祖宗之一的恩格斯说过，劳动创造世界，也创造了人类本身。我相信你们能改造好。我坚信我们将来还有共事的机会，等你们改造好了回来时，我给你们开欢迎会。我们就这样说定了。"

胡耀邦的临别赠言，语重心长，温暖人心，使与会者感到莫大的慰藉，在人生的转折关头看到了前进的希望。许多人聆听了胡耀邦的话语，不禁潸然泪下。

胡耀邦在多次政治运动中竭尽全力保护一批同志，使他们免受灭顶之灾。回首往事，他在不同场合总是深怀歉疚地说："'文革'前对几个青年作家（指王蒙、刘绍棠等一批被打成'右派'的青年作家——笔者）的处理，我也是有错误的。当时那些同志也有才华，而作品也不够成熟，是需要帮助的，但我们对他们的方针错了。现在他们回来了，成了地地道道的作家了。假如那几位现在是中年的作家在他们的作品里，写上一笔，说当时有那么一位老家伙在我的问题上犯过错误，我赞成，因为这是事实。"

胡耀邦在中央一次重要会议上说："现在我十分抱歉，1957年'反右'时，我把团中央一批有才能的干部打成'右派'了，我要向他们道歉。"

1979年初春，春暖花开，团中央在北京西苑饭店召开团的各省、市委书记会议。一天上午，时任中共中央秘书长兼中宣部长的胡耀邦一进会场，就发现了曾被错划为"右派"已被改正的原《中国青年报》副总编陈模（他平反后任中国青年出版社党组副书记、中国少儿出版社社长兼总编辑），他笑着走过去与陈模亲切握手，连声说："陈模同志，你好啊！"接着询问了他的工作和身体情况。他走到主席台上讲话时，指着陈模对大家说："在我们团的高级干部中，谁吃的苦头最多呢？就是陈模同志，团中央在五七年打'右派'，整了一批同志，其中有陈模同志，他是受委屈了。当然，用一分为二的观点来说，他也受到锻炼。这件事情我是有责任的，我是第一书记，也签了字的嘛。我向陈模同志道歉，向其他同志道歉！"

中国青年出版社负责人李庚打成"右派"后，于1962年去富强胡同6号看望胡耀邦，他安慰李庚说："工作上和作风上谁都免不了有缺点，有错误，但是给你戴上'右派'帽子，划到党的对立面去，道理不多，是处理过重了，有意见允许提出来，组织上可以重新研究，该纠正就纠正。……你吃了苦头，但不要耿耿于怀。"接着他郑重表示向李庚道歉。李庚说："我知道那时你在国外，回到乌鲁木齐就打长途电话向团中央了解机关'反右'情况，你要求先行刹住，等你回来再说。但对我的批斗会已经开过了，名字也上了《人民日报》。"李庚又说："你不在家，你没有责任，不必由你给我道歉。"胡耀邦诚恳地回答："我是团中央第一书记，团中央的事，我都有责任。错了就应该认错，我还是要向你道歉，请你原谅。"

好学勤思

胡耀邦用功读书，博闻强记，博览群书，早已传为佳话。

1952年在中央团校校部请了中宣部副部长、全国文联副主席周扬来给学员上大课。当讲到青年团干部和广大团员、青年应当多多读书、勤奋学习、用全人类的知识武装自己的头脑时，周扬说："你们团中央书记胡耀邦同志，就是一位喜爱读书、知识丰富的领导同志。他在延安时，就以好读书、读书多出了名。他不但读了大量马列主义和毛主席著作，还读了许多文化知识和文学艺术作品。像中国四大古典文学名著，他就很熟悉。"

曾长期担任中共中央宣传部部长的陆定一，在粉碎"四人帮"后曾感慨万千地对中国社科院副院长、著名经济学家于光远说："过去许多人年龄大了不想读书，也读不进去。只有很少数老干部觉悟到文化程度低了不行，下苦功读书，有很大长进。这样的人中，第一个就得算胡耀邦。他读的书真不少，很有见解。诗词歌赋也都能来几首，字也写得不错。他从'红小鬼'成了个大知识分子。"

胡耀邦对马恩列斯和毛主席的著作一卷接一卷、一篇接一篇反复学习，有的还读了好几遍，不仅做眉批，还写了许多读书笔记。他从头到尾读完了《二十四史》中的列传、世家本纪，也读了一些教育学、农学和科技著作。他主张要按毛泽东主席的教导，有分析、有批判地研究，决不囫囵吞枣。对各种流派的著作，择其善者予以借鉴。他的书桌上放着一叠《中华活叶文选》，对那些历代文学精品，他一篇篇出声朗读，有的竟能背诵如流。

有一次，他在安徽省委书记万里的陪同下，视察了滁州琅琊山的醉翁亭。琅琊山管理处副处长张华盛向他讲解醉翁亭及《醉翁亭记》时，他一直静静地听着。当张华盛说到这篇文章有21个"也"、18个"者"时，胡耀邦兴趣盎然地问："你讲得很好，文章有多少个'也'、'者'你都记得，那么这篇文章有多少个'字'呢？"张华盛一时语塞，无言以对。这时胡耀邦打破暂时的沉默，继续问道："那你说说《岳阳楼记》和《醉翁亭记》的区别在哪里呢？"张华盛立即回答说："《岳阳楼记》表达忧国忧民的思想，《醉翁亭记》描述寄情山水和与民同乐的情怀，这不是一类文章。"胡耀邦非常佩服这位讲解者，连连点头称是，把张华盛赞美了一番。

之后，胡耀邦意味深长地告诉身边的随从和围观者："琅琊山为八名

（名山、名亭、名文、名人、名寺、名林、名泉、名洞）胜地；《醉翁亭记》是千古名文，它词采多姿，妙用'者'、'也'虚词，一唱三叹，有骈有散，骈散相偕，回环往复。全文仅431个字。文章不在字的多少，而在于意境是否高远，内涵是否精深。此文意味无穷，具有上述特点，故能世代传扬。"他深思片刻，接着说："琅琊山有极高的旅游品位，我们要尽快把它开发成中外宾客理想的集旅游观光、休闲度假、科研教学、访古探幽为一体的风景名胜。"

在场的人们无不为他博览群书、知识渊博和远见卓识所倾倒，尤其对他平易近人、和蔼可亲的高尚情操和谦逊品德敬佩不已。

当少年儿童出版社编辑出版了一套《十万个为什么》，他不但自己从头到尾看了一篇，还向别人推荐，赞扬这是启发儿童智力的好读物。他经常引用列宁的名言告诫广大青年："只有用人类全部知识财富来丰富自己的头脑，才能成为共产主义者。"他自己正是这样身体力行的。

1955年，中央编译局翻译的《列宁全集》开始面世，胡耀邦便叮嘱秘书务必及时买全。因此，《列宁全集》每出版一卷，秘书就立即去书店购买交给他，他拿到手就孜孜不倦地阅读。除外出开会，或批阅重要文件，他总是利用工作之余或节假日，聚精会神地阅读。白天读，晚上读，夜里靠在床头继续读，一般总要读到凌晨一两点。买一卷就读一卷，决不拖延耽搁。次年，新翻译的《马克思恩格斯全集》开始出版，他也是出一卷就买一卷，买一卷就读一卷，如饥似渴、夜以继日地读着、思考着。

他酷爱文史书籍，当时还没有出版新版本《二十四史》，就从中国青年出版社借来一套解放前开明书店影印出版的《二十五史》。其他的书，胡耀邦只要认为是应当阅读、值得一读或可以看看的，他也找来翻阅、浏览。

20世纪50年代前期，中国同印度、印度尼西亚建立了密切的友好关系。印度尼赫鲁总理、印尼总统苏加诺，先后对中国进行了盛大的国事访问。为配合这两次重要的外交活动，中国出版部门翻译出版了尼赫鲁著的《印度的发现》、苏加诺著的《苏加诺文集》。胡耀邦就及时买回这两本书，迅速把它们读完。

1955年国庆节前后，香港出版了唐人所著《金陵春梦》。此书在内地一般书店里买不到，当时只在一些高级干部中流传。胡耀邦便借了一套阅读。这是一套分为五集、总计160多万字的大部头，他利用晚上的时间把它看完了。

他反复读了多篇古文名篇以及唐诗宋词，有些熟读得能够背诵。他坚持读完了艾思奇的《辩证唯物主义》和王学文的《政治经济学》。他为青少年树立了长年手不释卷、学习上永不满足的榜样。

胡耀邦读书，总喜欢琢磨研究，形成自己的独特见解。而每有会意和心得，便欣然同身边的工作人员交谈见解，这已成为他的一种习惯。

胡耀邦读书的另一习惯是从读书所得中，联系他萦绕脑际的中国社会主义经济建设中的一些重大问题，进行思考，形成他自己的看法和创见。读完《印度的发现》后，他发表感想说：印度1947年独立，新中国1949年诞生；印度的面积不及中国的三分之一，但可耕地面积的比例比中国大很多，人口也比中国少一些。它现在有5万公里铁路，500万纱锭。而"蒋委员长"留给我们的只有2万公里多一点的铁路；纱锭也比印度少，还不是蒋介石而是民族工业家留下来的。美国的面积比中国略小，但根据列宁的调查，美国在本世纪初期，即第一次世界大战以前，全国铁路的总长度已达30万公里。中国现在的人口已大大超过美国，我们至少该有30万公里铁路才够用。铁路太少，交通落后，许多事情就不好办，甚至干不成。所以我们得抓紧多修铁路，一个阶段一个阶段地规划、修筑，若干年后，比如到1980年，最晚到2000年，我国的铁路达到30万公里时，那我们的许许多多的事情，就会好办多了。

胡耀邦读书还有一个习惯，即"好求甚解"。读书时碰到搞不太清楚的问题，他一定要搞清楚；不太明白的事理，他一定要弄明白；不太懂的关键处，他一定要"过五关斩六将"，探明究竟。他喜欢查参考资料，查工具书，一时查不到或没有时间找，就让秘书帮忙查找。在学习上他也不拿架子，而是不耻下问，绝不强不知以为知。

1954年，团中央召开一个小型农村青年工作座谈会，部分大区团委和省市团委书记参加，共有10来人。胡耀邦请了政务院副总理、中共中央农村工作部部长邓子恢来讲话。邓老在讲话中说到治理黄河、治理淮河等水利建设问题，说这是农村青年施展身手、实现抱负的大舞台。他对此寄予厚望：一定要在他们这一代手中，把黄淮治理好。否则，"俟河之清，从寿几何？"散会回来的路上，胡耀邦在车里问曹治雄秘书："邓老刚才引的那句话，你懂不懂，是谁说的？在什么书上？"曹秘书回答："意思懂得，是谁说的，出自何书，不知道。""你回去后查查，把答案告诉我。"胡耀邦叮咛道。

曹秘书在北京图书馆，花了大半天工夫才查出来，答案是："《左传·襄公八年》引古逸诗。"他回来立即向胡耀邦汇报，并把"答案"交给了他。胡耀邦一看，不无惊讶地说："《左传》，逸诗，并不是左丘明所说，他还是引的逸诗呢。""左丘明如果活着，都两千多岁了，他引的古逸诗，'俟河之清，从寿几何'，产生的年代更为久远，可见我们中华民族的文化是多么古老，是怎样的源远流长啊！更可见黄河的水患为害又有多少历史年代了！"他不胜感叹。胡耀邦坚定地说："一定要照邓老说的，我们这一代青年人一定要把黄河治好，把淮河和其他'害河'治好，也一定能治好！"他还说："一句古话，听不懂，这是常事，要放过也就过去了；可是一查，就查出这么多学问来了。"

还是1954年，印度总理尼赫鲁应邀访华。访问结束前夕，毛泽东在新侨饭店为他举行送别宴会。胡耀邦出席了这次宴会。宴罢归来，他递给曹秘书一张小纸条，上面记着"暗然消魂者，惟别而已矣！"他告诉曹秘书："毛主席在致辞中讲'中国有位古人说过'，往下就是这句话，是谁讲的他没指明，你晓得不？"曹秘书答："是南朝梁·江淹《别赋》中的文句。不过，这里的'暗'一般都写作'黯'，消魂应写作销魂。""啊！对了，就是'江郎才尽'那个人吧？这回可记住了！"胡耀邦简直就像中学生解答了一道难题似的，兴奋之情溢于言表。

他在做报告时多次向团员、青年们说："读书求学，研究问题，就要有贾宝玉那样一股劲头，一定要寻根究底，而决不能像蜻蜓点水那样！"

胡耀邦学历不高，上过一年初中，不满15岁就走上了职业革命家的道路。在60年的革命生涯中，可以静下来安心读书的时间并不多。然而，他毕生勤奋好学，渴求知识，学而不倦，锲而不舍，因而能见缝插针，长期坚持利用"三余"的时间（借用三国时董遇"冬者岁之余，夜者日之余，阴雨者时之余"中的"夜者日之余"），孜孜不倦，博览群书，且好求甚解、不耻下问，甚至连《辞海》的词语分册这样的书，他也一个条目一个条目系统地读到底，他即使在身处逆境的"五七干校"艰苦劳动之余，也不顾疲劳，读书至深更半夜。夏天蚊子咬，他就躲在蚊帐里读书；冬天寒气袭人，他就盖上被子看书。正因为他手不释卷，持之以恒，不断积累了丰富的知识，从而成为一名具有渊博学识和很高文化素养的领导人。

胡耀邦还有一个博学多闻的习惯，他每到一地视察工作，都要查看当地的地方志，向当地团的负责同志询问当地的山川地理、历史文化、气候名胜、物产矿藏和风俗人情等。如果这些同志答不好，他就要劝导他们注意学习，熟知本乡本土，以便搞好工作。

1959年春，党的八届七中全会在上海举行。胡耀邦出席这次会议前，决定先去苏州一带进行调查研究。在苏州期间，他挤时间去参观著名的园林时，也不断向陪同的苏州同志询问园林的历史沿革、建筑特色、名花异草等等。他对园林中碑刻上的诗词和楹联,更特别留心,再三观赏吟诵,并做记录。这次他也借来《苏州府志》,在夜里阅读。他们一行去东山参观范仲淹故居、祠堂,路过木渎镇,他问随行的中国青年杂志社编辑丁盘石:"你是学历史的,知道这里历史上曾有什么故事?"丁盘石一时答不出来。他说:"越王勾践和吴王夫差曾在这里激战过。"范仲淹祠堂楹联提到一个名字"纯仁",他立刻说出:"这是范仲淹的儿子,也是宋代清正廉明的名相。"他渊博的学识,令同行者赞叹不已。

榜样的力量是无穷的。胡耀邦自己刻苦读书,他要求广大青年读书就具有强大的号召力。他认为若要使我们祖国富强起来,还要跨过两条大河,一条是贫困之河,一条是愚昧之河。青年是祖国的未来,青年人要涉过愚昧之河,自然应当注重读书学习。所以,胡耀邦大力提倡青年人要读书学习。

1956年在中共八大上,胡耀邦在题为《把我国青年引向最伟大的目标》报告中就提出了青年人要读书学习的问题。

他分析说,当时我国青年大部分人还没有摆脱文盲状态,团中央要带领青年实实在在地学习建设社会主义的本领,使我国青年不仅要具有共产主义的思想、坚强的意志和强健的体魄,而且还要具有现代文化、技术、科学知识水平。他特别指出,青年团提高战斗力的关键是加强我们自己的学习。

胡耀邦在报告中说,共青团应当担负起教育青年学习科学文化知识、扫除文盲的重任。

他认为,青年团的同志虽然有热情,工作积极,也听党的话,但年纪轻、锻炼少、经验缺乏,思想往往存在着片面性,这是青年工作中经常产生缺点和错误的一个重要原因。要摆脱这个困境,必须努力提高自己的马克思列宁主义水平,熟悉同本行有关的科学知识,因此要刻苦读书。

他深刻指出,"我们还没有深刻了解,提高科学文化水平,是革命胜利以后青年最迫切的要求。现在这一代青年,是将来建设共产主义的中坚力量,如果现在不打下牢固的知识基础,那时便要遇到极大的困难"。

站在这样一种高度,胡耀邦身体力行,大力在全团和广大青年中提倡读书学习之风。

大家常常看到他紧张地工作,不倦地学习,办公桌上放着书,从早到晚手不释卷。

在他的影响下,团中央机关的同志,刻苦读书学习,蔚然成风。

1959年,他针对读书之风被反掉的情况,在一次讲话中说,从1956年起,读书之风兴了一下,但有缺点。如目的有问题,方法不对,没同实际结合,要求过高。这都是在实际工作中出的问题,提倡读书之风是正确的,后来一反,就连读书之风也给反掉了,必须再来个大兴读书之风。

他号召别人做的,自己首先做到。即使到外地出差,胡耀邦都要带一大批书,有空就读;而且每到一地,他都要寻觅当地典籍,到新华书店选购自己所需要的书。他到岳阳视察,就到岳阳楼,重温《岳阳楼记》,竟能一字不漏地将它背诵出来。在株洲酃县(现改名炎陵县)视察,路过炎帝陵,见陵庙已毁于火灾,只剩断瓦残垣,他在这里盘桓很久,说前人对我们中华民族始祖有这份感情、这样能力建造这样规模宏伟的殿宇,我们也应有这份感情、这份能力重修炎帝陵。当炎帝陵正在重建时,他挥笔写下苍劲飘逸的"炎帝神农氏之墓"7个大字。如今他的题词刻在殿宇的石碑上,引来无数中外游客驻足观瞻。杭州会议上,毛主席讲到哲学家,列举了王充、范缜等人,其中还提到一个"傅奕"。胡耀邦回到湖南整理笔记准备传达时,起先把这个"傅奕"当作了东汉的傅毅。但转念一想,傅毅是文史学家,会不会另外还有个"傅毅"?他派人到省图书馆去查,查到了"傅奕",他是隋唐时人,无神论者,毛主席讲"傅奕"时,还放在王充之后,柳宗元之前,可见就是这个傅奕了。经过一番考证,弄清一个疑问,他非常高兴,还特地给参加杭州会议的几个朋友写信,向大家做了介绍。

胡耀邦读书广泛又重视系统攻读马列著作。他从北京带来《马克思恩格斯全集》，一卷卷地通读，在湘潭县楠竹山蹲点的时候，有几天空闲，他安排来专门读《马克思恩格斯全集》。那几天他足不出户，除进餐和午休之外，整天披着大衣围着火盆，端坐不动，聚精会神，边读边画杠杠和做摘记。大家跟他开玩笑说，耀邦同志这样坐下去，头上要长草了。他感慨地说，光读有什么用？用不上还不是白读？要求学以致用之情，溢于言表。事实上，他总是力求以马克思列宁主义观点分析阐述事物，所以在新鲜感和理论色彩上，总有他独到之处。

胡耀邦十分注重从实际生活中、从生产实践中学习。他思想敏锐，思考问题极为认真，记忆力惊人，遇到什么新事物、新知识马上捕捉和研究，加以吸收。有一次，一个学过农业的干部谈农业生产时，提到庄稼需要"微量元素"。这"微量元素"立即吸引了他，他详细询问这其中都包括些什么，起什么作用。当时没有完全弄懂，回去又查了有关书籍，直到弄明白为止。在株洲醴陵，听到汇报瓷器生产的"釉下彩"，他也饶有兴趣地好一阵钻研，把每个细节都问了个一清二楚。

胡耀邦对团干部读书的要求，他在报告中明确指出说："要读马、恩、列、斯的全集，要读四书五经，要读古今中外的文学名著，要读完《二十四史》。这些书一共有5000万字，即使一个人一天读一万字，要读完这些书，至少也得14年。20多岁的干部按照这个方向去努力，到了40岁左右，可以成为一个学者了。"他就是这样践行的。

对于那些自己不学无术、却反对别人读书的"左"倾人物，他是不屑一顾的。1957年3月，他针对社会上出现的"左"的风气，在一次讲话中，他大声疾呼："有人说现在许多青年埋头业务，不问政治，走'白专道路'。我认为这话要加以分析，对所谓走'白专道路'不要横加指责。现在国内阶级斗争矛盾已基本解决，今后更长的时期是同自然界作斗争，这就需要自然科学，需要业务知识。怎么办呢？我归纳为两句话12个字：'埋头钻研业务，抬头瞭望政治'。"他幽默风趣的一席话，说得大家哄堂大笑。

正因为胡耀邦博览群书，学识渊博，所以，他做报告、写文章，一般不要秘书代笔，他讲话富有极大的吸引力和感染力。他讲话谈锋犀利，不念稿子，随口谈来，嘻笑怒骂皆成文章，而且思想深刻，观点鲜明，条理清晰。他讲话生动活泼，引人入胜，时而慷慨激昂，挥手振臂，声音洪亮，如劈雳闪电，令人振聋发聩；时而心平气和，幽默风趣，轻声笑语，似和风细雨，使人如沐春风。古人云："听君一席话，胜读十年书。"听胡耀邦讲话，常使人有这种感受。

1957年11月24日，胡耀邦在株洲主持召开中南五省（广东、广西、湖南、湖北、江西）共青团省委书记座谈会后，向株洲市社会主义建设积极分子和共青团干部做了一个题为《眼光远大，坚决前进》的报告。他不要讲稿，接连讲了3个多小时，博得阵阵掌声。讲话中，他引经据典，幽默风趣，其中谈到青年人要眼光远大，要向前看，不要像申公豹那样，被人家把头割下来，向人求饶，结果把头给安装反了，成了永远向后看的怪物。《封神演义》中的这则神话故事，被他讲得活灵活现，入木三分，令人在笑声中受到教育。

胡耀邦对自己学而不厌，对别人诲人不倦。作为团中央第一书记，他时时关心青年的思想教育工作，除了通过会议、文件、文章对全国部署各方面的工作以外，他本身就是一个出色的宣传员、报告员。由于他知识渊博，讲话旁征博引，妙趣横生，寓教育于风趣幽默之中，极富感染力，使听者如沐春风，受到教育而又不感到压抑。

1958年9月底他出差南阳，一天，他到市郊著名的卧龙岗武侯祠参观，祠内大殿前有一副对联："心在朝廷，原无论先主后主；名高天下，何必辨襄阳南阳"。胡耀邦了解到，这副对联是清朝咸丰年间南阳知府顾嘉蘅为调解诸葛亮出山前到底隐居在河南南阳还是湖北襄阳这场争论而写的名联。胡耀邦看了这副对联对陪同人员说:"这副对联很有意思,我来改一改好不好?"他沉思片刻,朗声吟道:"心在人民,原无论大事小事;利归天下,何必争多得少得"。改出的对联,不仅通俗易懂,有时代感,还赋予了全新内容,可谓化腐朽为神奇,大家齐声夸赞改得好。

次日,给当地青年做报告时,讲到干革命要像诸葛亮那样鞠躬尽瘁,死而后已,不要斤斤计较个人得失,无论是大事小事,一切听从党的安排,把工作做好。他说:"你们这里有一个卧龙岗,那里挂着一副对联云:心在朝廷,原无论先主后主;名高天下,何必辨襄阳南阳。现在借过来我把它改一下赠给大家:'心在人民,原无论大事小事;利归天下,何必争多得少得'。"顿时全场活跃起来,大家受到深刻的教育和文学的享受。

善抓典型

胡耀邦在教育和引导青年方面,特别重视通过先进典型引路,以榜样的力量和模范作用推动青年工作蓬勃发展,促进青年健康成长。

胡耀邦在团中央工作的10多年里,不仅树立了在社会主义建设活动中的典型,而且树立了造林、垦荒活动中的典型;不仅树立了扫盲活动的典型,而且树立了学毛著、学雷锋的典型;不仅树立了工农业战线的典型,而且树立了各条战线、各个行业的典型;不仅团中央树立了典型,各地方团的组织也树立了典型。比如回乡知识青年邢燕子、侯隽、赵耘、周明山、"青年鲁班"李瑞环、纺织战线上的郝建秀、北京青年志愿垦荒队、上海青年"共青社"垦荒队、雷锋、欧阳海、麦贤德、王杰等等,他们成为五六十年代广大青年学习的一面旗帜,极大地鼓舞了成千上万的青年投身于社会主义建设之中。

宣传雷锋，《中国青年》在胡耀邦的直接领导下，作出了重大贡献。

雷锋是中国共产党党员、解放军沈阳部队工程兵某部运输连班长，他在工作岗位上，在社会活动中，做了大量有益于国家、社会和青少年的工作，1962年8月15日因公殉职。他平凡而伟大的一生，感人至深。他的先进事迹，《中国青年报》曾于1961年4月19日，以《苦孩子——好战士》为题做过报道。1963年2月5日，《中国青年报》刊登《永生的战士》一文，介绍雷锋是怎样在党的教育下成长为无产阶级革命战士的，怎样对待劳动、学习和生活的。同时发表经胡耀邦亲自审定的社论：《要像雷锋那样战斗和生活》。

胡耀邦高瞻远瞩，意识到学习雷锋的重大意义，组织团中央书记处成员率先召开专门会议，研究学雷锋的问题，并于2月15日以团中央名义发出《关于在全国青少年中广泛开展"学习雷锋"的教育活动的通知》，要求全国各级团组织在青少年中广泛开展"学习雷锋"的教育活动。通知指出，雷锋光辉的一生，为中国青年树立了一个具有坚定的无产阶级立场和高尚的共产主义思想品质的榜样。团的组织要引导青少年着重学习雷锋的忠实于党，忠实于社会主义事业的无产阶级立场，自觉地服从祖国的需要，以人民利益为重，做一个"永不生锈的螺丝钉"，全心全意为人民服务；关心同志，助人为乐，毫不利己、专门利人的共产主义风格；坚忍不拔，勇于克服困难的意志和克勤克俭、艰苦朴素的作风；坚持又红又专的方向，下苦功夫，努力学习毛主席著作，刻苦钻研业务技术，模范地完成工作任务。把这项活动作为当前进行共产主义教育的一项重要措施。

2月23日，共青团中央决定追认雷锋为全国优秀少先队辅导员，并号召全体少先队辅导员向雷锋学习，要像雷锋那样热爱少年儿童，热爱辅导员工作，忠于党的嘱托，在培养共产主义事业接班人的工作中作出更大的贡献。

1963年2月中旬，《中国青年》杂志社捷足先登，召开编委会，专门讨论如何宣传雷锋的问题。会上决定,恳请毛泽东和其他中央领导为雷锋题词,毛泽东欣然命笔,题写"向雷锋同志学习"。3月5日全国各报刊在头版头条刊发了毛主席的题词。从此,3月5日成为全国学习雷锋纪念日。并派人到辽宁进一步搜集雷锋的日记和他的先进事迹,出宣传雷锋专辑。杂志社还派了一个采访组到辽宁,详细看了雷锋的日记本,将有的报纸已发表的日记摘记加以补充,还约人写了长篇通讯,一齐在杂志上刊登。

经过努力,《中国青年》将五、六期合刊办成"学习雷锋专辑",内容非常丰富,图文并茂。因此,专辑一出版,像一声春雷震撼了大地,在青年和群众中引起了极大的反响。大家争购《中国青年》,杂志的发行量猛增,一再加印,这期杂志在北京和各地印刷总计不下700万份。专辑出版后,《中国青年》又连续做了宣传,声势之大,堪称空前。

胡耀邦深信榜样的力量是无穷的,他以敏锐的洞察力和革命家的远见卓识,亲自撰写长文,在1963年"五一"国际劳动节之际,以题为《把青年的无产阶级觉悟提高到新的高度——谈广泛开展学习雷锋运动的深远意义》,发表在《中国青年》杂志上,着力阐明学习雷锋的深刻意义,其中一段话意味深长:"事实总是这样,在党引导着我们国家、我们的人民披荆斩棘、高歌猛进当中,总是不断哺育出许多有理想、有志气的青年,这些青年又带动起千千万万的青年朝气蓬勃地前进。先进榜样的模范作用是巨大的教育力量。只要在党的领导下,共青团善于引导广大青年向先进榜样学习,必须教育出更多的青年涌进先进分子的行列,形成青年思想觉悟的普遍高涨。"

胡耀邦在文章中着重指出:"雷锋正是这样一个以无产阶级思想武装起来的青年人。雷锋事迹的出现和大批雷锋式的青年的成长,是一件有深远意义的事情。它标志着中国青年正向着无产阶级坚强战士的目标大踏步前进,它标志着中国青年的无产阶级觉悟将要达到一个新的更高的水平。雷锋式的青年涌现得越多,我们的伟大事业就越有希望。"

该文还在《人民日报》上发表,引起强烈的反响。

在毛泽东主席的号召下,由于各级党团组织的重视,通过各地报刊广泛、深入的宣传,一个全国性学习雷锋的高潮迅速掀起,雷锋的先进事迹深入人心,从城市到农村,各条战线上的青年男女人人都在谈雷锋、学雷锋、比雷锋,决心把雷锋平凡而伟大的革命精神接过来,传下去,像雷锋那样做一个坚强的革命战士。从此,人人学雷锋做好事,扶老携幼、助人为乐、拾金不昧等好人好事层出不穷。后来发展到立足学雷锋,雷锋精神造就了一代青年。雷锋成为了青年的光辉榜样。以至50余年来,全国学习雷锋的活动持续发展,成为我们全面建设小康社会的强大精神动力。雷锋这个典型,具有不同凡响的精神感召力,有深入千家万户的巨大亲合力和随着时代前进的持久生命力。从某种意义上说,雷锋精神已成为融化在民族血脉中的一笔宝贵的精神财富。而在60年代作为团中央第一书记的胡耀邦,勇于创新,善抓典型,倡导学习雷锋的活动,功不可没。

胡耀邦不仅善于抓正面典型,采用典型引路的方法,使团的工作蓬蓬勃勃向前发展,还善于狠抓反面典型,使广大青年从反面吸取教训,走向正确的人生轨道。

新中国成立初期,面对极少数青年道德败坏、腐化堕落以致犯罪作案的情况,当时有些地方的团委领导主张要狠狠打击,严厉惩办,"杀鸡给猴看",使广大青年有所震动。胡耀邦在和团中央书记处的同志研究时认为,违法犯罪的青年,是有限的几个,特别严重的要判刑,其他的可以劳动教养,改造他们;要狠狠地打击的是那些唆使他们犯罪的旧社会渣滓和坏分子。而对广大青年,则要以正面教育为主。他主张:要在青年中正面提倡关心集体,爱社爱厂,把集体利益放在个人利益之上,提倡劳动朴素,提倡尊重妇女,提倡团结友爱。要教育广大青年看到资产阶级和一切剥削阶级的腐朽思想的侵蚀,提高警惕。为了使这次教育进行得生动、具体,引起广大青年的重视和警觉，胡耀邦赞成在报刊上刊载几个具有教育意义的反面典型，并推动各地团委组织广大青年进行讨论。胡耀邦强调：这种反面典型不能多，基层一般不要搞；不要只是暴露他们的罪恶，更要揭示他们堕落犯罪的原因，以唤起青年的警觉。

遵照胡耀邦的批示和部署，《中国青年报》发表了《马小彦是怎样腐化堕落的》等几篇典型报道后，在青年中引起很大震动。他们从马小彦等人的身上，看到了剥削阶级腐朽思想和道德的丑恶和危害，体会到"下流娱乐场所去不得，黄色书刊看不得，流氓坏人（朋友）交不得"。有的说这次讨论是给自己"敲了警钟"，"打了预防针"。许多家长看了《中国青年》上刊载的《审判后的谈话》等文章后，也引起深思，认识到不仅要在物质生活和身体健康上关心孩子的成长，更主要的是要关心他们思想品德上的健康成长。

资产阶级和一切剥削阶级的腐朽思想、道德，往往以业余生活为突破口来腐蚀青年，几个反面典型的事例也说明了这个问题。在一次研究道德教育的会议上，胡耀邦指出：青年人精力充沛，兴趣广泛，却又缺乏生活经验，不会正确地生活，以致有些青年在业余时间赌博、酗酒、打架、哄闹，沾染了不良习气。而我们不少团干部对青年的业余生活关心不够，"只管8小时，不管24小时"的现象相当普遍。他强调指出，青年的共产主义道德品质，还必须从日常生活中形成。我们青年团要改进工作，关心广大群众的业余文化活动。要充分认识到这是共产主义教育的重要组成部分，是青年团的一项重要工作，切不可轻视小看。他指导团中央起草了《关于加强青年业余文化工作的决议》，在团的二中全会上通过，推动全国把它作为一项重要的经常工作努力做好。胡耀邦在向全会的报告中提出，应当着重进行的：一是积极组织青年学习文化科学技术知识；二是组织和指导青年阅读书籍报刊；三是开展多种多样的业余艺术活动；四是广泛开展体育活动。他说，我们要切实帮助青年办好俱乐部、图书馆、集体宿舍和各种文艺、体育团体，使青年业余生活的各个场所，都成为共产主义教育的阵地。

1954年、1955年间开展的共产主义道德教育活动，在135个城市中进行了几个月，取得了很好的效果，社会上形成了一种强有力的舆论，家长、教师和社会各方面重视和关注青年在道德品质方面的成长，有些地方还提到市人民代表大会或政协会议上讨论。文化、公安、工商管理部门更是采取有力措施，加强对旧书店、旧书摊和娱乐场所的管理，严厉惩办并公开审判那些毒害青年的罪犯。

在胡耀邦亲自指导下开展的那次道德教育活动，坚持正面教育为主，从多方面开展工作，同时注意改进自身的工作方法和工作作风，对50年代优良社会风尚的形成和一代青年的健康成长，起到了良好的作用。

严于律己

胡耀邦清正廉明，严于律己，从不谋取私利。

在政治待遇上，他从不与人比高低，总觉得自己对党的贡献很小很小，而党给自己的荣誉和待遇很高很高。1956年9月15日至27日，中共八大在北京召开，胡耀邦以饱满的政治热情和喜悦的心情参加了这次会议。会前，他严肃认真地准备了大会发言稿。在会上，他以《引导全国青年向最伟大的目标前进》为题做了激昂慷慨的发言。他豪迈地宣称："至今有团员2000万人，占全国青年总数的70%。已有215万团员加入了中国共产党。青年团已成为党的可靠后备军。"

每次散会回家，他都是喜形于色，还要对家人和秘书说上几句，如称赞毛主席的《开幕词》高屋建瓴，又别具一格；赞赏刘少奇同志的《政治报告》抓住了根本，带来了根本性的转变，实事求是。可是到会议后期，秘书察觉到他有点反常,回家进门后什么也不说,表情严肃,心情沉重。进办公室后,就伏案疾书,写完后亲自抄好,装进公文包。第二天去开会,自己将公文包一起带走了。这种情况接连有两三次。曹秘书看在眼里,不便询问,只是猜测:一定有什么重要机密,否则,他会叫我抄写的。大会月底前闭幕,随后公布了新选举的第八届中央委员的名单,胡耀邦当选为正式中央委员,大家向他表示祝贺。他却依然神情凝重,心事重重地说:"祝贺什么,不相称啊!""不少省委书记、中央的部长、部队的将军,他们的水平比我高、功劳比我大、资格比我老,但还只是候补中委。我向中央和毛主席写了信,请求无论如何不能安排我为中委,如果工作需要,安排个候补中委就足够了。但没有被采纳,我心情很难平静啊!"谜团解开了,原来就是为了这个,他在桌上抄抄写写,是给毛主席和党中央写信啊!

他的信是这样写的:

陈云、小平同志阅转

主席并原书记处同志:

今天上午我出席主席团会议,看到我的名字摆在预定的正式中央委员会里的时候,从心底发出了无限的痛苦。几次想站起来提出意见,但老是感到难为情。当快要散会的时候,算是鼓起勇气站起来了,可是又被大家说"不要谈个人问题",就坐下来了。

我是做梦也没有想到,我会被提名为中央委员的。我决没低估过自己,我曾经量过自己的分量。我这样计算过,如果我们党把领导核心选成一个二千多人的大团,大概我可以摆得上。后来决定选成一个大连(这是我衷心拥护的),在这个连里有了我的名字,心里非常不安。但又一想,做青年工作的没有一个人也不好,所以就拼命压制着自己,没有提,也没有同别的同志讲。至于由于提得太快，又没有把工作做好，因而欠了党的债，那以后我还可以经过自己的努力去补偿。从这一点上说，我认为我这样做也是识大体的。

现在97个正式中央委员的名单中又有我，我就完全想不通了。这样做使我太没有脸面见那些无论是过去多少年和这几年，对党的贡献都比我大几倍的绝大多数的候补委员。这对我的压力实在太大了。

无论如何，请主席和中央同志把我的名字摆在候补委员里去。

情绪有点激动，写得词不达意，想一定会原谅我。

敬礼！

事后，中共中央书记处书记刘澜涛代表主席团同胡耀邦谈话，认为青年团里应有一名负责人为正式中央委员，他本人的资历也符合这个条件，劝他不要再提这件事，才告结束。

事后秘书们安慰他说："中央委员会名单，想必毛主席、党中央是经过深思熟虑的，人选都是适当的。"后来他对人说："当选候补中委的邓拓同志，事先也向中央、毛主席写了'请辞报告'，但中央也没有同意。"胡耀邦对邓拓一向很是尊敬和佩服，说他是个既有才气又很有才干、为人正派的优秀人才，他只当上候补中央委员，而自己当上中委，怎不感到惭愧啊！

胡耀邦就是这样在政治上严格要求自己，从不以己之长比人之短，反之，常常看到自己的不足，虚心学习人家的长处。

由于"左"倾错误的影响，"三面红旗"和"五风"的严重危害，致使从1959年开始，中国人民在经济极端困难的岁月苦苦挣扎，度日如年。

为挽救危局，争取国民经济根本好转，于1960年12月24日至1961年1月13日召开了中央工作会议，胡耀邦参加了这次会议，他的心情异常沉重，他对农村日益严重的"五风"是痛恨的。就在这次会议期间，他的胞兄胡耀福和堂弟胡用简受家乡浏阳县文家市公社金星大队党支书记龚光繁之托来到北京找胡耀邦。当时龚光繁想为大队买一台发电机，但买不到，就请胡耀福和胡用简来向胡耀邦求助。经过党支部研究，请胡耀福和胡用简给胡耀邦带了一点家乡的土特产冬笋和芋头，以表达家乡人民的一点情意。

胡耀邦听说大队想买一台发电机搞生产，认为这是一件好事，就答应为他们买。事后由警卫员李汉平与北京有关部门联系，购买了一台发电机，运回浏阳后解决了大队的生产和生活用电。但胡耀邦对胡耀福、胡用简用公款做路费以及带来的大队购买的土特产，很不满意，当时就批评了他们。在胡用简返回时又让他带给党支部一封信，再一次提出了严肃批评。

1961年1月12日，胡耀邦叫秘书高勇到他屋子去，说："你给我拿点信纸，我要写封信。"高秘书随即拿了一本带有"中国共产主义青年团中央委员会"字头的信笺给他，他十分认真地写了这样一封长信：

光繁同志并党支部同志：

现在用简先回去，耀福过四五天后也就回来。不久前，我曾经给公社党委详细地写了一封信，请求公社和你们一定要坚决劝止我哥哥、姐姐和一切亲属来我这里。因为：第一，要妨碍生产和工作；第二，要浪费路费；第三，我也负担不起。但是，你们却没有帮助我这么办。这件事我不高兴。我再次请求你们，今后一定不允许他们来。

这次他们来的路费，听说又是大队出的，这更不对。中央三番五次要各地坚决纠正"共产风"，坚决严格财政管理制度，坚决退赔一平二调来的社员的财物，我们怎么可以用公共积累给某些干部和社员出外作路费呢？这是违反中央的政策的啊！如果社员要追查这些事，你们是负不起这种责任的啊！请你们党支部认真议议这件事。一切违反财政开支的事，万万做不得。做了，就是犯了政治错误。

送来的冬笋和芋头，这又是社员用劳动生产出来的东西。特别是现在的困难时期，大家要拿来顶粮食，你们送给我也做得不对。但是已经送来了，退回去，又不方便。只好按你们那里的价值，退回24元，交用简带回，请偿还生产这些东西的社员。在这里，我一万次请求你们，今后再不许送什么东西来了。如再送，我得向你们县委写信，说你们犯了法。

我哥哥带来的德滋（胡耀福次子——笔者），我这里也不能留。因为一切城市都在压缩人口回农村，这也是中央的政策。我们这些人更应该以身作则遵守这个政策。但耀福说，由于小学不健全，德滋在家里读不成书，希望到文市去上学。因为德滋年纪小，倒同情他能上学，如果在大队里的小学读不成，如果有可能去文市小学上学，就请你们加以解决。

来信说，冬季生产很好。我很高兴，但据说，你们去年整年的生产很不好，减产极大。务请你们根据中央政策认真吸取教训，兢兢业业地领导社员把今年的生产搞好。你们的生产搞不好，不但社员生活不能扭转，使我们这些在外工作的干部，脸上也感到不光彩。为了搞好今年的生产，我希望你们今年分3次（一次可在4月，一次可在8月，一次可在11月）把你们的实际情况写信告诉我一下。可写实在的情况，不许虚夸，有什么意见和不懂的东西，也可以写，可以问，绝对不要隐瞒。来信说，我对家乡有无微不至的关怀，这不合乎事实。一切不合乎事实的东西，都叫虚夸。不要那么写，但我的确关心你们的工作和生产。所以请你们在可能的情况下，今年分3次把真实情况告诉一下我。

用简说耀福生产还努力，耀福说用简工作还努力，这使我高兴。耀福每次来，我母亲和我，都再三叮嘱他一定要努力生产，绝对不可做错事。这次，我们又向他作了叮嘱，希望你们经常帮助他们。

耀福、用简都说，我叔叔的儿子耀寿哥较贫困，我没有能力作更多的帮助，只送了两件旧衣服给他，由用简带回，请你们转告他，我希望他搞好生产，努力改善自己家庭的生活。至于其他亲属，我实在无力接济，如有人来找我，也请你们劝阻。

这封信，我请你们转给县工作组和公社党委同志看看，以便使他们知道我对上面一些问题的意见。

再三地希望你们搞好社员的生活和全队的生产。

胡耀邦

1961年1月12日

胡耀邦写完此信，交给用简带走之后，他的心情并没有平静下来，经过几天考虑，他又想到1960年7月文家市公社社长杨庆祥来京时带的东西，于是又提笔写了一张清单，交给他哥哥胡耀福带回。他写道：

托胡用简带给中和大队的信，一定要给公社工作组和公社党委看。因为有许多重要的事在那封信中提到了。

去年7月带来

1. 茶油15斤，每斤0.54元，共8.1元

2. 豆子10斤，每斤0.1元，共1元

3. 油饼60个，每个0.08元，共4.8元

4. 熏鱼20斤，每斤0.7元，共14元

5. 一共27.9元，交胡耀福带回，务必退回公社。

胡耀邦

1961年1月24日

这两次带的东西，按当时的市价共折合人民币51.9元，请胡用简、胡耀福带给了党总支书记龚光繁。

当今的人们看了胡耀邦的信和清单，可能认为胡耀邦是在小题大做。寥寥一点土特产，区区51元钱，算得了什么！而当时的胡耀邦，却提高到执行党的政策和损害群众利益的高度来看待，并教育基层干部也这样来认识问题，还不厌其烦地一笔一笔把账算清楚。

胡耀邦生活朴素，自奉简约，食不贪精，衣不厌旧，从不讲究，不求闻达，知足常乐。1952年他调团中央工作时，团中央书记处的9位书记，除廖承志、王宗槐和荣高棠外，其余6人都住在大甜水井胡同一号。这是一所有四进四合院结构的大宅第，房屋都很陈旧，年久失修。第一进房间正房是胡耀邦的办公室（他习惯在住处办公）兼会客室和会议室。他的卧室在办公室的西头，呈长方形，面积狭窄，阳光照不进来，光线阴暗，地面泛潮。大半截为卧室，除了木柜别无长物；小半截隔成卫生间，条件相当差。一位6级干部，正部级待遇，却住在这里，当时有关部门曾要给他在紫竹院盖一栋房子，他坚决拒绝。公家给什么便用什么家具，窗帘、地毯、桌椅仍是50年代的旧物。墙壁没有装饰，一切是普通人家的摆设，所不同的是书桌、桌架上全放着书籍。他认为条件相当不错了，感到非常满足。

直到1955年，团中央办公厅安排胡耀邦和胡克实两位书记和秘书佘世光迁住关东店胡同（"文革"中改名富强胡同）20号，两家居住，这里是个三进的四合院，显得比较宽敞。因此胡耀邦的老母亲、老岳母、两儿一女、

一个上高中的侄女，全家人才住在一起。按规定给他配了厨师，家里单独开餐。而胡耀邦有时陪老母、老岳母吃饭，许多时间是单独用餐，用托盘搁在办公室或茶几上，边看书报边吃饭。他当了中央组织部长、中央秘书长后，仍住在这里。当上党的主席、总书记后，还住在这里。一直到1983年，为了工作方便，才搬到中南海旁边的北长街会计司胡同，在墙上开了一道门，与中南海相连。这栋房子也是普通的四合院，十分陈旧。

至于穿着，他更是随便。外出开会、出差、会见贵客、接待外宾，穿的都是那套旧的深色咖啡中山装，冬天外出，加件外套。夫人李昭当时担任北京国棉二厂厂长，工作繁重，她的生活也很简朴，只在厂休回家一次，不可能有多少时间照顾胡耀邦的日常生活。

胡耀邦从来手不沾钱，工作中也不管钱。他每个月的工资，都是财务处的同志送来，由秘书代为签收。厨师的采购，警卫员经手购物的零星开支，其他临时的支出，包括李昭偶尔的急需，都从秘书手里取钱，胡耀邦从来不过问这方面的事情。他的衣袋里也从来不装钞票，只带香烟，因为他的烟瘾很大。

至于"行"，胡耀邦按制度配有专用小轿车。不过他来团中央使用的第一辆专车，是从前任冯文彬那里移交过来的一辆旧的"别克"。1954年，苏联列宁共产主义青年团中央第一书记谢列平来华访问，向胡耀邦赠送了一辆吉姆牌小卧车，他这才更换了座车。但从不让家人用他的公车办私事。

1954年夏季，中央办公厅安排胡耀邦去北戴河休假。他带了些书和文件，住在一所海滨别墅里，利用休假时间刻苦读书，阅读文件，接待来访者，谈论一些工作上的问题。10来天的休假，实际上他一天也没有休闲过。

胡耀邦对自己要求极其严格，勇于接受各方面的批评意见，哪怕是普通工作人员批评他，他也能虚心接受，立即改正。一则"吃馒头"的故事，在共青团内传为美谈。

那是1955年5月,胡耀邦来到河南省检查青年团的工作。一向幽默风趣的胡耀邦,笑容可掬地对团省委的干部打趣地说:"今天是1955年5月,我的个子是1米55,我与'5'有缘啊!今天开个座谈会,大家随便谈吧。"一席亲切、幽默的话语,使大家开怀大笑。一上午的座谈会开得无拘无束,生动活泼。

中午,胡耀邦和团省委领导一起到团省委食堂就餐,吃的是中灶,伙食标准每人每天6角。早餐是馒头、稀饭、腐乳加一小盘豆芽菜;午餐是两荤两素加一碗清汤。胡耀邦首先声明不要加菜,更不喝酒。他和大家一起吃得很香,毫不特殊,按价付款。

胡耀邦吃完午饭,离开餐桌,与大家谈笑风生正往外走,突然,老炊事员发现餐桌上有一块核桃大小的馒头块,便大声喊道:"这是谁剩下的馒头?怎么这样不爱惜粮食?"

大家闻声感到愕然,不约而同地停下脚步,向桌上张望。唯独胡耀邦转身向桌旁走去,向老炊事员点头致意,深感歉意地说:"对不起,我个子小,饭量也小,馒头吃不完,就扔下了,很不应该,不应该啊!"说罢,拿起小块剩馒头就往嘴里塞,并对大家说:"这位老师傅有阶级觉悟,他这种勤俭节约、敢于提意见的精神,值得我们大家学习。"

在场的一位团干部,目睹此情此景,感到一位"高官"受到一个普通炊事员的"训斥",觉得有些过意不去,便连忙向胡耀邦解释:"他以前是为冯玉祥做饭的,受冯玉祥提倡俭朴的影响很大。"

胡耀邦满脸严肃,认真地说:"不管他受到谁的影响,他坚持节约、爱惜粮食,就应该向他学习,可我们包括我自己勤俭节约的习惯还养成得不够。"

胡耀邦勇于自责、敢于自我批评的精神,特别是他尊重劳动人民的品格,使团省委干部受到深刻的教育,至今仍被传为佳话。

求真务实

胡耀邦经常对团干部们说：实事求是是党的工作的最高原则，也是我们团的工作的最高准则。因此，他在工作中，一贯注重实事求是，一切从实际出发，不搞形式主义，力求讲真话，敢于坚持真理，修正错误，一切以人民的利益为出发点。他提倡团的干部要成为"四无干部"，即无个人主义、无自由主义、无主观主义、无宗派主义。1960年前后组织青年学习毛主席著作、编注出版《毛泽东著作选读（乙种本）》时，都注意按照邓小平和中宣部指示的精神，正确地宣传毛泽东思想，不搞简单化、庸俗化、形式主义，与林彪主张的"急用先学、立竿见影"，断章取义、实用主义那一套，是根本不同的。同时，注意把学习马克思列宁主义、学习毛泽东著作统一起来，强调理论联系实际，用马列主义、毛泽东思想的立场、观点、方法，解决工作中的实际问题。

对那些不讲实效、盲目追求高指标、放"卫星"、搞浮夸风等脱离实际的做法，胡耀邦是深恶痛绝的。1960年，他到曾经工作过的川北视察，从广元到南充的几百里路上，他看到许多群众衣不蔽体，面黄肌瘦，身体羸弱，精神疲惫时，他激动地说：还不如解放初期我在川北工作时吃得好，穿得好，难道这就是"大跃进"吗？随行者见沿途惨象，都默默无语，听胡耀邦发此感慨，从内心发出共鸣，为胡耀邦的坦露真言极为赞叹。

在一片"大跃进"声中，许多人头脑发热，不顾客观规律，做了一些劳民伤财的蠢事。一次，胡耀邦从河北、河南直下湖北视察，沿途看到大炼钢铁、深翻泥土的场面。当他看到深翻地达一丈多，便愤愤地对随行人员说："我出生在农村，有必要挖地一丈吗？麦子的根须能扎到这么深吗？乱弹琴！"

当他看到人民公社对上级和参观者以大鱼大肉、丰盛的酒席款待，而社员都在公共食堂围绕着锅台喝稀饭、吃野菜，饿得皮包骨头时，他双眉紧锁，喟然长叹："毛主席曾用《孟子》说的话告诉我们：'君子可欺以其方，难罔以非其道。'事实上，他老人家受包围，受蒙蔽，得不到真实情况啊！"真是语出惊人，随从者为他捏了一把汗。

在团中央工作10个春秋的原团中央候补书记曾德林，在一篇回忆文章中写道："耀邦同志对革命事业赤胆忠心，呕心沥血的献身精神，实事求是而又敢作敢为的高尚品格，学而不厌、诲人不倦的优良学风，无私无畏、光明磊落的坦荡胸怀，对同志既严格要求又热诚爱护的待人之道等等，都将永远铭刻在我的记忆之中。"

曾德林在文中还写道："最使人难于忘怀的是在河南禹县的一场经历。其时，正值热火朝天的大炼钢铁的时候。那天，包括耀邦在内，我们一行七八人都在该县最大的炼铁基地参加炼铁劳动，把一筐一筐的矿石往小高炉里面倾倒。这些矿石究竟含有几分铁质，烧出来的铁水究竟凝成了什么样的铁块，这都姑且不论。当晚住在县招待所，晚饭后耀邦就同县委的主要负责人交谈，闻知他们和北京来的记者上报禹县放了一个炼钢的大卫星，其数量超过实际产量的近百倍。这使耀邦大吃一惊，于是一场激烈的争议发生了。一方说，要实事求是，不能弄虚作假，并且用亲自参加了劳动后的材料仔细算账，认为当天全县出铁量顶多不过300吨；一方则认为，大跃进嘛，要敢想敢干，不能泼冷水，算账要算大账，并说除了县里直接掌握的基地外，全县还有数不清的群众自己建立的小高炉，是你们所不知道的；一方是苦口婆心，反复劝诫，说这样搞是非常错误的；一方则铁了心要震惊全国，态度可谓十分顽固。直至次日凌晨也谈不到一起，只好不欢而散。当天早晨6点半中央人民广播电台的新闻广播里报道禹县放了日产铁2万吨的大卫星，《人民日报》也在头版头条赫然刊登了这条消息。耀邦同志听到以后，气得脸色发青，手一挥，叫'走'！没和主人告别就坐上吉普车急速离开了禹县，主人也没有来送行。"

今天听来这好像是一篇神话故事,但是在那个头脑高度发热的"大跃进"的年月里,"保钢铁元帅升帐",是何等惊天动地之事,在"气可鼓而不可泄"的盾牌下,什么瞒天过海的事情、稀奇古怪的假话都可以堂而皇之地畅行无阻,一时形成一股不可抗拒的潮流,而胡耀邦"不识时务",偏要逆潮流而动,给人们泼冷水,这在当时是需要相当勇气的。

1958年9月,胡耀邦来河南视察工作时先到了新乡。在这里召开的团县委书记座谈会上,他询问了许多有关农村的情况。在回答问题时,有的团县委书记顾虑重重,讲话吞吞吐吐。胡耀邦就鼓励大家说:"不要有顾虑,是什么就是什么,青年团干部应该成为实话实说的模范。"几句话打消了团干部心头的疑虑,会场气氛顿时活跃起来。

当时,全国正处在"大跃进"高潮中,到处都能听到"乘卫星、驾火箭,共产主义早实现!""人有多大胆,地有多大产"的狂热口号,时常有红薯亩产几万斤、粮食亩产十几万斤的"卫星"飞上天。胡耀邦对这些惊人的数字是不相信的,他说那是不可能的嘛!在视察参观中,每当他看到、听到一些不科学、不切实际的做法,总是以幽默风趣的语言,婉转曲折地表示自己不赞成的态度,教导大家不要搞浮夸,凡事要实事求是,不要违背客观规律,否则,会受到应有的惩罚。他从新乡去开封路过封丘应集时,冒雨到场里、食堂和农户家查看,询问粮食产量。当有人回答水稻亩产2000斤时,胡耀邦怀疑地问:"有那么多吗?"回答者再不敢吭声了。

在登封县大冶前进人民公社一个大队,胡耀邦看到几个青年木匠正在把一根粗大的树干挖空,下面安装了两个轮子,轮子之间用自行车链条连接着。便问:"你们这是做什么?"一个青年回答:"做飞机。"胡耀邦打趣地问:"能飞起来吗?""能。"那青年人不好意思地笑笑,低下了头,似乎连他自己也不相信自己的回答。胡耀邦笑笑幽默地说:"飞上去了,可要小心掉下来哟!"

在许昌,一位团干部向他汇报工作,说有个大队翻地达2丈1尺深。胡耀邦风趣地回答:"那样翻下去,就要把美国的土地给翻上来了。"听说有的公社大队搞生活集体化,实行男女分居。胡耀邦摇摇头:"没有必要这样做,特别不要把青年夫妻分开,不要拆散鸳鸯嘛!"

在开封,胡耀邦认真听取了地、市委同志的汇报。汇报会由开封地委书记李玉亭主持。胡耀邦一进会场就对李玉亭说:"开封古称大梁,孟子见梁惠王,王曰:'叟不远千里而来,将有利于吾国乎?'孟子是圣人,我是凡人,但我也是一个叟,你们会问,你胡耀邦不远千里而来,对开封有什么好处呀?我是来向你们学习、了解情况的,没有带什么礼物。"一席话说得大家都笑了,紧张气氛顿时散去。汇报进行得十分活泼自如,同志们畅所欲言,讲了许多新情况。其间,胡耀邦还不时向一些汇报的同志询问当地的历史沿革。如岳飞在朱仙镇打仗有没有留下遗址?为什么有个地方叫陈留?黄河最后一次淹开封是哪一年?有些同志一时答不上来,深感必须学习历史,扩大知识面。他还对开封的团干部说了一个寺庙的对联:"大肚能容,容天下难容之事;笑口常开,笑天下可笑之人"。鼓励团干部和青年人要宽宏大度,善解人意,做爱憎分明之人。

次日,胡耀邦到兰考视察,在东坝头上,他了解了黄河多次在这里决口的历史,察看了引黄灌溉的土地。仪封园艺场是在黄河故道上建立起来的,胡耀邦称赞这里人们的创业精神。园艺场的团员青年们把自己亲手培育的两个特大苹果送给胡耀邦(最大的一个1.25斤),请他带给毛主席。他高兴地接过这个苹果说:"我一定亲手把这个苹果交给毛主席。"他还对青年们说:前人为我们创业,我们为后人创业,每一代人都担负着创业的光荣任务,只有一代一代创业,社会才能不断进步,人们才能不断富裕。他建议黄河故道沙区多建立果园。

在开封期间，胡耀邦还乘飞机察看了黄河，往西到花园口，往东到入海口。在颠簸的飞机上，有几个人头晕恶心，不敢俯视。胡耀邦却一直站在俯瞰舱外，他还不时鼓励大家振奋精神。

在开封师范学院，胡耀邦给全校学生做报告，号召大家刻苦学习，成才报国。他说：我今年44岁了，你们现在都是20来岁，再过20多年就是我这个年龄了，到那时你们就是国家的栋梁。我敢断言，10年、20年后，我们的国家肯定要比现在强大得多，富裕得多。因此，我们要向前看，对未来要充满信心，但一切都要靠奋斗，果子不会从天上掉下来。

胡耀邦的河南之行，每次都是轻车简从，食宿简单，从不搞特殊化。他在团省委食堂和大家一起吃标准餐，曾在三门峡水利工地和工人露天就着辣子吃白面条；出去参观，他和六七个人挤在一辆吉普车里，省委领导为他准备好的招待所，他婉言谢绝，坚持住在团省委干部宿舍楼。他把廉洁自律和实事求是的唯物主义态度、朴素节俭的优良作风留在了中原大地。

1959年暮春，江南草长，杂花生树。胡耀邦一行到苏州东山视察，在一座小茶楼小憩。这茶楼临太湖之滨，湖光山色，风景如画，尽收眼底。对面山上一片翠绿，许多农妇一面采茶一面叽叽喳喳在说话，吴侬软语，声音清婉。大家品尝着清香的名茶碧螺春，更感到良辰美景，心旷神怡。这时，唯独胡耀邦一反常态，谈笑风生的他此刻却神情沉闷，若有所思。下午驱车回城时，中途过一村庄，他突然叫停车，并立刻快步走进村里找老乡谈话，陪同的地县同志也马上把生产队的干部找来了。胡耀邦一再问去年打了多少稻谷，粮食够不够吃？今年计划亩产多少？当天晚上，当地领导请胡耀邦看戏。随行人员都很赞赏当晚演员的精彩演唱，但胡耀邦却心不在焉，中场休息，他就叫随行人员跟他回招待所。回到住地，他问大家：这两天你们看到了什么问题？大家缄默无语。他就批评大家："我们下来不是来游山玩水的啊！要多观察，多动脑子，看看有什么问题。今天在东山你们没有看见有那多么戴红领巾的孩子在采野菜？这反映了什么问题？"室内气氛凝重，他接着沉重地说："这不是说明缺粮吗？我问社员，有的也承认有春荒。苏州原是最富庶的鱼米之乡，还要采野菜吃，缺粮难道还不严重？但地县的干部不敢说实话，还老围着你，不让社员向你反映真实情况，生产队干部还不得不讲要继续'大跃进'，一亩地要打好几千斤稻子。这不是在自欺欺人、搞浮夸吗？"

讲到这里，他长叹道："这些年，有的人取得一些胜利，在胜利面前骄傲了，自满了，盲目乐观，就乱来了……这些情况怎不令人心焦，我们要为党分忧啊！"

这一席话说明他有敏锐的政治眼光，能忧国忧民，敢讲真话。这种实事求是、不为尊者讳的作风，实属难能可贵！

1961年1月14日至18日，八届九中全会在北京举行。毛泽东在全会上发表讲话，他指出，调查研究这种事极为重要。他提倡要大兴调查研究之风，一切从实际出发。下去搞调查研究，检查工作，要用自己的眼睛去看，用耳朵去听，用手去摸，用嘴去讲，要开座谈会。

从此，在全党掀起了下基层进行调查研究之风。刘少奇到了湖南长沙县天华大队和家乡宁乡炭子冲去调查，当众承认："乡亲们生活很苦……根子还在中央。"周恩来、朱德也都下乡搞调查，甚至被打倒的彭德怀也被批准回到家乡乌石做调查研究。

胡耀邦在1961年下半年，来到河北唐县，做深入、细致的调查研究。他穿着塑料鞋，微服私访，走遍山乡村落，找老百姓访贫问苦，还到自由集市察询。

胡耀邦按照中央1960年11月主持制定的"农村工作紧急指示十二条"精神，指导和帮助唐县干部制定了一个"田间管理包产到户"办法，在全县迅速推广到村村户户。胡耀邦对唐县的干部说，农村要退够，要实事求是，食堂要解散，要贯彻按劳分配原则，要开放自由集市，并解决对山林、自留地、房屋的有关处理方法。这些顺应民心、符合实情的政策措施，使处于饥饿线上的唐县农民得到了复苏的转机，受到农民的欢迎。多少年后，唐县的农民回忆胡耀邦到唐县蹲点调查时深有感触地说："中央委员胡耀邦，是个实事求是的大好人，知道咱老百姓的苦楚。"

1962年11月至2月7日，在北京召开扩大的中央工作会议即七千人大会后，中央领导得知安徽省的"五风"刮得最为严重，老百姓苦不堪言。刘少奇、邓小平接连两次派调查组去安徽了解"天灾人祸"的情况，被当时执行"左"倾错误的省委领导人千方百计阻拦，使他们无法与基层领导和群众接触，难于了解真实情况。于是，第三次派胡耀邦率调查组去安徽。

胡耀邦到安徽之前，胸有成竹，早已制订好自己的工作计划。来到安徽后，他在公开场合与省委有关人士周旋，然而暗地里却已开始实际调查工作。他将调查组分成两个分队，分别选取不同的路线进入安徽，悄悄地着手实际调查。当调查人员把报告送来，胡耀邦掌握了第一手材料，便对省委领导说，他要去无为、全椒、天长3个县进行调查。每到一个县，他便立即召集县委成员开会，向他们亮出手中所掌握的具体材料。他们无法弄虚作假，只好一个个地交代出事情的真相。

完成了调查任务之后，胡耀邦回到了北京，向党中央写出了有理有据的"安徽报告"。刘少奇和邓小平得到了具体确凿的证据之后，便提议将原省委书记曾希圣调离安徽，由李葆华接替他的职务。毛泽东同意他们的建议，采取了果断的组织措施。

1962年夏，《中国青年》选载了描写革命先烈刘志丹光辉业迹的小说《刘志丹》的部分章节。康生信口雌黄、趾高气扬地说："李建彤写的小说《刘志丹》有严重的政治问题，利用小说反党，为高岗翻案，习仲勋等围绕创作《刘志丹》，是个'反党集团'。"事情牵连到《中国青年》。胡耀邦立即让《中国青年》总编辑去北戴河，问明了事情的原委后，就亲自帮助写报告给党中央，有力地说明《中国青年》根本不知内情，胡耀邦还承担了责任，从而使《中国青年》有关领导和编辑人员幸免于难。而首发该作品的《工人日报》的总编辑却在康生的追逼高压下，被活活整死。

1962年6月19日至7月9日，共青团三届七中全会在北京召开期间，胡耀邦照例找了五六位与会代表到他家里座谈，听听大家的意见和呼声。当笔者采访参加这次座谈的原上海共青团代表张浩波（时任上海共青团负责人）时，他回忆说："耀邦同志参加1月11日至2月7日中共中央在北京举行的扩大的中央工作会议，在座谈会上他谈了七千人大会号召大家讲真话的情况。他说在这次大会上，党中央、毛主席带头承认了错误，作自我批评，承担领导责任。然后他问我们：'你们看，这几年党的威信是高了还是低了？'大家一时沉默不语。胡耀邦笑了笑，打破了难堪的沉闷，问道：'你们谁敢说党的威信降低了？'他自问自答：'我敢实事求是地说，这几年党的威信比以前降低了。''过苦日子'饿死了那么多人，主要是'人祸'造成的，刮'五风'违背客观经济规律，干了那么多蠢事，以致国民经济到了崩溃的边缘，还能违心地说党的威信高了吗？这次七千人大会，统一了全党的认识，坚决贯彻执行'调整、巩固、充实、提高'的方针，将促进国民经济的恢复和发展。"

胡耀邦无所畏惧，敢吐真言，充满辩证唯物主义的一席话，使与会者都肃然起敬，从内心钦佩他的人格魅力。

创立"青年思想"

10多年来，我采访了近百名胡耀邦的上司、战友、部属以及原团中央和各省、市团组织的领导人，仅采访团中央书记处书记就有李昌、胡克实、刘导生、罗毅、项南、王照华等人，还访问了李彦、邢方群、张黎群、陈模等原《中国青年报》、《中国青年》等报刊的负责人。以及原中央政治局委员、总参谋长杨得志，原中央政治局委员、国务院副总理耿飚，原中顾委常委全国政协副主席王首道，原北京卫戍区司令员傅崇碧，原北京军区政委郑维山，原中共中央党史研究室副主任李传华（原任胡耀邦秘书）、马石江（曾任中央团校常务副校长），原社科院副院长、著名经济学家于光远等，他们都有发自肺腑的深刻共识：胡耀邦在1952年到1966年这长达15个年头的时间里出任团中央书记、第一书记，是迄今在这一重要岗位上任期最长的团中央主要领导人。在他的领导下，共青团工作出现了全新的局面，是共青团工作最活跃、最有成效、最朝气蓬勃、最有声有色的时期。更重要的是，他在工作中，形成了独立的青年思想，其中包括对青年一代的基本评价，对青年的社会责任和时代使命的确定，对青年的基本利益和特殊要求的认识，对青年工作的基本特点和方法的探索，对青年干部成长道路的把握。这是一个博大精深的思想宝库。

胡耀邦被称为当代青年运动的领袖是当之无愧的。正如党中央在追悼胡耀邦的悼词中对他的高度评价："从1952年起，胡耀邦长期主持团中央的工作，先后担任中国新民主主义青年团中央委员会书记和中国共产主义青年团中央第一书记。在此期间，他创造性地执行中央指示，开辟了建国以来党的青年工作最为活跃并且积累了重要经验的时期。特别是他十分注重在实践中用共产主义思想教育青年，按照青年特点开展丰富多彩的活动，提倡'朝气蓬勃，实事求是'的作风，使团组织具有很强的吸引力，从而带领广大青年很好地完成了党赋予的光荣任务。"

《中国青年报》原总编辑张黎群在接受笔者采访时，将他的一篇题为《胡耀邦与中国青年——兼谈有关耀邦同志的青年思想理论》的文章交给我参考。文章云："我也曾有过一个设想，想写一本《胡耀邦与青年》的书，因为我也曾长期从事青年工作,同耀邦同志有过很密切的接触,很想对这个主题作些研究和阐述。我想,在世界范围内,青年运动的兴起,是与工业革命和社会革命联系在一起的,无产阶级革命家都是高瞻远瞩地把希望寄托于未来。在我们中国,几代领导者对青年和青年运动提出过观点,很有影响的,是我国老一代革命领导者毛主席、周恩来同志、刘少奇同志、朱德同志、邓小平同志。在近代中国,有一个重要的现象,就是一些伟大的思想家、革命家,也都是满怀热情地寄希望于青年,从李大钊、陈独秀到鲁迅、瞿秋白、恽代英、萧楚女,他们的有关论述是非常精辟和有价值的。正是在这些优秀传统培养之下,在青年运动的丰富实践中,涌现出一批优秀的青年运动领导人,按照时代顺序,他们有任弼时、冯文彬、蒋南翔、张爱萍、萧华、胡耀邦、李昌等等。而胡耀邦同志在青年工作岗位上时间最长,从而也对青年和青年工作的思考、理解、论述最为系统、最为深刻。"

张黎群还写道:"耀邦同志一开始就十分注意在实践中研究青年和青年工作问题。他到团中央以后的一个重要措施就是,在团中央机关和中国青年报抽调有一定研究能力的同志到他那里专职去帮助他这方面的工作,虽然没有冠以一个什么机构的名称,实际上就是研究小组。这三个人就是黄天祥同志、佘世光同志和张黎群。耀邦同志把我们叫到他的办公地点交代工作,一边走着一边用手指敲着自己的脑门说:'要多动动脑筋,多研究研究。'像是京剧老生的做派似的把我们都逗乐了。

"他始终保持一颗童心,永远是那么年轻。为什么他在晚年仍能和许多青年人一见如故,促膝谈心,谈笑风生,有许多共同的话题,就在于他的思想永远年轻,站在时代前列;还在于他透彻地了解青年的特点要求,成长的规律,同青年心心相通;他经常地、非常自然地走到青年之中,有切合青年的工作方式方法。党的十一届三中全会后,尽管耀邦同志走上了党的最高领导岗位,担任了党中央的总书记,但是,他还是他,他的心依然那么年轻,仍一如既往地关注青年的成长和他们的未来，关心各条战线青年人的思想和活动，关注他们的困难和问题。他也没有忘记在团中央工作期间那些老团干、老朋友和曾经培养起来的老劳模、老先进和那段岁月的青年突击队员，他还不忘那些到云南支边的上海青年和江西鄱阳湖边垦荒的那群青年人。以至，他去世后人们把他的尸骨安葬在江西共青城。这是李昭同志和耀邦的子女们有深远意义的安排，他们深知耀邦毕生心系青年，祝愿他身后也魂系青年，生生死死和青年同在！

"对青年的研究，当时下功夫最大，首先是对青年思想状况的深入细致的调查研究。可以说，耀邦同志是我们党内最早充分注意到在社会主义建设初期青年思想复杂状况的领导人之一。这种调查研究，多数是他部署安排的。在这一过程中，他尤其强调的是青年思想的特殊性，反复要求团组织在工作中注意这种特殊性，不要简单化地以一般性方法来处理青年的思想问题。

"我印象很深的是他在1956年9月的一次讲话，他说：'青年有着旺盛的精力，有着多方面的兴趣和爱好，而且青年时期又是思想矛盾很多的时期，少年没有发生的问题，他们可能发生；成年人已经解决的问题，他们还没有解决。正因为这样，青年团就不能用一般化的方法去带领青年，就要创造一些适合青年特点的方法，去发挥青年的社会主义积极性，去满足青年的各种进步要求，并且使青年干部在干的过程当中增长才能。

"在当时的经济建设中也出现过许多不尽如人意的地方，在政治生活方面有不切实际不实事求是偏'左'的做法，青年中不少人在思想上有很大的波动和困惑。耀邦同志十分关注青年的这些思想动态，多次在团的会议上强调要对青年思想状况作具体分析，不能一味指责青年，他反复告诫：'就目前的情况来说，主要方面还是要防止简单、粗暴的处理，否则，就不能推动、促进更多的干部、更多的人重视思想教育工作。'青年的情况是复杂的，耀邦同志从来不回避这一点，而是根据青年的特点，积极地有针对性地开展工作。当时针对一部分农村青年不安于在农村从事生产劳动的情况，耀邦同志指出：我们应该在青年中开展这么一个辩论，辩论农村究竟有没有前途？要不要热爱农业生产？应不应该用艰苦奋斗的革命精神建设社会主义新农村？当然，进行这个辩论的方法一定要摆事实、讲道理，决不要戴帽子。他还强调：'要搞得很细致，道理要讲得很充分，使大家心情舒畅。'

"耀邦同志也不是无原则地推崇青年，过高估计青年的优点和力量，而是实事求是地恰如其分地指出青年的弱点与不足。他说，青年人缺乏社会经验，热情有余，冷静不足，有时容易激动，也难免偏激，走极端，'嘴上无毛，办事不牢'，有时犯冷热毛病等等。但是，他深刻认识到这些弱点是在青年成长过程中难免发生的，他一再引用列宁讲的话：'上帝都允许青年犯错误。'耀邦同志说过：'我们这些入党多年，受党教育几十年的老干部还会犯这样那样的错误，为什么对处在成长过程中的青年人那么苛刻，那么严厉，要求他们百分之百的成熟，不犯错误呢？这是不公正的，也不会得人心。'

"为着系统地研究青年问题，耀邦同志授意要对中国青年运动史做一番整理工作，以便从中探索和总结几十年来中国青年运动的特点和规律。经他同意，组织了一个专门班子，负责搜集整理1915年至1949年这段时间的有关青年和青年运动的历史资料和各个历史时期青年领袖人物的论述、发言和文章，选编成集，定名为《中国青年运动历史资料》。从1957年2月开始出版第一卷，一直编纂到'文化大革命'前夕。共出版了10卷，每卷都有35万字到40万字，共计近400万字的资料，这是研究中国青年运动史和青年学的一个基础。"

张黎群着重指出："耀邦同志实际从事青年运动的领导工作不止是建国后的15年。如果精确计算的话，他革命生涯60年，其中有近一半时间从事青年工作。在红军时期、抗战时期，他都是我们党青年工作部门的主要领导人之一。他14岁就主持儿童团少先队工作，在苏区、延安，他一直处在青年工作的第一线。他的青年工作经验积累得很多。这样的经历在我们党的高级干部中是绝无仅有的，这是他关于青年工作的一系列思想形成的重要基础。当年毛主席把耀邦同志从川北调进北京，开始是准备让他担任建筑工程部部长的，后来考虑到他是领导团中央工作的最佳人选，结果，他回到了青年工作岗位上，被选为团中央书记处书记、第一书记，一干就是15年。这样的机遇，给了耀邦同志一个舞台，一个空间。也就是在以后多年的工作中，他在开拓青年工作新局面的同时，也逐步形成了独立的和比较完整的青年工作思路。他有很多讲话和意见，提出了很多观点。现在，把这些观点整理起来看，是有理论内涵的、比较系统的、有解释力的观点，而且它很有生命力。

"对耀邦的观点怎样来理解和定位？……陆建华同志提出了胡耀邦'青年思想'的命题，我认为可备一说。看来，'青年思想'这个提法，可以比较完备地概括胡耀邦同志对于青年的一系列观点、论述；可以比较准确地体现他的独创精神。耀邦同志一生的实践证实了他对青年的思想理论，对青年的特点、青年的教育、青年工作、青年活动和青年问题的研究，是他多方面研究和建树中的一个有重大意义、有代表性和有突出贡献的课题。应该说，在有关青年理论的研究方面，他很有发言权，他是当之无愧的青年问题的大专家。他几十年在青年这个广阔领域的理论与实践是有关青年学的丰富财富。甚至可以说，他也是国际共产主义青年运动的代表人物之一，他的关于青年运动的思想是无产阶级掌握了政权后领导青年运动的有代表性的思想。在各种社会革命和经济建设中，青年问题和青年工作一直是一个中心的问题，在19世纪和20世纪国际共产主义运动中，青年运动、工人运动和其他社会运动紧密联系在一起，苏联早期就有共青团。在中国的五四时期，青年就是先锋，在以后的大革命、土地革命、抗日战争、解放战争和社会主义革命、社会主义建设中，青年无不显示出其先锋作用。这支先锋力量如何培养，如何运用，不是所有的思想家和实际工作者都能够思考清楚的。而胡耀邦同志集思想家和实际工作者两种角色为一体，全面地完整地回答了有关青年和青年运动、青年工作的一系列根本问题，所以说，在全世界的共产党里，有理论有实践的青年运动领袖，胡耀邦是最突出的一个。因此，提出胡耀邦'青年思想'，是顺理成章的。"

中国青年的对外交往，经历了艰难曲折的历程。它紧紧围绕"探求真理、学习科学、爱国救亡、振兴中华"这根主线，成为近代中国青年运动的重要一翼。50年代，参加世界青年、学生联欢节是新中国成立后我国青年对外交往的重点之一。作为团中央第一书记的胡耀邦，他率中国青年代表团，先后参加了1953年8月在罗马尼亚首都布加勒斯特举行的第四届世界青年、学生联欢节和1957年7月在莫斯科举行的第六届世界青年及学生和平友谊联欢节。通过广泛的对外交流活动，胡耀邦为粉碎反华势力的孤立和包围，打通新中国同外部世界的联系，建立和发展同社会主义国家及亚、非、拉广大地区的人民和青年的友谊作出了重大贡献。胡耀邦在世界青年联欢节的活动中，显示了非凡的人格魅力和中华民族英雄气概，至今还广泛流传着有关他的美谈、趣闻。

胡耀邦率代表团每次参加世界青年联欢节都表现了中国人的志气和骨气。第四届世界青年、学生联欢节结束后，中国青年代表团再度来莫斯科访问。苏联共青团中央书记谢列平与之同行，去布加勒斯特开会，就是搭乘他的专机同往的。出访之前，谢列平在宾馆设宴欢迎，几次碰杯之后，谢列平又起身，站起来和胡耀邦并立，忽然举起手臂，从胡耀邦头顶比到自己胸前，打了个哈哈，不经意地说："看你，和我们的少先队员一样高。"他语言傲慢，显出一种"老大哥"的自高自大态度。

胡耀邦听了他的译员翻译后，立刻移开一步，向着中国翻译理直气壮地说:"你告诉他:我做少先队工作的时候,他恐怕还没戴上红领巾呢!"翻译正犹疑中,胡耀邦又严厉地催道:"译给他听,是我说的。"

当中国代表团抵达新西伯利亚城时,当地团州委书记为中国代表团接风,餐前小坐叙谈。这位团州委书记已经喝过不少酒,红光满面,醉意十足,大夸海口,说什么"伏特加是世界上最强的烈性酒,俄国人是天下谁也比不上的好酒量的人"。胡耀邦转过头问:"伏特加多少度?"他回答:"45度。"胡耀邦笑了笑说:"我们的二锅头就有62度吧!"接着他悄悄地附耳随行的李庚:"你不是能喝一点酒吗?"接着带点调皮的神气说:"等会我们先和他干杯,最后你再上,和他比一比。"

一路陪他们的一位苏联女译员瓦丽听见了,默默地向李庚微笑点头。就餐时她特地坐在李庚身边,拿起一片面包,满满抹了一指厚的黄油递给他,小声说:"你先吃下去,可以保护你的胃。"

当晚,宴会过后,这位团州委书记放下餐具起身,就站不稳了,没动两步就摇晃着瘫倒在地上。胡耀邦和李庚等人,若无其事地走出餐厅,保持了中国的尊严。回到卧室,李庚浑身如火烧一般,只好走进浴室,坐在淋浴喷头下面一边冲,一边就睡着了,也不知当夜自己何时和怎样上床的。次日黎明,胡耀邦来到他床前,见他好好躺着,酒已醒了,便笑道:"夜里看你睡得香,没事就好。你以后不要以为自己能喝就喝得酩酊大醉。不过昨晚多喝了几杯是一种斗争策略,也是一种工作需要。下不为例啊。"说罢,两人开心地大笑起来。

作为青运领袖,胡耀邦为青年团工作的进一步发展,及时指明前进的方向。

1956年,胡耀邦在党的八大上做了《把我国青年引向最伟大的目标》的发言。他说,回顾过去的8年,全国青年确实做了不少工作,但是就青年团的领导来说,我们还只解决了一个半问题。一个问题是指我们已建立了一个全国性的青年团，半个问题是指我们初步摸到了一些按照青年特点工作的方法。

胡耀邦认为，新民主主义青年团自成立以来，一直坚持了"青年团是党领导下的先进青年的群众组织"这一正确的建团路线，团的发展是健康的，绝大多数团员的思想是进步的，工作是有朝气的。他举例说，到1956年6月底，全国已有2000万团员，差不多占全国青年的17%。因此，他认为，青年团已成为党的一支可靠的后备队，成为吸引全国青年蓬勃向上的巨大力量。"在这样的思想基础和组织基础上，并且当前我国社会主义改造已经取得了决定性的胜利的时候，把新民主主义青年团改为共产主义青年团，是完全符合广大青年愿望的。"

胡耀邦也指出，我们才初步摸到了一些按照青年特点进行工作的方法，在青年团的独立活动中，仍然有不少的问题和缺点：由于我们有些活动没有注意同有关部门多加商量，取得它们的支持，有时就和这些部门的步调不够一致；由于我们有时提出的要求过高过急，到了下面又层层附加任务，就使得某些事情不太行得通，甚至发生一些强迫现象；由于我们有时过分强调青年打先锋，"包下来"，就使得一部分青年过分劳累，使得青年和中老年之间的关系不够协调。这些就是青年团工作中还没有解决的半个问题。

胡耀邦还指出，我们有些同志，不虚心听取别人的意见，不正视自己的缺点，这是不对的；另有一些同志，一听批评，不管对与不对，就赶紧"收兵回朝"，关门检讨，甚至得出这样一条"经验"，叫做"少做工作，少犯错误"。这同样是错误的。

他强调说，培养社会主义新人和发展社会主义的新经济一样，都是我们党在过渡时期带有根本性的任务，而且是密切相关的任务。我们相信，全党一定会更好地关注我们这未来的一代，引导他们朝着最伟大的目标——社会主义和共产主义，胜利前进。

作为青运领袖，胡耀邦特别注重团内的作风建设，积极倡导一种良好的作风。他认为，保持和发扬团内那种朝气蓬勃、踏实苦干的优良作风，防止和反对那种个人主义、形式主义的作风，乃是今后开展青年工作的重要关键之一。

1964年7月，在共青团九届一中全会上，选举了新的中央委员会，胡耀邦任第一书记，胡克实、王伟、杨海波、张超、王照华、路金栋、王道义、惠庶昌为书记处书记，张德华、李淑铮、徐惟诚、胡启立为候补书记。胡耀邦在共青团九大所做题为《为我国青年革命化而斗争》的工作报告中，将青年团的作风归纳为8个字：朝气勃勃，实事求是。

胡耀邦在报告中指出，党经常教导我们共青团一定要树立一种好的作风，要把广大青年的作风带好。作风是一种无声的号召，无形的精神力量。团的作风好坏，对青年的革命化有着直接的影响。这是因为，"青年看团员，团员看干部。干部要作为团员和青年的表率"。

胡耀邦总结指出朝气蓬勃，就是要有一种勇于跟困难作斗争的革命干劲。无产阶级革命和建设事业，是在战胜各种各样的困难中壮大发展的，团干部不论在任何情况下，都要百折不挠，勇往直前。

朝气蓬勃，就是开动脑筋、敢于和善于提出问题，有负责精神和创造精神。胡耀邦认为，一个真正对革命事业负责的人，应该把推动革命前进的利益看得高于一切。他特别强调说，这样的人，不是不会犯错误，而且勇于坚持真理，勇于修正错误，只有这样的人，他的工作才不是敷衍拖拉，墨守成规，而是生气勃勃，有创造性的。

朝气蓬勃，还是一种努力学习、永不自满的精神。胡耀邦指出，学习对于团的干部尤其重要，我们要善于向党学，向群众学，向实际学，向书本学，向左邻右舍学，向一切有经验有知识的人学，只有这样，经常注意吸取新鲜事物，增长新的知识，不断提高思想水平，我们才能够永远保持革命的朝气。

怎样去保持革命的朝气？胡耀邦认为，只有严格执行党和国家关于干部参加体力劳动的制度，永远保持艰苦朴素、联系群众的优良传统，警惕资产阶级思想的侵蚀，才能做到保持革命的朝气，并且永不变质。他告诫广大团干部，奢侈浪费是思想上的腐蚀剂，追求个人的物质享受，就会丧失革命志气。同时，我们还要防止脱离实际、脱离群众、沾染官僚主义的恶习。

胡耀邦进一步明确提出，朝气蓬勃是必须建立在踏踏实实了解情况的基础之上的，因而朝气蓬勃又必然与实事求是的精神结合起来。

所谓实事求是，"就是做老实人，说老实话，办老实事"。要做到有一说一，有二说二，既不夸大，也不缩小。采用一分为二的辩证方法，既要看到成绩，也要看到缺点，从实际出发，按照党的政策办事，不蛮干，不乱干，不弄虚作假。有认真严肃的工作态度，有实干精神，言行一致，表里如一。

胡耀邦还说，实事求是就是工作要扎扎实实，具有革命的坚持性，我们

1964年6月3日，胡耀邦在共青团第九届中央委员会全体会议上讲话

要多做打基础的工作，讲究工作实效。我们要认真学习党的政策，重视有关青年工作和青年问题的研究，把政策弄懂了，情况摸清了，问题看准了，就要发扬革命的坚持性，抓住不放，一抓到底，有始有终。

胡耀邦认为，绝大多数团干部热情很高，干劲很大，但却往往有实事求是不够的弱点，值得广大团干部警惕。革命干劲越大越好，但是必须从实际出发，尊重客观规律。我们不怕困难，藐视困难，但是对困难要做具体分析，认真对待。要有远大理想，但必须脚踏实地。

胡耀邦引用毛泽东的话，指出团干部心要热，头要冷，要冷热结合，做冷静的促进派，深入实际，调查研究，总结经验，提高自己的思想水平和业务能力。

他倡议，"全团干部要有革命的事业心和责任感，不辜负党的委托，严格要求自己，努力养成朝气蓬勃、实事求是的好作风。力争把工作做好，成为党的优秀的青年工作者"。

在胡耀邦的极力倡导下，"朝气蓬勃，实事求是"成为共青团的传统优良作风，哺育了一代又一代团干部，使共产党的优良传统和作风在团内发扬光大。"八字方针"至今仍有强大的生命力，胡耀邦为共青团留下了宝贵的精神财富。

在这种特别的工作方式里反映出优良的工作作风：勤奋读书之风、调查研究之风、平等商量之风、讲求实效之风。这些工作作风正是五六十年代青年团干部的工作作风。

七 在湘潭挂职的日子里

兼任地委第一书记

1962年1月11日至2月7日，北京透出春天的气息，太阳从云缝中钻出来，洒下一片春光。中共中央召开了有县委书记以上七千多干部参加的扩大工作会议，史称"七千人大会"。其主要精神是：总结"大跃进"以来的经验教训，纠正"五风"错误，号召各级领导干部深入基层大兴调查研究之风，与广大人民群众同甘共苦，充分发动群众，调动各方面的积极性，争取尽快恢复和发展农业生产，改善人民生活。凡参加中央扩大工作会议的干部，对于争取尽快恢复和发展农业生产都具有一种强烈的责任感和紧迫感。当时任团中央第一书记的胡耀邦，凭着对党对人民的赤胆忠心向党中央请求下放到一个地区兼职办点，搞调查研究，体察民情，总结强国富民的经验。他的这一请求很快得到党中央的批准，派往湖南担任省委书记处书记，兼任湘潭地委第一书记，主持湘潭地区工作。

11月，胡耀邦率领团中央书记处书记梁步庭、团中央办公厅副主任鲁钊等七八个人来湖南湘潭地区。梁步庭兼任浏阳县委第一书记，鲁钊任湘潭县委副书记。

七 在湘潭挂职的日子里

当时,湘潭地区的农业生产虽有所恢复,群众生活略有改善,最困难的时候已经度过。但经济形势仍相当严峻,由于前几年在"左"的思想指导下猛刮"五风",经过"大跃进"的折腾,农业生产遭到严重破坏,粮食减产到新中国成立初期水平,农民食不果腹,饿殍遍野,水肿病流行,"过苦日子"数年后,农业生产还没有恢复到1957年的水平,许多人外出逃荒谋生。而在反"五风"的整风整社中,不少基层干部挨整,一些地、县负责人也未能幸免。广大农村干部由于受到不公正的批判,普遍滋生泄气、怨气、消极悲观情绪。经济情况虽然逐步开始好转,但是困难尚未过去,群众生产积极性低落。

胡耀邦受命于危难之中,他来湘潭之前,已派团中央佟英、戴云等同志来湘潭任职了解情况。他不顾出国访问的劳累,回国后立即赶来湘潭。

胡耀邦到省委报到后,他以谦虚的态度向省委领导同志请教,了解情况,交换意见。他坦诚地表示,自己已多年不做地方工作,今后工作中一要希望省委经常指点,二要依靠广大干部,三要依靠人民群众,这样就有信心做好工作。

胡耀邦到任以后,省委书记处书记华国锋由兼任湘潭地委第一书记改任第二书记。胡耀邦听取了华国锋等地委领导同志的详细汇报,传达了八届十中全会精神,反复研究了下一步工作。地委机关干部久闻胡耀邦大名,见到他到这里来当第一书记,莫不欢欣鼓舞。然而有些同志又有顾虑,不知他对这里前一段的工作如何评价。胡耀邦了解到这一情况,第一件事就是做机关干部的工作。他同地委全体干部见面讲话,向大家介绍全国形势,引导大家放开眼光看大局,抖擞精神为人民。他充分肯定了湘潭的工作,指出对前几年工作中的问题,不要背包袱,他愿意同大家一道鼓起劲来干。他热情洋溢的讲话和诚恳的态度,一下子缩短了作为新来的第一书记同原有干部之间的距离,解除了大家的思想顾虑,增强了人们的信心。

经过找干部谈话、阅读有关文件之后，胡耀邦着手对全地区情况进行深入的调查研究，他不是把各县领导找到地委来汇报，而是亲自到下面去跑。当时湘潭地委所辖10县，北边有洞庭湖滨的临湘、湘阴、岳阳以及湘潭，南边有平江、浏阳、醴陵以及罗霄山脉西麓的攸县、茶陵、酃县（现改为炎陵县），这是一个广大的地区。胡耀邦轻车简从，风尘仆仆，一个县一个县，甚至一个公社一个公社，一个大队一个大队地跑，他深入各县基层做周密的调查研究，听取汇报，召开座谈会，翻阅县志，广泛听取意见，体察人民群众的要求。在充分了解情况的基础上，他把党中央的批示精神与湘潭的实际情况结合起来，逐步形成了"解泄气、鼓干劲、搞生产、过难关"的工作指导思想。在不久召开的地委会议上，他豪情满怀地说：湘潭地委过去的工作成绩是主要的，出现的差错，上级承担了责任。我"下放"到湘潭，是来向同志们学习的。我们团结一致，鼓足干劲把生产搞上去，困难是可以克服的，前途是光明的。在浏阳县委会上，他又说：过去的工作成绩是肯定的，工作上出了问题，你们地委书记已承担了责任，应该抛弃前嫌，团结起来搞好生产，让人民群众过好日子，这是我们共产党人的天职，也是大局所在，大家一定要顾全大局。

胡耀邦每到一地，他都放下架子，微服私访，听取反映的真实情况，不搞"花架子"，对那些报喜不报忧的干部，他当场进行批评教育。他把当地各方面情况了解得充分而具体，包括人口多少，田土多少，稻插几季，亩产若干，养猪养牛收入几许，有无自留地，征购情况等等。在听取干部汇报时，他不时提出问题，特别是老百姓生活安排、干群关系等方面的问题。他不断提出一些解决问题的思路来同干部们探讨。在听取汇报的同时，他常常把秘书和警卫员都"撤"下去，直接找老百姓谈话，掌握第一手材料，回来再同干部的汇报相印证。他利用各种机会直接同群众攀谈，有时还就某些问题请农民群众座谈，听取农民的意见。有时在路上遇到群众，他会停下车来，走到群众中去，问这问那，有说有笑。无论同干部还是同群众谈话，他都认真做笔记。他有深思的习惯，坐在车上常常沉默不语，一支接一支地吸烟，沉浸在对于各种情况的思考中。有时候兴致上来，也同身边工作人员议论，听取他们对一些情况的看法。他善于细心观察，走到哪里都注意庄稼的长势，人们的衣着、脸色甚至神情，从中作出分析判断。他在干部和群众中没有架子，有的是精神抖擞、活力四射的魅力，能够使人们受到强烈感染。交谈当中，他提出一个个题目，引发大家思考、争辩；他提出各种方案，要大家比较、选择；他风趣的谈吐常常逗得大家哈哈大笑，使得最老实巴交的农民也消除了拘谨感，极自然地表达自己的真实意见。他一路奔波，走到哪里就住在哪里。农村有些地方条件还很差，土壁纸窗，甚至没有电灯。但他对这些毫不在意，总是兴致勃勃地邀人来谈情况，研究问题，直到深夜。他常常说，毛主席要我们解剖麻雀，开膛破肚还不称解剖，一定要把五脏六腑都弄清楚才算解剖。就这样，他跑过北部各县，略事休息，又跑南部各县，差不多用了一个半月时间，跑遍了整个湘潭地区的大部分区乡。

胡耀邦经过广泛调查研究，并同地委同志统一了认识后，着手制定各项工作措施。他以很大精力做基层干部的思想工作，分析形势，指出有利和不利条件，鼓励大家总结经验，振奋精神，努力工作。他根据"人民公社六十条"精神，着手调整农村生产关系，落实自留地政策等。他了解到农民群众恢复生产时耕牛不足、资金短缺甚至负债，就同有关部门商量设法扶植。他在各地都因地制宜提出一些开辟生产门路的措施。在南部山区，鉴于许多地方还是单一种植粮食，产量不高，难以富裕起来，他大力倡导利用山区资料开展多种经营，例如发展药材、竹木、器皿加工，栽种果树等等。几乎在每次干部会上，胡耀邦都强调一定要关心群众生活，克服瞎指挥，尊重群众种植意愿。他发现岳阳的毛田是个好典型，干部作风细致深入，农林牧副渔全面发展，改变贫困面貌很快，立即帮助总结经验，向全地区推广。

1963年5月，毛泽东在杭州召开会议，部署在农村开展以"四清"为主要内容的社会主义教育运动。胡耀邦参加了这次会议。会上，毛主席再一次讲了阶级斗争问题，制订了"前十条"。

回到湖南以后，胡耀邦向省委和省直机关领导干部做了详细传达，并同省委、地委认真研究了杭州会议精神和下一步工作。他同地委领导同志对农村形势做了认真研究。根据各地汇报上来的材料，农村干部贪污、盗窃、投机倒把、多吃多占、超支挪用情况普遍严重。据此，有的同志认为，这说明农村阶级斗争越来越强烈了，也有的同志认为现在干群关系空前紧张。胡耀邦反复强调不要从概念出发，一定要做细致的具体分析。他说，如果对形势判断得不准确，那就会影响把握运动方向和制订相关政策。过去的一些运动在这方面有很多教训，务必不要重复。他说，农村有阶级斗争，这是一个客观事实，干部的"四不清"就是反映。但究竟严重到什么程度呢，还要做更细的分析，经过分析就可以看出，绝大多数干部只是手脚不太干净，还有一些人有较大的贪污多占行为，而有严重贪污多占行为的人，用百分比一比，只占极少数。对此既不能无视阶级斗争，又不要夸大，这一点务必要保持清醒头脑，不要打击一大片。

胡耀邦非常强调掌握政策界限。他提出，属于一般的纯粹的"四不清"问题，必须严格按处理人民内部矛盾的方法从思想上解决问题，因此他强调启发干部的自觉性，促进他们及早自动清理自己，叫"早自清"，这样，在提法上就避免"斗争过关"这些字眼，而使用"洗手洗澡"、"放包袱"的提法，使干部易于接受，免除紧张心理。工作队对于有错误的干部要采取批评、鼓励、帮助的态度，即严肃批评他们的错误，当他们有悔改表现时给以鼓励。对如何提高认识和改正错误同他们好好商量，这样，就可以争取把最大多数干部团结起来。对问题极其严重、属敌我矛盾的人，也不能姑息手软，该处理的也要坚决采取组织措施。

胡耀邦经过调查研究，与本地干部一起进行了认真分析研究后，确定以浏阳为重点，从点上积累和总结经验，指导全面。经过一段时间的深入调查研究，基本统一了思想认识，认为湖南是个"七山一水两分田"的农业大省，湘潭地区必须从山多田少的实际情况出发，不能只搞"以粮为纲"单打一的经济发展思路，必须进行综合经济开发、利用和管理。山区要以山养山，江湖区靠水吃水，有田的种好田，能搞副业的搞副业，做到农林牧副渔全面发展，综合开发利用。在这一思想指导下，做出并实施了恢复发展农业的若干重大决策。

1962年11月，胡耀邦和华国锋亲自到醴陵，正赶上召开县扩大干部会议，县委向他汇报了情况，又送给他一些简报，请他给到会同志做报告。在会上，他一共讲了八句话48个字："今年很有成绩，依靠大家努力；全国形势虽好，困难还有不少；继续乘胜前进，干劲加上钻劲；明年更好丰收，前途一片光明。"胡耀邦讲话的主题思想明确，思路清楚，生动活泼，一下子就把与会者吸引住了，会场上鸦雀无声。

他有时坐着讲，有时站起来，讲到困难还相当大时说："我们已经度过了三年困难时期，准备再继续奋斗几年，摆在我们全体干部面前的一个尖锐问题就可逐步得到解决。在困难面前怎么办？无非是四种态度和方法：一是不干了，回家去。二是骂娘，发牢骚。三是当扒手，搞偷摸。这是宪法所不容许的，是要受到严惩的。前面三条都是没有前途没有出路的。四是咬紧牙关，带领广大人民群众战胜困难，继续奋斗。革命就是和困难作斗争，胜利是从艰苦奋斗中得来的。"为了进一步教育和启发干部树立克服困难的信心和勇气，胡耀邦举了长征路上过孟笔山的例子，他用低沉的语调对大家说："我有一个战友，站在雪山顶上，见到四周一片大雪，觉得前途渺茫，怎么办？偷偷地自杀了。这是1935年的事，到现在27年了，这是我一生中印象最深刻的一件事。"与会同事听了这件事，有的低下头，有的泪水直流，深表惋惜。

胡耀邦接着说："其实，走过孟笔山顶，最困难的阶段已经过去了，下山再走7天过了腊子口就胜利地进入陕甘宁根据地。那个战友经不起困难的考验，悲观失望，被茫茫大雪吓破了胆。现在我们最困难的时期已经过去了，胜利就在眼前。"他举起右手，用高昂的声调、坚定的语气号召大家："同志们做好思想准备，眼前的困难，只要我们齐心协力，咬紧牙关，艰苦奋斗，困难就一定被我们战胜！"他的话音刚落，全场立即响起热烈的掌声。

胡耀邦在讲话中特别强调干部要认真钻研政策，用党的现行政策把农民的积极性调动起来，绝不能靠蛮干、靠强迫命令的办法。他要求各级干部在贯彻落实党的方针政策时，要做到四个大抓：一是继续大抓粮食生产，并作为一个长期的方针。二是大抓生猪养殖，大力发展畜牧业。他指出，养猪能三变，即变粮、变钱、变富。三是大抓经济作物，扩大棉花、苎麻、辣椒等多种经济作物的种植面积，达到稳产、高产，解决好农民的穿衣和零花钱等问题。四是大抓封山育林，有计划地开展群众性的荒山荒坡造林运动，解决农村烧柴、住房和用材等问题。他举了一个很普通的例子，比如做伞，就离不开纸、竹子等，这与开发荒山紧密联系在一起。

为了发展以粮为主的多种经营，胡耀邦当时制订了一条极其重要的政策，就是稳定和刺激粮食生产，把粮食征购任务固定下来，三年不变，三年后再稳定五年不变。这一政策的贯彻执行，解决了许多农民多产多征购的后顾之忧，大大调动了广大农民的生产积极性。

关爱农村干部

胡耀邦一贯关心和爱护干部。他到湘潭之后不久，正值中央强调"狠抓政治斗争"的"四清"运动期间,他语重心长地一再强调要爱护农村干部。他说基层干部工作辛苦,不容易,群众一旦发动起来,有些干部可能一次两次检讨过不了关,下不了楼,只要他们的检讨是真诚的,就要搬梯子帮他们下楼。绝对不许捆绑打骂,不能实行残酷斗争、无情打击那一套。退赔要干净,这也要有些政策规定,不要使他们走上绝路。他说,我们的基层干部大部分出身于贫农、下中农,经过启发教育和政策感化,很快就会唤醒阶级觉悟,觉悟提高之后,各种问题就可以顺利解决。

胡耀邦还指出:本着一手抓生产,一手抓运动的精神,旱情特别严重的地方,可暂不开展,集中精力抗旱。

明确指导思想之后,各县的运动相继开展,地委也组织了工作队下去指导运动。胡耀邦亲自到浏阳、醴陵、平江等地调查、指导,并深入到大队蹲点,总结经验。在浏阳,根据运动开展起来发现的新情况新问题,他帮助县委制订了《关于"四清"工作的决定》,更进一步规定和划清了政策界限,包括不允许把范围扩大到社员群众中去;凡属群众性的集体隐瞒私分,一律不做清理,社员拿了集体工具、农具的只许通过维护集体财产的教育,号召公物还家,不搞坦白检举;教育干部"放包袱",发动群众向干部提意见,首先是"背靠背"地进行,在双方都有了充分思想准备后,再由干部在会上作检讨,并提出退赔方案,由贫下中农和社员群众审查评议,避免顶牛现象和简单粗暴的做法;一切赃款赃物,原则上都要退出来,但是退多退少,一次退还是分期退,则要经过群众讨论通过,做到合情合理等共10个方面的内容。由于这个决定把运动的政策、步骤、方法规定得清清楚楚,贯彻下去之后,使干部和群众都心中有数,有所遵循,就将运动纳入了在省委领导下有序进行的轨道。浏阳的经验后来在全地区推广,对全地区稳定地开展运动,起了重要的指导作用。

运动从试点到推开,进展得迅速而顺利。这虽然是一场大规模的群众运动，但没有发生乱斗的混乱现象。绝大多数干部放下了包袱，得到解脱，精神振奋，群众也感到满意，干群关系有所好转。有的干部说，这回的社会主义教育运动，真是突出了"教育"二字。

胡耀邦是在参加了八届十中全会之后下地方，接着又参加中央的杭州会议，"四清"过程中又来了"后十条"，但他对农村形势的看法和对运动的具体操作始终坚持实事求是的态度，不生搬硬套上面的条条框框，坚持一切从实际出发。他部署工作和提出政策思路都反复思考，极为谨慎，总是体现着对基层干部的关怀和爱护，对人民群众的信赖和依靠。因此，在复杂的形势面前，他能够坚定灵活地掌握方向，使"四清"运动得以顺利进行。

胡耀邦长期从事政治思想工作，十分重视思想教育。到湘潭后，他也同样如此。每次部署工作，都要把思想教育工作考虑进去。当时仍处在困难时期，他每次对干部讲话，几乎都要分析国家形势，讲明前途，号召大家艰苦奋斗，克服困难。他说，现在有些老百姓骂娘，不要一股脑儿地批评人家，要看到我们的工作确有缺点和错误。他又讲到，对待困难有两种态度，一种是咬紧牙关，坚定不移，坚持挺过来；一种是被困难吓倒，那就完了。他鼓励大家任何时候都不要丧失信心和前进的勇气，世界上不存在不可克服的困难。他了解到有些干部由于在"反右倾"运动中受到批判，有委屈情绪，便对大家说，革命斗争是很复杂的，我们有时整错人，有时挨错整，常常身不由己。整错了人的要总结教训，以后尽量实事求是；挨错了整的也不必委屈，要向前看，更不能记仇。他说在延安整风时也有人批他，要凑几大罪状，实在凑不齐，因为他姓胡，就凑了一条"糊涂主义"。给他扣帽子的同志后来见到他时很不好意思，他说没关系，我们还是好朋友。

胡耀邦在浏阳，深入乡村，走遍了东西南北，开展调查研究。当时发现干部队伍中存在着严重的脱离群众，影响干群关系的问题，主要表现是"四不清"，即政治、思想、经济、组织上不清。胡耀邦便在全县范围内开展

"四查四帮"运动，即查群众发动情况，帮助大队、生产队把队伍组织好；查干部"放包袱"情况，帮助干部密切同群众的关系；查生活安排情况，帮助基层把困难队、困难户的粮食补销安排落实；查生产情况，帮助下面解决好当前生产上急需解决的问题。区社干部采取我帮你，你帮他，互相调配，分期分批，一月一轮地进行下去。这次运动，时间短，见效快，干部未伤元气，群众感到满意，确实解决了一批阻碍生产发展、影响干群关系的问题。船仓公社的溪沅大队搞"四查四帮"时，清出了几个大队干部的严重经济问题，通过教育，进行赔退、检讨，干部放下了包袱，群众都很满意。有个70多岁的老大娘说：这个"四查四帮"真好，不知是哪一位干部同志想出来的，如果他来了，我要留他吃餐饭，不收他的粮票（当时干部在群众家中吃饭要付粮票）。在这次运动中，也确实揭露了一些群众意见大的严重问题，但胡耀邦坚持"教育从严、处理从宽"的原则，既要调动群众的积极性，也要调动干部的积极性，干部犯了错误，只要改了就好。集里公社的禧和大队党支部书记黎才佳，因犯了"四不清"错误，胡耀邦批评了他，但又指出只要他改正，还可以使用。有一次在县政府大礼堂开会，胡耀邦做报告时举了这个例子，他风趣地念出了一首未写完的诗说："禧和黎才佳，带头搞四清。四清搞彻底……请大家帮助续一句。"当时有许多人站起来用口头或纸条续句，杨潭公社党委书记宋赛云也用纸条续了一句："群众会欢迎"。他看了后念道："……四清搞彻底，群众会欢迎。"胡耀邦接着说："是的，只要你放下了包袱，群众还是会欢迎你的。"

在这次会上，他提出：干部犯了错误是要批评的，目的是要改正，而不是要处分。胡耀邦引用了《孙子兵法·谋功篇》的一段话说："……'百战百胜，非善之善者也；不战而屈人之兵，善之善者也'。干部犯了错误，只要认识错误，作出检讨，放下包袱，改正错误，组织上不一定处分你；只有不可救药的人，才不得不给予处分。"当时浏阳开展的"四查四帮"运动,受到处分的干部极少,这是胡耀邦爱护和关心干部的最突出的表现。

　　胡耀邦到南五县时,他来到茶陵,这里与江西省永新县毗邻。胡耀邦少年时参加革命,曾在设于永新的少共国际师工作过。陪同他一道来的华国锋知道这情况,提议他去永新看看,还可以上一次井冈山。胡耀邦也有这个愿望。于是跨过界化陇,来到永新县。一别30余年,旧地重游,胡耀邦感慨不已。他向大家讲述任弼时在这里工作的情景,讲述当年同国民党的战斗。随后,又到了井冈山。他虔敬而兴奋地参观一处处革命旧址,详细询问了有关情况。在黄洋界,他兴致勃勃地吟咏了《西江月·井冈山》,看了朱德担米歇息处。在茅坪毛主席故居外面,有一块大石头,据说当年毛主席常常坐在这里读书,胡耀邦于是坐在这里让人拍张照,说是要补上井冈山这一课。

　　这次井冈山之行,使他思绪万千。下山之后,他给干部做报告,都谈到继承和发扬井冈山精神。他说,我们在长期革命斗争中,形成那么多那么好的传统,是教育人民和青年的极好的精神财富。别的可以丢,马列主义不能丢,革命传统不能丢。他说,井冈山的传统之一,就是同群众密切联系,鱼水之情,而这几年来恰恰是这个观念淡薄了,许多错误都来源于此。

　　1963年元月26日(农历正月初三),冬阳灿烂,人们沉浸在欢乐的春节气氛里。浏阳县委正在召开干部大会,当得知胡耀邦来到阔别32年的家乡浏阳,县委便通知参加会议的区、社领导和县直机关的负责人到电影院听报告。大家闻讯后欢呼雀跃,万分激动。当胡耀邦和华国锋来到影院大厅,全体起立致敬,掌声雷动。

　　会议开始,胡耀邦用浓重的家乡口音说:"同志们,新年好!春节愉快!我出门30多年,这是第一次回浏阳。"接着他把唐朝诗人贺知章的《回乡偶书》稍加改动,朗声说道:"少小离家老大回,山河依旧鬼魔推。新朋相见不相识,笑问客从何处来。"他风趣地说:"我们是新朋友,相见都不相识,要问客从何处来,我是从湘潭来。1930年,我15岁离开家乡——浏阳参加革命，今年快50岁，年将半百，行之47，口里掉了两颗牙齿，还在担任青年团书记。"他掐指一算，说："离开家乡已整整32年，此次回家乡，是想做点调查研究，了解一下情况，帮助家乡做点事情。据了解，你们过去做了不少工作，家乡面貌发生了变化，但在工作中也出现了一些错误，如'刮五风'等，农民积极性受到挫折。为了纠正这些错误，进行了整风整社，可是不少干部挨了批判。这些错误不应完全责怪下面的同志，而应该由上面负责。为了解开干部思想疙瘩，不是华国锋同志上次来给你们做了报告吗？（华国锋插话：我来做了检讨。）我们是坚持真理修正错误，既然上面担了担子，大家就不应该有意见了。"

胡耀邦又说："要总结经验教训，要继续鼓起劲来，把工作搞好。"与会者都喜形于色。胡耀邦突然提问："大围山的区委书记来了没有？"这时王纪梧从座位上站起来说："我来了。"胡耀邦问："我问你，大围山有多高？"这位书记愣住了，说："不知道。"胡耀邦说："请坐下。大围山最高峰海拔1607.8米，是湘东第一高峰，据清嘉庆一统志载：'岗峦围绕，盘踞三县，周三百里，因名大围。'"大家听了为之一惊，赞叹耀邦学识渊博。

胡耀邦又问："文家市的区委书记来了没有？"肖仁本站起来说："我来了。"胡耀邦问："文家市的情况你都了解吗？"肖仁本回答："都了解。"胡耀邦说："请坐下。我问你，文家市哪里有个甘露亭你知道吗？"肖回答说："不知道。"胡耀邦说："我这次到了甘露亭。那就是由文家市爬过一座山，到我老家苍坊大队去的必经之路。山上有一小亭，叫甘露亭，过往人歇脚、喝茶的地方，那里住了一户人家，生活很苦，我同秘书从那里经过，以后还写了篇《甘露亭访贫》的文章。"

胡耀邦接着说："我们的干部要深入实际，在哪里工作，要了解哪里的一山一水，一草一木，要关心群众的疾苦，当好群众的父母官。"大会开得生动活泼，对大家启发很大。

这次会议中间休息时，他慢步在会场上，找同志们问这问那，当碰上一中校长胡国运时，便问："你贵姓？"胡校长答："我姓胡。"他又问："你干什么工作？"胡校长回答说："教书。"胡耀邦幽默地说："好呀！天地君亲师，你是第五位，为祖国培养后一代。"

胡耀邦晚上住在县委招待所二楼西头第二间房里，与一些与会者促膝谈心，语重心长地告诫大家，一定要清政廉明，当好人民的公仆，全心全意为人民服务。

不久，湘潭地委分南五县、北五县召开各县区社党委书记会议。北五县辖岳阳、湘阴、临湘、平江、华容，由华国锋在岳阳主持召开。南五县辖浏阳、醴陵、攸县、茶陵、酃县，由胡耀邦、李哲在醴陵主持召开。那天下午，李哲做工作报告和胡耀邦做重要讲话后，晚上分组讨论。胡耀邦来到第一组参加讨论。胡耀邦逐个问了大家的出身、年龄、文化和工作地点之后说："你们的思想疙瘩解开了没有？哪年挨了批判，还有意见吗？"大家说"没有意见了"。当他问到集里公社书记张桂清时说："你挨过批判没有？还有意见吗？"胡耀邦又问："你过去是干什么的？"张桂清说："贫苦出身，要过饭，做过长工，解放后搞土改，参加了工作。"胡耀邦说："你不应有意见了，毛主席讲过，要千锤百炼，你能算几炼呢？我给你算：要饭算一炼，做长工算一炼，搞土改算一炼，这次挨批判算一炼，还只有四炼嘛！"他一手指着自己的胸脯，一手掐着指头："我也来算一算，15岁参加少共，后来入党，转战南北，经过长征到抗日，再经过解放战争到现在，也不过是30炼，但还没有百炼嘛！后来日子长，你们遇到一些挫折，不要耿耿于怀，还要继续锻炼。"这番话，说得大家心服口服，个个心潮澎湃。

这一晚的小组会，别开生面，你一句我一句，有时他问你答，有时你问他答，讨论得非常热烈。胡耀邦还说到，对子女要加强教育，"养不教，父之过"。这一晚的讨论,从工作到生活,从家庭到子女教育,都讨论得别有风味,与会者感慨地说:"同君一夜话,胜读十年书。"

胡耀邦对干部既关心体贴,又严格要求。他来浏阳指导"四查四帮"工作时,每次报告中离不开对干部教育,教育大家要全心全意为人民服务,不能半心半意,更不能三心二意。在一次县大礼堂召开的有大队党支部书记参加的扩大会上,他做的报告,生动形象,感人肺腑。他要求大家好好地工作,生动地比喻不要像菩萨一样:"一身不动,二目无光,三心无主,四肢不勤,五谷不分,六亲不认,七窍不通,八面威风,九九归一,实是无用。"他要求干部要大胆工作,又要坚持原则时用毛主席说过的话说:"一不怕杀头,二不怕坐牢,三不怕撤职,四不怕开除党籍,五不怕离婚。"还对少数干部的不良工作作风,提出严肃批评。他说:"有的人吃别人的东西吃得满头大汗,吃自己的东西眼泪双流,这是低级趣味啰!我们千万要注意,干部是人民的公仆,只有处处以身作则,严格要求自己,才能在人民中树立良好的形象。"

胡耀邦在充分调查的基础上,经与地委其他领导反复商议,对犯错误干部的处理确定了一条总的原则:做深入细致的思想工作,实事求是,惩前毖后,治病救人。对犯有一般"四不清"错误的干部,只要能认识错误,诚恳检讨,积极退赔,一律不给处分,并且继续信任他们,让他们放下包袱,继续工作。为了统一干部和群众对这个问题的认识,他在1963年3月做的《当前的工作方针问题》的报告中,深入浅出地阐述了这个问题。他指出,我们"首先要相信绝大多数干部的本质是好的,有了错误是能够改正的;其次是要看到思想改造的长期性。我们的干部绝大多数出身于农民,基层的干部现在也还是农民,教育农民是一个长期的任务。社会主义教育运动对于我们干部,实际上是一个思想改造运动。思想改造的事情一点也性急不得。有错必纠,这是无疑的,但必须注意运用正确的方式方法,身上的污垢必须清洗,但怎样清洗是有讲究的。"他要求各级党组织执行毛泽东的给干部"洗温水澡"的原则，既不要"洗冷水澡"，也不要"洗滚水澡"。他说，"洗冷水澡"会打摆子，"洗滚水澡"会烫伤人，所以绝对不能操之过急。

  胡耀邦处理具体问题时总是晓之以理，动之以情，让犯有错误的干部真正从思想上提高认识，心悦诚服地改正错误。1963年，胡耀邦来到临湘县五里牌公社城乡大队调查考察，听到群众反映大队党支部书记李某有经济问题。当时该队生产刚刚恢复，社员生活还有不少困难，李家却有钱盖起了新房。经过查实，李确实有经济问题。胡耀邦弄清问题以后，连夜找李谈心，循循诱导，启发她回顾自己的成长，想一想共产党员的职责，摆事实讲道理，李心服口服承认了错误。次日工作组主持召开支部党员大会，李在会上做了深刻检讨，她痛哭流涕地谈了自己思想变质的过程，交代了自己贪污挪用公款的事实。胡耀邦见她态度诚恳，交代彻底，当场表态说："你主动下楼，还是好党员。你是支部书记，今天的会还是由你来主持。"支部书记交代错误以后得到了充分信任，对其他干部是一次最生动实际的教育，帮助他们打消了思想顾虑，放下了思想包袱，一部分犯有错误的党员和干部，就在这个会上交代了自己的问题。在胡耀邦亲自指导下，通过积极的、细致的工作，基本解决了这个大队干部的经济问题，干部轻装上阵，群众衷心满意，干群关系融洽，既团结了同志，又解决了问题，大家心情舒畅，生产积极性大为提高。

  胡耀邦在浏阳期间，不顾疲劳，走村串户，先后前往大围山、张坊、官渡、古港四个区，走访了解情况。回县后，县委召开区委书记、区长、公社书记、社长和各单位负责人会议，胡耀邦在大会上做了报告。在讲到干部不要搞特殊化和多吃多占时，即批评有个区委干部，在区上当副书记，搞特殊化，喜新厌旧，与原来的老婆离婚，在学校找了一个18岁的女老师，影响极坏。他一去学校，学生大声喊道：女十八，男三十八，你看合法不合法。胡耀邦生气地说:"官不大,僚不小,一个副书记有什么了不起,这是山中无老虎,猴子称霸王。"

他告诫干部要讲究工作方法,在工作上一定要有部署有检查,多搞点调查研究,多搞点下马观花,不要尽搞走马观花。他向大家讲了一个故事:明代有个员外的公子,想找一个美人做老婆,七选八选,选了官府一个小姐。约定相会看看,他自己是个跛子,就骑一匹马去。正好碰上那小姐也骑一匹马,右手拿着花,在靠右边的脸上举着。相遇时,女的走左边,男的从右边而过,相会后,双方都满意。等到结婚时,男的左脚是跛子,女的右眼是个萝卜花(眼睛异常难看)。所以,我们的工作要深入。"讲到这里,胡耀邦无限感慨地大声说:"同志们,虽说解放有10多年了,但还有贫困户,如中和公社杨谷大队甘露亭王光梅家困难的情况,就是典型一例。看到他们家的贫困境况,我们共产党的干部怎不怦然心酸?"

这天夜晚,时任浏阳县公安局教导员的吴玉翘去县委招待所看胡耀邦,只见他推开窗门,遥望广袤无垠的苍穹,欣赏点点繁星,家乡的夜景变幻莫测,似有迷人的魅力,他在沉思遐想。他见吴玉翘来到面前,便喜形于色,笑容可掬地对他说:"老吴,你来得正好,坐吧!我有一件重要的事告诉你。县委已经研究决定,把你调去文家市当书记,接替肖仁本的工作,是否降了级呀?"吴玉翘笑着说:"服从组织安排。"胡耀邦拍着他的肩膀,高兴地说:"好!我想在文家市搞一个点,你同我当个耳目,把'四查四帮'工作抓起来。向我多反映情况,不要写材料,只要写信就行。"

吴玉翘于1963年2月底去文家市区工作,上任后即在文家市公社搞了两个大队的点,先后写了8封信给胡耀邦,其中有3封信,胡耀邦在全地区召开的县委书记会议上进行宣读,强调各县都要把"四清"运动抓好。

胡耀邦回乡期间,特别注重鼓励各级干部以大无畏的勇气战胜各种困难。他不是空洞地说教,而是凭着自己历年博览群书积累的知识,以生动的典故,形象地教导大家,坚定胜利的信心,倍增克服困难的勇气。

当时担任醴陵县泗汾区委副书记兼泗汾公社党委书记的黎修荣,回忆了这样两件往事,令人回味无穷。

1962年初冬,胡耀邦在醴陵县泗汾公社召开座谈会,当大家谈到困难被逐步战胜,形势在不断地向好的方面发展,国内形势也同国际形势一样,是"东风压倒西风"时,胡耀邦就问大家:"东风压倒西风"这句话是谁讲的。与会者觉得很奇怪:这话明明是毛主席讲的,为什么还要问呢?胡耀邦笑着摇头说,我知道你们会这么回答,其实这话不是毛主席讲的,话的出处来自《红楼梦》第三卷第八十二回,是林黛玉讲的,她说:"但凡家庭之事,不是东风压了西风,就是西风压了东风。"林黛玉讲的是家事,毛主席借用了她这句话,把其中的"了"字改成了"倒"字,把家事上升到了国事和天下事。你们不信的话,可以回去找《红楼梦》看看,林黛玉是不是这样说的。他接着说,"毛主席最爱读书,他读的书很多,所以他知道古今中外的事也多,讲话用的典故也很多,毛主席还号召干部要多读书。你们当区、社领导人的就是要响应毛主席的号召,带头多读些书,多读书就能多掌握知识,当革命干部、搞革命工作,没有知识怎么行?"座谈会后,黎修荣回到公社找来《红楼梦》翻开一看,果真一点也不错。从此,他知道胡耀邦读的书很多,而且记忆力惊人,从内心钦佩他。

当大家汇报到形势虽然在向好的方面发展,但工作中还有很多困难,特别是有的同志害怕困难,甚至想丢掉工作回家去种田时,胡耀邦问大家知道"怕"字怎样写吗?与会者回答说知道。他说:"我知道你们当然都会写'怕'字,但对于'怕'字的认识就有不同,我说竖心旁一个白字就曰'怕',所谓怕者,即白操心也。做工作怕什么呢?无非是怕困难嘛。工作上有困难是客观存在的,客观是不以人们意志为转移的。比如今天上级确定你的任务是一天步行100里路到达目的地,一天走110里路是有困难的,但是这100里路是客观存在的，它不会因为你怕，就缩短为90里，一点也不会少。也不会因为你不怕，就延长为110里，一步也不会多。总而言之，你怕与不怕就是100里，所以说'怕'就是白操心。又比如，红军进行二万五千里长征，困难是大得不得了的，有少数人怕困难，一看无边无际的雪山和草地，悲观了，害怕了，退却了，甚至开小差了，脱离革命，结果连性命也没有保住。但从红军的总体来说是不怕困难的，在红军的眼里，'万水千山只等闲'、'更喜岷山千里雪'。所以红军胜利地突破国民党军队的前堵后追，层层封锁，越过了雪山，穿过了草地，会师陕北，抗击日寇侵略，挽救了民族危亡，接着又解放了全中国。如果在那时候都害怕，都成为白操心者，能有今天的新中国吗？"

听了胡耀邦这一席充满哲理的论述"怕"字的讲话，大家增强了带领干部群众战胜困难的信心。黎修荣回到公社立即召开一次战胜困难、争取新胜利的动员大会，与会者深受鼓舞。横岭大队支部书记开完会回到家后，即兴挥毫，写了副对联贴在家门口：为人莫图快活，想快活，无快活，哪有快活做好人？处世须知艰难，知艰难，免艰难，几载艰难成大业"。横批是："迎难而进"。

胡耀邦根据湘潭地区的实际，决定采取以思想教育为主，狠抓干部队伍建设，并确定以浏阳为重点，分期分批在全地区普遍展开。他常去浏阳帮助和指导县委的工作，还经常深入大队和生产队，到群众中访贫问苦，找基层干部座谈，了解社情民意，听取意见，总结经验，指导全面。他除了利用地区《滨湖报》和内部刊物传递信息、交流经验外，还亲自到各县了解班子建设情况，有针对性地提出整改意见。1963年6月15日，在醴陵召开的公社书记以上干部会议上，他发表了讲话。会议开始，他风趣地说："醴陵妹子多又多，都往江西是咯梭！"引起哄堂大笑。接着，他严肃地说："为什么会这样？因为醴陵穷，留不住女青年，人往高处走嘛！"并指出："醴陵的基层干部大多数本质是好的，但在困难时候，严重缺粮，群众吃不饱，在有的地方发生水肿病的情况下，干部手脚不干净，甚至贪污多占的现象较为严重。群众辛辛苦苦劳动得来的果实，被少数人占去了，群众是很心痛的，挫伤了生产积极性，影响了集体经济的巩固。通过对干部的思想教育和整顿，在群众监督下，有许多干部不同程度地放下了包袱，交代了多吃多占和贪污事实。"同时，他对基层干部今后的长远建设也提出了具体要求。他说："按照群众的迫切要求和我们的主观愿望，就是要走群众路线，深入群众之中，用科学的实事求是的态度认识和对待群众，密切党和群众的关系，调动群众的生产积极性，巩固集体经济，提高干部的思想、政策水平，建设一支好的干部队伍。"

胡耀邦在讲话中对干部进行了耐心的说服教育。他用醴陵大林公社大冲大队党支部书记敢于承认错误，交代问题，并积极退赔，受到群众欢迎和组织的信任，还继续担任支部书记这个典型事例来教育说服干部，使大家心服口服。

胡耀邦抓基层干部队伍建设，反复强调：凡牵涉到群众的问题，必须慎重对待，绝对不许整群众，要群众"放包袱"，退物退款。生产队集体瞒产私分的，一律不清理。

胡耀邦在注重抓基层干部队伍建设时，总是提倡群众路线的工作方法，不主张集中大批干部，用打歼灭战的办法，到一个大队搞几个月。特别注意防止"左"的偏向，他主张对基层干部主要是动员干部自己教育自己，主动"放包袱"，主动下楼，洗手洗澡，不追不逼，以思想教育为主，坚持思想教育从严，组织处理从宽，宽严结合。通过狠抓基层干部队伍建设，大大调动了干部和群众的生产积极性。1963年早稻收割后，有90来天没有下过透雨，有的地方晚稻没插下去，有的插下后干死了。在这大旱之年，干部带领广大群众，男女老少齐上阵，顶烈日，斗酷暑，日夜奋战在抗旱前线，使全区减轻了灾情，减少了旱灾造成的损失。

由于胡耀邦对干部采取正确的思想教育方法，从而不断激发了广大干部和群众克服困难、搞好农副业生产的信心和决心，1964年湘潭地区的农业生产形势大为好转，粮食产量接近1957年的水平，人民生活得到很大改善，经济作物和副业生产也都获得全面丰收。

胡耀邦忘我工作，风里来，雨里往，长期爬山越岭，加上过去战争年代恶劣环境影响，身患的关节炎复发了。据医生诊断，膝盖软组织磨损，大家劝他回北京休息治疗，他没有返京，仍坚持工作。直到1964年6月共青团九大召开前夕，他才回到北京，参加全国团代会的筹备工作。

把群众疾苦挂在心上

胡耀邦时刻把群众的冷暖放在心上，唯独不顾自己。1963年春节快到的时候，华国锋等地委负责同志劝他回北京与家人团聚，他不肯。大家要接他夫人李昭和孩子们来湘潭过年，他也婉言谢绝。他说："我要和同志们一起团聚，看看湘潭人民的年过得怎样。"除夕晚上，地委的同志到他的住所，陪他一起过除夕，他谈笑风生，守岁到午夜。大年初一，地委的同志去给他拜年，可他早已到农村、工厂给农民、工人拜年去了。

1963年元月，正是新春佳节，寒风裹着春雨，人们感到几分寒意。胡耀邦一行在中和公社吃过早饭后，匆匆赶回文家市区公所。这次到中和，回到了阔别32年的故乡，了却一腔思乡之情。一会儿，他们一行来到甘露亭，此亭建在中和与文家市交界的山岭上，供行人歇脚饮茶。他们在亭内小憩时，见一名10多岁的小女孩赤着脚，衣衫褴褛，泪流满面，可怜巴巴向甘露亭茶店老板娘哭诉着什么。

胡耀邦一行听见了他们的对话，经茶店老板娘介绍，这个女孩名叫王光梅，家住这山坡下的一个烂棚子里。父亲因水肿病去世，母亲带着一个两岁的小弟出嫁了。家中留下这个女孩带上两个弟弟，一个5岁，一个3岁，而且还有一个80多岁的多病的祖母要服侍，家里无吃无穿，难以生存下去。胡耀邦听后，急切而大声喊道："走，下山看看。"因刚下过雨，山坡陡，道路泥泞，陪同人员怕胡耀邦摔跤，劝阻他不要去，让其他同志去了解情况，再向他汇报。但胡耀邦不依，说什么也得亲自去看看。他二话不说，站起身来，拄着竹棍，沿着那陡峭的羊肠小道往山下走去。

走进一个似观音合掌的草棚内，抬头一看，真是苦不堪言：屋漏锅破，草棚上百孔千疮，地下一摊摊泥浆，用3个石头架起一口半边锅，4个人睡一个烂床铺，盖一床烂棉絮，一件烂蓑衣，4只缺了口的破碗。在这寒气逼人的初春，两个小孩都光着脚板，衣服单薄。胡耀邦见状，眼睛湿润了，立即掏出10元钱给老人说："你们过着这样的日子，政府有责任啊！这点钱，你们拿去先买点肉，过个年吧！"

离开这家人后，他马上派人找来了大队支书，一见面胡耀邦就严肃地问书记："这户人家你知道不知道？"支书答："知道。"又问："他们的情况你了解不了解？"支书说："了解。""那你为什么不管？""队上没得钱呀！"胡耀邦说："棚子这么烂，你搞几个劳力砍点茅草盖好一下，花钱不多，这是可以做到的吧！给他们把灶打好，是可以的吧！限你们3天内把棚子和灶搭好，对他们家的生活做个安排，3天后我再来检查。"支书愧疚地回答："一定照办！"

安排妥帖后，胡耀邦一行踏上山间小道，消失在细雨蒙蒙的山野之中。然而，家乡父老乡亲的贫困面貌，却深深地刻在他的脑海里，心里感到难言的隐痛，他思索着，含着眼泪说：我们共产党人究竟为老百姓干了些什么？随即他叮嘱区社领导要把群众的疾苦挂在心上。

这天下午3时，胡耀邦一行才回到文家市区公所。回想到上午那凄凉的一幕，胡耀邦连午饭也吃不下去。他吩咐工作人员在县民政局搞了一床棉被、两件棉衣和5件单衣，区上拿40元钱，送到了王光梅的家里。

后来，吴玉翘把这件事写了篇文章，叫做《甘露亭访贫》。于是这个故事在浏阳传为佳话。

之后，胡耀邦含着眼泪要秘书打电话请区委、公社领导到现场，以这家贫困户为例，迅速摸清全区还有多少这样的困难户。他叮嘱区、社领导马上发放救济粮款，安排好群众生活，并及时向他汇报。这件事，对浏阳县广大干部是一次非常深刻的教育。大家说，为人民服务，就要像耀邦同志那样，关心群众疾苦，时刻把人民的冷暖挂在心上。

不久，胡耀邦来到文家市里仁学校。该校是他小学求学3年的母校。对里仁学校的老师，他特别尊敬和怀念。该校有位陈世爱老师，与胡耀邦是里仁学校同学。陈老师身体不好，儿子在武汉大学读书，早两年搞包产到户，家里缺少劳动力，又无农业技术，田种不好，生活比较困难。对此，胡耀邦寄予深切的同情。

他觉得对这位小学同学，对这位人民教师，还应该给予更多一些帮助，以表同窗之谊。他对陈老师说：今年起我给你儿子陈伯敬每个学期寄50元学费支持他。他认为物质上的帮助毕竟是有限的，还应从精神上予以鼓励，于是他在陈老师的工作笔记本的扉页上题了词："同心同德，为培养共产主义一代而努力。"

这个笔记本至今还被陈家珍藏着。

1963年正月的一天，春阳艳丽。胡耀邦驱车直奔文家市。他想，看望父老乡亲，首先应拜访胡耀甫烈士的母亲陈氏。

陈氏曾经是胡耀邦家的贴墙邻舍。胡耀邦儿时受她不少照料，她的儿子胡耀甫长胡耀邦4岁。1930年胡耀邦和胡耀甫一起参加红军，后来又一起参加长征。胡耀甫英勇善战，长征路上升任连长。快到陕北时，在一次战斗中胡耀甫带头冲锋负了重伤，送医院抢救无效牺牲。胡耀邦亲手料理了胡耀甫的后事。

陈氏30年代丧子，40年代丧夫。痛失亲人的悲伤，国民党反动派对她家的胁迫，艰苦生活的磨难，一齐压向了这位贤良的女性。为了熬到出头的日子，这位坚强的农妇累垮了身子，病弱了体魄，气瞎了双眼！

胡耀邦得知陈氏已去山枣潭的女儿家，便要胡家用竹轿将其接回文家市。

"三伯母，耀邦看您来啦！"一脚跨进门槛，胡耀邦便亲切地呼唤着85岁高龄的陈氏。

老人听到这似曾耳熟的声音，心里扑腾得厉害。她多想睁开双眼，哪怕只能模糊地瞧瞧离别30多年侄儿的身影，也心满意足。然而，她什么也看不见。老人只好清了清嗓门说："邦伢子咧，我看不见你哟，来，你坐拢来，让我摸摸你吧！"

胡耀邦提一把椅子，紧挨三伯母坐下。

陈氏伸出枯瘦、颤抖的双手抚摸着胡耀邦的头、脸和双手。胡耀邦清楚地看到，三伯母那双凹陷的眼里滚出了激动的泪水，他自己也情不自禁地一阵鼻酸泪流。

胡耀邦动情地给三伯母讲述胡耀甫牺牲的经过，勉励她为有这样为革命献身的儿子而感到光荣和自豪，应坚强地生活下去。

胡耀邦给伯母递上10元钱及一大篮礼品，深情地问："三伯母，您老冷不冷？有困难吗？"

陈氏断断续续地回答："邦伢子哦，我就是有点冷！棉絮又旧又硬哟！"

胡耀邦起身摸了摸伯母床上板实破旧的被子，说："我回湘潭后给您送一床新棉絮来！"

陪同的文家市区孙区长接过话茬："不必麻烦领导，我给老人家解决。"

"好，这件事就请你帮忙啦，拜托你了。"胡耀邦说。

陈氏横竖要留胡耀邦吃中饭，胡耀邦只好依了。胡耀邦品尝了红薯粉丸子和冬苋菜，高兴极了，欣喜地说："和三伯母一起吃顿真正的家乡饭，值得永远怀念。"

告别陈氏，胡耀邦的心情轻松了一些。因为他代胡耀甫看望了母亲，胡耀甫的母亲把他当作耀甫一样看待，叫他好好珍重，多为人民谋幸福。接着，胡耀邦一行即回区公所，刚进门又碰上文家市公社楼前大队两个七八岁的孤儿来找他。他对吴玉翘说：老吴，你看这里又来了。现在看来，贫困户不是一户两户的问题。吴玉翘回答："这两个孤儿的问题，我到他家去看看。"

胡耀邦马上叫通讯员喊来司机，开着他的小车，吴玉翘和张学怡带着两个孤儿前往楼前大队他们家，找来生产队长，召开了一个贫下中农座谈会。在会上发动他们捐款，在会上吴玉翘和张学怡各拿5元，社员筹款18.5元，全部交给生产队长解决这两个小孩上学和吃饭问题。随后，在县民政局搞了一床棉被和两件棉衣，区上拿了20元钱，送给两个孤儿。

在区上，胡耀邦心情沉重地对干部们说："我们革命的目的，就是要让人民群众过上幸福的生活。可现在，搞形式主义，搞浮夸，不实事求是，给群众造成多大的灾难！老百姓饿肚子，这算什么马列主义？特别是我们浏阳，是个老苏区，革命先烈为人民做出过很大贡献，献出了宝贵的生命，可现在，搞成这个样子，怎么对得起革命先烈？怎么对得起人民？我们有罪啊，同志们！"

胡耀邦还指示吴玉翘和秘书戴云、湘潭地委农工部副部长陈军，研究在文家市公社调查的情况。同时，胡耀邦与区委协商，在离开文家市之前，邀请当地乡亲老友来区吃一餐饭,其费用均由他个人负责,时间定为2月13日(农历正月二十)中午,安排是六桌。所请的客人均由他和区委共同审定。他深情地对大家说:"这次我回家乡,在亲友家吃了不少饭,只好以礼复礼,以餐还餐罢了。"

这天,胡耀邦如约在文家市区上设宴辞行。午饭时,胡耀邦热情洋溢地说:"乡亲们、戚友们,今天请来各位吃餐冒菜饭(没有用酒),君子之交,清茶一杯,以茶代酒,实不成敬意。今后希望各位多支持区上和公社的工作,把文家市地区建设好!"赴宴者报以热烈的掌声,表达对胡耀邦的谢意。

1964年春,地委副书记高臣唐陪他去浏阳县蹲点,坐在他的车上,他多次歉疚地说:"解放10多年来,农民生活还很困难,有的连饭都吃不饱,我们心中有愧呀!"当车开到浏阳县境跃龙市时,他要秘书李彦、唐飞虎下车一道步行,沿途访贫问苦,看看老百姓有没有饭吃。他到县委会,一坐下来就问县委书记张琴室,全县有多少缺粮和断粮户?他说:"春荒到了,要安排好群众生活。"李彦把他们一路访问到的断粮户有名有姓地做了汇报。胡耀邦语重心长地说:"就是要了解到户,不要满足于统计数字。"县委立即把李彦所汇报的真名真姓断粮户列出,发出了摸清缺粮户底子、尽快发放救济粮款、安排好群众生活、保证不饿死一个人的通知。

胡耀邦待人谦和,跟不同层次的群众都说得来,而且善于针对不同对象采取不同的谈话方式。跟农民谈话,他往往围绕一定的主题多方设问,引起大家议论纷纭,无所不谈。他的心,与群众息息相通。

他来到浏阳的一天晚上,县委请他去看地方花鼓戏。他就座良久,但迟迟不开演。经了解,原来安排的一个剧目是《胡大回门》,有人提出,胡书记离家30余年回家乡,对着他演这出戏,显得不尊重,因这出戏对胡大进行讽刺,剧团负责人感到作难,会不会有暗喻讽刺之嫌,想调换节目。胡耀邦听后哈哈大笑，认为共产党的干部，不是封建官老爷，不要有那么多忌讳，更不能牵强附会地去联想。于是开场锣鼓立即响起，台上台下顿时活跃起来。

胡耀邦看完戏后高兴地说："我就喜欢这个戏，看戏是看戏，做人是做人，两者不能胡乱地联系，而应该实事求是地正确对待。否则，就是唯心主义，就有可能走向邪路。"他还风趣地说："搞艺术的要钻研艺术，搞政治的就抓政治。如果都搞政治，那我们就会失业没饭吃了。"说得大家会心地笑了。

是年秋，金风送爽，稻谷飘香，胡耀邦再次来浏阳视察秋收情况。这天，老艺人正在县里开会。他了解到老艺人或是在历次运动中被审查，或是由于生活清苦而情绪低落。胡耀邦便同这些老艺人直接见面。他开门见山地引用杜甫的《江南逢李龟年》："岐王宅里寻常见，崔九堂前几度闻。正是江南好风景，落花时节又逢君。"李龟年是乐师，杜甫又恰好同他在潭州相遇，有他乡遇知己之感。胡耀邦刚一吟罢，大家立即鼓起掌来，气氛顿时轻松而亲切。有的老艺人激动地拉着胡耀邦的手说，从来没见到这么大的官竟这么随和。

还有一次在平江，适逢农历九月九日，他邀请了县城里70岁以上的老人来开了个"敬老会"。一见面，他就向老人们深深鞠了一躬，为老人们祝寿。然后他发表了讲话，要求整个社会继承中华民族的尊老传统，同时他还征求老人们对县里工作的意见。老人们都被他的真诚和热情所深深感动，大家畅所欲言，尽欢而散。

胡耀邦无论到了哪里，要求见他的人都很多。他们有的反映情况，有的倾诉冤情，有的出于仰慕而来求教。不论是哪一种情况，只要他能抽出身来，他都要会见，耐心听取他们的陈述。如果他没有时间，也一定让秘书接待，记下来向他汇报。一次，在湘阴县一个公社，天已经很晚了，胡耀邦正同身边人员研究工作。突然警卫员来报有人求见，话还没说完，那人已经闯进来了。只见须发脏乱，衣衫褴褛，进来就问哪位是胡书记。胡耀邦让他挨近自己坐下，问他有什么事。那人词不达意，说了半天没说出个所以然。但胡耀邦一直认真地听着，弄了半天才明白原来是为了一桩债务纠纷。胡耀邦和颜悦色地劝导他，并且答应请公社调查，帮他解决。第二天，他把这件事布置给了公社，很快得到妥善解决。

　　胡耀邦真诚待人，不矫情，不虚饰，闻善则喜，因此，下边的人也敢于同他争论。如果他觉得对方确有道理，是自己不对，就会从争论时的激动状态迅速平静下来，甚至高兴地笑起来赞许。即使别人对他唐突、冒犯甚至顶撞，他从不在意。一次他向身边一名工作人员布置一件任务，那位同志不同意他的意见，两不相让，争执起来。那人控制不住情绪，竟对他拍案大叫，他也拂袖而去。过了一会儿，胡耀邦又折回来，和颜悦色地说："同志啊，你急什么嘛，我们好好商量一下嘛。"使得这位同志深为感动。

　　在浏阳县，他多方打听故旧师友，特别是在县中学教过他的教师，可惜多已谢世或移居他乡，令他不胜感叹唏嘘。在文家市，他听说一位小学教师生活极为困难，他立即拿出自己的工资，去解这位教师的燃眉之急。

　　胡耀邦忧国忧民，心系群众，他对自己的亲属，却要求很严。他哥嫂一直在家乡务农，生活清苦，希望他能有所资助。他只给了一点钱，说："现在国家有困难，老百姓生活水平都不高，要靠把生产搞上去来改变。不要依靠我来接济，更不要给政府添麻烦。"

一切从实际出发

　　胡耀邦在工作中坚持一切从实际出发，不生搬硬套上级的条条框框，敢于坚持真理，尊重客观规律，办事求真务实。

为了巩固和发展农村经济，他确定以文家市区为工作重点。该区辖文家市、中和、岩前、山枣4个公社，50个大队，胡耀邦就是出生在中和乡的苍坊大队大屋生产队。他带领着10多人的工作组在这里与区社干部、群众同吃同住同劳动达一个多月之久，以后还多次来到这里指导工作。他的务实作风和求实的思想方法，一直深深地刻在家乡人民的心中。

要做到既维护中央决定，又不违背群众意愿，达到求实的目的，确非易事。胡耀邦在文家市区蹲点调查发现，文家市区有不少的生产队暗地搞了"包产到户"，这与中共中央八届十中全会做出的关于巩固发展农村集体经济的有关规定相违背，不少群众在徘徊观望，干部也压力很大，对组织1963年春耕生产带来被动。正在这个关键时刻，胡耀邦来到这个区，他与区委交换情况之后，在全区召开的大队以上干部会议上，就如何认真办好集体经济，正确处理"包产到户"问题发表了长篇讲话。他对1962年全区"包产到户"的问题没有责备大家，只是明确指出：巩固发展集体经济，这是中央的决定，也是我们要坚持的方向，决不能动摇。对于"包产到户"中出现的一些问题，如侵占集体财物等一定要处理好。大会之后，他又亲自深入到中和公社苍坊大队、文家市公社苍前大队等地走访群众，召开座谈会，听取群众意见，解除群众顾虑，并当场拍板解决阻碍集体生产发展及群众意见比较大的一些问题。由于胡耀邦身体力行地做深入细致的思想政治工作，干部群众吃了"定心丸"，一个备耕生产热潮很快掀起。

1963年夏，浏阳发生了特大旱灾，近百万亩水田开裂过白。胡耀邦闻讯，急忙赶来浏阳。几天时间，他跑了10多个公社。

9月16日上午，他又冒着高温赶往青草公社。当时这里还没有通公路，胡耀邦便搭乘一只小木船，沿浏阳河直下。行至浏阳闸坝，闸门关上了，船只好停了下来。这时，陪同来的干部要去与守闸的人商量，希望作为特殊情况，开闸放行。胡耀邦阻止了他，说："我们应和其他人一样，按当地的规定办，不能搞特殊。"他们在烈日炙烤下等了一个多小时，才从闸门通过。

到达公社后，公社正在召开各大队支部书记会议。公社书记请胡耀邦做指示。他三言两语谈了沿途所见，接着严肃地说："为什么河里有水，田里遭旱？大白天不去抗旱，老坐在家里开会有什么用？"他让书记马上散会，动员社员组成车水队、提水队，全力以赴抗旱。当天下午，全社就出动了1万多劳力，400多架水车。后来，这个公社大旱之年仍获得了丰收。

在一次区委会上，胡耀邦提出一个问题：有人反映清江水库没有受益，淹了1000多亩良田，群众意见很大，要求废库还田，你们对此有何意见，请予发表。区委书记肖仁本说：春耕在即，要挖水库那搞不得。区长孙勇怀也说：修了水库没有受益，反而淹没了那么多良田，群众提出废库还田是可以理解的。但要在春耕时节动员成千上万的劳动力挖水库，我是无能为力。有人说可以搞定向爆破炸了这个水库，那么多土石方向哪里放，爆得好就好，爆得不好，洪水一来泛滥成灾，这个责任我是负不了的。因此，孙怀勇也不同意现在去挖清江水库。胡耀邦见区委都不同意挖水库，就说：挖不挖水库这个问题今天就讨论到此，明天老孙同我到水库上去看看再做决定。

次日，胡耀邦率领孙勇怀和吴玉翘以及他的警卫员小解等一行6人，从文家市出发，走了8华里羊肠小道到达清江水库管理所。胡耀邦询问清江水库兴建的具体情况，得知群众意见很大，要求挖掉这个水库，成为文家市区的一道难以解决的难题。胡耀邦听了情况介绍后，亲自到大坝上巡视一番，他说：水库工程这样大，要在春耕之际挖掉这个水库，确实不行。他说：老吴，你知道三门峡水库的情况吧？吴玉翘答：我不知道。他说：这个水库是苏联人同我们设计的，没有考虑到黄河来沙的情况，如果长期关闸蓄水，只能运用12年，库内就会淤积成坪，故修后不能关闸，洪水期间关闸蓄水，洪水过后，打开闸门，放水冲沙，变成了一个调洪水库。他继续说：清江水库是否可以洪水来时关闸蓄水防洪，洪水过后，打开闸门放水？孙勇怀说：我个人同意这个方案，我回区里向区委汇报，区委同意后立即执行。孙勇怀将胡耀邦的意见向区委做了通报，他们都表示同意，做出了清江水库不关闸门不蓄水的决定。

可是这年秋旱严重，大瑶地区缺水抗旱，对清江水库没有关闸蓄水意见很大，下游区、社打电话要求区委通知清江水库放水，但清江水库没有蓄水，无水可放。

8月下旬一天下午，胡耀邦驱车由大瑶区到了文家市区上，见到了区长孙勇怀，对他说："老孙，我犯了一个错误，清江水库还是不能不关闸蓄水。"孙勇怀回答："这个问题，不能怪你，我们区委都同意了。我们从这个事吸取教训，一定继续修好清江水库，发挥它防洪、抗旱、养鱼、发电综合利用的作用。"胡耀邦说："那就好，我们应该知错即改。"

从1964年起，区委组织广大社员修好了清江水库文家市境内左右支渠。现在清江水库是浏阳南区旱涝保收的支柱水利工程。胡耀邦敢于承担责任、求实自责的精神令人钦佩不已。

国民经济困难时期，浏阳部分生产队农民为了解决吃饭问题，自发地搞起了"包产到户"。这在以阶级斗争为纲的时期，被认为是分田单干，是走资本主义道路。县委对此压力很大，扭不过来。胡耀邦到浏阳后，走村串户访问农民、教职员工、文化艺术界人士及烈军属，听取各方面的意见后，他说，如果分田单干，一些烈军属、干属和教育、文化各界的家属以及无劳力的农民生产生活不好安排，政府也包不起他们的生活。县委一致同意他的建议。他又帮助县委写了决议和"告全县共产党员公开信"发布全县。

胡耀邦带病下乡去青草、蕉溪等地调查研究，检验县委决定的正确性。回县城后，他同县委负责同志讲："山区分散的单家独户，屋前屋后有几丘'斗笠丘'、'蓑衣丘'，搞集体生产往返浪费人力，住户没有责任，经营管理这种田会减产甚至荒废。像这样的地方，'包产到户'是可以的，要从实际出发。另外，有的生产队有那么几户经再三说服教育仍坚持'包产到户'，也应允许，不要霸蛮。集体办好了，他们会回来的。并开玩笑说：我们也来个赫鲁晓夫的办法，叫做'明智的妥协'。"县委的同志说已发了决定不好收回。胡耀邦说不要收回，也不要再传话下去。春耕季节到了，不要再去强扭了。后来，有30%的生产队坚持了"包产到户"，个别地方搞了"明集体，暗单干"。实践证明，这种形式大大调动了农民的生产积极性。

胡耀邦深入基层，认真听取群众意见，所以他对农村的情况了如指掌。许多农民对基层干部多吃多占很不满意，说：集体办不好是"油篓子漏油，仓里有老鼠"。他经过反复思考，同地委领导成员商量，决定在农村开展"四查四帮"。核心是帮助干部放下经济包袱，自觉革命。他反复强调要着眼教育，不准用斗争等蛮办法。他深情地说："基层干部没有工资发，又要工作，不容易。几千年遗留下来的农民意识，占点小便宜，很难避免。经过教育、批评，洗个温水澡，相信大多数会放下包袱。退赔有困难的，可减、缓、免。只要干部承认错误，自觉放下包袱，群众会谅解他们的。"

浏阳县根据胡耀邦的意见和地委的安排，组成工作组在全县开展了"四查四帮"工作。胡耀邦又亲自下乡到沿溪大队蹲点，苦口婆心地教育大队支部书记张启榴放下包袱，做了退赔，轻装上阵，带领群众搞生产。并在全县推广了这一经验。全县分四批搞了"四查四帮"，除惩治了个别坏分子外，没有处分一个基层干部，既缓解了干群关系的矛盾，又保护了广大农村基层干部的积极性。

"胡耀邦不吃请"

胡耀邦在湘潭地委兼职近两年，大部分时间在基层，经常到县、社（乡）、大队（村）调查研究，传播经验，指导工作。从湘潭地区的最南边井冈山脚下的酃县，到最北边毗临长江边的临湘，中间有茶陵、攸县、醴陵、浏阳、平江、湘阴、汨罗、岳阳8个县都留下了他的足迹，他对这块革命老区的人民怀有深厚的感情，希望早日改变这里贫穷落后的面貌。他顶严寒，冒暑热，不顾疲劳，夜以继日，奔波在700公里的狭长地带。

1963年夏天，气温很高，炎热难耐。胡耀邦住房兼办公室有一台电扇吹风，但当时经常停电，形同摆设。他就把冷水放到澡盆里，上面盖块木板，白天坐在上面办公，晚上躺在上面睡觉。同志们劝他回北京休息或去外地避避暑，被他婉言谢绝。省委书记张平化劝他去南岳休养一段时间，他说："这点炎热我受得了，我不能离开工作岗位图个人舒服。"

胡耀邦少年参加红军离开家乡，在几十年风风雨雨的战争年代中，不可能回家，可是解放后工作环境好了，又因工作繁忙也不能回家看看。直到1963年在文家市公社蹲点时，他趁工作之便回到老家停留了短暂时间。他的亲戚想利用他的威望和地位，求得一点利益被他严词拒绝。他的哥哥胡耀福，曾在大革命时期为革命作过贡献，但仍在农村务农，当时他家还是一个贫困户。一个中央领导干部的家庭，生活竟然还如此困难，这是连一般人想也没有想到的。浏阳县民政局副局长罗世超说："耀邦同志一个侄子是退伍兵，给耀邦同志去信要求安排工作，耀邦同志委托夫人李昭将原信转到文家市区上，要区政府按政策办，该回农村一定回农村，并要区政府给他的侄子做好思想工作。"到会同志听了这件事的介绍，无不为之感动。胡耀邦不是不想家，也不是不念亲情，而是他始终坚持了把革命利益摆在第一位，正确处理了革命利益与个人利益、国家利益与家庭利益的关系。

胡耀邦在生活上从来不搞特殊，处处与群众同甘共苦。一次，他路过醴陵，顺路到大障公社了解工作情况，到吃晚饭的时间，公社领导说为他们准备了一桌蔬菜饭，要他吃了再走。他听说是蔬菜饭，欣然同意。谁知到桌前一看，竟是一桌丰盛的酒席，当即婉言谢绝，马上启程赶到县招待所随便吃了一点饭。

1963年暑假,他的儿子胡德平专程从北京赶来看望他。儿子来看父亲,与父亲同吃同住本是人之常情,无可非议。可胡耀邦不肯这样做。从第二餐起,便要求儿子到大食堂去,与机关干部、职工一起排队买饭。

1963年7月上旬,地委告知浏阳县委,胡耀邦要来浏阳调研,具体地点是北盛公社。县委得悉,立刻忙碌起来,派办公室主任坐镇公社,准备午餐及其他事宜,而县委书记则率常委一班人在家恭候。将近10时,不见踪影,电话联系,告知胡书记早上6点就出发了。湘潭距浏阳不足百公里,怎么还没到呢?

原来,胡耀邦已经到了目的地。湘潭往浏阳,途经永安岔路口,通县城,55公里,另一条不通车的大道,往北盛,10公里,胡耀邦吩咐司机将车开回去,他头戴一顶麦秆编织的草帽,身着蓝布衣服,顶着炎炎烈日,步行往北盛方向走去。走了一段路,他发现路边有截小竹棍,便弯腰捡起来,当拐杖挂着,一路步行。

胡耀邦走到北盛公社门口时,已经是大汗淋漓。他举目一看,但见公社大院内外打扫得干干净净,墙壁上粘贴着糨糊未干的大幅标语:"热烈欢迎中央首长莅临视察!"大院右侧的厨房屋顶,烟囱里冒出滚滚浓烟,屋内人声嘈杂,酒肉飘香,他不由得皱了皱眉头,略一沉思,不进大门,径直向厨房走去。

厨房内,七八位厨师忙忙碌碌,案上摆着各类菜肴,胡耀邦进门待了片刻,问:"弄这么多菜,搞什么呀?"

胡耀邦的装束,加上一口纯正的家乡口音,没有引起厨师们的注意。有人扫了他一眼,道:"你不认得字呀,墙上写着呢!"

胡耀邦说:"这是招待胡耀邦的吗?"

一位厨师高兴地说道:"那当然,中央首长回家乡,还是为了工作,做几样家乡菜是应该的呀！"

胡耀邦用竹棍指了指待杀的活鸡，说："胡耀邦不吃鸡！"

那厨师一怔："什么，他不吃鸡？"

胡耀邦指了指案上的一条大鲤鱼说："胡耀邦也不吃鱼！"

一位年纪大些的厨师挥手示意，欲将胡耀邦赶出去，他说："老人家，你出去好啵，这儿正忙着呢！"胡耀邦向前拍了拍他的肩膀，说道："大师傅，胡耀邦和你们一样，都是人民的勤务员，有什么好招待的！"大师傅有点生气地说："人家老远跑来能不招待吗？家里来了客人也要准备几道菜嘛，何况他是中央领导！你是什么人？怎能把他比作一般的人民勤务员？"胡耀邦给师傅递上一支烟，为他点上火，说："鸡不要杀了，胡耀邦不吃请。我就是胡耀邦啊。"

"啊？"大师傅不相信自己的耳朵，半晌说不出话来。

正在这时，县委办公室主任来厨房检查午餐准备情况，他是见过胡耀邦的，开始还没有转过神来，怔了怔，立即趋前几步，惊讶地叫道："胡书记，你就来了！"

众厨师一个个目瞪口呆下意识地异口同声："原来你就是中央首长胡书记！"

胡耀邦在湘潭代职期间，他一直住在地委大院，拒绝住招待所，生活简朴，卧室里仅一张木板床，一张书桌，两把木靠椅，桌上放着厚厚的一摞书和一些文件，一个笔筒插满了笔。这是一间不到14平方米的木地板平房，既是卧室，又是办公室，还是餐厅。

胡耀邦穿着更是与普通干部无异，上穿一件满是褶皱的白衬衣，下穿一条有点褪色的蓝布长裤，蓄着小平头，加上个子矮小，随和平易近人，给人以亲切之感，大家都愿向他倾吐真情。

即兴赋《新桃花源记》

胡耀邦对父老乡亲,对家乡的山山水水,怀有深厚的感情,他常说:对家乡都不热爱的人,不可能成为爱国主义者。

胡耀邦自参加革命后,时刻牵挂着家乡。但在战争年代,戎马倥偬,他只在抗战时期才与家里联系过一两次。新中国成立后,由于工作繁忙,也一直未能去看望故乡人民。直到1962年,他到湖南任省委书记处书记兼湘潭地委第一书记时,才实现了自己的夙愿。

胡耀邦热爱故乡,但"近乡情更怯"。他对故乡的爱,体现在对故乡干部党员特别严格要求上,体现在严格教育家人上,体现在巨大的精神鼓舞上。他爱故乡,是把它作为中国的一个部分来爱的,没有一丝私心,不搞一点特殊照顾,体现了共产党人真心爱民的博大胸怀。

1962年深冬的一天,冬阳艳丽,四野散发出泥土的芬芳。胡耀邦来到浏阳。在县委召开的一个座谈会上,他问县委的领导:你们知道浏阳有多少烈士吗?接着,他和县委领导人算了一笔特别的账:浏阳县在近百年的革命斗争中,从太平天国时期浏阳征义堂农民起义,到中国共产党领导的新民主主义革命,牺牲的烈士数以万计。然后,他感慨地对他们说:"浏阳每一块土地上都流着革命者的鲜血,都留着革命者的忠魂。如果我们不能把浏阳建设好,怎么对得起这些长眠在故土九泉之下的烈士呢?烈士们又怎么能饶过我们这些人呢?"他的话语铿锵有力,震人心魄。

胡耀邦为了恢复和发展生产,尽快建设好浏阳老区,曾多次回浏阳进行调查,全县60多个公社,他跑了40多个。每到一处,他总是跑进农民家里,深入到群众中,和他们面对面拉家常,摸情况,然后自己整理成文。每次下乡,他总是轻装简从,而且事先不通知地方领导,以免惊扰他们。

胡耀邦的胞兄胡耀福听说弟弟来到浏阳,喜出望外,便几次去信叫弟弟回家看看，还语气强硬地说："若再不回家，我就非发脾气不可，老弟又不是不晓得老兄的火爆性子。"

胡耀邦怎能忘记，几十年来，家中一切均靠哥哥操持，他能读上初中，能从小离家一心一意投入革命，都与哥哥的支持分不开，论情理他哪有不回去看望哥哥的道理？他内心也希望早日回老家看看。然而，他知道，家乡还很贫穷落后，作为党的干部，感到无限的愧疚。

不几日，他来到文家市检查工作，离家更近了。哥哥知道后，赶到区上请他务必回家一次。他深情地注视着胡耀福，说："哥哥，我早就想回家了。但我是党派来看大家的啊，自己的家只是人民的一部分，只好放在后面，待看完了大家再回家吧。"胡耀福心中大惑不解：为什么自己的家反倒放在后面，难道回家看看也犯禁？

第二天，区委安排胡耀邦去时仁公社（即中和乡）检查工作。在坎坷的山路上，碰上了一个小乞丐。胡耀邦停下来，问他为什么要讨饭。他叫黄志礼，还只有10岁，双亲都已去世，没办法，只好走上了这条路。胡耀邦怜悯之心油然而生，当即拿出10元钱给他，并对公社、大队干部说："孩子是国家的未来，我们应该百倍关心、爱护他们。我建议，把黄志礼当五保户看待，由大队负责供他读书和生活费用，你们看怎么样？"就这样，黄志礼高高兴兴地上了学。

已到胡耀邦老家所在地苍坊，陪同的人禁不住止步望着胡耀邦。胡耀邦笑了："急什么！反正要回的。还是先到大队看看吧。"在大队，听说昔日的老师胡祖歧、胡耀清父子是同时被国民党杀害的，胡耀邦流泪了。他对同行的人说："多好的老师啊，他们那种正直、廉洁、诲人不倦的精神，曾给予我巨大的感染力量。没有他们，就没有我的今天！"

胡耀邦看了急需看望的几户人家后，谦和地对陪同的区干部说："我要请个假，回家去看看。"区干部回答："你早就该去看看了！"

他走进熟悉的家门，喝着家里用古井水泡的热茶，昔日的贫苦生活一一涌上心头。哥哥向他介绍了家乡的变化后，流着泪向他诉说早几年饥饿难忍的惨状，胡耀邦神情凝重，心中感到难言的愧疚，沉思片刻，翻遍了口袋，找出10元钱递给哥哥，语重心长地说："哥哥，困难是暂时的，要相信党，相信政府。我是湘潭地委书记，要考虑全地区几百万人的事。家里虽有困难，但比解放前已算翻身了。这点钱算我一点心意，请收下吧。希望全家艰苦奋斗，与老乡们一道，改变家乡面貌。"家里人望着这10元钱，怎么也不敢相信，给老师的是100元，给自己家里却只10元。

嫂嫂起身，准备做饭给胡耀邦吃。胡耀邦站起身，把她劝住了。仅仅在家中待了两个小时，胡耀邦便要走了。千言万语，如鲠在喉，不知从何道起。哥哥拉着胡耀邦的手："胡耀邦啊，你可要常回来！"胡耀邦牵着侄儿的手："好好努力，一切都要靠自己！"

胡耀邦这次回家却成为与父老乡亲的永别，从此再也没有回老家。

1963年9月的一天，胡耀邦搭乘一只小木船，沿浏阳河顺流而下，赶往青草公社了解旱情。

当船即将驶至青草港湾时，突然，岸上有人朝船侧掷来一枚炸弹。"轰"的一声巨响，波光粼粼的浏阳河顿时水柱冲天，烟雾弥漫，胡耀邦乘坐的小船被水浪摇晃得险些翻了。警卫员敏捷地冲上船头，掏出手枪，瞄准岸上的投弹者就要开枪。

在这千钧一发之际，只听胡耀邦一声断喝："不准开枪！"紧接着他从船舱一跃而出，拦住了警卫员。

投弹者吓得魂飞魄散，拼命往禾田里钻，伏在烂泥地里直打哆嗦。

船迅速靠岸，警卫员及随行人员四处搜寻，一会儿便将投弹者擒获。

胡耀邦一行风风火火来到青草乡公社，警卫员押上投弹人，当着公社干部大声斥责："这家伙竟然谋害耀邦同志，现行反革命！"

乡干部们定睛一看，这不是青草大队的张新科吗？他怎么会谋害耀邦呢？胡耀邦心中升起疑团：此人在光天化日之下，怎么会明目张胆地向一条木船投弹？他并不知道船上坐有何人呀！他投弹是否有其他原因？他要亲自问个明白。

张新科在胡耀邦面前下跪，他浑身颤抖，磕头如捣蒜，结结巴巴地说："我是炸鱼咧！用大了劲，没想到把炸弹扔到了您的船边。我该死，我该死呀！"

胡耀邦笑着扶起张新科，毫不介意地说："不要紧，不要紧的，家乡人嘛！"

张新科那年50岁，是当地有名的捕鱼好手，耕作之余，常泡到河里捉鱼。他惯用酒瓶装上土硝炸鱼，以前从未出过事。这天，他趁天色好，特选定青草港湾这块水面，可他万万没想到，这枚土炸弹竟丢到了胡耀邦搭乘的小船旁。

胡耀邦听完张新科陈述和了解实情后，给他倒上一杯茶，递上一支烟，和蔼地开导说："老张哎，你崽大女大，又上了年纪，何必干这危险的事咧？一旦伤了人，多不好啊！再者，死鱼烂在河里，也弄坏了水质呀！滥捕滥炸，也不利于水产发展……"

张新科被胡耀邦的宽宏大量和谆谆告诫感动得热泪盈眶。要不是胡耀邦实事求是，换上另一个大耍威风的官员，他被打成"现行反革命"无疑，不知要含冤多少年，才能得到昭雪？从此以后，张新科再不炸鱼了，并多次教育子女遵纪守法，努力生产。

在故乡人的心中，胡耀邦仍像传唱天下的浏阳河一样，他的心晶莹剔透，永远和人民在一起。胡耀邦不仅照应故乡人民，对家乡的山水名胜，更是情有独钟，倍加爱惜。

1962年12月5日，胡耀邦在湘潭地委第二书记华国锋陪同下，驱车驶到所属的酃县。当日，向县委书记郭步书要来《酃县志》，读至凌晨一点多。次日，他对郭步书说："我们中华民族的老祖宗炎帝神农氏葬在你们这里，这是酃县的光荣和骄傲呀！"稍停片刻问道："现在炎帝陵怎么样了？"

这一问，引起郭步书的深思，他愧疚地回答："我们没有管理好这个名胜古迹，对不起先祖和世人。"接着，他面带难色地将1955年春节前夕，因香客不慎失火，尽管当地村民全力以赴灭火，终因取水太远，大火还是无情地将大殿、行礼亭和碑房等烧毁殆尽。胡耀邦听后十分惋惜地说："炎帝神农氏功高盖世，宋初就建殿奉祀，香火不绝。尊我始祖，可毁于一旦，要重建起来就难啊！"他心情沉重，点燃一支香烟猛吸了两口，似乎要平息一下难言的隐痛，烧去心头的不快，双眉紧蹙着，突然用征询的口吻对郭步书说："走，去看看怎么样？"

"上午就去吗？"郭步书忙问。

"走，马上就去！"胡耀邦用手一挥，不容迟疑和含混。

12月6日早饭后，胡耀邦在华国锋、郭步书等一行的陪同下，专程来到炎帝陵。只见到处残墙断壁，满目凄凉。几行参天古树在寒风中，发出瑟瑟响声，似乎在低沉哀诉。郭步书一边带领胡耀邦绕陵园缓行，一边介绍炎帝陵原有的规模、建筑结构。胡耀邦默默地听着，眼前尽是断碑残壁和瓦砾碎片，他紧锁着眉头，惋惜地叹息道："太可惜！"走到墓冢前看到还有许多香火和祭祀的人，他感慨地说："陵殿虽毁，人们没有忘记始祖，还在怀念他，朝拜他。"走了几步又说："前人对中华民族始祖有这份感情，有这份能力建造这样规模宏伟的殿宇，我们也应当有这份感情和能力重修炎帝陵，只是时间问题。"

1986年4月，时任中共中央总书记的胡耀邦闻讯炎帝陵已在重修，兴奋不已，并欣然命笔，为炎帝陵写了"炎帝神农氏之墓"7个大字，工程指挥部将这7个字镌刻在一块高3.2米、宽1米的汉白玉石碑上，立于重修后的墓亭中央。

随着陵园的不断扩大，景点的增多和更改县名，炎陵的知名度不断提高，促进了旅游业，带动了第三产业。如今，炎帝陵被誉为"神州第一陵"，成为海内外炎黄子孙寻根谒祖的圣地、全国重点文物保护单位、全国爱国主义教育示范基地和归国华侨爱国主义教育基地。全世界的华裔华侨、各界知名人士和百姓到这里祭祖，常年不断，正如胡耀邦所预言的，炎帝陵的确成为炎陵县和全国人民的光荣和骄傲。

1953年初秋，艳阳高照，金风送爽，远山含黛，近水耀金，天气宜人。这天胡耀邦在常德地委负责同志的陪同下，兴致勃勃地来到了桃花源。

那时的桃花源除了头门牌坊以外还有一座二门牌坊。牌坊大门两边的石灰柱上，用隶书刻着三副对联。一副曰："山鸟似欲啼往事，桃花依旧笑春风"。一副曰："桃花流水杳然去，嬴颠刘蹶了不闻"。一副曰："且欲近寻彭泽令，至今传者武陵人"。

胡耀邦行至二门坊时，抬头看了看柱上的对联，问身旁的几位随行人员："谁是彭泽令呀？"

那位同志不假思索地说："就是陶渊明呗！"

"对，就是陶渊明。"胡耀邦和蔼地笑着，"陶渊明为什么叫彭泽令？"顿时没人回答得上来。因为当时地、县领导都是南下的老同志，对桃花源的历史只有一个大概的了解。

胡耀邦风趣地说："陶渊明在彭泽县做过83天的县令，这也是他最后一任官职，因不肯为五斗米束带见督邮，毅然辞官归隐。"他说得兴起，不由得轻声吟诵起陶渊明的《归去来兮辞》："归去来兮，田园将芜，胡不归！既自以心为形役，奚惆怅而独悲？悟已往之不谏，知来者之可追……"诵罢，又指着楹联问："什么叫'嬴颠刘蹶'？"

仍然没有人回答得上来。

"'嬴'是秦始皇的姓,'刘'是汉朝开国皇帝刘邦的姓。'嬴颠刘蹶'是指秦汉的灭亡。"胡耀邦说罢,看了看大家,感慨道,"我知道你们的工作很忙,不过还要忙里偷闲多读点书。"

陪同人员点头称是,感到汗颜。

他们说着走着,不知不觉来到了菊圃。菊圃里菊花怒放,圃周有一道篱笆环绕。大概是他想起"采菊东篱下,悠然见南山"的诗句吧,脸上不禁泛起了微笑,俯下身去将鼻子藏在花丛中贪婪地吸着,顿时清香扑鼻,令人陶醉。他良久才抬起头来,凝视着对面的桃花岭忘情地说:"那就是陶先生采菊的南山吗?"

出菊圃见到碑林,胡耀邦不由眼前一亮,一块石碑一个时代,一个时代一段历史。他对历史的兴趣很浓,或立或蹲,一块一块地辨认,不时用手指剔除石碑上的苔藓。有的碑文被他认出来了,他露出微笑,兴致勃勃地评说一番;有的因长年被风雨侵蚀剥落认不出来,他便紧锁双眉,唉声叹息。碑林里有一块大石碑上镌刻着《桃花源记》,一同志凑近吟诵道:"晋太元中,武陵人,捕鱼为业……"

这时,游兴正浓的胡耀邦便步韵吟道:"公元1963年,常德人,革命为业……"

然后,那位同志读一句《桃花源记》,胡耀邦便和吟一句:

爬雪山,过草地,行程二万五。忽见红旗展,笑语同喧哗,军号响云天,挥彩带,扭秧歌。此人甚异之。复前行,欲穷其地。其中有延河,又有宝塔山。山有小口,仿佛若有光。便乘兴从口入。初极狭,才通人。复行数十步,豁然开朗。土地平旷,屋舍俨然……村中闻有此人,咸来问讯。自云毛主席带领红军到此,开辟革命根据地,方衣丰食足,遂人人摩拳擦掌,消灭反动派……

那人念完"后遂无人问津者"名句后,相顾胡耀邦,胡耀邦会意和道:"有前赴后继者。"

就这样,才思敏捷的胡耀邦步《桃花源记》之韵,即兴和吟一篇意蕴隽永的《新桃花源记》,桃源人民至今仍传颂着。

时过20余年之后,已成为中共中央总书记的胡耀邦,再次来常德检查工作,他很想去桃花源看看,但他日理万机,实在抽不开身,只是满怀深情地向来汇报工作的桃源县委负责同志叮嘱道:桃花源是国家的重点风景名胜,你们要保护好啊!要多栽些桃树,把桃花源建设得更美好。到时我一定再到桃花源观光游览。"

然而,由于他过早辞世,再访桃花源的夙愿未能实现,留下不可弥补的遗憾。

八 陕西主政两百天

履任陕西省委第一书记

1964年11月16日,陕西省委第一书记、西北局第二书记张德生病危,他在弥留之际,向中共中央总书记邓小平建议,尽快选一位年富力强、精明强干的同志接替他的工作。中央派胡耀邦接替张德生的工作,任命他兼任中共中央西北局第三书记和陕西省委第一书记,不久改为兼任西北局第二书记。

1964年11月30日,古城西安,天空乌云翻滚,寒气袭人。这天夜晚,胡耀邦轻装简从,抵达西安履任。随行人员有秘书李传华、戴云、李茂勋和警卫员解方武。

临行前,总书记邓小平找胡耀邦谈话,勉励他"团结陕西干部,把工作搞好。你仍是团中央第一书记,可按二八开,20%搞团的工作,80%搞陕西的工作"。中共中央书记处候补书记杨尚昆嘱咐胡耀邦到陕西"多作调查,先不表态"。

胡耀邦到达西安这天,正是省委常委星期五的例会刚结束。

12月1日,胡耀邦去西北局报到。西北局第一书记对他说:"你不要住在省委,搬到西北局来。"胡耀邦说:"我的主要工作在省委,还是住在省委好，便于工作。"

胡耀邦是要多听听其他同志的高见，尽快了解陕西的一些情况。一位书记向胡耀邦介绍陕西的阶级斗争如何严重，"彭、高、习反党集团"的流毒如何深广，干部队伍如何不纯，并且指名道姓，认为"陕西省委第二书记赵守一和常务副省长刘邦显是陕西右倾势力的代表人物"。

胡耀邦望着窗外淅淅沥沥下着的冬雨，此时他脑海里的思绪如同理不清的麻团，心中的疑虑恰似绵绵雨丝怎么也无法消失。陕西的现实情况究竟是怎样的呢？他不能听一面之词，他要多方调查，弄个水落石出。

当时全国面临的是"以阶级斗争为纲"的城乡社会主义教育运动和政治、经济、文化各个领域的工作向"左"发展的严峻岁月。而在陕西省，除了全国性的"左"的东西样样俱全以外，还多了两顶大帽子，即"彭、高、习反党集团的流毒很深"、"土地改革和镇压反革命很不彻底"。彭，指彭德怀。他曾是中共中央西北局第一书记、西北军政委员会主席、西北野战军司令员。高，指高岗。习指习仲勋。高岗、习仲勋是陕西人，又曾长期在陕甘宁地区闹革命和担任领导职务。彭德怀、高岗、习仲勋被打成"反党分子"以后，陕西省就被看作他们的"反党老巢"；在他们领导和影响下进行的土地改革和镇压反革命运动，就被看作"很不彻底"。后来在1978年冬季主持中共陕西省委工作的王任重认为：在社教运动期间，陕西省"左"的程度和恶果超过全国任何其他省份。

1964年，陕西全省逮捕6470人，拘留5000余人，共约11500人，平均每天抓30多人，高于全国其他各省。受到开除公职处分的干部和教师1450余人，是1963年的3.3倍。受到开除党籍处分的党员3200余人，是1949年以后最多的一年。西安市委有一个报告说，全市共查处投机倒把分子9500余人，有些生产队户户要退赔，卖柴、卖菜、卖鸡蛋以至当保姆的收入都被看作剥削收入，都要退赔，对贫下中农代表，要查三代和五夫，即舅父、姑父、姨夫、姐夫、妹夫。长安社教中还创造了"围攻根子"的做法，即把贫下中农积极分子放到群众中去进行揭发和批斗，揭发不出问题，又经得起批斗的考验，才能成为可以依靠的"根子"。

侵犯人身自由的现象也很严重。省里用"隔离审查"的名义把一批未作结论的厅、局、处长变相投入监狱，地区和县用"集训班"的形式，对一批干部进行限制自由的审查。在基层，限制干部、教师、工人、农民、学生的人身自由，那就不在话下了。省文化局下属的一些县、市文化局，都发生在社教中乱打人的现象，一些高等学校在学习"一评"、"九评"中，联系实际批判学生的修正主义思想，西安市有9名大学生因此自杀。有些中小学校在学生中"树立贫下中农优势"，搜索和批判所谓"小地主"、"小富农"、"小资本家"，有的中小学生被逼得自杀或逃亡。

中共陕西省委还设置了以文教书记挂帅的"思想战线指挥部"，下设"清理反党党史小组"、"文艺批判小组"和以"批修"为内容的"理论干部学习班"。"清理反党党史"是从八届十中全会以后清查小说《刘志丹》发展而来。起先还只清查为《刘志丹》小说提供过素材的人和单位，继而清查一切有关刘志丹等陕西红军创建者们的故事、诗歌、戏剧、回忆录，最后清查到除了毛泽东以外反映一切中共领导人和烈士事迹的文案材料。似乎一切地方性的革命活动都有罪，都不许宣传。"文艺批判组"，批判中央提出的"毒草"作品和作者，例如：长诗《刘志丹》，电影《桃花扇》，戏剧《游西湖》、《赵氏孤儿》、《卧虎阵》、《破宁国》、《蟠桃园》以及"反党画"、"反党歌曲"。全国戏剧家协会副主席马健在批判中自杀身亡，全国作家协会副主席柯仲平在受到清查时含恨猝死，关中画派最杰出的画家石鲁精神失常。"理论干部学习班"集中训练高等学校政治课教师，大部分政治课教学骨干都受到批判。

党政机关的政治空气也很紧张，中共中央西北局发出党政干部的十条规定，要求党政干部清查阶级成分和阶级立场，要求清理在机关的干部亲属中的地、富、反、坏分子，把他们遣送回原籍农村接受贫下中农的监督改造；尽管这些人早在1956年就已经改变了成分，而且大多已经丧失劳动能力，农村不愿意接受。接着，又对党政干部按当时的"左"倾政治标准进行摸底排队，第一次的结论是：省级各部、委、厅、局和各地委、行署、县委、县政府，领导班子烂了和有严重问题的占40%多。第二次排队时，这个比例上升到60%多。

20世纪50年代，陕西省的生产建设在全国范围属于中间偏上的序列。八届十中全会以后，由于"左"倾指导思想比其他地区危害更烈，陕西省医治"大跃进"创伤的经济恢复工作进展缓慢。1964年，2099万人口的社会总产值只有51.3亿元，人均国民收入仅122元。农村多种经营和集市贸易都被当做"资本主义尾巴"割掉了，胡耀邦亲自调查过距离西安市只有几十公里的兰田县一个生产大队，400户社员只养了25头猪。

这就是胡耀邦初到陕西时面临的情况。

胡耀邦初到陕西，弄不清山有多高、水有多深，不管三七二十一，先讨论"陕西的农业生产为什么上不去"。

胡耀邦于1964年12月3日，即他上任后的第三天，他第一次主持中共陕西省委常委会议。这日上班时刻，他身上披着军大衣，手里捏着香烟，身边跟着几个干部，一边谈论，一边大步流星地走向省委会议室。会议开始，他没有讲什么客套话就进入正题。他快言快语，侃侃而谈，率直真切。这就是胡耀邦的性格，性格决定一个人的命运。

在讨论陕西农业上不去的原因时，胡耀邦讲了以下看法：

陕西省在"大跃进"中的"浮夸风"和"共产风"刮得不大，生产受到的破坏比较小，但是，农田基本建设也上得不快，在三年调整时期，工业下马过了头，特别是基础工业和为农业服务的工业下马过头，以致经济恢复的物质条件不如其他先进省份。

至于主观上的原因，胡耀邦指出："领导生产因循保守，小手小脚。""陕西有一股保守势力，压制一切新鲜事物。""陕西的公购粮负担过重，陕西人老实，不会向中央叫喊。"

谈到社教运动，胡耀邦只提出几个具体问题："捕人多了一些；双开（即开除党籍、开除公职）多了一些；面上夺权斗争打击面宽了一些。"

这次讨论中，由胡耀邦提议，陕西省委和省政府作出了以下几项决定：

（一）捕人暂停，但要继续打击现行破坏活动和清理积案。

（二）"双开"暂停，留待运动后期处理。

（三）面上夺权暂停，待重新部署后再行动。

（四）省、地、县三级抽调干部到农村基层，参加生产，领导生产。

（五）向国务院申请，将1965年的粮食征购任务由17亿斤减为14亿斤。

（六）向国务院申请，在陕西建设第一批年产7.5万吨的5个小化肥厂。

（七）向国务院主管部门申请，1965年为陕西省增拨3万吨化肥。

前4条，立即实行；后3条，很快就得到国务院的批准，广大干部和农民心里搬掉了几块大石头，一片叫好，他们把解放干部、减少购粮、增加化肥和派出大批干部下乡称为"四喜临门"。可是，这几条措施，都是一些领导人不以为然的，他们尤其反对捕人、"双开"和"面上夺权"暂停，把它们概括为"三个暂停"，作为胡耀邦"大刮翻案风"的罪名之一。后来又加上了文艺批判、学术批判暂停和打击投机倒把暂停，变成"六个暂停"。有些人还把减少购粮、增加化肥，当作物质刺激加以批判。

这次会议后胡耀邦又召开了一系列的座谈会、调查会，为尽快落实省委常委会的7项决定而殚精竭虑地工作。10余天后，他到北京先后参加全国人民代表大会和制订"二十三条"的中共中央工作会议。

提出施政纲领

1965年1月,毛泽东主持制订的《农村社会主义教育中目前提出的一些问题》,简称"二十三条",是一个纠正社教运动"左"倾的文件。但"清经济、清政治、清思想、清组织"、"以阶级斗争为纲"和进行"民主革命补课",并且提出"运动的重点是整党内那些走资本主义道路的当权派"。无疑"四清"运动带有浓厚的"左"倾错误的阴影。好在"二十三条"还规定了一些宽松、求实的指导思想和具体政策,为胡耀邦的改革提供了理论上和政策上的依据。胡耀邦举起宣传和贯彻执行"二十三条"的旗帜,先后提出"解放思想"、"解放人"和"放宽政策"、"搞活经济"的系列观点与措施,进行了他的务实改革。

中共陕西省委传达和贯彻落实"二十三条"的工作会议,于1965年1月18日至28日在西安举行。胡耀邦于1月22日发表了长篇讲话,并在会议前后,先后向西安的大学师生、中学教师、新闻界、文艺界、驻陕部队、民主党派做了宣讲"二十三条"的讲话。这些讲话的基本精神是解放思想、解放人。

胡耀邦在大小会议上反复说:"现在有不少干部思想不解放,精神不振作,五心不定,束手束脚;甚至整天愁眉苦脸,提心吊胆,挺不起腰杆;在会上不敢讲话,勉强提一点意见,吓得面无人色,这样的精神状态怎么能够把工作搞上去!""要教育干部解放思想,清除顾虑,立大志,鼓干劲,往前赶,向前奔。"

胡耀邦还提出"不强求统一"。他说:"情况这么复杂,总的工作原则必须一致,方针政策上统一于"二十三条",具体做法允许各地、各单位参差不齐,不去强求统一,不能要求省委规定许多具体杠杠。这样就解放思想了。……领导一解放,大家都解放了。"

胡耀邦说，"二十三条"在反倾向斗争那一条里，只是指出："有'左'反'左'，有右反右，有什么反什么。"在讨论中，许多干部指出："看不出当前主要反对什么倾向。"胡耀邦明确地回答："在当前主要是反'左'。"

胡耀邦不赞成林彪提倡的学习《毛主席语录》，不赞成样样突出政治，他在省委一月工作会议的讲话中说：学习毛泽东思想，"不是片言只语地学，而是全面领会，活学活用。我不赞成学《毛主席语录》，主张学原著。因为毛主席的话，都是在一定的时间、地点，针对一定的情况和问题讲的。《语录》把历史背景和针对性抽掉了，只留下几条干巴巴的结论，光学《语录》不学原著容易助长生搬硬套的教条主义。"

在一次非正式的谈话中，胡耀邦风趣地说："不能样样事情都突出政治。政治不能解决一切问题。譬如：游泳的时候就要突出鼻子，不突出鼻子就会被水淹死。"

胡耀邦在西安交通大学和驻陕部队的讲话中说："大学里有什么阶级斗争？""军队里有什么阶级斗争？""学校里、军队里的坏人不过百分之一，甚至百分之零点几。"后来有人批判胡耀邦"用缓和阶级斗争的办法去抓生产"，或是说"对阶级斗争原则肯定，具体否定"。这些话都说得不错。胡耀邦本来就不承认什么"严重的、尖锐的阶级斗争"，本来就不赞成人为地"把阶级斗争的弦绷得很紧"。他要求如实地分析和对待阶级斗争。在那些迷信阶级斗争的人看来，他就是"缓和以至否定阶级斗争"。

胡耀邦在省委一月工作会议的讲话中说："反对走资本主义道路最主要的办法是什么，就是重新组织阶级队伍，重新教育人，改造人。"他又说："惩办是个必要的不可少的方法，但惩办人不是我们的目的，我们的目的是改造人，改造社会。"

胡耀邦还讲到几天前的一个故事。2月15日，胡耀邦在共青团中央一次会议上宣讲"二十三条",17岁的女青年黄国玉递条子说:"我很讨厌我的家庭,我的父亲是花岗岩脑袋,改造不了。"胡耀邦说:"你爸爸现在大概是花岗岩脑袋,花岗岩下边是什么石?"黄国玉答不上来。胡耀邦接着说:"是石灰石,比花岗岩软了一点;石灰石下边是什么?是页岩。页岩下边是土壤,越来越软了,他那么顽固,你就顽固地做工作,可能会做好呢!"

胡耀邦也讲反对走资本主义道路,但是,他给"走资本主义道路"下了一个定义,就是"贪污盗窃、投机倒把、腐化变质、做官当老爷"。这样自然就把斗争的矛头指向领导干部中的腐败分子和官僚主义者,而把工作中的持不同观点者排除在外了。

胡耀邦主张抓关键,抓大事,不抓细枝末节、鸡毛蒜皮。1月29日,他在陕西省和西安市文艺工作者大会上说:"要分清什么是走社会主义道路的问题,什么是具体工作和生活作风上的缺点。不要把缺点当做道路问题,大题小做不对,小题大做也不对。"讲到这里,他顺手拿起一只有缺口的茶杯说:"缺点,缺点,只是缺了这一点,这个茶杯还可以用嘛!我们不能因为缺了一点就把它扔了。"

为了抓关键和解放大多数被整的人,胡耀邦提出"四个不反"和"六个不查"。"四个不反",即"不反社员(一般农民),不反工人,不反学生,不反一般干部"。"六个不查",即"不查一般阶级成分,不查一般男女关系,不查一般工作作风,不查农民中的瞒产私分和小偷小摸,不查市场上的小额交易"。当时,到处都热衷于抓男女关系问题,1月19日和20日,胡耀邦来到西安交大,针对当时幼稚的"左"的做法和大家谈心。他别开生面地说:"干部就要干,战士就要战,学生就要学。什么红专关系,叫哲学家越搅越糊涂。红就是红,专就是专!你拥护共产党、拥护社会主义,学习好,就是好学生!""查什么男女关系?'社教'不是让你们搞这个!我的要求就是遵纪守法,搞那么复杂干什么?男女之间就是有关系嘛!我们反对的只是道德败坏。但是,事实没有搞清楚的,不要主观臆断。领导干部道德败坏影响到党的威信的,要检查、批评甚至处理。社员、工人、知识分子中的男女关系问题,一般不查,主要是教育问题。"

　　胡耀邦还提倡"向前看"。1月22日,他在省委工作会议的讲话中说:"毛主席的哲学思想很丰富。我觉得主要的,对实际工作有远大意义的有两条:一条,什么事情都要加以分析;一条,领导大家向前看。"他说,"许多事情,从时间上讲无非是三个:过去,现在,未来。过去的事情,有些弄不清楚,我的意思停下来,不要争了,因为有些情况讲不清楚,留下来,等待历史去解决,恐怕更稳妥。"

　　胡耀邦这些话,是有针对性的。当时,"左"倾分子老是纠缠和夸大历史旧账,什么"彭、高、习反党集团的流毒"呀,什么"土改、镇反不彻底"呀,什么"查三代查五夫"呀!仅仅一个习仲勋问题就株连了一万余人,而受彭德怀、习仲勋冤案、错案株连的人就更多了。胡耀邦提倡"向前看"就是反对翻那些是非颠倒或是非难分的历史旧账,留待历史去做结论。

　　在1964年秋冬的社教运动中,对于一些被认为有问题但却没有查清定案的干部和群众,采用了"隔离审查"、"集中训练"和短期限制自由等侵犯人权的错误做法。胡耀邦在省委一月工作会议的讲话中指出:"到处搞隔离,搞得冷冷清清、凄凄惨惨。""华县一个女学生来信说,省上有位处长把她软禁了3天,逼她承认乱搞两性关系。……你把人家软禁起来,你犯法嘛,你违反宪法,私自捕人,私设公堂,怎么能这样干?"他说,"对现在集中训练的人,不要虐待。'二十三条'给他们看,让他们讨论。不要搞监视,不要当犯人看待。年假要照例给他们放假回家。怕什么呢?就是犯了严重错误也不怕嘛!你放假让他们和老婆、孩子团圆,这不是他一个人的问题,是老婆、孩子的问题,人民也不同情。"他还说,"严禁打人,严防逼供信,也不能用简单粗暴的做法和其他形式的体罚。说群众都主张打人,我不相信。"

胡耀邦讲话以后，全省受到"隔离审查"和"集中训练"的人都不再受虐待了，其中大多数人被放回家去，同亲人过了一个团圆的春节。到了2月中旬，除了有叛徒、特务嫌疑的人以外，各地的"集训班"都解散了，打人的事情也不再发生，大批干部、知识分子和农民得到了解放。

当时，"左"倾分子提倡"过革命化的春节"。不许吃好东西，不许拜年、送礼，不许闹花灯、社火。胡耀邦在春节座谈会上说："过革命化的春节，不错。什么叫革命化？不是吃棒子面才算革命化。我们主张不要大吃大喝，但还有中吃中喝、小吃小喝嘛！他有点积蓄，过节多买点肉，娶了媳妇，多买一点东西，有什么不可以？大家忙了一年，节日看看朋友，走走亲戚，送点礼也可以，不算错，只要不拿国家的东西就行了。"

胡耀邦从政治上解放了人，又从生活上解放了人，这一年的春节，才使陕西人能够"欢欢喜喜过个年"。

胡耀邦在省委一月工作会议上说："现在不是提倡过硬吗？民主也要过硬啊！我们陕西党的组织能否听坏话、反对的话，就是民主能不能过硬的标志。……我这一条很差，湖南蛮子有名的，讲话粗粗的，嗓子那么大，也是个纸老虎就是了。你们以后就把我看成个纸老虎，不对，就给我提意见嘛。……你说不敢说，说了一定挨斗，我看也不一定。你说你在省里挨斗，你写信告到毛主席那里去可能把你表扬。要树立这么一个榜样，对于敢于讲反面意见的加以奖励。"

胡耀邦还对群众运动讲了思虑已久的意见，他说："我觉得现在有一种做法是非常危险的，就是只听少数积极分子的话，情况是他们提供，主意是他们出，事情也是他们办，而把广大群众当成哑巴，当成阿斗，少数人包办一切，多数人心惊胆战，我说群众基本上没有发动。……积极分子也要讲民主，以大多数人的意见为意见，不能给积极分子以特权。我觉得我们有些地方历史上发动群众的经验是不足为训的。"

胡耀邦这一段话打中了党的历史上许多群众运动的要害，为什么许多群众运动不能代表大多数群众的真实意愿，群众运动变成运动群众，发扬民主变成形式民主了，其主要弊端就在这里。延安抢救运动和晋绥土改是这样，"大跃进"、社教运动也是这样。

胡耀邦说："社会主义教育运动怎么搞，就是要依靠省、地、县委的工作队，依靠群众的大多数，依靠干部的大多数，一下子就把政策交给他们。要开门见山不要冷冷清清，不要神秘化，不要只在少数人当中活动。中央就是将'二十三条'当成布告，到处张贴。这一招也是厉害，你不交我来交。"胡耀邦说，"一下去就开大会，把政策公开，有事就开，没事就不开，群众要求解决什么问题就解决什么问题。"对于分配公购粮，胡耀邦也主张一竿子插到底，同基层群众直接见面。他认为神秘化是隐瞒真情，弄虚作假，包办代替以至玩弄阴谋诡计的隐蔽所和遮羞布，所以主张政令公开。

在学术文化领域，胡耀邦主张正面教育和以多出成果为工作做得好不好的标志。

省委一月工作会议以后，胡耀邦就决定停止正在进行的文艺批判和学术批判。他主张文艺、新闻、科学、教育部门的社会主义教育，着重正面教育和学术讨论。对文艺界，他强调抓创作和演出。他说："同志们都要勇敢地创作，创作出好节目来，演出好节目来。这是为工人农民服务的第一标志。"

当时，报纸上正在批判新编歌剧《蟠桃园》。胡耀邦风趣地说："《蟠桃园》不好，指出它的缺点，要作者另写一个《樱桃园》嘛。不要多批了。"

以上这些，就是胡耀邦于1965年1月下旬在西安几次讲话中陆续提出的第一个施政纲领。

1965年春节期间，胡耀邦在陕西省委书记处会议上提出：现在干部思想不解放，缩手缩脚，顾虑重重，不敢认真执行"二十三条"。这种精神状态怎么能把生产搞上去？我建议春节以后，除了常务书记留在机关主持日常工作以外，书记处其他同志都下去，分别到各地、县委参加多次干部会议，直接宣讲和落实"二十三条"。省委书记处赞同胡耀邦的建议，并按陕南、陕北和关中东、西、中部分片负责，胡耀邦亲自去陕南开展工作。

胡耀邦同陕西安康地委书记韦明海一起，于2月5日至12日日夜兼程，在8天中走了安康地区10个县中的7个县，他同县、社两级干部开座谈会，开门见山地提出问题，征求意见，一个一个问题排队，一件一件事情处理。对于一些明显抓错了的人和处理错了的案子，胡耀邦说："我们开一个省、地、县、社四级书记会议，四级都认为搞错了的，立即纠正，立即放人。这样做似乎不太符合组织程序和法律程序，可是，那些案件原先都没有经过什么组织程序和法律程序啊！采取断然手段纠正那些未经合法程序处理的冤案、错案，有什么不可以的呢？"

后来，批判胡耀邦时，一位领导人讽刺说："8天走了7个县，急急忙忙干什么？又不是救火呢！"其实，这个话歪打正着。胡耀邦当时确有救人如救火、救生产如救火的心态，那是"忧人之忧、急人之急"的公仆意识的自然流露。

胡耀邦走过陕南7个县以后，不仅对社教运动中的"左祸"认识更为深刻，而且对生产之凋敝，经济之萧条，民生之困苦，也有了直接的感受。

2月12日，胡耀邦在安康地委亲笔起草了《电话通讯》。安康讲话和《电话通讯》是胡耀邦在陕西省提出的第二个施政纲领，这个纲领后来在汉中地委又做了一些补充，它的主要内容是：

一、把革命和生产的关系颠倒过来，把生产摆在首要地位。

胡耀邦说："社会主义革命的目的就是发展生产力，只有生产不断发展,才能谈得上大好形势,只有领导群众增了产,才能称得起是为人民忠诚地服务了。"他说,"生产好不好是检验工作好不好的最主要的标志。"

2月17日,胡耀邦在汉中地区城围县五级干部会议上说:"革命的目的是什么?最高最终的目的是为了把生产搞好。"3月,陕西省委办公厅发出的一个通知中用了胡耀邦的两句话,即"这样成绩那样成绩,把生产搞上去就是最大的成绩。这样错误那样错误,生产搞不上去就是最大的错误。"胡耀邦的这些观点和看法在当时是要有非凡的勇气和远见卓识的。

二、在政治思想方面放大一些,不要敲得过碎。

胡耀邦讲了三条:

(一)不要着重历史问题,而要着重现在的表现;

(二)不要着重看"洗手洗澡"中已经交代出的问题,而要着重今后的问题,着重"将功补过";

(三)不要着重枝节问题,而要着重大的问题,着重对党的方针政策的贯彻执行。

这是重申了胡耀邦"抓关键"和"四个不反"、"六个不查"的主张。

三、在领导生产方面放宽一些,不要想得太窄。

胡耀邦提出了四条:

(一)"两手抓,双丰收"。即"一手抓粮食,一手抓多种经营。关中地区,主要是一手抓粮食,一手抓棉花;陕南地区,主要是一手抓粮食,一手抓山货土特产;陕北地区,主要是一手抓粮食,一手抓造林和畜牧业。"

(二)不仅要搞好今年的生产,而且要为今后的生产大发展积极创造条件。

胡耀邦说:"我省山地荒地面积大过耕地几倍、十几倍。各县同志一定要用算账的办法,鼓舞大家树雄心,立大志,从今年大搞基本建设着手,为今后几年从山地荒坡地上大大增加收入打好基础,'过一年算一年'的思想是完全错误的。"

胡耀邦还在不少县帮助他们计算开发当地自然资源的大账,帮助他们提出一个一抓什么,二抓什么,3年、5年、10年,年年抓到什么程度的规划的轮廓。

(三)不仅要认真注意现在的经验,而且要汲取和创造新的经验,包括现代化生产的经验。

(四)不仅要注意增加生产,而且要注意为生产服务的商业、交通、财政等问题。

四、在经济政策方面搞活一些,不要管得太死。

胡耀邦提出五条:

(一)按照为生产服务,为群众服务的原则,改进国营商业和供销社的工作。

(二)把集市贸易搞活,我们的国营商业和供销社不可能代替群众的互通有无,不能把投机倒把与农民之间互通有无混为一谈。所有的集体都要赶集。要向有关部门讲清楚,防止又乱没收。

(三)很好地组织短途运输。人力畜力短途运输不是什么剥削,而是一种繁重的体力劳动,必须有报酬,要下决心把山区交通运输搞起来。

后来,胡耀邦到了汉中地区,农民又提山区运输难的问题,他同省计划委员会负责人商量后,对山区修路做了具体部署,即山区道路,可以修架子车路,也可以修简单公路,由县、社自行组织人力修建。省上给每个民工每天补贴粮食一斤,菜金二角,再调拨一些炸药和钢钎子。

(四)必须有计划地解决城镇就业问题,在小城镇,最大的出路就是发展手工业,然后在手工业的基础上变成乡镇工业,扶持其他行业。必须非常注意解决乡镇工业的原料问题,无非是木头、竹子、钢铁、纸张、棉纱、油料等,不要扣它们、卡它们。

（五）三级财政当花的钱要花一点，不当花的钱花了，当花的钱不花，都是违背总的路线的。什么都有节余，不是好事。

五、解放干部的四条政策。

（一）凡属从社教以来被处分过重的干部，一律实事求是地减轻下来。最好选择几个典型，经过大家讨论，重新做出决定，并在大会上宣布。

（二）凡属停职和撤销工作尚未处理的干部，一律先放到工作岗位上去，待问题完全查清或经过一个时期的考验再作结论。

（三）凡属去年以前犯有某些错误但已经交代过的干部（包括脱产和不脱产的干部），不再在这次会议上"洗手洗澡"。只要做好工作，搞好生产，就一律既往不咎。

（四）凡属这次县的多级干部会议后继续干坏事的，不管职务高低，一律从严处理。

六、在生产队划分作业组，实行定额管理和按劳分配。

1965年2月18日，胡耀邦同汉中地委负责人张军、彭彬谈话时说："生产队经营管理上有问题，有三大问题，一个是划作业组，一个是定额，一个是分配办法。要发动群众讨论讨论……我们要学会科学计算，要学会现代化的科学管理。"当时，生产队的粮食分配办法，大多实行以人定量加按劳分配，胡耀邦主张一律改成按劳分配加照顾。胡耀邦还提出了联系产量计酬的问题，但是由于还没有承包制，不好落实。

七、植树造林。

胡耀邦所到之处都提倡植树造林。他编了一段生动通俗、便于记忆的植树造林方针："植树造林，育苗先行；一队一亩，专人经营；谁种谁有，不搞平分；开山育林，不断更新。"

八、对增产的单位和个人给予物质奖励。

胡耀邦在安康地区提出，当年秋季要在全省和各地举行生产评比大会，对增了产的单位和个人奖励耕牛、农具、化肥。

胡耀邦提出"两手抓、双丰收",是受到湖北、广东等地的启发。他说过:湖北的多种经营搞得好,农民比较有生气。当时的湖北省委第一书记王任重对他说:不抓多种经营,农民手里没有钱花,不能解决农村脱贫致富的问题。不过,你只要这样干就行了,不要提出新的口号,不要形成文件;否则,就同"以粮为纲"的方针不一致了。胡耀邦心领神会学了王任重的经验,却没有听王任重只做不提口号的劝告,他旗帜鲜明地提出"两手抓、双丰收"的方针。这就是胡耀邦不同于其他领导人的个性,后来,果然吃了大亏。不仅有人抨击他否定毛主席的"以粮为纲",而且有人还说他:"你只有两只手,一只手抓了粮食,另一只手抓了多种经营,还有哪一只手去抓阶级斗争呢?"

胡耀邦偏不信邪,他认定的目标义无反顾,拼尽全力干到底。他说:"干部就要干,战士就要战。"这段时间他无论在家还是下乡,每天早晨6时起床,晚上零点就寝,中午没有午睡,每天只吃6两粮食,节假日也不休息。他每到一个地方,不是先休息,先吃饭,而是先谈工作。只要他认定是正确的,就当机立断,说了就干。

他在2月14日从安康发出《电话通讯》以后,2月15日到了石泉县。在石泉县委召开座谈会后就研究案子。对一般案子,上下都取得了一致的意见,就立即加以纠正。

石泉县有一个青年干部被他的未婚妻抛弃了,这个青年很痴情,买了一瓶农药,把不再爱他的未婚妻找来,要求两人一起服毒自尽。他对未婚妻没有任何非礼举动,未婚妻以杀人罪把他告上法庭,法院要按谋杀未遂判刑。胡耀邦得知这一情况后,说:这个青年的做法,当然很错误,不过,他只是吓唬吓唬原来的未婚妻,希望同她重归于好,并没有动手强迫女方服毒,女方也没有受到伤害。这个小伙子被女方遗弃了,已经很痛心,再给他判刑,他会更加觉得这个社会没有温情，更加活不下去，社会的同情也会在他这一面。能不能说服这位女青年，给男方以行政处分，让他向女方赔礼道歉，看女方愿不愿意撤诉？后来，这个案子就这样根据胡耀邦的意见，合理合法地解决了。

2月15日晚，胡耀邦从石泉县到了西乡县。西乡，当时是陕西省的三个社教试点县之一，由汉中地委书记张军任工作团长，西北局和陕西省委各派一位书记蹲点坐镇。陕西省委那位蹲点的书记认为，汉中地区土改、镇反很不彻底。地委认为：汉中地区土改中所定的地主、富农已经占到农村总户数的6%左右，镇反杀人数字占总人口的比例也高于关中，基本上是彻底的。在西乡社教中也有两种意见。省委蹲点书记认为：西乡县委和县政府烂了，是夺权单位。地委工作团认为，西乡县的党政领导干部中，只有一个副县长是问题严重的四类干部，而且这位副县长的问题仅仅是男女关系，如果不是自杀，连四类干部也排不上。至于一把手张正范，本人没有问题，只因为他的夫人在西乡解放前以中学生的身份躲过清查，省委这位书记就说张正范同有敌对思想的地主女儿结婚是丧失政治立场，是四类干部。

第二天上午，张军向胡耀邦汇报了一般工作情况后，就提出汉中地委同省委蹲点书记的几点分歧。对于土改、镇反是否彻底的问题，胡耀邦说：这个问题没有什么可以讨论的，从数字上看，汉中地委的意见是正确的。对于西乡县领导班子和农村基层的问题，胡耀邦要求工作团一个人一个人地介绍情况，上下共同研究问题的性质。例如，县委一把手张正范，胡耀邦认为：不仅他个人没有问题，他的妻子也没有问题。他说：一个小姑娘，由于不了解党的政策，逃过解放，后来又回来了，这很正常嘛，是什么敌对思想、立场问题？他认为县委一把手和县级领导班子，都是比较好的，不是夺权单位。对于基层的一些问题，胡耀邦也否定了蹲点书记的过"左"做法。

这次会后胡耀邦接见了大部分被限制自由的县委书记和县长们。这就说明，他们已经获得解放。

2月16日，胡耀邦到了城固县。

当时，城固县委正在召开县、区、社三级领导干部会议。胡耀邦一下车就走进会场，要求大家递条子提出问题，他快刀斩乱麻，当场回答和解决了38个问题。下面是会上的一部分对话：

有区社干部说：油菜产量下降，主要原因是粮、棉争地。

胡耀邦回答：有四条原因，省上解决两条：征购粮任务过多的适当减少；今后从省到公社不再下达粮食、油料种植面积指标，由生产队自行决定。其他问题，地方自行解决。

有区社干部提出：夏粮征购时间正值收麦和插秧的大忙季节，农民往往为交粮来回跑几天路，荒了田。

胡耀邦问：夏征和秋征什么时候合适？

大家七嘴八舌议论了一番，最后，胡耀邦说：按你们多数人的意见办。今年，夏粮征购推迟到7月下旬完成；秋粮征购推迟到11月下旬至12月上旬完成。大家拍手称快。

有区社干部提出：农田普遍缺肥料。

胡耀邦回答：一种茄子，二种油菜，三种胡豆、豌豆，四种满园花，五种一点大麦。没有化肥，我们自己造，今明两年全省建起5个总共年产7.5万吨化肥的工厂。还要种绿肥，发展养猪，山区搞草木灰。

有区社干部提出：化肥调拨太迟，耽误生产。

胡耀邦问：什么时候调拨好？

大家又七嘴八舌地进行讨论。最后，胡耀邦拍板：按大家的意见办，一年调拨两次，一次在开春前，一次在6月份。

有区社干部提出：汉中大桥低，河床抬高了4尺，淤田20万亩。

胡耀邦回答：这不光是城固一县的事，三千里汉江，陕南占一半，却没有一座大桥，很不方便。今后在安康、石泉、城固修三座汉江大桥，陆续上马。

后来，胡耀邦指示省级主管部门对三座汉江大桥立项，筹措资金，进行勘察设计，这三座大桥在"文革"中施工建成。

有区社干部提出：城固脱产干部缺额不少，请求上级调派一批干部来。

胡耀邦回答：这一条意见不对。哪里都有人才，干部不够自己提拔。

胡耀邦这种明快果断、雷厉风行的工作作风，深受广大干部和群众的赞扬。有的基层干部说："胡书记下乡地动山摇，刀下见菜，我们提了多年意见解决不了的问题，胡书记三锤两梆子就解决了。"

2月16日晚，胡耀邦到了汉中地委。

17日全天开座谈会，先谈生产建设。胡耀邦要求干部弄清和牢记自己主管地区和部门的历史和现状、情况和数字，并对今后的发展有一个轮廓规划或设想。他喜欢考干部，当某些领导干部翻开本本做汇报时，他常常要求干部合起本本讲。有时谈到一些情况和数字，干部记不清要翻本本，胡耀邦代替他回答。那位干部惊讶地问："胡书记怎么知道？"胡耀邦说："我是从你们的报告中看到的。"胡耀邦还擅长心算，爱替地、县、社计算生产账、收入账和未来发展账。那时还没有计算器，大家的笔算和珠算都赶不上他心算结果的速度，只能对他的心算起核对作用。

谈完工作后，还要谈当地的风景和风俗，胡耀邦问：你们秦岭上那一条金牛路是怎么得名的？只有一个干部知道五丁开山、金牛修路的传说。胡耀邦又讲到萧何月下追韩信，追到褒城县的韩溪，传说韩溪突然涨水，韩信过不了河，才被萧何追上。讲到这里，胡耀邦问：你们汉中人就这个故事写过一首有名的诗，谁记得？会上没有一个人记得。胡耀邦说：那首诗是"……若非一夜韩溪涨，焉得汉家四百秋？"接着又说："我也是现炒现卖，昨天晚上从你们《汉中府志》上看到的。我考你们的意思是，希望大家都能读一读你所在的那个县、那个府的地方志。地方志记载了当地的历史沿革、天文、地理、物产、自然灾害、风俗人情和名胜古迹,不可不看。"他的经验之谈,给在座的干部以深刻的启迪。

胡耀邦在视察水利工程时,还能对施工设计问题提出自己的看法。这是他长期博览群书又勇于实践的结果。当时,陕西省委许多干部赞扬胡耀邦说:"耀邦同志有四个不断:读书不断,工作不断,思考不断,议论不断。"

在座谈社教运动时,汉中地委谈到社教中打倒了汉中地区一些闻名全国的先进单位。例如,沔县高潮公社连续9年水稻大面积亩产千斤以上。公社领导人在一次讲话中说:"现在党依靠贫下中农呢,贫下中农不要翘尾巴。"由于这一句话,工作组把公社领导人定为打击贫下中农的"现行反革命",把公社的红旗也拔掉了。会上一些干部愤愤不平地说:高潮公社的工作组长是省上的一位局长。随行的林牧插话说:"他有历史问题,他原来是胡宗南长官部的少将处长。这种人就是容易用'左'的行动来掩盖'右'的历史。"胡耀邦当即批评道:"你的思想还是不够解放。此人在高潮公社整错人,不对,应该批评。但是,你不要同人家的历史联系起来,他过去做过胡宗南的少将处长,后来参加地下党,是有功的嘛!我们应全面、历史地评价一个人。"

当天午夜,即2月18日零点前后,西北局第一书记给胡耀邦打来电话说:"我把中央和西北局的意见通知你,你的《电话通讯》提出的四条政策不妥,可能引起翻案风。"原来,西北局把胡耀邦的《电话通讯》寄给中办主任杨尚昆,并说:西北局认为其中的四条干部政策不妥,可能引起翻案风。杨尚昆送给彭真,彭真又送给刘少奇。刘少奇看过后说:"除了那个四条以外,我看文字上对阶级斗争讲得也少。胡耀邦就是搞阶级斗争的嘛,怎么会忽视阶级斗争呢?"几位领导人又到毛泽东主席那里去谈,毛泽东没有看胡耀邦的《电话通讯》就说："告诉耀邦，注意一下。"

2月18日上午，胡耀邦给《电话通讯》的诞生地安康地委打电话，传达了西北局的电话内容，请他们防止翻案风。安康地委书记韦明海说："从各县多级干部会议反映的情况来看，目前的主要倾向仍然是'左'的影响严重，不存在翻案风的问题。"胡耀邦又找汉中地委书记张军、彭彬商量，他们的意见同韦明海完全一致。

2月19日，胡耀邦经过留坝去凤县。留坝，因留侯张良隐居修道而得名。当时，凤县正在召开有贫下中农代表参加的县、区、社、生产大队四级干部会议。胡耀邦和林牧分别参加了小组会。他们在会上发现：听了胡耀邦的《电话通讯》以后，被整怕了的基层干部半信半疑，表示了有保留的欢迎。贫下中农代表却有一种漠然、木然的神态，似乎在说：上面叫批斗谁就批斗谁，上面叫解放谁就解放谁。情况同安康、汉中两个地委反映的一样，"左"的倾向和影响仍然很严重，哪里有什么"翻案风"？谁敢刮"翻案风"啊！

2月20日，胡耀邦到了宝鸡地委，他把西北局电话上的批评向地委和行署领导人传达了。宝鸡地委的看法同陕南两个地委一样，甚至讲得更加肯定。他们在感情上像知心朋友一样同胡耀邦倾吐积压多年的心里话。

2月21日，胡耀邦到了武功县杨陵县。杨陵，是后稷教民稼穑之地，也是暴君隋炀帝杨广埋骨之地。那里是西北地区农业教育和科学研究的中心，除了西北农学院和农业、水利两个中等专业学校以外，还有陕西省农业科学院及其十几个研究所，有中央直属的水利、水土保持、植物等研究机构。胡耀邦于第二天上午召集杨陵各单位、各学科的农业专家座谈，请他们来为陕西农业的发展献策献计。西北农学院的学生听说胡耀邦来了，要求讲话。胡耀邦和同学们见了面，同学们蜂拥而上，把胡耀邦团团包围起来，无拘无束地问长问短。胡耀邦谈话之后费了很大力气才挤出重围。

2月23日，胡耀邦完成了这趟下基层调研，经过咸阳地委回到西安。

《电话通讯》起风波

1965年春，胡耀邦感到气氛有些不对，但他十分坦然，无畏无悔。

事情的原委是这样的：1965年1月下旬，胡耀邦看到西安市委《关于打击投机倒把的报告》。报告中反映：西安市查处了9500多名投机倒把分子。胡耀邦批示："看来，西安市打击投机倒把活动已收到显著成绩，这一点要肯定。但是否都打得很准？有些老实的劳动人民因为家计困难，做一点小额的贩运活动，是否也算做投机倒把分子？退赔了没有？对这种人的退赔和斗争，是否出了问题？对吊销了营业证的一些确系家计困难的贫民，是否有妥善的安置？……为了总结经验，可否考虑群众性的打击投机倒把运动暂停一下？暂停中，派出所、居委会仍要对大的投机倒把犯注意。"

西安市委和市政府按照这个批示进行复查，减轻了其中4000多人的处分。西北局领导知道后，就在2月14日上午找陕西省委秘书长陈元方和西安市委第一书记彭天琦去西北局向他汇报。他批评胡耀邦"为投机倒把分子翻案"，并且说："是不是投机倒把，只有看性质，不能看交易额的大小，只要是转手倒卖，一毛钱也是投机倒把。"

从2月下旬到3月下旬，在西北局宣传会议上，批判了胡耀邦的《电话通讯》，认为他提出的"干部四条可能引起翻案风"。

2月28日，胡耀邦为顾全大局，在省委常委会议上做了检讨，承认"干部四条"缺乏分析，有片面性。

3月3日，陕西省委发出正确执行胡耀邦"四条干部政策"的正式通知。主要内容是："确实处分错了的，改正过来；处分过重的，减轻下来；但处分正确的，不能随意减免其处分；对于有些人的处分轻重问题，如果大家认识不一致，或者一时弄不清的，就不要匆忙地改变处分。"

3月7日，西北局发出通知，从3月11日起，召开西北局书记处扩大会议，讨论陕西省委1965年1月以来的工作，邀请陕西省委书记全体成员和西北局各部、委、办主要负责人列席。当时在陕西长安县参加社教的中央书记处候补书记杨尚昆也参加了西北局的会议。

3月8日，胡耀邦找西北局第一书记谈话。第一书记对胡耀邦到陕西以后的工作做出评价，肯定了五条成绩："你把毛泽东思想的旗帜举得很高，你是抓革命的，你是抓生产的，你的干劲是大的，你是能够联系群众的。"然后，他也讲了胡耀邦四条缺点：

第一，省委一月工作会议，对成绩讲得不够，对缺点讲得很具体。

第二，你的《电话通讯》对干部的四条处理意见很不妥当，会使许多人翻案，主要是这个错误。

第三，集市贸易不发达是由于生产不发达，你说集市贸易有几条好处不妥当。

第四，没有很好地商量，没有很好地搞集体领导。

当晚7时，胡耀邦在省委常委会上传达了西北局第一书记的谈话以后，大多数常委认为他对胡耀邦的成绩讲得充分，缺点讲得温和，都像吃了定心丸一样，估计那次会议后可以平安度过。

3月11日，西北局书记处扩大会议开始，胡耀邦在会上报告了省委一月会议以来的工作。省委第二书记赵守一接着做报告。赵守一对胡耀邦主持陕西省委工作的成绩做了高度评价，并且说："他吃苦耐劳，联系群众，以雷厉风行的作风狠抓生产。这对改革陕西干部中长期存在的保守思想、拖拉作风和陕西地区的经济面貌，都是很必要的。"当讲到胡耀邦的错误，赵守一巧妙地一句话带过，还说："耀邦最近发生的错误，我是有责任的。"

胡耀邦、赵守一发言之后，其他人相继发言，主要内容如下：

1. 大搞纠偏运动，大刮翻案风。包括"否定社教运动的成绩"，"夸大社教运动的缺点"，提出四条为"四不清干部翻案"的干部政策，解散"集训班"，从"隔离审查"中放出一批人等等。

2. "用停止革命的手段去抓生产"。有人批判"三个暂停"，有人批判"六个暂停"，即除了"捕人"、"双开"、"面上夺权"暂停以外，还有打击投机倒把暂停、文艺批判和学术批判暂停，提出"四个不反"、"六个不查"等。

3. 否定党的方针。例如：提出"两手抓、双丰收"的方针，提出活跃集市贸易，允许短途运输等政策。

4. 实行物质刺激。除了把给先进单位和个人奖励耕牛、农具、化肥说成为物质刺激以外，还把减轻粮食统购任务和办化肥厂、增拨化肥等措施也说成物质刺激。

5. 破坏民主集中制，违反集体领导原则，以个人名义发出《电话通讯》。

其实，胡耀邦的《电话通讯》是先发回省委，由主持日常工作的常务书记发出的。陕西省委书记处的7位书记当时都表示同意，其中3位也发出《电话通讯》，给以支持和补充。

这个会议开过两天之后，3月13日晚，胡耀邦去找杨尚昆，说："我要向中央申诉。"杨尚昆说："会议这样开法，我也没有想到。"但他劝胡耀邦不要向中央申诉。他说："稳住，稳住，你的问题就是那个四条，我还要发言替你讲话嘛。"

西北局开会期间，陕西省委正在召开全省贫下中农代表会议。3月16日，西北局让胡耀邦到全省贫代会上做公开检讨。胡耀邦在贫代会上宣布："西北局指示，我在《电话通讯》中关于干部问题所提的四条意见是错误的，可能引起翻案风，停止执行。"

胡耀邦做了公开检讨以后，突发大脑蛛网膜炎，医生宣布有生命危险，胡耀邦被送进医院抢救。

胡耀邦病情略有好转以后，杨尚昆去医院探望。胡耀邦又郑重提出，要回北京向中央申诉。杨尚昆说："你要申诉是你的权利。但我劝你还是稳住，申诉对你没有好处。"杨尚昆还要胡耀邦写一个态度更诚恳的检讨，否则，事情不好了结。

3月22日，胡耀邦趴在病床上，写了《关于陕西工作的自我检讨》。

3月30日晚，西北局书记处讨论胡耀邦的检讨。第一书记说："胡耀邦在最后一次信里把他的思想说得清清楚楚，是说了心里话，是对人民负责的，我看了很高兴，我相信大家看了也高兴。四条，从政治上、思想上说，都是错误的，但是采取了几个措施也就可以了。"

最后是杨尚昆发言。他首先肯定了胡耀邦的动机是好的，肯定了胡耀邦没有犯路线性的错误。他说："耀邦同志确实是干劲十足，想把工作做好，想把陕西省农业生产落后于临近各省的局面迅速改变过来。"他说："是不是说耀邦同志的错误已经成为路线上与中央对抗和西北局对抗呢？我看还不能做这个结论。"

杨尚昆又说："3月16日的口头通知（指胡耀邦在省贫代会上的公开检讨）是个转折点，时间也不长，顶多一个月，没有什么了不起。信中所提到的问题，有些无关大体，有些问题，像革命与生产的关系、政治挂帅与物质刺激等问题的一些说法，还要以后的实践去证明，可以继续研究。省委可以开个会，但不是批判，而是总结经验。"

杨尚昆还说："四条已经停止执行，问题说大也不大，不必紧张。……总而言之，时间很短，问题不大，问题的性质属于摇摆，不属于路线错误。……省委可以开一次会讲一讲，按胡耀邦的检讨水平写，不夸大，也不缩小，正面提，不提耀邦的名字。"

离开西安

　　5月初，胡耀邦出院，恢复工作。胡耀邦和第二书记赵守一、省长李启明还是坚守阵地。同时省、地、县都有一批坚持胡耀邦新政的干部，他们不声不响地按照胡耀邦的既定方针办事。杨尚昆发挥了很大作用，他要求省委通知各地：生产要继续抓好，不能松动。省委立即把杨尚昆的意见传达下去。

　　陕西省委把整个5月份的时间都耗费在起草、争论和修改为省委6月会议准备的检查报告之中。争论的双方都抓住杨尚昆所做的结论性的发言中的一句话。一方坚持杨尚昆讲的"按耀邦检讨的水平写"，另一方坚持杨尚昆讲的，错误的性质是"政治上摇摆"，是"对革命动摇"。可是，胡耀邦始终不承认自己有什么"摇摆"或"动摇"。他对几位领导倾吐真情："我的家很穷，我14岁参加革命，从来没有什么山头，在长征中都没有动摇过，现在怎么动摇了？他们搞的那一套根本就不是真革命，反对他们那一套，怎么就是对革命动摇了？"

　　经过双方反复推敲，检查报告勉强通过。可是，在会议规模和印发什么文件的问题上又发生了分歧。西北局要求扩大到县一级干部，省委认为，6月是夏收夏种的大忙季节，不宜把各县的干部都抽上来开会。经过杨尚昆的斡旋，才确定扩大到地区一级。

　　在准备省委检查报告期间，还有两个插曲：一个是省委有个书记的告发，另一个是林牧向中共中央上万言书。

　　有一天，胡耀邦从丈八沟宾馆回到家里，心情沉重，林牧和戴云问："出了什么事？"胡耀邦说："尚昆找我谈话，批评我议论了刘少奇。"他们听了很紧张。因为在那个年月，议论党的领导人，是反党性质的大问题。他俩着急地问："你到底说了少奇什么话？"胡耀邦说，4月间，他住院治病，这位书记也去住了一段时间。有一天闲谈，他主张反"左"，这位书记主张反右，并以1964年11月中共中央批转李雪峰要求"反右倾要画龙点睛"的信为根据。胡耀邦为了说服老朋友，就说："中央关于反右倾的那个批示，是少奇的意思，毛主席从外地回来后不赞成那个批示。"原来胡耀邦传播的是毛泽东的意思，并不是他个人指责刘少奇。按照当时的规矩，胡耀邦的错误是"自由主义"、"小广播"。

在有人告发胡耀邦的同时，由几位同志提供材料，由林牧执笔，先后写了两封长信，向中央反映陕西社教运动中的极左表现及其恶果，反映胡耀邦提出的观点和措施在陕西产生的积极作用，要求中央直接解决陕西的问题。两封以林牧个人名义写的长信，都请田家英转交党中央。7月上旬，中央办公厅秘书组给林牧回信说："你写给中央的两封信，给中央负责同志看过。"

1965年5月30日至6月8日，中共陕西省委召开专门检查工作会议。胡耀邦做过检查报告以后就不再去会场，让大家敞开议论。会上，大多数干部认为：胡耀邦主持陕西工作以来，成绩很大，面目一新，缺点、错误是局部的、一时的；极少数人认为错误严重，错误的性质是"政治上动摇"，"对革命动摇"。还有一些干部仗义执言，公开表示：胡耀邦同志有功无过。陕西省军区副司令员王明坤发表了省军区党委集体讨论的意见。他说："衡量成绩与缺点，正确与错误，要看是不是把工作搞上去了。胡耀邦到陕西时间不长就把工作搞上去了，有什么错误？"有的地委书记说："什么政治上动摇，胡耀邦的《电话通讯》，省委书记们都赞成，我们大家都赞成，难道大家都动摇了？"还有一些厅、局长在会上不发言，晚上到胡耀邦家里去慰问，并说："大多数人心里有数，是尊重事实的。"

胡耀邦坦然自若，其坚持斗争的勇气和力量，一面来自陕西广大干部和群众的拥护和支持，一面受到北京一些领导人的保护和鼓舞。

余秋里打来电话说:"听说你出了一点问题?"胡耀邦简单介绍了情况以后,余秋里说:"怎么搞得那么厉害?在西安谈不清楚,回北京来谈嘛!"

两天后,叶剑英元帅率领张爱萍、张宗逊将军等到陕西视察军事工作。在西北局和陕西省委、省政府为叶帅等接风时,张爱萍将军说:"我们一进潼关就看到陕西的麦子长势喜人,看来又是一个大丰收。耀邦瘦了,陕西肥了,耀邦对陕西是有功的啊!"

接风宴会结束以后,主人们向客人告别,叶帅说:"耀邦,你留一下。"叶帅问:"什么问题?"胡耀邦介绍了情况。叶帅说:"老弟啊!在西安说不清楚,回北京去谈嘛。"胡耀邦说:"我走不脱呀!"叶帅说:"我带你走嘛!"

1965年6月11日晚,胡耀邦在陕西省委常委会议上发表了8条申辩发言。后来省委6月工作会议通过了一个以安排工作为主,对争议问题不做结论的会议纪要,会议于6月18日结束。

6月18日,胡耀邦以回北京治病为由,向西北局请假。由于西北局知道是叶剑英要带走胡耀邦,不便加以阻拦,第一书记给胡耀邦回信,要他好好治病养病。

胡耀邦自1964年12月30日到陕西,1965年6月20日离开西安,一共在陕西主政200天。

九 历尽"文革"磨难

横祸突然降临

历史的车轮，呼啸着行驶到了1966年夏季，一场被林彪、"四人帮"制造的空前浩劫降临神州大地；由毛泽东亲自发动和领导的史无前例的"文化大革命"胜似洪水猛兽，在全国汹涌澎湃。一时间，山雨欲来，黑云压城，群魔乱舞。团中央首当其冲，作为团中央第一书记的胡耀邦，在劫难逃。他受到的冲击和摧残是空前的。然而，他沉着坚定，豁达开朗，铮铮铁骨，处之泰然，如竹之坚，似松之劲，表现了一个真正共产党人的凛然正气。

为了全面发动"文化大革命"，中共中央政治局扩大会议于5月4日至26日在北京举行，会议通过了在会前由陈伯达等人起草的、由毛泽东多次修改的中共中央通知，即《五一六通知》。这次会议的召开，标志着"左"倾方针在党中央占据了统治地位，"文革"进入全面发动阶段，一场令世人深恶痛绝的浩劫向全国蔓延。

紧接着，5月28日，中共中央发出设立中央文革小组的通知，由"左"得出奇的陈伯达任组长，反革命阴谋家康生任顾问，一直做着"女皇梦"的江青任第一副组长。他们驾凌于中央政治局之上，肆无忌惮，为所欲为，搅得"周天寒彻"。

6月3日,刘少奇、邓小平主持召开中央政治局常委扩大会议,会议针对当时运动混乱局势,依照惯例决定向北京市的大学、中学派出工作组,领导"文化大革命",力图"文革"有领导、有秩序地进行。会上决定北京市中学"文革"由团中央负责。

为此,共青团中央书记处召开紧急会议,成立了以胡耀邦为首的书记处3个书记组成的领导小组。随后从北京和全国各地抽调1800多名干部,组成300多个工作组,陆续向北京8个区的中学派出,并在各区成立工作队,由团中央部分书记、常委、部长担任队长。

7月24日,工作组进驻各中学不到两个月,毛泽东便召集中央常委和中央文革小组成员开会,认为进驻学校的工作组,干扰了"文化大革命"的大方向,镇压了学生运动,便做出了撤销工作组的决定。29日,康生、陈伯达、江青、王力倾巢出动,指挥批斗工作组,从而掀起一股各学校赶打工作组的武斗歪风。不几日,中央文革小组的张春桥、王力、关锋等人到团中央机关煽风点火,对团中央"造反"的红卫兵表示支持。胡耀邦以政治家的敏感,察觉到这伙阴谋家的矛头所向,无比愤怒地说:"派工作组是中央政治局扩大会议决定的,中央文革小组的做法很不正常。"他要胡克实当即打电话向邓小平汇报。邓小平也泥菩萨过河,感到无可奈何。

8月1日,中央文革小组的陈伯达、康生、江青、姚文元一伙,召集胡耀邦、胡克实、胡启立、王照华等团中央书记处书记到钓鱼台国宾馆"训话"。江青以"太上皇"的姿态歇斯底里地问胡耀邦:"你是什么成分出身?"胡耀邦理直气壮地回答:"下中农出身!"江青接着咬牙切齿地问:"团中央为什么要派工作组?"这是明知故问,因为派工作组是刘少奇、邓小平根据中央政治局常委扩大会议做出的决定,江青企图通过胡耀邦之口揪出派工作组的"黑后台"。

胡耀邦敢于承担责任，挺身而出，坚毅地回答："是我派的，我是团中央第一书记，我有责任！"江青阴阳怪气地讽刺说："你怎么由'红小鬼'变成了'胆小鬼'？你不敢揭露刘少奇，明明是为他开脱，你承担什么责任？"

未等胡耀邦反驳，江青又问胡克实："你是什么成分出身？"胡克实回答："我是做房产生意的小商业者出身。"江青不无讽刺地说："哦，卖瓦片的。"

接着又问胡启立："你呢？什么出身？"胡启立回答："旧官员出身。"

江青又歪着脑袋，不可一世地问王照华："你出身什么阶级？"王照华大声说："出身中农！"

"哦，烧窑、卖瓦的，是一把的！"江青摇头晃脑，摆出盛气凌人的派头，哼着鼻子说了一通"文化大革命"的意义，指责团中央领导"文革"不力，已步入歧途。她最后气焰嚣张地说："团中央非改组不可，你们回去吧！"

8月6日，骄阳似火，酷暑难耐。北京中学生在天桥剧场召开关于宣传反动的血统论的辩论会。康生、江青到会讲话。康生在讲话中杀气腾腾地攻击团中央有严重错误，说："团中央某些人不是站在无产阶级文化大革命方面，而是站在资产阶级镇压革命这一方面。'改组共青团'这一要求是很正确的。"江青更是怪声怪气地尖叫："红卫兵小将们，我坚决支持你们，向你们问好！"

胡耀邦预感到一场横祸即将降临。果不其然，8月13日至15日，一些红卫兵和中学生占领了团中央机关大楼，团中央机关工作陷于停顿，受到"造反派"和红卫兵的严重冲击。有人公然指责共青团是反"毛泽东思想"的"生产团"，胡耀邦一夜之间成了"反党、反社会主义、反毛泽东思想的三反分子"、"反革命",接着又成了"刘邓资产阶级司令部的忠实走卒",被革命造反委员会"打倒"。

当时,谁都没有想到,毛泽东批评团中央派工作组进驻中学是错误的,他说:"团中央应站在学生一边,但却站在了镇压学生一边。"又说,"工作组犯了方向路线错误","工作组镇压了学生运动","历史上只有国民党、北洋军阀才镇压学生运动!"①

8月13日,北京市中学生在工人体育场召开有数万人参加的群众大会,批判团中央在工作组问题上的"错误"。会上由李富春代表党中央宣布了中共中央关于改组共青团九届中央书记处的决定。15日,在团中央系统全体工作人员大会上,再次宣布改组团中央书记处、成立临时书记处的决定。临时书记处书记为路金栋、王道义。胡耀邦则因莫须有的罪名被撤销团中央第一书记及其他职务,保留党籍,以观"后效"。

形势急转直下,急风暴雨似的红卫兵运动搅乱了整个社会秩序,并逐渐被林彪、江青一伙所利用、操纵。他们在"文革"中篡党夺权的政治野心急剧膨胀,用极其卑劣的手段,企图打倒一批久经考验的无产阶级革命家。首先拿团中央的胡耀邦"开刀"。

在"文革"开始的几个月时间里,团中央机关内外,贴满揭发"三胡一王"(即胡耀邦、胡克实、胡启立、王伟)的大字报。本来胡耀邦患病严重,在家休养,可以不管团中央的工作,但他主动站出来,要与书记处的其他同志同舟共济,患难与共。江青趁机诬蔑说:"胡耀邦这个'红小鬼'是自己跳出来的。"从此,每日成千上万的红卫兵,戴着红袖章,手举"红宝书",狂吼怒叫,冲进团中央机关大院,把胡耀邦一次次揪出来"示众"。一群身强力壮的造反派押着他,将他强行拖到批斗台上,又是揪头发,又是拳打脚踢,给他坐"喷气式",接受惨无人道的批斗,有时一天轮番批斗10

---

① 高勇著:《回忆耀邦二三事》,《文史参考》2010年第7期。

余次，其状惨不忍睹。

烈日之下，他们按住胡耀邦的头颅，把他的两手反叉到背后举着，一晒就是几个小时，对他进行无休止的谩骂和侮辱。无论"造反派"怎样叫嚣"踏上一只脚，叫他永世不得翻身"，对他拳脚相加，连胳膊也被扭伤，但胡耀邦守口如瓶，从不说一句违心的话。一连批斗10多天不让他回家，被软禁在一间小平房里，对他人身折磨，随时接受批斗。

1994年12月12日，与胡耀邦有莫逆之交的团中央书记处原书记、中共中央纪委书记李昌八十华诞，笔者恰巧在这天特意赴京访问了他。李昌向笔者回忆了一件与胡耀邦患难与共的往事，催人泪下。1953年6月，共青团召开了第二次全国代表大会，胡耀邦做工作报告，李昌做修改团章的报告。两个报告中都没有出现"毛泽东思想"字样，在修改的团章（草案）原文中，本来有"毛泽东思想"的提法也被删去了。

可是，时隔13年之后，在"文革"批斗胡耀邦时，"造反派"把他在工作报告中删去"毛泽东思想"5个字作为"反毛泽东思想"的"铁证"，叫他"老实交代"。

事真凑巧，本来已调到中央对外文化联络委员会任副主任、党组书记、兼任北京第二外国语学院院长的李昌，也被押到团中央机关大院，和胡耀邦一起接受批斗。

当造反派声嘶力竭地叫嚷："胡耀邦，你这'三反分子'，1953年做团中央报告时，为什么把'毛泽东思想'删掉？这不是反毛泽东思想又是什么？必须老实交代！"

面对造反派的残酷批斗，胡耀邦泰然处之，双目炯炯有神，不慌不忙，思维敏捷地回答："这，我敢承担责任，具体经过情形我记不清了，你们可问无产阶级司令部。"

"胡耀邦不老实，就叫他灭亡！"怒吼声此起彼伏，对他批斗得更加凶猛。

就在这关键时刻，李昌挺身而出，毫不犹豫地回答造反派："这是我删去的！"一石激起千层浪。全场哑然，大家将惊疑的目光一齐投向这位个子不高、温文尔雅、戴着近视眼镜、年过半百的中年人。

会场空气似乎要凝固起来，静得令人窒息。李昌的声音在空中回荡："团章的'毛泽东思想'几个字是我亲手划去的，当时我是团中央书记处书记之一，在团中央二次全国代表大会上，由我做修改团章的报告。因为当时毛泽东主席派陈伯达帮助我们起草文件，是陈伯达传达毛主席自己的意见，为了巩固共产主义运动的团结，消除猜疑，他要求不要再提'毛泽东思想'。因此，报告中才没有出现你们提到的'毛泽东思想'这几个字。"在那危难时刻，李昌能仗义执言，引火烧身，这需要多大的胆略和气魄！这只有无私无畏的勇士才能有如此壮举！他的高尚情操、凛然正气，怎不令人肃然起敬！

"嘘！""啊！……"会场上一片喧闹声。真相大白，造反派得知是中央文革小组组长陈伯达传达毛主席本人的意愿，删去了"毛泽东思想"几个字，胡耀邦又何罪之有？

李昌这一壮举，为胡耀邦解了围。批斗会结束后，在团中央礼堂门口，面容憔悴的胡耀邦和李昌会意地注视着，此时无声胜有声，传送着患难与共的深情厚谊。

然而，造反派批斗胡耀邦仍然无休无止。每天，由北京和全国各地来京串连的红卫兵小将轮流批斗达数月之久，胡耀邦连腿脚都红肿了，站立不住，也不放过他。随着形势的急剧发展，造反派对他批判得更凶狠。

造反派对他吼道："胡耀邦！你是'三反分子'！"胡耀邦坚定回答："我不是'三反分子'！我是反帝国主义、反封建主义、反官僚资本主义的共产党人！"造反派又吼道："胡耀邦！你是死不改悔的走资派！"

胡耀邦正气凛然地回答："我是走社会主义道路的革命派！我有错误，

不是'死不改悔',欢迎小将们批判!"

又有人吼道:"你和刘少奇、邓小平是怎样来往的?"

胡耀邦诙谐地回答:"同志们,这个……说不得啊,你们可问无产阶级司令部!"

无论造反派怎样气焰嚣张,大打出手,他都无所畏惧,镇定自若,顶住重压,不讲违心的话,不泄露国家机密,不损害任何同志,维护了同志又保持了自己的尊严。

胡耀邦因痔疮复发,住进了协和医院,造反派也几次揪他到大会批斗。有一次斗得很惨,被打得鼻青脸肿,腰椎骨受到挫伤。造反派还要继续揪斗。一位女大夫挺身而出,义正词严地说:"胡耀邦有心脏病,非常严重,在会场上把他斗死了,谁愿负责谁签字!"这一招真灵,造反派不敢再随意批斗,医院就这样保护了胡耀邦,使他免遭皮肉之苦。其实,那时胡耀邦并没有心脏病,是这位女大夫的斗争策略。胡耀邦的严重心脏病,是在1987年时引发的。

面对没完没了的批斗,胡耀邦心怀坦然,安之若素。他还十分幽默地向其他老干部传授他本人应付群众揪斗的诀窍:"造反派来揪斗时,要注意两点:一是要预先穿上棉袄,双手抱得紧紧的,以免两伙造反派你拉我拽时受伤,而且可防止患上伤风感冒;二是一定要穿上皮鞋,混乱情况下可免于双脚被踩痛,穿其他鞋子就不行。"

有位"文革"初年轻不懂事,成为人大"三红"组织骨干分子的学生后来回忆说,他曾经参与揪斗过许多中央高干,其中有彭真、陆定一、伍修权、胡耀邦、方毅等,并且进行面对面的交锋,留下极深的印象。他说,其中以彭真较难对付,问话时他总披上一件军大衣,双目紧闭,一派爱理不理的模样,对于各种问题动辄说记不清楚了,或者干脆说忘记了。及至红卫兵发怒,拍桌子训斥时,彭真索性耷拉着脑袋,拒绝作答。这也可能是因为彭真每天要应付几十批人的车轮大战似的训话,身心疲惫,不得不如此。答话时思路清晰,反应敏捷的,要数胡耀邦和方毅。尤其是胡耀邦,回答时双目炯炯有神,似乎态度诚恳而合作,结果什么实质性内容也没有。造反派拿他无可奈何。

本来,团中央机关"造反兵团"的小将们,还是了解胡耀邦为人的,他们把进驻机关的一些红卫兵组织赶走,又在大门口贴出了布告:"走资派胡耀邦由本军负责批斗,外单位任何群众组织不得入内",门口还派了"重兵"把守。这样,成批的红卫兵被拒之门外,不啻给胡耀邦解了围,至少暂时能避免这种没完没了的批斗,免受突然袭击与皮肉之苦。

1968年初,军代表进驻团中央机关,美其名曰要把"牛鬼蛇神"集中起来学习,实际上是关押起来,实行所谓群众专政,过"集中营"似的生活。胡耀邦患有痔疮,每天早晚都要用药水洗。一天凌晨,他蹑手蹑脚拿着脸盆去洗患处,由于心里紧张,担心影响别人睡眠,反而一不小心把铜脸盆掉在了地上,所有同寝室的人被他惊醒。有人破口大骂:"胡耀邦,你这人就是自私自利,你晚上吃了安眠药倒床就打呼噜,我们好不容易睡了一会儿,你起来就把大家闹醒,光凭这一条就该斗争你。"

胡耀邦站在那儿发愣,满肚子的委屈和尴尬,他感到世态炎凉,刻骨铭心。

随着林彪、江青等人的肆虐和挑唆,大批判愈来愈深入。一时间,大字报铺天盖地。有人揭发他反对毛主席,证据是他说过"太阳也有黑点";有人揭发他反对林副主席,证据是他反对无论什么事都要突出政治,说"游泳时要突出鼻子,不然就要呛水";有人揭发他反对中央文革领导小组,证据是他说过"康生这个人一贯'左'"。不一而足,都是莫须有的罪名。在两年多的漫长日子里,胡耀邦忍受了机关内外无数次批斗,精神上受到了种种折磨,他明显地消瘦了,变得沉默寡言了,他脑海里翻腾着各种疑问,感到无限的困惑，他静观形势的发展。他终于能够回家了，得以与亲人团聚。

胡耀邦的夫人李昭，当时是北京市纺织局局长兼党委书记，也作为走资派挨批斗，失去了人身自由，造反派不让她回家。她心急如焚，日夜思念着胡耀邦的安危。胡耀邦也惦念着遭受磨难的妻子。夫妻在浩劫中度日如年。

一天夜晚，苍穹空阔，月牙斜挂，星斗寂寥，李昭回到家里。胡耀邦因痔疮复发也在家养病。只见他形容憔悴，面色蜡黄，两人相顾无言，痛心不已。

"李昭，你受苦了！"胡耀邦用爱抚的话语打破令人窒息的沉默。

"耀邦，你受的人身侮辱和折磨我早有所闻。"李昭哽咽语塞，心潮翻滚，任泪水在瘦削的面庞上流淌。

胡耀邦愤怒地在室内疾走，他的自尊心被强烈扭曲、无情践踏之后，他的灵魂在怒吼："'文化大革命'究竟革谁的命？"

心情稍许平静之后，他怀着辛酸的感慨，安慰李昭，也像是自慰："痛苦和折磨，往往是生命的探险，你顶住了，就探险成功，顶不住，就算失败。不管他们怎样批斗你，折磨你，你都要实事求是，相信党、相信人民，永远使自己立于不败之地。"

亲切的关怀和爱抚，使李昭得到无限的慰藉，她喃喃道："耀邦，你放心吧，请多加珍重。"

干校生涯

胡耀邦经历了两年多的批判斗争，受尽人间的磨难和凌辱。1969年5月，按照林彪的"一号命令"，胡耀邦开完九大会议，与团中央机关和各直属单位2000余人，一锅端地到河南潢川县黄湖农场办的"五七干校"进行劳动改造。胡耀邦白天参加沉重的劳动，夜晚书海行舟，博览群书，手不释卷。

这时，胡耀邦家分五处，各奔东西：胡耀邦在河南，长子胡德平、三子胡德华均在部队锻炼，女儿李恒在偏远的一家工厂劳动。每周，李昭写四封信，分别寄给胡耀邦和三个子女，倾诉遥远的祝福和深切的期望，真是"浩劫连数载，家书抵万金"。殷殷贤妻情，拳拳良母心，洋溢字里行间，催人奋发，感人肺腑。

胡耀邦来"五七干校"，分配在一连一排一班，先住在几十人合住的仓库里，后来搬进方砦村一间草房里。这里住了机关行政处的十几个同志。这时候，他每月只有30元生活费。他和大家一样，买菜票到食堂去排队打饭，抽的是一角六分一包的工字牌香烟。由于远离了"群魔乱舞"的京都这个是非之地，呼吸着大自然的清新空气，每天和群众生活在一起，日出而作，日落而息，他的精神为之一振，饮食逐渐增加，身体也日益壮实起来。

胡耀邦来到方砦村，连队开始分配他在场院劳动，他推谷晒场，或用风车扬谷。每到天气乍变，即将下雨的时候，一袋一袋地往仓库送。他不愿受照顾，要求干些重活，连里派他去搞基建，他和泥，上房顶，当小工。后来，他又去插秧、割草、用小车拉石头，什么苦活累活都干过，而且事事带头，还经常帮助年老体弱的同志完成劳动定额。他每天上工总是走在队伍的前头，收工时总是最后收拾工具。无论刮风下雨，还是酷暑寒冬，他天天如此，从不懈怠。

1971年6月间，淮滨地区暴雨成灾，白鹭河水倒灌，黄湖大堤随时有淹没的危险。各连都组织了突击队，日夜冒雨上堤垒土加高堤坝，以防险情。一天傍晚，第六连突击队从堤上撤下来吃晚饭，路过一连防洪段时，在暮色迷蒙中，远远地望见高高的围堤上，有个戴斗笠、扛铁锹的人影，在大堤上来回巡逻。雨还在淅淅沥沥地下着，堤外响着汹涌的涛声，大家走到那人影面前，发现他原来就是胡耀邦。

干校人多,住房十分匮乏,各连都要盖草房。胡耀邦参加了一连的托坯劳动。尽管他年过半百,个子矮小,但仍和小伙子一样干得挺欢,和大家一起促膝谈心,互相倾吐劳动的感受。

胡耀邦来干校不久,就和大家相处得很熟。他待人和蔼可亲,大家都愿意和他谈心。有的干部对有人批团干部是"生产团"、"反毛泽东思想"有疑问,找胡耀邦谈心,胡耀邦直率地回答:"说我们是'生产团',我也想不通。"他拿出随时携带的《团章》说:"你看,团章上明明写着:'共产主义青年团是马克思列宁主义、毛泽东思想的大学校',这是反毛泽东思想吗?"班里成立了党小组,大家选胡耀邦当小组长。他也不推辞,总是按时开小组会、收党费。有一次,他在小组会上说:"张闻天、邓子恢同志当了四届人大代表,这就体现了党的政策和毛泽东思想。我们的党总要让每个人各得其所嘛!"大家听了颇受启发。

每逢假日闲暇,"五七战士"常到胡耀邦住处找他聊天。大家坐在自己建造的土墙泥屋宿舍里,坐在硬板床上,天南地北,无所不谈,大家感到这是一种享受。他身处逆境,仍乐观豁达,谈笑自如,幽默风趣,说话寓意深刻。他的连珠妙语给大家带来了愉悦和思索。

1972年末,干校清查"5·16分子",曾参加大联委的武如春被怀疑受查,他觉得很委屈,去找胡耀邦倾吐苦衷。胡耀邦安慰他,不要因此泄气,年轻人应该学会坐冷板凳,也不怕坐牢、杀头。他用《后汉书》上孔稚圭治家说过的几句话来勉励他。武如春听不太懂,胡耀邦拿起圆珠笔,在一张纸上疾速地写下了如下两行对仗工整的句子:

以天下为量者,不计细耻;
以四海为任者,不顾小节。

胡耀邦行笔流畅,笔锋刚劲,武如春将胡耀邦的墨迹视为珍宝,收藏起来。他久久地思考着"坐冷板凳"的话,心情渐渐地开朗起来,"5·16"问题不久也被查清,他如释重负。

胡耀邦在"五七干校"劳动改造期间,身处逆境,度日如年,却十分关心老团干和受迫害同志的处境,征询他们的意见,关心人们的疾苦。

《中国青年报》原副总编辑钟沛璋,以"摘帽右派"的身份下放到"五七干校",对这位早已沦为"专政对象"的"贱民",谁也不敢搭理他,躲之犹恐不及。一次,他的爱人陈敏在干校泥泞的路上拉着坐着孩子的板车,艰难地往前行进时,突然感到一阵轻松,她惊奇地回头一看,竟是胡耀邦帮助推车。陈敏向他反映,他们在东北建设兵团的大孩子,在"文革"中被无端地打成"反革命",但不好意思开口向他求助。胡耀邦主动答应帮忙,随后向当时担任沈阳军区司令员的杨勇写信,请求查清事实,使他的儿子得到平反。

1969年的一天,原团中央书记处书记项南在农机部"五七干校"劳动,他拉着板车在路上走,正好胡耀邦也拉着板车出去。项南快走几步去跟胡耀邦打招呼,可他不理不睬地走开了。回京后,项南问及此事,对胡耀邦说:"为什么那天我跟你打招呼,你不理我?"胡耀邦坦诚回答:"我们都带上'走资派'帽子,若见面交谈,有人就马上抓住把柄,捏造罪名,这不是自找麻烦吗?在这种时候,最好谁也不找谁,尤其是我们这些头面人物,免得授人以柄。"胡耀邦身处逆境,就这样时刻关心着保护着他人。

原河南团省委干部赵凤岐回忆说,她曾特意到潢川"五七干校"看望自己敬仰的老首长胡耀邦,劫后相逢,百感交集,千言万语不知从何说起。胡耀邦仍和往常一样,非常乐观、豁达,他询问了河南一些情况后,再三征求赵凤岐对他的意见。赵凤岐实在说不出什么意见,胡耀邦就诱导她说:"我们在团干工作岗位上这么长时间,不会没有什么意见,辽宁的毕文廷(原辽宁省团委书记),我们很熟悉,可是他曾说过,他怕我!你怕不怕我?是不是我的作风太简单、生硬？"沉默片刻，赵凤岐回答："我没有这个感觉，总觉得你平易近人，和蔼可亲。"

"哈哈哈！"胡耀邦大笑起来，谦和地说："怎么可能呢？我征求你的意见，你一点也没有，是不是不敢说呀？"

赵凤岐实在对胡耀邦提不出什么意见，最后谈了自己和一批老团干部的感想："九大召开时，我听说周总理曾提到你当中央委员，河南的一些团干部为此都非常兴奋，互相传递喜讯。可是九大中委名单公布时，竟然没有你。我们都像又遭了一次霜打雪浇似的，感到莫名其妙，不是滋味。这到底是为什么？"说到这里，赵凤岐眼里含着泪花。胡耀邦用手捏着脖子，神情严峻，眼里闪着异样的光彩，似乎也有泪珠在滚动。赵凤岐见此情景连忙岔开话题。

原来，由于林彪、"四人帮"一伙的阴谋陷害，胡耀邦的九大代表资格被无故取消了，当毛泽东发现代表名单里没有胡耀邦的名字时，生气地问："怎么九大代表没有胡耀邦？""四人帮"里的一个党羽忙出来打圆场："是因为别人不投票选他。""别人不选我选！"毛泽东坚决表态。在他的关怀下，胡耀邦才参加了九大。但"四人帮"设置障碍，使胡耀邦未能进入中央委员会。

亲切交谈中，胡耀邦谈到，他在潢川"五七干校"时，见到农民群众自带干粮去修鲶鱼山水库，还发现有的人连干粮都没有带，要跑到外县几十里干那么重的活，要吃多少苦啊！河南历史上发生过浮夸风、强迫命令的错误，可要注意不要重犯呀！他要赵凤岐给当时的省委书记捎个信，说说他的意见，要以史为鉴，关心人民的疾苦。胡耀邦自己尚处在极度困境中，还一心想着人民群众，实在令人感动。

干校学员对胡耀邦最钦佩之处，是他在逆境中一如既往地坚持读书。每日，胡耀邦与其他学员一样，拉石头、脱坯、插秧，样样重活、脏活都干，年轻人干了一天回来，身子骨像散了架似的腰酸腿疼，到了晚上都要早早地躺下来，而胡耀邦照例要坚持夜读。夏夜，室内闷热，蚊子叮咬，年轻人都到室外通风处，打着扇子乘凉、聊天，年过半百的胡耀邦，却独自钻进蚊帐里，点上小马灯，戴上老花镜，读起他的"三部四卷"（即马恩选集四卷、列宁选集四卷、毛选四卷），他一边读，一边在书上画许多红杠杠，读罢就做笔记。1972年，他回京休探亲假时，杨春祥见他又提行李又抱笔记，上前帮他拿，胡耀邦只把铺盖卷交给他，他指着胸前抱的一大摞笔记幽默地说："这些笔记本不能让你拿，弄丢了你赔不起啊！"这是他两年多的学习体会和读书摘要，这些笔记本比任何有价值的东西都要宝贵。

不久，杨春祥被分配到陕西省一个工厂去当宣传科长。胡耀邦问他："干部必读六本书，你看了没有？"小杨回答："我读不进去。"胡耀邦严肃地问他："你当宣传科长，不读马列的书，怎么宣传马列主义？"接着他激动地说："我们这些人，过去所以上当受骗，原因就是马列的原著读得太少了，没有真正地掌握马列主义！"小杨听了很受感动，连声说："耀邦同志，你放心好了，我以后一定要好好读书！"

胡耀邦后来回忆这段生活时说："关牛棚也是一种锻炼，不全是坏事。我们这些人，平时忙忙碌碌，读书时间少，进了牛棚，靠边站了，正好是读书的大好时机。"在干校接受批斗的日子里，他在"牛棚"里读完了四大本《列宁选集》。后来《列宁选集》被造反派收走了，说他没资格读马列主义，他又让家人送来《毛泽东选集》四卷。书中有的文章，如《实践论》、《矛盾论》等，他反复阅读，字里行间用铅笔画了几种符号，有的还做了详细的读书笔记。他深有体会地说："'文革'中我有一条体会是12个字：靠边站，别闲着，多读书，想问题。"

1971年10月，经中央批准胡耀邦离开"五七干校"回京治疗休养。但他是个闲不住的人，埋头看书学习，不仅读马列经典著作，还博览文、史、哲、科技各类书籍。他曾请北京市委副书记周世贤等到书店帮他查找、购买所需要的书。胡耀邦夫人李昭曾带领笔者到胡耀邦书房参观，只见书房摆满了古今中外各种各样的书籍，他生前反复阅读。李昭回忆说，有次看见他读古书，便问："你还读这些老东西干什么？"他回答说："我现在靠边站了，这倒可以利用这个难得的好机会，多读一点充实自己，活到老，学到老啊！"他曾对一位老战友的孩子张凯说："我和你爸爸都未进过大学，但自信超过大学水平了，凭什么？凭拼劲，凭钻劲。我读《楚辞》不要带注释，就靠《辞源》啃了两个月，啃下来了，活着就要拼命读书，活到老，学到老。"

正因为胡耀邦一生手不释卷，博览群书，勇于实践，才有政治家的远见卓识，改革家的非凡胆略和气魄。

在团中央系统2000多名干部的心目中，胡耀邦仍然是第一书记，也是共同战斗的学员。他在干校的后期，军代表曾因他不肯在结论上签字，认为他态度不好，决定让他到各连队去劳动（每连待一个月），接受"群众的批判"，由于一连和其他连的同志的抵制未能实现。在党内选举一名十大代表、全校推举一名四届人大代表时，同志们不顾重重阻力，照样选举他当代表，虽然遭到"上头"的否决，另选两名青年同志当代表，但说明党心、人心是不可悖逆的，胡耀邦仍享有崇高的威望。

1972年4月，驻团中央的军代表对胡耀邦在"文革"中的问题，做了审查结论，给他定性为反党、反社会主义、反毛泽东思想的"三反分子"。胡耀邦看后，义愤填膺，逐条加以反驳。军代表问他："那你在干校的检讨还算不算数？"胡耀邦理直气壮地说："在干校的检查，一是受林彪路线的影响；二是好多书记的检查都上纲了，我作为第一书记应当承担责任。你军代表说摘要送中央，我说不能送。"到了10月28日，胡耀邦在《对审查报告的几点意见》中说："对某些问题的看法，如果难以取得一致的意见，我建议军代表的审查报告直送中央,而不必叫我签字。"胡耀邦是个坚持原则的人,他始终没有在审查报告上签字!

就在拒不签字的第三天,即1972年11月10日,当"四人帮"在台上疯狂表演之时,他在干校给黑龙江兵团某战士——原北京青年志愿垦荒队的队员,写了一封很长的复信,信中最后说:

> 我很幸运,能够活下来,并且同你们一道,看到了那些赫赫一时的专门为个人权势作恶的家伙一个接一个的倒下去了,变成了一堆臭狗屎,而那些为祖国为人民利益勇往直前地奋斗的同志,却在人民群众心灵深处生根开花。这是最值得记取的一件根本大事。它决定着我们一生时刻要忘却什么,追求什么。
>
> 我记得杨华同志是北京共青团干部,1954年任北京青年志愿垦荒队队长,率队赴北大荒垦荒,也还记得其他一些同志,我没有同他们另外写信,如果你有功夫,我希望你把我上面的一些意见转告他们,请你代我向他们问好……

胡耀邦在干校的最后一年,看到了林彪反革命集团的覆灭,他预见到"四人帮"反革命集团,也一定将在不久的将来,被人民群众扫进历史的垃圾堆。常言道:"真理在手,心里不愁。"这就是他屡遭磨难、愈挫愈坚、百折不挠的根本所在。

在干校两年多的时间里,胡耀邦劳动之余,经常到附近农村做调查研究,和当地的老乡交上了朋友。从老乡嘴里,胡耀邦了解到农民的疾苦,认识到错误的政策给农民带来的极大损失。当了平民,他更加深刻地认识到林彪、"四人帮"一伙利用搞个人崇拜以达到个人目的的阴谋。

胡耀邦从不因为自己是"红小鬼"就歧视知识分子,相反,他和许多著名的学者都有很深的交情。在"五七干校",他看到了许多知识分子因爱国而惨遭迫害,听到了许多令人啼笑皆非的冤假错案。许多"牛鬼蛇神"、"反动学术权威"都和他在逆境中结下了深厚的友谊,胡耀邦也体会到知识分子们殷殷报国的拳拳赤子之心。这也为他有朝一日如果重新掌权,一定会不遗余力地解放知识分子、纠正冤假错案埋下浓墨重彩的伏笔。

胡耀邦在潢川"五七干校"两年多的劳动和生活情景,泥瓦匠吕洪志,以"胡耀邦和泥瓦匠"为题,写了一篇回忆文章,刊登在《时代青年》1987年第一期上,文章这样写道:

我和耀邦同志第一次见面是1969年5月的一天。这天下午在到干校食堂就餐的路上,我发现前边走着一位约摸有50多岁的人到食堂后,他默默地站在长长的队伍后面。这时,前面有不少人撤在一边,请这位老同志往前面站。我不禁有些纳闷,他是谁?他为什么受到人们如此的尊敬?

我好奇地打量起这个人。

他,上身穿着一件洗得发白的旧制服,下身穿着灰卡叽裤子,脚穿一双裂开了口子的解放鞋,身材虽不算高大,但很精神,给人一种亲切、平易近人的感觉。

第二天上午,我所在的基建连去盖连队食堂。走到工地后,一位女班长把我领到一个老同志面前,我一看就是昨天晚上见到的那个人。女班长介绍说:"这是耀邦同志。"啊,他原来就是胡耀邦!怪不得呢。耀邦同志微笑着朝我点点头。"这是吕师傅。"女班长又指着我介绍说。"吕师傅好!"耀邦同志略带湖南口音,一边问候我,一边亲热地拉住我的手。

女班长又告诉我,"上头"把耀邦同志分在我们一班,由我和另一个叫孙自福的师傅带他当泥瓦工。从此，我们就和胡耀邦同志一起开始了两年多难忘的生活。

我们很快同耀邦同志熟了。

有一件事，常使我们犯难："上头"有过命令，不准称呼耀邦为同志。但我们怎能对这位爬过雪山、走过草地的老红军直呼其名呢？于是我们就称他"老干部"。这既不违犯"上头"的指示，又不失我们对耀邦同志的尊敬。就这样，"老干部"这个称呼不胫而走，直到现在，我们还是这么称呼他。

"老干部"刚到黄湖，迎接他的除了各种名目的批判会之外，就是惩罚性的体力劳动。我们的"老干部"是怎样对待体力劳动的呢？

他每天上工总是站在队伍的前头，收工时又总是留下收拾工具。无论是风里、雨里，还是盛夏、寒冬，他从不旷工、迟到，除非有病躺倒。

1970年2月的一天，在去修简制闸的途中，"老干部"痔疮发作，不到一里路，就拉了两次血。我和孙师傅见他脸色苍白，不住地喘着粗气，就劝他回去休息，他却说："没啥，没啥。"直到连迈步的力气也没有了，才同意送他回去。

1971年夏天，修建"跃进闸"的战斗开始了。

首先是筹备建筑材料，需要到70里外的坛山拉石头。干校有汽车不让用，却提出什么："一颗红心两只手，自力更生样样有，汽车不用地下走。"并且规定人人都必须参加。出发的那一天，鸡刚叫，"老干部"就起了床，拉起架子车上路了。

淮南的五月，天气已经热了。"老干部"头戴草帽，拉着载满石头的车子艰难地走着。自始至终，"老干部"的褂子没干过，车子没有落在别人的后头。走这么远的路，拉这么重的东西，我们这些年轻人的脚也有些肿了，肩膀也勒红了。我就问："老干部"，"你不觉得苦吗？"他看了看我说："长征时，我们每天要比这走得远，路要比这难走，并且头上有敌机轰炸，下面有敌人堵截。一天我病了，不断大口大口地吐血，还是照样赶路，现在同那时比，强多了。"

我知道这是"老干部"在有意安慰我们，现在怎能同长征相比呢？现在一个健康的农民到了他这么大年龄，也不用参加这样沉重的劳动了，何况他还有一身病呢？我流泪了。

拉够石头后，建闸就开始了。

"老干部"的任务是把运到附近的六千多斤水泥拆开袋子，运到闸上。

袋子是用厚而结实的牛皮纸做的。"走资派"就是来炼就"一颗红心两只手"的，又不能用剪子之类的省力工具，"老干部"就用手撕，一袋、两袋……几十袋水泥经他一人之手，扯开，然后送到正施工的闸上。

一连几天大雨，洪水成灾，我们基建连冒雨投入了抗洪战斗。

"老干部"和我们几个人负责堵决口。决口有一丈多宽，中间有一人多深，水流很急，几个年轻人手拉着手，正小心翼翼地往决口里下，然后设法揳上一个桩子。

"老干部"一看水下需要人，不由分说，"扑通"一声，跳了下去。水淹到他的脖子。

"危险！"

水下水上的人不约而同地喊了起来。

这时，水下一个小青年，硬将"老干部"拽了上来，我也狠狠地"训"了他几句，他只是笑笑。

在我们的催促下，"老干部"才回去换衣服。等我们将决口堵住回到屋里时，仍不见"老干部"，也不见他换下的衣服，我们的心一下提到了嗓子眼，这水连天水连地的，万一……我们又忙着四处寻找他。

趁着闪电，透过雨丝，我看到不远的小土坝上有一个人正在奋臂挥锹，加高坝子。

是"老干部"！我又喜又气地跑过去，夺下他手中的铁锹，看着新加高的十几米坝面，看着满身泥浆的"老干部"，我不知说什么好。

每次劳动，"老干部"总和小青年比。如有重任务，负责分任务的一排排长，不让他去，他却同排长吵："为什么不让我去？"见分了比较轻的任务就气："为什么又给我轻的？"其实，我们基建连整天同石头、砖头打交道，爬高上低，哪有什么轻活呢？连我们这些二三十岁的人都感觉累，何况他这位年过五十的老同志呢？

1972年冬季的一天，下着雪，我们建车库的工程仍在进行着。"老干部"一直干着吃力的活——从地面往空中的踏板上甩砖。

当我搭好4米多高的第二层踏板时，"老干部"拿过砖来就往上甩。第一块砖被我伸手抓住。

"嘿！我还可以。""老干部"高兴地说。

第二块砖从我手中落下，将地面砸了一个坑。

第三块砖又从跳板下落下，将"老干部"脚边的地面砸了一个小坑。

"停下，'老干部'！"

我从踏板上下来说:"'老干部',你今天无论如何也得去休息一会。"我知道劝他休息或干轻活是从来没有效的,就拉着他的胳膊把他扯到一边。这时,另一个同志接下了他的工作。

谁知没等我爬上踏板,他又到那边运砖去了。

一个伟人,无论干什么工作,都可从中表现出非凡的气质。"老干部"以自己坚毅不拔的毅力,超人的意志,在精神备受折磨的恶劣的政治环境中,在多种病魔缠身的情况下,奇迹般地挺过了两年多苦役似的生活。

困惑与深省

在"文革"漫长的岁月里,胡耀邦忍受了团中央机关内外常人难以忍受的不计其数的批斗。他也耳闻目睹许多久经考验、出生入死的无产阶级革命家惨遭凌辱,甚至被迫害致死。他们在敌人的监牢里、枪口下,顶天立地,成为共产党的中流砥柱,任何艰难险阻都挺过来了,然而,却惨死在共和国的监牢里,或"造反派"的毒刑下,这是为什么?真理何在?良知何在?他的心灵深处升起团团迷雾:毛主席发动"文化大革命"是为了什么?能对毛主席怀疑吗?毛主席是我的恩人啊!回忆的闸门顿然打开,他追思那难忘的峥嵘岁月,追忆毛泽东对自己的赏识、器重和影响:

胡耀邦第一次看到身材魁梧的毛泽东是他12岁在文家平里仁学校读书时,正值毛主席领导秋收起义汇集在文家市,那天早上在里仁学校的操场上,毛泽东给起义的部队讲话,他听到毛泽东洪亮的声音:"我们现在力量还小,还是一块小石头,可是总有一天能够打烂蒋介石反动派那口大缸!"给他留下了一生难忘的印象。这个"小石头要打烂大水缸"的生动比喻,使他从小树立起"革命一定会胜利"的坚定信念。

长征到遵义,他所在的部队集结在遵义城外休整。遵义会议结束后传达到部队,说毛主席将要参加领导红军继续前进,红军战士个个都兴奋异常,觉得从此红军能摆脱蒋介石的围追堵截打胜仗了。爬雪山过草地,也都充满信心。

长征到陕北后,红军渡过黄河东征,他参加李富春领导的后勤给养和征兵扩军工作,后来总结时毛主席表扬他做政治宣传工作很出色,使他受到很大鼓舞。

1937年在抗大学习时,他聆听了毛主席讲授的马克思主义哲学,学《实践论》、《矛盾论》,在讨论中常常被毛主席点名发言,一再受到毛主席的指点和肯定,大大鼓舞了他学习的积极性,使他牢牢树立起实践第一和辩证分析的观点。

此后,毛主席提名他到中央军委总政治部当组织部副部长,当时他还只有二十三四岁。他说要管八路军那么多干部,自己太年轻,毛主席要他放开胆子干,还说他要给胡耀邦撑腰。

新中国成立后,他在川北当区党委书记、行署主任,给中央写的工作报告,一再受到毛主席表扬。

1952年他被点名调到北京,毛主席提名他当团中央书记,还不断鼓励他要大胆工作。那几年列席中央政治局会议,常常受到毛主席的垂询。

三年困难时期,毛主席派他到自己的家乡湖南湘潭任省委书记处书记兼地委第一书记,领导家乡人民度过灾荒,增产粮食,发展经济。

从湖南回来不久,又被毛主席提名派往西北,担任中共中央西北局第二书记兼陕西省委第一书记。

他每每想到这些,总是怀着一种对领袖的培育和知遇之恩的激情,多次说过:没有毛主席,就没有中国革命的胜利,哪里有我胡耀邦啊!

几十年的革命岁月中,胡耀邦一直把毛主席作为革命导师来尊敬,对于毛主席著作、对于毛泽东思想，胡耀邦更是反反复复地学习领会，热情宣传，忠实贯彻。他对毛主席的忠诚，从来是一心一意，从无二致，令人十分钦佩。

如今毛泽东发动"文化大革命"，不管初衷如何，客观上在全国引起一场天怒人怨的浩劫，这是不是说明他老人家晚年犯了错误？我的怀疑是不是对毛主席"不忠"？此刻，胡耀邦想起2300多年前古希腊哲学家亚里士多德在谈到他对恩师柏拉图的态度时曾说的一句名言："吾爱吾师，吾尤爱真理。"

毛主席有哪些错误？这些错误同毛泽东思想是什么关系？这一问题，在十一届三中全会之前，简直是不可越雷池半步的最大禁区。原团中央书记处秘书严如平回忆，一次胡耀邦和他谈话，冲进了这一禁区，显示出他作为一个真正的马克思主义者的大智大勇。

粉碎"四人帮"后，严如平到胡耀邦家拜访他，当谈到毛主席点将让小平同志出来主持工作，整顿得很有成效，怎么一下又把他和胡耀邦一批人打成"右倾翻案风"的急先锋呢？胡耀邦叹了口气，神情黯然地说，他老人家老了，听不得一点点不同意见，对他的那一套很固执。"四人帮"这批人又挑拨离间，怎么会搞得好呢？接着他心情沉重地说："四人帮"粉碎了，可是如今批"四人帮"还要连带批邓，因为"批邓"是毛主席讲过的、点过头的。这不还是原来那一套吗？林彪、"四人帮"这10年来弄得我们党不成党，国不成国，再要按照原来那一套搞下去，就危险至极！

胡耀邦说到这里，神情更为严峻，疑虑重重。严如平有些不解地说："四人帮"已经粉碎了，还能再怎么样啊？胡耀邦回答：那可不一定！林彪、"四人帮"不都是打着毛主席的旗帜吗？这是最高指示，那是最新教导。今后如果这也是毛主席讲过的、那也是毛主席定下的，那还不是"文化大革命"那一套吗？说到这里，胡耀邦又点了一支烟，猛吸起来，加快思索。严如平惭愧地说，想起"文化大革命"初期自己真是太幼稚太糊涂了，做了多少傻事蠢事，还认为是读毛主席的书、听毛主席的话！胡耀邦宽慰他说，那时候有几个人是清醒的？我也被搞蒙了嘛！因为是毛主席他老人家亲自发动和领导的嘛！他有一系列指示嘛！不过我们应当好好想一想，应当吸取哪些教训？恐怕还是我们自己学习马克思主义不过硬，对毛泽东思想理解得不深，被林彪那一套骗了。

接着，胡耀邦向严如平谈了一个他思考已久的问题。他说：毛主席他老人家发动"文化大革命"，是想要把阶级斗争在全国上上下下搞彻底，这是和他这些年来一直搞阶级斗争一脉相承的。这两年反复想，觉得毛主席对中国革命，对党、对国家，是个有大功的人，他的功绩谁也比不了，历史上也很少见；以他为代表的毛泽东思想，是指挥中国革命胜利的法宝，可是他在晚年十几二十年里有些东西，已经背离了他原来的思想体系。

这时，胡耀邦陷入对过去岁月的沉思，他继续沉重地说：还记得1957年初毛主席在最高国务会议上讲正确处理人民内部矛盾吧，本来讲得多好啊，可是后来整理发表的时候，添了很多政治思想领域阶级斗争的东西，成了那年划几十万"右派"的理论依据，也是后来在政治思想领域、意识形态领域一再搞政治运动的理论基础，把八大提出的路线实际上给否定掉了。1958年搞"大跃进"、人民公社，说要跑步进入共产主义，开始我们头脑也跟着发热。可是到下面去一看，什么亩产几万斤，什么大炼钢铁，都是瞎吹；办公社、吃食堂，也是形式主义，强迫命令。现在看来，他老人家脱离实际、脱离群众太严重了。即使到各地视察，也看不到真实的情况、听不到群众的心声，大都是听少数干部汇报，或者是看几个"样板"，难以做出正确的判断。倒是彭老总真正深入到家乡群众中去了，在庐山会议上写了那封信，结果倒了大霉，说彭老总是资产阶级野心家，是"右倾机会主义"总头目，空气搞得紧张得很，最后还要通过一个决议，大家不能不举手。接着在全国

"反右倾"，掀起又一场阶级斗争。

胡耀邦谈到这里，心情更加沉重，他说：三年困难刚刚度过，他老人家就要搞"四清"运动。1963年5月那次杭州会议我是去了的，他把农村的一些问题都上纲到"严重的阶级斗争"。这些问题不是没有，我在湘潭也看到不少，大多数是基层干部多吃多占的问题，强迫命令脱离群众的问题，性质到底是什么？严重贪污、盗窃、打骂群众、违法乱纪的人有多少？用百分比一比，占多大的面？可是他老人家看得很严重，别人都插不上嘴，这样写出的"前十条"，搞"四清"运动就必然过火；后来温度越来越高，"二十三条"要降温，可是又说有个"走资派"。我心里有点嘀咕。当时在陕西，只能多讲"二十三条"里"要正确对待干部"这些东西。最后，他又把"走资派"这个概念从基层弄到上头、弄到中央来了，就发动起了"文化大革命"。

"文化大革命"说是要反修防修，要吸取苏联的教训，他老人家当然是想要把我们国家搞好，让红色江山不变颜色，可是他把我们党的情况看得很糟糕，甚至说有一大批领导干部已经是修正主义分子了，相当多数单位的领导权已经在敌人手里了，中央已经有一个资产阶级司令部了，于是把这场"文化大革命"定性为"一个阶级推翻另一个阶级的政治大革命"。这当然要被林彪、"四人帮"用来搞他们的阴谋。《毛选》第一篇开头就说："谁是我们的敌人，谁是我们的朋友，这个问题是革命的首要问题。""文化大革命"恰恰在这个首要问题上搞颠倒了，背离了毛泽东思想的基本原理。

对于自己的认识同一贯十分尊敬的革命领袖存在差异，胡耀邦显得十分痛苦，他满脸愁云，心情沉痛地说：对于他老人家这些大搞阶级斗争的东西，过去自己也不是没有疑惑过，可是自己是个党的干部，还是个中央委员嘛，有疑惑也得遵守纪律啊，也得举手啊，往往不敢多想下去，反而还不断反省这些疑惑是不是在阶级斗争面前的动摇呢，是不是对毛主席他老人家不忠呢？……

胡耀邦在同严如平谈话中列举了毛泽东晚年的重大错误，进而提出自己的疑惑是否"不忠"的问题，正说明他对毛泽东是尊敬而不是愚忠，是学习而不是迷信。

胡耀邦谈得正沉重之时，大儿子胡德平进屋来了，于是约严如平明天再谈。

次日，胡耀邦对严如平说，林彪折戟沉沙后，"四人帮"又继续搞极左那一套，我这就开始了多思考毛泽东思想与毛主席晚年错误的问题。又重新看了四卷本《毛选》。延安时期，毛主席的思想理论是多么精粹啊！他在抗大讲马克思主义哲学，把许多马克思主义的著作研究得十分深透，又结合了教条主义错误对中国革命的危害，把唯物论和辩证法阐述得深刻极了；后来搞整风运动，反对主观主义、宗派主义、党八股，实际上中心是反对教条主义，也非常深刻有力。批判教条主义，是批判王明，实际上也是批评斯大林嘛，只不过没有公开点名就是了。延安整风使全党树立起了理论联系实际、注重实事求是的风气，形成了全党公认的毛泽东思想。那一段，毛主席同周副主席、朱老总等领导同志合作得也好，重大事情都一起商量，他也能听大家的意见。这就使得我们的党得到很大发展，各项工作都很有成效，解放战争打得何等漂亮！很快取得了全国胜利。新中国成立以后，开头一段他还是很谨慎的，听说为抗美援朝是否出兵这件事，他同中央领导同志反复商量，几天几夜睡不着觉，想得很深很远。可是之后不几年，他老人家就在中南海里不大出来了，到外地去也少同干部、群众接触；党内党外更是滋长起了个人崇拜的风气。我们去汇报工作，也是毕恭毕敬，唯命是从的；他也不大谨慎了，许多事情都是他一个人说了算，别人不能说不同意见，说了就倒霉。如今想起来，一个是脱离实际、脱离群众，一个是民主生活不健全，这两条教训实在值得很好吸取。

胡耀邦越说越激动，脑海里翻腾着深层次的东西。他接着说，还有一个问题，这几年我想得比较多，就是斯大林死后不几年，毛主席把他一贯反对教条主义的锋芒，转向了反对修正主义，国际上对准了铁托、陶里亚蒂和赫鲁晓夫，国内则大反"资产阶级右派"、反"右倾机会主义"、批"资产阶级知识分子"。他对国际形势的一系列变化做出了自己的分析判断，走到了斯大林的阶级斗争越来越尖锐化那个道上去了。他的这种阶级斗争理论，逐渐形成了一个完整的体系，而且还认定是建设社会主义的基本动力，就是所谓"阶级斗争，一抓就灵"。他领导经济建设，就是不断反对领导思想的"右倾保守"，大搞群众运动。在他看来，超英赶美都不是难事，空想社会主义的一些东西也可以实现，消灭阶级达到大同世界，至少在我们中国不用很长时间。我说这些，是觉得他在某些问题上已经离开马克思主义的基本原理了，也离开了毛泽东思想的轨道。

讲到这里，胡耀邦离开座位，在屋子里踱来踱去，时而沉思，时而吞云吐雾，似问非问地说：现在我们还要高举毛泽东思想这面旗帜，可是毛主席他老人家晚年的这些东西，总不能算是毛泽东思想吧。所以我想，我们要举毛泽东思想这面旗帜，总要把他晚年这些东西区分开来。究竟什么是毛泽东思想？毛泽东思想的精髓是什么？怎样继承和捍卫毛泽东思想？这些问题现在我们一下子也说不清楚。我想将来总要有人来把他晚年的思想、他的言论好好理一理，分清楚哪些是正确的，是合乎毛泽东思想的，我们就高举、就继承、就发扬；哪些是不正确的，也要弄明白，千万不能"句句是真理"，"理解的要执行，不理解的也要执行"，那样会害死人的！前几年大家打"语录"仗，将来弄不好又要打"思想"仗，那可不得了啊！

末了，胡耀邦语调高亢地说，现在的问题是，只要是毛主席说过的、点过头的、画过圈的，都要一切照办，都要"继承毛主席的遗志"，都要"高举毛泽东思想伟大红旗"，连继续"批邓"、继续"文化大革命"那一套也在此列。在这种情况下，你要出来工作，就得说违心的话，做违心的事。我才不干呢！与其去做违心事，不如在家抱孙子！

胡耀邦在困惑中的思索，真是石破天惊，使人振聋发聩。这正是他在"文化大革命"后期的深思熟虑的结果。

胡耀邦对毛主席的尊敬和对毛泽东思想的信仰，是建立在马克思主义的科学的理性认识之上的。他既不同于多少年来盛行不衰的教条主义的盲目搬用和封建主义的迷信崇拜，也不同于康生、陈伯达之流实用主义的为我所用或任意舍弃。他敢于否定和勇于纠正一切错误，是出自对党对人民的高度责任感；他把毛主席晚年不正确的东西与毛泽东思想加以区分，从而把毛泽东思想作为马克思主义的完整的理论体系来加以坚持、继承和发展，也正是出于他对党对人民的高度责任感和历史使命感。

在"五七干校"，胡耀邦曾经检讨过对毛主席的"五次动摇"，即对"反右派"、"反右倾"、"三面红旗"、"以阶级斗争为纲"和当时的"文化大革命"，都产生了怀疑。实践证明，他当年的"动摇"和"怀疑"，正体现了他的实事求是和远见卓识。

铮铮铁骨

"文革"伊始，中央文革领导小组的康生、陈伯达、江青之流，倾巢出动，指挥批斗团中央派驻各中学的工作队长，从而掀起一股各校学生赶打工作组的武斗歪风。胡耀邦敏锐地觉察到这些阴谋家的矛头所指，气愤地说："派工作组是中央政治局会议决定的，中央文革小组这些人的做法很不正常。"他要胡克实当即打电话向邓小平汇报。

胡耀邦一身正气，铁骨铮铮，面对"四人帮"的倒行逆施，他疾恶如仇，敢怒敢言。他曾对《中国青年报》记者周偁谈到"文革"遭遇时说：

"我感到最苦闷的时候,不是在团中央住牛棚的时候,而是1968年10月八届十二中全会到1969年4月九大那一段时间,当然,那时不可能想到他会叛党叛国,但是我已经察觉到两点:一是林彪对干部不公正,把他的人不分青红皂白都拉上来,像黄永胜、吴法宪、邱会作这些人,我早有所了解,知道他们是什么货色,但他都拉上来,结党营私;同时排除异己,对他有意见的人狠整,打下去置之死地而后快。我在九大小组会上,用别的方式提了一点意见,说洪湖苏区没有中央委员;二是说林彪的干部政策、关于改造世界观、关于无产阶级专政的说法是荒唐的。我开完九大回到黄湖后,就再不提'林副主席'了。"

当周俩问他如何评价"四人帮"时,胡耀邦气愤地冲口而出:"一群疯狗!"接着又说:"在我们党的历次路线斗争中,这一次与'四人帮'反党集团的斗争是最得人心的。错误的东西总是要发展到荒谬绝伦的程度,才会走向反面。"

在九大会议上,康生主动伸出手想和胡耀邦握手,胡耀邦不屑一顾,扭头便走。因为他认为康生是"老左",在1942年延安"大搞抢救失足者",把一批知识分子和年轻干部打成叛徒、特务、自首分子进行残酷斗争,无情打击。康生讨个没趣,从此,对胡耀邦怀恨在心,四处活动,伺机报复,终使胡耀邦未能当上九大中央委员。

胡耀邦敢于嘲笑林彪:"突出政治真的那么灵?我看游泳时就得突出鼻子!"

胡耀邦襟怀坦白,大义凛然,坚持与林彪、江青两个反革命集团进行坚决斗争。早在延安时期担任总政组织部长时,他就不与康生交往。1966年8月31日,中央文革领导小组派王力到团中央宣布罢免一大批团干部的官。尽管康生当时担任中央文革小组的顾问,可那天晚上,胡耀邦还是公开讲:"康生是老左"。并谈了对江青、王力等人的看法。

党的九大前夕，胡耀邦作为"走资派"正接受批斗，周总理请示毛主席，要找几个年轻的八大中央委员担任九大中央委员，目标是胡耀邦和谭启龙两个"红小鬼"。但由于康生的记恨，在九大会内会外进行非组织活动，康生的阴谋得逞，胡耀邦仅当了一名九大代表。

本来，在4月20日召开的主席团扩大会议上，由周恩来代表主席团提出了一个274人的候选人名单，第一类（"中央文革碰头会"成员和八大中央委员及候补中央委员）60人，其中有曾任共青团中央第一书记的八大中央委员胡耀邦，因康生一伙认为他在"文革"中认错态度不好，决定让原山东省委书记、八大中央委员谭启龙替换。

后来，团中央干部集体上书请愿，要求胡耀邦担任人大代表。有人找胡耀邦谈话并指出，只要你承认反对中央领导同志，你就可以担任人大常委。胡耀邦两次拒绝，他说："我没有攻击中央领导同志。当时我是八大中央委员，江青什么也不是，怎么说我攻击中央领导同志呢？"

"文革"前和"文革"中，林彪狂热鼓吹"顶峰论"、"三忠于"、"四无限"等现代迷信，胡耀邦感到非常厌恶；林彪提出学习毛主席著作要"立竿见影"，胡耀邦提出不同看法，认为这种提法是不准确、不科学的。对过去盛行的对领袖人物高呼"万岁、万岁、万万岁"的方式，胡耀邦也表示过异议与反感。他说："毛主席哪能万岁呢？只有封建社会才喊皇帝'万岁'，我们不能搞封建社会那一套。"他认为，这是一种带有浓厚封建色彩的礼仪形式。早在50年代，他就说过："人能活一万岁吗？这种说法不科学嘛！"他提倡青年学会独立思考，即使是对领袖人物说过的话，也可以"一分为二"地进行分析，绝不要盲从。

胡耀邦在受审查期间，接受过无数次"外调"与"审问"，先后写过100多万字的材料。他自己认为，除对一位领导同志一度上纲过高外，一般都是比较实事求是的。林彪曾指使人批斗他十几次，逼他写材料证明一个老干部曾"叛党通敌"。他说:"叛党通敌不能随便乱说哟,我反复想,不是这么回事,始终坚持不写假材料……林彪垮台后,我立即写几千字的材料,揭发这件事,说林彪的罪恶之一就是陷害好人。"

1974年春天,报刊上连篇累牍地发表"批林批孔批大儒"的文章,对所谓"法家"的评价越来越高,闹了不少笑话。有的文章含沙射影攻击周恩来总理,江青一伙炮制的所谓"批儒批孔批周公",使许多有政治头脑的人感到担忧。一位同志对胡耀邦讲了上述疑问与忧虑,他心照不宣地笑了,说:"咱们只谈观点,不谈人事。"他翻开正在阅读的一本列宁著作,指着一段画红杠的地方——"我们的党由于党内出现'左倾'反对派而遇到的严重危机,是我国革命所遇到的严重危机之一。"对于江青其人,胡耀邦早在1938年在军委政治部任副主任时,就有看法,他曾对彭平说:"毛主席要和江青结婚,中央许多领导同志是不同意、不赞成的,结果他们结婚的时候许多人没有参加。"他还说了一句大胆的话:"我对江青印象不好,她有点矫揉造作。"他对江青在"文革"中的表现,更是嗤之以鼻。

在干校,有人请他讲党史,他欣然应允。讲党史时,他结合自己的经历,实事求是,生动形象,爱憎分明。

他还对干校的学员盛禹九说:"我们党在发展过程中,出现这样或那样的错误,这是难免的,是很正常的。正确或错误,要靠实践来检验。作为共产党人,在任何时候都要实事求是,要坚持真理,修正错误,不能投机取巧,胡说八道。"

他正是这样讲也是这样做的。在干校,军代表要他承认自己是"三反分子"、"走资派",他坚持不承认,不签字。他坚定地说:"我有错误但不是'三反分子',不是'走资派'。"军代表拍着桌子吼道:"你在北京挨斗时,已经承认了,现在怎么翻供了?"胡耀邦满脸严肃,不紧不慢地说:"那个时候嘛,对形势看不清楚;再说,我是团中央的一把手,我不承认,其他几个书记处书记担当不起，受不了啊！"

军代表板着面孔，恶狠狠地问："你看怎么办？"

胡耀邦快言快语，毫不含混："那好办，你们把对我的结论报上去，我也写出我的意见，请中央决定。"

军代表将"审查结论"上报以后，周恩来总理立即把胡耀邦调回北京，归中组部直接管理。就这样，在"文革"被审查的5年中，胡耀邦始终未在"审查结论"上签字，表现了藐视颠倒是非的倒行逆施，显示他不屈不挠的英雄气概。

在干校军代表要他"揭发邓小平"，他严词拒绝："我没有什么揭发。"要他写别人的"材料"，他不投别人所好，更不写违心的话，不添油加醋，而是实事求是，不屈服于压力。宁愿自己迟迟得不到"解放"，也不伤害他人。

"文革"中，湘潭的"造反派"头头上京逼胡耀邦揭发湘潭地委副书记高臣唐的"罪行"，胡耀邦霍然从座位上站起来，十分气愤地说："我在湘潭是地委第一书记，如果工作上有什么偏差，我负完全责任，与高臣唐无关，更不知道他有什么'罪行'！"几句掷地有声的话，顶得来访者一无所获，灰溜溜地离开了。

胡耀邦就是这样一个铮铮铁骨、大海般情怀的人！

"文革"期间，胡耀邦不仅在政治立场上坚定，在思想理论上，他也敢于实事求是，坚持真理。他经常对身边的同志说："一个人不可能没有缺点，犯错误不要紧，但不能没有诚实。诚实的品格最重要。"他还鼓励知识分子要实事求是，敢讲真话。胡耀邦曾经嘲笑这样一种"笔杆子"，他们好像是古代的"御用文人"，他想用什么，就能写什么；还能写得振振有词，吹得神乎其神。1958年能吹亩产几万斤，1968年能吹林彪"最、最、最"，现在又把"法家"说成"爱护人"的革命家，陈胜、吴广与秦始皇几乎成了

"一个战壕里的战友"——共同反对奴隶主复辟势力。胡耀邦对这种"笔杆子"极为轻蔑,说这种人"既没有知识又没有骨头!""梁效"等就是这类人物,是名副其实的林彪、"四人帮"的"御用文人"。

1974年,胡耀邦"赋闲"在家,他对下放到四川原团中央干部曾德林前来拜访他时说:"天府之国,流民三千万,真是荒唐透顶!孙中山搞国民革命还有'驱除鞑虏,恢复中华,建立民国,平均地权'的16字纲领,'文革'是什么纲领?究竟为什么?搞了8年还看不到尽头,抗日战争也才8年嘛!不过多行不义必自毙,那几个人呀,'颠狂柳絮随风舞,轻落桃花逐水流。'他们能'颠狂'多久,'流'向何方?我们走着瞧吧。"从这些发自肺腑之言,可见他眼光之远大,境界之高深!

1975年,报刊上猛批"经验主义"、"事务主义者",全国上下不抓生产。胡耀邦气愤地说:"资本主义战胜了封建制度,并不是因为它符合什么道义,而是因为它解放了生产力;我们认为社会主义比资本主义优越,也需要通过进一步解放生产力来证明,如果生产总是上不去,经济发展速度反而不如资本主义,那怎么行呢?"

胡耀邦说:"能否创造出比资本主义更高的劳动生产率,取得更快的经济发展速度,是关系到社会主义新制度的生死存亡问题。列宁早就讲过'劳动生产率归根到底是保证新社会制度胜利的最重要的东西'。"

针对那些帮八股的文章,胡耀邦说:"任何骗子都要披上神秘的外衣。不管是什么人,什么文章,凡是装腔作势,高深莫测,让人看不懂,动不动就训人的,肯定有问题,马列主义的本质是朴素的、实事求是的。"

敢于实事求是,敢于探索真理,敢于同敌人作坚决斗争,正是胡耀邦的高贵品德所在。胡耀邦就是这样一位有铮铮铁骨、凛然正气的人!

在十年浩劫中,胡耀邦受尽了种种磨难和煎熬,但他对党、对人民、对祖国的一片丹心始终不渝,对共产主义的信仰矢志不移!岁月的流逝,没有使他的赤胆丹心黯然失色；反之，经过多种严峻的历炼，却越来越无比坚强，光彩夺目！

赋闲在家

经过"五七干校"几年的屈辱生涯，经过一番非人的磨难和炼狱，胡耀邦对"文革"中出现的一些重大问题，引起了深沉的思索和探求。"九一三"事件林彪摔死在蒙古温都尔汗，解决遭受林彪、"四人帮"的残酷打击、迫害的老干部的问题，被提到议事日程，毛泽东第一批点了4个人的名字：胡耀邦、苏振华、林乎加、周荣鑫。这意味着大批老干部将要陆续得到"解放"。胡耀邦终于得以回京养病，虽尚未分配工作，在家过着赋闲的日子，但他赋闲不闲，他家成了受迫害干部聚会的"红色俱乐部"，故旧友人倾诉衷肠的"干部之家"。

在"文革"后期，到他家聚谈的有老战友、老部下和素不相识、慕名而来的受冤屈的人们。胡耀邦对他们总是热情相待，或鼓励或安慰或指引人生的迷津，给他们带来生活的勇气。

抗战初期在抗大一大队任宣传干事的牛克伦，于1974年到胡耀邦家看望老首长，当谈到许多老干部在"文革"中受迫害的惨景，胡耀邦满怀忧愤，拍案说道："'文化大革命'，搞得凄凄惨惨，不能再搞下去了！"这在"四人帮"正猖獗之时，实属惊人之语。

作为无产阶级革命家，无论在何等艰难险阻的逆境，胡耀邦的身上时刻洋溢着乐观主义精神，使接近他的人深受感染。那时，他的一些应有的待遇被取消了，只能坐公共汽车去参加中央的会议。在一次中央会议前，王震曾关切地问他：你怎么来的？他说：坐公共汽车。然后又用双腿比画着说：我能上能下！说得王震等哈哈大笑。这是胡耀邦在讥讽"四人帮"对老干部的迫害，彼此心照不宣。

有一次，牛克伦和老战友王恒一道去看胡耀邦。胡耀邦说："今天出去散散心吧，我刚领到工资，请你们吃饭。"他要了车，一行直奔颐和园内的听鹂馆。落座之后，胡耀邦从口袋里取出一瓶酒，一瓶很普通的酒，对他们两人说："今天喝这个。"牛克伦和王恒都摇头，说老领导请吃饭怎能喝这种酒，而且还自己带。胡耀邦摆摆手说："这酒里有个故事，咱们先讲故事后喝酒——你们知道，我住的富强胡同离灯市口、王府井很近，我经常在那一带的大街小巷走路锻炼。昨天，我走到百货大楼，想去买瓶酒，进去才知道买酒要凭购货证。我说：我没有购货证。售货员说：那你带了别的什么证件没有？我翻了半天，找出一个李昭同志的户口本。小伙子接过去看看说：李昭是女的，你是男的，你叫什么名字？我说，我叫胡耀邦，刚从干校回来，我没有本本。小伙子说，你就是胡耀邦？我说，对呀！他又说：你是'走资派'？我说：对呀！他说：好！你买酒不要本，随便买！"

听到这儿，牛克伦和王恒哈哈大笑。胡耀邦也笑了，他给牛克伦、王恒斟满酒，举杯说道："你们说，这瓶酒是不是很有意义呀？要知道，人家敬重的不仅是我胡耀邦，而是所有老干部！这里有人心的向背呀！"说着，他的表情变得十分严肃，就像当年给战士交代任务："所以，对我们的党，我们的人民，我们的国家，你们一定要有信心！你们要告诉能见到的老战友，不要光在那里发牢骚，要抓紧时间学习，锻炼好身体，做好重新工作的准备！"一席寓意颇深的话语，使在座的故旧深受启迪。

胡耀邦从干校回来，家里还未安置好，家具还乱堆乱放着，连沙发也未摆出来。院里堆着砖头、石灰、沙石，准备修复暖气锅炉。他去干校时，他家与胡克实家合住在这个院子里，房屋被他人占用不少。房子拥挤不堪，但前来聚谈、访问者络绎不绝。

前来拜访的大都是在"文革"中受迫害的各地团干部和他的老战友、老同志等故旧。不管是谁，他都平等接待，热情问候，有求必应，竭尽全力解决来访者的疑难问题。即使有些受迫害的同志未来访问他，他也不顾自己仍处逆境，自身难保，十分关心他们的疾苦和困难。河南焦作市的"五四青年钻机"劳模王海祥，在"文化大革命"中受迫害，被打成"反革命"。王海祥到北京找胡耀邦，要证实一些问题。胡耀邦为他实事求是地写出了证明，还曾亲笔写信，转交前来访问的河南省老团干杨静琦、赵风岐等同志，请他们帮助王海祥向省里反映情况，解决其平反问题。原安阳地区共青团书记王友志和原禹县团委书记刁文，都因"文革"中受迫害问题，找过胡耀邦。他都满腔热情为他们出主意、想办法，使其尽快得到平反昭雪。当时受迫害的同志互相传颂着：心发慌，找耀邦！

胡耀邦家里不仅是老前辈们的"聚散之家"，也是南来北往的"小朋友"的"聚散之家"，无论长幼尊卑，凡有苦难忧愁者，都乐意到他家探访。他那时的工资并不高，常常留来访者就餐，每顿都是围一大桌，边吃边聊，不时爆发出欢声笑语。后来，"四人帮"的爪牙得知此事，还诬蔑他家是"裴多菲俱乐部"。胡耀邦听了付之一笑。大家往他家照跑不误，他们说："在万马齐喑的严寒日子里，谁不愿往有春意的地方跑呢！'俱乐部'有什么不好？"

胡耀邦关怀北京市原公安局的干警王金锐使他鼓起生活的勇气，被传为佳话。

王金锐在"文革"中被诬陷为"反对毛主席"的"大特务集团"成员，沦为一个被批判的"贱民"，尝尽了人间屈辱和世态淡凉，他与胡耀邦素昧平生，从无交往。在他走投无路、痛不欲生之时，找到了胡耀邦。尽管当时胡耀邦身处逆境，被戴上"走资派"的帽子，但他毅然仗义执言，伸出热情援助之手，给了王金锐坚强地活下去的勇气和力量。

一天上午9点多钟，王金锐来到北京灯市西口的富强胡同，那时军代表把前院占了，一打听胡耀邦住在后院，有个小门半掩着。他进到小院，走进了一个房间，屋内书橱里放满了书，横着一个小写字桌、一把椅子。胡耀邦正聚精会神地看书。

他怕打搅胡耀邦看书，轻声地问："您是胡耀邦同志吗？"他放下书，说："我是。"王金锐说："我17岁参加了公安工作，挨了批判，现已没工作了，我想和您谈谈心。您是党内、团内深受敬重的老同志，和您说说心里话，不知您是否有空儿？"他从没见过胡耀邦，心里比较紧张。胡耀邦对他说："你不用慌，坐下来一起谈谈你的事。"

胡耀邦拉过一张椅子，让他坐在旁边，并倒了杯开水，又和气地说："不用急，我们慢慢谈。"他怕打扰胡耀邦看书，胡耀邦似乎看透了他的心思，安慰道："没关系，我现在也是闲居的人。有人来就谈谈，也知道点外面的事；没人我就看书。"还打趣地说："我现在不出门，两耳不闻天下事，一心只读马列书。"

随即王金锐简要谈了悲痛的遭遇。他听后沉默了良久，那清瘦的脸上，眼神炯炯，闪着坚定智慧之光，他郑重严肃地说："金锐同志，我与你不在一起工作，也没有工作的接触，具体事不好表态。但我可以相信你，你1949年是个17岁的青年，刚出来的学生，对党和毛主席哪儿会来那么大的仇恨？我相信你不会说瞎话。我现在也是闲人，刚从干校回来，不能帮你什么。但我可以以一个老党员、老同志的身份来劝你，你要听我诚心的奉劝。"

胡耀邦充满深情，加重语气说："就是你无论如何要挺过来，要坚强地活下去！"

过了一会儿，他又重复道："一定要挺过来，顽强地活下去！"

他说："我劝你要挺住，要顽强地活，是指你还得有遭最坏打击的准备。不管打击多重，也得挺住，也得顽强地坚持。"他又解释道："只有顶住，顽强地活，也才有到最后弄清是与非、对与错的结果。"

胡耀邦停了会又说:"我不问你那些具体的事,只要你相信自己没有反对党和毛主席,自己是一个学生没有剥削,那么这样定的'敌人',这样的'专政',到最后都得烟消云散。时间多么长,熬多久,我不能定,但你自己得坚信。没有坚定与坚信,没有做最坏的准备,也许就看不到烟消云散的那一天。"

胡耀邦还劝他:"一时别人不理解,不敢接近你,又算得了什么,也不要委屈。你理解自己,你自己没做坏事,别人不理你,不正是可以自己多看看书,无人打扰吗?"

他还痛心地说,不少同志,不少文化界知名人士,是党和国家的优秀人才,运动中自杀死去了,这是难以挽回的沉痛损失。以后即使问题弄清了,也是难以弥补的。

胡耀邦在"文化大革命"中坚持读书学习

谈话近两个小时，胡耀邦还问农村的情况：收成如何？农民生活怎么样？当王金锐说了有好多孩子不上学、学校也不上课时，胡耀邦心情沉重地说："那么多孩子不念书，不学习，不求知识，我们国家的人才哪里来？靠白纸一张连文化知识都没了，就算革命了吗？这样革命的最终结果又是什么？"胡耀邦劝他眼界放宽些，"想事情想得更宽些"。

说到农村，接触农民，胡耀邦说："不要忘记自己的责任，位卑不敢忘忧国，要有忧国忧民之心。不让我去团中央上班了，干校也下放完了，给了我时间，我就读马列书，想天下事。"

这就是胡耀邦！他胸怀开阔，志气高远，发愤读书，思考着天下大事。

时近中午，胡耀邦和夫人李昭，与王金锐一起吃了顿便餐。临别，胡耀邦再三叮嘱："你要好好看书，好好生活，想得宽些远些，什么时候从农村回来，什么时候心里不开心，想不通就来找我，我的小门随时开着。夜里有事来找我，我也叫人开门，我不会把你看成'敌人'，我相信我的直觉。"

胡耀邦那纯真、质朴、出自内心的关怀和热诚，使王金锐流下了热泪。王金锐感激地说："耀邦同志，我感谢您，也感谢李昭同志，你们给了我温暖，也给了我勇气和力量。我一定照您说的，不管多大难处，也一定挺过来。如果我遇到挫折，实在想不通时就来找您。"

胡耀邦爽朗地回答："我的门对你敞开着，李昭你说对吗？"李昭诚恳地频频点头。

"文革"后期，王金锐深感自己的问题是明显的错案，但申诉无门，他又去找了胡耀邦。胡耀邦听了他的诉说后，让他写一封申诉信交给他。王金锐很快把信交给他，胡耀邦说："我现在说话不一定有用，你交给我，我转给北京市委试一试。"他劝慰王金锐："现在好多人的问题不是都拖着不解决吗？比你问题大的人也不少嘛！没解决，就是拖着不办。拖就拖吧，个人着急也没有用。"他感慨地说："我现在只是人家找来诉诉苦，我听着，耐心劝劝，有的替他转转信，有的能起作用，有的不起作用，人微言轻嘛！我也只能听之任之。你说话人家不听，着急也无法，没有回天之力啊！"

当时，胡耀邦身居斗室，一心读书，思考问题。来访的男女老少推门就进，他都热情接待，诚恳交心；有的老人拄着拐仗被人扶着来找他，有的年轻人哭诉父母及家庭的遭遇，他耐心听，诚恳劝告；有的写申诉请他转送，他戴着老花镜认真看，及时转。在那时，他自称自己是个"闲人"，可他何时闲过？

由于胡耀邦对众多受冤屈的人的关心，"四人帮"及其打手就放出风来，说胡耀邦的家是"黑据点"，他是"牛鬼蛇神"聚会的"黑后台"。

王金锐听到这些流言飞语，当即告诉了胡耀邦，他听后置之一笑，说："我现在无权，说话没人听，我算得上什么后台？也没资格做谁的后台。连你那不算问题的事，我转封信都解决不了。有一次我见了吴德也说过，不解决，有什么用？人家来找我反映一下情况也不允许吗？不要理会社会上刮的什么风和怪论。"

粉碎"四人帮"后，王金锐获得平反昭雪，重新回到北京市公安局工作，他百感交集，想起了在厄运临头时，对他真诚帮助、鼓励他坚强活下去的胡耀邦，便特意到东安市场买了一盒巧克力和一盒点心，骑车来到富强胡同胡耀邦家中，胡耀邦不高兴地说："为什么要给我送吃的？"

王金锐赶忙解释说："耀邦同志，我的事彻底解决了。您为我的事操了不少心，送您一盒巧克力，这是我和孩子的一点心意，不是给您送礼。"说完他痛哭流涕，哽咽着说："您在我最困难、感到绝望时，给我的勇气和力量，是一盒糖能报答得了的吗？"

胡耀邦听说他的错案已经纠正，又恢复了工作，高兴地说："啊！这是好事，你的问题解决了该好好工作。为你，为孩子们高兴，这糖我吃了。"

李昭进来，听了也很高兴，她说："我为你全家高兴，这礼破例收下，也算是祝贺。"

临别时，胡耀邦嘱咐道："你把家安顿好，回来好好工作，你已不再年轻了，不能再耽误了。"他还反复叮嘱："对过去整过你的同志，要学会理解、宽容，不要记仇，要争取一道共事。有些人也是无辜的，教训各自吸取。"

王金锐激动地回答："耀邦同志，我会这样做的，请放心。"

胡耀邦身处"文革"逆境，面对险风恶浪，始终对党、对共产主义事业充满坚定信念，把自己的家变成一个特殊的"俱乐部"，在特殊的时期，起到了不可替代的特殊作用。

从红小鬼到总书记

（下卷）

陈利明⊙著

人民日报出版社

图书在版编目（CIP）数据

从红小鬼到总书记——胡耀邦 / 陈利明著. -- 北京：
人民日报出版社，2015.8
ISBN 978-7-5115-3310-4

Ⅰ. ①从… Ⅱ. ①陈… Ⅲ. ①胡耀邦（1915～1989）
－传记 Ⅳ. ① K827=7

中国版本图书馆 CIP 数据核字（2015）第 209395 号

书　　名：	从红小鬼到总书记——胡耀邦
编　　著：	陈利明
出 版 人：	董　伟
责任编辑：	程文静
装帧设计：	阮全勇
出版发行：	人民日报出版社
社　　址：	北京金台西路 2 号
邮政编码：	100733
发行热线：	（010）65369509　65369527　65369846　65363528
邮购热线：	（010）65369530　65363527
编辑热线：	（010）65363530
网　　址：	www.peopledailypress.com
经　　销：	新华书店
印　　刷：	北京鑫瑞兴印刷有限公司
开　　本：	880×1230mm　1/16
字　　数：	641 千字
印　　张：	48.5
印　　次：	2015 年 10 月第 2 版　2015 年 10 月第 1 次印刷
书　　号：	ISBN 978-7-5115-3310-4
定　　价：	88.00 元（全二册）

目 录

（下卷）

十　整顿中国科学院

再次出山 ……………………………………………………… 393
主持起草《汇报提纲》 ………………………………………… 400
惨遭迫害 ……………………………………………………… 405
转折关头 ……………………………………………………… 410

十一　拨乱反正闯禁区

出任中央党校副校长 ………………………………………… 415
创办《理论动态》 ……………………………………………… 419
组织推动真理标准大讨论 …………………………………… 424
在中央党校拨乱反正 ………………………………………… 437

十二　平反昭雪冤假错案

担任中央组织部长 …………………………………………… 445

冲破"组织枷锁" …………………………………… 450
平反冤假错案 ……………………………………… 457
全部摘掉"右派"帽子 ……………………………… 466
平反昭雪大案重案 ………………………………… 472

十三　主管宣传理论工作

兼任中宣部长 ……………………………………… 494
召开理论务虚会 …………………………………… 500
振兴文学艺术 ……………………………………… 516
落实知识分子政策 ………………………………… 523
关心群众文化生活 ………………………………… 531

十四　担任中共中央总书记

当选中央委员会主席 ……………………………… 535
中央机关要做表率 ………………………………… 539
推动农村经济改革 ………………………………… 547
促进对外开放 ……………………………………… 565
深入实际，调查研究 ……………………………… 572
推动干部队伍新老交替 …………………………… 591

十五　对外交往传佳话

推动开创外交新局面 ……………………………… 601
独特的外交风格 …………………………………… 618
对国际友人坦诚相待 ……………………………… 622

十六　公仆本色

与民同乐 ······ 631
甘当公仆 ······ 636
端正党风 ······ 643
清正廉明 ······ 653
知己知音 ······ 664

十七　高风亮节

为人风范 ······ 679
海纳百川 ······ 688
不计前嫌 ······ 695
不徇私情 ······ 697
勇于自责 ······ 701
心里装着百姓 ······ 707
孝子情怀 ······ 712
公正待人 ······ 716

胡耀邦生平大事年表（1915—1989） ······ 720
后　记 ······ 752
主要参考书目 ······ 755

十　整顿中国科学院

再次出山

1974年10月，毛泽东提议邓小平任国务院第一副总理、党的副主席兼军委总参谋长。次年1月，邓小平开始全面负责党、政、军日常工作，对全国各项工作进行全面整顿，而科技整顿就是其中重要的组成部分。

为了消除"文化大革命"对中国科学院造成的严重影响，把科技工作搞上去，1975年7月，邓小平提出要"整顿中国科学院，加强领导"。随即，党中央批准了关于整顿中国科学院的报告。

在邓小平的支持下，"文革"中被停职9年的胡耀邦，正年届花甲。1975年7月中旬，党中央派他与李昌、王光伟等参加中国科学院的核心小组，领导科学院的整顿工作。胡耀邦担心自己难以胜任，他谦逊地说："中央领导同志要我到科学院，我很担心。我一夜未能入睡，我60岁了，这是最后一次分配工作。我对自然科学一窍不通，恩格斯钻研自然辩证法8年说才开始'脱毛'（从猿到人），他是伟大天才，我搞8年恐怕连'毛'都脱不了。"

胡耀邦这次"出山"，他并不感到意外。邓小平复出后，胡耀邦兴奋不

已,托人带信,要王任重的儿子去他那里谈谈,叫他转告其父三条:

第一,彻底的唯物主义者是无所畏惧的;

第二,我们的党是有希望的;

第三,锻炼身体,准备将来出来工作。

胡耀邦对自己重新出来工作,早有思想准备。受任之初,他豪情满怀地说:"我已到了耳顺之年,来日无多,生命有限,在有限可能工作的日子里,为党、为国、为民能干多少就干多少,鞠躬尽瘁,死而后已。"

他言行一致,竭诚实践着自己的诺言。

当时,院长兼党的核心小组组长郭沫若,已年老多病,胡耀邦担任科学院党的核心小组第一副组长、第一副院长,主持科学院的日常工作。

经过"文革"的多年浩劫,知识分子集中的中国科学院,成为深受其害的"重灾区",在科研路线、专业队伍、科研机构等方面都受到巨大的灾难和破坏;科研工作正确的方针、政策遭到批判和否定;领导干部和科学家受到批斗和摧残;领导班子被改组,研究机构被肢解。原有的106个研究所仅剩下40多个。

7月22日,胡耀邦走马上任。他雷厉风行,锐不可挡,开始了对科学院的全面整顿。整顿科学院的工作从组织、思想、理论等方面迅速展开。

胡耀邦首先着手改组领导班子,加强领导力量。参加党的核心小组不久,中央又先后调进刘华清、王屏,并增补了武衡和胡克实。核心小组改组后,改变了原核心小组政治、业务"一把抓"的现象,把行政业务和党的工作分开,专门建立行政办公会议,分工专人抓业务。

中国科学院的领导权基本上集中在核心小组,干部的审查、任命,科研方针的确定等重大事项都由核心小组讨论决定。

1975年10月,党中央正式任命胡耀邦为中共中国科学院核心小组第一副组长,李昌、王光伟为核心小组副组长,核心小组组长继续由郭沫若担任,

"造反派"头头不再参加核心小组会议。科学院领导班子的改组,为整顿工作深入展开创造了条件。

胡耀邦十分重视并强调发挥研究所所长的作用。他不辞劳苦,召开一系列的座谈会,深入各研究所,找各方面的代表人物特别是科研人员谈话。他有的放矢,开门见山,敢言别人所不敢言,常常语惊四座:"科技战线不要提无产阶级专政。科技战线实行无产阶级专政,就会把知识分子当作专政对象。""红就是红,专就是专,何必搞得那么繁琐!""强调与工农相结合,使人不敢搞理论"。"不宜笼统提'开门办学',这种创新还是少点好。"

10月31日,他在座谈会上指出:要重视选拔业务干部,"在今后一定时期内要大力扶持业务干部的威信","支持他们大胆放手地抓业务工作,没有这一条对大干快上不利"。他多次提出,要恢复所长制。"选所长、副所长、室正副主任,最好是对本行业务比较精通或比较有权威的,为科学界所公认的,是第一流的……这些人一上来,实际上是一种无形的影响,他会使人感到有奔头,这是一种精神力量,鼓舞力量。"他经常讲:如果我是党委书记,我就找个懂业务的当所长,老老实实地对他说,所长同志,我不懂,你来主持,听你的!

他在数学所讲话时,明确反驳了所谓恢复室主任制是复旧的说法:"说室主任制是修正主义路线,我看这种说法是形而上学"。"不要以名词吓唬人,把科研搞上去,谁都得服从这一条。"

在胡耀邦和李昌等人的支持下,研究机构的业务专家重新受到重视,研究所所长的作用开始得以发挥。

在组织整顿中,胡耀邦特别注重落实政策,消除派性,促进安定团结。胡耀邦旗帜鲜明地反对派性,落实政策,开始复查在"文化大革命"中对受审查者所作的结论;对于没有安排适当工作的科技人员,尽量给予安排。为了使更多的科技人员发挥特长，胡耀邦不失时机地进行调查，发掘人才。8月19日，与部分科学家座谈时，胡耀邦列举了一位1951年毕业于英国牛津大学回国搞植物生态研究的科学家，回国后于1970年被下放的事例，向大家询问："就你们所知，还有没有一些有成就的人，现在在农村，或是分配工作不当而不能发挥作用的？请你们给我开个名单，有一个就写一个，有两个就写两个……写好了寄到我这里来。"经过细致的思想工作，中国科学院在4个月的整顿中，落实政策的达800多人。

胡耀邦在科学院大声疾呼，大胆否定"知识私有"、"白专道路"的提法，强调要尊重人才，奖励出成果。当时有人认为陈景润是走白专道路的典型。胡耀邦针锋相对，在8月19日的座谈会上说："我不这么看。他科学上有成就，国际上有他的成就叫'陈氏定理'，他政治上没有资产阶级派性，不争官，争权，争名，争利。当然不是说他没有弱点。说他'白'，他有可学习的地方。什么叫'白'？我看，搞资产阶级派性的人才是白而不专。"胡耀邦还风趣地说："以上这些话，你们一传，出不出我的大字报？彻底的唯物主义是无所畏惧的，出我的大字报，我也不怕。"

他的话使陈景润等一大批被视为"白专道路"的人扬眉吐气，在科研事业上发挥着积极作用。

"文化大革命"中，科技人员的生活基本上无人过问，加上下放农村等，许多科技人员在生活上存在着严重困难。胡耀邦明确提出要关心群众生活，从大家最关心的生活困难入手，解决科技人员的住房问题、夫妻两地分居问题、子女、入托上学问题、补贴工资问题等等。胡耀邦在中国科学院任职4个多月时间里，他为科学院解决了许多实际问题，被传为佳话。

胡耀邦对科学院的思想整顿工作抓得很紧。8月15日，他在一次座谈会上，宣布整顿工作主要是全院各级领导班子的组织整顿和思想作风的整顿，而思想作风方面的整顿时间更长，任务更艰巨。10月15日，胡耀邦在一次会上明确指出，科学院有些人科研思想不正确。他说：为什么这次要以思想整顿为主呢？因为现在好多思想工作、政治工作是妨碍科研、破坏科研的，不是去帮科研发展，为科研服务，而是妨碍甚至破坏科研工作。在很长时间内，党内一度提出科研工作要"三面向"，即面向工厂、面向农村、面向学校。1971年，又提出科研要"三急"，即急战备所急，急工农兵所急，急工农业生产所急。以后"三急"又简化为"开门办所"。这些口号无论怎么变化，均不是以发展科研为前提，而是以"改造科研工作者"为目的。

科学院的发展方向到底是什么？这是广大科技人员反映强烈的问题之一。科技人员告诉胡耀邦，这些年除了接受工人、农民的"再教育"，就是搞生产，与白菜、土豆打交道。有些研究所每月搞业务的时间不足20个小时。胡耀邦觉得这些问题非解决不可，刻不容缓。

胡耀邦深入各研究所召开各种座谈会，针对实际，广泛发动科研人员积极参加反对"左"的错误和反对派性活动。他在大会小会上都明确强调："科学院是科学院，不是生产院、教育院，更不是白菜院、土豆院，科学院就是搞科学的，是搞自然科学的。"

8月19日，他在科学家座谈会上说："科研工作搞不上去，没有成绩，那才是最大的错误。""科学院就是搞科学研究嘛！工厂是搞生产的嘛！我们就是要刮搞科研的台风，刮8级不行，得刮12级台风……对科研事业着急的人，才有党性，才有爱国心。"

10月5日，他在数学所说："所有搞科研工作的共产党员，业务上非搞上去不行！……今后25年赶上世界先进水平，这是我们赌了咒、发了誓的。科研工作搞不上去，不仅是犯错误，而是犯罪……搞业务的台风要刮起来！"

10月15日，他听取遗传所党委汇报时，又说："业务、政治、行政三个部门有个共同目标：繁荣社会主义的科学技术，保证每年都要有新成果。这个必须弄清楚。"他还说,我们是搞政治的,"我们搞了54年。28年搞了一个事情,推翻三座大山。解放后26年打下了一个社会主义的基础,保证江山不改变颜色。现在搞第三个伟大目标,沿着社会主义方向,在本世纪末实际四个现代化。"四个现代化实现不了,"我们的子孙后代是要骂我们的"。因此,"所有的工作为一个目标服务,为把科研工作搞上去。"

胡耀邦大胆直言,这与当时一些领导干部讲话时照念堆满"最高指示"的稿件,空洞无物,不敢越雷池半步,形成了鲜明的对照,使人耳目一新。

他在古脊椎动物研究所说:"我们现在脱离了单纯的脊椎动物,有了脊椎,就有了骨头,就可以爬行,可以站起来。人没有骨头能行吗?一个马克思主义者,革命者,要搞点马克思主义,搞点骨头。"他这番话是有深刻寓意的。

他还意味深长地对大家说:"谁好谁坏,一时弄不清。但埋在地下的化石都挖出来了,历史的面目是怎么样也埋没不了,混淆不了,歪曲不了,抹杀不了的。"

当时,科学院的所长、研究室主任都取消了,胡耀邦极力主张都要恢复。他说:"认为设所长、室主任是修正主义,我看这是形而上学。有人说这是复旧,我看复旧就复旧,不要在乎!要从工作实际出发,不要拿'罪名'吓人。最重要的是把科研搞上去,谁破坏这个,谁就是修正主义!"

胡耀邦在科学院共青团纪念红军长征40周年的大会上,做了"实现四个现代化是新的长征"的报告。他说:"长征到现在40年了,我们全国人民要再干一件惊天动地的事情,要进行一个新的长征",这个新的长征就是"要在本世纪末实现四个现代化,把我们可爱的祖国建设成为伟大的社会主义强国。现在,我们新的伟大的长征的进军号已经吹响了!""我们一定要在科学技术上赶超世界水平,在本世纪末一定要站在世界科学技术的前列"。他满怀激情地说,"25年后的今天,是2000年,那时要开这样的大会,要请立下丰功伟绩的同志上台,请你们讲实现四个现代化的新的长征故事。我们这些人呢?假如我能挣挣扎扎地活到那一天,我将向为祖国'四化'贡献了力量的人祝贺,把我的希望献给为祖国奋斗的年轻人……"

胡耀邦的讲话,深深地打动了在场的2500名青年同志,会场上不时响起热烈的掌声。至今,科学院的许多老同志谈起这次大会,都说:那是一次激动人心的大会。胡耀邦讲到激烈的地方时,台下许多的听众流下了激动的眼泪。一些原来参加造反组织的年轻人,从这次大会后也幡然悔悟,再没有批判"唯生产力论"。胡耀邦提出的"新的长征"的口号影响极为深广。

胡耀邦、李昌等在一些具体问题上尽量消除"左"倾错误的影响,为发挥科技人员的作用创造条件。

科学院在强调科学技术是生产力时,胡耀邦尽量使大家明确这样一个概念:科技领域不属于上层建筑,不能把所谓无产阶级在上层建筑领域的"全面专政论"搬到科学领域,把广大科技人员当成专政对象。

明确科技界的主体是科研人员,搞科研就是联系实际。整顿开始后,胡耀邦明确否定了"开门办所"的做法,否定了科技领域的主力军是工农兵的提法,明确提出"在科研领域专业队伍是主力军","研究所里研究员是中心";"科研人员搞科研就是结合实际,不一定要到工厂农村去搞科研。"

胡耀邦还以毛泽东的一些理论论断作依据,在大小会议上,阐明科学技术的特点和重要性,纠正一系列荒谬观点。他提出:"科学实验是建设社会主义强大国家的三项伟大运动之一","科学技术是生产力","科学技术这一仗一定要打好"。既然如此,就不能把科学实验等同生产斗争,而取消科学实验。科技是人们通过观察、实验、认识自然发展规律和应用这些规律改造自然,为人类生存、发展服务。不能用"开门办所"的口号,强迫科学研究人员都到工厂农村去。更不能把实验室拆掉办工厂,压制、扼杀科技人员开展业务和探索自然科学理论。

胡耀邦在许多场合对所谓"知识私有"、"白专道路"进行了反驳，他说："什么叫知识私有？我这个人叫知识私无。我们要把学到的东西用来为人民服务，为我国科学事业的繁荣服务。"

他鼓励科技人员精通业务，又红又专，向专家发展。1975年8月，胡耀邦主持了有各部委负责人参加的科学技术规划座谈会。在这次会上，胡耀邦向与会者强调了两个问题：一是要把国民经济搞上去，科技工作必须走在前面；二是要充分发挥科技人员的作用，必须划清发挥科技人员作用与"专家路线"和钻研业务与"技术挂帅"等政策界限。

主持起草《汇报提纲》

胡耀邦不负党中央和邓小平的重托，他夜以继日，亲自主持起草了《关于科技工作的几个问题》，后改为《科学院工作汇报提纲》。这实际上是一个清算"文化大革命"对科学事业造成破坏的文件，包括六方面的内容：1. 关于充分肯定科技战线上的成绩问题；2. 关于科技工作的组织问题；3. 关于力求弄通毛主席提出的科技战线的具体路线问题；4. 关于科技战线的知识分子政策问题；5. 关于科技10年规划轮廓的初步设想问题；6. 关于院部和直属单位的整顿问题。

1975年9月26日，邓小平主持国务院会议，听取胡耀邦《关于科技工作的几个问题（汇报提纲）》（第四稿）的说明，肯定了《汇报提纲》所提出的加强自然科学研究、整顿研究所、室领导班子的意见，强调科研必须走在国民经济的前面，对有水平的人要加以爱护和赞扬；要选党性好、组织能力强的人给科技人员搞后勤；对一不懂行，二不热心，三有派性的人不能留用。从第一稿全文和以后每次修改稿，都是经胡耀邦逐字逐句斟酌定稿的。

起草《汇报提纲》时，胡耀邦提出总体思路，具体分几个部分，由李昌、王光伟、胡克实等人分头起草,最后由郁文、吴明瑜和罗炜协助,胡耀邦逐章、逐段、逐句审定,反复推敲,几经修改后,胡耀邦、李昌、王光伟三人联名上报。

2001年3月8日,李昌向笔者讲述胡耀邦在9月26日国务院会议上做关于整顿科学院的汇报以及邓小平的插话、讲话,极为精彩。

开始胡耀邦按《汇报提纲》分几个部分做简要汇报。他说:解放以来,我国科学技术的发展速度是比较快的,我们用了20多年时间,走过了资本主义国家一二百年的路程。但我们与世界先进水平还有不小的差距。(邓小平插话:"这一点要谦虚一点好。")成绩是主要的,必须加以肯定。在谈到科技工作的组织体系时,胡耀邦说:全国科技战线专业科研机构,有(1)科学家系统;(2)国务院各部、委、办系统;(3)各省、市、自治区系统;(4)全国高等院校系统。专业科研机构共3309个,职工近40万人,其中科技人员15万。(邓小平插话:要加上国防工办单位,全国应加在一起。国防工办主任方强补充:国防工业7个院,96个所,13.6万人,其中科技人员48000人)胡耀邦继续汇报说:科技路线的任务,第一,是为生产需要服务;第二,是发展新兴科技领域;第三,是研究基础科学。

胡耀邦汇报科技路线时,讲到现在又红又专,不敢讲红专。(邓小平插话:实际上是不敢讲"专"字,说清楚。)先进科技资料,很少有人看,每年用800万元。(邓小平问:这包不包括军队的?还是全部的?高教部负责人周荣鑫说:全部的)

胡耀邦汇报科学院整顿时说:一周只有4个半天搞业务。(胡乔木补充:看电影也占工作时间。)大家不满意。(邓小平说:怎么会满意呢?)胡耀邦谈到科技人员生活时,(邓小平说:不是一般的问题,高级人员的房子被占?要修房子。)胡耀邦汇报到落实政策时,邓小平说:"所、研究室领导不调整,说落实,是空话。一个县,一个工厂不把班子弄好,谁执行政策？你落实，他就落虚，归根到底是领导班子的问题。

接着李昌汇报了几点：一是请中央调些干部，一是想在怀柔办一高等科技学校，招高中生，半工半读，加强自然科学基础和外语的学习；一是办进修班，把各行各业在科研上表现特别突出的调来培养；一是办一个宣传自然辩证法的刊物。邓小平插话说："不懂外文，你搞什么情报；没有数理化，你名为叫高中、大学毕业，你怎样搞自然科学！这是对教育部提出的问题。不但懂外文，也得有基础知识，不然外文的东西也翻不出来了。"当李昌讲完办一个自然辩证法刊物，于光远又提出办自然辩证法刊物很重要，邓小平先后两次插话说，"你们为什么只搞一个？当然不能只讲数量，不讲质量，主席对《化石》都有批语。刊物太小了，自然科学，社会科学，水平低一点不怕，慢慢提高。没有刊物也不好发现人才，教育人、发现人。"

最后，邓小平做了重要讲话，他说：科技是一件大事，要好好议一下。你们讲第一讲应用科学，应用科学也有理论。科技大大削弱了，接不上了；靠老的，也靠年轻的，他灵活，记忆强。大学毕业25岁，经过10年，35岁，真正来说，30岁多点应是出成果的年龄。这一段他们没有工作，看电影，打派仗，搞得很少，少数人秘密搞，像犯罪的一样。陈景润是秘密搞的，这些人还有点成绩。陈景润究竟是算红专还是白专？中国有一千人就了不得。在世界上公认他是有水平的，他会数学。应该爱护、赞扬，是个代表吧。你们有个搞半导体的，是个老科学家，叫黄昆，北大叫他改行教别的。周荣鑫你查一查，半导体所请他做学术报告，反映很好。他说这是业余研究。这种人是大量的，学非所用。应当发挥作用，不然，是对国家最大的浪费。全国知名的人，就这么个遭遇。他是学部委员，为什么不叫他搞本行？北大不用他，可调到科学院半导体所当所长。给他配党委书记，配后勤人员。

邓小平还说，毛泽东思想是理论，马列主义是理论，学习这些也叫"刮理论风"？对理论有恢复名誉的问题。

邓小平强调指出，思想整顿关键是五千，不是四万五千（指科技队伍），是班子。领导班子要真正执行主席科技路线的。广大科技人员，实在想搞研究啊！闹派性的是少数，能转过来。组织整顿，思想整顿，不就是这些人嘛。

邓小平又说，一不懂行，二不热心，三有派性，为什么留着？科技人员有水平有知识的为什么不可以提拔所长？40多岁的人，搞十几年了，现在的工作，主要是依靠40多岁的人来搞。好的管党，管后勤工作。后勤很重要，要为研究工作创造条件。资料、材料、仪器、机器保护好；不是忠心耿耿的人，搞不起来。科研机构，包括党的、科研的、后勤的三个部分，无后勤，科研搞不起来。不能叫搞科研的人整天东跑西跑。所谓整顿班子要包括这三部分人。搞后勤的人也得学科学知识，不懂科学知识，搞后勤也不行。挑选些党性好的、组织能力强的搞后勤。

邓小平说，科技机构领导班子要三套人，特别要注意把有前途的提到班子里。外行要热心内行，诚心诚意地搞后勤工作。建议建立科技人员档案，把那些比较好的科技人员，那些有前途的记下来。15万人有4000人也好。也许有几十个人有成就的，就了不起。帮助他们创造条件，发展条件，不管资格老不老。1957年我在苏联，尤金说：苏联搞原子弹，就是3个无名气的、其貌不扬的人搞出来的。不是大科学家，是三四十岁的。"白专"只要对中华人民共和国有好处，比占茅房不拉屎的，比闹派性，拉后腿的人好得多。首先要解决这些人的房子问题，把他们提到领导岗位，家庭有困难，解决他们的困难，孩子没有进托儿所的帮助进托儿所，夫妻两地分居要帮助解决。

邓小平还说，后继要有人，中心是教育部门，究竟大学起什么作用？培养什么？好些学院是中等技术学校水平，这何必办大学？上海机床"七二一"职工大学是一种形式，但不能代替其他大学。科学院要把科技大学办好，选数、理、化好的高中毕业生，不照顾干部子弟。要是犯错误，我首先检讨。一点外语知识也没有，数、理、化也没有，还攀什么高峰，中峰也不行，低峰还是问题。我们有个问题，可能发生在教育部门，把整个现代化水平拉住了。教育要提高地位，几百万教员，怎么调动积极性呢？如果我们工厂自动化水平要提高，就是要增加科技人员。提高数量，提高质量，自动化提高，体力劳动减少。世界上先进国家不管是什么制都是走这个道路。这些是不是劳动者？

邓小平说：《汇报提纲》送主席批准，政治局传一下，国务院批准。

《汇报提纲》经国务院会议讨论通过了。邓小平再让做些修改，把有些太尖锐的话去掉了一些。胡乔木召集国务院政策研究室领导同志和胡耀邦及李昌讨论过如何修改。最后，胡乔木对《汇报提纲》做了较多修改，题目也改为《科学院工作汇报提纲》，分三个部分：（一）中国科学院科研工作的方向任务。（二）坚决地、全面地贯彻执行毛主席的革命科学技术路线，就是按照毛泽东的有关语录，编为科技路线的十条。（三）关于科学院的整顿问题。

但是这个修改稿，没有得到毛泽东主席的批准。

问题出在"科学技术是生产力"上。毛泽东说，他记不起说过这句话。查对1963年参加毛泽东主席听取科技规划汇报会的韩光、于光远等笔记，发现毛泽东讲科技重要性是有的，确实没有讲过科技是生产力。邓小平说："毛泽东同志是伟大的领袖，中国革命是在他的领导下取得成功的。然而他也有一个重大的缺点，就是忽视发展社会生产力。不是说他不想发展生产力，但方法不都是对头的，例如搞'大跃进'、人民公社，就没有按照社会经济发展的规律办事。"[①] 这次稿子也胎死腹中，没有发布全国。

邓小平对这个《汇报提纲》是肯定的。他在主持国务院会议上特别指出，这个文件很重要，不但能管科学院，对整个科学界、教育界和其他部门

---

① 《邓小平文选》第三卷，人民出版社1993年版，第116页。

也起作用。邓小平后来还说:"《汇报提纲》有什么错?只是不够。当时是采取勉强能接受的水平写的,真正解决问题就不够。"只有在粉碎"四人帮"之后,才能彻底地拨乱反正。

由于毛泽东对《汇报提纲》未予批准,而随之又开展了"批邓、反击右倾风",《汇报提纲》中提出的主张和做法,不可能得到实施。

胡耀邦对自己主持起草的《汇报提纲》感到非常满意。张凯回忆谈到胡耀邦当时的心情:"见到我,耀邦叔叔劈头就问:'见到了吧,我们的汇报提纲?你讲讲有什么意见?'他兴奋地走来走去,地板踩得嘎吱嘎吱响,真像个大孩子。"

惨遭迫害

由于《汇报提纲》直接触犯了"四人帮",它连同主持制定者邓小平、胡耀邦,都无可避免地遭受了厄运。

1975年9月底至11月初,毛远新多次向毛泽东汇报:

"感觉到一股风,比1972年借批极'左'而否定文化大革命还要凶些。"

"担心中央,怕出反复。"

"我很注意邓小平同志的讲话。我感到一个问题,他很少讲文化大革命的成绩,很少批判刘少奇的修正主义路线。"

"'三项指示为纲',其实只剩下一项指示,即生产搞上去了。"

毛泽东对毛远新的看法持肯定态度,认为邓小平等人"思想还停止在资产阶级民主革命阶段,对社会主义革命不理解,有抵触,甚至反对。对'文化大革命'有两种态度:一是不满意,二是要算账,算文化大革命的账。"

毛泽东认为邓小平的整顿是翻"文革"的案,是全面否定"文革",他不仅没有批发《汇报提纲》、国家计委起草的《关于加快工业发展的若干问题》、国务院政策研究室起草的《论全党全国各项工作的总纲》三个文件，反而在全国范围内掀起"批邓"、"反击右倾翻案风"。邓小平又一次被打倒，胡耀邦在科学院自然也受到批判，但没有罢官，仍在主持工作。

科学院的群众同全国人民一样，对"批邓"、"反击右倾翻案风"十分反感。科学院多次想组织批判大会，群众就是不来参加，后来只好化整为零，让各研究所分头去开。在院机关，由几个科室联合在小会议室开。可容纳一百多人的小会议室，只零零落落地坐了几十人，胡耀邦和李昌坐在台上一张小桌旁等待质问。那些造反派提不出像样的问题，只能指着胡耀邦吼道："胡耀邦，你一到科学院就上窜下跳，到处开座谈会、讲话、做报告，蛊惑人心，你安的是什么心？"

胡耀邦鄙夷地一笑说："毛主席说，没有调查研究就没有发言权，党中央、国务院派我到科学院的任务是，提出切合实际的发展科学的规划，我不到各单位去调查研究，征求科学家、专家学者的意见，怎么向党中央和国务院汇报？"

造反派坚持着追问："你们在《汇报提纲》中说，科学技术也是生产力，要走在前面，这不是在搞'唯生产力论'吗？"胡耀邦又冷笑道："我不懂什么'唯生产力论'，我只知道科学技术在社会发展中的重要性，没有瓦特发明蒸汽机，能有英国的工业革命吗？"造反派无言以对，只好灰溜溜地退下，台下的群众却发出了阵阵赞叹声。

1976年1月13日，清华大学党委召开常委扩大会议，传达毛泽东对清华大学党委副书记刘冰等人的两封信的批示："清华大学刘冰等人来信告迟群和小谢，他们信中的矛头是对着我的。"刘冰等人两次写信给毛泽东，对清华大学党委书记迟群和副书记谢静宜的工作作风和群众关系方面的问题提出意见，信经邓小平转给毛泽东，他们期待得到最高领袖毛泽东的支持；他们做梦也没想到,竟会遭到如此沉重的当头棒喝,更没有想到的是他们的信竟会成为"文化大革命"又一个重大转折。"四人帮"抓住这个契机,从对刘冰等人的批判开始,吹响了全国范围的"反击右倾翻案风"的号角。

"批邓、反击右倾翻案风"的恶浪铺天盖地而来,中国科学院的整顿被迫中断。

1975年11月16、17日晚,邓小平主持召开会议,听取毛远新传达毛泽东对刘冰等来信的批评内容,以及毛泽东听了16日会议汇报后的指示。[①]王洪文、张春桥、江青、姚文元、毛远新和胡耀邦、胡乔木、李昌、周荣鑫、刘冰参加。会上,毛远新先念了毛泽东对刘冰控告谢静宜和迟群的批示。江青、张春桥、姚文元、王洪文在会上借题发挥,声嘶力竭地指责是科教方面的所谓"逆流"、"翻案风"。接着,胡乔木检讨了一番。李昌也被迫检讨说,由于科学院实验员都没有合格的人才,他提出要办高等技术专科学校,从高中毕业生中招考,这违反了保送制度。出席会议的其他人都保持沉默。散会后,清华、北大两校的"造反派"贴出铺天盖地的大字报,批判邓小平唯生产力论。之后,胡耀邦、李昌等被停职反省。

胡耀邦和李昌停职反省后,"四人帮"在科学院的干将自行改组中科院党的核心小组,"派头头"自封为实际上的第一把手。"四人帮"在清华大学的谢静宜、迟群之流,串通中科院的"造反派",大造舆论,说什么"整顿就是复辟","教育界的翻案风"是从科技界刮起来的。中科院的"四人帮"骨干,把《汇报提纲》(第一稿)送审稿私印了发下去,作为批判的靶子。还把国务院讨论《汇报提纲》时邓小平的插话记录,偷偷送往上海同伙,他们印成白头文件发到一些基层单位供批判之用。

1976年2月17日,《人民日报》发表社论《批判"三项指示为纲"》

[①] 中共中央文献研究室编:《邓小平年谱(1975~1997)》(上),中央文献出版社2004年版,第131页。

本报记者文章《要害是复辟资本主义——北大师生员工批判"三项批示为纲"》。文章公开引出邓小平言论,直接提出"刮右倾翻案的资产阶级代表人物,主要是那些在文化大革命中被批判、被揭发过的不肯改悔的走资派","走资派还在走,投降派确实有",邓小平"还在搞修正主义",是"党内不肯改悔的走资派"。"批邓、反击右倾翻案风"在全国愈演愈烈。

胡耀邦主持制定的《汇报提纲》,被列为"三株大毒草之一",在全国范围内进行了声势浩大的批判。

胡耀邦在科学院的言行,也遭到了批判,《人民日报》1976年2月8日以《驳"今不如昔"论》为题,对胡耀邦在科学院的言论大加挞伐。文章写道:

"就在几个月前,科技界刮起右倾翻案风的时候,其鼓吹者之一到我们单位来,在一次长时间的谈话中,只字不谈阶级斗争,不提党的基本路线,打着'把科研工作搞上去'的旗号,大肆贩卖修正主义货色,他胡说什么'现在我们的科学技术存在危机','这几年有点盲目地讲自力更生。'……他以救世主的架势,开出一服包治'危机'的'药方'。他认为只有靠外国专家,才能解决他的所谓危机;只有跟在别人后面一步一步地爬行,才算不'盲目'。他们全然不顾科技战线广大工人科研人员和干部在毛主席革命线路的指导下,迸发出的社会积极性和创造性,把眼睛死死盯在'外国'上面,竟说什么你们'要紧跟上',不然的话,不管你'什么党委书记、老红军、老干部、大学毕业生,都要被历史所淘汰。'请看,多么惟妙惟肖的一副崇洋媚外的奴才相。不难看出,他们就是推行一条洋奴哲学、爬行主义路线。"

1975年12月,胡耀邦在科学院工作4个月之后,因病住进了医院,但是仍没有躲过"反击右倾翻案风"这场风暴的打击。

面对"乌云滚滚寒流急"的险恶形势,胡耀邦气愤已极,断定"四人帮"耀武扬威的倒行逆施不会长久，他们决没有好下场。他将他的预言向知心的部属、战友倾谈过。一位某工业部部长被造反派轮流批斗，有人厉声责问他："兔子尾巴（指'四人帮'）长不了了，这句话是谁讲的？"他回答："这句话反正不是我说的。"造反派紧追不舍，恶狠狠地问道："到底是谁说的？"在强大压力面前，他支支吾吾地回答："好像是胡耀邦说的。"

北京团市委副书记李文义听到这一消息后，预感到胡耀邦将大祸临头，连夜赶到胡耀邦家里，其夫人李昭告知胡耀邦已住院，他又连夜赶往医院，立即将情况告诉胡耀邦。胡耀邦正气凛然，正色道："怕什么！我不是这样说的，按党规国法处理就是！"

不久，这位工业部长对造反派头头说："'兔子尾巴长不了了'这句话，不是胡耀邦说的，是我诬陷他了！"

后来，胡耀邦赠一位老战友的话中写道："一生多厄运，到老不欺心！"

1976年1月，《红旗》杂志发表文章点名批判科学院的《汇报提纲》。2月，在"四人帮"一伙精心策划下，在首都体育馆举行批判会。姚文元在《人民日报》头版预留好版面，准备报道这次大会"盛况"。胡耀邦因病未到场，他在电话中勉励李昌"要坚决顶住逆流，泰山压顶不弯腰，原则问题决不让步。沧海横流，方显英雄本色"。会上群众递条子：我们不认识胡耀邦、李昌，想要认识谁是胡耀邦、李昌。李昌在台上站起来，一身正气，气宇轩昂，全场爆发出雷鸣般的掌声。李昌被要求到会场绕行一周，与会者向他投来亲切的目光和善意的微笑。对胡耀邦、李昌的批判会，竟变成了对他们的声援会。结果《人民日报》也无法报道。

"四人帮"在清华的代理人迟群一伙也竭力部署批判《汇报提纲》。此时，胡耀邦住进协和医院做手术。一天下午，北京团市委干部李文义去病房看望他，胡耀邦正躺在床上看书，手术很成功，他的精神状态很好。李文义向他进言，眼下形势不正常，清华、北大都放出风声，要揭批《汇报提纲》，主要矛头是对着复出的邓小平同志。建议他在这非常时期，尽量少说，少表态，减少麻烦。胡耀邦不赞成这种态度，提高了嗓音说："怕什么？邪恶势力不可怕。按共产党人的原则和党的纪律办事就是了。"

这时，中国科学院的造反派根据团中央筹备组提供的有关胡耀邦的"黑材料"，在工人体育馆举行了几次批判胡耀邦的万人大会，几个打手押着胡耀邦，给他坐"喷气式"，恶狠狠地质问他："胡耀邦，你交代：怎样勾结邓小平进行反革命复辟？"胡耀邦沉着地回答："同志们，我有错误，请大家批判！"造反派头头大吼起来："你要具体交代！"胡耀邦还是那三句话："同志们，我有错误，请大家批判！"气急败坏的造反派，对胡耀邦拳打脚踢，撕破了他的衣服。胡耀邦仍然挺立着，不说一句话。造反派觉得批斗不下去了，只得草草收场。

1976年夏天，科学院造反派又把胡耀邦、李昌揪到大连全国科技会议上去批斗。医生怀疑胡耀邦有胃癌，造反派强迫必须去大连。在大连的那天晚上，胡耀邦坐火车返回北京途中，车到滦河东岸，唐山大地震爆发，火车差一点被颠翻，胡耀邦险遭不测。

胡耀邦的个人命运历尽坎坷的这一年，党和国家的命运，也到了最危急的关头。

转折关头

胡耀邦从大连回到北京以后，就在家中养病。

1976年9月9日，毛泽东逝世。10月6日以华国锋、叶剑英、李先念为代表的政治局，采取果断措施，对江青、张春桥、王洪文、姚文元实行隔离审查，一举粉碎了"四人帮"。全国人民拍手称快。

"四人帮"刚被粉碎，胡耀邦就得悉了这一重要消息，他的家，成了消息最灵通的所在地。当大家还沉浸在狂喜之中时，胡耀邦高兴之余，眉头又微微凝结起来："没那么简单，复杂着呢！"

笔者访问《人民日报》原总编辑胡绩伟时，他回忆了胡耀邦在刚粉碎"四人帮"后的情景。

粉碎"四人帮"以后，胡绩伟立即去向胡耀邦通报消息，他说他早已知道。胡耀邦向他讲述了一个真实的故事：1976年10月12日，即粉碎"四人帮"后的第六天，叶剑英元帅派儿子叶选宁去看他，他给叶帅捎去几句话，说粉碎"四人帮"以后，我们党的事业面临中兴时期，一切工作都需重新整顿，要全面振兴中华。他详细地给胡绩伟解释他带给叶帅的话："中兴伟业，人心为上。"他说，当前什么是人心？"第一是停止批邓，人心大顺；第二是冤案一理，人心大喜；第三是生产狠狠抓，人心乐开花。"胡耀邦对问题深思熟虑，博览群书，所以他的话总是出口成章，文情并茂。他请叶选宁把"中兴伟业，人心为上"这句话转告时任中共中央主席华国锋。

胡耀邦说的"人心大顺"、"人心大喜"、"人心乐开花"，十分精彩，给人们留下了深刻的印象。后来，大家把这三句话称为"三策"。胡耀邦复出后，不遗余力地实践了这"三策"。

粉碎"四人帮"以后，人们如噩梦初醒。曾经错误地批判过胡耀邦的人，不禁良心上受到责备，尤其受过他关怀而又错待他的人，更是感到无地自容。胡耀邦对青年育种专家李德炎的大度，就体现了他不计前嫌的胸怀。

李德炎是河南偃师县人，1958年初夏，他出席全国社会主义青年积极分子大会时，和胡耀邦攀谈过。1964年在全国团代会上，胡耀邦还接见了他。1975年7月，胡耀邦调到中国科学院主持工作时，特别邀请他参加《小麦育种学》一书的编写工作。

从红小鬼到总书记 >>> 胡耀邦

1975年10月,北京批判"右倾翻案风"之际,科学院造反派召开了一次千人批判胡耀邦大会,李德炎作为农民代表在大会上做重点发言。尽管他言不由衷,但调子高昂,声嘶力竭,神态狂热,俨然是一个大批判的"马前卒"。

粉碎"四人帮"以后,人们把李德炎团团围住,责问他为啥要批判胡耀邦,连他妻子郭玉香也骂他:"忘恩负义,没良心。"就凭这一条"罪行",加上其他两条错误,李德炎的党籍被开除。回到偃师以后,育种的权利被取消,被撵出了偃师科技站。从此,李德炎背上了沉重的思想包袱。他思前想后,决定给胡耀邦写信。让他出乎意料的是,1976年10月13日胡耀邦给他复了信:

德炎同志:

你9日的信,我看过了。你大概考虑了很久才写的。因此,我要随即给你写个回信。去年你在科学院那个大会上的发言,当然,缺点是有的,教训也是有的,但问题并不很大。至于对我个人那就更没有多少问题了……你说,那次你被人当枪使了。这个认识已经很深刻了,用不着再作什么检讨了。如有工作机会来京,欢迎你来我家谈谈。

收到胡耀邦的信,李德炎喜出望外,他很快来到北京看望胡耀邦。胡耀邦在家中接见了他,对他问寒问暖,询问乡下的收成情况,尽量绕开那个老问题。李德炎岔开胡耀邦的话,诚恳地说:"你让我把心窝窝的东西倒出来吧,我不该在科学院那个会上对你面对面……"胡耀邦接下去说:"在那种形势下,人家叫你批判发言,你能顶住不干吗?这件事,我在信中给你谈了,这于你没有什么责任,还要纠缠它干什么?"胡耀邦顺手搬了个小凳子，在他的对面坐下来，说："你记得吧，在那次批判会上，当你讲到土包子要占领科学阵地时，我还放声笑了。我那时就没把这事往心里搁嘛……人，总不能让过去了的事缠住双腿不走路，要向前看，要往前面走。"

两个人推心置腹地整整谈了两小时。临走时，李德炎拎出他背来的那个提包，怯生生地说："孩子他娘硬要我装点花生给你捎来，让你尝个新鲜……"胡耀邦笑了，对秘书说："倒下，倒下。背来的土特产嘛，还能让他背回去？这个心意我领了。"

李德炎回县之后，并没有摆脱困境，他继续受审查，工作也没恢复，只得另寻土地做育种试验。

转眼到了1981年，国家科技局王若林处长专程来找李德炎，对他说："胡耀邦派我来解决你的困难。"原来，已担任总书记的胡耀邦在日理万机的繁忙中，仍然关怀着李德炎。一天，他从内部材料上看到一条消息：《偃师县长不让农民小麦育种家李德炎参加国际科技会议》。他立即亲笔批示给主管科技工作的国务院副总理方毅："请方毅同志酌，同河南做点核实工作，然后按情况给予实事求是的处理。"在胡耀邦的亲自关怀下，李德炎的问题得到了解决，恢复了党籍，被调回县科技站工作。

黑暗已经过去，曙光即将来临。到胡耀邦家里做客的人川流不息，昔日的"裴多菲俱乐部"，如今变成了"上访接待站"。来访者中有他的老战友、老同事、老部属，也有平民百姓，大家互致问候，喜悦之情溢于言表。大家期待他讲的"三策"能够早日实现，这是众望所归，人心所向啊！

1977年3月14日，北京的春天，阳光明媚，草木萌动，生机勃勃。胡耀邦主动拜访尚未复出的老上级邓小平。历经磨难而患难与共的两位历史伟人，互吐衷肠。胡耀邦快言快语，对邓小平坦诚地说："粉碎'四人帮'已好几个月了，究竟人心在哪里？对这个党和国家命运攸关的重大问题，凡是把党和人民的利益放在第一位的人都看得清清楚楚，可是有些人就是模模糊糊。"

邓小平凝神地听着,心里极不平静,兴奋地对胡耀邦说:"耀邦,你讲得对,你说的'三心'也好,'三策'也好,都是很得人心的啊!"

"哈哈哈",一向表情严肃的邓小平与胡耀邦一道大笑起来,笑声伴着和煦的春风,久久地在客厅回荡。

十一 拨乱反正闯禁区

出任中央党校副校长

粉碎"四人帮"以后,胡耀邦无比兴奋,他除了祝贺叶剑英、华国锋等中央领导为党、为人民做了一件大好事之外,还请叶帅的儿子叶选宁转告其父和华国锋关于"中兴伟业,人心为上"的三点建议。

1977年3月3日,北京春阳艳丽,万物复苏。正是中共中央工作会议召开前的一个星期,中共中央政治局决定,调胡耀邦担任中央党校副校长,主持中央党校的日常工作。

当时,中共中央党校校长由中共中央主席华国锋兼任,第一副校长由汪东兴兼任。

胡耀邦出任党校副校长之前,由华国锋、汪东兴和中共中央组织部部长郭玉峰同时找他谈话。随即,胡耀邦去征求叶剑英和尚未复出的邓小平的意见,然后决定出任这一职务。

中共中央于1977年3月10日至22日召开了工作会议。会议围绕"两个凡是"和"邓小平问题",展开了激烈的交锋。4月10日,邓小平就"两个凡是"的错误观点致信华国锋、叶剑英和党中央,明确指出:"我们必须世世代代地用准确的、完整的毛泽东思想来指导我们全党、全军和全国人民，把党和社会主义的事业，把国际共产主义运动的事业，胜利地推向前进。"这个观点，得到了叶剑英、李先念的肯定和支持。5月3日，中共中央转发此信，肯定了邓小平的正确意见。

1977年3月25日，中共中央工作会议结束之后，胡耀邦来到风景秀丽的颐和园附近的中共中央党校，走马上任。

中共中央党校既藏龙卧虎，又是风口浪尖。胡耀邦来到中央党校，因为十年浩劫而满目疮痍，不仅没有学员，甚至连教师大都在"五七干校"，大部分校舍被部队占据。中央党校成了一所名副其实的空校。

中央党校在"文革"中经历了大劫大难。所谓的揪"杨家将"和"林家铺子"，把中央党校搞得乌烟瘴气。

"杨家将"指的是杨献珍的部属。杨献珍在1955年4月至1961年2月，担任中央党校校长。后来，杨献珍因"合二而一"论遭到批判，在"文革"中杨献珍又因所谓"六十一人叛徒集团"的成员被打成"叛徒"。所以，凡是在工作上跟杨献珍有过较多接触的党校干部、教师，都被列为"杨家将"，受到株连。

"林家铺子"原本是茅盾的小说，被夏衍改编成电影而闻名遐迩。在中央党校"林家铺子"却有着特殊的含义：林枫在1963年1月至1966年8月担任中央党校校长。林枫因与彭真有着密切的工作关系，随着彭真在"文革"被打倒，林枫也被打倒。于是，凡是在工作上跟林枫有较多接触的中央党校干部、教师，都被归入"林家铺子"，受到株连。

自从1966年8月林枫被免去中央党校校长之职后，"文革"中中央党校就没有再任命过新的校长。康生一手遮天，左右着中央党校的运动，成了中央党校的"太上皇"。

在康生去世后，则由纪登奎主管中央党校工作。

在"文革"中，中央党校两派斗争非常激烈，由于康生拉一派、打一派，支持"红旗派"掌权，使中央党校成了"红旗派"的天下。

胡耀邦踏进党校，只见在冷冷清清的大院里，靠礼堂东南一色的灰砖墙上，贴出一排排大标语，其中一条醒目地写着："热烈欢迎胡耀邦同志担任中央党校副校长！"这反映了中央党校的广大职工对胡耀邦的高度信任和殷切期望。

胡耀邦带着秘书梁金泉，静悄悄地住进了53楼的一套职工宿舍。

中央党校是中共中央培训中高级干部和直接掌握理论、思想、舆论的重要阵地。在"左"祸为患的20年中一直由康生分管，成为政治上的重灾区。经过20年的折腾，特别是"文革"的破坏，中央党校已是满目疮痍。胡耀邦受命于危难之际，他接过手来的是一支布满思想伤痕的、人员残缺不全的职工队伍，是一个住满军人和军人家属的大杂院，是一块由造反派掌权的地盘。

可是，当时有人交代：党校现在的领导班子"是康老亲手培养起来的好班子"。在这种情况下，要配齐一个适应教学需要的职工队伍，谈何容易？要从部队收回房子更难，要清除康生、"四人帮"的影响更是难上加难。

胡耀邦刚进党校，各种机器还得照常运转，"五七干校领导小组"还得继续工作。他身边只有一位刚来党校的秘书，要用的人没有，不能用的人又不能不用。他需要从校内挑选一名干部到身边做文字工作，一连提了几个都被造反派头头以种种理由否定了，无奈，胡耀邦只好请几位老干部一起参加讨论，采取少数服从多数的办法才定下来。

作为主持全面工作的副校长，自己要在党校用一个人都这般困难，遑论其他。难怪当时有人发出疑问：面对如此巨大的困难，如此复杂的情况，胡耀邦能担起恢复党校的重任吗？在中央党校这块被不少干部视为险境的地方，杨献珍、王从吾、林枫历任主持全面工作的校长，没有一个人逃脱悲惨的下场，殷鉴不远，胡耀邦就不怕吗？

最使胡耀邦感到棘手的是当时险恶的政治形势。他来党校之前的2月7日，《人民日报》、《红旗》杂志、《解放军报》发表了《学好文件抓住纲》的社论，极力推行"两个凡是"，即"凡是毛主席作出的决策，我们都坚决维护；凡是毛主席的指示，我们都始终不渝地遵循"。

社论指出："伟大领袖和导师毛主席，领导我们奋斗了半个世纪，经历了十次重大的党内路线斗争。这半个多世纪的历史反复证明，什么时候，我们执行毛主席的革命路线，遵循毛主席的指示，革命就胜利；什么时候离开了毛主席的革命路线，违背了毛主席的指示，革命就失败，就受挫折。毛主席的旗帜，就是胜利的旗帜。毛主席在世的时候，我们团结战斗在毛主席的伟大旗帜下。现在，毛主席逝世了，我们更要高高举起和坚决捍卫毛主席的伟大旗帜。这是我们八亿人民，三千万党员的神圣职责，是我们继续团结战斗的政治基础，是我们进一步取得胜利的根本保证。"

这篇社论发表的时间，正好是1977年中央三月工作会议前夕，是纪念周恩来逝世一周年之后。一是正值揭批"四人帮"运动全面展开之时；二是正当全国人民热切期待邓小平早日出来工作之时；三是中央工作会议将对全党全军全国各项大事做出规划、安排、调整之时。这篇社论的发表，"两个凡是"的公开提出，使人们自然而然联系到1976年初毛泽东亲自发动的"批邓、反击右倾翻案风"运动和毛泽东逝世后，10月4日发表在《光明日报》上的"梁效"的文章《永远按毛主席的既定方针办》。

在这种形势下，胡耀邦重新出来工作，是受命于危难之中，面临种种艰难险阻。

中央党校，绝非一所平静的理论学府，而是曾为康生、曹轶欧、江青所操纵的"龙潭虎穴"。

胡耀邦深知这里的艰险。他亲眼目睹康生一伙借着一个普通的哲学命题将以党校副校长杨献珍为首的一大批理论工作者一网打尽；随后康生又借整郭明秋将党校前校长林枫活活整死；"文革"中，康生、曹轶欧翻手为云，覆手为雨，亲自指挥党校的"红旗战斗队"对站在他们对立面的"红战团"等组织打了一场"围歼战"。从此，这块曾由国家主席刘少奇兼任过校长的、我们党最重要的理论研究和培养高级干部的阵地成为了康生的家天下。

胡耀邦还清楚地看到，正是这块所谓"无产阶级理论阵地"上，康生、江青共同扶植的派头头武葆华组织了一个笔名为"唐晓文"的写作班子，与臭名昭著的"清华、北大批判组"、"初澜"、"汇天"、"罗思鼎"等遥相呼应，炮制了一颗又一颗乱党乱军、批周倒邓的炮弹；还是这块所谓"无产阶级理论阵地"，写作班子为效忠江青，书写了一篇又一篇肉麻吹捧武则天、吕后的文章。"四人帮"倒台后，康生的伪装并没有立即被剥下来，因此，他的心腹，他的势力，当时仍雄踞于中央党校；他的写作班子仍在为推行极左错误、制造新的个人崇拜舞文弄墨，摇旗呐喊。

胡耀邦深知自己迈入了一个巨大的历史旋涡。然而，他义无反顾地跨了进去。用他自己的话来说，他相信党，相信组织，康生、江青在中央党校的问题"迟早会要解决"；而更重要的是，他要利用党校这块阵地拨乱反正，正本清源，推动中国的历史进程。

创办《理论动态》

为冲破"两个凡是"的枷锁，胡耀邦选择了两个"突破口"：一个打破"思想枷锁"，一个打破"组织枷锁"。

抱着"我不下油锅，谁下油锅"的决心，针对"句句是真理"的"凡是派"的教条，胡耀邦决定发动思想解放运动。

胡耀邦敏锐地看到，在"两个凡是"坚硬的寒冷冰层下，一股思想解放的热流已在潜行，待机喷薄而出。因此，胡耀邦的头等大事就是创办一个真正的实事求是的理论刊物，这对理论思想战线拨乱反正具有全局意义。用他自己的话说，就是要锻铸"真理的投枪和匕首"。他已对有关人士谈了他的理由：

中国到了转变时期，弃旧图新，要研究新情况，发展新的理论观点。

他要办的那个刊物，不要大块文章，一期一个题目，一至五天出一期，三四千字，四到六页。他说："鲁迅把他的文章叫作匕首和投枪，要活泼生动，不用八股调，所以叫做《理论动态》。"

6月15日，正式成立中央党校校刊编辑室，由吴江任主任，孟凡任副主任，编辑人员在原有的沈宝祥、吴振坤、刘立中的基础上，又增加王聚武、阮铭、何汉。7月，王聚武任理论动态组组长，吴振坤任副组长，这是理论动态组最初的班底。

6月4日、21日，胡耀邦连续召开会议，宣布成立"理论动态组"，具体研究《理论动态》的编辑工作。在这几次会议上，胡耀邦进一步阐述了办刊的指导思想：把十年浩劫中被林彪、"四人帮"和康生一伙搞颠倒的理论是非、思想是非、政治是非重新颠倒过来，从思想理论上清算极"左"思潮，拨乱反正，正本清源。

《理论动态》创刊号于7月15日问世，刊登的文章是《"继续革命"问题的探讨》。这篇文章针对"两个凡是"打响了第一炮。事又凑巧，《理论动态》创刊号出版与邓小平第三次复出竟在同一周内。

胡耀邦倡导、创办的《理论动态》成为了当时反"左"的前沿阵地，引发了一场改变当代中国命运的大论战，掀起了20世纪中国思想解放运动的又一个潮头。

正在这时，在党内外各种力量的努力下，经过9个月的激烈斗争，终于在1977年7月16日至21日召开的中共十届三中全会上，通过了恢复邓小平职务的决议。邓小平恢复了中共中央委员、中央政治局委员、中央政治局常委、中共中央副主席、中央军委副主席、国务院副总理、中国人民解放军总参谋长的职务。

胡耀邦办《理论动态》受到邓小平的支持。

1977年10月12日下午,胡耀邦召集理论动态组的几位同志开会,总结撰写《把"四人帮"颠倒了的干部路线是非纠正过来》那篇文章的经验(这篇文章在粉碎"四人帮"一周年时发表于10月7日的《人民日报》,是平反冤假错案的先声)。他以这篇文章的成功鼓励大家说,这篇文章接触了一个很大的实际问题,给了我们搞马克思主义的勇气。做彻底的唯物主义者是心安理得的,要做彻底的唯物主义者。我看教训是这个。不要怕,形势不同了。他说:"时代要求有思想上的先驱者。我们虽达不到这一点,我们努力向这方面前进。我对这两句话很满意:马克思主义开辟了真理的道路,我们在这条道路上前进,探索新的真理。主席去世后,马克思主义就不发展了?就停顿了?想到这些,你们就可把自己提到一个新的境界。我们这些人在晚年拼命挣扎,目标不大,但谁要禁止我讲话,不搞马克思主义,那办不到。"这是胡耀邦的心声,也是对大家的激励。

1977年10月25日和30日两期《理论动态》,一期是纪念毛泽东的诞辰。胡耀邦指示刊物编辑编了一套马、恩和毛泽东本人反对个人崇拜的语录;另一期他要该刊编辑部写了一篇新年献词《以怎样的精神状态跨进新的一年》。这两期文章都是针对"两个凡是"的,但一篇用毛泽东自己的话反对树立他的权威,另一篇从正面阐述要研究新情况,提出新观点,"多谋善断"。出乎意料之外,华国锋看了文章,立即打电话给胡耀邦,夸奖这篇新年献词写得好,在电话里他还念了他最满意的一段话,说他已批给汪东兴,要根据这篇文章的精神起草《政府工作报告》。并通知《人民日报》发表《以怎样的精神状态跨进新的一年》。后来《人民日报》在1978年1月2日以

"岳平"（"约评"的谐音）署名发表。从此开始，《人民日报》轮流用"岳平"或"特约评论员"两种署名经常发表《理论动态》的文章。

《理论动态》的创办，反映了时代的需要。胡耀邦把握时代的脉搏，通过这个小刊物，高扬思想解放的旗帜，为全党全国的拨乱反正，端正思想路线，起了带头作用。

胡耀邦对办刊的同志说："你们别小看这个刊物，如果我们把它办好了，就等于在党校的院墙以外，办了一个更大的党校。"事实表明，《理论动态》的确是一个"在党校院墙以外"的"更大的党校"，发挥了它特殊的作用。

《理论动态》创办后，得到了很多中央领导同志的支持。邓小平读到《理论动态》第一期发表的《"继续革命"问题的探讨》后，让中央办公厅的同志打电话："邓副主席看到《理论动态》第一期，他基本上同意文章提出的问题。"他还嘱胡耀邦就按劳分配是否产生资产阶级分子问题发表文章。《理论动态》第六期的《按劳分配是否必然产生资产阶级分子问题的探讨》，就是按照邓小平和胡耀邦的意见来写的。真理标准问题的讨论开展起来后，邓小平在7月22日下午对胡耀邦说，你们的《理论动态》班子很不错，不要搞散了。胡耀邦第二天向办刊人员作了传达，大家很受鼓舞。当时担任党中央主席的华国锋，对《理论动态》的一些文章也十分赞赏，多次提出表扬。叶剑英、陈云、李先念等也都表示对《理论动态》的支持。

胡耀邦对《理论动态》关心备至。他虽然曾说只管两个月，但实际上直到1981年他担任中共中央主席，依然一直关注着、指导着《理论动态》的工作。1977年12月10日，中央任命胡耀邦为中央组织部部长，仍兼任中央党校副校长。

17日晚，他把孟凡和理论动态组的同志请到他在中央党校的住处，对他们说："我就要到中组部去上班了，《理论动态》我还要继续管，和大家共命运。"当他问到大家对《理论动态》今后工作有什么意见时，孟凡回答："大家的意见是只能前进，不能后退。"他说："对，就是只能前进，不能后退；只能提高质量，不能降低质量。"他勉励大家要做思想战线上的前卫战士。他提出："我们《理论动态》的参加者就以这个为标准：我是不是做了一个名副其实的思想前卫的战士？用这种精神办好我们的刊物。每天想这个东西，每天用这个东西来激励自己。其他的，人家骂骂我们，奚落我们几句，暗地里放这么一支冷箭，我看没有关系。"

1978年2月26日，在原校刊编辑室的基础上成立理论研究室，由副教育长吴江兼任主任，孟凡任副主任。胡耀邦仍继续为《理论动态》定题目、出思想、修改审定文稿。他还时常在编辑送去的文稿或他过目的其他文字材料上批注意见，指导《理论动态》的工作。他曾多次把大家叫到他家里开会，有时传达中央一些会议精神，有时畅谈他对某些理论问题、政策问题的看法，有时讨论《理论动态》准备刊用的文稿，有时谈论《理论动态》的办刊思想。胡耀邦坦诚直率，思路开阔，满怀激情，聆听他的谈话，往往如沐春风，茅塞顿开，真是莫大的精神享受。

在《理论动态》的办刊工作中，大家感受最深的是胡耀邦始终站在思想理论战线拨乱反正的高度进行指导。他把认识中国、改造中国、转变中国命运的任务，概括为"扭转乾坤"4个字，勉励大家要有这样的雄心壮志：马克思写《德意志意识形态》，我们要写中华人民共和国的意识形态。理论工作的任务就是要在扭转乾坤中起引导作用，《理论动态》应该成为思想战线上的号角和哨兵，起向导作用，起交通警、领航员的作用。

他在1978年月4月4日和20日的谈话中，一再告诉大家，理论战线的任务就是要砸掉精神枷锁。精神枷锁要靠自己来砸，世界上没有什么救世主，不能靠恩赐，只能自己救自己，要靠真理来砸掉自己的精神枷锁。所以，理论工作者不但要用真理砸碎自己的精神枷锁，而且要把真理交给人民，让人民自己起来砸掉精神枷锁。你们要做思想上的先驱者,要思考,不要怕风险,革命总是与风险相联系的,没有胆略,没有自我牺牲精神,怎么能成为先驱者?

粉碎"四人帮"以后,全党全国面临着指导思想上和各条战线实际工作中拨乱反正的任务,当务之急是从政治上、思想上、理论上消除林彪、"四人帮"和十年动乱所造成的混乱和影响,冲破长期"左"倾思想和"两个凡是"错误的严重束缚,因此必须正本清源,分清理论是非,路线是非,从根本上提高干部的认识能力,用他的话说,就是必须实行"两个突破",突破精神枷锁和组织枷锁。只有这样,改变中国命运的精神力量和物质力量才能释放出来,从而为新的长征打下思想基础和组织基础。

组织推动真理标准大讨论

1977年12月10日,胡耀邦调任中共中央组织部长,仍兼任中央党校副校长,他创办的《理论动态》以实事求是的科学态度,引导读者思考理论上的一些重大问题,正本清源,拨乱反正,在广大学员中产生了强烈的影响。

1978年3月,中央党校理论研究室的孙长江提出为《理论动态》写篇文章,题目定为《实践是检验真理的唯一标准》。与此同时,南京大学政治系教师胡福明也写了一篇同一命题的文章——《实践是检验真理的标准》。他是应《光明日报》哲学组之约,于1977年9月完成,经过多次修改,《光明日报》决定将此文刊登在1978年4月11日的第77期《哲学》专刊上。

就在这时,杨西光调任《光明日报》总编辑。他看了胡福明写的《实践是检验真理的标准》一文,认为主题重要,但分量不够。他和编辑部的马佩文、王强华、张义德等同志反复修改了几次,指明要突破理论的局限,加强反对"两个凡是"的思想性和战斗性。他决定,把它从《哲学》专刊上撤下来，在《光明日报》头版发表，扩大这篇文章的社会影响。①

杨西光希望能得到耀邦同志大力支持，并请《理论动态》的同志们帮助修改。最后请耀邦同志定稿，先在《理论动态》上内部发表，然后《光明日报》用本报特约评论员名义公开发表。

胡耀邦欣然同意，表示尽力支持。胡福明的文稿送到党校后，由理论研究室主任吴江请当时也已写出《实践是检验真理的唯一标准》文稿的孙长江修改。吴江对孙长江说："把你的文章和胡福明的文章捏在一起吧！"孙长江在胡福明文稿上做了许多改动，在理论方面和引文方面做了许多补充，特别是增强了针对"四人帮"论点的现实战斗性。经吴江修改后，送给胡耀邦审阅。

胡耀邦看到此文后无比兴奋，连声叫好。他同时深思：如何使此文突破当时的新闻制度，得以顺利发表？他当机立断，于5月6日召集《理论动态》组成员在他家里讨论，由他最后定稿。胡耀邦说，这个问题关系重大，我们一定要仔细推敲，理论上、政治上都要做到无懈可击。

1978年5月10日，由胡耀邦亲自审定的《实践是检验真理的唯一标准》一文，在中央党校的内部刊物第60期《理论动态》上刊出。

次日，《实践是检验真理的唯一标准》一文，署名"《光明日报》特约评论员"在《光明日报》头版刊发。

第三天，《人民日报》、《解放军报》作了转载。接着，全国大多数地方报刊也陆续转载。

这么多新闻媒体如此迅速刊登、转载一篇文章，这在宣传工作史上实属罕见，因此立即轰动全国。

这篇文章分"检验真理的标准只能是社会实践"、"理论与实践的统一

---

① 满妹著：《思念依然无尽——回忆父亲胡耀邦》，北京出版社2011年第2版，第216～217页。

是马克思主义的一个最基本的原则"、"革命导师是坚持用实践检验真理的榜样"和"任何理论都要不断接受实践的检验"4个部分。文章开门见山地写道：

检验真理的标准是什么？这是早被无产阶级的革命导师解决了的问题。但是这些年来，由于"四人帮"的破坏和他们控制下的舆论工具大量的歪曲宣传，把这个问题搞得混乱不堪。为了深入批判"四人帮"、肃清其流毒和影响，在这个问题上拨乱反正，十分重要。

文章在"检验真理的标准只能是社会实践"这一部分里说：

一个理论，是否正确地反映了客观实际，是不是真理，只能靠社会实践来检验。这是马克思主义认识论的一个基本原理。

实践不仅是检验真理的标准，而且是唯一的标准。毛主席说："真理只有一个，而究竟谁发现了真理，不依靠主观的夸张，而依靠客观的实践。只有千百万人民的革命实践，才是检验真理的尺度。"(《新民主主义论》)"真理的标准只能是社会的实践"。(《实践论》)这里说的"只能"、"才是"就是说，标准只有一个，没有第二个。……作为检验真理的标准就不能到主观领域内容去寻找，不能到理论领域内去寻找。思想、理论的本身不能成为检验本身是否符合客观实际的标准。……因此，正是实践，也只有实践，才能够完成检验真理的任务。

马克思主义之所以被承认为真理，正是千百万群众长期实践证实的结果。……长期的革命实践证明了马克思主义是真理，终于成为国际共产主义运动的指导思想。

检验路线之正确与否，情形也是这样。……国际共产主义运动和各个革命政党的路线是否正确，同样必须由社会实践来检验。

在"理论与实践的统一，是马克思主义的一个最基本的原则"这一部分里，文章写道：

只有坚持实践是检验真理的唯一标准，才能使伪科学、伪理论现出原形，从而捍卫真正的科学与理论。这一点，对于澄清被"四人帮"搞得非常混乱的理论问题，具有特别重要的意义。

这个事实雄辩地说明，他们自吹自擂证明不了真理，大规模的宣传证明不了真理，强权证明不了真理。他们以马列主义、毛泽东思想的"权威"自居，实践证明他们是反马列主义、毛泽东思想的政治骗子。

但同时我们用这些原理去批判修正主义，仍然一点也不能离开当前的（和过去的）实践，只有从实践经验出发，才能使这些原理显出巨大的生命力……

在第三部分"革命导师是坚持用实践检验真理的榜样"里，文章列举了马克思、恩格斯对《共产党宣言》的态度不是僵化的，而是不断地根据革命实践给以修订、发展、完善和毛泽东修改他的某些观点的事例，然后说：

他们并不认为自己提出的理论是已经完成了的绝对真理或"顶峰"，可以不受实践检验；并不认为只要是他们做出的结论，不管实际情况如何都不能改变；更不要说那些根据个别情况做出的个别论断了。他们处处时时用实践来检验自己的理论、论断、指示，坚持真理，修正错误，尊重实践，尊重群众，毫无偏见。他们从不允许别人把他们的言论当作"圣经"来崇拜。毫无疑义，马克思主义的基本原理，马克思主义的立场、观点和方法，必须坚持，决不能动摇；但是，马克思主义的理论宝库并不是一堆僵化不变的教条，它要在实践中不断增加新的观点、新的结论，抛弃那些不再适合新情况的个别旧观点、旧结论。

文章在"任何理论都要不断接受实践的检验"部分里，其现实针对性更高、更突出，也更具有战斗性。文章说：

马克思主义强调实践是检验真理的标准，强调在实践中对于真理的认识永远没有完结,就是承认我们的认识不可能一次完成或最终完成,就是承认由于历史的和阶级的局限性,我们的认识可能犯错误,需要由实践来检验,凡经实践证明是错误的或者不符合实际的东西,就应当改变,不应再坚持。事实上这种改变是常有的。毛主席说:"真正的革命的指导者,不但在于当自己的思想、理论、计划、方案有错误时须得善于改正","而且在于当某一客观过程已经从某一发展阶段向另一发展阶段推移转变的时候,须得善于使自己和参加革命的一切人员在主观认识上也跟着推移转变,即是要使新的革命任务和新的工作方案的提出,适合于新的情况的变化。"(《实践论》)林彪、"四人帮"为了篡党夺权,胡诌什么"一句顶一万句","句句是真理"。实践证明,他们所说的绝不是毛泽东思想的真理,而是他们冒充毛泽东思想的谬论。

现在,"四人帮"及其资产阶级帮派体系已被摧毁,但是,"四人帮"加在人们身上的精神枷锁,还远没完全粉碎。毛主席在第二次国内革命战争时期曾经批评过的"圣经上载了的才是对的"(《论反对日本帝国主义的策略》)这种倾向依然存在。无论在理论上或实际工作中,"四人帮"都设置了不少禁锢人们思想的"禁区",对于这些"禁区",我们要敢于去触及,敢于去弄清是非。科学无禁区。凡有超越于现实并自奉为绝对的"禁区"的地方,就没有科学,就没有真正的马列主义、毛泽东思想,而只有蒙昧主义、唯心主义、文化专制主义。

党的十一大和五届人大,确定了全党和全国人民在社会主义革命和社会主义建设新的发展时期的总任务。社会主义对于我们来说,有许多地方还是未被认识的必然王国。我们要完成这个伟大的任务,面临着许多新的问题,需要我们去认识,去研究。躺在马列主义、毛泽东思想的现成条文上，甚至拿现成的公式去限制、宰割、裁剪无限丰富的飞速发展的革命实践，这种态度是错误的。我们要有共产党人的责任心和胆略，勇于研究生动的实际生活，研究现实的确切事实，研究新的实践中提出的新问题。只有这样，才是对待马克思主义的正确态度，才能够逐步地由必然王国向自由王国前进，顺利地进行新的伟大的长征。

《实践是检验真理的唯一标准》反映了广大党员和人民群众的强烈愿望，说出了人们长期以来想说而不敢说的心声。此文一经发表，在神州大地引起强烈震撼，人们拍手称快。

这篇旗帜鲜明与"两个凡是"针锋相对的文章，理所当然地遭到"凡是派"的反对，他们视它是在"砍旗"，是企图全盘"否定毛泽东思想"。

文章发表后的第三天，主管意识形态的负责同志，在5月17日表示了自己的看法，他批评《实践是检验真理的唯一标准》，要害是说毛泽东思想是"枷锁"、"禁区"，所以在理论上是荒谬的，在思想上是反动的，在行动上是砍旗的。还质问"这是哪个中央的意见？"中宣部部长紧接着把参加全国教育工作会议的各省代表团团长召集到钓鱼台。他先是委婉地说自己对这篇文章到现在还没有完全摸透，然后又让大家发表不同意见。他不肯直接地批评这篇文章，但却劝告大家要提高鉴别能力。因为，《人民日报》转载了，新华社发了，也不就是定论了。

1978年6月2日，邓小平在全军政治工作会议上尖锐批评"两个凡是"。他的讲话于6月6日在《人民日报》上全文发表，标题为《在全军政治工作会议上的讲话》。

然而，主管意识形态的负责同志当着北京数十个新闻单位领导人的面，严厉批评胡绩伟和曾涛，提出"接受教训，下不为例"的警告。

面对重重压力和阻拦，胡耀邦毫不退却，挺身而出，奋起反击。

他于5月13日下午召集《理论动态》的同志到富强胡同他家里开会，和大家商量对策。他早就说过："我不下油锅谁下锅？"此刻，他更加义无反顾，带头对"砍旗"和"反对毛主席"之类的说法，进行有力的批驳。他决定组织大家再写一篇题为《历史潮流滚滚向前》的文章。同时，跟大家研究了《理论动态》近期的几个选题。他认为人民经过"文化大革命"，绝不会让灾难的历史重演！历史潮流滚滚向前，谁也阻止不了。真理越辩越明，我们必须写这样一篇文章，讲清楚这个辩证法。

1978年6月30日《理论动态》第72期发表了《历史潮流滚滚向前》一文。同一天，《人民日报》以"岳平"署名发表此文。7月2日《光明日报》全文转载。这是从历史发展规律的高度对坚持"两个凡是"观点的回答。

真理标准问题的大讨论从此揭开了序幕。

在胡耀邦的推动下，《人民日报》、《解放军报》、新华社以及全国舆论界和各级党委，广泛、积极地参加了讨论。正如中共中央文献研究室《文献和研究》1984年第5期上发表的《胡耀邦同志传略》中说的："他组织和推动了真理标准问题的讨论，为重新确立中共的马克思主义思想路线做了理论准备。"

这次大讨论的强有力的领导者和支持者是邓小平。早在"两个凡是"公开见报的当月，邓小平对前来看望的王震谈道，"两个凡是"不行，"这不是马克思主义，不是毛泽东思想"。[①] 4月10日，他致信华国锋、叶剑英和中共中央，阐述自己的思考。其后，他又同来看望他的汪东兴、李鑫等，明确表示他对"两个凡是"的观点。5月24日，他对中央的两位同志进一步指出，"两个凡是"不行，这是个重要的理论问题，是个是否坚持历史唯物

---

① 中共中央文献研究室编：《邓小平年谱（1975～1997）》（上），中央文献出版社2004年版，第155页。

主义的问题。"马克思、恩格斯没有说过'凡是',列宁、斯大林没有说过'凡是',毛泽东同志自己也没有说过'凡是'。"①"两个凡是"不符合马克思主义。这些重要思想,为真理标准大讨论指明了方向。

邓小平说,他事前并不知道有《实践是检验真理的唯一标准》这篇文章。后来听说争论很大,才找来一看,果然写得很好,理论上、政治上都没有问题嘛,也并不存在"砍旗"嘛。

1978年5月30日,邓小平同胡乔木等谈到他准备在全军政治工作上讲话的内容时说:"有的同志对这次政治工作会议的两个提法提出了不同意见,认为新的历史条件下的政治工作的提法,同华主席讲的新的发展时期的总任务不一致;认为要保证人民解放军的无产阶级性质的提法同毛主席讲的人民军队革命本质也不一致。"他指出:"只要你讲话和毛主席讲的不一样,和华主席讲的不一样,就不行。毛主席没有讲的,华主席没有讲的,你讲了,也不行。怎么样才行呢?照抄毛主席讲的,全部照抄才行。这不是一个孤立的现象,这是当前一种思潮的反映。"②接着,他在6月2日全军政治工作会议上讲话,旗帜鲜明地针对"两个凡是"的思潮,精辟地阐述了实事求是的思想路线。

7月21日,邓小平找中共中央宣传部部长张平化谈话,要他对"真理标准"的讨论不要设置禁区。他严肃地指出:"不要再下设禁区了,不要再把刚刚开始的生动活泼的政治局面向后拉。"③从此,所有的报纸都发表这类文章。

7月22日,《人民日报》发表邢贲思题为《哲学的启蒙和启蒙的哲学》的文章。过了几天,胡耀邦又召集《理论动态》人员开会布置关于真理标准

---

① 《邓小平文选》第二卷,人民出版社1994年第2版,第38~39页。
② 中共中央文献研究室编:《邓小平年谱(1975~1997)》(上),中央文献出版社2004年版,第319页。
③ 中共中央文献研究室编:《邓小平年谱(1975~1997)》(上),中央文献出版社2004年版,第345页。

的另外一篇文章——《一切主观世界的东西都要经受实践的检验》，由王聚武执笔。经过几次讨论，胡耀邦几次修改定稿，于9月10日在《人民日报》和第84期《理论动态》发表。新华社立即转发全国。

为了正面回答坚持"两个凡是"观点的同志"砍旗"的责难，胡耀邦叫党校理论所研究室主任吴江写了《马克思主义的一个最基本的原则》一文。吴江把文稿送到《解放军报》负责编辑工作的姚远方副社长手中。姚远方立即转给了社长华楠。

胡耀邦感到主管意识形态的负责同志已经给《人民日报》、《光明日报》下了指令：不准再登《实践是检验真理的唯一标准》这类文章，怎么办呢？他在屋里来回踱步，一支接一支地抽烟，满屋烟雾弥漫。他突然兴奋地对梁金泉说："有了，找罗大将支持！"胡耀邦立即写了一封信，附上吴江的文稿，让梁金泉坐汽车亲自送到罗瑞卿家里。胡耀邦深深懂得罗瑞卿必然会支持这类文章的发表。

罗瑞卿一直非常关注"真理标准"讨论，他是对"真理标准"讨论作出杰出贡献的将军代表。

1978年5月11日，时任中央军委秘书长的罗瑞卿看了《光明日报》发表的《实践是检验真理的唯一标准》这篇文章后，拍案而起，连声叫好。他对前来汇报有关工作的华楠等解放军报社领导说："'真理标准'那篇文章，是体现了一个牵一发而动全身的大问题。听说有几位秀才还不大赞成，我想劝劝他们。"

1978年4月26日至6月6日，全军政治工作会议召开。罗瑞卿在会上指出："全军政治工作会议就是宣传实事求是的思想路线，宣传一切从实际出发，宣传实践是检验真理的唯一标准。不从根本上解决这一问题，我们不从现代迷信中走出来，就一步也前进不了。"

1978年6月2日，邓小平在全军政治工作会议上做了重要讲话之后的当天晚上，罗瑞卿就给解放军报社负责人打电话，要求《解放军报》根据邓小平的讲话精神，组织发表宣传文章。

罗瑞卿收到胡耀邦的信和吴江的文章后，当即拍板："以《解放军报》特约评论员"的名义发表此文。罗瑞卿认为，这样可以加重文章的分量。

罗瑞卿对《马克思主义的一个最基本的原则》一文的关注，并没有到此为止。在这篇文章即将见报之际，罗瑞卿亲自动手，两次修改此文。

罗瑞卿高兴地对有关编辑人员说：这篇文章很好，一定要使文章更充实，理论水平更高。他批示要在文章中引用毛主席和邓小平的有关论述，做到立论更稳，无懈可击。

文章定稿后，罗瑞卿打电话对《解放军报》负责人说：发表这篇文章可能有人反对，准备驳。又说，不要紧，出了问题首先由我负责，要打板子打我。在邓小平的支持下，文章于6月下旬以"特约评论员"的名义在《解放军报》发表，《人民日报》和《光明日报》同时转载，新华社发了统稿，进一步加快了真理标准讨论的进程。

罗瑞卿还多次打电话给《人民日报》。

主要是考虑到《解放军报》虽然是中央"两报一刊"之一，但毕竟只限于军内发行，一般的读者读不到《解放军报》，所以要扩大《马克思主义的一个最基本的原则》一文的影响，必须借助于《人民日报》转载。

罗瑞卿在1978年6月23日22时至24日凌晨2时之间，三次打电话给《人民日报》总编辑胡绩伟。在这一个接一个的电话中，罗瑞卿反复强调：如果《马克思主义的一个最基本的原则》一文发表后，要打屁股，就打我好了！

在罗瑞卿的支持下，《人民日报》消除了顾虑，决定转载。

既然是转载，那便是《解放军报》先发表，《人民日报》在翌日或晚些时再刊登。可是，《马克思主义的一个最基本的原则》一文是在三令五申"下不为例"下推出的，长达1.6万字的"重磅炸药弹"，《解放军报》一发表，必然会引起注意，很可能会受到来自高层的强大压力。

《马克思主义的一个最基本的原则》一文发表后，有人说这篇文章堪称《实践是检验真理的唯一标准》的姐妹篇；有人则认为，与包括邢贲思的《关于真理的标准问题》在内的前两文相比，这篇文章更尖锐，更泼辣。

文章分为三个部分。第一部分，"林彪、'四人帮'对理论与实际关系的根本颠倒"；第二部分，"理论指导实践的过程，同时也就是实践检验理论，而使理论得到补充、纠正、丰富和发展的过程"；第三部分，"对不可知论、怀疑论及其它哲学怪论的最有力的驳斥是实践"。

这篇文章，以其鲜明的观点，充分的依据，雄辩的事实，严密的逻辑，周详的内容，磅礴的气势，给予《实践是检验真理的唯一标准》以有机的配合和坚决的支持。这是罗瑞卿积聚其生命的最后创造力，为中国共产党、中华人民共和国、中国人民所做的最后一次冲刺！在这篇文章发表40天后的1978年8月30日，因手术中心脏病猝发，罗瑞卿告别了人间。

"真理标准"大讨论在全国轰轰烈烈地展开。1978年8月4日《人民日报》头版头条报道了黑龙江省委常委扩大会议讨论真理标准和民主集中制问题的消息，省委书记杨易辰根据实践标准做出结论说："文革"前的省委是红的，不是黑的。这个结论实际上否定了"文化大革命"对原省委的夺权，否定了毛泽东对原省委的批评。实际上是用事实表态支持了"实践是检验真理的唯一标准"这个观点。

杨易辰首次表态之后，坚持"两个凡是"的同志当然也不会善罢甘休。9月20日，胡耀邦在中央信访工作召集人会议上讲话说："落实干部政策的根据是什么，也就是干部过去的实践。判断对干部的定性和处理是否正确，根本的依据是事实。经过对实际情况的调查核实，分析研究，凡是不实之词，凡是不正确的结论和处理，不管什么时候、什么情况下搞的，不管是哪一级组织、什么人定的、批的都要实事求是地改正过来。"

10月3日，中央办公厅一位副主任不准把胡耀邦这些话写进会议文件，理由是：现在有人要翻天安门的案，这不是压中央吗？他还指责《实践是检验真理的唯一标准》矛头是指向毛主席的。有的人用主席的话批主席。他甚至说：有的不仅是针对毛主席，也是针对华主席。有的省委常委表态，黑龙江的杨易辰说五不怕，不对嘛。这股风很大，要顶住是不容易的。有人说要全面准确地理解毛泽东思想，但是做起来就不那样了。

坚持"两个凡是"论者并不认输，还继续反对实践是检验真理的唯一标准。他们在1978年11月10日到12月15日的中央工作会议上又挑起了真理标准问题的大争论。这次会上，陈云用实践标准提出了彭德怀等一系列重大案件和一些高级领导干部的功过是非评价问题，要求为这些同志平反，受到与会大多数同志的支持，突破了"两个凡是"的框框。

笔者曾专程赴京采访《人民日报》原总编辑胡绩伟，他对关于真理标准讨论进行了认真的回忆。他说："在真理标准讨论宣传中，胡耀邦同志不仅一再找作者商谈如何写作，写出初稿后如何一再修改，而且他还考虑如何发表。按一般情况，这样精彩的重要文章，应该作为《人民日报》的社论来发表。他同我讨论过几次。如果作为社论，按组织原则，必须事先送给分管宣传的中央领导同志审查，那就肯定通不过。先放在《光明日报》上发表，然后在《人民日报》上转载，作为'特约评论员'文章，这是耀邦的精心策划，是同杨西光和我一起商量决定的。这篇文章登出来的当天晚上，吴冷西打电话对我进行了严厉批评，我先用电话向耀邦同志作了通报，第二天我把记录稿亲自送给他。他说，这当然不是吴冷西一个人的意见，他是领导者的代言人，必须撰写另一篇文章来进行针锋相对的批驳。这时，《光明日报》和《人民日报》虽然受到广大读者的热烈欢迎和拥护，但也受到主管意识形态的领导同志等的严厉批评。因而在第二篇写作过程中，耀邦同中央军委秘书长、总参谋长罗瑞卿同志商量好后，用《解放军报》特约评论员的名义，在《解放军报》和《人民日报》上同天发表。这也是他同我们几个新闻单位事先约定好的,这充分反映了耀邦同志的卓越胆识和领导艺术。"

"为了扫除这场讨论的思想阻力,乘胜前进,胡耀邦继续组织力量为《人民日报》撰写了《评'左'比右好》、《端正对马克思主义的态度》、《跳出框框多想点问题》、《一切主观世界的东西都要经受实践检验》等本报评论员文章。这些都是经过胡耀邦的精心策划、一再修改过的。比如他在审阅《端正对马克思主义的态度》一文的原稿时,在'用科学的态度对待毛泽东思想,就必须以发展的眼光看毛泽东思想,决不能把它看成凝固不变的'一段话之后,胡耀邦亲笔加上了这样一段话:'这种认为革命导师说过的一切都要照搬照抄照办,而没有说过的都不敢想不敢说不敢干的态度,是直接违背马克思主义的。'

"在这个讨论开展的过程中,耀邦同志还经常指点我,要报道哪方面讨论的新闻,要注意侧重于思想理论方面的讨论,千万不要大轰大嗡,不能搞形式主义。"

截至1978年12月8日,全国除安徽、北京市以外的27个省市自治区等一把手或主要负责人、中国人民解放军各大军区、各总部负责人,均先后发表讲话或撰文表示支持关于真理标准的大讨论。一致认为,坚持实践是检验真理的唯一标准这一个真理意义的原理,是我党、我国人民又一次马克思主义的教育运动和思想解放运动。

胡耀邦"按照实事求是、解放思想的精神,组织和推动了关于真理标准的讨论,为冲破'两个凡是'的严重束缚,重新确立党的马克思主义思想路线,作了理论准备"。[①] 十一届三中全会公报指出:会议高度评价了关于实践是检验真理的唯一标准问题的讨论,认为这对于促进全党同志和全国人民解放思想,端正思想路线,具有深远的历史意义。一个党、一个国家、一

[①] 《在胡耀邦同志追悼大会上的悼词》,1989年4月23日《人民日报》第1版。

个民族，如果一切从本本出发，思想僵化，那就不能前进，它的生机就停止了，就要亡党亡国。

在中央党校拨乱反正

1977年3月，胡耀邦刚到中央党校，在与党校部分领导、教职工见面时，就热情洋溢地表示：中央决定我来党校工作，我感到担子很重。但是，有党中央的领导，依靠党校全体同志的共同努力，做好工作，我是充满信心的。他还说，现在全党、全军和全国人民的头等大事是揭批"四人帮"，党校也不能例外。相信大家的认识是一致的，是会把这件大事抓好的。胡耀邦正是凭着这种决心和信心，充分相信群众和依靠群众，用整风会议形式，发扬民主，开展工作。

经过几个月时间，一面积极准备开学，一面狠抓揭批查运动，很快就打开了局面。许多人主张把造反派头头隔离起来审查，胡耀邦为引导运动健康发展，说服大家不要那么干，坚持摆事实，讲道理，促使造反派头头不能不承认在"文革"中干的许多坏事。

这时，"四人帮"已被抓起来将近一年，但康生的问题还是没有揭露出来。直到1977年9月3日党的骨干分子整风会议上，还有人提问："对康生和他的老婆曹轶欧的问题，究竟能不能揭批？"胡耀邦当场明确回答说："一个党员，对现在的领导，直接的领导，过去的领导有意见，可不可以提呢？我看是可以提的。这是符合党的组织原则的。"不过他又谨慎地说，"对康、曹提意见，要限于在党内会议上，要把材料及时上报中央，不外传。"

由于当时的党中央对康生没有什么说法，加上"文革"期间，中央党校"红战团"有人要调查康生问题，立即被打成反动组织，"红战团"的几个负责人被投入监狱关起来。有个教员写了批评康生的大字报，立即被戴上

"攻击无产阶级司令部成员"的罪名,开除党籍,开除公职,遣送还乡,监督劳动。李广文(曾任山东省委书记,当时在中央党校工作)贴了一张揭发康生在王、关、戚问题上耍两面派的大字报,立即被打成现行反革命,收监审查。这些血淋淋的事实,怎么会不使中央党校的同志心有余悸?所以整风会议上揭发康生、曹轶欧问题还是轻描淡写,很不深刻。

1977年12月8日,哲学教研室几个同志经过商量,派人去见冯文彬(时任中央党校副教育长),请他征求胡耀邦意见,同不同意他们贴揭康生盖子的小字报。这个同志对冯文彬说:"康生祸国殃民,罪大恶极,而又隐藏很深,我们不揭开康生的盖子,不仅中央党校的揭批查运动深入不下去,全国揭批查林彪和'四人帮'的问题也深入不下去。现在中央对康生没有表态,而且有人还要保他。在这种情况下,我们考虑到不给耀邦同志惹麻烦,打算不贴大字报,而贴小字报,不贴在室外,而贴在16楼室内走廊墙上。16楼是教务处所在地,学员常来常往,能看到小字报,这就能把康生问题端到全国去。不知耀邦同志和文彬同志认为这样做行不行?"

当天中午,冯文彬经过征求胡耀邦的意见,回答这位同志:"胡耀邦同志讲了,贴康生的小字报这件事,我们既不提倡,也不反对。"这位同志高兴地说:"这个态度就是对我们广大干部和群众的极大支持。我们决定贴出去了。中央如果怪罪下来,责任完全由我们来负。"

下午,由韩树英、吴义生、卢俊忠、毛卫平等人署名的第一张揭发康生的小字报贴出来了。标题是《(中央党校造反派头头)执行的是一条什么路线?》,主要揭发所谓"康老路线"与江青("四人帮")路线完全是一丘之貉。这张小字报有意贴在16楼一层走廊西头西墙上。几小时后,接二连三又有人贴出小字报,(一直从一楼贴到三楼)。

观者络绎不绝。胡耀邦抑制不住内心的高兴,对身边的秘书梁金泉说:"听说16楼贴了揭发康生的小字报,好得很呀!咱们去看看吧。"

学员们知道揭发康生的消息后，这些来自四面八方的地司级以上干部纷纷写信、打电话回去，报告中央党校已开始揭发康生。这个信息迅速传播到全国，各地也开始有人向中央打报告，揭发康生罪行。中央党校的小字报内容，通过《情况反映》及时向中央政治局常委做了报告。

在铁的事实面前，原来说康生好话的高层某些领导，这时也不再为康生说话了。华国锋对胡耀邦说："康生这人不好，干了很多坏事。不过中国人有个传统习惯，人死了也就不再追究了。"但胡耀邦认为，在中央党校不追究康生、曹轶欧的罪行，就不能彻底清查与林彪、"四人帮"篡党夺权有牵连的人和事，揭批查运动就搞不下去。

12月中旬，中央党校还是连续召开了4天全校工作人员大会，放手让教职员工揭发康生、曹轶欧罪行。校党委决定将康生、曹轶欧犯罪事实呈报中央，请中央审查处理。会议开得很严肃、热烈，群情振奋，都说这不仅是中央党校有历史意义的事，也是全党全国一件重要的事情。

1978年底，根据胡耀邦的意见，中央党校和中央组织部共同整理出一份被康生点名诬陷的干部名册。这个材料揭露了在"文革"中被康生点名诬陷的共603人。其中党中央副主席、政治局委员、候补委员，国务院总理、副总理、全国人大常委会委员长、副委员长，国家主席、副主席33人；八届中央委员、候补中央委员58人，三届人大和四届政协常委93人；中央和国家机关部长、副部长91人；中央局和省、市、自治区党委书记、副书记，省长、副省长51人；解放军大军区一级干部11人。以上共计337人。其余266人中，大部分是老干部和社会知名人士。

这个材料由胡耀邦带到党的十一届三中全会召开前的中央工作会议上。与会的许多老同志看到后，无不感到极大义愤。十一届三中全会揭发了康生的问题，并由中央纪律检察委员会立案审查，最后由全国人民代表大会决定成立的最高人民检察院特别检察厅和最高人民法院特别法庭检察、审判，最后判决：康生为林彪、江青反革命集团的主要成员。这是全党和全国人民对康生的正义审判。

胡耀邦认为，粉碎"四人帮"以后的当务之急是拨乱反正。一是党要有一条正确的基本路线；二是要有一大批坚决执行正确基本路线的干部。"文革"中把大批好干部打成叛徒、特务、走资派，"文革"前，历次政治运动中积累下来的冤假错案也骇人听闻，拖延下去，民怨沸腾，对党和国家损失太大。

但要清理、甄别和平反冤假错案，又谈何容易！胡耀邦本着对党、对人民高度负责的赤胆忠心，坚持历史唯物主义、实事求是的精神，以"我不下油锅，谁下油锅"的大无畏英雄气概，冲破重重困难，打开了全国平反冤假错案的局面。

率先在中央党校平反冤假错案，正是胡耀邦冲破禁区、拨乱反正的突出表现。

中央党校在"文革"中是重灾区。"文革"前由于政治运动频繁，加上康生"左"的流毒，整人之多之凶是全国闻名的。1980年国防大学有位教授听了中央党校平反冤假错案的情况介绍后，感触很深，便写了一首五言诗："全国大气候，'左'得吓死人。藏龙卧虎地，细皮嫩肉身。频繁搞运动，学府多冤魂。平反清材料，三百六十斤。"经过甄别平反，销毁诬陷不实之词的材料竟达360斤重，可见当年积案之多，沉冤之重！

胡耀邦为冲破"组织枷锁"，一面狠抓清查与"四人帮"篡党夺权有牵连的人和事，一面非常重视落实党的干部政策。首先是在临时党委领导下成立了一个落实干部政策领导小组，设立了落实政策办公室，专门着手甄别工作。"文革"中被打倒的一大批领导骨干很快被解放出来，并被安排到领导岗位上，成为推动揭批查运动和筹办复校工作的中坚力量。

平反工作开始并不一帆风顺。由于抓住了康生这个罪魁祸首，所以"文革"中被他点名批判，被定为"叛徒"、"反革命"、"死不改悔的走资派"、"反动组织成员"以及"坚决执行十六字修正主义教学方针"的人，约占全校一半的干部群众就顺利、自然地得到平反昭雪，恢复了名誉。但由于对毛泽东的个人迷信还牢固地禁锢着许多人的思想，不愿意或不敢涉及"文革"前的问题。党校负责甄别工作的领导干部，对一个在1964年在批判"合二而一"时被定为留党察看二年、"文革"中又被定为"死不改悔的走资派"、开除出党的同志说："文革"中给你定的"死不改悔的走资派"给你开除出党的处分，可以平反。1964年给你留党察看两年的处分不能平反，因为那次批判"合二而一"，是毛主席领导的。

鉴于这种情况，冯文彬与胡耀邦商量，提出毛主席一再讲过"有错必纠"嘛，为什么"文革"前的问题不能甄别？胡耀邦明确地说："不管什么时候定的，不管什么条件下定的，不管什么人定的，只要是冤假错案都要平反。"于是得到校临时党委同意后，又另设一个落实政策第二办公室专门甄别平反"文革"前的冤假错案。这个同志1964年受到留党察看的处分也平反了。

从1977年夏天起，在两年多的时间里，中央党校有步骤地、认真细致地对163个案件和1358人的问题进行了复查、平反，并做了善后处理。这项工作进行得坚决、迅速和彻底，在全党、全国起了示范作用。

胡耀邦身在党校，放眼全国，为几十年来由我们党负责的冤假错案的彻底平反而奔走呼号。他首先在全国制造舆论。他到党校不久，就动员党校青年教员杨逢春撰写呼吁落实干部政策的文章。杨逢春说："我不熟悉党的干部政策呀。"胡耀邦告诉他："我请叶扬、陈中（中央党校的老教师）帮助你。"在胡耀邦的具体指导下，根据他的谈话精神，他们三人经过调查研究和精心撰写，又同《人民日报》编辑部的同志共同讨论，由他们三人署名、胡耀邦定稿的题为《把被"四人帮"颠倒了的干部路线是非纠正过来》的文章，于1977年10月7日在《人民日报》上发表。

这篇文章，正确分析了全党干部队伍状况，阐明了党的一贯的干部政策，指出要敢于冲破阻力，推翻"四人帮"强加于广大干部、知识分子头上的不实之词和所做的错误结论。文章针对性、现实性极强，充分表达了广大干部群众的愿望。此文发表后短短一个月，就收到一万多封感谢和支持信，要求中央切实平反冤假错案。有的信中说："我们看文章时，全家人哭了一个晚上。我们受林彪、'四人帮'迫害这么多年，觉得一下子我们有希望了。《人民日报》发表这篇文章，说明党中央要解决我们的问题了。"

两个月后，胡耀邦调任中央组织部长。他到任后，与中组部的同志们一起，冲破重重困难，为平反全国的大案要案呕心沥血。他在多次讲话中指出，落实干部政策决不是可有可无、可做可不做的问题，而是关系到我们党是不是实事求是、是不是分清是非的问题，是不是真正坚持原则的问题。一句话，是关系到是不是按照党章来建设马克思主义政党的大问题。

胡耀邦陆续指导中央党校那三位作者，一连又写了五篇文章，反复阐明落实干部政策、平反冤假错案的重要性、必要性和迫切性，对推动全国平反冤假错案做了及时的、有力的引导。

1977年夏天，根据党的十一大的指导思想和文件精神，党中央给刚复校的中央党校一个任务，研究党的第九次、第十次和第十一次路线斗争。就是研究"文革"中刘少奇、林彪、"四人帮"的问题，研究如何评价"文化大革命"的问题。中央党校党史党建教研室起草了一个讨论提要，由于起草的同志多年受"左"倾思想禁锢，思想很不解放，这个提要虽然作了很大努力，但仍然不敢越雷池半步，只讲林彪、"四人帮"怎样破坏"文化大革命"，仍然是肯定"文化大革命"，肯定无产阶级专政下继续革命理论，未能跳出十一大政治报告的框框，在刘少奇头上还是给戴上"叛徒、内奸、工贼"三顶大帽子。

胡耀邦对这个"讨论提要"很不满意。12月2日,在校党委专门召开的扩大会上,他说:"你们的稿子不能用,是抄的。""你们自己把历史都颠倒了,宣传了错误的东西,这个不行。""因为是中央文件就是正确的,这是什么论啊?有些文件受林彪、'四人帮'干扰就错了,就是错的嘛!我们搞党史研究工作,对'文革'这10年的历史,不要根据哪个文件,哪个同志的讲话,不能照抄照搬现成的东西,要坚持实事求是的原则,要把实践作为检验真理、辨别是非的唯一标准,否则就不是科学态度,不是研究了。"他又说:"这份提要的观点是错误的,分析也是错误的。不敢从实际出发,而是从文件出发。对文件也不做具体的分析,而是照抄照搬。研究历史,应该有自己的脑袋。"说到这里,他有些激动,声音高昂地说:"什么二月逆流,是正气凛然的二月抗争嘛!"

此言一出,语惊四座,全场哑然。

12月26日,胡耀邦在去掉刘少奇三顶帽子的"提要"稿件上批示:"这份材料发下去,意见分歧,可能发生在对刘少奇的错误这个问题上,不过不要紧,议论纷纷有好处嘛。"

"三次路线斗争"专题研究小组根据胡耀邦的几次指示,由副教育长吴江率领大家重新起草研究提要。经反复推敲,数易其稿,每次胡耀邦都亲自审阅修改,最后由他定稿。

1978年4月,共4万多字的《关于研究第九次、第十次、第十一次路线斗争的若干问题》,作为学习党的党史党建课的讨论"提要",发给全校800多个学员和几百个教职员。全校1000多人各抒己见,严肃而热烈地讨论了10天。"提要"中对"怎样进行研究"做了明确提示:"首先指出了研究党史应当遵循的三条原则:第一,完整地准确地运用马列主义、毛泽东思想的基本原理。第二,以实践作为检验真理、辨别路线是非的标准,实事求是。第三,以研究、总结第十一次路线斗争为基础,对第九次、第十次、第十一次路线斗争进行综合研究。"其中，最重要的是第二条，其中说："'只有千百万人民的革命实践，才是检验真理的尺度'。路线的正确与否，不是理论问题而是实践问题，要由实践的结果来证明。""离开实践或者闭眼不看历史事实，争论路线是否正确，除了徒劳无益，或者受骗上当外，是不可能得到任何结果的"。

在讨论过程中，有好几个小组的学员质问："这个'提要'为什么对刘少奇不写叛徒、内奸、工贼？"有的更严厉地问："谁给你们权力摘掉刘少奇的三顶帽子！"有的还问："这个'提要'为什么不提以九大、十大、十一大的文件为依据？"但是，大多数学员还是觉得开阔了思路，对"文革"中许多错误做法、错误说法纷纷提出质疑，形成对被十一大重新肯定的"文革"禁区的强有力的冲击（那时还不具备彻底否定"文革"的条件），很重要的是大家对以实践作为检验党内路线斗争是非的标准特别赞成。

这次讨论为不久在全国范围开展的关于真理标准问题的讨论做了准备，而这篇"提要"成为否定"文革"的第一声号角。

十二 平反昭雪冤假错案

担任中央组织部长

组织推动"实践是检验真理的唯一标准"的大讨论,是胡耀邦冲破"思想枷锁"的重要步骤,也是他的"第一策";1977年12月他调任中央组织部部长,他要冲破"组织枷锁",实现"冤案一理,人心大喜"的"第二策"。

1977年春胡耀邦考虑如何发动思想解放运动的同时,又殚精竭虑如何为"文革"和以前历次政治运动所造成的数以百万计的冤假错案彻底平反。10月7日,胡耀邦支持中央党校杨逢春《把被"四人帮"颠倒了的干部路线是非纠正过来》在《人民日报》上发表。文章指出:要敢于冲破各种阻力,推翻"四人帮"一伙对干部审查中的不实之词和所做的错误结论。这就为平反昭雪冤假错案做了舆论准备。

胡耀邦到中央组织部上任之前,面临着严峻的形势,也面临着严重的困境和挑战。

"文革"前,在反右斗争扩大化以后,积累了许多历史冤案,全国50多万人被划为"右派分子",其中半数以上人失去公职,多数被送劳动教养或监督劳动，有些人流离失所、家破人亡；紧接着"反右倾"，又有一大批党的干部被打成"右倾机会主义分子"，制造了像"彭黄张周反党集团"等这样的重大冤案；特别是"文化大革命"中，林彪、江青反革命集团为了夺取更大的权力，煽动"怀疑一切、打倒一切"，对广大干部和群众进行残酷迫害，制造了数百万个冤假错案，仅国家干部被立案审查的就占当时干部人数的17.5%，中央国家机关副省长及其以上高级干部，被立案审查的约占75%。有一些干部虽未立案审查，但受到错误的批判斗争。数万受迫害的干部和群众没能挺过那残酷斗争的年代，含冤离世。更多的干部和群众在苦难中怀着对党和国家事业的忠诚，怀着对历史正义的信仰，企盼着春天的到来。

粉碎"四人帮"以后，不仅受迫害者及其亲人企盼平反冤假错案，以期重见天日，广大干部群众也希望中央早日采取措施解决这些问题。胡耀邦指出，要拨乱反正，首先必须要敢闯禁区，平反冤假错案，把千百万受迫害者解放出来。这是顺应民心、振兴伟业的头等大事。只有这样，才能彻底纠正"文化大革命"的错误，打破"口将言而嗫嚅，足将进而趑趄"的极左猖獗、好人受屈的局面，把人们的积极性调动起来。

当时的中央组织部部长郭玉峰，"文革"期间曾被康生称赞为解放军几十位军政委中"最优秀的干部"。在"文革"中，郭玉峰被派往中央组织部"支左"，掌管了大权。1975年6月，郭玉峰被任命为中央组织部部长。粉碎"四人帮"以后，郭玉峰仍任中央组织部部长。在中共十一大上，郭玉峰被选为中共中央委员，他对上访者冷若冰霜，在"文革"中被打倒的中共山东省委第一书记舒同，前往中央组织部上访，要求落实政策，竟被他叫人挡在门外。

在郭玉峰看来，许多干部的案子是毛泽东定的，或者是毛泽东所领导的政治运动专案组定的，不能平反，只能"挂"着。他对广大干部平反冤假错案的要求，漠然置之。郭玉峰的冷漠态度，激怒了大批老干部。老干部们干脆写大字报，贴满了中央组织部大楼。

郭玉峰叫人把贴在办公楼的大字报撕下来送往人民日报社，以发泄对《人民日报》的不满。他认为贴大字报与胡耀邦有关，便派人将部分大字报送到富强胡同胡耀邦家里。

胡耀邦看了大字报，激动得连声说："我们不下油锅，谁下油锅！"决定进行反击，做好两件事：

第一，组织人马，再为《人民日报》写一篇文章，题目是《毛主席的干部政策必须认真落实》；

第二，建议《人民日报》把这些大字报加以整理，在内部刊物《情况汇编》上发表，报送中央。

1977年11月27日《人民日报》在头版头条位置，发表了本报评论员文章《毛主席的干部政策必须认真落实》。文章指出，无产阶级的原则是"有错必纠，部分错了，部分纠正，全部错了，全部纠正。"

为配合这篇评论员文章，《人民日报》还发表了5封读者来信。这篇评论员文章又一次在广大读者中激起强烈反响，平反冤假错案的呼声越来越强烈。

这时，《人民日报》把有关大字报整理汇编成《从一批老同志的大字报，看郭玉峰在中组部的所作所为》，在《情况汇编》发表，以报社编委会的名义送给中共中央主要负责人，引起了中央领导的重视，经研究决定，撤销郭玉峰的中央组织部部长的职务。

派谁挑起中央组织部部长这一重任呢？

叶剑英、邓小平、陈云力荐胡耀邦。这不仅因为胡耀邦早在延安时期就担任过军委总政治部组织部长，有着组织工作的经验，更重要的是，他敢"下油锅"，已经为平反冤假错案做了大量的舆论宣传工作。所以，新的中央组织部部长，非胡耀邦莫属。

1977年12月15日，北京街头寒气逼人，但中组部院内温暖如春，热气腾腾。胡耀邦调任中共中央组织部部长，上午8时许，他仅带秘书梁金泉走马上任，来到了中央组织部。坐落在西单商场北侧的中组部前院，顿时鞭炮齐鸣，广大组织部干部喜逐颜开，激情满怀地欢迎新任部长的到来。

胡耀邦面带微笑，欣喜地向大家频频点头，挥手致意。他迅疾步入会议室，立即召集处以上干部开会，向大家说明来意，表达和大家共同战斗的决心。

在12月19日召开的中组部全体工作人员大会上，胡耀邦慷慨陈词："现在可以说是积案如山，步履艰难。这山究竟有多高？是喜马拉雅山，唐古拉山，还是泰山？一时难以说清楚。仅是人人熟知的'文革'期间的重大案件，诸如'天安门事件'、'六十一人'问题、'为刘少奇鸣冤叫屈'和'恶毒攻击林副统帅'的'现行反革命'案件等等，究竟有多少受害者，谁也说不清。'文革'前的历次政治运动，究竟伤害了多少自己人，也没法说得清。还有，建国前由于历史条件而形成的一些冤假错案，如被捕被俘人员问题、延安'抢救运动'的遗留问题、'红旗党'与其他一些地下党的悬案、当年苏区的'AB团'冤案等等，又有多少冤魂在呼求平反昭雪，谁能说得清？所以说'积案如山'！"

胡耀邦说，对于新中国成立后以及"文革"中每一个冤假错案的复查和给蒙受冤屈的同志落实政策，固然是党的组织部门责无旁贷的首要任务；而对于新中国成立前的历史遗留问题，不管是由于当时的历史条件所限或战争环境影响，还是受康生等人的阻挠破坏而没有解决或解决得不彻底的，我们组织部门也要把澄清这些问题当做自己义不容辞的责任。但是，阻力可能是很大的，郭玉峰这样的极"左"人物，还是很多的。我们每向前迈一步，其艰难程度就如登喜马拉雅山，所以说"步履艰难"！

胡耀邦指出，不管如何艰难，我们也要有"会当凌绝顶"的决心。为此，他向大家提出两点要求："一是要求大家共同努力恢复和发扬党的优良传统和作风，把党的组织部门建设成'党员之家'、'干部之家'，扫除这些年来'门难进、脸难看、话难听、事难办'的官衙恶习，使每一位来访的党员、干部，不论党龄长短、资历深浅、职务高低，都能感受到一视同仁的亲切温暖，无话不可谈、无事不可求，把郭玉峰他们过去紧跟'四人帮'迫害老干部的那股阴风一扫而光。二是今后如有蒙冤挨整的老同志来找我，我都要和他们见面谈话，请任何人不要阻拦。凡是信封上写有'胡耀邦'3个字的来信，都请及时送给我，如没有我的同意，任何人不要主动代劳处理，更不能扣压。"

胡耀邦正式上班两天之后，"老干部接待组"成立，他明确指示：打开大门，撤掉楼内岗哨，对来访者礼貌相迎，把中组部恢复为"党员之家"、"干部之家"。"老干部接待组"由副部长陈野萍负责。接着又成立"安排待分配干部工作组"，由陶铸夫人曾志（中组部副部长）任组长，负责安排中央国家机关6000多名待分配干部的分配、安置工作；还成立了由杨士杰（中组部副部长）任组长的"右派工作改正组"。

各个工作组的工作人员，认真贯彻执行胡耀邦的指示，夜以继日地进行平反冤假错案的各项工作。胡耀邦更是以身作则，身体力行，竭尽全力为蒙冤受屈的同志排忧解难。

1978年1月，也就是胡耀邦到中组部上任后的第一个月，每日都有数百人到中组部上访，一个月的来信多达6麻袋。他每天平均批办30多件群众来信。3年中经他亲自批办的群众来信多达2000多件。他尽职尽责，忘我工作，连吃饭、午休的时间都找人谈话，批阅文件。无论是在机关上班，还是在家休息，他都满腔热情地接待每一位来访者。他深情地说："无事不登三宝殿。组织部既然是党员、干部之家，就要让每位求助的人都有宾至如归的感觉。"

冲破"组织枷锁"

胡耀邦选择打破"组织枷锁"的突破口是纠正极左路线下的大量冤假错案，解放数以百万计的干部和知识分子，从组织上准备中国的历史转变。这是从1977年12月他担任中央组织部长时开始的。

组织领导平反冤假错案，是同胡耀邦的名字连在一起的。

人们不会忘记早在60年代初奉中共中央之命，赴安徽查实了张恺帆及李世农、杨效椿两案冤屈、震动全国的胡耀邦。

人们不会忘记刚粉碎"四人帮"就提出"冤案一理，人心大喜"的胡耀邦。

胡耀邦在一次谈到平反冤假错案，不但要平反"文化大革命"中的，历史上一切冤假错案都要平反时，讲过一席感人肺腑、令人永不忘怀的话，他说："禁锢我们这个民族的创造力的，一种是精神枷锁，什么'一句顶一万句'，'理解的要执行，不理解的也要执行'。一直到'两个凡是'，各种各样的教条主义；还有一种是组织枷锁，历次运动积累起来的冤假错案，各种错误的组织结论，把干部、知识分子压得抬不起头来，他们的亲属、朋友，被剥夺了担任适当工作的权利，无法发挥各自的聪明才智。这样一个精神上、组织上被禁锢、被压制的不自由的民族，怎么可能与世界上的发达国家进行自由竞争？"

在胡耀邦组织推动打破精神枷锁这个"突破口"时，遇到当时的党中央副主席的种种阻力和刁难。

同样，胡耀邦在组织领导平反冤假错案这个"突破口"上，也遇到了来自他的种种阻挠。当时的党中央副主席是中央专案审查小组组长，掌握负责

"专案"的审查大权。他坚守一个信条,凡是毛主席同意审批下构成的冤假错案,一律不准平反,否则就是"损害毛主席的旗帜"。胡耀邦针对"两个凡是",提出"两个不管":"凡是不实之词,凡是不正确的结论和处理,不管什么时候、什么情况下搞的,不管哪一级、什么人定的、批的,都要实事求是地改正过来。"

当即有人问:"毛主席批的怎么办?"胡耀邦理直气壮地回答:"照样平反!"

就这样,胡耀邦以"要下油锅我先下,要上刀山我先上,要入地狱我先入"的"三先"勇气力排众议,无私无畏,为平反一切冤假错案煞费苦心,呕心沥血。

粉碎"四人帮"已一年多,但各种申诉案件和干部问题,仍然由脱离党和群众监督的中央专案组的三个办公室把持着,不许拨乱反正。中央专案组的人甚至对胡耀邦到中央组织部后进行的工作大发脾气,说:"现在的翻案风如此猖獗,都翻到我头上来啦!"

胡耀邦面对"左"的重重阻力,下决心要发挥中央组织部的职能作用。为此,他不再理睬各种议论,直接向党中央负责报告,不再受中央专案组的牵制。

他发动和依靠广大干部群众,进行平反冤假错案的工作。仅一年之内,就召开了十几次各省、市、自治区和中央国家机关各部门的座谈会,研究了数百件各种不同类型的案件。他力排众议,解放了一大批老干部。

他创办的《组工通讯》第一篇文章就是《抓紧落实党的干部政策》,文章指出,做好落实干部政策工作的基本要求是:

(一)过去受审查需要做结论而没有做结论的,要尽快做出正确结论;

(二)已做结论但不正确的,要改正过来,一切诬蔑不实之词应予推倒;

（三）可以工作而没有分配工作的，要尽快分配适当工作；已分配工作但不适当的，要进行调整，年老体弱不能工作的，要妥善安排；

（四）对受审查期间死去的同志，要实事求是地做出结论，并把善后工作做好；

（五）无辜受牵连的亲属、子女、亲友、身边工作人员中应予解决的问题，要妥善解决。

为了恢复党的实事求是的思想路线，胡耀邦多次在中央组织部会议上说："必须坚持纠正过去的错误"，"建国以来的冤案、假案、错案，不管是哪级组织，哪一个领导定的、批的，都要实事求是地改正过来。"

胡耀邦多次向各级党委和党的组织部门提出：要站在党的立场上，为那些在冤假错案中受害的同志奔走，"必须旗帜鲜明，坚持冲破阻力，一件一件地办到底"。他批评那些在落实政策中"推"、"拖"的官僚主义作风。他要求党的组织部门在平反冤假错案的工作中，要"做驱逐官僚主义的模范"，要"警惕每天在我们身边游荡的官僚主义的幽灵"。

在要求复查中央专案和召开全国组织部长会议的问题上，一连碰了几个大的"绊脚石"，胡耀邦把中组部的几位局长召来开了个会。

胡耀邦说：几个月来，在好几位老一辈的招呼下和广大干部群众的呼吁与支持下，我们平反冤假错案、落实干部政策的步子是很坚定的，但是实际进展并不像理想的那么快。第一，中央专案组审查对象的档案材料都在中央专案组手里，他们不肯交出来，也不让我们插手复查；第二，不是中央管的干部的案件，我们讲话也不顶用，连召开一个全国各省、市、自治区组织部长和中央各部委有关负责人会议，以推动一般干部政策的落实，都得由中央批准，实际上就是不让开；第三，我们主张办任何事都是实事求是，平反冤假错案、落实干部政策更得实事求是，有人就打出"两个凡是"，似乎只要是毛主席批的案子，即使不那么实事求是，也只好随他去。

"在这种情势下,我们应该怎么办?"

胡耀邦期待大家畅所欲言,建言献策,提出打开缺口的办法。与会者讨论热烈而活跃,最后议决:

第一,有人不准开百人以上的大会,就分批召开省、市、区、部委的小会,叫做"疑难案例座谈会";几个小会加在一起,不是全国也是全国的大会了。过去打仗连死都不怕,还怕多费口舌多劳累?

第二,"两个凡是"是可以打破也必须打破的。如果不打破"两个凡是",让毛主席晚年的一些十分明显的错误想法和做法继续照样执行,一切的一切还是以"阶级斗争为纲",还是让全国人心涣散、相互戒备、相互斗来斗去,我们这个国家的任何主义的现代化都谈不上。因此,凡是不愿意亡党亡国的同志,都必须挺直腰板与这种错误思潮作斗争。立即向部分省、市、自治区党委组织部长发通知,请他们带着一些最棘手的疑难案例来开会,一个又一个小会接连着开,坚决冲破不准开大会的壁垒。

那么谁来主持这一系列座谈会?

胡耀邦与这几位局长谈话后经过一番思考,决定由中组部调查组的高奇具体操办省、市、区组织部长分批参加的座谈会。

胡耀邦把高奇请到自己办公室,对他说:"你来具体操办'疑难案例座谈会',怎么样?"高奇说:"我还没主持过这样的会,中央又没有解决疑难案件的政策界限。"

"政策界限一时还没有,"胡耀邦说,"这得靠我们去讨论实践。我现在只能给你四个字:实事求是。你就按这个精神去掌握。"

高奇仍面有难色。他说:"您已知道我资历浅,而座谈会要研究的案例,许多都是省部级领导干部的问题,我……我……"

胡耀邦走到高奇面前,指着他说:

"你还记得《论语》中的这句话吗?'见利思义,见危受命'。还有,李大钊同志有一句名言：'铁肩担道义，妙手著文章。'你这也是见危受命，去担起我们党的道义。在目前形势下，我们不下油锅，谁下油锅？"

"再说，如果以后形势有了'重大变化'，首先处分我，然后再处分你，怎么样？因为是我叫你干的！"

高奇被深深地感动了。他觉得，胡耀邦这一言一行，都体现出一位真正共产党人的非凡胆略和勇气，对党对人民的极端负责精神，他应该学习。他霍地站起来，握着胡耀邦的手："胡部长，您放心，我一定尽我最大的努力，按您的意见办好这件事！"

随后，第一次座谈会于1978年2月下旬在万寿路中组部招待所举行。

这是没有主席台的、座次不分高低上下的大型圆桌会议。胡耀邦也在座，他的座位前也没放写有"胡耀邦"三字的牌子。事前他对安排座次的同志说："大家都是同志，'排排坐吃果果'，最亲切。"

座谈会结束时，胡耀邦向参加座谈会的同志以及中组部的同志讲话。他的第一句话是："为什么要采取座谈会形式？"

有人回答："这是走群众路线。"

"对！"胡耀邦说，"这就是走群众路线。实事求是与群众路线是分不开的。群众路线走得好，实事求是就可能做得更好。"

谈到会议主题时，胡耀邦说："在我们党内，无论如何不能委屈人。大家都是为了革命走到一起来的，怎么能够委屈别人呢？每个人自己最了解自己；有了问题，一定要听取本人对有关情况的陈述，任何人不能武断地下结论。这也是走群众路线的一个方面。关心和爱护干部，错就是错，都讲在明处，绝不能搞两本账。什么'内控'、'内挂'的做法，在战争年代，敌人分割封锁、交通不便、活动艰难的情况下，一时很难搞清问题，迫不得已地这样做还情有可原。但在和平时期，交通四通八达，如果还习惯成自然地这么来，就是存心整人，是不可原谅的。至少，这是对革命工作、对革命同志的不负责任。"

他接着说:"请同志们来,目的只有一个:认认真真地平反冤假错案,切切实实地落实好干部政策。有什么十分难办的疑难案件,择其典型拿到这个会议上讨论研究,各抒己见,集思广益,求出一个最妥善的解决办法,来突破我们面临的'哥德巴赫猜想'……"

后来根据会议不断提出的一些问题和分歧意见,胡耀邦的讲话越来越深刻,越来越近于同"两个凡是"的直接交锋。

他先后讲过这样一些问题:

全国究竟有多少冤案?每一个冤案究竟牵涉到多少人?单是波及全国的"新内蒙古人民革命党"大冤案,在内蒙古自治区内就有数十万人遭殃,其中数万人被刑讯逼供而终身残疾,上万人含冤而死……这么多的冤屈,都有待于大家去昭雪。至于占总数三分之二以上的副省级、副部级以上高级干部被强加的罪名,最轻的也是"走资派"、"执行资产阶级司令部的反动路线"、"派工作组镇压革命运动",其他的则都是"踏上一双脚,永世不得翻身"的。还有成千上万的"5·16分子"。"什么'5·16'?不就是那3个阿拉伯字吗?有什么大不了的?"

可是,到目前为止,不但平反这些冤假错案的进度缓慢,就是与干部审查不沾边的、去"五七干校"劳动尚未分配工作的干部,全国就以几十万计,这怎么得了?召开这样的座谈会,不但要认真研究解决疑难案件,同时也要研究尽快解决这许多同志的工作分配。关于疑难案件的正确解决,必须打破专案工作的神秘化,坚持实事求是,有错必纠。对于历史上做过结论的案子,"文革"中又翻烙饼的,必须予以精察细看,看看这个"翻"究竟有没有必要?如果原来的结论基本正确,组织部门理应维持;如果发现新问题无关大局,也不能影响原来的结论。

对于"有些案子是毛主席定的,绝对不能翻"的说法,胡耀邦说:依我看，这种说法未免太绝对化了。小平同志说过，要完整地、准确地理解毛泽东思想，而不能孤立地、割断历史地对待毛主席的某一个决定和某一句话。对毛主席他老人家，我认为我们应当这样看：第一，毛主席很伟大——主要是在他的领导下，我们党才取得了革命战争的胜利，建立了新中国，哺育成长了一代又一代新人；第二，他也不是完人，特别在他的晚年，他也有缺点错误，有些缺点错误还不能说不严重，如他发动和领导的"文化大革命"就是一个例子；第三，正是遵照马列主义、毛泽东思想的原理，我们党能够自己纠正自己的错误，包括毛主席他老人家的一些错误。

这就是对待毛主席的"三点论"。请同志们想一想：对待他老人家是不是可以用这"三点论"。如果这"三点论"可以成立，那么对过去的许多疑难案件，当初不管是什么时候、什么人定的批的，哪怕就是他老人家定的批的，或是他老人家"圈阅"同意的，只要是错了的，都应该实事求是地予以平反改正；而且在哪个场合或范围弄错的，就在原来的场合、范围内平反改正，有的还得登报消除影响，不能含糊。

座谈会上有同志说：必须以共产党人的光明磊落态度，来彻底纠正一切错误。

胡耀邦说：我举双手赞同这些同志的意见。因为我们的革命成果来之不易。它是我国人民在我们党的领导下，经过了几十年的艰苦斗争得来的，是千百万同志和党外志士仁人用鲜血换来的。尽管在我们前进途中遭受过多少个挫折，吃了无数的苦头，但我们也从挫折中吸取了教训，善于倾听实践的呼声及时猛省，努力改正，力求避免再发生全局性和长期性的错误，奋起扫除我们队伍中的一切阴暗面，如果仍用人民授予的权力掩盖和否认已存在的错误，那么这种掩盖和否认，比那些错误本身更不可原谅。唯一的办法，在当前，就彻底地平反冤假错案，全面落实干部政策和其他各项政策，快刀斩乱麻，真正扎实地干下去，不能再"口号喊得凶，干得很稀松"，更不可再干新的丧尽人心的事。这就需要我们真正地在党和人民的立场上，把每一个冤假错案的平反坚决办到底。同时要坚决反对落实政策中的推脱敷衍的官僚主义作风。都做驱逐官僚主义的模范，时刻警惕在我们身边游荡的官僚主义幽灵。对于过去在"审干"工作中违反过党的实事求是原则、冤屈了一些好同志或犯有其他类似错误的人，只要认识了错误并表示坚决改正的，我建议"多换思想少换人"，团结起来迈大步。

平反冤假错案

1978年3月21日至4月24日，中央组织部分三批召开了中央国家机关和部分省、市、自治区研究疑难案件座谈会。胡耀邦每次讲话强调，落实干部政策决不是可有可无、可做可不做的问题，而是关系到我们党是不是实事求是，是不是是非分清的问题，是不是真正的坚持原则的问题。一句话，是关系到按照党章来建设马克思主义党的大问题。会后，各地区、各部门克服了行政管理困难，排除重重干扰，推进了落实干部政策、平反冤假错案的工作。

自从胡耀邦在中组部上任以后，不但中组部大门前有许多上访者，就在东城富强胡同6号胡耀邦住宅前，也常常聚着上访人群。胡耀邦早对门卫人员打了招呼："对找我申诉的上访人员，一律不要阻拦。"

一天大清早，武汉钢铁设计院党委书记朱鸿翔，来到耀邦的家门前。他向门卫说明了来意，就直奔后院，毫无阻碍地进了胡耀邦卧室。胡耀邦夜间与《人民日报》的同志研究修改一篇文章，凌晨两点才睡觉，这时还没有起床。他听到匆匆的脚步声，便一骨碌坐起来，忙问有何事。朱鸿翔说明了身份，说是上访要求申冤的。

胡耀邦边穿衣服边说："你来找我可找对了。有什么冤苦，请说吧。"

原来朱鸿翔的妻子周苏是中共湖北省委组织部的干部处长,"文革"中遭到"四人帮"死党的残酷迫害,被活活打死,一直没有人为她平反昭雪。胡耀邦动情地说:"我一定要为周苏同志彻底平反!"

这时已是早晨7点钟了。家里人招呼胡耀邦快吃早饭好上班。

胡耀邦匆匆刷牙抹把脸,带着朱鸿翔来到小餐室。餐室里已有几位上访人。

胡耀邦请他们一一在长条餐桌的两旁坐下,自己坐在一头边喝稀饭边说:"时间紧,只能这样和大家说话了,请同志们原谅!"

他接着对朱鸿翔继续说:"我们一定会为周苏同志彻底平反。但现在冤假错案积累如山,请你给我们一点时间。你看给我们3个月的时间行不行?如果过了3个月,周苏同志的冤案仍未平反,你不妨再来找我,你看怎么样?"

朱鸿翔连连应声"好好好"。胡耀邦这才转向另一位上访者。等他放下饭碗,6位上访人都已谈了话。他与他们在住宅门前一一握手,才登车去中组部。

不到3个月,周苏的冤案就彻底平反了。

1978年6月25日,邓小平在要求为"薄一波等六十一人叛徒集团"案平反的申诉材料上批示:"这个问题总得处理才行。这也是一个实事求是的问题。"① 胡耀邦以此为契机,大力推动整个平反冤假错案工作。

1978年8月初,叶剑英对胡耀邦提出:党的历史上的功过是非,要"坚决不动摇地弄清楚,不论是什么时期,不论什么人,来一个彻底的唯物主义"。② 胡耀邦立即向中组部传达了叶帅的意见,要求结合实际,深入贯彻

---

① 中共中央党史研究室著:《中国共产党历史(1949~1978)》第二卷,中共党史出版社2011年版,第1029页。

② 中共中央党史研究室著:《中国共产党历史(1949~1978)》第二卷,中共党史出版社2011年版,第1030页。

执行。

1978年9月,中共中央办公厅发出通知,决定召开全国信访工作会议,研究如何处理日益增多的申诉信和上访人员,如何落实政策才算执行了毛主席的正确路线。

这次会议是胡耀邦刚到中组部时就向中央建议举行的。汪东兴让胡耀邦主持这次会议,并做重要讲话。胡耀邦非常重视这次讲话,他请来政研室和干审局的一些同志研究并协助起草讲话稿。有人提出胡耀邦最好不要去参加这次会议,理由是:"人家正要找你的碴儿,你还送上门去?"

胡耀邦理直气壮地说:这正是广泛动员平反冤假错案的最好时机,是踏破铁鞋也难找的最好讲坛,我们绝不能放过。我们要永远记住这八个字:坚持真理,旗帜鲜明。尤其是在有关党和人民利益的是是非非上,赞成什么,反对什么,更要明确表明自己的观点。那种不讲原则"你好我也好"的庸俗腐朽作风,是同我们党的性质水火不相容的。"两个凡是"说到底就是搞个人崇拜。我相信我们党总有一天将会做出这样的历史性决议:永远禁止个人崇拜。因为一搞个人崇拜,就根本谈不上什么民主,谈不上实事求是,谈不上解放思想,就必然要搞封建迷信。林彪、"四人帮"搞了这么多年的个人崇拜,对全党全国造成的危害之大,难道还不够吗?

胡耀邦说到这儿,在座的有人说:"您说得都很对,但是现在人家既然一直强调'两个凡是',就会说我们这是'砍旗',而且在'真理标准'文章出来时就已经有这种议论了。对这种谬论的反驳,我们要想得周全些。"

胡耀邦接着说:"说得对。关于如何正确对待毛主席,我们与'两个凡是'论者有原则的区别。对待完整准确的毛泽东思想和正确的思想路线,我们一定要遵循不变;对毛主席晚年的错误,则绝对不能延续不变,否则,就是对党对人民的不忠。"

这次谈话后,一连数日,胡耀邦在办公室一有时间就向政研室的苗枫林等同志口授全国信访工作会议讲话的主要内容,委托苗枫林起草讲话稿。对胡耀邦的这个讲话,苗枫林认为非同小可,很可能引发一场不小的争论。他在起草过程中,尽量把观点阐述得十分周密,无懈可击。

胡耀邦接过苗枫林送来的稿子过目后,仍然觉得不理想。苗枫林劝阻胡耀邦:"最好等时机成熟了再讲为好。"

胡耀邦义无反顾地说:"怕什么,就是下油锅,也总得有人下嘛!"

接着他叫几位"秀才"到他家一起研究改写。那天,他坐着小木板凳,伏在客厅的茶几上,亲自执笔,边议边改,一直忙到晚上10点。就是在这篇稿子里胡耀邦提出:"经过对实际情况的调查核实,分析研究,凡是不实之词,凡是不正确的结论和处理,不管是什么时候、什么情况下搞的,不管是哪一级组织、什么人定的和批的,都要实事求是地改正过来。"

讲话稿送审时,"两个不管"这段话被删去了。但胡耀邦在9月20日的会上正式讲话时,还是顶住压力照讲不误。

与会同志听后很受鼓舞,许多地方参加会议的同志在听完讲话的当晚,就把讲话的主要精神通过长途电话传向了全国各地。大会秘书处在编发《简报》时,删去了胡耀邦讲话的精髓——"两个不管"。接着,续出的《简报》借用某些会议代表之口,对胡耀邦的讲话进行了一系列批评指责。

有人问胡耀邦:"如果是毛主席批的、定的案子,你怎么办?"

胡耀邦说:"我相信,如果他老人家还健在,也会恢复他一贯倡导的实事求是原则。所以,对他老人家过去批的定的被实践证明了的冤假错案,我们也应该平反改正。"

又有人说:"不管什么时候、什么人批的定的,这说法未免太大而无当了。如果这说法可以成立,那么国民党时代定的冤假错案,难道也得由我们去平反?"

胡耀邦当即严词正色道:"国民党统治都被我们推翻了,他们搞的冤假错案就自然而然地都被平掉了嘛!"对方被驳得哑口无言。

胡耀邦"两个不管"的名言很快得到广大干部群众的拥护，成为落实干部政策、平反冤假错案的锐利武器。

1980年党的十一届五中全会制定《关于党内政治生活的若干准则》时，将"两个不管"吸收进去，成为党的法规。

一时间，一些省、市、自治区领导人、部门负责人纷纷写文章、发表讲话，消除阻力，落实干部政策，平反冤假错案的实际工作大大突破了"两个凡是"的框框和禁区，不仅平反和纠正了因反对"四人帮"而遭受迫害和不公正处理的冤假错案，而且开始平反和纠正"文化大革命"中乃至以前的冤假错案。

到1978年底，一部分中央和地方受迫害的干部和各条战线上的专家、劳动模范、先进工作者的错案得到平反昭雪，恢复名誉，重新工作。

在此期间，从中央到地方，也开始清理"文化大革命"中定为反革命的案件28000多件，到1978年底，已复查的占24%。同时，各级组织在落实干部政策中，还开展了清理干部和职工的档案工作，把打击迫害干部职工的诬陷材料、派性材料和其他不应收入档案的材料清理出来，予以销毁。

其后，中组部《组工通讯》发表了胡耀邦在信访工作会议上的讲话全文，完全恢复了"两个不管"。

胡耀邦告诫人们，做好落实政策工作，是事关恢复和发扬我们党实事求是的优良作风，促使整个国家政治经济形势好转，调动积极因素，迎接新的历史任务的大事，是关系到能否"任用人才"、"留住人才"和"实现四化希望"的大事，要"破除知识分子不能当党委书记的陈腐观念"。他要求各级领导认真负责地处理群众来信。他自己以身作则，每天都认真阅读处理群众写给他的信，做到了件件有着落。

胡耀邦一再谈道："中兴伟业，人心为上"，在新的历史时期，应下大决心把一大批干部解放出来。但在每一个地区、每一个单位、每一个领导干部，对有些问题的认识并不完全一致，还被包围在"权威第一"、"面子至上"的我行我素之中，一些冤假错案很难平反，从胡耀邦的有关批示中可以看出他对拨乱反正的决心，也可以看出解决这些问题的反复性和艰巨性。

1981年6月7日，他对一封申诉信批道：

现在我们仍有些党委或组织部门，总以一些不能成为理由的理由，将一些该负责处理或解决的干部问题推脱不管，致使不少同志的问题长期无人负责，拖着不办。退一步说，即使某个干部的问题确实该由别的单位负责处理和解决，但告到你那里来了，你也该站在党的立场上，看看是否该解决。如果该解决，也应该替这个同志奔走到底，而不能采取一推了之的态度。采取这种态度，何年何月能够成为"干部之家"？怎么能说得上主动地为党工作？这个事你们要好好抓一抓，在《组工通讯》上发点讨论，介绍一些好典型，批评某些错误的态度。

1981年6月13日，他在一封上访信上批道：

我完全不清楚申诉人的情况，如果申诉是实情，要请上海迅速解决。解决的办法，不必层层转，可以一竿子插到底。解决时，也不必再搞可有可无的繁琐查证，把基本情节弄确切了就可拍板（但一定要确实），这样才能提高工作效率。现在我们不讲"多快好省"了，其实，任何工作都有个"多快好省"的问题。什么事拖拖沓沓，繁琐得要命，怎么可以谈得上工作效率？

1981年7月5日，他对一封来信批道：

我已提过多次，革命队伍中应充分发扬工作中的主动性，争先恐后地工作，旧社会都把"路见不平，拔刀相助"，看成是志士仁人的美德，为什么我们队伍中却要斤斤计较这件事是归他人负责还是归我负责？……现在，大家都在喊反对官僚主义，其实官僚主义这个幽灵每天都在我们每个人的身边游荡。我希望组织部门，首先是中央和省市两级组织部门，更好发挥工作中的主动性、创造性，做驱赶官僚主义的模范，从而带头在这个方面扭转我们的党风。

1981年12月5日，他在一份简报上批示：

这种情况竟出现在中央的鼻子底下，真是难以想象。某些部门和某些干部如此胆大妄为地藐视和抵制中央政策而受不到制止和揭露，我认为原因之一就是我们缺乏自上而下的检查、督促。在这种情况下，许许多多好党员好干部只好闭口不言或等待时机，而极个别的专搞歪门邪道甚至同"四人帮"仍有藕断丝连的人，就公然我行我素，专横跋扈起来。这个潜伏的危险，我们必须心中有数。出于此，我主张抓住这件事不放。

1982年6月26日，他对一封来信批示道：

据我观察，党外尚有不少朋友的政策根本没有落实好。老实说，我对有些部门不了解实际情况，不密切联系群众，不坚决改正领导中的不良作风是感到很遗憾的。

这个案子请中组部、统战部立即交民航迅速处理。不要再繁琐考证了（当然"文化大革命"后的几个情节要稍加查证一下），也不要再实行"哪级党委定的由哪级党委改正"这个误大事的办法了，由中组部和民航总局共同决定执行。

1982年10月20日，他在一份简报上批示：

我说过多次，落实政策问题要发现一个就严格检查一个，正确处理一个。否则，可能拖上10年还得不到圆满解决。现在，一切工作都要抓到实处，禁止老发一般化的指示、号召。

这一类的批示、批语不胜枚举。从胡耀邦对待一些很难平反昭雪的冤假错案和一些本该按政策给予落实的冤案，都充满感情地给予关注。这就是后来人们称赞胡耀邦一生干的实事、正事！

与胡耀邦相处了10年之久的吴江，在他著的《十年的路——和胡耀邦相处的日子》一书中说：

平反冤假错案自非胡耀邦一人之功，非胡耀邦一人之力；但胡耀邦对平反出力最大，最有胆识，态度最坚决，断案最公正，这是无人能够否认的。中国共产党内人才可谓多矣。胡耀邦之所以能够在反"左"与平反冤假错案方面敢作敢为，全凭他抱有共产党人的一颗赤子之心，敞得开胸怀，容不得半点个人杂念和半点派别成见，痛恨整人之戚，痛恨以整人之术作为向上爬的手段，痛恨将自己的权位建立在别人的冤屈和痛苦基础之上。环顾今日共产党，雄才大略位高权重者固不乏人，但像胡耀邦那样在风波诡谲、派别林立的政坛中能够终身怀抱赤子之心始终表现出献身精神者，则实属凤毛麟角!

接替胡耀邦担任中央组织部部长的宋任穷在其晚年的回忆录中,对胡耀邦这一时期的贡献做了实事求是的肯定,他说:

> 耀邦同志逝世后,党中央的讣告中,肯定他1978年担任中央组织部部长为拨乱反正、平反冤假错案、落实干部政策做了大量的工作,表现出非凡的实事求是的胆略和勇气,立下了不可磨灭的功绩。我觉得是很客观公正的,当之无愧的。耀邦同志在中央组织部的工作,功不可没。

1978年11月10日至12月15日,中央工作会议召开。根据邓小平的提议,会议先用两三天的时间讨论从1979年起把全党工作重点转移到社会主义现代化上来的问题。陈云在分组讨论中指出:发展安定团结是保证党的工作重点顺利转移的关键。为此,要解决"文化大革命"中遗留的一大批重大问题和一些重要领导人的功过是非问题。他提出:"要肯定天安门事件是'一次伟大的群众运动',要肯定彭德怀对革命的贡献,要为薄一波等六十一人所谓叛徒集团事件,为陶铸等人的问题平反,为在文化大革命中被错定为'叛徒'的人平反。"①

邓小平12月13日在中央工作会议闭幕会上发表讲话,他指出,"这次会议,解决了一些过去遗留下来的问题,分清了一些人的功过,纠正了一批重大的冤案、错案、假案。这是解放思想的需要,也是安定团结的需要。目的正是为了向前看,正是为了顺利实现全党工作重心的转变。我们的原则是

---

① 中共中央文献研究室编:《邓小平年谱(1975~1997)》(上),中央文献出版社2004年版,第431页。

'有错必纠'。凡是过去搞错了的东西，统统应该改正"。①

这次会议为随即召开的十一届三中全会做了充分准备，掀起了全面平反冤假错案的高潮。

胡耀邦在邓小平、叶剑英、陈云等的支持下，为一大批受冤屈的领导人、为一些历史事件、为中央一些部门案件平反，建立了不可磨灭的历史功绩，将永载史册。

继十一届三中全会为彭德怀、陶铸等人平反后，又相继为党、国家、军队的一些领导人，为一些民主人士和个人平反。

自1979年1月起至1980年，经中共中央批准，就先后为彭真、肖劲光、陆定一、谭震林、罗瑞卿、肖华、黄克诚、李德生、瞿秋白、杨尚昆、李维汉以及"杨、余、傅事件"、"习仲勋反党集团"等公开平反昭雪。

据不完全统计，在此期间，经中共中央批准平反的影响较大的冤假错案有30多件，全国共平反纠正了约300万名干部的冤假错案，47万多名共产党员恢复了党籍，数以千万计无辜受株连的干部和群众得到了解脱。

大量冤假错案的平反昭雪，是拨乱反正最有说服力的例证。

全部摘掉"右派"帽子

1978年春，根据形势的发展和现实情况，复查"反右派"、"反右倾"、"四清"运动中的遗留问题很快提上了议事日程。

为解决"右派"改正这一大难题，胡耀邦领导和组织召开了一系列会议，以便统一认识，排除"两个凡是"的干扰。全国在"反右派"斗争中被戴上"右派"帽子的有55万余人，从1959年建国10周年开始到1964年，先

---

① 中共中央文献研究室编：《邓小平年谱（1975～1997）》（上），中央文献出版社2004年版，第451页。

后摘去5批"右派"帽子共30余万人,还有10多万人未摘掉"右派分子"帽子,即便过去已经摘掉帽子的都尚待给予妥善安置。

对"右派分子"摘帽、改正和安置工作是党中央的重大决策,势在必行。1977年10月,胡耀邦先在组织部内成立"改正右派办公室",由杨士杰副部长负责。接着组织由中央统战部、公安部牵头,中组部、中宣部、民政部配合的5部"摘帽办公室"。

为了达成共识和统一步伐,1978年6月,胡耀邦主持召开了由中组部、中宣部、中央统战部、公安部、民政部负责人参加的"烟台会议"。1978年9月,经中央同意,中组部召集5个部的负责人继续在北京开会,研究错划"右派"的改正工作。胡耀邦预计,由于人们还未完全摆脱"左"的束缚,估计会议可能会发生争论,果然不出他所料,会上发生了激烈争论。

主要有两种主张:坚持只"摘帽"、不改正的人认为,过去的是非已经过去了,没有必要再一一清账,如果几十万右派都改正过来,全党就乱了套了。而坚持既要摘帽、又要改正的人则认为,必须坚持实事求是、有错必纠的原则,只有将冤假错案都纠正过来,才能分清是非,增强团结,促进事业发展。经过激烈争论,后一种意见得到绝大多数与会者赞成。中央采纳了多数人的意见,于9月17日批转《贯彻中央关于全部摘掉右派分子帽子决定的实施方案》,明确提出:"对于过去错划了的人,要做好改正工作。有反必肃,有错必纠,这是我党的一贯方针。已经发现划错了的,尽管事隔多年,也应予以改正。"①自此改正错划右派工作迅速在全国推开,到1980年,全国有54万多名错划右派得到改正。

有人惊疑地说:"这是怎么回事?改正得太多了!"胡耀邦坚定地回答:"当年猛抓'右派'的时候怎么不嫌多?"

---

① 中共中央党史研究室著:《中国共产党历史(1949~1978)》第二卷,中央党史出版社2011年版,第1030页。

有些人又提出疑问:"有些大'右派'是毛主席点了名的呀!改正了,对着谁?"

胡耀邦果断地回答:"毛主席说错了的也得平反,不然怎么叫实事求是?毛主席是最主张实事求是的,他一贯主张有错必纠,错了就改,这正是贯彻执行毛主席的路线嘛。"

绝大多数"右派"得到改正,但有些较复杂的案件迟迟得不到落实,"大右派"葛佩琦就是其中之一。

葛佩琦,中国人民大学原工业经济系讲师。"一二·九"学生运动中,他积极参加学生运动,成为有名的活动分子(曾担任人大学生会副主席),1938年加入共产党,后被党选派到国民党军队做地下秘密工作。在虎穴中,他以对党的无限忠诚忍受着随时都会牺牲生命的煎熬,为党的事业作出了贡献。由于善于隐蔽,灵机应变,他官至国民党东北行辕沈阳少将督察。1948年因与他单线联系的地下党员牺牲,葛佩琦失去了与党组织的联系。

新中国成立后,葛佩琦脱掉戎装,转到中国人民大学任教,当了一名普通教师。

1957年整风运动大鸣大放中,葛佩琦由于性情耿直,敢于直言,他在人民大学组织的座谈会上,发表了一通措词激烈的讲话。

他的发言,被人断章取义,加以歪曲,无限上纲,刊登在5月31日的《人民日报》上。接着,《人民日报》连篇累牍指名道姓登载批判葛佩琦的文章,各地报刊纷纷转载"葛佩琦反共论"。就这样,葛佩琦成了妇孺皆知的"大右派"。

这年12月,因他担任过"国民党少将",是"历史反革命分子"被予以逮捕,锒铛入狱,被判无期徒刑。

整整18年,他饱尝牢狱之苦,直至1976年,经全国四届人大常委会第二次会议决定,对在押的原国民党县团以上党政军特人员,全部予以宽大释放，他才回到北京，住在一间几平方米的斗室，苦度余生。

由于他是"国民党少将"，货真价实的"历史反革命"，尽管他再三申诉，都无人置理。

百般无奈时，他想到了胡耀邦。1978年底，葛佩琦步履蹒跚地来到了中组部。时任中组部部长的胡耀邦，事先在了解葛佩琦的冤屈之后，他让宣教干部局的有关同志接待他，按照"实事求是，有错必纠"的原则，对他的问题进行复查。宣教干部局的一位女同志告诉他："胡部长本来要接见你，事不凑巧，今天他开会去了，你过几天再来吧。"

12月27日上午8时，葛佩琦再次来到中组部，接待他的宣教干部局局长郝一民，对他非常热情，亲切地称他为"同志"。这是他几十年来第一次听到党的干部第一次称他为"同志"，他激动得热泪盈眶。郝一民告诉他："胡耀邦同志对平反冤假错案极为关切，你有什么要求可以尽量提出来，不要有顾虑。"

葛佩琦陈述了自己的革命经历和1957年的蒙冤经过之后，提出了三点迫切要求：一、请求恢复党籍；二、请求改正把他错划为"右派"的决定；三、请求为他彻底平反错划"右派"后的冤案。

根据郝一民的提示，葛佩琦将自己的经历和要求写了一份材料交给中组部，批给中国人民大学进行复查。

中国人民大学"右派摘帽"办公室的负责人，给他答复说："我们研究研究再说。"

葛佩琦望眼欲穿，整整等了7个月，"研究研究"仍无结果，他不知道他们要"研究"到何时。

他急不可耐地等待到11月12日，中国人民大学党委在"结论"上写道："属于错划，不予改正。"葛佩琦犹如挨了当头一棒，叫苦不迭，但痛下决心：我要继续申诉！

他上访了中央几个有关部门，接待的人员都表示：阻力太大，爱莫能助。有的部门把他的申诉材料也给退了回来。

在他申诉遇到重重阻力，"山穷水尽疑无路"之时，他向原任人民大学党委常委的李逸三求援，向他写了一封信，请他协助解决他的问题。李逸三接到葛佩琦的来信仅两天，就展纸挥笔，向胡耀邦写了一封言辞恳切的信。

葛佩琦决心要亲自见见胡耀邦。1980年4月2日，暮春的北京，万树吐绿，百花争妍。葛佩琦带着申诉材料和写给胡耀邦的信，来到北京东城区富强胡同6号胡耀邦家门口。当时胡耀邦不在，他把信留下。

胡耀邦在夜深人静之时，认真地看了葛佩琦的申诉材料，找出了问题的症结所在：以前只在中组部找他的组织关系，看来不行，必须到中央调查部去找。于是他直接请原任中央调查部负责人的罗青长协助查办。他终于在中央调查部保存的延安有关档案中，找到秘密党员葛畔珩的名字——葛佩琦的原名。同时，胡耀邦对葛佩琦的申诉材料给予了批示。

次日下午，葛佩琦如约来到了胡耀邦的家门口，刚按电铃，那位工作人员就将一个牛皮大信封交给他并关切地说：

"胡耀邦同志给你批好了，你拿着这封信去中组部找陈野苹副部长。"

葛佩琦用颤抖的手接过竖写的大信封一看，只见右边写着"中组部"3个字，中间写着"陈野苹副部长"收，左下方落款是"胡耀邦"3个大字。

葛佩琦大喜过望，怀揣大信封赶忙回到大杂院自己的斗室内，按捺不住激动的心情，拆开信封一看，映入眼帘的是胡耀邦刚劲有力的亲笔批示："请野苹同志指定专人，督促有关单位对葛佩琦同志落实政策。"

他再仔细一看，发现自己在匆忙中，将申诉信落款时间写成了"1980年3月2日"，而胡耀邦用红铅笔把其中的"3"字改成"4"字。

虽然葛佩琦未能见到胡耀邦，但从他的亲笔批示，特别是一字之改，可见胡耀邦办事何等严肃认真，对工作何等负责任！若干年后，每当忆起胡耀邦为他平反冤案，他总是喜不自禁，感激之情溢于言表。他深知，没有党的十一届三中全会拨乱反正，没有耀邦同志"我不下油锅，谁下油锅"的非凡胆识和勇气，就没有他葛佩琦的今天！

果然，自从有了胡耀邦的批示后，中组部加快了复查葛佩琦案情的进度。三年闯三关：

第一关，1980年12月15日，反革命冤案得以平反。

第二关，1982年3月18日，错划"右派"得到改正。

第三关，1983年5月23日，恢复党籍，党龄从1938年7月算起。

1985年9月9日，《人民日报》头版刊登《胡耀邦至今批阅人民来信两千件》一文，葛佩琦阅读后感奋不已，联想到胡耀邦对他要求平反申诉的批示，挥笔抒情，写下了《总书记批阅第二千零一封人民来信》一文，刊登在1985年11月17日《人民日报》海外版，表达了他对胡耀邦的无限感激之情。

1987年1月21日，中国人民大学以校长袁宝华为主任的教师职务评审委员会讨论通过，确认76岁高龄的葛佩琦为正教授。

胡耀邦逝世后，葛佩琦悲痛不已，来到胡耀邦家的灵堂，献上了和着血泪写就的挽联："哀悼胡总，为党尽忠效力六十载；感谢耀邦，给我平反冤狱十八年"。

在平反的岁月里，葛佩琦宝刀不老，在党的教育事业上奉献余热，尽职尽责。

为了推动全国"右派"改正工作，在胡耀邦的力促下，中组部在《组工通讯》第33期发表题为《右派错案的改正工作一定要抓紧》的文章，对右派改正工作做了具体分析，澄清了一些模糊认识，提出了一些具体措施。在实事求是、有错必纠方针指导下，圆满地完成了这项严肃的政治任务。1987年11月17日，《人民日报》发表题为《一项重大的无产阶级政策》的社论。错划右派分子的改正工作到1980年基本结束，共改正错划右派分子54万多人，为他们恢复了政治名誉，对他们的工作和生活待遇也做了妥善的安排，使得大批优秀人才获得彻底解放，发挥他们的聪明才智，其中包括后来担任党和国家领导人的朱镕基、费孝通、钱伟长等伟人。

平反昭雪大案重案

在党中央特别是邓小平、陈云的领导和支持下，胡耀邦在整个平反冤假错案中，特别注重重大案件的昭雪平反，他深知这些案件影响之大，涉及面之广，真可谓"牵一发而动全身"。经过他与坚持"两个凡是"的人一系列针锋相对的斗争，"两个不管"越来越深入人心，当时的党中央副主席不得不把中央专案组一、三办管的"大案、重案"全部转交中组部重新审查。

推动为刘少奇平反

胡耀邦到中组部上任后，一天中午，到大食堂和大家共进午餐，他走到干审局副局长贾素萍旁坐下，问道："你们认为刘少奇的问题怎么样？"

"我们认为是大冤案，应当平反昭雪。"贾素萍回答。

胡耀邦又问："你们敢不敢向华国锋主席提出意见？"

贾素萍回答："那有什么不敢！"

经过一段时间，在胡耀邦的组织下，一份建议为刘少奇平反的报告送到了党中央和华国锋的手上。后来中央在1979年3月19日做出决定，由中央纪律检查委员会和中央组织部对刘少奇一案进行复查。

在邓小平、陈云等同志的主持下，中央以十分严肃负责的态度，通过中纪委、中组部组织的调查和深入细致的复查，终于逐一澄清了林彪、江青、康生等人强加给刘少奇的种种莫须有的罪名，还历史以本来面目。

中共十一届五中全会后，公开宣布了复查结果与决议内容，郑重为"文革"最大冤案——刘少奇平反。

根据中纪委和中央组织部的复查结果,十一届五中全会认为,原审查报告给刘少奇强加的"叛徒、内奸、工贼"三大罪状,以及其他各种罪名,完全是林彪、江青、康生、陈伯达一伙的蓄意陷害。八届十二中全会据此做出"把刘少奇永远开除出党,撤销其党内外的一切职务"的决议是错误的。

刘少奇是伟大的马克思主义者,是为共产主义奋斗终生的无产阶级革命家。几十年来,他作为党和国家卓越的主要领导人之一,对我党的建设,对我国民主革命、社会主义革命与社会主义建设,都有不可磨灭的功绩。他对党和人民的事业是忠诚的。他把毕生精力贡献给了我国的无产阶级革命和建设事业。

过去对于刘少奇的污蔑、诬陷、伪造的材料以及一切不实之词都应完全推倒。为此,十一届五中全会特作如下决议:

(一)撤销中发〔68〕152号文件中强加给刘少奇的罪名和对他的处理决议,相应地撤销中发〔68〕155号文件(即原审查报告)。恢复刘少奇作为伟大的马克思主义者和无产阶级革命家、党和国家的主要领导人之一的名誉。

(二)在适当时间,由中共中央商同全国人大常委会,为前中共中央副主席、中华人民共和国主席刘少奇举行追悼会。

(三)过去因刘少奇问题受株连的人和事,都应当由有关主管部门实事求是地进行复查和澄清,凡属冤假错案,一律予以平反。

(四)中央这个决议和附件,发至基层党支部,并按照先党内、后党外的步骤,传达到全体党员和全国人民群众,以消除过去对刘少奇的错误处理所造成的影响。

全国因刘少奇冤案受株连的数百万人,从中央到地方许多领导干部的冤假错案都有所谓"执行刘少奇的资产阶级反动路线"、"执行刘少奇反革修正主义路线"、"刘少奇资产阶级司令部在地方的代表人物"等等。通过刘少奇这个在全国影响最大冤案的平反,使广大干部的思想进一步解放,平反纠正了数万人因刘少奇冤案受株连的案件,同时也推动了其他历史遗留冤假错案的平反昭雪。

力促为张闻天平反

1959年7月2日至8月1日中央政治局扩大会议在庐山召开。

中央政治局委员、国防部长彭德怀对于会议未能透彻地解决问题和统一认识深感忧虑。7月14日他给毛泽东写了一封信,陈述自己的意见,希望能得到毛泽东的理解与支持,以利于会议正确地总结经验教训。他在信中肯定1958年成绩的基础上,着重指出"大跃进"以来我们工作中存在的一些严重问题及其原因。

7月16日,毛泽东在彭德怀的信上加了一个题目:"彭德怀同志的意见书",并写了一个批语"印发各同志参考"。还在政治局常委中提出要"评论这封信的性质"。

在小组讨论会上,外交部副部长张闻天,总参谋长黄克诚,湖南省委书记周小舟、副书记周惠等分别发言,明确表示支持彭德怀信中的基本观点。尤其是张闻天态度最为鲜明,他对"大跃进"暴露出的严重缺点及后果做了系统的阐述,对民主与集中的关系等根本问题做了深入探讨,最后归结到党内民主作风的重要性。

彭德怀的信和张闻天的发言,引起了毛泽东的强烈不满。在他的建议下,8月2日至16日举行了中央八届八中全会,大会小会开展了对彭德怀、黄克诚、张闻天、周小舟的批判斗争。会议印发了毛泽东"给张闻天的一封信",信中指责张闻天是"旧病复发",认为彭、黄、张、周结成了"军事俱乐部"。

张闻天被迫做多次检讨也未能过关。最后会议通过了《关于以彭德怀同志为首的反党集团的错误的决议》和《为保卫党的总路线、反对右倾机会主义而斗争》等文件,撤销了张闻天的外交部副部长职务。

在十年浩劫中,张闻天在劫难逃。1966年8月9日,张闻天所在的中国科学院经济研究所首次揪斗张闻天(他任特约研究员),他开始了承受残酷斗争、非人折磨的艰难岁月。

在持续近两年对他的批判斗争后,1968年5月16日,突然来了一个班全副武装的战士,气势汹汹地来到他的寓所,宣布对他夫妻俩实行"监护",将他俩分别关在两间阴暗潮湿的小房子里,轮流进行审讯、逼供。

一次,张闻天被折磨得心脏病复发,鼻孔滴血不止。监管人员只得将他送往医院抢救。一个月出院后,他担心突然离世,提出与夫人刘英见一次面,却遭到看管人员的严词拒绝:"不行!现在见面不是时候!"夫妻虽近在咫尺,却如同远隔天涯。

张闻天夫妻相见,是在"监护"一年半之后的1969年12月20日。这时的张闻天,头发、胡子老长,面色惨白,全身浮肿,被折磨得死去活来。一见面,张闻天就坚毅地说:"历史是公正的。是非、忠奸,历史终将证明,终将作出公正的判决!"

不久,他夫妻俩被遣送到广东肇庆,开始长达6年的下放生活。

1976年7月1日,张闻天突发心脏病,永远地离开了人世。

张闻天逝世后近10天,才接到有关部门的指示:就地火化,继续保密;不许开追悼会;骨灰存放无锡公墓;刘英就地安排。

1977年8月,刘英才得以搬回北京。不久,得知她在湘赣苏区和延安时期的老战友胡耀邦已担任中央组织部长。她和胡耀邦在湘赣苏区一起共事。起初胡耀邦担任少共中央组织部长,刘英担任宣传部长。刘英感到胡耀邦能说会写,才思敏捷,善于鼓动,便提议由胡耀邦担任宣传部长。她的建议得到上级的首肯，于是她与胡耀邦调换了工作位置，便于胡耀邦发挥长于宣传鼓动的才干。

这年12月，她便给胡耀邦写了一封信，没过多久，1978年1月23日，胡耀邦就亲自登门拜访刘英。时过境迁，战友重逢，两双手紧紧相握，千言万语涌上心头。刘英激动得不知说什么好，只是兴奋地说："耀邦，你现在是领导了……"

胡耀邦连忙摆手，打断刘英的话说："大姐，不能那么说，我们是共事多年的老战友，我们都是历经磨难的幸存者。"他的话无比坦诚，一如从前，他们俩无拘无束地倾诉着别后情怀。

"你的信我认真地看了，你经受了那么多的磨难，心情我完全可以理解。你对组织上有什么要求，尽管说吧，你有什么苦衷，尽管倾吐，组织部就是'党员之家'嘛，在这个家庭里，你仍是我的大姐！"

刘英倍觉亲切，顿感疑虑全释。她告诉胡耀邦，张闻天的骨灰盒仍搁在那间阴暗潮湿的破屋里，要求安放在八宝山公墓。他写的文章，如果没有错误，希望能出版。

胡耀邦立即回答："这件事应该马上办！闻天的骨灰应该进八宝山！他是党内锻炼有素的理论家，他的论著可以结集出版！"

接着，胡耀邦关切地问起刘英的近况，叫她尽量把冤屈倾吐出来："一吐为快嘛，何必放在心里呢？"

在胡耀邦面前，刘英尽情倾吐。她说："闻天的冤案使我受到株连，说我不揭发闻天是立场不稳，界线不清。还说我不承认右倾机会主义，态度不好，是死顽固！"

胡耀邦听完刘英的倾诉，安慰道："大姐，大难不死，必有后福。你年过古稀，仍很健康，健康是福啊！今天我们叙叙旧。你写个申诉材料给我，我们中组部正组织力量平反冤假错案，我已下定决心，要下油锅我先下，不管遇到什么阻力,不管是谁定的铁案,凡是一切诬蔑不实之词,应该统统推倒!当然包括闻天的冤案,肯定可以平反,只是时间的问题。"

随即,胡耀邦组织力量对张闻天等"反党集团"的冤案进行认真的复查,同时派人到无锡看望。看望人员回京后,胡耀邦立即召开了党组会,经讨论决定将张闻天的骨灰盒从无锡迁移到北京八宝山公墓。报上去请求批准时,却被卡住了,当时的党中央副主席在报告上批了"不必迁动了"五个字,就此搁置起来。

胡耀邦随即派人到刘英家里,要她耐心等待。

在1978年11月10日至12月15日举行的中央工作会议上,陈云在东北组发言提出要解决6个重要的历史问题,其中第四个是解决彭德怀骨灰安放到八宝山革命公墓问题。胡耀邦在西北组发言说:"我赞成把'文化大革命'中遗留的一些大是大非问题搞清楚。这些大是大非问题的解决,关系到安定团结,关系到实事求是的作风。"

1978年12月召开的中共十一届三中全会,张闻天的冤案得到彻底平反昭雪。迎回骨灰,开追悼会等事,都由胡耀邦亲自过问。1979年8月25日,中央为张闻天举行了隆重的追悼会,由陈云主持,邓小平致悼词,充分肯定张闻天的一生"是革命家的一生,是忠于党、忠于人民的一生"。

组织为"六十一人集团"案平反

胡耀邦在邓小平、陈云等老一辈革命家的领导和支持下,据理力争撤销了中央专案审查小组,为众多的高级干部平反昭雪。

在落实干部政策、平反冤假错案的过程中,"六十一人叛徒集团"案是当时国内外影响最大的冤案之一。所谓"六十一人叛徒集团"案,就是指薄一波、刘澜涛、安子文、杨献珍等被关押在国民党北平军人反省院监狱中的同志,在日寇入侵华北的1936年,经过中共中央批准,在狱方印好的"反共启事"上签字后离开监狱,积极投入抗日斗争的那段史实。事实上,这个事件中央早有定论。康生、"四人帮"一伙为实现篡党夺权的罪恶阴谋,为了彻底打倒共和国主席刘少奇,在"文化大革命"一开始,又把这件事翻了出来,成为许多人敢怒而不敢言的禁区。胡耀邦为了使这一轰动国内外的冤案得到平反昭雪,倾注了大量的心血。

1945年4月,中国共产党准备召开第七次全国代表大会。薄一波作为晋冀鲁豫代表团副团长到了延安,在窑洞中与毛主席进行了长谈。毛主席说:"这件事(指出狱之事)我们知道,中央完全负责";"你们在牢房里做了很好的工作"。这次长谈后,薄一波整理了谈话记录,请毛主席过目。毛主席在记录上批道:"个人的进步和党的进步是一致的。"安子文等人也与毛主席谈了话,毛主席做了同样的表示。后来,中央书记处书记任弼时说:"中央完全知道,是刘少奇和北方局建议,中央作了讨论后让你们出来的。"

1967年3月16日,中共中央印发所谓《薄一波、刘澜涛、安子文、杨献珍等自首叛变材料的批示》和附件,把1936年8月至1937年3月薄一波等经组织决定先后出狱错定为"自首叛变"。随后,过去在南京、苏州、济南、太原、新疆等地被国民党或侵华日寇囚禁过的老同志,以及做过地下工作的老干部,几乎全都被罗织罪名,栽赃陷害,成了被"造反派"任意揪斗拷打凌辱的"叛徒",冤狱遍布全国。此后,薄一波等61人被正式定为"叛徒集团"。幸存的40位老同志,其中在"文革"前担任省委书记、副省长、中央国家机关部长以上职务的就有22人,如薄一波、刘澜涛、安子文、杨献珍等。在"文革"中,他们遭到残酷迫害,他们的家属、子女、亲友、老部下,受到株连审查与打击迫害的成千上万。

在批斗和审讯的日日夜夜,专案人员无休无止地折磨薄一波。为了实事求是地说明情况,他拖着浑身伤痛的躯体,用几天的时间,写出了一份长达两万多字的材料，详细地叙述了几十个共产党员在草岚子监狱坚持斗争的英雄事迹；叙述了他们按照党中央指示出狱的经过；也叙述了他1943年在延安窑洞中向毛主席汇报这个问题的背景。他在文中写道："我不是叛徒，我们这几十个同志都不是叛徒。党中央和毛主席肯定了我们对党忠诚。"

可是，审讯人员不由分说，限他3天之内写好审讯时指明的3条"罪行"材料，否则不准睡觉。

薄一波北京的家，早被洗劫一空。妻子胡明被迫害致死。工资取消了，尚未成年参加工作的孩子无家可归，没有了生活来源，陷于饥寒交迫之中。1967年12月下旬，20岁的薄熙永、16岁的薄熙成等，都被投入了监狱。直到1972年8月，由于周恩来总理过问，才被释放出来，关了整整4年零8个月。也是由于周总理的关切批示：薄一波这样的人有了病，还是应该给治的嘛！薄一波才得以住进了医院。1972年10月26日，被囚禁了5年零10个月的薄一波，在三〇四医院里，才见到了他的孩子们。当他们看到被折磨得步履艰难、须眉皆白的父亲，想到妈妈的惨死和各自屈辱的遭遇，相互抱头痛哭。薄一波这位坚强的共产党人，含着泪花，听着孩子们的叙述，这才第一次知道了妻子胡明被迫害致死的经过。

时任西北局第一书记、兰州军区第一政委的刘澜涛，被作为"大叛徒"遭到残酷迫害。

在十年浩劫中，刘澜涛挨批斗的次数，是全国最多的。仅从1966年11月中旬到1968年1月的14个月中，对他进行的各种批斗会，竟达到1000多次，平均每天批斗3次以上。每次批斗会少则几十人，多则达到24万人。他被捆绑在大卡车上进行游斗的次数，也是创纪录的。"造反派"把他的双手反剪在背后，用粗麻绳五花大绑，紧紧地捆绑在卡车上，脖子上挂着一块沉重的黑牌子，头上戴着纸糊的高帽子，红卫兵押着他，从酷暑炎夏到三九寒天，经年不息。他几乎被游斗遍了西北各省的大中城市。

1968年1月3日，刘澜涛被康生派人用专机押回北京，关押在西苑一所临时监狱里，为了强迫他承认是"叛徒"，专案组人员对他突击刑讯逼供，白天滥用刑罚，夜晚不让他睡觉。各种折磨严重摧残了刘澜涛的健康，使他瘦骨嶙峋，体重由70公斤下降到不足40公斤。

刘澜涛被打成"叛徒"，爱人被迫害致死，大儿子刘冀卓也被株连打成了"反革命"。14岁的小儿子刘冀燕因不承认爸爸是坏人，也被揪斗，逼得四处流浪，东藏西躲。

粉碎"四人帮"以后，尤其是1977年7月党的十届三中全会恢复了邓小平的领导职务之后，薄一波等老同志及其亲属再次申诉要求平反这个重大冤案。

曾在1936年3月先后两次向狱中党支部转达党中央指示的当事人孔祥祯，于1977年11月11日再次向党中央写信说："为了给国民党统治时期的监狱送信一事，我受了8年监禁，两年下放，身已瘫痪，犹未痊愈。幸由叶副主席批准我今年回京，现在北京医院治疗。在此九死一生之际，常有一事，使我耿耿于怀，日夜难忘，即对北平军人反省院一些干部出狱的事实，不能使组织和群众彻底明了当时的情况。现在，张闻天已死，柯庆施去世，徐冰身亡，亲身经历其事者，只我一人。我若不说，谁还能详细说出这件事情的经过呢？"孔祥祯在信中还特别强调："这不是我个人的问题，而是事关几十个干部政治生命的大事，若不及早报告中央，一旦个人命尽，真会使我死不瞑目、遗憾九泉了！"

万万没有料到，中央专案组和郭玉峰把持的中央组织部依然冥顽不化，又一次逼迫薄一波离开北京。薄一波坚决不去，双方正在相持中，胡耀邦被任命为组织部长，走马上任，到了中央组织部，开始当机立断地平反冤假错案。

胡耀邦到中组部上任不久，决心为"六十一人叛徒集团"案等一些重大疑难案件平反。当他提出这一打算，中央专案组的某些人大为震怒："现在的翻案风如此猖獗，都翻到我们头上来了，这还了得！"

这时恰巧与"六十一人叛徒集团"案密切相关的一封申诉信，经过邓小平、汪东兴的批示转到中央组织部胡耀邦手中。申诉人名叫王先梅，是"六十一人叛徒集团"案中王其梅的遗孀。王其梅当年离开敌人监狱时才22岁。1935年"一二·九"运动中，他担任北平学联交际部部长，奔走呼号于街头巷尾，不久被叛徒出卖而被捕入狱。1936年秋天出狱后，他接受党的派遣，去开辟豫东根据地，建立党的地下组织和发展抗日武装，历任区委书记、县委书记、特委宣传部部长。新中国成立后，任十八军副政委兼进藏先遣支队司令员和政委，首先率部解放昌都进入拉萨，随之被调回昌都兼任十八军后方司令部政委和昌都地区工委书记，指挥部队修建川藏公路。"文革"前，他担任西藏军区副政委等职。

康生等人制造了"六十一人叛徒集团"案，致使身患重病的王其梅在1967年8月被迫害致死。他在北京的家，也被查抄封门。他的妻子王先梅1938年14岁时参加八路军，15岁时加入中国共产党。

他们的子女都因其父"六十一人叛徒集团"案而屡遭磨难。

在万般无奈之下，王先梅于1977年12月8日给邓小平写了一封申诉信。她在信中明确表示："对于我爱人的问题，我和我的子女坚决遵照党组织的决定，对他的结论正确对待，同时恳切地要求党组织能使我的子女得以享受党的政策范围内的政治权利，不因其父的问题受到影响，以便发挥他们的特长。我党早有政策，出身没有选择，'重在表现'。"

这封信送到邓小平那里已是12月25日。邓小平阅后立即批示："请东兴同志批交组织部处理。王其梅从抗日战争起做了不少好事，他的问题不应影响其家属子女。建议组织部拿这件事做个样子，体现毛主席多次指示过的党的政策。"汪东兴看后也做了批示："请耀邦同志阅办。毛主席历来有指示，应区别对待，不能歧视。"

12月31日中午，胡耀邦看到党中央两位副主席阅批过的申诉信，立即找来几位同志研究，他当机立断，决定把这个问题的解决，当作彻底平反"六十一人叛徒集团"案的突破口。当天下午，胡耀邦委派王建梅、王盛梅，找到王先梅家，向她传达两位副主席的批示和胡耀邦的嘱咐。王先梅及其子女激动得热泪盈眶，满以为"六十一人叛徒集团"案的平反昭雪指日可待。

当胡耀邦向主管中央级重大案件的负责同志提议，把包括"六十一人叛徒集团"案在内的重大案件转交中组部复查处理时，却遭到拒绝。

1978年6月9日，当时主管中央级重大案件的负责同志和纪登奎、吴德找胡耀邦与陈野苹谈话，他们开门见山地谈了"六十一人叛徒集团"案问题。

那位负责同志说："六十一人"的问题是经过毛主席和党中央批准才定案的，不能随意翻过来。

在场的第一办公室的人对胡耀邦和陈野苹说：中组部不得为"六十一人"翻案，并说，帅孟奇（中组部原副部长）的"叛徒"案也绝对不能翻。

胡耀邦说：过硬的材料都在文书档案里。比如，这个案子缘何而起？调查所得的旁证材料究竟如何？结论中所引用的材料是否有失偏颇？我们今天复查这些案件，比方"六十一人"的案子，要搞清那个"启事"是怎么来的。只有摸清这些背景，才能真正地分清是非功过，分清组织与个人的责任。

如果按照中央专案组的做法，"六十一人叛徒集团"案的结论，只能按照康生等人当年定下的框框，仍然肯定这些同志是"自首变节分子"，是"叛徒"，是"刘少奇招降纳叛组织路线的一部分"，全部开除党籍、撤销党内外一切职务。这样做，哪里还谈得上为这些同志平反昭雪？

胡耀邦决定：对"六十一人叛徒集团"的复查平反，中组部只能另起炉灶，重新调查。

胡耀邦回到中组部，立即把干审局及政策研究室的同志叫到自己的办公室说："有个案子，你们敢不敢翻？"

"照你讲的，实事求是，什么案都可以翻。"有人这样回答。

"可是要担大风险的哟！"胡耀邦环顾左右。

"再大的风险，"有人说，"还能超过'四人帮'的那一套？"

胡耀邦回答："对，要有这个勇气！"

胡耀邦接着说："按照党的实事求是的原则，就是对伟大领袖晚年搞错了的事，也应该予以纠正。可是，有些人硬扛着'两个凡是'的招牌不放，坚持一错到底。针对这种态度，我们应该这样说：'凡是不实之词，凡是不正确的结论与处理，不管是什么时候、什么情况下搞的，不管是哪一级、什么人定的、批的，都要实事求是地改正过来。'简单地说：就是用'两个不管'的矛，去攻'两个凡是'的盾！'请大家议议行不行？"

大家异口同声地说："行！应该这么办，这既符合历史唯物主义精神，又很有号召力。"

胡耀邦下达了另起炉灶的动员令。

为稳妥起见，胡耀邦觉得应该首先取得叶剑英、邓小平的支持。

一天，他向中央负责人汇报平反冤假错案、落实干部政策工作时，反映了"六十一人叛徒集团"案中许多人及死者亲属要求复查的强烈愿望，并表示中组部准备进行复查。

正在这时，邓小平又接到了有关"六十一人叛徒集团"案的两封申诉材料。6月25日，他在其中一封材料上批道："这个问题总得处理才行。这也是实事求是问题。"7月4日，华国锋也指示胡耀邦："61人的问题要解决，由中组部进行复查，向中央写个报告。"

胡耀邦在取得邓小平、叶剑英、华国锋等中央领导同志的支持后，马上组织干审局的同志外出调查，查明"六十一人叛徒集团"案的来龙去脉。他随即指定干审局副局长贾素萍等4位同志，全力投入这项工作。

他还向大家交代：中央专案组作的"结论"所依据的有关材料，都是中央专案组已整理好的。真正有重要价值的实事求是的东西，恰恰是戴着有色眼镜的人们最不屑一顾的。他们可算是"各取所需"，把被立案的人置于"永世不得翻身"之地而后快。事实上，一个重大的案子，究竟是何原因搞起来的，这必须查清楚。中央专案组虽然也做过一些调查，但那是"各取所需"的调查。他们认为不合"口径"的，就不写到结论上去。而这没被写到结论上去的一些真实情况，如果光看那个"结论"是看不出其中的一丝痕迹的。所以，我们要另起炉灶，必须下功夫对能够提供原始材料的地方和人都走访一遍，看看这些事情的来龙去脉究竟是怎么回事。这样，才能还历史事实本来面目。这样，才能真正地是非分明，对党对同志高度负责。

胡耀邦叮嘱办案人员：此案关系重大，为减少阻力，不宜声张。要审慎、精细、踏踏实实地调查研究，珍惜每份材料，争分夺秒，争取3个月复查完毕，开十一届三中全会时拿出来。

散会后，已到午餐时刻，胡耀邦拿着自己的碗筷，同大家一起向大食堂走去。他边走边聊，说：如果不把"两落实"（指落实干部政策、落实知识分子政策）抓紧抓好，我们的党就不会兴旺发达，人民就不会扬眉吐气。而落实干部政策、平反冤假错案的最大突破口，就是对薄一波、刘澜涛、安子文、杨献珍等人的特大错案的平反昭雪……

胡耀邦排队买完饭，像往常一样，与大家围在一起边吃边聊。他说：现在很多人都知道组织部是"党员之家"了。既然是"党员之家"我们就要形成这么一股风气：多跑门可罗雀的寒门，少走车水马龙的大户。一句话：多走冷门，少走热门。

"老贾，"他转过脸对坐在一旁的贾素萍说，"你能不能先抽空去看看薄一波？他现在度日如年，很需要组织的关心和宽慰。"

贾素萍连连点头："好！我听从耀邦同志的安排。"

中组部决定由贾素萍、倪书林、周曦和、张汉夫4人对"六十一人叛徒集团"案进行调查研究。当日下午，贾素萍一行4人就去探望了无家可归、临时栖居于西直门外国务院第二招待所的薄一波。在传达室，贾素萍见到这位须眉皆白、被"造反者"打伤了一段脊椎骨而佝偻着腰的老者，便十分热情地与他握手，向他说明来意："薄一波同志，您好！我们是中组部的，耀邦同志叫我们来看望您。"

薄一波感动得老泪纵横。10余年来，红卫兵、专案组无数次地对他调查审讯，从不称他为"同志"，也不通报单位姓名，听到的全是斥责、谩骂，而此刻站在他面前的中组部派来的人，不仅亲热地称他为"同志"，而且是受胡耀邦之托，怎么叫他不激动万分？

贾素萍亲切地对他说："今天我们先来看看您，联系一下。请您根据自己的身体状况，找个时间，我们再来听取您的意见和要求。您看怎样？"

"不，"薄一波兴奋而急切地说，"我的身体可以坚持，不必另约时间，今天就谈吧。"

薄一波立即把贾素萍一行请到自己的房间，一口气谈了7个多小时，一吐10余年来的悲愤和愿望。

贾素萍一行4人冒着酷暑，在京城四处奔走。他们找到了与"六十一人叛徒集团"案有关的同志，逐一交谈。孔祥祯在交谈中指着自己已经残疾了的双腿说："过去造反派和专案组的人多次找我，声称调查，可是比审讯还凶。我说的都是真实情况，他们却全然不信，还要逼着我在他们写好的诬陷不实的结论上签字；我不同意，他们就整我，把我的双腿都整残废了。他们后来再找我'调查'时，我就闭口不谈，让他们吃闭门羹！这次你们来了，我衷心欢迎……"

他们一行来到淮南,见到了被幽禁在这里的安子文。他曾在中组部当了10多年的部长,如今新任部长胡耀邦派人看望他,他感到特别亲切。他回想"文革"中被揪斗、被踢打,遭受非人迫害与凌辱的情景,原以为人们早已把他忘得一干二净,谁知贾素萍一行不仅带来了同志的关怀与问候,还带来了平反冤案的希望,他顿时百感交集,泣不成声。

贾素萍一行又马不停蹄地赶到山东、天津和吉林,然后再折往西安,去访问一位年过七旬的知情人。连续数月,他们走访了"六十一人叛徒集团"案中所有受迫害而尚健在的同志,研究了他们及其家属子女的一件件申诉材料,查阅了中组部保存的这些同志档案中各自有关出狱经过的自述,调阅了许多敌伪档案,走访了1936年担任我党北平市委书记的李葆华、党的六大期间熟知代表资格审查情况的中组部干部科长王鹤寿和晋冀鲁豫代表团的另一位副团长王从吾,请他们都根据各人的经历,写下了书面证明材料。

"文革"初期担任中共中央东北局书记的宋任穷,也写了证明材料,证明周总理当时曾给他一个电话,让他回答"揪叛徒战斗队"的红卫兵:"赵林(中共吉林省委书记)的出狱问题中央是知道的",以免造反派在这个问题上胡搅蛮缠。

张闻天夫人刘英也写了证明材料。她在材料中认真回忆当年张闻天作为党中央总书记,是如何批准了刘少奇的那个建议,并给刘少奇回电指示的,从而澄清了关键的历史事实。

1978年8月21日晚,闷热难耐,于光远汗流浃背地跑到仍是"摘帽右派"的曾彦修住处,急切地对他说:"关于'六十一人'的问题,耀邦要我们赶快写出证明材料。就是1948年春节,刘格平请吃饭之后,康生对我们谈的那段话。"

曾彦修一听,连忙摊开纸,挥汗疾书。写完,两人签了名,于光远拿了就走,连夜送到胡耀邦家。

曾彦修这样写道：记得在1947年康生率领中央土改工作团到山东渤海地区搞土改。1948年春节，土改工作团全体成员回到区党委所在地——阳信县何家湾，由区党委副书记兼组织部长刘格平请康生和土改工作团成员吃饭。饭后，康生与土改工作团成员张琴秋、毛岸英、凌云、于光远、曾彦修等人到村外散步。康生从刘格平也在当年的北平军人反省院里坐过班房谈起，说到了薄一波等人出狱之事。康生说，1936年中央分析了全国形势，深感华北形势十分危急，迫切需要大量德才兼备的干部。但是很多有经验的老同志却在敌人的监狱里，如果再不加紧营救，蒋介石就可能把这些同志转往南京。如果日寇很快侵占了平津，或者华北国民党政权汉奸化，这些同志就可能全部被杀。中央研究决定，让他们办理狱方规定的出狱手续。当时很多同志按中央指示照办。唯有不属于薄一波他们这个党支部的刘格平没有办理，直到日本鬼子投降才出来，多坐了8年牢。

这个"饭后漫步闲谈"的材料足以说明，康生对这段往事的曲折过程是清楚的，说明薄一波等人出狱并不存在任何问题。

与此同时，胡耀邦又吩咐贾素萍一行千万要到安庆看望刘澜涛，找他谈谈真实情况，并转达他对刘澜涛的问候。

8月初，贾素萍一行不顾炎夏酷暑，乘飞机到了合肥。江淮的炎热使他们透不过气来，尤其患有心脏病的贾素萍，更是胸闷难耐。他们立即前往安庆，在一间破旧不堪的小平房里找到了刘澜涛。这位原中共中央西北局第一书记从西安被揪到北京，关押审讯了8年之后，于1975年5月28日，从监狱中释放出来便被遣送到这里，专案组仍把"叛徒"的帽子扣在他的头上，使他失去人身自由。为此他写了一首小诗："一九七五二八，十年出禁总作罢。云海苍茫君何往，党是亲娘神州家"，以表明对党对人民的赤子之心。现在见到了中组部的人，让他倾吐他一家在"文革"中身经磨难的悲惨遭遇，霎时，刘澜涛不禁热泪滚滚，激动不已。

在这段外出调查的日子里，贾素萍等人每次归来，胡耀邦总要及时听取他们的汇报，仔细阅读他们写的每一份调查材料，在这些材料上做出中肯的批示。

胡耀邦对贾素萍等人说："这些材料很能说明问题，我们根据这些复查的材料，可以起草报告提纲，送给常委参阅了。"

1978年11月20日，中央组织部向党中央写出了详细的《关于"六十一人案"的调查报告》。

结论是："文革"中提出的所谓薄一波等"六十一人叛徒集团"是不存在的，是一个错案。遵照伟大领袖毛主席关于"有反必肃，有错必纠"的一贯教导，我们对这一重大案件的结论和处理意见是：

（一）薄一波等同志在敌人的反省院对敌斗争的表现是好的。出狱时他们在敌人拟好的"反共启事"上捺手印，并发表在当时平津的报纸上，是执行党组织的指示。当时北方局的决定并不只是刘少奇个人的意见，参与决定这个问题的还有柯庆施等当时北方局的领导同志。1936年，张闻天同志是中央的总书记。他的批复应该看作是代表中央的。许多同志说明，毛主席（事后）曾向他们表示中央知道他们出狱的经过，这一点应该认为是可信的。中央和北方局根据当时华北民族斗争和阶级斗争形势以及薄一波同志等在反省院的表现，指示他们可以履行敌人规定的手续出狱，以便为党工作，这是组织当时在特定的历史条件下采取的特殊措施。现在没有理由也没有必要去重新审议当事人和北方局指示；即使认为这个指示有什么不妥，那么责任也只在于指示者，而不应归咎于指示的执行者。

（二）对那些根据党组的指示，在敌人拟好的"反共启事"上捺手印并登报后出狱，在"文化大革命"中被错误处理的同志，应该恢复其党籍，恢复其原工资级别，酌情安排适当工作。因这一问题而使其家属、亲友受到株连和错误处理的，也应改正过来。已经去世的，应做好善后工作。

（三）在这批党员中，有被捕后在入反省院以前敌人审讯时，有自首变节行为，或有其他政治错误，对这种人，应根据其问题的性质情节轻重，另作结论。至于薄一波、安子文等同志说的，在61人中，有少数人不是根据中央和北方局的指示而是自愿发表"反共启事"出狱的，对这种人，应当加以鉴别，另作结论。

（四）对薄一波、刘澜涛、安子文、杨献珍等同志工作中的错误，包括严重错误，应当实事求是地另作结论。

1978年11月10日至12月15日，中共十一届三中全会召开前，中央正在北京召开工作会议。胡耀邦正好在这个时候把调查报告报给党中央。

陈云看后，在东北组讨论发言说："薄一波等61人出反省院是党组织和党中央决定的，我看应该解决！"

12月13日，邓小平在会上说："凡是过去搞错了的东西，统统应该纠正。"

就在这次中央工作会议上，中央批准了中组部的调查报告，并于1978年12月6日发布了中共中央关于《中央同意中央组织部〈关于"61人案"的调查报告〉的通知》，要求各级党委向所属全体党员和党外人士广泛传达。至此，这个长达12年之久的重大冤案，终于得到平反昭雪。

推动为陶铸平反

胡耀邦推进为"中国最大的'保皇派'"陶铸冤案平反是颇费心机的。

1994年9月2日上午，金秋的北京秋风送爽，月桂飘香，艳阳高照。笔者来到万寿路甲15号陶铸夫人曾志寓所，访问了这位历经磨难的幸存者。她从中组部副部长任上退下来后，正在这里安度晚年。当我说明采访来意，她便如泣如诉地追忆了陶铸在"文革"中受到残酷迫害的情况，思绪万千地畅叙了胡耀邦为陶铸平反的经过。

从红小鬼到总书记 >>> 胡耀邦

陶铸1908年1月6日生于湖南祁阳县，1926年入党，参加过著名的南昌起义和广州起义。解放战争期间，先后任辽宁省委书记、东北野战军第七纵队政委、第四野战军政治部副主任、主任等职。新中国成立后，先后任武汉军管会副主任、广东省书记、省长、中共中央中南局第一书记。1964年任国务院副总理。1966年在中共八届十一中全会上，当选为中央政治局常委，兼任书记处常务书记、中央宣传部长。

"文化大革命"开始不久，他被打成"中国最大的保皇派"、"大叛徒"，受到非人的折磨，于1969年11月30日在合肥含冤去世。

陶铸逝世后的次日，中央专案组人员带着"六条意见"，从北京飞抵合肥，对陶铸的遗体进行了"秘密处理"，以"王河"的名字送火葬场。为他

1994年4月2日，作者采访曾志

送葬的,是唯一的爱女"斯亮"的名字,她本人已被发配到大西北,竟不能与父亲做最后的告别。

曾志回忆说,她是1941年在延安与胡耀邦相识的。陶铸于1940年赴延安,其时陶铸任军委秘书长兼总政治部宣传部长,胡耀邦任军委总政治部组织部长。两人既是湖南老乡,又是同事,性格、爱好有共同之处。因此,过从甚密,关系很好。每逢周末,在中央军委所在地王家坪举行舞会,毛泽东、周恩来等喜欢跳舞,而胡耀邦、陶铸、曾志、罗瑞卿4人喜欢在胡耀邦家打麻将。胡耀邦乐观开朗,开玩笑说:"人嘛,清油炒菜,各有所爱。"风趣幽默的一席话,让大家笑得前俯后仰。

30余年过去,弹指一挥间。陶铸离开人世已9个年头了,他是睁着眼睛去世的啊!曾志常说:"不为陶铸冤案平反,我也会死不瞑目!"

恰巧,1977年12月胡耀邦到中组部上任,他决心冲突"禁区",拨乱反正,迅速平反冤假错案,落实干部政策。在挑选中组部即将成立的"安排待分配干部工作组"组长时,胡耀邦首先想到了曾志,让他担任组长。

粉碎"四人帮"一年多后,中央国家机关待分配的干部尚有6000多人,如果包括还在干校和分配不当在外地需要回来重新安排工作的有将近万人。

1978年1月18日,根据胡耀邦的提议,由曾志牵头,抽掉中组部干部吕枫、杜少杰、成少伯、刘玉生、吴钟淑、冯莉等人,成立了干部分配办公室,开展了积极的工作。

1978年7月6日,胡耀邦在接见曾志领导的干部分配办公室的全体同志时,对他们说:"你们的工作做得很好,分配了5300多人,等于动员了一个干部师上前线。"

随着平反冤假错案的工作逐步深入,曾志觉得,陶铸的沉冤大白已指日可待了。

一天下午,胡耀邦来到曾志办公室,语重心长地说:"曾志同志,我与陶铸同志共事多年，对他的革命经历和为党作出的杰出贡献，我是非常熟悉的。与他平反的问题，我已多次向邓小平、陈云、叶剑英等领导同志分别报告过，他们对这一重大冤案非常关心。你赶快写一份申诉报告，分送给有关中央领导同志。"

遵照胡耀邦的指引，曾志很快写了一份言辞恳切的申诉报告，分别交给了中组部和中共中央。

邓小平对陶铸问题迅速做了批示："陶铸同志是我党的一位老党员，在几十年的工作中，对党和人民是有贡献的。经过复查，过去把他定为叛徒是不对的，应予平反。他的骨灰应安放在北京八宝山革命公墓第一室。"

胡耀邦也明确批示："请野苹同志迅速派人复查，尽快平反昭雪，还历史本来面目。"

1978年12月18日至22日，党的十一届三中全会审查和纠正了对陶铸的错误结论，肯定了他对党对人民做出的贡献，为他恢复了荣誉。

1978年12月24日，中共中央在人民大会堂为陶铸举行隆重的追悼会，党和国家领导人及首都各界群众代表两千多人参加。

陈云代表中央致悼词说：

陶铸同志生前同林彪、"四人帮"反党集团进行了坚决的斗争……抵制林彪、"四人帮"破坏"文化大革命"的倒行逆施，积极保护老干部和革命群众，贯彻执行抓革命、促生产的方针，成为林彪、"四人帮"篡党窃国的障碍，1967年1月，"四人帮"采取突然袭击的卑鄙手段，捏造罪名，诬陷陶铸同志是什么"中国最大的资产阶级保皇派"、"复辟资本主义的急先锋"、"叛徒"等，在精神上和肉体上对陶铸同志进行残酷的折磨和摧残。这是林彪、"四人帮"陷害老一辈无产级阶级革命家的严重罪行……

陈云最后说："陶铸同志为共产主义事业艰苦奋斗数十年，深得党和人民的信任。陶铸同志的一生，是鞠躬尽瘁、全心全意为人民服务的一生，我们要学习他对党忠诚，无私无畏，威武不屈，为共产主义奋斗终生的高贵品质；学习他襟怀坦白，光明磊落，坚持真理，英勇斗争的革命情操；学习他密切联系群众，善于发扬民主，敢于独立思考，多谋善断，勇于负责的优良作风；学习他艰苦朴素，忘我工作，严格要求自己，对党对人民高度负责的革命精神。"

十三　主管宣传理论工作

兼任中宣部长

1978年12月中共十一届三中全会上，胡耀邦被增补为中央政治局委员。12月25日，政治局会议讨论新增选的4名政治局委员的分工，决定胡耀邦任党中央秘书长兼中央宣传部部长，分管党中央日常工作和宣传工作，同时仍兼任中央党校副校长。

十一届三中全会坚决批判纠正了"两个凡是"的错误方针，否定了"以阶级斗争为纲"的政治路线，确立了以经济建设为中心、实行改革开放的基本国策，提出了"解放思想，实事求是，团结一致向前看"的方针。在这重要的历史关头，肃清"文化大革命"和"四人帮"的流毒，消除"关于无产阶级专政条件下继续革命的理论"的错误影响，深入进行拨乱反正，解放思想，以适应改革开放、加速社会生产力的发展要求，便成为迫在眉睫的头等历史任务。

但是，当时在思想理论界还有相当数量的同志，特别是一些身处意识形态领导地位的同志，"思想上还处于僵化半僵化的状态，脱离实事求是的路线，设禁区、下禁令，成为解放思想的阻力"，甚至在"实践是检验真理的唯一标准"这样纯属马列主义常识的问题上,他们也表示不能接受,把这种正确认识说成是"砍旗"、"丢刀子"、"非毛化"。

此时此刻,由谁出任中宣部长,自然就成为刻不容缓的历史抉择。历史选择了胡耀邦。

胡耀邦任中央秘书长兼中宣部部长的消息不胫而走,中宣部和宣传系统的干部以及广大知识界的朋友,无不奔走相告。

1978年12月29日,胡耀邦到钓鱼台中宣部驻地报到,并与13级以上干部见面,畅谈了他的施政意见;12月31日,胡耀邦在全国政协礼堂召开中央宣传系统所属单位领导干部会议,和大家亲切会面,即兴做了热情洋溢的长篇讲话。当会议主持人说:"现在请胡耀邦同志作指示。"他立即严肃回答:"按三中全会规定,什么首长指示,统统去掉那一套!个人意见嘛,恢复老传统,上下之间、同志之间,互相交换意见,充其量说某某作重要讲话。我的讲话重不重要由大家评定。"话音刚落,大家发出会心的微笑。

1979年1月3日,他和中宣部全体工作人员见面。

见面会上,胡耀邦谦虚地说:"我曾在政治局会上表明过,我当中宣部长不是这块料,是拉着毛驴做马骑。"接着他介绍了中央对中宣部长人选考虑的过程;评说了过去两年思想理论界的形势和一年多中央宣传部的工作;阐述了自己对三中全会精神的理解;提出全党工作重心转移后宣传工作的根本任务和近期要解决的重要问题。

胡耀邦说:"我们宣传部门的同志现在要首先考虑的最大的问题是,党的工作重点转移后宣传工作的根本任务是什么?把这个问题考虑清楚了,就不会迷失方向,就抓住了事物的根本。"

胡耀邦强调"重点转移",反映了他的决心和远见。在他看来,没有从以阶级斗争为纲"转移"到以经济建设为中心的历史转变,没有对这一"转移"的必要性、必然性的正确认识,一切宣传工作的所谓"转变",都只能流于空谈。

胡耀邦明确提出:"党的工作重心转移之后,党的宣传工作的根本任务就是,把马克思主义的普遍真理同实现四个现代化的伟大实践密切结合起来,研究新问题,解决新问题,使我们的思想理论工作走在实际工作的前头,或尽可能走在前头。"

为此,胡耀邦强调了三条:一是认真读马克思主义著作、钻研理论业务;二是认真面向实际;三是认真解放思想,树立好的学风。在这看起来是老生常谈的三段式里,胡耀邦都有画龙点睛的神来之笔,让人振聋发聩,豁然开朗。

胡耀邦呼吁"对那些打着马列毛的旗号招摇撞骗的,要揭穿,要斗争";同时"要防止讲大话、讲空话、讲套话,并同这种心理、精神状态作斗争"。

胡耀邦强调"面向实际",就是"面向四个现代化的实际,面向党内党外干部、群众的思想实际,面向过去、现在、将来我们所走道路的经验教训的实际"。

讲到解放思想、树立好的学风时,胡耀邦感慨系之,十分动情,说了许多激动人心的话。他认为,思想理论工作、意识形态工作有其自身规律、自身特点,必须予以十分重视。他说,这正是为什么三中全会要重申"三不主义"的缘由。

胡耀邦说:"意识形态方面的一个重要特点是容易犯错误,所以对做意识形态方面工作的同志,特别要允许犯错误,允许改正错误,不要一棍子打死,不要动不动把人家的意见、创作、言论一下子砍掉……不要搞无限上纲,不抓只言片语,不抓什么影射。"

胡耀邦指出:"多少年来,我们党内有那么一些理论棍子,经常打人。这种恶劣作风不加以清算,百花齐放能搞得好吗?我们反对这种方法。这种方法说轻一点是形而上学，说重一点是文化专制主义，是特务行径。"胡耀邦语重心长地说："我们要从根子上把党内乱打棍子的现象打掉。必须把我们的党风搞好，用讨论的方法、群众路线的方法、说理的方法、民主的方法，全党宣传战线的同志首先带这个头。"

最后，胡耀邦提出近期宣传工作要解决的15个具体问题，其中包括：关于三中全会的宣传工作；关于理论工作务虚会的筹备安排问题；关于继续讨论真理标准问题；关于理论上的禁区、枷锁要破问题；关于坚决实行少宣传个人的方针问题；关于宣传战线、首先是宣传部门如何做百花齐放、百家争鸣促进派的问题等等。

1979年1月6日至11日，胡耀邦又主持召开了全国宣传部长座谈会。他在1月11日举行的闭幕式上兴奋地向大家宣布：在这次会议期间，中宣部向中央提交的《关于建议为"中宣部阎王殿"彻底平反的请示报告》已得到批准。"此报告中央主席、副主席都圈阅了，将作为中宣部文件发给全党。"全场为之一震，报以暴风雨般的掌声。

胡耀邦还郑重地说："有一条可以说清楚，党中央讲了好多次：离开社会主义建设一刀切的全国性政治运动，我们今后不搞了。以前搞一个失败一个。离开繁荣富强，搞什么政治斗争，不行的！"全场爆发出经久不息的掌声。

在这次会上，胡耀邦谈到干部学习问题时说："一千七百万干部怎么学习，要因地制宜"，笼统地提学习马列毛著作是"不完整的"。他说："做党的工作，做宣传工作的同志，不学马列不行"，但也要"学习科学"。做经济工作、科技工作或其他专业工作的同志，主要是学习有关的业务科学技术，当然"也要学点马列"，用学习总时间的"六分之一"就可以，"不要不分情况，光强调学马列毛，这行不通，不实事求是"。

座谈会结束时，谈到回去后如何传达会议内容时，胡耀邦面带微笑地对台下宣传部长们说，这是一次座谈会，怎么传达都由你们做主。传不传、怎么传，都不犯错误，请你们自己定。总之上下之间，左邻右舍的关系，不要搞得那么紧张、森严，以后，中央部门和地方的关系，相互之间，都不要搞得那么刻板、森严。

胡耀邦就职亮相和讲话，在中宣部和整个宣传系统引起空前强烈的反响。

时任理论局局长的洪禹，1938年到延安，长期从事宣传工作，解放后就在中宣部任职。他深有感触地说："建国30年来，中宣部自觉不自觉地成了意识形态的检查署。中宣部的干部也成了大大小小的思想检查官，似乎中宣部的职能就是管、卡、压。回首往事，教训实在深刻。我以为，要讲思想理论的拨乱反正，首先就要对历史上中央确定的中宣部的指导思想和方针进行拨乱反正。我们十分有必要把30年来搞的一次又一次的思想政治运动进行

胡耀邦在十一届三中全会上

一番认真的清理与总结，并做像样的拨乱反正工作。现在耀邦同志来到中宣部，几次讲话，事实上吹响了对中宣部，即意识形态工作拨乱反正的号角，我们一定不能等闲视之。"

资深记者、新闻局副局长王增伦激情洋溢地说："几十年来，难得听到这么激动人心、深入人心的话语，耀邦同志给了我们如此真切、自然的启示和鼓舞，宛如春风又绿江南岸，令中宣部面目一新。"

胡耀邦锐意进取，雷厉风行，他每到一个部门，那里的工作就开展得朝气蓬勃，面貌就为之改观。在胡耀邦直接领导下工作过的郑仲兵撰文回忆说："胡耀邦那顺乎时势人心的政略，开阔深邃的思想，坦荡宽大的胸怀，率真热忱的作风，别开生面的工作方法，给我留下了深刻的印象，至今仍是我享用不尽的弥足珍贵的精神财富。"

一位中宣部的青年干部举行家宴时，当赴宴者问他对胡耀邦的印象，他坦诚回答："他貌不惊人，却有非凡的胆识和智慧；个子矮小，却有天高地阔的胸襟和气度；年过花甲，却有年轻人的朝气、热情和新颖的思想。"

1980年2月23日至29日，胡耀邦在中共十一届五中全会上，当选为中央政治局常委、中央委员会总书记，从此，他再不兼任中央宣传部长。但作为总书记，他仍然一如既往地关心党的宣传工作。同年7月10日至17日，中央召开了全国宣传工作会议，胡耀邦11日和12日两次在会上讲了话。他在讲到宣传工作做得好不好的关键在于是否坚持正确的思想路线时强调说："大凡宣传工作做得好的时期，有个共同的特点，就是从实际出发，调查研究，实事求是，理论和实际相结合，也就是善于把马列主义普遍真理同当时革命的具体实践密切地结合起来。宣传工作做得不好的时期，也有个共同点，同好的时期恰恰相反，不是从实际出发，而是从想当然出发，从本本出发，从某一个人或者从上级党组织的决定出发，根本不问实际情况怎么样，瞎讲一气，瞎吹一气，瞎反一气，瞎批评一气，一句话，就是理论和实践相脱离，搞主观主义。'文化大革命'时期,从我们党的立场来说,是宣传工作大失败的时期。"讲到这里,他面带微笑,似乎发现什么秘密,风趣地说:"陆定一同志不赞成提'文化大革命',那就打个引号吧,反正就是那么一段历史,也叫历史的插曲。"

从此,在各种报刊和文件上,凡是提到"文化大革命"时,都对这5个字打上一个引号,使它的含义发生了相反的变化,即对它的"革命性"予以彻底否定。这也是胡耀邦的一个首创,还"文化大革命"历史的本来面目。

召开理论务虚会

专门召开一次理论务虚会,是根据叶帅的提议,经中央政治局同意的。

召开理论工作务虚会是胡耀邦出任中宣部长后的第一个重大行动。这次中共中央通过中宣部,汇聚这么多理论精英和专家于一堂,以实践为标准,开诚布公,畅所欲言,自由地研讨有关中国前途与命运的理论与实践关系问题的大会,实属创举。

为什么召开理论工作务虚会?其缘起要追溯到真理标准问题争论异常激烈的时期,当时坚决捍卫"两个凡是"的,可以《红旗》杂志为代表。《红旗》以不介入争论为名,坚持"两个凡是"的立场。《红旗》在长期沉默以后,突然于1978年9月写了一篇长文《重温〈实践论〉》上送中央。这篇文章虽然也讲实践第一、实事求是的观点,但整篇文章是强调理论的指导作用;它不是反对教条主义,而是大批所谓怀疑论、不可知论;文章最后部分,专门批判"毛主席也有错误"的言论,称之为"海外奇谈"。这篇文章的用心是很显然的:反击对"两个凡是"的批判。中央没有同意发表此文。11月,为纪念毛泽东诞生85周年,谭震林写了一篇肯定实践是检验真理的唯一标准的文章:《井冈山的斗争实践与毛泽东思想的发展》,《红旗》杂志拒绝刊登，要求作者删去文章中支持实践标准的内容，谭震林坚决不同意，后经邓小平出面干预，文章始得发表。接着在11月召开的中央工作会议上，又就这个问题展开一场争论，这场争论也是由反对实践标准那几位同志挑起，他们仍然以"维护毛泽东"的名义来维护"两个凡是"的观点，即维护毛泽东的晚年错误包括"文革"在内，他们在中央工作会议上和三中全会上再次遭到了批判。可是这场斗争十分激烈，不可能轻而易举地解决问题。这是中央决定召开理论工作务虚会直接的和重要的原因，而提议开这样一个会的是叶剑英，华国锋也表示赞同。胡耀邦主持召开理论工作务虚会是真理标准讨论的第二阶段。

从1979年1月初开始，胡耀邦日以继夜地进行理论工作务虚会的组织筹备工作。为了实践他的把这个务虚会开成"转化"、"团结"会的思想，在大会领导小组成员构成中，胡耀邦坚持安排两名中央工作会议中受过批评被认为是"凡是派"的代表人物；把曾经反对过真理标准讨论并有影响的同志都邀请入会。胡耀邦反复强调，坚决执行"三不主义"、和风细雨、各抒己见、自由讨论的方针，会上会下"不搞大批判"，"不搞点名批评"，提出："为了畅所欲言，所有的会议记录、文字等都由自己定稿，不审查。"

1979年1月7日，胡耀邦给中央领导同志写信，并将起草好的理论工作务虚会《引言》和会议通知草案报送中央。信中写道：

>理论务虚会的开法，我考虑了一个初步设想，先请在京的理论工作者近200人参加，1月下旬或2月初开会，开20天左右。然后休整几天，向中央汇报。再请各地的理论工作者200人左右共400人左右，再开10天左右。第一阶段主要是大家讨论、小组座谈和大会发言相结合，让大家把思想敞开，畅所欲言。
>
>第二阶段想请国锋同志、剑英同志、小平同志讲话，引导大

家集中讨论解决思想理论战线迫切需要解决的一些重要问题。先民主、后集中，把思想统一起来，促进全党工作重点转移之后的理论工作做得更好。

邓小平和华国锋都表示同意和支持。（叶剑英和李先念不在京）华国锋还答应在会上讲话。

1979年1月18日下午，理论务虚会的第一阶段（又称北京地区理论工作务虚会）以中宣部、中国社会科学院名义召集，在北京友谊宾馆科学厅拉开帷幕。胡耀邦主持会议，在会议当天，他的《引言》和讲话，在会内会外引起强烈反响。尤其令人"提神儿"的是，他第一次引述了毛泽东讲过的两段话：

一段话是1965年底，彭德怀分配到三线当副总指挥，毛泽东请彭老总吃饭，主席对彭老总讲了三句话："你要向前看。你的问题由历史做结论吧。也许真理是在你这一边。"

第二段话是1968年10月14日八届十二中全会上我亲自听见的。这天下午一点钟，主席讲了几句话后问我们："同志们，你们对文化大革命怎么看？"下面鸦雀无声，没有反应。毛主席接着说："我看五十年、一百年之后，可能我们这一段是历史上的一段小插曲。"

毛泽东的这两段话耐人寻味，胡耀邦引述这两段话更有深意，意思是说，历史上的是非，只能"由历史作结论"，这是历史实践之使然。毛泽东尚且如此，在"文革"宣布结束，三中全会也已开过的今天，人们有什么理由还抱着"两个凡是"而诚惶诚恐，还不敢尊重实践的检验、打破禁区、解放思想呢？

胡耀邦这个引言讲了会议的由来、目的和开法，对两年来思想理论形势的估计、伟大的历史转折点和理论宣传工作的任务三个问题，做了明确的阐述。

胡耀邦在会议《引言》第一部分讲述了这次会议的由来、目的和开会方法。

粉碎"四人帮"以后，我们的思想理论战线面临拨乱反正、正本清源的工作。这个工作是同组织上的清查同时进行。两年多来，经过惊心动魄的斗争，这个工作取得了伟大的成绩。

提出完整地、准确地领会和掌握毛泽东思想体系，就是为了彻底批判林彪、"四人帮"那个反科学的假马克思主义思想体系。但是由于种种不同的情况和原因，在我们党内，特别在思想理论战线，对党中央提出的这个重大理论原则问题认识上参差不齐，有些同志虽然赞成中央关于"完整、准确"的提法，但认识并不深刻，甚至存在着这样或那样的错误观点。

到了去年5月，思想理论战线的一个重要发展，就是开始了关于实践是检验真理的唯一标准的讨论。这场讨论的重要意义，是使全党和全国人民的思想重新统一到毛泽东同志的《实践论》的基础上来，重申毛泽东同志一贯强调的在辩证唯物论的认识论中实践第一的观点，重申只有千百万人民的社会实践，才是检验真理的尺度。这虽然是马克思主义的普通常识，但多年来被遗忘了，甚至被颠倒了。这个问题的重新提出，的确打中了林彪、"四人帮"那个反科学的思想体系的要害，推进了对林彪、"四人帮"的假马克思主义理论的总清算。同时，也深深触动了人们对马克思主义的根本态度问题。这就引起了我国思想理论战线上的一场风波。有些同志给《实践是检验真理的唯一标准》那篇文章以及参加讨论的其他文章和发言扣了很大的帽子，甚至说那是"丢刀子"（指否定毛泽东），是"非毛化"是"砍旗"（指砍掉"毛泽东思想这面红旗"）。

去年6月2日，小平同志在全军政治工作会议上精辟地阐述了毛泽东同志的实事求是、一切从实际出发、理论与实践相结合这样一个马克思主义的根本观点、根本方法；批评了那股反对实事求是、反对实践是检验真理的唯一标准的思潮，使这场讨论提高到新的水平。许多省、市、自治区和军队的领导同志和理论工作者都积极地参加了这场讨论。广大干部和人民群众对此十分关心。这一场讨论，已经对我们的实际工作起了巨大的促进作用。去年9月，红旗杂志社写出了一篇题为《重温〈实践论〉——论实践标准是马克思主义认识论的基础》的长文，文章送到了中央常委。叶剑英同志建议中央召开一次理论务虚会，大家把不同意见摆出来，在充分民主讨论的基础上，统一认识，把这个问题解决一下。最近举行的中央工作会议和三中全会，对这场理论讨论摆出了许多情况，提出了不少问题，对一些同志提出了不少批评意见，为召开理论务虚会创造了有利条件。华国锋同志在中央工作会议闭幕会上指出："由于这次中央工作会议的议题多，时间有限，这方面的问题不可能花很多的时间来解决。"中央政治局同志意见，还是按照叶帅的提议，在党的十一届三中全会之后，专门召开一次理论务虚会，进一步把这个问题解决好。

胡耀邦在会议《引言》中阐明了这次会议的目的：

我们召开这样一次理论工作务虚会，要达到什么目的呢？第一，要总结理论宣传战线的基本经验教训。总结经验，可以总结两年，也可以总结10来年、30年。建国30年来，理论宣传战线有许多好的经验，也有许多教训。要把这些正反两方面经验都总结起来，把思想理论上的重大原则问题讨论清楚，统一到马克思列宁主义、毛泽东思想的基础上来。第二，要研究全党工作重心转移之后理论宣传工作的根本任务。这两个目的是互相联系的。总结过去的经验教训，也是为了向前看，把我们今后的工作做得更好，使理论工作更加蓬蓬勃勃地开展起来。

《引言》的第二部分讲两年来思想理论战线的形势：

两年来，揭批"四人帮"的斗争，不但在政治上、组织上取得了伟大的胜利，而且在思想理论战线上同样取得了伟大的胜利。思想界、理论界、新闻界、文艺界和科学界，对林彪、"四人帮"的大量反马克思主义谬论，如"天才论"、"一切从本本出发论"、"批判唯生产力论"、"按劳分配产生资产阶级论"、"全面专政论"、"党内有一个资产阶级论"、"社会主义时期只能反右不能反左论"、"儒法斗争论"、"黑线专政论"、"三突出论"、"反对科学是生产力论"等等，进行了深入的批判，冲破了他们设置的各种禁区。

这两年的思想理论工作，就它的规模来说，就它的战斗作用来说，就它对全党理论水平的提高来说，超过了建国以来任何一个时期，可以说是延安整风以后理论工作做得最出色、最有成绩的两年。马克思说："理论在一个国家的实现程度，决定于理论满足这个国家的需要的程度。"这两年理论工作为什么取得这样伟大的进步，根本原因是斗争的需要，人民群众实践的需要。人民对于理论工作从来没有像今天这样关心。关于实践是检验真理的唯一标准、关于民主和法制、关于按劳分配这三个问题的讨论，吸引了广大人民群众特别是青年参加。理论工作像今天这样成为真正群众性的活动，是历史上少有的。这样有理论兴趣的民族，是一种可贵的民族精神。

我们的理论宣传队伍，在这两年中也发生了可喜的变化。这支队伍在战斗中前进，进步是很大的。特别令人高兴的，是在揭批林彪、"四人帮"的战斗中，涌现了一大批理论联系实际、密切联系群众、善于思考问题、敢于发表创见的闯将。应当看到，这两年的思想理论战线并不平静，有过那么几次风浪。这些同志在斗争中冲锋在前，不愧为思想理论战线的前卫战士。他们敢于实事求是，破除迷信，顶住种种非难和指责，不怕飞来的帽子和棍子。他们旗帜鲜明，立场坚定，抓住真理，所向披靡，敢想敢说敢干敢闯。这种无所畏惧的彻底唯物主义精神是非常可贵的。这一批优秀闯将的出现，增强了我们马克思主义理论队伍的力量，是一个了不起的收获。

在这次会议上，我们要总结这两年理论宣传工作的伟大进步和理论宣传队伍成长的经验。同时也要看到工作中的不足，看到我们理论宣传战线上还存在的严重缺点和问题。当前理论宣传战线的一个突出问题，是有相当数量的同志思想上还处于僵化或半僵化的状态。少数同志甚至掉队了，离开了实事求是的思想路线，设禁区，下禁令，成为解放思想的阻力。我们应当研究一下产生这种现象的症结在那里？

　　意识形态战线是容易犯错误的一条战线。如果脱离实际，脱离群众，更容易犯错误。我们应当允许在理论问题上犯错误。对待犯错误的同志要进行帮助，犯错误的同志也应该总结经验教训，有所进步。我们要提倡对理论问题的不同观点的争论，提倡对理论文章的批评和反批评，真正发扬民主学风。批评与自我批评不容易。特别是理论工作的批评与自我批评，同别的批评，同政治路线的批评，同党性的批评，有什么不同，有没有它的特点？这次理论工作务虚会，要分清是非。分清是非就要进行批评和自我批评。意识形态领域的批评和自我批评，如何搞得更有说服力，防止片面性，允许有更多的时间考虑，使理论上的批评和自我批评在总结经验的基础上做得更好，更健康，不犯或少犯错误。前些年，我们党内有那么几个理论棍子，或者叫理论恶霸，像陈伯达、张春桥、姚文元、关锋、戚本禹，还有康生，他们把马克思列宁主义、毛泽东思想垄断起来，只许自己任意歪曲篡改，不许别人进行创造性的研究。他们可以利用特权毫无根据地把人民欢迎的作品扣上"反党文章"、"反党小说"、"黑书"、"黑戏"的帽子。这种摧残文化、钳制思想的恶霸作风必须肃清。

胡耀邦在《引言》第三部分是讲理论工作如何适应工作重点转移之后的形势。他讲了两方面的任务：

　　一方面是继续扫清我们前进道路的思想障碍。我们要议一议，在思想理论上还有哪些阻碍我们前进的东西应当继续破？还有哪些禁区？还有哪些精神枷锁？包括毛泽东同志在世时来不及阐述清楚，后来又被"四人帮"严重歪曲了的思想理论问题，譬如社会主义社会的阶级斗争等问题。康生、张春桥起草的那个九大政治报告，在理论上有许多错误，"四人帮"的很多谬论是从那里来的。这些理论是非不澄清，会使我们的思想受到束缚，成为我们向四个现代化进军的绊脚石。希望同志们在这次会上议论出一批需要继续解决的问题，有些题目，希望作了研究的同志，充分发表自己的看法。

另一个重要的方面，是研究和解决伟大转变中层出不穷的新问题，把马克思列宁主义、毛泽东思想同新的实践密切结合起来，使理论工作从实际出发又能走到亿万人民实现四个现代化的伟大实践的前头，生气勃勃地指导我们的实际工作飞跃前进。这就是全党工作重点转移以后理论宣传工作的根本任务。我们要认真地讨论清楚这个问题，使理论宣传工作者从思想上来一个转变，面向四个现代化的实际，从理论和实践的结合上加以解决。这就需要我们用马列主义、毛泽东思想作指导，认真研究新情况、新问题，真正做到理论同现代化建设的实践紧密结合。如果根本不结合，把马克思列宁主义、毛泽东思想挂在空中，当作神，那就等于打着招牌招摇撞骗，只能叫做假马克思主义、反马克思主义。如果结合得不紧密，只能叫做半马克思主义，至少不能算完全的马克思主义。

他在讲到如何实现这样的任务时，《引言》说：

为了把理论工作搞好，请所有报刊、各级宣传部要注意两个问题。"一、对于有分量、有影响的重要理论文章，不要匆忙发表，要深思熟虑，研究清楚。例如社会主义民主问题，我对这个问题也还没有完全想清楚。现在总的思想倾向是好的。去年党内有那么一股思潮，就是'一切照办'；今年社会上也有股小小的思潮，表现在上访的问题上。上访的人多数是有委曲、有冤屈的，百分之九十八、九十九的人要求是合理的。这是主流。我们工作没有做好，使他们吃了苦头，要帮助他们解决问题。但是否也有那么千分之一、万分之几的人，他们的想法和做法都是不妥当的。有的举大标语游行，提出'反饥饿、反迫害，要民主、要自由'和外国人挂钩，一谈4个小时。对这种情况，怕是不要怕，也不要抓人。但要研究这类个别人是什么思想？这些人的思想，是不是民主个人主义倾向。我们党提倡的是人民民主，是民主集体主义，或民主集中主义，反对民主个人主义。有各种各样的个人主义，这种个人主义是以讲抽象的'民主'为其主要特征。当然，不管怎样，有三条一定坚持：一是不要随便抓人；二是不要随便点名批判；三是不要乱打棍子。在这方面我们是吃过亏的。民主个人主义者可以变好。朱自清、闻一多曾经都是民主个人主义者，不是变好了吗！有些青年思想活跃、敢想问题，但敢想问题不等于就是马克思主义。要引导他们，要找他们谈谈，帮助他们。类似这些问题要很好研究，但不要轻易在报刊上发表文章。二、要多走群众路线，多找人审查、提意见。反复思考，再加群众路线，可以使我们少犯错误。"

会议开始时，胡耀邦就强调要"充分地发扬理论民主"，"坚定地实行理论工作的群众路线，彻底肃清林彪、'四人帮'的理论专制主义、理论恶霸作风的流毒，使马克思主义的理论园地百花盛开。"在这样的指导思想下，理论务虚会确实开得生动活泼。胡乔木、于光远、吴江、宦乡、孙冶方、许涤新、宋涛、龚育之等专家、理论工作者提出了许多新颖的、值得研究的问题和观点。

胡耀邦在会上还讲了一段"背靠马列,面向实际"等耐人寻味的话,他说:"马列主义、毛泽东思想是指导我们一切工作的理论基础。这个基础我们一定要靠得牢牢的,一刻也不能背离。"但是"理论需要面向实际","面向四个现代化的实际,面向党内干部和人民群众的思想实际,面向过去、现在和今后的经验教训的实际"。"马克思主义理论的源泉就是实际,不是本本,不是文件,不是上级指示,那些都是流,不是源。""由于全党的总体理论水平不高,所以才会被康生、陈伯达、张春桥、姚文元这些理论骗子骗了那么多年。所以一定要提倡认真地读点马列,多读点书。在认真看书学习、弄通马克思主义的同时,还'必须到实际中去吸取马克思主义理论的源泉,使自己的头脑丰富起来,永葆理论工作的生命力'。实际、实践既是创造理论的唯一来源,又是检验理论是否正确的唯一标准。"

他的话掷地有声,令人耳目一新。

会议开始不久,刚从邓小平家回到会场的周扬,传达了邓小平对务虚会的指示:"不要设禁区,不要下禁令。"更加使与会者心情舒畅,敢吐真言。

1月22日,胡耀邦便向大家传达了邓小平对会议的几点意见:

要敞开思想谈。真理标准问题还有多少谈的,可以谈得快些。理论问题很多,没有说清楚。例如:民主法制问题、经济管理问题。"文化大革命"也可以谈,是否采用那种方法?"无产阶级专政下继续革命"的问题也可以讨论。今后不要提"高举毛主席的旗帜",应提"高举毛泽东思想的旗帜"。

胡耀邦根据各组汇报的情况,结合邓小平的意见,又归纳出若干问题,建议大家深入思考研究。如怎样深入讨论真理标准问题;社会主义时期的阶级斗争、党的基本路线是怎么来的;建国以来理论工作的经验教训;对"文化大革命"的估价——"文革"性质、教训等；社会主义民主问题：从十月革命到现在都没有解决好，民主是集体的行为；康生问题——他究竟是马列主义理论家还是假马列的骗子，或是一个棍子；突出宣传个人问题；对马列毛能否一分为二，对马列主义、毛泽东思想能否一分为二？

胡耀邦再三强调："这次会不强调什么人都检讨，不开成批判人的会。检讨也可以，但要讲出道理来。""敞开思想谈，三不主义，但不要向外扩散，使用的材料一定要准确。"

1月27日，邓小平听取了胡耀邦等关于务虚会讨论的汇报，要求会议讨论民主问题，并写出文章。他说：十月革命后60多年，民主没有搞好。今年上半年要写出一篇二三万字的大文章，五四发表，从世界历史发展与人类社会的趋势，讲清楚民主的发生与发展。

胡耀邦认为，邓小平这次讲民主的观点比较彻底，非常重要。他要求文件起草小组，把它加以发挥，写进邓小平、华国锋在理论工作务虚会的讲话中去。

务虚会的第一段，从1月18日一直到2月15日休会，超出预定时间10天，会越开大家兴味越浓。期间，许多省市区也开了本地区的务虚会，做到上下呼应，此起彼伏。在总结这段会的收获时，代表们认为："这次会议是30年来理论战线上最生动活泼的一个会议，大家敞开思想，冲破禁区，说真心话，说实在话，对长期以来未能触及而影响很大的理论问题和实践问题敢于发表意见，这是多年来未曾有过的可喜现象，也是理论工作开始富有生气的实际体现。"

务虚会第一段结束后，在形势发展和变化面前，在来自各方面压力之下，胡耀邦也显得处处谨慎，而且经常把"慎重"二字挂在嘴边。但他对三中全会精神和历史意义，对理论务虚会成果的高度评价，从没有含糊过。对出现的种种责难也做到了泰然处之，冷静对待。

3月18日下午，在全国新闻工作会议上，胡耀邦郑重评价："理论务虚会开得很好，要充分肯定。"同时，他也冷静地对这个会提出一些批评：

既然大家同意意识形态容易犯错误，可在批评别的同志时太尖锐了。"凡是派"的帽子到处套，这不好。两年半前，把咱们打成"走资派"，谁也不舒服，现在人家就舒服呀？戴帽子的事，千万不要干。

（会上）很多意见是个人意见，讲出来当然好，可不是中央定论。结果现在传得很开很广……理论务虚会对一些同志的批评没有核实。有些同志发表观点是无可非议的，但不是中央的定论。

对于有人攻击务虚会"把思想搞乱了"，以及一些领导人为之惊惶失措，胡耀邦则给予十分理智的针锋相对的回答：

最近有同志说，现在是什么思想解放！现在是思想混乱，不叫思想大解放。有没有这个情况？大混乱的估计过头了！思想活跃就带来某种程度的混乱，这是正常的。活跃中间有这样那样的不同观点、混乱，也符合事物发展规律，用不着慌乱。

从三中全会到理论工作务虚会第一段，一些人对报纸和新闻界责难更甚。对此，胡耀邦在1979年3月18日召开的全国新闻工作会议上回答说：

"粉碎'四人帮'后，报纸、新闻起了根本变化。拨乱反正，报纸起了很好的作用，对扭转局面有巨大贡献。我们的《人民日报》，站在斗争前面，站在扭转乾坤前面，这个要肯定。这是个大账。""从去年12月到今年1月，有些同志对我们报纸有些意见，突出的是认为在某些问题上不够慎重。这种意见要听，听了对我们有好处。……有些问题不能由新闻工作承担。这是讲我们中央部门，……甚至是指政治局。听一听有好处。……这不要紧张。报纸、杂志、新闻、广播、中央、省市做了大量工作，成绩要充分肯定。……我个人也做了些不慎重的事嘛。"胡耀邦继续呼吁："应着重发挥新闻战线同志们的积极性、主动性、创造性。"

理论工作务虚会第二段是以中央名义召开的，又称"全国理论工作务虚会"，区别于第一段的"北京地区理论工作务虚会"。

开会前夕，3月18日，胡耀邦在新闻工作会议上透露了第二段务虚会的安排，他说："小平同志讲，一个省可以来三个，增加两个做实际工作的。听了小平同志报告后，各省讨论五六天就回去了，理论务虚会就算结束。"

3月28日，务虚会复会。胡耀邦在预备会上强调："要学会科学的领导方法。""民主是原则问题，克服官僚主义就靠民主"，"一定要尊重三中全会决议精神，不要以个别人的讲话否定集体作出的决议。"

在理论工作务虚会上，胡耀邦高度评价了关于真理标准问题讨论的伟大意义，他说：这个问题的重新提出，的确打中了林彪、"四人帮"那个反科学的思想体系的要害，推进了对林彪、"四人帮"假马克思主义理论的总清算。同时，也深深触动了人们对马克思主义的根本态度问题。真理标准的讨论在思想理论战线引起了一场轩然大波，有的人说：《实践是检验真理的唯一标准》这篇文章以及支持这种观点的言论，是"丢刀子"，是"非毛化"，是"砍旗"，大帽子很吓人。1978年底召开的中央工作会议和十一届三中全会，对这场理论讨论摆出了许多情况，提出了不少问题，对一些同志提出了不少批评意见。但问题尚未完全解决。

在谈到关于对毛泽东的评价时，他说：毛泽东同志的一生，特别是60年代以后，他的思想，他对待问题，有许多事情，我们还不宜匆匆忙忙做判断，匆忙判断往往容易吃亏。在这个问题上，要警惕以"左"的或右的形式出现的修正主义倾向。

领袖是人不是神。金无足赤，人无完人。话虽如此，但是，正确指出并坚决纠正毛泽东晚年的错误，却不是一件容易的事情。邓小平提出"拨乱反正"，就是要"拨林彪、'四人帮'破坏之乱，批评毛泽东同志晚年的错误，回到毛泽东思想的正确轨道上来"。很明显，拨乱，是纠正错误，反正则是继承。但这决不是全盘推翻历史,也决不能否定已被实践证明是正确的东西。

在理论务虚会期间,对毛泽东晚年错误的议论很多,有的言论十分尖刻;更有甚者,放肆攻击诽谤毛泽东,诋毁毛泽东思想。一些非法组织和所谓"民主斗士"乘机煽风点火,反动标语、传单、大字报和地下刊物也相当猖獗。一时间,批评领袖人物的言论甚嚣尘上,在社会上掀起了一股反对中国共产党的领导、反对社会主义的思潮。这种被称为"资产阶级自由化"的思潮在一部分群众中造成了思想混乱,并且影响到党内。邓小平及时洞察到这股思潮的危害性。

3月27日,他同胡耀邦、胡乔木等谈话,他说:"四个坚持,坚持社会主义道路,坚持无产阶级专政,紧持党的领导,坚持马列主义、毛泽东思想的基本原理,现在该讲了。"①

3月30日下午,邓小平来到理论务虚会做了题为《坚持四项基本原则》的报告。他旗帜鲜明地重申:必须坚持社会主义道路,必须坚持无产阶级专政,必须坚持共产党的领导,必须坚持马列主义、毛泽东思想。

"四项基本原则"是共和国的立国之本。

邓小平庄严地宣告:我们当前以及今后相当长一个历史时期的主要任务,就是搞现代化建设。能否实现四个现代化,决定着我们国家和民族的命运。我们要在中国实现四个现代化,必须在思想政治上坚持四项基本原则。第一,必须坚持社会主义道路。这是中国人民从五四运动到现在六十年来的切身体验中得出的不可动摇的历史结论:只有社会主义才能救中国,也只有社会主义才能发展中国。第二,必须坚持无产阶级专政。无产阶级专政对于人民来说就是社会主义民主,是工人、农民、知识分子和其他劳动者所共同

---

① 中共中央文献研究室编:《邓小平年谱(1975~1997)》(上),中央文献出版社2004年版,第499页。

享受的民主，是历史上最广泛的民主。没有民主就没有社会主义，就没有社会主义的现代化。事实上，没有无产阶级专政，我们就不可能保卫从而也不可能建设社会主义。第三，必须坚持共产党的领导。自从十月革命以来，更证明了没有共产党的领导就不可能有社会主义革命，不可能有无产阶级专政，不可能有社会主义建设。事实上，离开了中国共产党的领导，只能导致无政府主义，导致社会主义事业的瓦解和覆灭。第四，必须坚持马列主义、毛泽东思想。马列主义、毛泽东思想是一个科学体系，毛泽东思想是半个多世纪中国人民革命斗争经验的结晶。毛泽东思想过去是中国革命的旗帜，今后将永远是中国社会主义事业和反霸权主义事业的旗帜，我们将永远高举毛泽东思想的旗帜前进。

1979年3月30日，邓小平在理论务虚会上讲话

邓小平说："今天必须反复强调坚持这四项基本原则，因为某些人（哪怕只是极少数人）企图动摇这些基本原则。这是决不许可的。每个共产党员，更不必说每个党的思想理论工作者，决不允许在这个根本立场上有丝毫动摇。如果动摇了这四项基本原则中的任何一项，那就动摇了整个社会主义事业，整个现代化建设事业。"①

邓小平讲话结束后，胡耀邦做了讲话，他同意邓小平对会议的评价，讲了对邓小平讲话的理解，认为邓小平对理论工作批评性的意见是恰当的，是对理论队伍的爱护。

会后，胡耀邦找来有关人员，对他们说：小平同志这次讲话是有重要历史意义的，提出了我党当前意识形态工作的方针，一方面，要解放思想，承认实践第一，敢于打破框框想问题；另一方面，必须坚持四项基本原则，决不能动摇。今后我们的工作要讲求这种全面性，要把这两者很好地结合起来，不能对立起来……要写一篇文章，讲清楚这个问题。②

会后不久，《光明日报》以"特约评论员"的名义，发表了《分清两条思想路线，坚持四项基本原则》的文章。

4月3日，延续两个半月的理论工作务虚会终于结束。

振兴文学艺术

胡耀邦任中宣部长期间，他做的另一件大事，就是为文艺界拨乱反正，为召开中国文学艺术工作者第四次代表大会（以下简称第四次文代会）做出决策，并做了至为关键的思想和组织准备工作，使得第四次文代会于1979年底胜利举行，开创了我国社会主义文艺复兴的新时期。

① 《邓小平文选》第二卷，人民出版社1994年版，第173页。
② 满妹著：《思念依然无尽——回忆父亲胡耀邦》，北京出版社2011年第2版，第233～234页。

早在1978年召开的中国文联三届全委扩大会议上，就决定成立第四次文代会筹备组并开始工作。但由于当时中宣部的主要领导，仍然执行"两个凡是"，抵制实践是检验真理的唯一标准的讨论，认为"文艺黑线专政论"可以批判，但"文艺黑线"问题却不能否定，以致文艺界一些老同志都不能回到文艺工作的岗位，引起文艺界的思想混乱和不满，第四次文代会的筹备工作，自然迟迟不能进行。

胡耀邦任中宣部长后，将十一届三中全会精神迅速在十年浩劫的重灾区——文学艺术界予以贯彻落实。胡耀邦在1978年12月底的两次就职讲话中，就针对宣传部门如何管好文艺工作明确提出：对待党中央提出的拨乱反正的方针，有三种态度：一是等着干；二是推着干；三是抢着干。我们宣传部门的同志要抢着干。这是我们的工作风格，要敢于思考问题，提出问题，解决问题。宣传部门要做好工作，一定要做"双百方针"的促进派。过去，我们在这方面是不成功的，"文革"前就是当把关的审查委员会。文艺界的领导不要抓着只言片语，动不动把人家的文学艺术作品砍掉、否定，要看人家创作总的倾向是好的，或者总的是好的。"四人帮"借此打倒了文艺战线上许多老同志，这种恶劣作风不彻底清算，"百花齐放"怎么搞得好呢？他出语非凡，在文艺界引起极大震动。

1979年1月2日，新年伊始，胡耀邦就任中宣部长才几天，便在中国文联举行的迎新茶话会上，与文学艺术界近300多名人士见面。他先请当时任中宣部副部长兼文化部长的黄镇宣布：文化部和文学艺术界在"文化大革命"前17年工作中，虽然在贯彻执行毛主席革命文艺路线的过程中，犯过这样那样"左"和右的错误，但根本不存在"文艺黑线专政"，也没有形成一条什么修正主义"文艺黑线"。林彪、"四人帮"强加的诬蔑不实之词，应该彻底推倒，还历史的本来面目。接着，胡耀邦发表了热情洋溢的讲话，他着重谈到党的宣传部门要树立新风，建立党与文艺界的新关系。他风趣地说，林彪、"四人帮"把我们党和文艺界的关系彻底破坏了,他们设置了数不清的清规戒律,他们抓辫子、戴帽子、打棍子,把全国的文艺界办成一个"管教所"。我们要砸烂这个"管教所",要建立新的,也就是恢复毛主席创立的党和文艺界的正常关系。这个新的关系是什么呢?就是党的宣传部门应该是文艺界同志们前进过程中的"服务站"。这个"服务站"如何服务好?这还要你们文艺界的同志们多提建议。我想到的,这个"服务站"大概要有这几个部门:一个是文艺"问讯处"——指出文艺的方针、路线,给文艺创作以指南;一个是"资料室"——为文艺创作提供过去和现在的资料;一个是"休息室"——歌手们口渴了,有一杯凉白开水喝;第四,还有个"医疗室",假使我们的文艺工作者发生了"感冒",嗓子哑了,总要搞些"清凉剂";第五,还得有个"修理室"。歌手们的乐器坏了,总得需要修理修理。这后面两个就是同志们讲的文艺评价和批评。这两个我们不懂,请一些专家和人民群众来做,采取群众路线的方针来帮助我们把百花开得更鲜艳。

胡耀邦这番别出心裁的讲话,受到文艺界人士的热烈欢迎。著名相声表演艺术家侯宝林即席赋诗,叙述了自己欢愉的心情。他说,党的宣传部要做我们的"服务站"了,我诗兴大发,诌了四句打油诗:"春天又来到,鲜花需水浇。既要施肥料,也要施农药。"可是,过去"四人帮"是怎么干的呢?"掘之以锹,沸水大浇,枝叶尽凋,最后全烧!"

后来,周扬、傅钟、黄镇等同志都将胡耀邦同志这个观点加以阐释,要求所有的宣传、文化领导部门、文联和各个协会都应当成为作家、艺术家前进过程中的"服务站",爱护和保护他们的创造性劳动,保障他们的正当权利,尊重维护他们从事创作和学术研究的自由。同时,注意积极引导他们,坚持文艺为社会主义服务,为最广大的人民群众服务。

此后,胡耀邦多次与中宣部的同志说,要在文艺界广交朋友,要多为他们做事服务,和他们常来常往,不要把中宣部办得门可罗雀,要使中宣部门前车水马龙。

1979年1月，胡耀邦在召开了全国的宣传部长会议，部署了全年的宣传工作以后，便开始在文艺界中做一些调查研究工作，商量第四次文代会如何召开和要解决的问题。他先后召开了文艺界和文化部门有关负责人会议，党内外作家、艺术家的会议，文化部和文联各协会筹备组的汇报会。这些会上，大家敞开思想，畅所欲言，也有不同意见的争论。

在文艺界和文化部门的有关负责人会议上，胡耀邦最后做结论说，关于文艺界的一些问题，请允许我多做一些调查，再发表意见。但有一点是肯定的，就是今年一定要召开全国第四次文代会，参加的人3000人左右，文联和各协会的筹备组要积极做好准备工作，要写好一个工作报告，总结30年来的经验，特别是党领导文艺工作的经验。除了原有的筹备组的人员外，请周扬同志也参加大会的筹备活动。在另一次会上，他还谈道，为了开好第四次文代会，把文艺战线的工作做得更好，他提出24个字，作为对文艺界的希望和要求。这就是：认真奋发图强，经常反映情况，善于总结经验，切实加强团结。

胡耀邦为了开好第四次文代会，他亲自参与总结文艺战线30年来的工作，多次与文艺界的同志座谈，与大家交换意见。他在听取了司徒慧汇报电影工作、周巍峙汇报艺术工作、林默涵汇报文学创作的情况后，就各地党委怎样领导文学艺术工作发表了意见。他说：繁荣文学艺术创作，需要很好地总结30年来我党领导文艺工作的基本经验。只有在总结经验的基础上，才能大踏步地前进。30年的经验，有成功的，也有不成功的；有失败的，也有受挫折的。其中很重要的一点，就是我们各地党委在领导文学艺术工作上，还没有找着一个正确的领导方法。文学艺术是精神生产，我们领导文学艺术的缺点，与领导物质生产的不成功之处有类似之点，那就是三个字："瞎指挥"，或者说是统得过死，集中过多，指挥又不高明，这不是哪一个人的过错，哪一个人的责任问题，而是我们在执行"双百方针"上有问题。文学艺术的题材问题，为什么要划那么多框框，加以限制？社会主义的理想、精神，无比广阔、深远，我们的生活、事业，是无比的丰富多彩，为什么限制只能写这样，不能写那样呢？做领导工作的人，如果发现反映那种题材的东西少了，不够，可以发出呼吁，加以提倡。又如对文学艺术作品的审查，过去都是少数人审查，甚至是党委一把手审查，也不管他懂不懂文艺，是不是按照艺术规律办事。有的独断专行，像韩复榘办案，抹脸就放人，瞪眼就法办。过去，我们就是吃了这个大亏，把《刘志丹》打成反党小说，谁审查的，还不是康生一个人拍板定的调！我看，我对文学艺术作品的评价，要遵照毛主席讲的8个字："实事求是"、"群众路线"，就是由领导、专家、群众三结合评议的方法去解决。我主张不要搞审查，不叫审查，而叫评议和讨论。

胡耀邦在与文学艺术界的同志座谈时，为了清除"四人帮"散布的文化专制主义的流毒，几次向大家推荐读马克思《评普鲁士最近的书报检查令》一文。他说：这是马恩全集的第一篇文章。他还兴致勃勃地向大家朗诵了这篇文章中一段诗一样的文字：

你们赞美大自然悦人心目的千变万化和无穷无尽的丰富宝藏，你们并不要求玫瑰花和紫罗兰发出同样的芳香，但你们为什么却要求世界上最丰富的东西——精神只能有一处存在形式呢？

每一滴露水在太阳的照耀下都闪耀着无穷无尽的色彩。但是精神的太阳，无论它照耀着多少个体，无论它照耀着什么事物，却只准产生一种色彩，就是官方的色彩！精神的最主要的表现形式是欢乐、光明，但你们却要使阴暗成为精神的唯一合法的表现形式；精神只准披着黑色的衣服，可是自然界却没有一枝黑色的花朵。

胡耀邦绘声绘色的讲话，使与会者啧啧称赞：耀邦同志若不博览群书，精通马恩列斯著作，他能如此引经据典，把马克思反对文化专制主义文章的精彩段落，神采飞扬地背诵出来吗？

胡耀邦接着说：我们社会主义的生活是多姿多彩的，为什么还要通过审查制度，让反映社会生活的文学艺术作品，只能表现一种色彩呢？他还说，我们不搞审查，但要像商务印书馆的书一样印上"版权所有、翻印必究"。我们提倡作家的作品要"文责自负"，至于有错怎么办？大家可以讨论，我看可以通过批评和自我批评，和要作家加强自己的社会责任感去解决。

根据胡耀邦的意见，《文艺报》和有关的刊物以及上海的同志一起连续举行了学习周总理1961年重要讲话的座谈会。《文艺报》编辑部还在1979年3月举行了文学理论批评工作座谈会。在这些座谈会上，文艺界的领导与作家、艺术家、评论家一起，共同探讨了如何总结建国30年来文艺战线上的正、反两方面的经验教训；如何按照艺术规律办事，发展和繁荣社会主义文

1981年6月，胡耀邦在中南海接见上海戏剧学院藏族班师生

艺；如何正确开展文艺理论的批评与评论。

在上海举行的一次座谈会上，许多同志谈到胡耀邦提出的"文责自负"，认为这样做很好，是艺术民主的一个重要方面，但要真正做到这一点，也还需要有法可依，用法来保证文责自负的实施。文艺要立"法"，不能由哪一个人自作决定，文责自负就有了保证。作家、艺术家的信心和勇气，就有了用武之地。巴金用8个字来表达大家共同的心愿："文责自负，依法办事"。

第四次文代会的筹备工作已经基本就绪，在文代会开幕前夕，即10月29日，胡耀邦出席了文代会共产党员代表的预备会。他向党员代表发表了情真意切的讲话，要求文艺战线上的共产党员，不仅是文艺家，还应是政治家，把过去个人的得失、委屈放开，丢到太平洋去！多想想未来，多想想怎样为繁荣我国的社会主义文学艺术而努力奋斗。文代会要充分发扬民主，但共产党员代表还要有党性、组织性。他向党员代表提出了五条要求：一、充分发扬民主，解放思想，畅所欲言；二、维护和加强团结，顾大局、识大体，同心同德，和衷共济，把大会开好；三、集中精力讨论有关当前文艺工作的方针任务问题，对文艺界历史旧账和对当前某些作品有争论的问题，不在大会纠缠，以免分散注意，大会不准备在这些问题上作结论；四、对地方党、政府机关、部队领导有意见，可写出材料，交大会领导小组转交中央有关部门，不在大会讨论；五、尚未平反的冤假错案，不在大会中申诉，可向中纪委、中宣部、中组部和有关部门提出，或交大会领导小组转达。

第四次文代会于1979年10月30日在北京如期开幕，至11月16日胜利闭幕。

16日晚上，中宣部、文化部联合举行茶话会，胡耀邦充满豪情地向文艺界祝愿说：历史将证明，这次文代会是我们国家文艺战线一个极为重要的里程碑。我们党从来认为，文艺事业是我们伟大事业的一个重要组成部分，文艺大军是我们整个革命队伍的一支光荣的大军。现在，我们的国家进入了一个历史发展的新时期，我们党正在率领我国各族人民向一个更伟大的新的目标前进。希望你们能够在这个伟大的事业中作出更加光辉的贡献。我们的总目标，是要建设一个四个现代化的社会主义强国。这样的强国，应该是经济上发达富强，政治上安定团结，文化上繁荣兴盛。我们一定要达到这个目标，我们一定能够达到这个目标！

胡耀邦鼓舞人心的讲话，激起全场阵阵雷鸣般的掌声。

落实知识分子政策

胡耀邦深感要振兴中华，首要的任务就要尊重知识，爱护人才。因此，自1977年底担任中组部部长以来，就以"我不下油锅，谁下油锅"的大无畏精神，以平反各种冤假错案著称，使优秀人才从"精神桎梏"中解脱出来，发挥他们的积极性和创造性。文艺界是遭受"四人帮"摧残、受害最深的"重灾区"，加上"文革"前历次运动的牵连，可以说文艺界的冤假错案成堆。胡耀邦担任中宣部长以后，为了调动文艺界的积极性，他加紧为作家、艺术家落实政策，平反冤假错案，做了大量艰苦细致的工作。

1979年3月，茅盾写了一封信给文联筹备组的林默涵，说希望第四次文代会能开成一个团结的会，开成一个大家心情舒畅、真正百家争鸣的会，开成一个向21世纪跃进的大会。他希望把全国知名的老作家、老艺术家、老艺人都请来参加这个会，特别是70岁到80岁的，最好应该一个都不遗漏参加会议。他还建议中组部过问一下对老作家、老艺术家落实政策的问题。他举了浙江的老作家陈学昭至今还没有人管的个例。

这封信转到了胡耀邦的手上。他看了深有感触地说，文艺界不知有多少为革命做过很大贡献的作家、艺术家遭受了冤屈，还没有回到文艺战线上

胡耀邦在中南海勤政殿同著名作家巴金亲切交谈

来。他说，邓颖超同志就叮嘱过他，过问一下阳翰笙工作的事。胡耀邦立即指示，要中组部、中宣部、文化部、全国文联联合召开文艺界落实知识分子政策的座谈会，研究在文艺界如何进一步加快落实政策，把第四次文代会开成一个文艺界团结、跃进的大会。

座谈会于3月底在北京举行,参加的有各省市自治区党委组织部、宣传部、文化局、文联的负责同志和国家计委、财政部、民政部、劳动总局等有关部门的同志,共100多人。会议产生了一个《联合通知》,要求各地和有关部门按照实事求是、有错必纠的原则,切实加快文艺界冤假错案的平反昭雪工作。通知说,会议认为:凡在林彪、"四人帮"推行极左路线时,因所谓的"文艺黑线专政"、"30年代文艺黑线"、"四条汉子"、《海瑞罢官》、"三家村"、"黑戏"、"黑会"、"黑画"、"黑线回潮"等被审查、点名批判、错误处理或被株连的,一律平反昭雪,不留尾巴。在"文革"前历次政治运动,包括1964年文艺整风中,受到批评、处理,被戴上"反党反社会主义"、"资产阶级右派"、"右倾机会主义"、"修正主义",以及各种"集团"等的政治帽子,经过复查,确实搞错了的,也要坚决予以平反改正。此外,"文化大革命"前也批错了一些文艺作品,在给作家、艺术家和文艺工作者落实政策的时候,对于他们的作品被当作"毒草"批错了的,也都应该平反。

会议认为,落实政策不仅要在政治上平反昭雪冤假错案,还要对受害者的工作安排、生活困难等实际问题给以足够的重视和关心,在顾全大局的前提下,根据可能的条件积极地给以解决。对于知名作家、艺术家要妥善地安排他们的工作,热情支持他们的创作活动。

这次会议结束时,胡耀邦到会讲话,他再次强调文艺界落实知识分子政策的重要性。他说,平反冤假错案,落实各种人的政策,是我们全党的一件大事,是我们国家的一件大事,必须坚持把它办好。要调动一切积极因素,更好地为实现四个现代化而奋斗。这次会议以后,茅盾的建议,都在文代会的筹备工作中得到落实。

胡耀邦还决定周扬、阳翰笙、林默涵、夏衍这些在"文革"中受到残酷迫害的文艺界领导都参加即将召开的四次文代会的领导工作。这就为茅盾在大会上致开幕词、周扬做总结报告、阳翰笙做文联会务工作报告、夏衍致闭幕词、林默涵任大会秘书长,定好了框架,使他们恢复了名誉,重新走上领导岗位。

胡耀邦对落实知识分子政策、爱护人才发挥了重要作用。作者在访问《人民日报》原总编辑胡绩伟时,他向作者回忆了这样一段往事:

1978年11月,本报特约评论员文章《完整准确地理解党的知识分子政策》,是根据胡耀邦在中组部落实干部政策座谈会上的讲话写的。他在这次讲话中系统地谈到了党对知识分子的问题,谈到"团结、教育、改造"方针形成的历史原因,谈到知识分子经历的历史变化,最后说明:"知识分子已经成为工人阶级的一部分",因而明确地指出:"团结、教育、改造的方针已经不再适用于新情况下的知识分子,而应该采取'信任、依靠、放手使用'的方针。"这篇本报特约评论员文章,反映和阐明了他这次讲话的新精神。发表以前,编辑部将文稿送给胡耀邦审阅时,他加了很重要的一段话。文稿在分析四化建设需要知识分子后提出:"我们肯定绝大多数知识分子已经成为工人阶级知识分子,并不是说,知识分子今后就不要教育和改造了。"紧接下来,胡耀邦补充了这样一段文字:"至于说,现在两千多万知识分子中,是不是也有反对社会主义、仇视社会主义的人,甚至还会出现现行反革命分子呢?当然会有,但这是极个别的现象。工农干部出身的国家工作人员和工人、农民中,也有这种极个别的情况,这也没有什么奇怪的。对于这一点,我们要保持警惕,但不应因此否定绝大多数知识分子的进步,不承认他们的绝大多数是工人阶级的一部分。"这段文字,对落实知识分子政策起了重要作用。因为我们几十年来都是把知识分子当成"资产阶级"或"小资产阶级"来对待,不是团结对象,只是改造对象。新中国成立以来的历次政治运动都是整知识分子,对知识分子进行无情打击和残酷斗争,知识分子是"臭老九",被压在社会的最底层。胡耀邦修改的这一篇评论员文章，所起的作用是不言而喻的。

　　胡耀邦对文艺界被错划为"右派"的身处逆境的同志关心备至。1977年冬，他任中组部长之后，先后接受了文艺界一批错划为"右派"的同志的申诉。当中国青年出版社原负责人李庚（1957年被错划为"右派"）去找他时，他热情接待，安慰他不要着急，"右派"问题一定会得到改正，同时详细询问了王蒙、刘绍棠等几位原在团中央系统工作的被打成"右派"的同志的近况。李庚告诉他，他从丁聪等同志处了解到他们在各地农场、农村艰苦劳动的一些情况。胡耀邦惋惜而坚定地告诉李庚："我们会尽快地为他们解决问题，包括你在内，他们都是难得的人才，都年轻，正可以大有作为，不要再耽误他们的写作了。"

　　在胡耀邦的亲自过问下，李庚等一批被错划的"右派"很快得到改正。李庚被分配到中国文联工作，并以特邀代表的身份参加了第四次文代会。

　　第四次文代会将要闭幕时，北京得知上海要禁演《假如我是真的》（即《骗子》）这部话剧，并传开可能对作者沙叶新有所"处理"。胡耀邦闻悉后，认为在粉碎"四人帮"之后文艺界盛会方开之际，遇到的第一个文艺创作上的问题，必须慎重对待，必须体现党的文艺方针，他要与会和有关部门的同志先不要轻易表态，而立即调演该剧，要大家先"尝一尝，辨别了滋味，再说它是甜是苦"。当年12月他调任中央宣传部长时，立即和上海打招呼不要忙于对剧本、演出和作者下结论。同时下令组织召开剧本创作座谈会，事先不定调子，让与会者畅所欲言，百家争鸣，对作品进行实事求是的评论。

　　文代会闭幕不久，1980年1月下旬，胡耀邦倡议由中国戏剧家协会、中国作家协会、中国电影家协会联合召开剧本创作座谈会。会议历时22天，遵照胡耀邦指示的"不打棍子，不扣帽子、不抓辫子，让大家畅所欲言，对当前创作倾向和理论性问题展开热烈的讨论"，达到预期的目的，文艺界老前辈周扬、夏衍、陈荒煤、张庚都讲了话。

2月12日这天，北京风和日丽，春意融融，胡耀邦到会做了激动人心的长篇讲话。既讲了"双百"方针，又讲了"二为"方向，他从上午讲到下午，历时6个小时。他热情洋溢地说："为了实现四个现代化，开创我国文艺新的大繁荣的时代，干前人没有过的伟大艰巨的事业，我们要敢想敢干，百折不挠。"讲到激动处，他站起身来，挥动双臂，响亮地说："坚决不许对文艺作品妄加罪名，无限上纲，因而把作家打成反革命！"全场掌声雷动。接着他斩钉截铁地说："作品有缺点错误，可以辩论嘛，可以帮助嘛，决不能因为创作上出了毛病就把作家打成反革命！""坚决不许打棍子，有人要打棍子的时候，我们要敢于出面保护他们……"

他出语惊人，其真知灼见，令人钦佩不已。最后他用诗一样的语言动情地说："我们沿着一条不平坦的崎岖的道路前进。我们的头顶上有暴风骤雨，我们的脚底下有陡壁险坡，我们的同志身上有各种各样的负荷，有的同志还有这样那样的创伤。能不能攀上思想理论、科学技术、文学艺术高峰呢？有人会掉队，有人会开小差吗？我回答不了。我只有回答一点：我们党鉴于历史的教训，决不会把忠于党、忠于人民、忠于我们事业的同志赶跑，我们的路途遥远，道路艰险，我们必须紧紧地手拉着手……，文艺界的朋友们，为我们伟大的四个现代化而奋斗的人们，让我们手拉着手，心连着心，前进吧！"

胡耀邦富于情感、鼓舞人心的话语，使与会者心潮激荡，不少人还落下了热泪。

作家沙叶新终于受到了保护，他回到上海以后，精心创作了话剧《陈毅市长》，在上海等地引起了轰动，受到普遍赞扬。他激动地说："是耀邦同志给了我文艺创作的春天，给了我创作的大好时机，我没齿不忘。"

文艺家听了胡耀邦的报告，深有感慨地说：这次会议是建国以来第一个文艺界自己可以自由讨论并决定自己作品的命运的会，是第一个认真贯彻党的文艺方针政策、实际在改善党对文艺工作领导的会。会议的倡导者胡耀邦同志和我们心连心，他爱护人才，求贤若渴的高风亮节，永远鼓舞着我们不断攀登文艺高峰。

事隔20多年后的今天，中宣部文艺局原局长李英敏，每当回忆胡耀邦的这次长篇讲话，总是情不自禁地说："听了耀邦同志的讲话，大伙的眼界开阔了，信心提高了，因为有耀邦同志这样的知心领导人撑腰引路。"

胡耀邦在"文革"以后，对历史的教训有过深刻的思考，和知识分子有着真正意义上的友谊交往。他不仅了解知识分子的艰难，也了解知识分子的心迹，真正成为他们的知心朋友。

著名社会学家、全国人大原副委员长费孝通，对此有着刻骨铭心的体会。他在《老来缅怀胡耀邦同志》的回忆文章中写道："我总是认为在我的一生经历的转折点，如果没有耀邦同志的英明果断，力挽狂澜，我们这一小撮'在《毛选》中点名批判的六教授'决不可能这样容易破冰山重见光明的。我能有今天，就不应该忘记耀邦同志对我们的这段恩德。"

费孝通在"反右"前，任中国民主同盟中央常委、中央民族学院副院长、国务院民族事务委员会副主任、国务院专家局副局长等职。"反右"斗争中，费孝通成为全国最有名的大"右派"，他写的《知识分子的早春天气》被诬为资产阶级"右派"进攻的信号弹。毛泽东点名批判他是"六教授"之一的"右派分子"，全国口诛笔伐，在"反右"时期，费孝通受到大小报刊连篇累牍的批判，从此，费孝通的"臭名"家喻户晓，他的艰难处境可想而知。

在胡耀邦的直接关注下，费孝通于1980年8月16日与被错划的曾昭抡、黄药眠、陶大镛、钱伟长、吴景超等6教授同时得到平反昭雪，他重新走上了民盟领导岗位。

费孝通到民盟中央上班不久，一天，灿烂的阳光洒满民盟大院，费孝通正在民盟中央客厅和盟员谈话，谈兴正浓之时，突然来了一位不速之客，一位党中央的领导同志。一见面才知道是胡耀邦来看望大家。他对费孝通和蔼可亲地说："我们是老朋友了，我是一时兴起看望大家的，想顺便谈谈。"两双手紧紧相握，费孝通激动不已。

大家无拘无束地交谈起来，胡耀邦坦诚相见，情真意切，口若悬河地对在座的盟员说："民盟是个党外知识分子的政党。这些知识分子第一是爱国的，第二是学有专长的，第三是为人正派的。"他接着加重语气，意味深长地说："我们就希望能发挥这些知识分子的作用，同我们合作成为复兴中国的一个力量。"

亲切交谈中，胡耀邦就这样轻松平易地表达了统战的目的和方针，使老盟员口口相传，念念不忘。特别是说到"盟员为人正派"，以"正派"作为做人的标准，使盟员备受鼓舞，引人深思。

1983年11月3日，胡耀邦患病在家小憩时，看到了费孝通于1982年9月写的《小城镇、大问题》的小册子之后，立即写了一段耐人寻味的"批语"，认为这篇长文"值得一看"，因为它可以"给人一定的思想启迪"。他的批语流露出真情实感，使费孝通深受感动，费孝通在回忆文章中写道："胡耀邦同志他也不可能想到他这短短几句话语都打中了我这个知识分子的心，真正做到了古人所说的'人之相交，以心换心'。而且又悟到了这正是统战工作的真谛，做到了周恩来总理一再强调的要党内领导同志多交几个党外朋友。"

费孝通在这篇回忆文章的结尾饱含深情地写道："后来，我越是接近耀邦同志，越是对他更为尊敬。我感激他不仅是在关键时刻给我这一生中的第二次生命，而且以身作则地教导了我怎样做一个共产党的朋友；怎样用自己的专长为人民服务，而乐此不倦。我愿意老来记下我这一段经历，以此表达我对耀邦同志的纪念和我对他的感激的心情。"

关心群众文化生活

胡耀邦心系人民,不仅关心人民的物质生活,同时关心人民的文化生活。他出任中共中央总书记后,就为加强精神文明建设和活跃城乡人民群众的文化生活,主持制定了两个纲领性文件,即中发〔1981〕31号《中共中央关于关心人民群众文化生活的指示》与中发〔1983〕34号《中共中央批转中央宣传部等四部门"关于加强城市、厂矿群众文化工作的几点意见"的通知》。这两个文件传达贯彻到各地,受到城乡人民的欢迎,一扫群众文化被"四人帮"摧残得万马齐喑的局面,开创了以社会办群众文化的先河,迎来了有中国特色社会主义群众文化空前繁荣发展的新时期。

胡耀邦注意倾听群众的意见和呼声,他到中宣部后,办公室几乎每天都要收到他对群众来信、来访或新闻媒体内部反映所写的批示和意见。他仔细、认真地研究群众通过各种渠道提出的问题和建议,并要中宣部和有关部门迅速采取相应的措施。中央关于群众文化两个文件的制定,就是他听取群众的意见和呼声后主持制定的。

70年代末,由于遭受"四人帮"文化专制主义肆虐的影响,人民群众文化生活的匮乏,引起了一片不满的抱怨声,尤其是在农村,看不到电影、听不到戏、读不到书,很多人反映:我们终年累月只有在田头、炕头上消磨时光。胡耀邦找中宣部文艺局的同志谈话说,如不帮助人民群众改变这种状况,丰富和活跃他们的精神生活,做宣传、文化工作的人是有愧于人民的。1979年4月,他看了一份报纸的《情况反映》,说公园里有人在那里自由演唱。他便在上面写了一段批示,提出了他的意见和建议。他说:这份材料反映的问题很值得人们重视,看来,不单是农村,城市也是一样,人民对文化生活的要求很高，随着生活的逐渐改善，还会愈来愈高。我们现在已经有点被动，如不采取强有力措施，会愈来愈被动。我们现在的情况是：国家养的文工团、剧团、乐队都是大型的，很长时间才能演一场，基本上到不了广大群众中去。能不能改革一下呢？既练了功，又有收入，这是第一。第二，能不能将一些民间艺人，加以适当指导，实行集体所有制，让他们独立谋生，又满足了人民文化生活要求呢？我认为是可以的。这些年来，我们经济上统得过死，我看文化生活也是这样。大家都吃社会主义的"大锅饭"，横竖有吃。但越吃越穷，人民很不满意。现在，中央决定经济要改革，文化领域也要做些改革。因此，我们也得赶快研究。

这是胡耀邦首次用批示的形式，谈到要采取措施解决如何满足城乡人民的文化生活匮乏的问题，并由此出发，敏锐地提出，赶快研究文化领域的体制改革。当时，经济领域的改革在农村正在酝酿如何起步，胡耀邦就预见到这个大潮将在东方兴起，并必然要在文化领域引起波澜。于是，他在抓活跃农村群众文化生活的同时，也思考起文化事业的体制改革问题。1979年5月，他在两份报纸的《情况汇编》上，看到有关农村文娱活动不能放任自流，建议取缔"自由演唱"的意见。他当即在这份反映上批示：我不赞成这样消极的简单的取缔办法。他说，这个问题看来应当拿出主张来，到该发一个文件的时候了。文件要由中宣部、文化部联名，经中央批转为好。

于是，胡耀邦亲自召集中宣部、文化部和团中央的有关同志来一起开会商量，研究如何拿出主张，制定一个文件，确定发展农村文化工作的方针，与活跃和丰富农村群众文化生活的办法。接着又由中宣部出面召集文化部、团中央、总工会、北京市以及6个省宣传文化部门的同志汇报群众文化工作的情况、经验和问题。会上有同志提出：应当从调查研究着手，摸清全国农村文化活动究竟存在一些什么问题，群众中有一些什么发展农村群众文化事业的好办法，再来制定一个活跃农村文化生活的意见的文件。胡耀邦很赞许这种意见，说：我们的文化工作、文艺工作有很大的成绩，但离广大人民群众的要求还很远，同我们国家的整个发展不相称。他很动情地说，我们要建设高度物质、高度文明、高度民主的现代化国家，我们必须有高尚的精神生活，要使广大人民有健康的丰富多彩的文化生活。他分析有的地方发生青年打群架的各种原因，他说，没有正当的文化娱乐活动也是其中的一个原因。他感慨地说，我们要关心广大人民群众的精神文化生活，这是对全体人民的关心。我们对人民群众的文化生活的需要不了解，对青年劳动者精力之旺盛不了解，也是官僚主义的一种表现。他一针见血地指出：不到群众中去，我们的思想就贫乏得很，找不出好的办法来；到群众中去，到实际生活中间去，就会抓住本质的问题，找出解决问题的关键。他当即决定组成以中宣部文艺局、研究室和文化部群文局、研究室、团中央文体部的人员参加的调查研究组，具体工作由文艺局局长李英敏、群文局局长许翰如负责，中宣部副部长王惠德和文化部副部长周巍峙参加文件的制定工作。

正在积极筹备组织调查研究小组的时候，胡耀邦又看到一份报纸的《情况反映》，是有关农村现有的思想文化阵地的状况的。他当即批示：这个材料值得重视。随着农村和农村形势的不断好转，我们需要把全国的小城镇建设成为政治、经济、文化的基层中心。建设这种基层中心，不是靠国家投资，而是引导各个方面采取集体所有制形式予以解决。但这要有计划、有领导。这件事，许多同志还没有意识到，我们中央有关部门的同志都要有预见，有预见才叫领导。他在这个批示中还提到中宣部每年的工作重心应该是两大项：一是掌握全党全国思想动向，撰写10多篇至20篇思想水平较高的论文；二是抓几件对促进四化，首先是促进文化、思想建设有重大意义的事情。

胡耀邦的意见很快传达到调查研究小组的同志中，他们都很振奋，认识到这次由中央几个部门组织的农村文化工作调查研究小组和准备草稿的文件，就是胡耀邦说的促进全国农村思想文化建设的一个大事，是为建设有中国特色的社会主义群众文化做的添砖加瓦的工作。1979年7月，由李英敏、许翰如分别带领调查小组到山东、安徽、河北、河南、上海、湖南、广东等地进行调查研究。在长达半年多的时间里，他们风尘仆仆地从北到南、从东到西，到了许多乡镇、村庄、农家进行访问和召开座谈会，听取了农民和乡镇干部对农村文化生活状况和发展农村文化工作的意见。了解到由于缺乏正常的健康的文化娱乐生活，不少地方发生聚众赌博、闹封建迷信、打群架的事情，影响了农业生产和社会秩序，特别是影响了青少年思想的健康成长。他们迫切希望各级党委在抓好农业生产的同时，也管一管农村的文化生活问题。

正是这两个文件的实施，引导群众文化事业率先走上了改革开放之路。依靠集体和社会来办文化，冲破了原有那种毫无生气的、长期处于等靠要的、依靠国家拨款来办群众文化事业的单一模式，形成以国办单位为主导、以集体办为主体、以个体办为补充，团体、企业、各行各业都来办，多形式、多渠道、多层次，生气勃勃地发展群众文化事业的新格局。这使得群众文化事业、城乡人民的文化生活，进入新中国成立以来前所未有的繁荣发展的新时期。

正是这两个文件的实施，开阔了群众文化工作者的视野，打破过去局限于文艺活动的"小文化"的束缚，走向了普及文化知识、教育学习、科学卫生、休闲娱乐、体育锻炼的大文化的广阔天地，适应了社区、企业、村镇、校园、家庭，不同层次的男女老少求知、求乐、求美、求新、求进步的需求。群众文化活动，成为广大群众自我参与建设社会主义精神文明的重要组成部分。这就使得群众文化活动更加丰富多彩，更加吸引群众自觉参与那些寓教于乐、寓教于文、寓教于学的活动。

十四　担任中共中央总书记

当选中央委员会主席

早春二月，春寒料峭，万物复苏。

1980年2月23日至29日，中共中央在北京举行十一届五中全会，就中国政坛一系列重大问题，做出了决定：

提前召开党的十二次代表大会；通过《关于党内政治生活的若干准则》；选举胡耀邦、赵紫阳为中央政治局常委，胡耀邦为中央委员会总书记，万里、王任重、方毅、谷牧、宋任穷、余秋里、杨得志、胡乔木、胡耀邦、姚依林、彭冲为中央书记处书记；为刘少奇平反；免除或提请免除汪东兴、纪登奎、吴德、陈锡联所担任的党和国家领导职务；建议全国人民代表大会修改宪法第四十五条，取消公民"运用大鸣、大放、大辩论、大字报的权利"的规定。

按照《若干准则》规定，中共中央政治局从1980年11月10日至12月5日连续开了9次扩大会议，实到政治局委员21人，候补委员1人，7名书记处书记列席会议。会议主要讨论华国锋在粉碎"四人帮"后所犯的错误。

会议经过充分讨论一致决定：向即将召开的十一届六中全会建议，同意

从红小鬼到总书记 >>> 胡耀邦

胡耀邦和邓小平在十一届六中全会上

华国锋辞去中央委员会主席、中央军委主席的职务；选举胡耀邦为中央委员会主席，邓小平为中央军委主席。在六中全会前，暂由胡耀邦主持中央政治局和中央常委工作，由邓小平主持中央军委工作。

会议还通过《中共中央政治局会议通报》，指出：许多同志曾提议邓小平同志担任中央主席兼军委主席，因为这是众望所归。邓小平同志认为，由他担任中央主席不相宜。至于军委主席，暂时没有其他适当人选，他可以担任一段时间，以便培养新的比较年轻的同志将来接替。中央政治局一致同意了邓小平的意见。

中央政治局决定把这次会议的内容通知省军级党委以上干部，并由他们向参加讨论党的历史问题的同志传达。①

对此，华国锋也举手赞成。

斗转星移，光阴荏苒。时过半年，即1981年6月26日至29日，中共中央

---

① 中共中央文献研究室编：《邓小平年谱（1978～1997）》（上），中央文献出版社2004年版，第689～690页。

在北京召开了中国共产党第十一届六中全会，出席会议的中央委员195人，候补中央委员114人，列席的53人，中央政治局常委胡耀邦、叶剑英、邓小平、赵紫阳、李先念、陈云、华国锋等同志分别主持了会议。

会议的第一项议程就是审议和通过《关于建国以来党的若干历史问题的决议》。经过与会人员的认真审议，全会一致通过了这个辉煌的历史文献。

6月29日，党的十一届六中全会宣告结束。全会发表公报：

全会一致同意华国锋同志辞去党中央主席和中央军委主席职务的请求。全会通过无记名投票，对中央主要领导成员进行改选和增选，选举的结果是：

一、胡耀邦同志为中央委员会主席；

二、赵紫阳同志为中央委员会副主席；

三、华国锋同志为中央委员会副主席；

四、邓小平同志为中央军事委员会主席；

五、中央政治局常委会由中央主席和副主席组成，他们是：胡耀邦、叶剑英、邓小平、赵紫阳、李先念、陈云、华国锋。

六、习仲勋同志为中央书记处书记。

这次全会是继十一届三中全会以后我党历史上又一次具有重大历史意义的会议，是总结经验、团结奋进的会议。这次会议将以在党的指导思想上完成拨乱反正的历史任务而载入史册。

胡耀邦在6月29日全会的闭幕式上，做了热情洋溢和激动人心的讲话，他说：

我是在我们党的特定历史条件下，被推上现在这个岗位的。

今天我讲三点意见。

第一点，这几年谁的贡献大一些？我看贡献大一些、多一些的，还是老一辈革命家。拿常委来说，是叶剑英、邓小平、李先念、陈云4位同志。小平同志因为经验特别丰富，精力很充沛，加上长期斗争建立起来的巨大的威望，他起的作用就更突出。

第二点，两个没有变。本来，按全党绝大多数同志的意愿，中央主席是由小平同志来担当的。除小平同志之外，无论从水平、从能力、从资望上来说，还有好些老同志都比我更适合，就是年纪比我小一些，而且确实是我们党的优秀干部，也不乏其人。……现在就这样定下来了，这当然是一个很大的变化。但是，我想，我有责任向全会说明，有两条并没有变：一是老革命家的作用没有变，二是我的水平也没有变。因为世界上根本不可能有这样的情况：一个人的工作职务突然上升了，他的本事也随即膨胀起来。今天的胡耀邦，还是昨天的胡耀邦，对待这样的问题，当然主要是靠我自己有自知之明，但是，也要请全党的同志按照这次历史决议的精神，实行监督，首先要请中央委员会的成员进行监督。前面我说过，这些年常委起主要作用的是剑英、小平、先念、陈云四位同志，特别是小平同志。这不是什么秘密。连外国人都知道，小平同志是现今中国党的主要决策人。有时他们还有另外一个词，叫"主要设计者"。不管是哪个词，意思是一样的。现在的中央领导，政治生活很正常，真正恢复了集体领导。好几位老同志就说过，现在中央的政治生活，算是我们党的历史上最好的年代。我是同意这个话的。老一辈革命家仍然是中央起主要作用的核心人物。这个情况可不可以告诉全党呢？我认为，不但可以，而且应该。

第三点，我们的劲该往哪里使呢？现在我们领导上的劲，中央领导同志、省市同志，我们的指导思想上的劲，应该集中主要的精力，来考虑如何把国民经济搞上去，同时考虑如何有效地建设社会主义的精神文明。

胡耀邦激昂慷慨、热情奔放的讲话，激起阵阵掌声。

听了胡耀邦的讲话，邓小平兴奋地说："我们这次把胡耀邦同志选作党的主席，刚才他做了一个简短的讲话，我想，这一段话也证明，我们这个选择是正确的……"

之所以选择胡耀邦担任党的主席（总书记），胡绳主编的《中国共产党的七十年》一书是这样描述的："由于需要年轻一点的同志担任党中央的领导工作，而胡耀邦有长期在红军中工作和从事党、团工作的经验，在'文化大革命'后的拨乱反正、平反冤假错案工作中有显著成绩，所以被选为党的主席（总书记）。"

中央机关要做表率

胡耀邦抓工作有个显著特点，就是总揽全局，首先抓领导机关和领导干部，做到雷厉风行，大刀阔斧。他要求中央首脑机关要成为全国的表率。

党的十一届六中全会闭幕两个月后，胡耀邦找中直机关和中央国家机关党委负责同志谈话。他胸有成竹地指出："中央机关有三大坨，一个是党中央的直属机关，一个是国务院的直属机关，一个是中央军委的直属机关。国家机关和中央机关共45万人，军队在京的有15万人，合起来60万人，60万人组成我们这个首脑机关。"

胡耀邦语重心长地说："首脑机关应当起什么作用？首脑机关必须成为全国的表率，或者叫中央机关要成为全国的表率。这个思想，这个根本要求，应当成为我们中央机关所有领导干部、共产党员和工作人员的战斗口号。"

他风趣地说:"头脑不起作用,上肢、下肢、身子怎么行动?"

他扳着指头说:"首脑机关必须做全国的表率,12个字,或者叫中央机关要做全国的表率,11个字。哪个提法好?可以研究。"然后他指出:"中央机关不带头,社会主义精神文明能搞得好?我们的党风能搞得好?许多怪现象出在中央直属部门。……许多的流言蜚语是北京出去的,流言蜚语的发源地往往在北京,小道消息的发源地往往在北京,中央机关有许多歪风邪气。""现在有许多怪现象,相当多。比如说,有些人不上班,有的人晚上打扑克打到凌晨两点,第二天上午睡觉。打扑克要4个人,第二天上午都睡觉。""越是松松垮垮的机关,怪话就越多。"

胡耀邦还指出了其他一些问题。如新闻报道中出现差错,去北戴河休假成风,工作上互相扯皮,批评与自我批评开展不起来,闹不团结,等等。

为了贯彻落实胡耀邦的谈话精神,中直机关临时党委于10月7日至14日召开了党的代表会议,工作报告的标题就是《中直机关要做全国的表率》。会议期间,各单位揭摆了存在的问题,找出了差距,制定了做表率的措施,中直机关的风气很快发生了变化。

为了转变作风,克服官僚主义,在胡耀邦的倡导下,中央在此期间又决定进行机构改革,人员精简,规定一般要精简人员20%。

有一天,他谈到中央有些机关作风松垮,人浮于事,对他的老秘书高勇说:"我看我们的机关中,有三分之一的人真忙,有三分之一的人不忙,有三分之一的人瞎忙。"接着他解释说:"有的人真忙,是忙到了地方,真正解决了不少问题,办了不少事情。有的人不忙,松松垮垮,打扑克,看电影,下棋,扯皮。有的人瞎忙,他也忙,辛辛苦苦,忙忙乱乱,但忙不到点子上。"说到这里,他笑了笑,谦虚而风趣地说:"我就属于瞎忙。你不能说我不忙,我忙得很,每天的事情排得满满的,总也干不完,但忙不到点子上。"

胡耀邦与叶剑英亲切交谈

从1981年9月起,胡耀邦用了几年时间来抓中央机关的作风问题。他认为,端正党风首先要从中央机关抓起。上梁不正下梁歪,中梁不正倒下来。他说:"长期以来,有种习惯势力:出了什么问题,不是首先从领导机关找原因,而往往单纯责怪下面。在许多情况下,这是一种颠倒。应当把这种颠倒了的是非,颠倒过来。"

为了从中央机关端正党风,中央书记处决定于1982年1月6日、9日召开中央党政军干部大会,田纪云、王兆国、杨尚昆在大会上分别讲话。田纪云讲《关于当前经济形势和经济体制改革的问题》,王兆国讲《关于中央机关端正党风的问题》,杨尚昆讲《端正党风军队要走在前头》。最后胡耀邦讲了话,他讲话的题目就是《中央机关要做全国的表率》。他说:"为了把我们的伟大事业推向前进,中央机关担负着特殊重大的责任。我所说的中央机关,包括中共中央直属机关、全国人大和国务院直属机关,全国政协和人民团体的直属机关,以及中央军委各总部、各军兵种的领导机关。在我们整个事业中,中央机关起着枢纽的作用。这个枢纽运动得好不好,对于我们事业的兴衰成败,关系极大。因此,必须尖锐地向中央机关提出一项重大的政治任务,这就是:要以自己高尚的精神面貌和优良的工作作风,做全国的表率。"胡耀邦还阐述了具体要求。他说:"中央机关应当注意哪些问题,在哪些方面起表率作用呢?"他指出要在提高效率、努力学习、严肃纪律、增强党性四个方面做出表率。

他强调指出:在新的历史条件下做全国的表率,这是党中央和全国各族人民对我们的殷切期望,是我们不可推卸的神圣义务。我们应当以高度的自觉,以实际行动,来证明我们无愧于中央机关所担负的光荣使命。

胡耀邦在中共十一届六中全会上

经过各机关的共同努力,中央机关的党风有了明显的好转。

胡耀邦对党政机关臃肿庞大的"官僚机构"有切肤之痛。建国初年,我国对精简机构、精简编制进行过多次,但每次精简以后,不久就来一次机构膨胀，总是在精简、膨胀、再精简、再膨胀的"怪圈"里徘徊。对此，胡耀邦大声疾呼，要求全党同心同德，痛下决心搞好精简工作。

1982年1月13日，邓小平在中共中央政治局讨论中央机构精简问题会议上发表讲话，他说："精简机构是一场革命。""如果不搞这场革命，让党和国家的组织继续目前这样机构臃肿重叠、职责不清，许多人员不称职、不负责，工作缺乏精力、知识和效率的状况，这是不可能得到人民赞同的。""这确是难以为继的状态，确实到了不能容忍的地步，人民不能容忍，我们党也不能容忍。我们要坚持社会主义道路，要坚持实现四个现代化，能够容忍这种状况继续下去？所有老干部都要认识，实现干部队伍的革命化、年轻化、知识化、专业化，是革命和建设的战略需要，也是我们老干部最光荣最神圣的职责；是我们对党的最后一次历史性贡献，也是对我们每个人的一次严重考验。"① 他强调说，这件事情必须解决，而且早就应该解决。下了决心，就要顽强，不动摇，就着手干。

于是，中央决定再搞一次精简。1月22日上午，胡耀邦召开了一次群众团体的负责人会议，传达、讲解精简机构的精神。

会议开始，首先传达了有关精简机构的文件，即中共中央第7号文件。

在这次会上，胡耀邦对干部问题进行了具体分析。他有根有据地说：

我们的干部问题远远不只是废除终身制问题。除此之外，还有三个问题，或者说是四个问题：一是废除终身制。二是干部太多。外国叫"官僚机构"，现在干部是两千万，中央机关就有60万。机构重重叠叠，扯皮不完，游山玩水，与机构人员多有关系。三是年轻同志起不来。现在老的把年轻的盖住了。前年书记处成立时，平均65.6岁，现在67.5岁，成立时中央许多同志就说不理想，是过渡班子。现在人才是有的，至少是不热心支持他们上来。我们的干部问题会不会出现恶性循环的问题，是老性循环。要不要防

---

① 《邓小平文选》第二卷，人民出版社1994年版，第396页。

止老性循环问题？全党要严肃考虑这个问题。现在中央29个单位，国务院98个单位，共127个。国务院减到27个，正副部长、主任一半人争取由60岁以下的人干。人是有的，我们敢不敢提？大家支持不支持？支持非常重要。毛主席1966年73岁，当时小平同志62岁，我51岁。小平、陈云同志把胡、赵推到前台，这件事他们处理得比毛主席高明得多。我们党内现在缺乏这种高风格、高思想。全党必须打通思想。老是说年轻同志不行，老是说我还要多待几年。如果高级干部有一半是60岁以下的，我们就可以有把握地说，我们的江山二三十年绝对没有问题。有一篇"内参"反映，外国人说，中国的秘书很辛苦，什么都靠秘书，秘书不操劳政治运动不了。四是对老同志很好照顾，继续发挥他们的作用。我党是个老党，是从枪林弹雨中出生入死成长起来的党。新中国成立以前四个时期：大革命时期，1927年以前的，还有600多人；红军时期，第一个国内革命战争时期的，有1.8万多人；抗日时期的，"三八式"的，有42万多人；解放战争时期的，有191万多一点。新中国成立后也有四个时期了：一是社会主义改造时期；1957年到1966年；"文化大革命"；1976年以后。

接着，胡耀邦对解决干部老化，妥善安排老干部，讲了几条办法。他说：

老干部对党是有贡献的，包括党外的老同志，不要忘记他们，忘记了是不好的。要多想几条办法：

一是我们不要搞"一刀切"，还要保留几十个精力比较充沛，威望很高，马列水平很高，经验丰富的，压住阵脚。这对巩固全党的团结，树立党的威望，很有必要。

二是开国元勋，功劳很大，已完全丧失工作能力，如刘帅、蔡大姐，去年还是下了个决心，十二大代表和中央委员都不当了。十二大以前在一次全会上给他们做一评价，发一封致敬信。

三是年纪很大,还有一定工作精力,群众中有一定威望,同群众有联系,许多群众拥护他,安排一定的荣誉职务,或者把年轻同志摆到他前头。起作用不是靠牌子,是靠威望,靠思想,靠党性。

四是人太多了,要裁减一些下来,年龄也不大,下决心抽调一部分同志学习。下期党校不招各省的人。党校可容纳3000人。有的学1年,有的学2年,有的可学3年。中直机关可分六、七、八百名额,轮到谁就是谁,指定谁就是谁。住党校比住干校总好嘛。司马迁写《史记》,写完后作了一篇序,叫《太史公自序》。养尊处优不可能有大作为。

胡耀邦与邓小平、李先念等在山东蓬莱视察

五是一部分同志下决心离休。政治生活待遇不变,物质待遇可适当提高一点。

胡耀邦在讲到中直机关原来的精简方案时,严肃地说:小平同志批评中直减人太少,不行。我们准备减五分之一,企事业单位一起考虑。先搞三定:定编制、定人员、定任务。由机关党组、党委、书记处负责,2月15日前交账。小平同志提到工青妇,妇联历来比较可怜(指编制少——笔者注)。

胡耀邦特别对团中央的领导韩英和高勇讲了青年团的精简问题。他说：青年团把风气搞好，不要搞那么多人，那么多报刊，不要出那么多国，要到群众中扎根，不要铺那么多摊子。有些老同志，几十年为共青团做了贡献的，但即使搞报刊的，年龄太大也不好，让年轻一点的同志上来，30岁搞报刊、出版，也可能有点新鲜的语言。

最后，胡耀邦说：文联系统我就不清楚。科普、文化团体也不要搞那么多人，编制注意精干。不要比派头，要比质量，比贡献。同心同德把这个事情干好。中央已决定了，义无反顾，破釜沉舟。要打开一个新局面，树立一个新传统、好风气。用两年半时间办完。中央机关上半年搞好。

根据胡耀邦的讲话精神，中央各机关雷厉风行，努力朝着精简20%的目标制定措施，认真落实，收到很好的效果。

从1982年上半年开始，中央机关和国务院各部委的机构改革，根据"革命化、年轻化、知识化、专业化"的四化要求进行，这是有秩序有步骤地实现新老干部交替的一个重大决策。这次机构改革，不仅使中央一级的党政机构和工作人员的编制大为缩减，而且使部、司（局）两级领导班子的平均年龄普遍下降了4至6岁，其中新提拔起来的中青年干部已分别占到部、司（局）两级新班子成员总数的16%和32%。

金秋的北京，晴朗的天气，像大海一样湛蓝，朵朵白云恰似扬帆起航的轻舟，慢悠悠地飘浮着。

1982年9月1日上午，党的十二大正式开幕，邓小平主持开幕式并致开幕词。大会通过了修改后新的党章，不再设中央委员会主席，中央委员会总书记负责召集中央政治局会议和中央政治局常委会会议，并主持中央书记处的工作，总书记必须从中央政治局常委中选出。

胡耀邦代表第十一届中央委员会做了题为《全面开创社会主义现代化建设的新局面》的报告。和往常一样，胡耀邦做报告时，激情洋溢，慷慨激昂，多次激动地站起来，挥舞拳头，引起全场的强烈反响。在这次会议上，胡耀邦再次当选为党中央总书记。

推动农村经济改革

邓小平是中国改革开放的总设计师。在他的领导下，改革从农村突破，九亿农民精神焕发，乡镇企业异军突起，三农大地面目一新，农村改革取得显著成效。

在邓小平领导和支持下，胡耀邦大力推行农村改革。这有他深厚的历史渊源。曾在他身边工作多年的团中央办公厅干部严如平回忆说，早在1961年胡耀邦去河南内黄做过调查，农村形势十分严峻，农民苦不堪言，原因是干多干少一个样。到秋后分配都由大队统一结算，一个工分不值两角钱，这叫农民怎么调动生产积极性呢？胡耀邦对严如平深有感触地说："要改变目前农村的困难状况，最主要的是调动农民的生产积极性，而眼前就要考虑现在这种集体出工派活，大集体统一分配的经营管理，是否适合现在的生产力水平、农民的思想觉悟程度和基层干部的经营管理能力。从我在内黄的调查来看，如果把耕地暂时'借'给社员，让农民一家一户去种，秋后除交公粮外，收多收少全由社员自己支配，我相信农民才会有积极性。"

说到这里，胡耀邦若有所思，从抽屉里拿出他根据自己的实地调查，向党中央和毛主席写的调查报告给严如平看。

严如平为他捏了一把汗。在当时只讲"一大二公"好得很、"共产主义是天堂"、"人民公社是桥梁"、"生产关系正走在前头"、唯意志论大泛滥的时代，胡耀邦提出这些"不合时宜"的政见和主张，需要有多大的胆识和远见，所幸他未遭到灭顶之灾。

胡耀邦出生在浏阳一个贫苦农民的家庭，他一生的经历决定了他对农民有深厚的感情，对农村问题倍加关切。基于他的实事求是、远见卓识和大无畏的改革精神，胡耀邦到中央工作以后，在拨乱反正中大力调整生产关系，积极主张在农村实行联产计酬承包责任制。1978年《关于加快农业发展若干问题的决定（草案）》到1980年《关于进一步完善农业生产责任制的几个问题》，特别是1982年至1986年连续5个中央1号文件，不断推动着农村改革的发展，无不凝聚着胡耀邦的胆识和心血。

1978年底，胡耀邦在中央工作会议（即三中全会预备会）西北组发言中，就大声疾呼："农村的加速发展是加快现代化进程一个决定性的环节。"当时有一句流行的话："中国不到世界百分之七的耕地，却养活了世界五分之一的人口。"胡耀邦认为对此应持分析态度，防止陷入自我封闭、自我陶醉、自甘落后的泥淖。他尖锐地指出："笼统地说集体就是好，是抽象的分析方法；如果集体经济办得不好，就不能充分发挥农民的积极性，那就根本没有什么社会主义的优越性。"他特别强调，"劳动者的积极性，永远是社会生产力发展的最基本因素。"这番话语，在会上引起广泛共鸣，并在以后中央重新改写的关于农业的两个文件中得到体现。

1978年12月25日，胡耀邦任中共中央秘书长兼中宣部长。随着农村形势的迅猛发展，他对农业、农村、农民的关注也与日俱增，几乎逢会便要说"农"——这些议论表示着他长期深刻的观察、思考以及对农村改革方略的日益成熟。

1979年1月11日，经三中全会原则通过并重新改写的中央《关于加快农业发展若干问题的决定（草案）》、《农村人民公社工作条例（试行草案）》（六十条）以及《中共中央关于地主富农分子摘帽问题和地富子女成分问题的决定》三个文件正式发布。虽然文件与安徽、四川农民在自求解放、自求发展中所迈出的步子还有一定的距离，但毕竟是三中全会后第一批纠正农业战线"左"的文件，是中央从全局开始突破传统农村体制的文件，胡耀邦非常看重这一点，他兴奋地指出："搞了农村两个文件，对农业发展理出了一个眉目。"

1月11日，即三个文件下发的那一天，胡耀邦在全国宣传部长座谈会上布置学习三中全会文件时，唯独对农村三个文件的传达做了时间上的规定：要求春耕前（二三月前）传达到基层，与生产队见面。他意味深长地说："在政治斗争上，在处理人的问题上，多考虑一下关系不大；处分人、打板子，我赞成三思而后行。但落实政策，把工作搞上去，不能慢吞吞的，不能走京剧台步，迈八字。"接着，胡耀邦正颜厉色地说："据我所知，农村不脱产干部的冤假错案、成分问题的纠正，基本没动。这么慢吞吞的怎么行！"

胡耀邦要求三个文件的传达分两步走。第一步：结合各省正在召开的省委常委扩大会，认真学习，领会精神，统一思想。他说："不认真学习，统一思想，发扬民主，解决问题，怎么搞事业？"

第二步：省、地委同志分别下到县里，并在县里（不在省里）开三级或四级干部会，形成县、公社、大队、生产队的广泛讨论；确保用两至三周时间，边讨论文件，边解决遗留问题、实际问题。"把会议办成大学习班、大培训班"。

1979年初，中央关于农业问题文件下发之时，也正值万里、赵紫阳领导安徽、四川农民开创各种联产承包制如火如荼之际。特别是安徽农村家庭联产承包制已经取得重大成效，"包产到户"、"包干到户"势不可挡，从滁县、凤阳、肥西扩展到全省，并开始在全国许多村庄蔓延开来。

但是，"左"的传统根深蒂固，即使是三中全会后的农业文件，也不免拖着"左"的尾巴：不许分田单干，不许包产到户；一些人借势攻击行动起来的农民及其"后台"是"挂羊头，卖狗肉，嘴里说社会主义，实际干资本主义"。

胡耀邦清醒地看到历史转折中的曲折与艰难，要人们正视"三座大山"——问题成山、麻烦成山、困难成山，鼓励人们"挖山不止"。他要求人们沉下心来抓好三个范畴：抓农业、抓发展安定团结的政治局面、抓改进工作方法。他把抓好农业摆在第一位。1979年上半年，他在许多讲话中都提到：农业的根本问题何在？如何解决这些问题？

他在全国宣传部长座谈会闭幕会上讲话提出："除林彪、'四人帮'干扰，主要教训在两个问题：一是思想太窄，第二是限制太死。"明确点出我们党长期领导农业的两大弊端。

所谓"思想太窄"，就是只想着粮食，不顾其余。胡耀邦说："要上粮食，就要水、要肥、要机械化，这是从粮食来的；其他东西都搞掉了，结果粮食也上不去。"他清楚地看到农村产业结构不合理导致的恶性循环。他说："我要大声疾呼以粮为纲在一段时间里起了作用，后来就成'紧箍咒'了。"这大概是最初对"以粮为纲"发出的尖锐挑战之一。

所谓"限制太死"，胡耀邦一言以蔽之："动不动就说搞资本主义"。这是限制、打击、反对农村改革者的主要"法宝"。胡耀邦针对这种只顾所谓"国家利益"、不顾农民死活，死抱着既有体制、既定政策，不许越雷池半步的"左"的倾向，强调指出：农村要在经济上打翻身仗，"首先要考虑思想上冲破阻力"，并布置在农村开展真理标准问题的学习与讨论，"一切从实际出发，而不是从概念出发"，以调动干部和农民的积极性。

胡耀邦强调农村要"全面发展"，除粮食外，还要发展林、牧、副、渔、社队企业等等，"不要老治水，要造水。造林就是造水、造粮、造轻工业"。

1979年上半年，刚刚启动的农村体制改革正经受着严峻的考验，攻击改革为"资本主义回潮"者有之，指责"比例失调"者有之，以及"违反宪法"（因为三级所有、队为基础已被写入宪法）、"对抗中央文件"等等，更是不一而足。《山西日报》就发表了题为《昔阳如何调动农民社会主义积极性》的长文，不点名地攻击安徽农村改革，并扬言要连续发表12篇评论，对安徽"打排炮"。3月15日，《人民日报》也被迫在头版刊登了"读者张浩"来信，并根据新任农委主任的批示写了"编者按"，指责农民"包工到组"动摇了"三级所有、队为基础"，在全国农村引起轩然大波。

胡耀邦对此针锋相对，朝着既定的方向勇往直前。在那段时间，他每讲形势，必先赞扬农村。他喜欢用"喜气洋洋"来为农村改革大好形势提神。早在1月24日，他在中央宣传系统负责人联席会上就指出："现在农村情绪高涨，城市、机关、厂矿显得松懈，城市要向农村改革学习。"

1979年9月25日至28日，中共十一届四中全会正式通过了几经修改的《中共中央关于加快农业发展若干问题的决定》。

12月，胡耀邦主持召开了全国地、县宣传工作座谈会，专门就进一步落实三中全会精神，加快农业现代化步伐问题做了部署，并阐发了非常精辟的意见："广大基层干部和农民是什么心理呢？就是看你们还变不变哪？我们说不变，相当长的历史时期都不变。农民怕变，干部也怕变，他们有这个要求，我们就回答他们嘛！我们农业明年增产靠什么？第一还是靠政策，靠政策继续落实。所谓靠政策，也就是靠积极性。第二是靠科学，靠广开门路。在某种意义上讲，现在广开门路就是搞科学。"

胡耀邦强调的进一步调动农民积极性，继续落实政策，就是强调沿着三中全会所开辟的改革道路继续前进。而首先要解决的就是"管理方法，管理体制，自主权等等"。

参加这次座谈会的有各省、自治区、直辖市宣传部长，部分地（州）、县负责人共190多人，许多人都有长期农村工作的经验。胡耀邦鲜明的改革态度，广博的现代农业科学知识和崭新的农业经济理念，令与会者深深折服。

根据胡耀邦的意见，这次会议还讨论和出台了两个有关农村的工作文件：一是《关于加强农村宣传工作的几点意见》，二是《关于活跃农村文化生活的几项意见》。

胡耀邦当时已经深刻地察觉到，农业的后劲归根到底要靠科学技术，靠农村产业结构合理的调整。他把政策和科学有机地结合起来作为农业发展的两个要素，真是提纲挈领。胡耀邦对此着意加以阐发："农业的门路可多哩！农业的财富可多哩！"他说，"农业一个叫种植业，一个叫养殖业，一个叫副业，一个叫社办企业。种植类，农田里面可以种，山上也可以种，叫做农田种植类、山林种植类。……养殖业又分两个方面，一个叫地上的养殖类，一个叫水面的养殖业"。

1980年7月11日至12日，胡耀邦参加全国宣传工作会议并做了重要讲话，他在讲到农村政策时说："中央不反对搞包产到户。""我们不要把包产到户同单干混为一谈，即使是单干，也不能把它同资本主义等同起来。不要一提到单干就认为是走资本主义道路。说单干就等于走资本主义道路，这在理论上是错误的。在我国目前条件下，单干户，也就是个体所有制的农民，已不同于旧社会的小农经济，它同社会主义的公有制经济是密切联系着的，它本身没有剥削，在一般情况下，不能发展到资本主义。不要自己吓自己。"

胡耀邦指出人们往往产生的概念上的糊涂："在这个问题上还有一种错误，就是把劳动方式（集体劳动或分散劳动，合伙干或单干）同所有制混为一谈，认为搞社会主义什么事情都必须集体劳动，一起合伙干。如果分散劳动，一个人单独干，就是单干户，就是走资本主义道路。其实这完全是两码事。"

他举例生动地说："农奴社会多数情况下并不是分散干，而且是集体劳动，一块地里有七八个农奴一起干，一个人看着。相反，社会主义生产是社会化大生产，但在某些情况下还只能一个人单干，例如汽车司机就是一个人单干，独立劳动。有些农活也只能一个人单独干，这并不影响到所有制的性质。"

胡耀邦还提到以往的教训："我们前些年搞那个大呼隆，二三十人，三四十人，一起下地，名曰集体劳动，实际是集体窝工、磨洋工，上午搞这块地，下午还是搞这块地。这样搞了一二十年，搞得没有饭吃，这种状况再也不能继续下去了啊！"

在两种意见交锋的关键时刻，邓小平表态了。

1980年5月31日，邓小平谈话指出："农村政策放宽以后，一些适宜搞包产到户的地方，搞了包产到户，效果很好，变化很快。""有些同志担心，这样搞会不会影响集体经济。我看这种担心是不必要的。我们总的方向是发展集体经济。实行包产到户的地方，经济的主体现在也还是生产队。可以肯定，只要生产发展了，农村的社会分工和商品经济不巩固的也会巩固起来。关键是发展生产力，要在这方面为集体化的进一步发展创造条件。"① 邓小平一锤定音，为全国农村改革指明了方向。

1980年9月14日至22日，中共中央在胡耀邦主持下召开各省、市、自治区党委第一书记座谈会，着重讨论加强和完善农业生产责任制问题。关于"包产到户"的问题，在会上引起很大的分歧和争论，被称作"阳关道和独木桥"之争。最后大会写出纪要《关于进一步加强完善农业生产责任制的几个问题》，中共中央于9月27日发了《通知》作为1980年中央"75号文件"下发。《通知》指出："中央同意纪要的各项意见……望及时组织传达讨论，澄清思想，统一认识，结合当地具体情况贯彻执行。"

《纪要》充分肯定了三中全会以来各地建立的各种形式的农业生产责任

---

① 中共中央文献研究室编：《邓小平年谱（1975～1997）》（上），中央文献出版社2004年版，第641页。

制,有效地调动了农民的积极性……农业形势越来越好。

《纪要》要求"加强和完善农业生产责任制,在不同的地方,不同的社队,要根据实际情况,采取各种不同的形式,不可拘泥于一种形式,搞一刀切。"

《纪要》对会上"包产到户"问题的争论,多少采取了妥协、折中的态度。一方面有限制地提出:"在边远山区和贫困落后地区,要求包产到户的,应当支持群众的要求,群众可以包产到户,也可以包干到户。"另一方面又提出:非边远山区、贫困落后地区"已经实行包产到户的,如果群众不要求改变,就应该允许试行"。改变了"两个不许",比一个"不许"、一个"不要"大大前进了一步。

这样,争论近两年的有关"包产到户"问题——即"阳关道"与"独木桥"的争论,总算有了初步的结论,政策上有了规定,人称"包产到户落了户"。

1997年10月10日,在胡耀邦逝世8年之后,万里在接受中央党史研究室几位同志采访时,无限感慨地回忆道:"我1980年到书记处分管农业,当时相当为难,可以说动辄得咎。多亏耀邦同志全力支持,主动配合。我们俩很谈得来,观点特别一致。好多事我们一商量,呼啦啦就干起来了,一次又一次冲破难关。如果没有耀邦,那就不好办了。"

1980年2月,万里从安徽省委第一书记任上调回北京,任中央书记处书记、国家农委主任,分管农村工作。胡耀邦对万里新任寄予厚望,他多次引用民谣,幽默风趣地说:"要吃米,找万里!让万里管农业,是深得民心的嘛!"

万里已经为农村改革闯出一条新路,使农业的经营体制冲出了计划经济大一统的局面,突破了"三级所有、队为基础"的人民公社体制,使包产到户和包干到户公开化、合法化。但是在推行农村改革的过程中,他遇到不少阻力和艰难，举步维艰，他找胡耀邦倾吐心迹："农民的行动是正义的，我们支持农民却成了违背中央决定的事，这样下去怎么行哪！"胡耀邦立即表示要从各个方面同他一起共同解决这个难题。

他们共同认定，各省第一把手的态度是问题的关键。经商定，胡耀邦去西北，万里去东北，一个省一个省地做领导班子的工作。

邓小平对农村这场改革极为关注，他认真听取各方面的反映，阅读大量有关资料，多次找胡耀邦、万里等人谈话。1980年4月2日，他正式表态："对地广人稀、经济落后、生活穷困的地区，像贵州、云南、西北的甘肃等省份中的这类地区，我赞成政策要放宽，使它们真正做到因地制宜，发展自己的特点。西北就是要走发展畜牧业的道路，种草造林，不仅要发展现有的牧场，还要建设新牧场。农村要鼓励种树，要发展多种副业，发展渔业、养殖业。"①

邓小平特别强调：政策一定要放宽，使每家每户都自己想办法，多找门路，增加生产，增加收入。有的可以包产到组，有的可以包给个人。这个不可怕，这不会影响我们制度的社会主义性质。政策放宽以后，有的地方一年可以增加收入一倍多。我看到了许多这样可喜的材料。要解放思想，此事请万里同志研究个意见，提到书记处讨论。

邓小平不愧是我国改革开放的总设计师，他在关键时刻，发表如此明确、有针对性和指导性的谈话，对我国农村正在进行的伟大变革，确实是有力的支持和推动，同时也为中央制订新的红头文件指明了方向和思路。

1981年春，万物复苏，万象更新，到处生机勃勃。胡耀邦抓住大好时机，于3月2日，召开中央书记处第88次例会，他风趣地说："88是一个好数字，好兆头，农民要发嘛。"他接着指出："农村生产责任制不能放松，粮

---

① 中共中央文献研究室编：《邓小平年谱（1975～1997）》（上），中央文献出版社2004年版，第615～616页。

食要抓紧,同时要抓好多种经营。没有多种经营,就会出现'八个没有':没有钱,没有肥料,没有良好的生产工具,没有健壮的体力,没有更多的轻工业原料,没有家庭副业,没有更多的商品,没有交通运输的发展。"会后,党中央、国务院向全国转发了《因地制宜积极发展农村多种经营》的通知。

如何"因地制宜"?没有调查,就没有发言权。胡耀邦肩负深重的历史使命和时代责任感,走向祖国的大江南北,先后到河北、青海、新疆、江苏等省、市,深入细致地考察调查,明确指出各地的优势,高瞻远瞩地运用"因地制宜"的原则,描绘出各个地区的发展方向和美好的蓝图。

1981年农村改革的浪潮以更大规模继续汹涌向前,包产到户逐渐成为主流。

联产承包责任制是农民的创造,开始一段形式多种多样,名称五花八门,内容却大同小异,总的说是"队不如组,组不如户,不包到户稳不住"。原来有"不许"或"不要"这个紧箍咒套着,只能半公开半合法地进行,"75号文件"指出包产到户非常适宜贫困地区采用。当时中国农村哪个地方能说自己不是贫困地区呢?于是呼呼啦啦地都搞起来了,迅速形成了不可阻挡的气势。尽管有少数地方领导坚持认定农民包产到户是搞资本主义,是方向、线路错误,严加防范,严厉压制。

山西省就是设置阻力的少数地方之一。胡耀邦又亲自到山西去做工作,个别谈心,小型座谈,帮助一些思想上有抵触的领导干部转过弯来,正视现实,总结经验教训。局面终于打开了,省委开会统一了认识,向中央写了检查报告。1980年11月23日,中央批转了这个报告,并加了很长的按语,作为1980年"83号文件"下发。

根据农村改革的发展情况,胡耀邦不失时机地提出召开中央农村工作会议。

十四 担任中共中央总书记

1981年7月31日,胡耀邦批了一个材料给万里:"我考虑今年9月、10月要再产生一个农业问题指示。请考虑是否叫农口同志先酝酿一下,如杜润生。在下去考察前也可先找他谈一谈。"随后,胡耀邦找到杜润生谈话,共商文件起草工作,特别提出要继续放宽政策。根据胡耀邦指示,万里作为主管农口的副总理,立即责成国家农委副主任杜润生主持起草文件。杜润生长期从事农村工作,既有丰富的实践经验,又有深厚的经济理论水平。他领导写作班子在大量调查研究的基础上,起草了一个初稿。为慎重起见,他又多次召开座谈会,反复修改,几易其稿。然后交1981年12月全国农村工作会议讨论。

与会代表心服口服,顺利通过,并以会议纪要形式报中央审定。

中央书记处讨论时深感满意,主持国务院工作的中央领导同志提出把"纪要"作为中共中央来年第一号文件印发全党,表示党中央对农村工作的重视,大家十分赞成。

1982年元旦,是举国欢庆的节日,也是我们党历史上第一个农村工作1

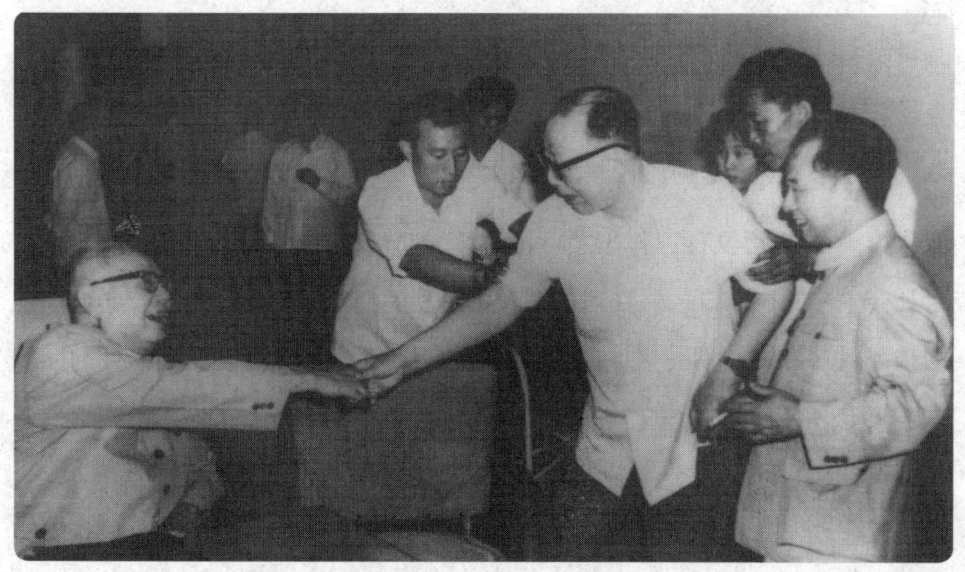

胡耀邦、叶剑英、聂荣臻在十一届六中全会上

号文件正式出台的日子，它牵动了全党上下和亿万农民的心。针对几年来党内外的大争论，文件明确指出："目前实行的种种责任制包括小段包工定额计酬，专业承包联产计酬，联产到劳，包产到户、到组，包干到户、到组等等，都是社会主义集体经济的生产责任制。"毫不含糊地给包产到户、包干到户正了名，为几年来无休止的大争论画上了句号。

文件还从理论上对"双包制"做了说明，指出"包干到户这种形式，在一些生产队实行以后，经营方式起了变化，基本上变为分户经营、自负盈亏；但是，这是建立在土地公有制基础上的，农户和集体保持承包关系……它不同于合作化以前的小私有的个体经济，而是社会主义农业经济的组成部分"。它还指出：认为"包干到户就是'土地还家'、平分集体财产、分田单干。这完全是一种误解"。

文件具体分析了"双包制"的优越性："联产承包制的运用，可以恰当地协调集体利益与个人利益，并使集体统一经营和劳动者自主经营两个积极性同时得到发挥。"这就更坚定了人们推行包产到户、包干到户的决心和信心。

面对这种明确有力的中央红头文件，一些有"左"倾思想和旧框框的人，也只好缄口不语，善罢甘休。从此，农村改革的骏马在神州大地奋勇奔驰。

第一个"1号文件"作为"1号文件"带有偶然性，但是它给包产到户上了社会主义的"户口"，受到亿万农民热烈的拥护，欢呼"吃了定心丸"。胡耀邦对这件事特别高兴，连说最好每年来个"1号文件"。书记处的同志大多赞成，很快形成了一个不成文的共识，每年年末开一次农村工作会议，年初发一个"1号文件"，以显示其连续性、重要性和权威性。

连续5个"1号文件"从此开始。5个"1号文件"成了农村改革最重要的标志。

在农村改革汹涌澎湃的大潮中，胡耀邦对安徽农村的改革极为关心，1982年5月，他再次来到合肥，同省领导亲切见面连续开3次座谈会。他多次讲到全国改革农村立了头功，农村改革安徽立了头功，包产到户意义深远，安徽作出了很大贡献。

副省长胡开明有次也在座。胡开明50年代后期曾担任河北省副省长，60年代初到张家口地区探索包产到户，一边试验一边总结，写了个意见书送呈中央，受到毛主席的批判，说这个人"开明倒开明，可就是'胡'开明"。从此，他被定为"右倾分子"，含冤10余年。胡耀邦任中央组织部长时才为他平了反，派他到安徽来工作。胡耀邦含笑指着他对大家说："他是先知先觉，我对包产到户觉悟很迟，是后知后觉。"胡耀邦很真诚，这句话也是真诚的。但事实上他为包产到户在全国农村普及发挥了推动作用。

1982年，全国农村传来喜讯：农业总产值比上年增长11%，粮食比上年增长8.7%，农民收入比上年增长15%。实践再次说明，包产到户的政策合乎情理，中央文件顺乎民心。农村经济充满了希望之光，农民尝到了改革的甜头。胡耀邦更增强了加大改革步伐的决心和信心。

1983年元旦，中央第二个1号文件——《当前农村经济政策的若干问题的通知》出台。之前，胡耀邦对文件草案反复推敲，字斟句酌。文件讲了14个问题，它比前一个1号文件又进了一步，不仅指出："包产到户是社会主义集体经济的生产责任制"，而且高度赞扬"是马克思主义农业合作化理论在我国实践中的新发展"，"是在党的领导下，我国农民的伟大创造"。文件还要求对人民公社体制进行改革，"准备好一批，改变一批"。此后，风云一时的人民公社，就逐渐解体。

为提高人们的理性认识，文件指出：联产承包制的迅速发展"绝不是偶然的"，"以农户或小组为承包单位，扩大了农民的自主权，发挥了小规模经营的长处，克服了管理过分集中、劳动'大呼隆'和平均主义的弊端，又继承了以往合作化的积极成果……使多年来所形成的生产力更好地发挥作用。这种分散经营和统一经营相结合的经营方式具有广泛的适应性,既适合当前手工劳动为主的状况和农业生产的特点,又能适应农业现代化进程中生产力发展的需要。"

按照胡耀邦的新思路,文件就发展多种经营、商品生产、农业技术改造、农村建设等提出了新政策。通过贯彻执行这一文件,以"包"字为标志的多种形式的责任制又有新发展。一个"包"字把劳动者的劳动同生产成果紧密联系起来,把责、权、利联系起来,有效地克服了平均主义,推动了生产的发展。这一年,我国农业又传捷报:全国农业总产值比上年增长14.5%,粮食比上年增长5.1%,农民纯收入比上年增长14.7%,农村经济逐步向农业化、商品化、现代化发展。

1983年1号文件标志着家庭联产承包责任制作为农村改革的一项战略决策的正确确立。至此,"包"字彻底冲出了"禁区",走出了"地下",由"倒退复辟"的代名词而正名为适合和促进我国农村生产力发展的具有社会主义集体经济性质的劳动形式。承包制正式登堂,以包产到户为主要形式的联产承包责任制以摧枯拉朽之势席卷全国。1983年,全国农村绝大多数生产队都实行了包产到户,农村的经济面貌发生了根本变化。

这年年底,中央召集各省市自治区书记在京召开农村工作座谈会,大家畅谈农村改革的大好形势,心悦诚服地赞美承包制的神奇威力,并确定了来年农村工作的重点。

1984年元旦,中央第三个1号文件——《关于1984年农村工作的通知》出台。鉴于上一年农村商品生产出现的好势头,因此文件突出强调"全年农村工作的重点是:在稳定和完善生产责任制的基础上,提高生产力水平,发展商品生产,抓好商品流通"。文件还指出:"由自给性经济向较大规模商品生产转化,是不可逾越的必然过程。"

为消除农民担心政策多变的疑虑，文件宣布："土地承包期一般应在15年以上，生产周期长的开发项目，如果树、林木、荒山、荒地，承包期应当更长一些"。这不仅坚定了农民长期承包的信心，而且提高了他们向土地投劳、投资、投肥，加强农田基本建设，改善生产条件的积极性。

至此，党中央已连续3年印发了3个专讲农村工作的1号文件，深得人心。3年来，农村商品生产迅速发展。1984年，农产品商品率达53.3%，全国农业总产值比上年又增长14.5%，粮食增长5.1%，农民收入增长14.7%。包产到户这一措施推行的前几年，即从1979年至1984年，农业总产值增长了55.4%，平均每年递增7.9%，比1978年以前的26年平均2.7%的增长速度高出1.8倍。

1985年元旦，第四个中央1号文件——《关于进一步活跃农村经济的十项政策》出台。文件规定：取消农产品统派购制度；大力调整农村产业结构；进一步放宽山、林区政策；积极兴办乡村交通；放活农村金融；扩大城乡交流等等。因农产品短缺而在我国延续了20多年的统派购制度，基本取消了。这标志着我国农业生产发展迅速，农村已进入商品经济发展的新阶段。

第四个中央1号文件强调发展乡镇企业是振兴农村经济的必由之路，有力地促进了乡镇企业的迅猛发展。后来邓小平赞誉乡镇企业的发展是"异军突起"。

这一年，农村产业结构调整迈出了重大一步，农村即农业的状况大有改变。乡镇工业、建筑业、运输业、商业总产值增长37.4%，所占比重由上年的36.5%上升为42.3%，农业总产值比上年增长13%，农民纯收入增长11.8%。

由于我国农业连续多年大幅度增产，农村出现盲目乐观。不少地方对"无农不稳、无工不富、无商不活"缺乏全面理解，重工轻农，重抓钱轻抓粮，忽视农业生产，以致当年粮棉种植面积减少太多，粮食产量全国下降7%，棉花产量下降33.7%。于是，一些人又对农村政策说三道四。对包产到户持反对、怀疑态度者，又借此责难：包产到户是"强心针"、"兴奋剂"，"一年快、二年慢、三年就完蛋"。为统一人们的认识和解决新出现的问题，胡耀邦倡议，将中央一年一度的农村工作会议提前到10月份召开，加紧研究新对策。

1986年元旦，第五个中央1号文件——《关于1986年农村工作的部署》出台。这个文件的指导思想是巩固、消化、补充改革取得的成果，解决好改革中出现的一些突出问题。

文件针对怀疑改革的思想，重申：农村改革的方针政策正确，成效显著。农村中出现一些新问题，只有通过深化改革才能解决，后退没有出路。同时，针对盲目乐观者指出：必须始终坚持以农业为基础的方针，避免在工业化过程中出现的农业停滞现象，切实增加投入，依靠科技，加强服务，推动农村经济持续、稳定、协调发展。

中央第五个1号文件下达后，粮棉生产重新引起重视，这一年农村经济又出现新起色，农业总产值比上年增长3.5%，粮食总产量增长3.2%，棉花总产量也有增长，农民纯收入增长6.7%。

历史是客观而公正的。5个中央1号文件如实记录了我国农村改革中新旧思想的斗争，客观地反映了亿万农民的心声和要求，总结了农村改革的成功经验。它们在斗争中诞生，又在斗争中指导实践，成为推动我国农村经济迅速发展的强大动力，使我国农业和农村经济取得举世瞩目的成就。

众所周知，从1982年至1986年，中央出台了5个关于农村工作的1号文件，激发了亿万农民长期被压抑的积极性，开创了我国农村发展和改革的新局面。此后，在广大农村干部群众心目中，"1号文件"成为象征解放和发展农村生产力的专用名词，而作为党中央总书记的胡耀邦为5个"1号文件"的制定和实施付出了艰辛和心血。

中国的改革以农村为突破口，很快取得了巨大成就，广大人民欢欣鼓舞。

在城市各行各业为农村改革取得巨大成就而欢欣鼓舞的大好时刻，1983年2月20日，胡耀邦在全国职工思想政治工作会议上做了十分精彩的报告，号召学习农村改革的精神，逐步开展城市经济改革。在报告中，他着重阐明邓小平"实现四个现代化，必须进行一系列改革，没有改革，也不可能实现四个现代化"的思想。他指出，要搞四个现代化建设必须进行一系列的改革，改革要贯穿四个现代化建设的整个过程，这应该成为我党领导四化建设的一个极为重要的指导思想。他说，我们改革的总方针应当是：从实际出发，全面而系统地改，坚决而有秩序地改。

胡耀邦说，全面而系统地改，就是一切战线，一切地区，一切部门，一切单位，都有改革的任务，都要破除陈旧的、妨碍我们前进的老框框、老套套、老作风，都要钻研新情况，解决新问题，总结新经验，创立新章法。坚决而有秩序地改，就是全党都要按中央确定的步骤，坚决而有秩序地进行。总之，要以是否有利于建设有中国特色的社会主义，是否有利于国家的兴旺发达，是否有利于人民的富裕幸福，作为衡量我们各项改革或对或不对的标志。

他说，勇于改革是革命者的品格，他希望全党同志和工人阶级站在改革的前列，支持改革，参加改革，领导改革。

农业生产责任制的实行，大大开阔了人们的思路，正如胡耀邦所说的"全面系统地改"，农业要改革，工业、商业也要改革。

1984年10月，中共十二届三中全会正式通过《关于经济体制改革的决定》，开始了以城市为重点的全面经济体制改革。人们将这一农村包围城市的过程形象地称作"包字进城"。十二届三中全会认为，必须按照把马克思主义基本原理同中国实际结合起来，建设有中国特色社会主义的总要求，进一步贯彻执行对内搞活经济、对外实行开放的方针，加快以城市为重点的整个经济体制改革的步伐，以利于更好地开创社会主义现代化建设的新局面。会议通过的《中共中央关于经济体制改革的决定》，根据解放思想、实事求是的原则，在总结历史经验及改革开放的实践经验和理论成果的基础上，回答了社会主义实践中提出的一系列重大问题，规划了经济体制改革的蓝图。

1985年春天，百花争妍，群芳斗艳，北京西郊一个幽雅、僻静的院落里，中央书记处领导下的一个文件起草小组，着手起草中共中央关于制订国民经济和社会发展的第7个五年计划的建议。因为这是党和国家面临的重大课题，中央决定由胡耀邦等亲自主持文件的起草工作。

"从一定意义上讲，'七五'计划应该是一个改革的计划"，这是中央对"七五"计划的总体指导方针。这句话有两层含义：一层意思是说要以改革的精神制订计划，另一层意思是说计划要以改革为重要内容。

7月上旬，在中南海勤政殿书记处的会议厅里，由胡耀邦主持，中央书记处连续举行了两次全体会议，对《建议草案》进行逐字逐句的认真讨论，提出了许多修改意见。尔后中央将《建议草案》发至各省、自治区、直辖市，由当地党委常委分别主持召开了同样的讨论会。经八易其稿，在胡耀邦的主持下，终于产生了"七五规划"。

《建议草案》中最引人注目的是提出了一个科学的设想，拟出了一个崭新的模式：在"七五"期间，中国的改革将全面展开，要以建立新的管理体制为目标，用5年左右或者更长一些的时间，逐步建立起一整套新的运行机制和调节手段，基本奠定有中国特色的新型社会主义经济体制的基础。这成为"七五"计划的核心内容。

对于经济发展和改革中出现的新问题，对于我们当前仍然面临的许多困难，中央在《建议草案》中都实事求是地指了出来。对此，胡耀邦在十二届三中全会上做了精辟的阐述。

他指出：无论从经济形势上看，还是从改革形势上看，目前都是全面改革的最好时机。在新旧体制的交替过程中，出现一些问题是难以完全避免的，也是曾经预料到的。中央既然坚定了改革的信念，就做了承担风险的准备。如果想用停止改革的办法来解决改革中出现的问题，那是"因噎废食"。

1986年11月，胡耀邦在上海考察时，又进一步指出：改革开放是解决困难的最好办法。

他说，改革和开放，就是推动中国历史前进的两个巨轮，是我们解决前进中的困难、发展大好形势的两个法宝。我们的事业已经取得了巨大的成就，但还面临着许多困难，还有许多没有解决好的问题。在困难面前怎么办？多想办法。各种各样的办法中，最重要、最好的办法就是改革、开放。他主张在工作中更放手一些，更大胆一些，更有创造性一些。

促进对外开放

邓小平高瞻远瞩，把对外开放作为我国一项基本国策，他明确指出：关起门来搞建设是不能成功的，中国的发展离不开世界。"无论是农村改革还是城市改革，其基本内容和基本经验都是开放，对内把经济搞活，对外更加开放。"① 从建立经济特区、开放沿海港口城市、开辟沿海经济开放区、建立浦东开发区……中国开放的步伐一天天加快，开放的层次一步步扩大。

胡耀邦领导全党贯彻执行党中央的这一战略决策，大力推动对外开放向前发展。

1980年9月23日至24日，胡耀邦主持中央书记处第52次会议，会议决定在广东、福建两省实行特殊政策、灵活措施。胡耀邦在会上提出，要充分发

---

① 《邓小平文选》第三卷，人民出版社1993年版，第81～82页。

挥两省优势，先行一步富裕起来，为全国经济建设和体制改革探索道路，积累经验，培养干部。他说，广东、福建两省要有远大眼光，对外更加开放，面向全国，面向全世界，尽快把经济搞活，闯出一条道路，成为对外联系的枢纽。

1982年1月，胡耀邦在中央书记处一次会议上，就对外开放和自力更生的关系问题，又做了系统的阐述。他指出，我们10亿人口大国的现代化事业，应当而且只能放在自己力量的基点上。但是，我们又绝对不能囿于过去的狭小圈子里，把自力更生曲解为闭关自守、孤立奋斗。我们一定要在自力更生的基础上，把视野从国内范围扩展到国际范围，不但要放手调动国内一切可以调动的积极因素，而且要放手利用国外一切可以为我所用的因素，以天下之长，补一国之短。

他还指出，马克思、恩格斯早在100多年前就说过，随着资本主义世界市场的形成，各民族之间经济上互相往来和互相依赖，逐步取代了原来的闭关自守和自给自足状态。在近代条件下，经济问题不是一国的现象，必须联

胡耀邦、邓小平在中国共产党第十二次全国代表大会主席台上

系到国际关系来考察，而不能与之割裂开来。

胡耀邦还多次讲过，我们发展对外经济关系，不只是为了解决我国当前缺少建设资金和技术落后的问题，即使将来我国经济强大之后，对外经济交往和技术交流，仍将是我国经济持续的、高速度的发展的重要条件之一。因此，实行对外开放政策，是我国一项长期的国策。

他认为，我们的社会主义现代化建设，要利用两种资源——国内资源和国外资源，要打开两个市场——国内市场和国际市场，要学会两套本领——组织国内建设的本领和发展对外经济关系的本领。这就把对外经济关系的战略地位，进一步地明确起来了。

对外经济关系所包含的问题千头万绪，胡耀邦用一句话概括说："无非一个输出，一个输入，或者叫做一个出口，一个进口。而这两个方面，又是互相制约的，互相渗透，互为条件的。因此，对外经济关系的一个中心问题，就是正确处理这两个问题的关系，使它们辩证地结合起来。"

他具体地谈到围绕这个中心，把吸引外资提到这样重要的地位，是因为我们现代化建设事业所面临的第一个困难，就是缺乏资金。我们现在不是英雄无用武之地，960万平方公里难道还小吗？我们是英雄无用武之器啊！

另外，把吸引外资提到这样重要的地位，还因为从资本主义国家和地区尽可能地吸引资金，这对我们是一件新事，过去长期没有接触过。其实，苏联在半个世纪以前，在20世纪的二三十年代，遵循列宁的方针，在极端困难的条件下，就搞过租让制。租让制企业，多的时候达到200多个，利用外资达到几千万卢布，胆子相当大！

但是，天上不会掉下馅饼，外资也不会自动飞来，这需要政策引导，胡耀邦当然知道这一点。他指出，为了有效地吸引外资，需要一套开明的方针。第一是大中小项目一起上，当前以中小为主，这样见效快。第二是欢迎外国资本家、华侨资本家和港澳、台湾资本家一起来。第三是适当放宽政策，让他有利可图。你不让他赚点钱，就没有吸引力，局面就打不开嘛！有胆有识地放手地干，才能争取时间。

谈到引进国外先进科学技术，胡耀邦指出，路子要宽广，不要理解得太狭窄。不仅要引进先进设备、新型材料，还要引进新的原理、数据和配方、新工艺，还有先进的经营管理方法。

针对有些部门盲目地进口消费品，胡耀邦严肃地指出，除国家统一安排以外，不准任何部门和地方擅自进口消费品。有些地方和部门现在那种私自进口消费品的做法，实际上是打击民族工业，是一种最可耻的行为，最大的投机倒把！这不是引进先进技术，是误国误民。

出口是外贸的基础。只有进口，没有出口，当然不行。但像中国这样的不发达国家能出口什么呢？

胡耀邦有他的看法，他说要扩大四个方面的出口：矿产品、机电产品、轻纺产品和特有的手工产品及我国的土特产品。

胡耀邦在内蒙古哲里木盟霍林河煤矿视察露天建设情况

为了发展出口，胡耀邦赞成这样一系列方针和办法，例如：要采取适当的扶助出口的政策；要打破等客上门的方式，走出去搞销售网、情报网、服务网；要不断提高我们的产品的信誉，讲质量，讲履约；要解决运输和港口的问题，中央地方一起上，大中小港口一起上；要统一组织，发展各部门、各地方的积极性；以及打开同苏联和东欧国家的贸易等等。

对外国开放需要一定的地缘优势，作为内陆省份没有沿海的优势又该如何对外开放呢？胡耀邦明确指出，对外开放，一是对外开放，一是对外省外区外地开放，要定期搞集市贸易，五天一期，谁来做生意都行。对外开放的办法有两个，一是走出去，一是请进来。走出去可以采取三种方法：去学习某方面的经验；一是带项目去商量请教；一是派出人去培训。请进来是对外开放更为重要的一个方面，他说，从自治区、盟、旗（县）到乡、专业户，都可以引进资金、技术、设备、人才。可以从上海、南京、天津等地请一些有真本事的工程师、技术人员来，同他们签合同，长期的、短期的都可以。

一个"外"字，理解成两个办法，轻轻的点拨，便为经济发展带来了不尽的活力。

建设经济特区是邓小平倡导的。早在1979年4月中央工作会议上，广东省委主要负责人习仲勋、杨尚昆谈到要发挥广东的优势。邓小平提出了办特区的问题，他说，可以划出一块地方，叫做特区。陕甘宁是特区嘛。中央没有钱，要你们自己搞，杀出一条血路来。后经谷牧率工作组到广东、福建两省实地考察，选定深圳、珠海、汕头和厦门为特区。这一建议当年7月即获正式认可。自此在中国大陆清一色的社会主义版图上，长出四颗璀璨的明珠。

对于经济特区的兴建，中央一直十分关心。1982年11月，胡耀邦来到厦门做实地考察，他关心的是特区经济发展问题。

参观后，胡耀邦听取了福建省和厦门市负责人对有关情况的汇报。他指出，中央对福建、广东采取特殊政策，灵活措施，搞四个特区，这个方针是不变的。

他对厦门经济特区负责人说，你们还是要大胆地干，只要不冲击民族经济，而是面向国际市场，并且是我们收地租，我们就业，我们收外汇，我们就不用怕。

1983年春节前夕，胡耀邦在百忙中抽空前往深圳指导工作。他兴高采烈地对当地负责人说：你们已经闯开了一个新的局面。我对你们总的评价是，比较出色地完成了中央交给的任务。他指出：经济特区是个新生事物，要勇于探索，大胆创新。特区要新事新办，特事特办。新事新办就是立场不变，方法全新。共产党员的立场不能变嘛！

1月24日至2月17日，邓小平和王震、杨尚昆去南方，特地访问了深圳、珠海、厦门三个经济特区。邓小平说他要亲自看一看特区是不是能够成功。通过这次实地考察，他对特区取得的成就表示满意。

邓小平从南方回到北京后，于2月24日上午同胡耀邦等中央一些领导人座谈，讨论进一步办好经济特区和进一步开放沿海港口城市的问题。

邓小平提出了极其重要的战略指导思想。他说：我们建立特区，实行开放政策，有个指导思想要明确，就是：不是收，而是放。他还提出：厦门特区划得太小了，要把整个厦门岛搞成特区；除现在的特区之外，考虑再开放几个点，增加几个港口城市。这些地方不叫特区，但可以实行特区的某些政策。邓小平概括了经济特区的作用，他说：特区是个窗口，是技术的窗口，管理的窗口，知识的窗口，也是对外政策的窗口。

这个座谈会开得非常热烈。在座的胡耀邦等中央领导人都很赞成邓小平的倡议，认为进一步开放部分沿海城市，是继续实行开放政策的重要部署。

1984年4月的北京，春光明媚，百花争妍。中南海翠柳拂堤，春意盎然。

30日下午两点半，一辆辆轿车驶进中南海西门，在怀仁堂的朱红大门前停下。这天，中央政治局在怀仁堂会议厅召开会议，做出一个关系到我们国家现代化建设的重大决策。

政治局会议由胡耀邦等主持，会议要就中央书记处和国务院前不久召开的沿海部分城市座谈会提出的关于进一步开放14个沿海港口城市的建议，做出最后的决定。

这次政治局会议之前，中央书记处在4月19日的例会上专门讨论了这个问题，决定将沿海部分城市座谈会的纪要报中央政治局常委，并派主管这项工作的中央书记处书记、国务委员谷牧向在外地的陈云汇报。政治局常委对纪要都表示同意，并提出了一些重要的意见，然后由书记处提请政治局会议讨论。

为了集思广益，政治局请书记处、国务院、中央顾问委员会等机构的领导人列席会议。会议经过热烈的讨论，一致通过了座谈会纪要，决定进一步办好现有的4个经济特区（包括把整个厦门岛划为经济特区外），进一步开放大连、秦皇岛、天津、烟台、青岛、连云港、南通、上海、宁波、温州、福州、广州、湛江、北海14个沿海港口城市和海南岛，在这些地方实行经济特区的某些政策，增强它们开展对外经济的活力。这是继5年前在深圳开始兴办经济特区之后，实行对外开放方面又一个重大步骤。这些港口城市加上所在的省、自治区，是我国经济、技术、文化的发达之地，工农业总产值、工业产值、国民收入、财政收入都占全国之半；科技力量、对外贸易、企业经济效益，也高于全国平均水平。这些沿海城市连同深圳等4个经济特区和海南岛，从北到南形成我国的对外开放前沿地带，带动和促进了我国经济的发展。

深入实际,调查研究

　　为了中兴伟业,造福人民,使祖国繁荣富强,胡耀邦立下宏愿,决心不畏艰难险阻,深入实际,体察民情,调查研究,以便做出更加符合实际的战略决策。

　　1980年5月,他任总书记伊始,首先就去空气稀薄的西藏了解情况,成为第一个到西藏考察的中央领导人。

　　1982年9月18日,报上刊载了中共中央总书记胡耀邦17日晚在北京人民大会堂为外宾举行盛大宴会的消息。可是19日一早,胡耀邦就出现在成昆铁路上被崇山峻岭包围的桐子林车站。胡耀邦一行的出现,使这里的干部群众感到十分意外,许多人脸上露出惊讶的神色:"是胡耀邦总书记吗?我们这里出席党的十二大的代表还没有回来呢!"

　　胡耀邦日夜兼程到这个偏僻的山区,是因为桐子林这一带是我国西南部能源、钢铁、畜牧业建设的重要基地。胡耀邦总书记是来这里察看正在勘测设计中的桐子林水电站和二滩水电站的站址。胡耀邦18日中午乘飞机到达成都,随即改乘火车南下一路视察。

　　胡耀邦曾经利用星期天,一天视察了3个县,成为人们的美谈。

　　1982年4月1日是周末,胡耀邦对身边的工作人员说:"利用明天星期日的时间,到河北保定地区的易县、安新县、雄县农村去看一看。"

　　次日,阳光和煦,晴空湛蓝。胡耀邦乘坐一架草绿色的直升飞机向易县飞去。

　　易县像一条巨蟒,横卧在太行山东麓。8时20分左右胡耀邦乘坐的直升飞机飞到了易县上空,没有马上降落。它从易县东北部转向西南部的狼牙山,在易县上空转了两个大圈,细细地观察着从东北向西南蜿蜒而去的太行山的绿化情况。

过了一个多小时，飞机降落在清西陵附近的一块空地上。一下飞机，胡耀邦同易县县委的同志边走边谈，胡耀邦如数家珍："从飞机上看，安格庄这面山上有树，西南面山上都是光秃秃的，西边的安格庄水库周围也没有树。一定要多植树多造林啊！从北到南，在河北大约有20多个县分布在太行山区，如果县县都按以上的办法搞，二三十年以后，太行山就会大变样了。当然，这要有很大的决心。"胡耀邦沉思片刻，讲起历史典故："燕国勇士荆轲西渡易水，去刺秦王时，曾写下'风萧萧兮易水寒，壮士一去兮不复还'的悲壮诗句。我们为了绿化太行山，应该把它改为'风沙滚滚兮易水干，壮士上山兮种树还'。"

下午2时，胡耀邦乘飞机抵达安新县白洋淀湖畔，飞机降落在宋庄大队一块湖中苇滩上。然后他们登上机动小木船，出了与苇滩相通的水道，向浩荡的"大鸭圈淀"驶去。小船在发动机推动下，催开浪花，向前行进。胡耀邦时而举目远眺，时而转身同坐在身边的县委书记王杰交谈：

胡耀邦问："苇田实行了责任制没有？"

王杰回答："实行了责任制，而且包了产。"

胡耀邦向中央党校毕业班学员讲话

胡耀邦连连点头："包了好，包了好！"

这时，从芦苇丛中游出一大片白洋淀著名的湖鸭。胡耀邦看了异常高兴，用手指着鸭群问："养鸭是不是也实行了责任制？"王杰答："实行了大包干！"胡耀邦说："包了好，包了好！"

小船在淀中转了一个大圈，行有八九里，回到了岸上，胡耀邦邀请安新县委的同志到飞机上谈话。

谈话中，他几次问到了群众生活水平怎么样。县委的同志们回答说，群众生活逐年有所提高，原因是认真实行了生产责任制。胡耀邦听了这句话，马上指出："实行责任制，要进行民主评议，不能让干部搞优亲厚友，厚此薄彼，这个问题不只农村干部有，县里干部也有，这要查一查，主要是教育的问题，要及时发现，及时纠正。"

下午3时，胡耀邦来到了雄县。他对雄县是很熟悉的。这个县在十年动乱中，由于两派斗争激烈，反复多，工作和生产长期上不去。这次胡耀邦到了温泉招待所会议室，第一句话就问："雄县的派性问题从思想上解决了没有？"县委书记李桂钧汇报说，全县出现了安定团结、生产向上的好局面。胡耀邦听了笑着问："是真从思想上解决了，还是一时销声匿迹了？"

胡耀邦接着说："河北党组织是有功绩、有光荣传统的，但也要讲两点论，它也有长期留下来的盲目的山头、宗派情绪和盲目的自满情绪。这两个盲目情绪把党的是非搞混了。共产党是讲是非的，是对人民负责的。不要以人划线，要以党性划线，以党的原则划线，谁是谁的人啊，都是党的人！"

日落西山，炊烟袅袅。在这11个多小时里，胡耀邦乘坐直升飞机四起四落，行程1000多里，所到之处，他既要考察现场，又要听取汇报，先后同省、地、县几十个干部交谈，并就大家关心的许多重大问题谈了自己的意见。这样，他度过了一个不平常的星期天。

胡耀邦在山东胶东半岛视察农村，给人们留下深刻难忘的印象。

1984年10月22日，胡耀邦访问的第一个村子，是牟平县宁海镇的西关村。胡耀邦一下汽车，一排身着西装、打着领带的村镇干部热情地迎上前去。在一间摆满沙发和红木茶几的客厅里，村党支部书记李德海向胡耀邦汇报了西关村的变化。

西关村原是一个穷村。十一届三中全会以后，村子里办起了木材加工厂、吹塑玩具厂、电子仪器厂，在县城开办了大型商场和饭店。1983年集体纯收入比1978年增加了8倍多，连续3年人均分配1000元。农民先是搬进了排房，之后，又搬进了楼房。如今，别墅式的"第四代住房"正在兴建。村里有花园和动物园，花园中建起了游泳池、体育场，盖起了影剧院。村里还投资50万元与深圳一家公司搞产销联营，投资40万元与长岛县搞水产联营，预计当年集体纯收入可突破1000万元。

听到这里，胡耀邦插话说：你们生产年年大发展，逐年适当增加一点积累是应当的，但为什么分配老是1000元？搞"封顶"可不好啊。封了顶，会影响农民的积极性。每年增加几十元，或者分阶段，几年增加一次。这是看得见、摸得着的变化，对群众也是个鼓舞。

胡耀邦问李德海，你们一人有几套衣服？李德海说，春、夏、秋、冬的衣服都有。胡耀邦说，一年四季，衣服要多搞几套，穿得好一点。接着，话题又转到了一日三餐。他问李德海，农民三顿饭都吃些什么？有没有牛奶？

李德海回答说：油条、豆浆、鸡蛋、点心，这是早餐；想喝牛奶，天天都有新鲜的；午饭晚饭自己做；许多人家里都有电话，来了客人，一个电话到饭庄，"几菜一汤"就送来了。

胡耀邦听了，非常高兴。他说：中国人的体质，还得多增加点高蛋白，要多吃点肉和巧克力。跑马拉松，人家是2小时8分多一点，我们今年的最好成绩2小时15分11秒。田径、游泳、足球搞不上去，与我们的体质很有关系。要引导农民多吃肉。干8个小时的活，累得不得了，回到家里，切上一盘牛肉，说声："拿杯酒来！岂不痛快！"

几句风趣的话，引起满屋子的人哈哈大笑。

在胶东半岛，胡耀邦边察看边思索，最关心是这里的电气化问题。他对陪同视察的山东省委书记苏毅然说："在农村，不搞电气化，乡镇工业发展不起来，劳动生产率提不高，农民的消费也上不去。目前，这个问题还没有引起有关部门足够的重视。近几年，家用电器进了农家，一户每年需要多少电，一个县每年需要多少电，电源从哪里来？一定要有一个总体设想。你们山东农村有500万千瓦，够不够？"

苏毅然回答："我估计了一下，大约要250万到400万千瓦。"

胡耀邦一路谈笑风生，兴趣盎然地对苏毅然说："你们山东的煤炭储量是140亿吨，一年开采一亿吨，还可以开采140年嘛。山东能不能提前实现农村电气化？全国总得有那么几个省、市搞试点，争取尽快实现农村电气化。实现了电气化，农村的文化、教育、环境、卫生都会起变化。要充分认识农村电气化的意义。"同行的山东领导点头称是。

离开胶东半岛，胡耀邦沿黄海海岸南行。10月26日来到鲁东南的日照县。6点多钟，胡耀邦正在吃晚饭，餐厅里的电灯突然熄灭了。无独有偶，两小时之后，再次停电，全楼一片漆黑。胡耀邦说："你看你看，没有电怎么行啊！"

这两次停电，更加深了胡耀邦对农村用电问题的思考。第二天，在会见临沂地区地、县负责干部时，胡耀邦说："经济要搞上去，离开电怎么行？要认真研究电怎么才能上得快一点。你们山东水电搞不了多少千瓦，因为没有多少水电资源。看来得靠火电，包括小火电。山东、江苏、上海、安徽、河南这5个省、市要想办法联合起来，把煤搞得活一点快一点，如果每年能搞到二三亿吨煤炭，就可以多发电，你们的日子就好过了。"

胡耀邦在鄂赣山区10日行，留下了许多感人的故事。

1984年12月4日至14日这10天里,他冒着严寒,接连访问两个省19个县市。

深冬时节,鄂南、鄂东和赣西北山区阴雨连绵,寒风刺骨。两辆旅行车载着胡耀邦一行,沿着崎岖不平的泥泞公路,往来奔波于幕阜山麓和大别山麓的崇山峻岭之中。

这是一次日程很紧的旅行。尽管山高路滑,汽车仍以相当高的速度行驶。山区群众对胡耀邦在寒冬岁末这样不辞辛劳地从北京来到遥远的深山密林看望他们,同他们共同商讨开发山区的大计,无不感到欢欣鼓舞。每当胡耀邦从驻地出发时,门口总是挤得水泄不通,胡耀邦笑容满面地向自动伫立等候的男女老少挥手致意,欢呼的人群朝着他热烈鼓掌。

12月5日一早,胡耀邦一行乘汽车离开京广铁路附近的咸宁温泉镇,很快就进入山区。

约两小时后,汽车驶进通山县城。胡耀邦一下车就召开座谈会,请县里的同志介绍情况。胡耀邦风趣地插话说:通山通山,通通是山。你们要把山搞"通",把库搞"活",多养鱼。要发挥山区的优势。山上的树和山里的矿一起开发。山"通"库"活",山区致富就有希望。他还强调说,要加快山区建设,就必须进一步放开山区政策,凡属群众能办的,就要大胆放手让他们去办。

中共湖北省委书记关广富、副书记钱运录建议胡耀邦去这个县属的九宫山察看林木。胡耀邦欣然同意,并立即驱车前往。高高耸立于鄂赣两省边界上的九宫山,海拔1280多米,峰岩壁立,雄伟浑厚。据当地同志说,明末农民起义领袖李自成兵败后就是在这里被地主武装杀害的,后人还在这里设墓安葬了他。汽车越往上爬,雾越浓,整个山岳都淹没在茫茫的云海中。胡耀邦在山顶一座招待所里会见了当地干部,他建议把九宫山辟为旅游避暑场所。

为了实地考察林区，次日，胡耀邦到崇阳县访问时，特地去那里的林科所和桂花林场进行了调查，同林场工作人员讨论了包山造林等问题。在修水，他对县里的同志说，一路上，我看到你们这里过伐的现象比较严重。国营林场、集体林场应该采育兼顾。看来，林业政策要继续抓落实，林区群众收入少，积极性不高。要拿个办法出来，还是国家、集体、个人一起上的好。

　　12月7日一早，晨曦初露，寒风凛冽，胡耀邦驱车从修水县城出发，一连跑了铜鼓、宜丰、上高三个县，中间顾不上休息。

　　在铜鼓县，他说：我认为山区林权应下放，林业管理体制要改革，要搞承包，让林农有自主权。国营林场也要把责任制落实到家庭，长期（比如说50年）不变。农林扩权到家庭，渔业扩权到船。只有这样，才能搞活。他认为，山上的小材小料，什么枝丫材、等外材、困山材等等，应该统统放开，让林农去加工成锄头把、镰刀把等等。这样，山区的多种经营就能比较快地发展起来。他还说，他不赞成用开梯田的办法在山上种树。把山坡垦了，至少5年之内树长不起来，水土就会流失，还浪费了人力。他对县里的同志说，如果是上面规定的，你们可以"将在外君命有所不受"嘛。

　　上高是江西省连续三年人均收入最高的县。县委书记用了一个半小时向总书记汇报了他们的情况，将他们的经营概括成三句话：利用粮食的优势发展经济作物，利用种植业的优势发展养殖业，利用农业的优势发展工副业和乡镇企业。

　　胡耀邦饶有兴味地听了这些情况，他不时插话赞扬他们的成就，并且鼓励他们再上一层楼。他一再强调，农村经济结构要进一步调整，更要大胆地加快发展乡镇企业，搞好农副产品的加工。他说，我认为在这方面，应当把希望寄托在群众自己干起来，主要依靠家庭工业和专业联户，支持专业户和专业村的发展。要放手让农民自己发展乡镇企业，放手让农民到城镇来办第三产业。要告诉县、乡干部，不要一说办什么，就想自己收上来，统统掌握在自己手里。这是一个重大方针问题，必须明确。

从上高来到锦江畔的高安，这个县乡镇企业和各种经营搞得都比较好。县委书记向胡耀邦汇报时谈道，为了搞活流通，全县设了37个小集市，使农民每3天能赶一次集，每次赶集的人有三五千至一两万不等。县委认为这是个好办法。

胡耀邦沉思了一下说："你们想过没有，一块方圆20华里的地方，东南西北10公里，骑自行车要花费多少时间？"有的答30分钟，有的说要40分钟。胡耀邦接着说："如果经过若干年努力，按照对群众方便的距离，把小城镇星罗棋布般地建设起来，对促进经济和社会发展会有什么好处？我建议你们探讨一下。"于是，当即展开了一场热烈的讨论。

县委书记翟时达说，有了小城镇，产品可以随时推销出去，需要的货物可以随时买到，可以促进文化交流，可以传播技术带动周围农村。胡耀邦点点头说，农民赶集，你们叫赶圩，不管几天一次，总要花一天的时间，这是低商品生产的产物，是商品经济不发达的结果。欧洲许多国家的小城镇很发达，人们并不羡慕大城市。我们也要逐步把小城镇搞起来。他强调说，随着经济的发展，建设小城镇将是改变城乡关系、改变劳动结构和产业结构的一项大措施。胡耀邦的深谋远虑，使大家深受启迪。

胡耀邦重访长征路，对人们教育良深。

那是1985年9月26日上午11时许，秋雨霏霏，凉风轻拂，一架银色客机穿过浓密的云层，降落在四川邛崃县郊区的机场上。舱门打开了，中共中央总书记胡耀邦在霏霏细雨中快步走下舷梯。

胡耀邦这次视察的重点是四川西北高原和陇南山区。汽车从邛崃县城出发，沿川藏公路西去，翻过悬崖万丈的二郎山，便进入川西北高原。首先遇到的是银光闪闪的雪山，这里空气稀薄，冰封雪冻。接着是连绵百里的林区，公路两旁古树参天，丛林莽莽。然后是举目无垠的草地，到处绿草如茵，沼泽密布。再从川西北高原向东南行进，沿白水江畔来到陇南山区。在短短10天时间里，胡耀邦就沿着这条路线时走时停，耳闻目睹，视察了四川的甘孜、阿坝两个藏族自治州和甘肃的陇南地区共10多个县。

在这次视察中，胡耀邦选择的是一条很不寻常的路线。50年前，在震惊中外的二万五千里长征中，中国工农红军就是沿着这条路线翻过了雪山草地。当年的胡耀邦作为红军部队的"红小鬼"，先后任中央工作团党总支书记、红三军团第五师第二、三团党总支书记，随部队沿着这条路线进行艰苦的长征。总书记跋涉千里，重访昔日的长征路，他这次所进行的是一次非同凡响的视察。

在当年红军勇士浴血争夺的泸定铁索桥头，胡耀邦向人们谈起了红军战士奋不顾身的英雄业绩；在小金县红军胜利会师的旧址，他向人们介绍了红军战士团结战斗的动人情景；在翻越雪山草地的途中，他不时赞叹红军战士战胜困难的坚强意志和毅力……

9月28日，是高原多雨的秋季中难得的大晴天，胡耀邦驱车来到甘孜藏族自治州康定县的塔公草原。

天空碧蓝如洗，朵朵白云像哈达似的洁净，在天空中飘浮游弋。翡翠般的草原，黑色的牛毛帐篷，在熠熠阳光下分外悦目。胡耀邦坐在一座饰有民族图案的帐篷里，几位身着彩色长裙的藏族姑娘走到他面前，献上一条条雪白的哈达，胡耀邦用藏语祝愿她们："扎西德勒！"（吉祥如意）

胡耀邦被群众的欢乐气氛所感染，仿佛变得年轻了。他走出帐篷，坐在这群藏族青年中间，接过一把弦子，满面春风地拉了起来。

胡耀邦对支援过长征的各族人民，是那样的深情亲切；对长征路上的一山一水、一草一木，是那样的充满激情。一路上，他不时指点着车窗外掠过的山川村镇，向同车的藏族干部问起他和战友们曾经鏖战和行军路过的一些地方。他甚至清楚地记得，红军长征中翻过的第一座大雪山——夹金山的山麓，他回忆说，这里原来有一座小庙，另一座雪山梦笔山的北坡，生长着大片原始森林。

9月28日下午2时许，胡耀邦出现在横跨大渡河的泸定桥东的桥台上。这座桥和泸定县西城门相衔接，建成于公元1706年（清康熙四十五年）。解放前，整个大渡河上只有这座唯一的桥梁，是川藏交通的咽喉要道。今天，山区久雨初晴，蓝天如洗。由13根长达百米的铁索组成的泸定桥，像一道长虹横跨在大渡河上，使人联想起当年红军战士迎着硝烟进击的情景。

欢腾的人群让开了一条路，胡耀邦踏上左摇右晃的铁索桥，健步走过桥西的石台上，望着脚下汹涌奔腾的河水，深情地告诉人们，当年红军就是从这里出发冒着敌人的炮火冲向对岸的。他的话把人们的思绪带向那血与火的战争岁月。

胡耀邦又一次走过铁索桥，参观了建在桥东的泸定桥革命文物陈列馆，并应陈列馆同志的要求，挥笔题写了"飞身可夺天堑，健步定攀高峰"12个苍劲有力的大字。

告别泸定，胡耀邦来到了大渡河支流小金川畔的小金（原名懋功）。这里依山傍水，是一座小巧秀丽的山城。1935年6月14日，红一、四方面军在城东40多公里的达维桥头胜利会师。6月16日，两个方面军在懋功县城内的天主堂里召开了团以上干部大会。时任少共中央局组织部副部长的胡耀邦参加了此会。半个世纪过去了，这所天主堂仍保持了原貌。胡耀邦仔细参观了室内陈列的各种革命文物和天主堂院内毛泽东、周恩来等住过的平房。他对州、县负责人说，要把这些地方保护好，作为向干部和群众进行革命传统教育的课堂。

在马尔康，胡耀邦实地察看了正在筹备修建的红军长征纪念碑地址，他要求负责建碑工作的成都军区和四川省的领导同志，一定要把这座纪念碑修好，使这里成为松柏环绕、山水宜人的公园，成为群众学习社会主义精神文明的学校。

胡耀邦一路察看，一路询问，一路思索。汽车以平均每天200公里以上的进程在高山、峡谷和原野上奔驰。长征路上的万水千山，仿佛对当年的老战士情有独钟，正在一步一个脚印地袒露宏图。

在林区，展现在胡耀邦眼前的是：采伐过的林地上，横七竖八地倒着几丈长的圆木，还有大量的火烧木、风倒木，任其腐朽，他感到无限惋惜。坐汽车跑了几天，沿途只见一个地方在加工木材，他发出声声叹息。

穿越一处处峡谷时，他看到：条条急流，落差很大，可建电站的地方很多，让高山流水白白浪费，而附近的居民却在烧柴做饭。

在幅员8000多平方公里、拥有45万头牲畜的红原县，他看到：只有县城里建了一座奶粉加工厂。偌大的草原上，看不到其他畜产品加工点。

在被誉为"人间瑶池"、"童话世界"的黄龙山和九寨沟风景区，他发现这里每年接待中外游客虽达数万之众，而当地农民收入却很低。

他还听说，这一地区埋藏着黄金、大理石、云母、石膏、石棉等数十种有开采价值的矿物，但富余的劳力却无活可干。

马尔康招待所的一间会议室里，汇报会正在热烈地进行。胡耀邦谈笑风生，其他同志也无拘无束地发表意见或插话，气氛轻松活跃，讨论的问题关系到国计民生。

40岁的阿坝州委副书记周化勋，向胡耀邦汇报说，从50年代开始，国家陆续在阿坝林区建立了16个林业企业，共为国家生产木材4000多万立方米，上交税利4亿多元。因为采伐过量，目前控制采伐，剩余劳动力25000人，要求中央和省里帮阿坝州卸下这个"包袱"。

"你们不是卸包袱的问题。"胡耀邦立即抓住这个话题，深沉地说，"要把包袱变成财富，要把现在闲置的劳力变成有用之才。总的来讲，阿坝州8000多平方公里，只70多万人口，是人少了，不是人多了。问题在于你这里就业结构不合理。一面是许多人没事干，一面是好多事没有人办，许多产业根本没有开发。"

胡耀邦时而站起来，时而用手势加重语气："大的不讲，讲小事情。马尔康的鸡蛋很贵，你们这里电多，可以办几个养鸡场，用电孵鸡。你们有草山，可以养奶牛。还可以搞木材加工。林区的人民要富起来，只有四条出路：一是营林；二是加工；三是采矿；四是修建。什么修公路、建水电站，都让老百姓去搞。还有商业、运输、旅馆、饭店，也让群众去办。总之，东方不亮西方亮嘛！"

最后，胡耀邦说："端正指导思想，满怀信心地引导群众充分认识和发挥高原、山区地域辽阔、资源丰富的优势，积极开辟多种劳动致富的新门路，这是繁荣山区经济必须解决的首要问题。"

在九寨沟风景区，胡耀邦很有远见地提出：让农民直接办旅游，由农民为旅游的人提供副食品，发展养鸡、养兔、种植蔬菜、水果的专业户；组织群众生产各种旅游纪念品。

在陇南地区森林茂密的康县、成县，胡耀邦要求各级领导充分依靠群众，充分利用本地资源，创造出营林致富的新经验。

在视察途中，几乎每个地、州、县的领导都向胡耀邦反映，他们那里缺资金，缺人才，要求中央支援。胡耀邦对他们说，党中央、国务院对边远山区和少数民族地区的经济发展，一向是十分关怀的，尽可能在人力、财力上给予扶持和帮助。但是，作为当地的干部，特别是领导干部，不应该只依靠上面，而要自力更生。办法有两条：一条是充分发动群众，依靠群众集资，依靠群众的勤劳和智慧；一条是加强横向经济联系，引进外资，吸引沿海、成都等外地的企业来投资。

谈到人才问题，阿坝州委书记阿登向总书记说："我们这里条件艰苦，人家不愿意来，希望中央和省里给我们派些人来"。

"你把关系颠倒了。"胡耀邦立即插话纠正他的看法说，"不是给你派人来，而是你要有吸引力。你把经济发展起来，门路多了，就能留住人，吸引更多的人来。今后我们国家越来越多地要采取招聘的办法，吸引的办法，而不是全靠指派的办法，捆绑不能成夫妻嘛！"

幽默风趣的一席话，说得在场的人哄然大笑。

胡耀邦到甘孜藏族自治州后，他便向州委领导提出要改进工作方法的问题。胡耀邦说，你们州、县、区三级干部，一年下去多长时间，什么时候下去，要做一个安排。大雪封山是下不去的，这段时间可以把干部集中起来办学习班，半天工作，半天学习，学理论，学文化，学技术。一年完了要考试，这样搞上三年，大家的水平都提高了。凡是地广人稀的地方，都可以采用这种新的工作方法。根据各地的特点，确定自己的工作方法，这就叫实事求是！他勉励大家只有埋头苦干，才能大展宏图，就像楚庄王的名言："三年不飞，飞将冲天；三年不鸣，鸣则惊人。"这是胡耀邦对川西北高原和陇南山区的期盼，也是对全国所有经济还不发达地区的期盼，期盼他们后来居上，一飞冲天。

胡耀邦在总书记任内的最初几年，大都跑的是中国最不发达的地区，他的足迹踏遍布了中国的西部——西藏、新疆、青海和内蒙古等地区。在调查研究的基础上，一整套发展西部的特殊政策陆续制定出来。中国西部地区，正在发生着使人喜悦的变化。西部地区是少数民族聚居地区，这里的繁荣富裕关系着中国大局的安定、团结、兴旺。

胡耀邦的行踪使外国人颇感兴趣。1985年的深秋，在中南海一次会见外宾的活动中，一位外国友人问："据我们了解，你经常到中国最不发达的地区视察，对这些地区的发展十分关心。在加速这些地区的发展方面，中国现在有什么计划？"胡耀邦高兴地回答说："我国地区之间的经济发展，很不平衡。东部沿海，比较发达；西部多山，比较落后。但是，西部的一个特殊的有利条件是幅员广大，拥有丰富的自然资源。因此，我们对西部的方针，一是放宽政策，让那里的人民群众放开手脚开发资源，发挥优势；二是鼓励他们同比较发达的地区建立横向联系，相互协作；三是尽可能地减轻他们的负担，给以财力、物力和技术的适当支援。"他预言，到20世纪末和21世纪初，大规模开发中国西部就要提到日程上来！

胡耀邦认为，甘肃应当成为开拓大西北的一个重要基地。1983年7月，他冒着炎夏酷暑，先后访问了陇南的天水地区、陇东的庆阳地区、中部西南的临夏回族自治州和兰州市，整整视察了7天。

胡耀邦对如何改变以定西地区为代表的甘肃中部18个干旱县的穷困面貌问题，特别关心。这里雨量稀少，生态破坏严重，粮食产量低，几乎年年要靠国家救济。国务院决定每年拨出专款帮助这些困难地区恢复和发展生产。胡耀邦7月21日到定西地区的临洮后，特地把这些穷困县所在的定西、平凉两个地委的负责同志请来，共同商讨如何使这些地区快一些在经济上彻底翻身的问题。同时还派了几位随行同志去定西地区最困难的社队的一些村庄，逐户了解农民的生活。在座谈会上他说，你们这18个困难县怎样才能较快地恢复过来，什么时候能翻身，都要认真搞点调查，在这个基础上采取切实的措施。要力争尽快消除历史上带来的严重后果，恢复生态平衡，使恶性循环变为良性循环，逐步走上安定富裕的道路。他要求这两个地区的5万多名干部带头种草植树，每人每年种两亩草，栽10棵树。他说，就是要干部带头，多干实事，不能含糊。

当天晚上，胡耀邦把随行的共青团中央第一书记王兆国找去，商量发动全国，主要是北方青少年义务采集草种树种支援甘肃改变面貌的问题。他说，共青团每年要抓几件在全国有影响的大事，这就是一件。全国1.5亿青少年，大城市的除外，每人每年采集一两，就是1500万斤，可以种1500万亩草。这也是对青少年的一种具体的爱国主义教育,可以叫爱国采种运动。这种活动每年都要搞,不是一两年,而是一二十年,先支援甘肃,以后支援其他地方。王兆国当晚就打电话给团中央进行筹划,回到北京后,他很快就召开电话会议,向各省、自治区的团组织布置任务,并向全国青年少发出了号召,雷厉风行地落实了这件事。

胡耀邦一行,1985年7月23日下午6时到达龙羊镇。他们不顾旅途劳顿,6点半到龙羊镇水电站工地视察,晚8时听取汇报。龙羊镇水电站是一座综合利用的大型水利枢纽,水库总容量为240亿立方米,电站建成后,每年可发电60亿千瓦时,每年可节约原煤240万吨,供电范围除青海和甘肃两省,还可与西安、华北联网,对于发展工业、农业、畜牧业,将发挥巨大作用。

胡耀邦在听取汇报时说:工程不要讲得那么细,简单几个大数给我们知道一下。原来他更为关心的是人。他一一询问了几位工程局负责人的情况、年龄、籍贯、文化程度,问得很细。当他知道刘海伦、李权一、雷文第、李玉民这4位负责人都是龙羊峡一开工就来的,高兴地说道:"1976年到现在,7年了,你们四位是第一。""英雄终究会有人知道的,真正的英雄终究有一天总会有人知道的。要相信这一条。"

胡耀邦在听取汇报时反复强调说:一件事情,要么就不干,要干领导就要自己带头,这叫打硬仗。干部带头,自己过得硬,才有资格去评论人家。

最后,胡耀邦语重心长地说:"公道自在人心。做了好事,人民永远不会忘记。"

胡耀邦十分关心国防建设,多次深入视察祖国的边疆,关心边疆军民的生活和工作,做出了许多重要指示,描绘出边疆发展的蓝图。

1985年12月31日12时40分,胡耀邦一行乘坐直升飞机,从海南岛起飞,跨越浪涛翻滚的海面,在西沙群岛的珊瑚岛上降落,同驻岛干部战士共度元旦佳节。这是新中国成立以来党和国家领导人第一次来西沙视察。

他顾不上休息，先看哨所。来到瞭望镜前，他仔细察看了附近的岛屿，详细询问了防务和干部战士的生活、工作情况。同干部战士共进午餐时，他激动地说："我代表党中央、国务院的领导同志，向大家祝贺新年！"餐厅里顿时响起热烈的掌声。

胡耀邦走到每一个餐桌前，叫随从人员将带来的黄桃罐头和橘子分给大家吃，还问大家，吃得好不好？生活情况怎样？胡耀邦对子弟兵的关怀，使大家深受感动。

胡耀邦十分关心小岛战士的文化生活，在干部战士座谈会上，当听说这里战士看电视，一般只能看一个月前的电视录像，看不到当日新闻时，他向身边工作人员交代：给有关部门说一下，优先考虑给西沙解决这个问题。胡耀邦还到六连干部战士宿舍视察，问战士们床铺好不好睡。来到码头时，询问了战士们的身体情况，嘱咐干部要多关心战士。短短3个小时，胡耀邦走遍营区，同战士们一一握手，亲切交谈。

云南自古被认为是"天高皇帝远"之地，胡耀邦当了总书记以后，短短几年间，曾3次到云南视察，全省17个地、州、市，他只有两个没到过，连最边远的不毛之地也留下他的足迹。他和当地群众打成一片，平易近人，老百姓深受感动，称赞不已。

在中缅边境的滇西，胡耀邦接连访问了六库、腾冲、盈江、陇川、瑞丽、畹町和芒市。他每到一地，都详细询问边民交往和互市的情况，勉励当地人们热忱对待缅甸胞波，努力扩大边境贸易，互通有无，发展中缅友谊。

在瑞丽古城视察时，他深刻指出："瑞丽和畹町是代表中华人民共和国对缅甸的两个窗口，一定要进一步搞好对外开放。"临别时，他挥毫为瑞丽书写了"中缅胞波情谊万古长青"的题词。

1985年盛夏，胡耀邦冒着大西北戈壁滩上炙人的热浪，在去新疆维吾尔自治区考察的途中，特地前往国防科工委所属某火箭卫星发射试验基地和某核试验基地看望那些长年奋战在西北荒漠中的科技人员。

在这里，他认真听取工作汇报，详细询问有关情况，做了许多重要谈话。离开发射场后，汽车在坎坷不平的戈壁沙石路上疾驰，进入一派生机勃勃的绿洲——基地的首府——东风镇。目睹戈壁变绿洲的情景，胡耀邦格外激动，热情地称赞基地的科技工作者是"中国征服宇宙的第一代人"，并且代表党中央向他们致以崇高的敬意。他说，从地理位置来讲，你们处在最偏僻的地方。从环境上来讲，你们处在最艰苦的地方。从生活上来讲，你们这里是比较困难的地方。你们在生活上、环境上不争上游，甘居下游，而你们干的是保卫祖国的安全、攀登世界科学高峰的事业。他打着手势激动地说："昨天，我写了两句话：'身居最下游，志在最高层'，现在送给同志们。"全场顿时响起了春雷般的掌声。

胡耀邦继续深情地说："我希望中央各部门的同志们也到像你们这样的地方来看一看，更希望我们的文艺工作者，搞戏剧、舞蹈、相声、音乐的同志们，到这些地方来看一看，唱唱《十五的月亮》！为什么呢？第一，是增长知识。第二，也是为了相互之间的鼓舞和支援。你们在我国航天事业上是第一代人，全中国人民，我们的子孙后代，不会忘记你们。我们要有足够的信心，一定要在21世纪中期把我们的航天工业变成世界上第一流的工业。"

胡耀邦不辞劳苦，接着又飞往天山南麓戈壁深处的某核试验基地。我国在这里成功地进行了空中、塔上和地面核试验。我国第一颗原子弹就是1964年10月16日在这个基地所属的罗布泊试验场成功爆炸的。胡耀邦到达这里后特地驱车越过茫茫戈壁，进入天山深处的石林地区，看望在这里的科研中心埋头苦干了十几年二十几年的科技工作者。

新疆是多民族聚居的地方，有49个民族，搞好民族团结是新疆一切工作的关键。新疆又是我国重要的边境地区，边界线长达5400公里，具有重要的战略地位。因此，胡耀邦对新疆各族人民十分热爱，对新疆的发展非常关注。十一届三中全会后，在他担任中共中央主席和总书记期间，多次召开中央书记处会议，专门讨论和研究新疆问题，做出重大决策；多次来新疆考察，调查研究，了解新疆，认识新疆，帮助制定新疆经济发展战略。

早在1981年7月6日上午，胡耀邦主持中央书记处第109次会议，根据党的十一届六中全会通过的《关于建国以来党的若干历史问题的决议》，再一次讨论了新疆的工作问题。会议提出："搞好民族关系，加强民族团结，是进一步做好新疆各项工作的关键。新疆的汉族干部要确立这样一个正确观点，即离开了少数民族干部，新疆各项工作搞不好；新疆的少数民族干部也要确立这样一个正确观点，即离开了汉族干部，新疆各项工作搞不好。"不久，胡耀邦将这段话进一步概括成："汉族离不开少数民族，少数民族离不开汉族"，即"两个离不开"的思想。这个概括得到了邓小平的肯定和高度评价，他说："这个观点很正确、很好，大家都这样想问题、处理问题就好了。"

胡耀邦于1985年7月下旬到8月初，第五次来到新疆考察。7月20日到达新疆后，他沿北疆和南疆的边缘，先后到了塔城、博尔塔拉、阿勒泰、阿克苏、喀什、克孜勒苏、和田、巴音郭楞、克拉玛依、哈密10个地、州、市的21个县。至此，胡耀邦已走遍了当时新疆所有的14个地、州、市。他到达南疆喀什市之后，即乘旅行车沿塔克拉玛干大沙漠南缘东行，访问了莎车到且末这一线的10个县。当时天气异常炎热，但他不辞劳苦，不畏酷暑难耐，始终精神振奋地考察沿途的牧场、林带、条田，并不时向当地领导人询问各种情况，每天行程300多公里。他为新疆工作的成就感到高兴，为南疆地区各族人民生活还比较贫困感到忧虑，他要求各族干部要把使农牧民尽快富裕起来作为干工作想问题的出发点和落脚点。

胡耀邦通过考察了解新疆，认识新疆，同各地同志着重研究了新疆进一步开发的方针和战略布局，帮助自治区制定80年代发展战略。他强调自治区要考虑对农村产业结构做战略性调整。新疆要富起来，就应该在抓紧粮食生产的同时，把畜牧业和瓜果园艺业放在突出的位置，使它们同粮棉油大田种植业一起，成为农村经济的三大支柱。胡耀邦说，新疆瓜果品种和数量之多、质量之高在全国是少有的，瓜果是新疆的一大产业和一大优势，新疆应该而且可以成为我国一大瓜果基地。他认为新疆要发挥矿产资源的优势，大力发展石油和石油加工工业。他在克拉玛依油田访问时，亲切看望和慰问了战斗在石油战线的各族职工，欣然挥毫为油田题词："能源是实现我国四化建设的命根子，努力勘探和开发更多石油的同志们无上光荣。向排除万难、奋斗不息的石油战线全体同志们致敬！"并勉励他们发扬艰苦创业的光荣传统，力争到20世纪末实现新疆年产2000万吨石油的目标。

胡耀邦要求新疆坚持对外开放，积极引进外资，打通西路贸易。他循循善诱地对自治区几位主要领导人说，恐怕还要下这个决心：西部的开发，新疆的开发，要积极引进外资。靠国家投资，恐怕"八五"计划也列不上。可以同外国搞补偿贸易，也可以允许他们独资经营，没有什么害处，可以用我们的资源换他们的资金、设备、技术。用资源换取资金、设备、技术，会使你们更快富起来。我看这不是卖国，是爱国。除了打通东西的关系，比如日本、香港外，还要向西打通西亚、南亚、苏联、东欧的关系，特别是与穆斯林国家的关系，比如巴基斯坦、伊朗、土耳其、沙特阿拉伯等。一个是发展航空，一个是发展铁路。乌鲁木齐至乌苏段修好后，可以向西延伸到阿拉山口，同苏联接轨，这要不了多少钱。以前停修是害怕打仗，事实上修了铁路，仗就更打不起来，因为有个经济利益问题。根据他的这一要求，1986年自治区党委和政府做出"全方位开放，向西倾斜"的决策。

胡耀邦在自治区党政军干部大会上讲话时强调：要积极开发新疆，开发大西北，使新疆和整个大西北成为我国在21世纪一个重要的基地。这是中央领导同志的共同看法，是中央关于经济建设的一个重要战略设想和整体布局。他动情地说，新疆是前途光明、大有作为的地方。国际上有些科学工作者说，新疆是世界上三大待开发区之一。他勉励新疆各族干部和群众，一定要把新疆建设成为祖国四化最坚强、最美好的基地之一。一代人完不成就两代人、三代人，大家要为四化作出最光荣、最辉煌的贡献。

推动干部队伍新老交替

对干部新老交替工作，邓小平、陈云等历来十分重视。1979年七八月间，邓小平到上海、山东、天津等地视察时，一路强调，要抓紧解决组织路线问题，把培养选择接班人当作关系党的百年大计的根本问题、基本建设来抓。以后他又多次强调干部新老交替的重要性、紧迫性。1981年4月19日，邓小平发表谈话指出："我要说一个问题，就是找些年轻人慢慢带出来。这是个长远的战略问题，是关键性问题。""我们全党对这个问题在认识上还没有统一。这个问题比较大，如果在三年内不能逐步解决，再过五年，我们的干部队伍就要发生很大的危机。"① 5月26日，宋任穷在中共中央组织部召开的电话会议上传达了邓小平这次讲话的主要内容。

7月2日，邓小平在中共省、市、自治区委员会书记座谈会上指出："选拔培养中青年干部这个问题，是个战略问题，是决定我们命运的问题。现在，解决这个问题已经是十分迫切了，再过三五年，如果我们不解决这个问题，要来一次灾难。"② 他说，六中全会后，又专门把在座的诸位留下来开两天会，讨论陈云同志关于提拔培养中青年干部和老干部离休退休这两条建议，就是因为这个问题十分迫切，十分重要。解决干部年轻化这样一个大问

---

① 中共中央文献研究室编：《邓小平年谱（1975～1997）》（下），中央文献出版社2004年版，第734～735页。
② 中共中央文献研究室编：《邓小平年谱（1975～1997）》（下），中央文献出版社2004年版，第753页。

题，关键是老同志带头，真正要开明，真正要从大局着眼。他还说，我和陈云同志交过心的，老实说，就我们自己来说，现在叫我们退，我们实在是心里非常愉快的。我们两个人的主要任务是要解决选拔中青年干部这个问题。

邓小平把干部队伍新老交替看作是长远的战略问题、是决定党和国家命运的问题，而且提出要把"这个问题当作第一位的任务来解决"。

作为党中央总书记，胡耀邦为搞好干部的新老交替工作，推进各级领导班子的年轻化和干部制度的改革，做了坚持不懈的努力。

1982年9月在党的十二大报告中，胡耀邦再次强调改革干部制度，实现干部队伍的革命化、年轻化、知识化、专业化。他强调指出，实现干部队伍的革命化、年轻化、知识化、专业化，是党中央早就确定了的方针。在机构改革中，要使许多年事已高的老干部既能解脱第一线工作的繁重负担，又能以他们丰富的领导工作经验在党、国家和社会生活中继续发挥作用；使大批德才兼备、年富力强的中青年干部能够及时选拔到领导岗位上来，在新老合作和交替的过程中得到更多的实际有效的锻炼，并且使各级领导层不断吸收新的活力和智慧，保持旺盛的生机。

新《党章》中明文载入"党按照德才兼备的原则选拔干部。坚持任人唯贤，反对任人唯亲，并且要求努力实现干部队伍的革命化、年轻化、知识化、专业化"。

胡耀邦认为，交接班的问题从来都是关系到党和国家前途命运的一件大事。这是在60年代初期开始被提出来的。那时候，党中央领导同志的年龄在60岁左右，中央各部和各省、市、自治区领导同志的年龄在50岁左右。有鉴于此，党中央和毛泽东曾提出，要培养和造就千百万无产阶级革命事业的接班人。以后由于种种原因，特别是由于"文化大革命"的破坏，这样一个关系到党和国家盛衰存亡的重大问题被搁置下来。干部一年比一年老化，新老交替的问题一年比一年更严重地摆在党的面前。

是邓小平、陈云等老一辈革命家以大无畏气概下决心要解决这一十分迫切而又必须解决的问题。1981年7月2日，陈云在全国各省、市、自治区党委书记会议上说：现在我们的干部队伍中还存在着严重的问题，老干部和新干部之间还存在着一个空白点。很早以前我们就提出了必须提拔年轻干部的问题。陈云写了关于培养中青年干部的意见报告，他把这份报告分别呈送给胡耀邦和邓小平。

党的十二大，在以邓小平为核心的党中央领导下，从代表的产生到新的中央领导机构选举，是在全党范围内实现新老合作和交替的一个更大的步骤。

胡耀邦多次提出要选择年富力强的干部，以保持党的马克思主义方针政策的连续性，鼓励大胆选拔使用年轻干部，力劝老同志支持帮助年轻人的工作。

1980年5月，胡耀邦在中组部召开的选拔优秀中青年干部工作座谈会上，谈及领导班子不够理想时说，中央书记处11个书记加起来718岁，年龄太大了。他主张在今后几年选拔一批五十几岁、四十几岁的人，把担子压给他们。陕北人说，走马是压出来的。用重担子压着它走，叫做压马。对年轻的同志要用发展的眼光去看，不要用静止的眼光去看。老同志有责任帮助、支持他们；要帮助、支持，首先就要信任。毛主席1949年当中央人民政府主席是55岁，周总理当总理是51岁，少奇当中央人民政府副主席是50岁，小平1956年当总书记是52岁，他们的"天才"也是压出来的。搞四化也是"战争"，实际上要完成四化的任务，比取得战争的胜利更为艰巨。所以，必须破除静止地片面地孤立地看人看事的形而上学观点。把思想搞通了，脑子不僵化了，大量坚持社会主义道路、有专业知识和组织领导能力、年富力强的干部就站在我们面前了。胡耀邦还建议，选择年富力强的干部的进度必须加快，不能老是犹豫不前，要规定出具体的进度。

对于不够理想的领导班子怎么调整，胡耀邦指出，调整领导班子是三位一体的工作任务。（一）大胆选拔一大批年富力强的、坚持党的路线的、有专业知识和本领的、有培养前途的干部，充实到各级各方面的领导班子中来。（二）要认真负责地妥善安排一大批对党和人民有贡献的年老体弱的同志，退居第二线或第三线，使他们既能延年益寿，又能更好地发挥传帮带的作用。（三）正确地解决经过三年多考验证明难以胜任现职的同志的工作调整问题，让他们到适合的岗位上去，并且真诚地帮助他们继续进步。调整领导班子的这三项任务，是三位一体的，缺一不可。所以，要统筹兼顾，全面安排，做到皆大欢喜。

胡耀邦提出的调整领导班子的"三位一体"原则，对后来按照干部队伍"四化"方针选拔、培养大批优秀中青年干部，妥善安排退下来的老同志，搞好传帮带，起到了重要的指导作用。

胡耀邦在拨乱反正、平反冤假错案、落实干部政策的过程中，大胆选拔使用了一大批坚决执行党的路线、坚持社会主义道路的，具有专业知识和组织领导能力的、年富力强精力充沛的优秀中青年干部。平反"4821苏修特务案"，大胆使用从苏联学成归来的21名同志就是其中一个范例。

1980年6月23日，中央办公厅秘书局送来了胡耀邦给中央组织部部长的一份批件："任穷同志：今天上午，我找电力部李锡铭、李鹏两同志谈了一次话，我对李鹏的印象较深，此人知识面较广，俄文能会话和笔译，记忆力挺强，敢发表自己的见解，从小在延安长大，大学毕业后搞自然科学到现在，是我们自己培养的技术专家。他告诉我，1948年我们派了21人去苏联学习，'文化大革命'初期，被立案为'4821苏修特务案'。我要他开了一个名单（差两个人）。据说大部分都不错，特转给你。胡耀邦6.22"。

中组部根据各单位的介绍，于1981年1月17日将21位同志的工作及表现情况汇总成册报胡耀邦阅示。

1月21日，胡耀邦批示："任穷、野苹同志：我较仔细地看了这个材料。我感到其中的不少同志可能没有发挥他们的作用。要同他们的上级联合起来考察一下，才能看出对他们安排是否适当。请派人再了解一下，进一步搞个材料。"

对胡耀邦的批示，当时的中组部部长宋任穷、副部长陈野苹都十分重视，他们指示副部长曾志阅后交经济干部局按胡耀邦的批示，进一步了解情况，再整理一个材料，提出使用方案，经部务会讨论后，报胡耀邦和中央书记处。随后，曾志让经济干部局的同志，一方面迅速将胡耀邦的批示精神传达给有关单位。另一方面着手进一步考察了解21位同志的情况，并征求有关单位领导对他们的使用意见。在此过程中，中央对其中个别经过考验、确实比较优秀而又年富力强的同志，及时做出任命决定。1981年2月，中央做出调整电力部领导班子的决定，李鹏担任电力部部长、党组书记。

胡耀邦大胆选拔使用优秀人才的做法，不仅解决了21位同志的使用问题，而且改变了中组部同志的观念，拓宽了他们选拔干部的视野。

他们在给中央的报告中，还建议要像对21位同志那样，组织力量调查了解对他们的使用情况，研究和解决他们的问题，充分调动他们的积极性，发挥他们的聪明才智，有力地促进我国的四个现代化建设。

1981年7月1日，在庆祝中国共产党成立60周年大会上，胡耀邦再次重申要把更多德才兼备、年富力强的干部选拔到各级领导岗位上来。

他说，干部是党的宝贵财富，老同志是党的更加宝贵的财富。但是，由于自然规律的作用，大多数老同志毕竟身体弱了，精力差了。为了我们的事业后继有人，保持我们党的方针政策的连续性，必须从现在起用极大努力，选拔和培养成千上万的德才兼备、年富力强的干部，让这些同志参与各种领导工作，使他们受到更多的实际有效的锻炼。建设好一支革命化、知识化、专业化、年轻化的干部队伍，这是摆在全党面前的一项紧迫的战略任务。

胡耀邦鼓励老同志培养年轻的接班人。他说，如果说老同志犯一些别的错误还可以谅解的话，那么不加紧培养年轻的接班人，就是犯了不可原谅的历史性错误。老同志要亲自动手，同党的组织部门和群众一起选拔培养年轻干部，高高兴兴、满腔热忱地把他们引上各种领导工作岗位的第一线，同时使自己转到较超脱的地位，避免繁重的日常工作的压力，在重要和长远的问题上发表意见，提出建议。同时，各级党组织和所有被选拔上来的年富力强的同志，都要尊重老同志，照顾老同志，向老同志学习。

胡耀邦认为，中青年干部起着承上启下的作用，是绝不能忽视的力量。因此，他一直关心着中青年干部的成长和选拔。

1982年7月20日，胡耀邦专门在中南海会见了中央党校中青年干部培训部第二期的142名毕业生，并对中青年干部提出殷切希望。

他说："现在我们党提出了一个响亮的口号，就是对所有的中青年干部都要关心、培养和帮助，对他们当中表现好的，要很好地支持和提拔。这是我们党当前一个十分突出的任务。这是中央决定了的，不要有什么含糊。小平同志、陈云同志提出干部要革命化、知识化、专业化、年轻化，并且提出四个现代化是否有希望，要看干部能不能四化。"

胡耀邦对大家说，为什么今天要突出地强调培养中青年干部的问题呢？理由很多，主要是两个：一个是我们国家的事业——社会主义事业，共产主义事业还远远没有搞好，虽然建国以来，特别是十一届三中全会以来成绩很大；二是我们党的一批老同志很快就要退出历史舞台，这些老革命、老红军、老战士是我们国家的中流砥柱，他们的健在是人民事业的可靠保证。然而，人总是要衰老，自然规律不可抗拒。

1982年9月1日至11日，胡耀邦主持召开了中共十二大，并在9月12日至13日在十二届一中全会上，当选为中央委员会总书记。大会接受6月胡耀邦关于"梯队结构"的思想，在十二次代表大会选出的348名中央委员和候补委员中有64人是年轻的党员代表。同时，胡启立、乔石、吴学谦、李鹏和田纪云组成了中央领导机构内的第三梯队，他们在党的十二大后进入了中共中央政治局。在全国范围内有180多万老干部退休，330万年轻干部被提拔到各级领导岗位。军队系统提升了一大批年轻的军官担任各级指挥员，各大军区指挥员的平均年龄年轻了7岁。中国人民解放军野战军军一级领导人的平均年龄从1982年56岁降为47岁，军队营一级指挥员基本上都由军事院校毕业的年轻军官担任。

胡耀邦的这一策略得到了中央委员会的赞同，也获得了邓小平的大力支持。

1983年3月13日，胡耀邦在中共中央召开的纪念卡尔·马克思逝世100周年纪念大会上又重申干部"四化"问题，提出一定要反对把坚持党的领导同实行内行领导割裂开来、对立起来的错误倾向，确立要领导就必须内行的正确观念，大力加强干部在革命化前提下的知识化、专业化。

胡耀邦说，社会主义现代化建设需要知识和知识分子这个指导思想，首先要在各级各部门领导机构的改革上体现出来，使干部队伍在革命化的前提下，实现年轻化、知识化和专业化。

胡耀邦强调说，中央决心从这次机构改革开始，通过新老干部的交替，把干部队伍的年轻化、知识化和专业化这样三个问题联系起来逐步解决，这就是：大批老同志退下来，搞好传帮带；吸收大批德才兼备、年富力强的知识分子到各级领导班子中来；热情鼓励和组织那些有相当领导经验和政治水平，但文化程度低的中年干部，下决心补习文化。这是一项保证我们党的事业继续蓬勃发展的具有深远意义的战略措施。

胡耀邦特别注重发现和培养人才。1982年秋，他去甘肃兰州考察听取甘肃省有关部门领导汇报，当听到胡锦涛汇报时，他发现胡锦涛思维特别敏捷，说话井井有条，分析有条有理，逻辑异常严密，不禁为之大喜：此人是个难得的人才。他后来得知，胡锦涛系清华大学毕业，有从事多年基层工作和共青团工作的经验。

胡耀邦回京后，即与中央有关领导研究决定，任命胡锦涛为团中央书记处书记。从此，胡锦涛肩挑重任，不负众望，工作干得非常出色，先后任团中央第一书记、贵州省委书记、西藏自治区党委书记、中央政治局常委、中央委员会总书记、中华人民共和国主席、中央军委主席，成为深受人民爱戴的党政军最高领导人。人们不禁钦佩胡耀邦慧眼识帅才，赞叹他不愧为远见卓识的当代伯乐。

胡耀邦非常重视在全国范围内进行提拔中青年干部的工作。胡耀邦对团中央的干部配备极为关心，亲自考察、配备团中央的领导班子。共青团第十一次全国代表大会拟定12月召开以前，时任中共中央总书记的胡耀邦，对团中央领导班子的配备，亲自进行具体指导和帮助。7月29日晚，胡耀邦邀约团中央组织部长高勇、办公厅主任刘崇文等人到中南海勤政殿，同他们谈了关于团中央建设的三个问题，其中重要的一个问题是叫他们协同中央组织部去湖北考察王兆国，考虑选调一名干部接替团中央第一书记韩英。胡耀邦对他们说："你们到湖北'二汽'去考察一下王兆国，这是小平同志推荐的，我同他谈了一个小时话，同别人谈了一个小时话，听别人对他的看法。小平同志考察过，说这人不错，我也认为不错，你们主要是从做团中央第一书记这个角度去考察，看合适不合适。"

当时王兆国是"二汽"党委副书记，各方面条件不错，曾受到邓小平的称赞，胡耀邦找他谈话后，认为是个难得的人才，他指派中央组织部副部长王照华等3人及团中央组织部长高勇等2人，5人小组对王兆国进行考察。不久王兆国被选调到团中央任第一书记。王兆国在共青团十一大所做的题为《团结全国各族青年，向社会主义现代化的光辉前途进军》的报告，就是按胡耀邦设计的提纲写出的。王兆国后来成为中央政治局的领导成员之一。

1983年6月1日，中央邀请人大、政协、各民主党派、人民团体和无党派民主人士进行民主协商会议，胡耀邦主持了这次会议，并做了振聋发聩的讲话。他说："为了国家和民族的长治久安，为了使党和国家的方针政策能有连续性，我们必须从现在起着手建立第三梯队。"11月，他在日本访问时说，到1984年初将有1000多名青年干部走上国务院各部门和省区一级的领导岗位，这样就奠定了第三梯队的基础。

　　胡耀邦以极大的政治热情和高度的责任感，认真培养第三梯队的年轻干部。1984年7月30日的书记处会议上，胡耀邦说："前天（即7月28日）我向邓小平同志汇报了三中全会的问题，我讲三中全会的一个议题是明年（即1985年）召开党的代表会议的问题。党代会的议题是：1.'六五'计划与'七五'计划问题；2.人事安排问题。中委要退一些人、进一些人。现在的中委60岁以下的不到100人。补充中委的条件是：一是对经济工作真正懂行的人，二是作出了突出贡献的人，三是优秀的55岁以下的年轻干部。"在胡耀邦的主持下，于1985年9月18日至23日在北京召开的党的代表会议，在实现中央领导机构新老交替方面迈出了一大步，一批老干部不再担任中央委员。增补一批年轻干部进入中委。同年12月25日，胡耀邦主持召开了调整后的书记处会议。在这次会议上，胡耀邦说："在培养干部方面，我们六年走了三步：选拔、锻炼、进领导核心，下一步如何培养？一要老同志支持，二要个人努力。要给我们压担子，老同志要少管一点事。"他告诫新进领导核心的同志：第一，要努力学会驾驭全局的能力，要多拿点时间想点全局的问题，读点书，马列主义、中外历史、政治经济学都要读一点，要熟悉全局情况，学会支配时间。第二，要发扬处理问题、解决矛盾的好风格：一是光明正大，旗帜鲜明，坚持真理；二是身体力行，模范带头。一位领导插话说："小平同志说过，在位谋行，担子压上了，就干得了。"

　　1984年10月，胡耀邦与各党派、无党派知名人士座谈时说，本世纪可以

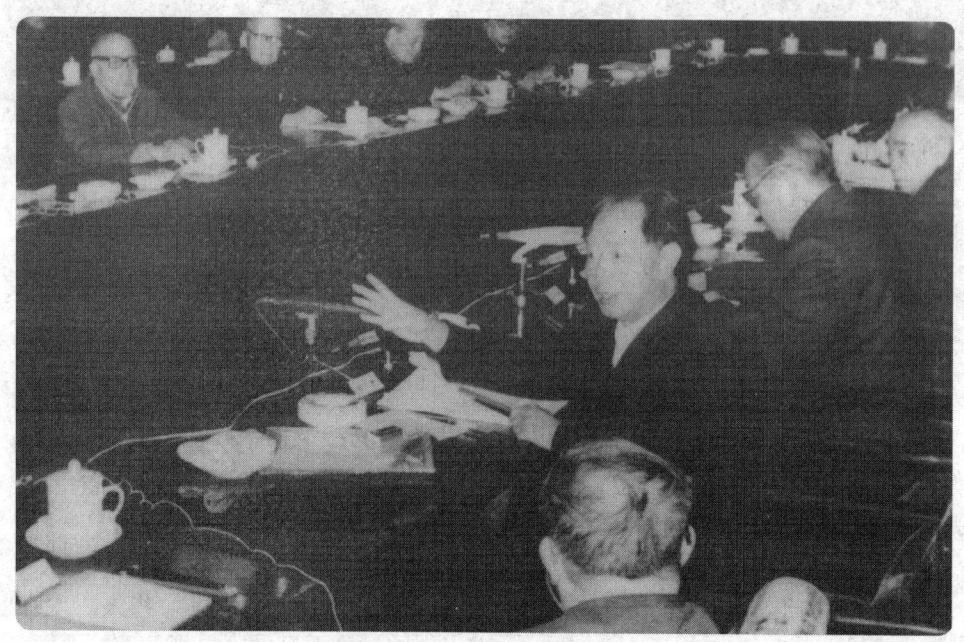
胡耀邦在中共中央召集与民主党、无党派和各界人士座谈会上讲话

说是我们中华民族腾飞的世纪。我们的民族已经有过两次腾飞,一次是本世纪初推翻了几千年的封建帝制,一次是本世纪中期新中国的成立和进行社会主义改造、社会主义建设。现在是80年代,我们要进行第三次腾飞,目标就国内而言是两大项,一是实现祖国的大统一,一是到本世纪末使工农业年总产值翻两番。搞好第三次腾飞,其中重要的一条就是靠富有远见的长期打算,特别要重视科技、教育,要把众多的后起之秀、优秀人才提拔起来,培养好下一代。我们90年代的腾飞靠第三梯队,下个世纪的腾飞靠新的第三梯队。

十五　对外交往传佳话

推动开创外交新局面

1971年中华人民共和国恢复了在联合国的合法席位；次年，美国总统尼克松访华，中美两国发表了《上海公报》，奠定了两国关系正常化的基础。是年9月，中日签署两国政府联合声明，标志着中日邦交正常化。

随着一系列外交关系的发展，70年代的外交表现出新的变化。这个时期对国际的认识和外交政策的基本想法，是根据1974年毛泽东的建议，以邓小平在联合国大会上所做的"三个世界"理论的演说为指引的。我国认为，美苏是第一世界，亚、非是发展中国家，是第三世界。介于两者之间的加拿大、日本、东德、捷克斯洛伐克等国家是第二世界。第一世界的两个超级大国推行霸权主义，企图控制世界。以第三世界为核心的国家与之对立和斗争，形成了国际社会的基本架构。

随着国际国内形势的发展，党中央及时调整对外方针政策。

1982年，邓小平在党的十二大致开幕词，他指出："中国的事情要按照中国的情况来办，要依靠中国人自己的力量来办。独立自主，自力更生，无论过去、现在和将来，都是我们的立足点。中国人民珍惜同其他国家和人民的友谊和合作，更加珍惜自己经过长期奋斗而得来的独立自主权利。任何外国不要指望中国做他们的附庸，不要指望中国会吞下损害我国利益的苦果。我们坚定不移地实行对外开放政策，在平等互利的基础上积极扩大对外交流。"① 邓小平向全党全国全世界宣告了我国新时期独立自主的和平外交政策。

如何正确处理新时期的对外关系？作为中共中央总书记的胡耀邦，在1982年6月一次讲话中指出，从马克思主义的基本观点来看，经济和政治是相互影响、相互作用的，归根到底还是经济决定政治。在对外关系问题上，同样也是这样。如果对外经济关系搞得好，不断发展，政治上的外交就好办；反之，如果对外经济关系打不开局面，政治上的外交也不可避免地受到限制，缺乏生命力。

立足于中国改革开放的实际，胡耀邦认为，需要修正过去关于战争是不可避免的理论，从维护中国的独立和尊严出发，将政治与经济统一起来，既在政治上进一步发展与世界各国的关系，维护世界和平，为我国现代化建设争得一个很好的国际环境，又在经济文化科技诸方面，广泛开展对外合作，促进我国改革开放和经济发展的步伐，力争实现本世纪末工农业总产值翻两番的宏伟目标。

为此，胡耀邦身体力行，致力于促进国家关系正常化。他担任中共中央总书记以后，除了出访朝鲜、罗马尼亚、南斯拉夫等社会主义国家以外，他频频出访经济发达国家：

1983年11月，他访问日本；

1985年4月，他访问了澳大利亚和新西兰；

1986年9月，他又出访英国、德国、法国、意大利等国家。

每到一国，他在阐述中国和平共处五项原则，表示愿意与这些国家加强

---

① 《邓小平文选》第三卷，人民出版社1993年版，第3页。

政治上密切往来的同时，大力呼吁它们加强与中国在经济领域的广泛合作。

在访问这些发达资本主义国家期间，胡耀邦一再重申，中国今后长时期内要干的一件大事就是全力以赴地进行社会主义现代化建设，为此目的，在对外关系上，就要谋求同世界各国发展友好合作关系，改革开放将是中国的一项国策。同时，中国地大物博，在资源、劳力、市场等方面具有优越条件，而且正处在一个大发展时期，第二世界的这些发达资本主义国家有科技、人才、资金等方面的很大优势，这样彼此互补，各有特点，因而，发展与加强相互间的经济合作与交流是各取所需，大有发展潜力。

胡耀邦还认为，事实告诉我们，国家间关系的好坏并不取决于社会制度或意识形态的异同，而在于是否遵守和平共处五项原则。遵循这些原则，社会制度不同的国家可以和睦相处，互利合作。违背这些原则，社会制度相同的国家也可能尖锐对抗，甚至发生军事冲突。因而，中国与这些经济发达国家，一定能够建立起长期稳定的友好合作关系，特别是在经济领域的合作关系，从而成为不同社会制度国家和平共处的范例。

1972年，中日实现邦交正常化。两国间关系从此揭开了新的一页。

胡耀邦为日本中曾根首相访华题词

70年代末80年代初,我国外交政策全面调整,开展全方位外交,搞好我国与周边国家的关系,集中力量搞经济建设。与一衣带水的日本进一步发展友好关系,成为我国外交工作的重点之一。

胡耀邦认为,中日两国是一衣带水的近邻,两国长期友好相处,并致力于发展经济、文化等各方面的交流,这对于两国的安全和繁荣具有重大意义。同时,对于维护亚洲和太平洋地区的和平与稳定,消除战争的威胁,是一个重要因素,也是维护世界和平的一个重要因素。

胡耀邦总结回顾了中日关系的发展历史。他说,中日两国人民友好有1000多年的历史,但是也不要忘记,这1000多年也是走过了曲折的道路的。从19世纪末到20世纪50年代,中日两国的关系是不好的,那是由于日本国的当权者、军国主义者造成的,日本人民受了欺骗。

但是,由于这段历史的存在,中日睦邻友好关系的重建又不长,从缔结和平友好条约算起,才几年的时间,因此两国有关各方在共事过程中还有这样那样一些疑虑,有分歧和步调不协调的地方,这是难免的。

胡耀邦指出,这就需要解决一个相互信任的问题,即政治上的互相信任,经济关系中的互相信任,人员往来上的互相信任。这又要求双方不断交换意见,消除相互间疑虑,增加相互间的信任。

胡耀邦认为,环顾当今世界,风云激荡,许多地方很不安定,在这种国际形势之下,中日两大民族间的睦邻友好,不仅符合中日两国和两国人民长远的根本利益,而且将对维护亚太地区和全世界的和平与稳定,产生积极的重大影响。

因此,胡耀邦认为坚持中日友好关系应当在中国对外政策中占据一个极为重要的地位。

他当选总书记后,把日本作为出访的第一个发达的资本主义国家,于1983年11月23日对日本进行了正式友好访问。这是中国与日本两国关系史上一个历史性时刻——中共中央最高领导人第一次对日本进行访问。

11月23日至30日，胡耀邦访问日本取得了圆满成功，达到了谋求中日两国睦邻友好关系长期稳定发展的预期目的。

12月1日，《人民日报》就此发表社论：《开创中日友好合作的新世纪》。社论提出，这次访问，为开创中日友好的新世纪奠定了基础，对两国关系的进一步发展必将产生深远的影响。

胡耀邦曾说，中日两国地理上临近，而且各有优势，因而合作潜力十分巨大。通过加强两国经济合作，取长补短，相得益彰，中日两国何乐而不为呢？

胡耀邦访问日本期间，向日本政府和经济界人士表达了这一意见。

11月26日，在日本经济团体早餐会上，胡耀邦发表讲话。他说，中日建交，尤其是中国实行对外开放政策以来，两国有经济贸易、科学技术等各个领域的交流与合作，有很大的发展。但是，合作的潜力仍然很大，前景大有可为，中日两国应当把步子迈得更大一些，并且要有规模宏大的长远打算。

为什么这样讲呢？

胡耀邦阐述了三点根据：

第一，双方各有优势，互相需要。日本在技术、人才、资金等方面具有很大优势，这是中国现代化建设所需要的。中国在资源、劳力、市场等方面具有优越条件，这又是日本经济发展所必要的。几十年后，双方仍会各有优势，仍应加强合作，取长补短。

第二，合作领域广阔，门路众多。中国矿产资源特别是石油、煤炭、有色金属和稀有金属，欢迎日本合作开发。中国还有6亿多千瓦的水力资源。另外，中国现有企业的技术改造也欢迎日本企业界和专家、学者、老工人参加。合作方式上，双边贸易应当继续发展，同时，合资经营、合作开发、合作生产更是大有发展余地，也欢迎日本独资企业来中国办厂。

第三，合作起步较好，有了基础。几年来，中日合作开发石油、煤炭以及建设港口、铁路，都有相当成绩，科技合作也有进展，积累了不少经验。在合作中，虽然也出现过这样或那样不完全顺心的事，但毕竟是局部的，并且在逐步改进。总的说来，体现了和平友好、平等互利的原则，这也就为中日长期合作的健康发展，开辟了道路。

加强经济合作，胡耀邦特别提及了在经济合作中应采取何种态度的问题。

胡耀邦认为，决不能仅凭一时一事来衡量利害得失，而需要一种高瞻远瞩、从全局和长远来观察和处理问题的眼光和魄力。

他引用唐代大政治家陆贽的话说，"吝少失多，廉贾不取。溺近迷远，中人所非。"这就是说，因小利而丧失大利，聪明的经营家是不干的；因图眼前利益而无长远利益，连普通人也晓得那是划不来的。所以，经济合作中，合作双方都要站得更高一点，眼光更远一点。

胡耀邦向日本朋友说，日本常用这样的谚语，"眼光放长"，"达人大观"，中日双方应当采取正确的经济合作态度，在经济、贸易、科学、技术等方面，逐步建立起长期稳定的合作体制。由此，其他方面的友好交流与合作，也一定能够更加顺畅地发展起来。

胡耀邦向日本朝野人士一再重申，中国对外开放的政策不是一时权宜之计，而是长期不变的重大决策。希望中日两国政府和有关各方共同研究和制订长期规划，以指导两国经济长期稳定地发展。

站在中日两大民族世代友好的角度，胡耀邦向日本经济界朋友倡议，在发展中日经济合作的事业上，创造出新的业绩。

胡耀邦的这一论述，在日本朝野影响很大。

胡耀邦经过与日本首相中曾根会谈，赞同中曾根的建议，在三项原则的基础之上，再增加"相互依赖"原则，这样就确定了今后中日关系的原则是：和平友好，平等互利，相互依赖，长期稳定。

胡耀邦认为，这四项原则更完整地概括了使21世纪成为中日友好的世纪的目标。

这四项原则经中国政府最后确认，成为我国与日本交往的基本原则。

自此以后，胡耀邦非常关注中日关系的发展，热忱接待来访的日本友人，阐述中国与日本友好交往的原则立场，为中日关系的进一步发展作出了贡献。

为了开创中日友好关系的新世纪，胡耀邦认为日本首相中曾根关于建立"中日友好21世纪委员会"的提议富有建设性，因而他代表中国政府表示赞同。

胡耀邦也提出建议："中日友好21世纪委员会"应当包括老、中、青的代表，并且特别强调要有青年代表参加，因为21世纪属于现在的青年。

经过胡耀邦的努力，1984年中日双方同意建立"中日友好21世纪委员会"时，青年代表也参加了。

1984年9月10日，中日友好21世纪委员会首次会议在北京召开。

胡耀邦在贺词中说，实现21世纪中日友好，关系到中日两国人民的长远利益，也关系到亚洲和世界的和平与稳定，因而需要两国政府与人民坚持不懈的共同努力。中日友好21世纪委员会的成立，必将有力地促进中日友好合作的进一步发展，在中日友好方面做出大量很有意义的工作。

1985年10月15日至17日，中日友好21世纪委员会第二次会议仍在中国举行。

10月18日，胡耀邦会见了中日友好21世纪委员会第二次会议的双方全体委员，并且就发展中日友好关系、开创中日友好的新世纪，发表了四点意见。

他首先指出，巩固和发展中日友好关系，是关系中日两国人民长期的根本利益的大事，是关系维护亚洲和世界和平与稳定的大事。中日两国都把中日友好奉为本国的一项基本国策，是完全正确的。任何轻视和低估中日长期友好事业的想法和做法都是缺乏远见的，也是错误的。

他说，我希望我们两国政府和人民都要继续努力，提高珍惜中日友好的自觉性。接着，他严肃指出，为了发展中日友好，中日两国政府和人民都要正确对待两国严重对抗的那段历史。

他告诉委员们，两国长达半个世纪的对立，完全是由日本极少数军国主义头子造成的，不应由日本人民和现在的广大朝野人士负责。但是，日本极少数军国主义头子一手制造的侵华战争和其他侵略战争，给中国和亚洲、太平洋地区各国带来了极大的灾难，最终也给日本人民造成了极大的灾难。现在，这些战争制造者本人有的早已去世，有的已经受到了国际公法的正当制裁，他们的子女和后代并没有受到连累。对此，我们两国人民和后代子孙都要作为严重的历史教训，引以为戒。

他强调说，当我们努力发展中日友好关系时，一方面，不要使历史上发生的对抗影响今天的合作；另一方面，也不应对制造中日对抗的罪魁祸首寄以同情，更不应纵容少数人进行妄图复活军国主义的活动。否则，将不可避免地使中日友好蒙上阴影，甚至带来严重后果。

在谈到第三点意见时，他说，实现中日长期友好的庄严任务，需要我们两国政府和人民做坚韧不拔的努力。他认为做到这一点，双方上上下下都应认真对待和严格遵守两国政府签署的中日联合声明和中日和平友好条约，都应遵守和坚持双方确认的和平友好、平等互利、相互依赖、长期稳定的四项原则。

他还指出，两国由于历史、现状、利益、观点都有所不同，在交往中应体察双方友好建议和合理要求，力求避免做任何伤害双方人民感情的事。

"只要我们双方都站得高，看得远，想得深，中日长期友好的前景就将是光明的。"胡耀邦展望未来这样说道。

最后，胡耀邦提及了第四点意见——中日友好的最高目标是实现世世代代的友好。

如何实现这一最高目标呢？胡耀邦认为，为了这个崇高的目标，中日双方首先应当努力发展有利于实现这一目标的积极因素，并妥善处理不利于实现这一目标的消极因素，争取实现21世纪中日继续友好。这样，就为世世代代友好奠定了牢固的基础。

他向在座的双方委员说，中日友好21世纪委员会肩负着十分重大的任务，各位委员在工作中难免要设法克服这样那样的矛盾。正因为这样，委员会的职责是两国人民所寄予厚望的，也是异常光荣的，委员会的业绩将记载在中日友好的历史篇章上。

1984年1月24日，胡耀邦在中法建交20周年之际，会见了法国记者。

胡耀邦说，中法建交20年来的历史证明，两国的友好合作给两国人民带来利益。他说，我相信，两国关系在第二个20年中将以更大的步伐向前迈进。

胡耀邦说，中法两国没有根本的利害冲突。两国在国际事务中有许多共同语言。我们两个民族是爱好世界和平的两大民族。法国在经济和科技上有许多特长和优势。有许多有利的客观条件可以使两国关系在各个方面稳定、巩固地向前发展。

中法两国去年在经济贸易上的合作比前年有较大的增长，两国的双边贸易额从前年的6亿美元增加到8亿美元。他说，按我们的希望，双方合作的规模还可以更大一些。合作的范围可以包括核电站、电讯工业、化学工业、石油开采、中小企业改造。在军工方面也可以开展合作。

胡耀邦说，我们经济部门的同志提出，法国经济、科技界的朋友能不能在价格问题上提高竞争能力。我希望在座的新闻界朋友转告法国经济界朋友，应该薄利多销嘛！

《世界报》的记者问，你是否认为法国幻影式战斗机太贵了？

胡耀邦说，前年，我到东北检查工作，发现中法在海豚式直升飞机方面的合作很有成效。我想如果条件比较优惠的话，我们两国在幻影式战斗机这个项目上也可以合作。当记者问及中国的非洲政策时，胡耀邦说，中国将继续发展同非洲国家的友好关系。我们希望非洲国家团结起来，发展自己的民族经济。

他说，中国很赞赏法国发展同第三世界国家关系的政策，希望法国在支持第三世界国家实现富强繁荣方面作出更多的贡献。

关于乍得问题，胡耀邦说，中国希望乍得国内各派在非统组织的协助下取得和解，希望法国同非统组织密切合作，促进他们的团结。

胡耀邦在谈到中东问题时说，我们希望黎巴嫩独立自主地解决自己的问题。外国军队在那里待得太久是不好的。

记者问，中国是否支持裁军的倡议，是否能在缓和美苏关系方面发挥作用？

胡耀邦说，我们诚心诚意地希望苏联和美国坐下来谈判，解决相互间的争端，把国际局势缓和下来。他说，这是全世界人民的强烈愿望和要求。他说，中国共产党、中国政府和人民赞成并支持世界上任何一个国家提出的有利于世界和平和局势稳定的倡议。

在回答关于中国对美国和苏联的态度问题时，胡耀邦说，我们对这两个国家的态度是根据实际情况做出自己的分析。我们愿意在和平共处五项原则基础上同一切国家发展友好关系。他说，我去年11月访问日本时由于美国做了几件不大得体的事情，曾讲了比较严肃的话。后来美国当局做了澄清，我们就使当时的气氛缓和了下来。他强调指出，我们中央的同志在对美国的政策上是完全一致的。

有记者问到中国同苏联有没有可能接近时,胡耀邦回答说,可能性当然存在,我们也有这个希望。我们是真心诚意地愿意同苏联实现国家关系正常化的。但遗憾的是,在这方面直到现在还没有取得实质性的进展。其原因可能是我们两国对问题的看法有很大的不同。他接着说,我从事政治活动已有半个多世纪了。从我的观察和亲自参加国际交往的经验来看,在国际交往中把自己看得绝顶聪明、无所不能,这种态度是非常不成功的。

在回答法国记者的提问时胡耀邦说,通过三年整党,中国共产党将变得更加坚强,更加朝气蓬勃,更有能力领导中国人民实现社会主义现代化。

胡耀邦说,我们整党的目的是发扬好的东西,克服现存的消极的东西。

胡耀邦说,由于林彪、江青两个反革命集团的破坏,党内确实存在许多消极的因素。他列举了以下几种表现:

——党内存在严重的经济犯罪分子;

——党内还存在一些严重的刑事犯罪分子;

——党内还有不少利用职权谋取私利的分子;

——党内仍然有一些"文化大革命"中跟着林彪、江青造反起家而现在表现还很不好的分子;

——党内有些人官僚主义十分严重,工作没有效率,不负责任。

胡耀邦说,如果这五方面的消极因素不克服,我们党还能前进吗?把这些消极因素揭露出来,该处分的就处分,该教育的就教育,某些实在不像话的要开除出党,同时在生活上要给他们出路。

有记者问,中国在整党中是不是要攻击知识分子?

胡耀邦说,我们并没有整知识分子。相反,我们正在继续落实对知识分子的政策。

一位记者问,中国最近惩处犯罪分子同加强法制是否有矛盾?胡耀邦说,我们在一个时期内对严重犯罪分子实行严厉的制裁,其目的是为了在将来减少以至最后消灭犯罪行为。这是一项长治久安的决策。他强调：对犯罪分子的判处都是经过法律程序的。

胡耀邦说，"在中国，犯罪率比许多国家低很多。我在日本访问时，日本朋友告诉我日本每年有150万人犯罪，犯罪率为1%，至于美国则更多了"。

他说，在我们党内，堕落分子和违法分子是极少数。这些人如果不处理，会败坏党的声誉、破坏党和人民的关系，会像细菌、像瘟疫、像癌细胞一样扩散，扩大腐蚀面。

这次访谈持续了90分钟，胡耀邦谈到了他对中法关系的前景、中国同第三世界的关系、中美关系、中苏关系等国际上一些重大问题的看法，还回答了记者提出的有关中国国内形势的问题。对中法两国关系持续健康发展起到了积极作用。

反对霸权主义，维护世界和平是我国对外政策的基本点。

胡耀邦出访过许多国家，每到一个国家他都向这个国家的政府和人民阐述中国政府反对霸权主义和永不称霸的外交政策，宣传中国和平共处五项原则。

胡耀邦认为，霸权主义是强权政治的产物，超级大国的扩张政策是错误的，国家不分大小，应当一律平等，大国、小国都重要。

1983年，胡耀邦访问日本，曾经谈道：

民族不论大小，国家不论强弱，都各有长处和短处。即使是很发达和强大的国家，也应当随时冷静地想一想自己力量的限度：什么事能够干，什么事不能干？何者顺应历史潮流，能够成功；何者违反人民意志，招致失败？一位盛赞日本战后建设成就的美国学者，在《日本名列第一》那本书中说到国与国之间可能发生悲剧中，引用了古希腊悲剧中那些叱咤风云、不可一世的英雄们，由于骄傲自大，获罪于复仇女神，自招沦亡的动人故事。故事说，伊卡洛斯得到翅膀，得意忘形，竟向太阳飞去，结果蜡制的翅膀融化了，终于葬身海底。

追求和平，反对战争是世界人民的共同愿望。霸权主义、军备竞赛是世界和平与安宁的不安全因素，突破一定的界限，战争将不可避免，人类又将面临灾难。

1986年6月，胡耀邦访问英国。在英国皇家国际事务研究所发表讲话时，他又说，穷兵黩武的战争政策，是同我们中国共产党的基本信念和原则背道而驰的。迷信武力，争夺霸权，以各种借口对外实行侵略扩张，甚至出兵占领别的国家，到头来必将碰得头破血流，以失败而告终。

因此，他表示，我们教育我们的后代子孙，即使中国富强了，也要实行和平政策，永远不称霸。

澳大利亚地处南半球，是南太平洋地区最大的国家，也是资本主义发达国家。

自1972年中澳建交以来，两国之间的友好合作关系发展很迅速，两国领导人实现了互访，并建立了友好而密切的接触和联系。

1985年4月中旬，胡耀邦应邀访问澳大利亚，向澳大利亚朝野双方表示了中国谋求与澳大利亚友好合作的积极愿望。

刚刚抵达澳大利亚首都堪培拉的佩恩机场，胡耀邦就在书面讲话中表示："我们抱着加深了解、增进友谊、扩大合作、维护和平的目的而来，希望通过这次访问，能够推动中澳之间业已存在的友好合作关系的进一步发展。这不仅符合两国人民的根本利益和共同愿望，也有利于亚太地区的和平、稳定与繁荣。"

4月17日，胡耀邦又向澳大利亚经济计划咨询委员会和工商界人士发表讲话，欢迎澳大利亚经济界人士加强与中国的经济合作。

胡耀邦适时地向澳大利亚经济界提出了几点友好建议：第一是多到中国

来看看,考察中国的市场,探索经济合作的更多可能性和途径;第二是可以先多搞一些中小型合作,以利于取得经验,逐步发展;第三是如果看准了,就下决断,不失时机地把合作的步子迈得更大一些。

"无论哪一条,我们都欢迎。"胡耀邦告诉澳大利亚的朋友,"中国人是不会亏待朋友的。一切同中国合作的外国朋友,在帮助中国发展的同时,也一定能够促进自己事业的兴旺发达。"

胡耀邦就扩大双边经济合作所做的阐述,受到了澳大利亚经济界人士的欢迎。

通过访问,中澳双方增进了了解,大大促进了两国友好关系的发展和经济合作的更大进展。

新西兰是南半球的一个资本主义发达国家,中新之间有着长期友好往来的历史。80年代以后,随着中新经济文化合作关系的发展,中国与新西兰的

胡耀邦赴澳大利亚访问

关系更加密切。

1985年4月19日，胡耀邦访问新西兰，在维多利亚大学发表演说，畅谈中新关系的新发展。

胡耀邦特别指出，今天的新西兰青年朋友，在增进新中友谊，以及发展同世界各国青年间的友好合作方面，一定能够做出更多的事情。

他对在座的新西兰青年朋友说，在这里会见贵国的青年朋友，我感到实在是一件快事。因为，青年是未来，他们有如初升的太阳，总是给人类社会的发展带来新的活力和新的希望。当今世界存在着紧张动荡和种种不如人意的现象，那么，为了把这个世界变得更加美好，当代各国青年，包括新西兰青年就肩负着十分重大的历史责任。

他进一步说，衷心希望新西兰青年面向未来，把自己的青春活力献给祖国的和平发展，献给世界和平和人类进步的崇高事业，发展同世界，包括中国在内的各国之间的友谊与合作。

胡耀邦从建立起长期稳定的友好合作关系着眼，向新西兰教育界和各友好青年团体表示，为加深我们两国人民和青年的相互了解，我代表中国人民和中国青年向你们发出邀请：今年冬季，你们休假期间，请派60位青年朋友和教师来我国进行为期10天的访问。尽管中国经济文化比较落后，但是你们亲自去认识一下中国的悠久历史、辽阔国土和广大从事和平建设的人民，总是值得的和有益的。相信你们一定能够亲自感到，中国人民和中国青年对于新西兰人民和青年，是充满友好感情的。

胡耀邦1985年4月以后还接连访问了西萨摩亚、斐济和巴布亚新几内亚等国，揭开了中国同南太平洋各国关系史上的重要一页，把我国同南太平洋各国的友好合作关系推进到了一个新水平。

胡耀邦于1986年6月应邀出访西欧四国，在中国与西欧关系史上，这是中共总书记第一次访问西欧，是我国进一步发展同西欧友好合作关系的又一重大外交行动。

胡耀邦认为，西欧与中国虽然地域相距遥远，但是，双方没有根本的利害冲突，而有重大的共同利益。双方都需要和平，谋求在和平中发展，都有在相互尊重、平等互利的基础上加强合作的强烈愿望。

胡耀邦指出，西欧正作为一支掌握自己命运并且热切希望和平的重要力量出现于世界，这将有利于世界的和平与稳定。

胡耀邦认为，中国与西欧加强合作与交往，其意义远远超出双方关系的范畴，对维护世界和平与安全将产生重大影响。

胡耀邦相信，西欧与中国正如一句英国谚语所说，路途虽然遥远，越走会越近。双方不仅在20世纪，而且在21世纪，都会友好相处，密切合作。

胡耀邦访问西欧四国时，向西欧各国表示，"增进了解，加强友谊，扩大合作，维护和平"，是中国与西欧各国发展友好合作的唯一宗旨。

胡耀邦庄严宣布，中国谋求同欧洲发展长期经济合作。

在访问西欧四国期间，胡耀邦在各种场合，从各个角度阐明了中国的基本国策：用改革和开放的政策来促进中国经济的持续稳定发展，用独立自主的和平外交政策来保证建设能

胡耀邦在英国访问时，受到首相撒切尔夫人的热烈欢迎

够专心致志进行而不致中断。为此,他向西欧各国表示中国与西欧长期稳定的经济合作,符合双方的根本利益。

胡耀邦的来访和讲演,使西欧各界人士得到了新的启迪,中国改革和开放的新进程将坚定不移地继续下去,欧洲需要努力使自己同中国的经济技术合作有质的提高。

6月12日,胡耀邦在著名的英国皇家国际事务研究所发表了题为《认识中国未来动向的钥匙》的讲话。

在这所国际上享有盛誉和权威的国际问题研究机构里,胡耀邦告诉西欧各国的朋友们,本世纪以至下个世纪,中国的基本国策可以用两句话来概括:一是用改革和开放的政策来促进中国经济的持续稳定发展;二是用独立自主的和平外交政策来促进建设能够专心致志进行而不致中断。这是中国未来的发展动向。

"抓住了这条线索,就掌握了认识中国未来动向的钥匙。"胡耀邦一言

胡耀邦在英国访问时同莎士比亚故乡的群众在一起

以蔽之。

他接着说:"现在请允许我用这把钥匙打开认识中国的大门。"

演讲中,胡耀邦向西欧各国详细阐述了关于中国的改革和开放,关于中国的对外政策,关于国防与建设的关系,关于中国的基本国策四个方面的问题。他强调指出,中国的国策不会由于领导人的更替而改变,中国将会沿着今天的正确方向顺利地迈向21世纪。

他的精辟阐述,语惊四座,在西欧引起强烈反响。

主持演讲会的英国前首相卡拉汉说:"胡耀邦所表现的中国共产党领导人讨论问题时的坦率风格,给我们留下了很深的印象。"他还认为,胡耀邦总书记向我们阐述了中国现行政策即使在将来也不会改变的依据,这是我们迄今为止得到的最好保证。

朋友之间交往,贵在以诚相见。胡耀邦,这位东方使者,向西欧各界朋友赠送了一把了解中国未来动向的钥匙,以期达到谋求与西欧"增进了解,加强友谊,扩大合作,维护和平"的目的。

独特的外交风格

在国际交往中,胡耀邦以自己的人格魅力和幽默风趣的谈吐,获得国际友人的高度赞扬。

1983年11月26日下午3时许,正在日本访问的胡耀邦,准备接受日本广播协会的电视采访,这次采访是向全日本实况转播。随同胡耀邦出国访问的《中国青年报》记者张飙、中央人民广播电台记者刘振敏、中国国际广播电台记者吴绪彬也随团采访。

在日本的7天里,记者经常听到日本官员和普通人称赞胡耀邦的坦诚。他的襟怀坦白、坦诚相见,给人留下铭心刻骨的记忆,无论是多尖锐的问题，他都是有问必答，答必所问，从不拐弯抹角，罔顾左右而言他。

这天上午，胡耀邦在东京的NHK大厅对日本青年发表演说，日本青年长时间热烈鼓掌。之后，一位日本青年站起来一连串提了好几个问题。

胡耀邦问他："我可不可以一个问题一个问题地回答？"

"可以。"

胡耀邦说："那你也坐下。"

一下子，全场活跃起来，又是一阵热烈的掌声和笑声。

日本记者提及关于共青团的问题，胡耀邦说："我们国家的共青团，"他指了指随行访问的王兆国，"王兆国领导的共青团，有4800万团员，还有全国青年联合会。不过，青年现在的详细状况，我说不清楚，王兆国知道，你们以后找他！"全场爆发一阵笑声。

胡耀邦的幽默往往能把握好分寸。对于"是国家主席领导着你，还是你领导着国家主席"的问题，他只用几句话就解释得很清楚："我不能干涉国家主席和政府总理的工作。但是我们国家的大事是要在政治局讨论的。我是政治局的主持人、召集人，我召集大家开会讨论国家、政府、党的事情，形成决议，按各自的职责去执行……"

对日本记者提出的"中国何时才能改为直接选举国家领导人"的问题，胡耀邦的回答是："中国有10亿人口，人太多，间接选举是符合中国国情的。至于将来是不是改为直接选举，我无权回答。我只是中国的一个公民。改不改，是人民代表大会决定，由人民决定。"

又是一片掌声和笑声。张飚问身旁的日本记者为何鼓掌，他说："一个国家的领袖能时时记住自己是一个公民，是不容易的！"

29日下午1时15分，胡耀邦走出神户人工岛饭店的宴会厅时，有15位日本青年男女站在门口唱着歌：

你走过的路，漫长遥远，
你为什么能坚忍不拔，勇往直前？
你走的道路，充满希望，
曙光初照时，青年朋友又开始迈步向前……

这是日本的《青年之歌》，胡耀邦在给日本青年演讲时引用过的。他站在门口凝神地听了一会儿，就到28层的休息室去了。按日程，他应该有半小时的午休。记者们便都坐在大厅的沙发上小憩。

突然，外交部新闻司的郑祥林跑进来问："新华社的摄影记者在哪儿？"

见在座者都说不知道，他又跑着走了，只说了句："是28层。"

原来，胡耀邦放弃午休时间，主动要求要见唱歌的那15位日本青年——兵库县洋上大学的学生们。

"你们有什么问题都可以问我，我告诉你们。"中国随团记者赶到28层休息室时，谈话已经开始，胡耀邦正笑容满面地询问这些青年。

十几个日本青年问了中国的计划生育、少数民族等问题，胡耀邦不但详细地回答了他们的问题，而且亲切地询问了他们的平均工资、文化程度，甚至连平时爱唱什么歌都问到了。

半个小时很快过去了，胡耀邦又主动和他们合影，并再三叮嘱记者，照片洗好，每位日本青年一定要送一张。他还对日本青年说："如果没有收到照片，可以写信跟我要！"

一个叫福岛始的青年，沉浸在激动中，感慨地对中国记者说："没有想到，真没有想到！我们原来最多是希望胡总书记能听见我们的歌声。事先没有安排，我们不敢想象总书记会接见我们。没想到贵国领导这么好，打破了外交惯例，和我们谈话，又如此和蔼可亲……"

访日的最后一天，在告别的宴会上，日本官员先祝词，讲了一通友好和祝愿。当胡耀邦讲话时，他忽发奇语："……到现在为止，我们在日本已经度过了165个小时了。1加6加5等于12。你们是12分周到的款待，我们是12分的感谢，我们这次建立起来的友谊是12万分的宝贵！"

幽默睿智，语惊四座。

乘汽车奔向机场的路上，同行的日本记者忽然站起来说："我们就要分别了。我这个人不会唱歌，但受贵国总书记开朗的感染，我要为中国同行唱一支歌……"

他唱的是《红河谷》。

歌词的大意是：人们说你就要奔向远方，我们将怀念你的微笑。你的眼睛像太阳般明亮，照耀在我们的心上……

在对外交往中，胡耀邦十分注意运用各种巧妙语言，在轻松愉快的气氛中，沟通彼此间的感情，从而增进相互间的了解，加深彼此间的友谊。

这一点在他出访西欧四国时特别明显。1986年6月，胡耀邦出访西欧英国、西德、法国和意大利。这是中共中央总书记第一次踏上西欧这块土地，西欧各国朋友分外关注这位来自东方的使者。

6月12日，胡耀邦在英国皇家国际事务所发表演说并回答听众提问，他在整个过程中，讲得入情入理，生动风趣，赢得阵阵掌声，很多听众说，这篇演讲精彩极了。

在谈及我国实行改革的步伐时，他做了个十分形象的比喻：好像开汽车一样，前几年我们的速度是每小时80英里，现在放慢到60英里，明后年有可能加快到80英里。因此，我们的改革并没有停止，更没有后退，再有5年，改革就会看出明显的效果来。

当胡耀邦在西德谈及中国谋求同欧洲发展长期经济合作时，他又巧妙地套用德国的一句俗语——友谊在金钱问题上会中止，并说，中国与西德的经济合作当然也涉及金钱，但是中国人民和西德人民都十分重视友谊，而长期的经济合作必然是互利的，友谊推动合作，互利合作发展又必然促进共同繁荣，从而加深友谊。

来到法国，胡耀邦一踏上法兰西的土地，就在机场的即席讲话中，引用了法国伟大的启蒙思想家伏尔泰的名言："人类最宝贵的财富是希望。如果只着眼当前，我们就不会去播种。"他接着说，"让我们为中法两国友好关系的长远发展，为世界和平共同努力播种吧！"

借用这些连珠妙语，胡耀邦迅速缩短了与访问国家人民之间的距离，受到了热烈的欢迎，从而增进了两国之间的友谊，使访问获得圆满成功。

对国际友人坦诚相待

胡耀邦曾说，中国对外友好交往的立场和态度应该是：真心实意，以诚相待，光明磊落，恪守信义。

无论是在国内，还是出访，胡耀邦都利用每一次机会，向外国朋友宣传中国对外交往的立场和态度，力求赢得他们的信任，发展中国与其他国家间的友谊与合作关系。

作为中共中央总书记，胡耀邦的工作十分繁忙，但是在对外交往方面，他往往事无巨细，从点滴小事入手，增强与国外朋友之间的信任与理解，进而有利于发展友谊与合作，促进我国社会主义现代化建设事业的进行。

1984年隆冬，对外友协会长王炳南专程来到北京饭店，看望正在中国访问的英籍女作家韩素音，并将胡耀邦总书记的一封复函当面交给了这位女作家。

王炳南是一位资深外交家，担负过许多重要使命，今天怎么当起信使来了？

原来，韩素音这次来华前，针对中国在进口外文图书方面存在的问题给胡耀邦写了一封信，希望有关部门能改进这方面的工作。

胡耀邦从贵州考察回到北京，忙里偷闲，认真细读这封信后，不到一周，他就给韩素音写了一封回信。

胡耀邦在信中写道："50年代我就知道你的大名，我几乎年年都知道你从事紧张的创作，特别是从事宣传新中国和增进各国人民友好的活动。你的巨大热情、勤奋和良知，理所当然地受到了你的广大中国朋友由衷的敬佩。"胡耀邦在信中还谈到他读过韩素音写的自传性小说《花开花落》。

在信中，他就韩素音提出的问题谈了自己的看法，并且坦率地谈了中国在出版方面的一些问题："这就是我们现实生活中遇到的千千万万个问题的一个例子，而且还不是特别重要的一个例子。从这个例子中你还可以想到我们前进中还有多少不如意和需要解决啊！"

胡耀邦感谢韩素音对中国的支持与帮助。

关于韩素音在信中表示计划要为中国科学家和艺术家建立一笔基金，胡耀邦说："你的心太好了，但我不知道你现在的经济力量有多大。因此，我希望不要过于勉强，不必太匆忙，太焦急。"

胡耀邦还特别提出："希望你今后撰写中国问题时，更好注意到描绘中国有待努力克服和应该奋勇进取的一面。"

收到这封由王炳南亲自转交的回信，韩素音十分感动，她没想到来北京第二天便收到了这样一份"礼物"。

看完胡耀邦的回信，韩素音在为她举行的欢迎宴会上，向中国领导人那样称赞和重视她的工作表示感谢，她认为，胡耀邦信中的坦率以及字里行间包含的信任，是她莫大的荣誉。

她说，我丈夫说我"被中国迷住了"。我希望中国繁荣富强，要为使外国人更多地了解中国而努力工作。

胡耀邦恪守信义，身体力行。

1985年他出访南太平洋五国，每到一个国家都向访问国的朝野各界宣传我国对外交往的立场与态度，而且字里行间，真正做到了真心实意，以诚相待。

澳大利亚是南半球发达的资本主义国家。他向澳大利亚朝野各界表示：中国政府和人民在一切交往中是讲原则、重信义的。我们不因一时得失或某些意见分歧而决定亲疏或取舍，不因结交新朋友而疏远或抛弃老朋友。我们永远不谋求霸权，也不把自己的意志强加于人。我们的对外政策是光明磊落、说到做到的，不仅我们这样做，我们还告诫子孙，要把它一代一代传下去。

他还向澳大利亚经济界人士深入分析中澳合作的潜力与问题，并提出有益的建议。

当他访问西萨摩亚、斐济等南太平洋岛国时，有记者问他为什么要到这些小而又不重要的国家和地区访问时，他又坦诚谈道："中国从来不认为只有大国重要，小国就不重要。我们认为国家不分大不，应当一律平等，大国、小国都重要。"

同时，他向这几个岛国的朋友们宣传中国同南太平洋各国发展关系的"三个尊重"原则并表示，中国一贯愿意同小国交朋友，许多小国愿意同中国这个大但还穷的国家交朋友，是我们的光荣。

胡耀邦真挚亲切的话语，增强了我国同这些国家领导人和人民之间的相互信任。

在国内，每次接待来访的外国客人，无论是外国政府首脑，还是记者、学者等普通朋友，胡耀邦总是一面宣传我国的外交立场与态度，一面身体力行，与外国客人建立起相互间的理解与信任。

1986年，胡耀邦会见美国《华盛顿邮报》记者团。美国记者们就中国的情况和政策提出了很多问题，其中不少是敏感的，也是西方国家普遍关心的问题，希望从胡耀邦总书记那里得到权威的解答。

胡耀邦丝毫不避讳，坦率而权威地回答了所有问题，而且谈得生动活泼，独具风格，有的回答更是坦率开朗，寓意深远。这令美国记者十分钦佩和满意。

胡耀邦真心实意，以诚相待，光明磊落，恪守信义的态度，也受到了国外友人的信赖，从而加深了外国友人与中国的友谊。

美国医生鲍蒂斯塔先生和夫人来中国访问前，得知胡耀邦的住所十分简单，同院住的都是中下级官员，大门也很旧，没有油饰，于是他们就赶买了朱红油漆，带到北京，送给胡耀邦。这件小事从一个侧面反映出，胡耀邦在对外交往中的工作方法卓有成效。

对外交往，说到底是一个人与人的交往问题。

胡耀邦认为，外国朋友来中国都有一个共同目的，那就是增进了解，加强友谊。彼此了解是建立和发展友谊的基础。要让外国朋友了解中国，就必须让人家看到和听到中国的真实情况。

在中南海的一次外事活动中，胡耀邦真诚地对来访的朝鲜同志说："如实介绍情况是我们接待国际友人的一项基本原则。"他要在场的新华社记者注意宣传这一点。

胡耀邦说，不然的话，人家要上当，我们就是没有尽到主人的责任。

他坦率直言，不但要让外国同志和朋友既看到我们好的、进步的地方，也要让他们看到落后的地方，既要向人家讲我们工作中的优点，也要讲缺点；既要向人家介绍我们正确的东西和成功的经验，也要介绍错误的东西和失败的教训。

他指出，外事工作同其他各项工作一样，我们都要抱着老老实实的态度，要如实地反映情况，有忧报忧，有喜报喜；对历史，要如实地写出，光明就是光明，黑暗就是黑暗；对人物，要如实评价，功就是功，过就是过；对工作，要如实总结，成绩就是成绩，错误就是错误，几分成绩就是几分成绩，几分错误就是几分错误。

他还说，外国朋友来中国访问一般时间较短，不可能进行很多的参观活动。安排他们访问一些比较先进的工厂企业和比较富裕的农村乡镇，这也是可以理解的。但是，在工厂不光要让外国同志和朋友参观宽敞的厂房和先进的设备。在农村，也不要光让人家看试验田上的庄稼，更不必只安排访问新住宅，可以让他们随便串串门，看一看多数老百姓的住房条件和生活水平。我们这样做，不仅不会给我们社会主义祖国抹黑，反而可以使外宾真正感到，中国人民对他们是赤诚相见的，友谊是真诚的，中国是信得过的。

胡耀邦认为，在外事工作中，要根据不同的对象，安排合适的参观项目。既要给外国同志和朋友看好的，也要给他们看不好的。我们要理直气壮地讲成绩，满怀信心地讲未来，但是，也不要回避当前的困难、缺点和矛盾。

对于国内为世人关注的敏感问题，胡耀邦也能坦诚地告诉前来访问的外国记者。

1986年9月，金秋的北京，天高云淡，金风送爽。

中共中央总书记胡耀邦在他的会客厅里同《华盛顿邮报》公司的董事长、美国新闻界负有盛名的凯瑟琳·格雷厄姆女士一行晤谈了两小时。

23日下午4点，即距中共十二届六中全会仅5天，当美国客人们被引进会客厅时，都带着兴奋的表情。格雷厄姆女士虽然在1977年来华访问过一次，但事隔9年，今日之中国可以说今非昔比。正像格雷厄姆所说，她刚到北京的第一天就已经感受到改革给中国带来的新面貌。怀着求知的愿望，她所率领的《华盛顿邮报》和《新闻周报》记者团就中国的情况和政策提出了许多问题，希望从胡耀邦总书记那里得到权威的解答。这些问题，不少是敏感的也正是西方国家普遍关心的问题。胡耀邦不仅坦率地回答了所有的问题,而且谈得生动活泼,独具风格,也包括他的一些独特见解。

西方最感兴趣的是中国领导人接班问题。格雷厄姆一行直截了当地问:虽然邓小平主任希望自己能早日告退公职,但党和人民却希望他继续留任,这是不是意味着接班的问题还没有解决?

胡耀邦回答说:邓小平同志是当今中国人民最爱戴的一位党和国家领导人。为什么他会受到中国人民如此强烈的爱戴呢?我看有两个原因:一是因为中国人民从几十年实际生活中了解到他对中国人民事业的忠诚和智慧是超群的;二是因为人民从"四人帮"倒台到今天这10年的经历中,亲身体会到小平同志提出的治理国家的主张和政策是最为正确的。他是起核心作用的人物。在某种意义上,第二条比第一条更重要。因为这两条,所以中国人民希望他仍然留在党和国家的领导岗位上。从这一点出发,说我们党和国家领导人的接班问题还没有完全解决,有一定的道理。但是,我不完全赞成阁下的意见,即我们中国领导人的接班问题没有解决。其实,关于我们党和国家领导人接班问题,几年前就已经做出了明确规定,也就是说,在方向和方针问题上已经得到了解决。首先,我们已经明确规定废除领导职务的终身制,任何人都不能享有终身担任领导职务的权利。第二,我们还明确规定了党和国家实行集体领导的制度,以避免过分突出一个人的权力。第三,不久前我们党商定将在一年之内制订出政治体制改革方案。有了这三条,我相信,在明年我们党的第十三次全国代表大会上,党和国领导人接班的问题能够得到更加完善的解决。

来访的美国客人紧接着问:你作为中国今后的最高领导,可以提供什么样的领导素质呢?

胡耀邦谦虚而又科学地回答了这个涉及他本人的问题。他说:我们的国家现在实行的是名副其实的集体领导制度。我是这个集体领导中的一员,我自己认为尽了我的一份力量。但我的经验和智慧有限，不可能像邓小平同志那样有什么独特的贡献。在我看来，现今中国领导人的素质，最主要的有两条：一是要善于把马克思主义的普遍真理应用到中国的具体实践上来。这样中国人民的伟大事业才有真正的希望。二是要求其他共产党人和人民群众办到的事情，首先应要求自己能率先办到。

中国的改革是举世瞩目的大事。国外的人一方面看到改革的成就，也关心带来的问题。这也是格雷厄姆一行想着重了解的问题。她说，中国取得了给人印象深刻的发展和进步，但不知改革遇到些什么阻力？

胡耀邦说，总的说，中国的改革发展很顺利，犹如长江、黄河，奔腾向前，不可阻挡。但任何一个推动历史前进的历史潮流总不会一帆风顺，一点阻力没有。阻力一个来自领导层缺乏经验，在有些问题上，有点犹豫不决，或者想得不那么周密；第二是来自少数人陈旧的小生产眼光和习惯势力。改革好比是一场按新规则进行的球赛，但是裁判却是个老裁判。消除这种阻力，一条是说服教育，一条是实践，实践出真知嘛。

客人们问，怎么消除目前存在的干部和高干子女滥用职权、违法乱纪等问题呢？

胡耀邦说，我们确实还没有消除滥用职权的现象。滥用职权是与社会主义民主和法制完全不相容的。我们正在采取一系列严肃的办法来消除这种现象。办法有两条：一条是加强法制，完善法制；另一条是健全制度。情况会一年比一年好，当然还要经过相当长期的斗争。

他说，违法乱纪只是极少数，其中包括有些高干子弟。现在中国20岁至40岁的人大概有3亿，中国的高干子弟估计大概有10万人，只占万分之三左右。而大多数高干子弟是好的，其中坏的只占百分之一或二，也就是一千或两千人，成不了气候。我们现在强调在法律面前人人平等。不管谁，违犯法律都要依法治罪，高干子弟也不例外。

当美国客人向胡耀邦提出西单"民主墙"的问题时,胡耀邦果断而明确地告诉他们:"四人帮"倒台后出现在西单的"民主墙",是继承"文化大革命"错误做法的一个产物。虽然参加者大多数是天真无邪的青年,但就其总的倾向来说,是危害了当时中国社会安定团结的一个消极因素。1979年在广大人民的要求下,我们取缔了它,我看做得很好。

客人们问明年中国在改革方面将采取哪些重大步骤。胡耀邦说,最主要的还是要认真地扩大企业的自主权,把它摆在中心的位置上。

他说,我们把中国的社会主义建设概括为两大目标:一个是建设发达的物质文明,一个是建设高尚的精神文明。我们将朝着这两大目标前进,奋斗不息。

格雷厄姆利用这个机会当面向胡耀邦表达了外国企业对中国投资环境的抱怨。胡耀邦明确表示中国已就鼓励外资、改善投资环境做出了一系列新的决定。他说,对于外国企业家的一些合理的意见,虽然我们知道得迟了一点,但毕竟是知道了。

话题转到台湾问题和中美关系问题。美国记者问道:现在台湾只有少数人对统一感兴趣,那怎么能希望实现中国的统一呢?

胡耀邦说,你说的是实际情况,但是我还想补充两条,也是实际情况。第一条,由于台湾当局的封锁,台湾多数人并不是了解大陆的真实情况;第二条,台湾赞成统一的人一年比一年多。因此,我对中国的统一充满了信心。

记者们问:鉴于台湾方面对大陆就统一问题提出的不少建议均表示不同意,大陆方面是否准备做更多的让步?大陆方面是否有个时间表?

胡耀邦说,我看台湾的态度多少有点变化,不是完全没有变化。统一之后,台湾比香港有更大的自主权,可以保留军队。还要比这更宽,不可能了,难以同意。时间表定不出来,但是统一必须实现。必须实现统一就是时间表。

格雷厄姆又说，在中国统一问题上，你认为美国能给予什么帮助？

胡耀邦说，中国人民要实现祖国的统一，我看这也是不可抗拒的历史潮流。贵国政府和贵国人士如果在中国统一问题上有所作为，我看将在中美友好历史上写下新的一页。至于贵国政府和贵国人士能够做什么事情，我看可以做的事情很多。自然，我们并不希望看到贵国政府和贵国人士用压制手段强迫别人，包括台湾人，干这样，不干那样。我们不希望看到这样的情况。在对外交往中，不能简单地要么就提供援助，要么就施加压力。在我看来，可以找到更多行之有效的其他活动方式。

十六 公仆本色

与民同乐

胡耀邦心系人民，关心人民疾苦，经常深入基层，哪里最艰苦，他那不知疲惫的身影就出现在哪里；哪里最贫困，他那出谋划策和与百姓倾心交谈的音容笑貌就深印在人们的心中。他在任党中央主席和总书记的7年中，就有6个春节未与在北京的家人团聚，而是深入人民群众之中，与他们一起过年。他与民同乐的赤子情怀，感人肺腑，传为美谈。

胡耀邦家里有10多口人，夫人李昭原是北京纺织局的党委书记、全国政协委员；3个儿子分别叫胡德平、刘湖、胡德华，女儿随母姓叫李恒，还有几个孙子和外孙，谁不想在节日里合家团圆，享受天伦之乐？然而，胡耀邦自1983年以来，一连4个春节没有与家人团聚，而是来到人民中间，与大家共度春节。

1983年，新春佳节前夕，胡耀邦到素有"天涯海角"之称的海南岛最南端的崖县（今三亚市），同守卫在祖国南大门的人民解放军指战员和当地人民群众一起欢度传统佳节。

2月11日是农历腊月二十九，驻崖县部队的军营里，指战员们奔走相告:"胡耀邦总书记要来部队慰问和过年啦!""军嫂"、"军妹"们更是欢呼雀跃:"我们可以见到中央首长了!"

胡耀邦来到部队幼儿园,他亲切地接连抱起10多个孩子,亲了又亲,那感人的场面让人想起爷孙骨肉深情。

胡耀邦和早已等候在这里的"军嫂"、"军妹"们一一握手、问候,笑容可掬地问:"都是北方人吧?"大家齐声回答:"你猜得真对!"胡耀邦接着说:"从北方到南方,来到天涯海角,肯定很辛苦,你们的丈夫为祖国的安宁到这里守卫海防,有你们的功劳啊!在丈夫的功劳簿上凝结着你们的心血和汗水。明天就是除夕了,先给你们道声辛苦,拜个早年!"说罢,双手合十,向大家鞠躬拜年。

大家激动不已,深有感触地说:"早就听说总书记这么大的官没有架子,到全国走了一千多个县了,人们形容是'民间书记',今天我们看到总书记,真是名不虚传。我们感受总书记的真情实意知足了,就凭这嫁给军人值得!我们记住了总书记的话,做到教育孩子、照顾老人、干好工作三不误。"

除夕上午,胡耀邦和指战员代表举行座谈。座谈会上,在家的部分师团首长发了言,关于军队建设、军民关系,关于部队士气、精神状态等诸多话题,总书记都听得聚精会神。当师长汇报部队当前困难和具体要求时,照通常做法,自然带有"自己的梦自己圆"、"报喜不报忧"、"不给上级添麻烦"等诸多考虑。说的话自然也有点"违心"的味道:"部队当前没什么困难,也没什么更多要求,有些干部和家属生活有些困难,都能自己克服,部队各项工作没受一点影响。"

说到这里,一位陪同胡耀邦的中央首长插话说:"没有一点困难,没有一点要求,真的是全体指战员的想法?还是你师长硬撑着肚子说大话,你算过没有,连排干部一个月工资买两条烟,还能剩多少?"

听到这里，胡耀邦由衷地笑道："毛主席强调的实事求是，我们党坚持多年了，我们党开展的真理标准问题大讨论，也有四五年了，实践是检验真理的唯一标准，实事求是的作风在什么情况下都不能丢。部队建设的实践和干部战士生活的实际目前是有困难，中央也掌握了情况，我们就是要通过座谈研究解决办法，减轻或解除干部战士的后顾之忧，全面加强部队建设。"

下午胡耀邦改变了了解情况的方法，将座谈会变成了典型的"走谈会"。工作人员根据总书记意图，不要师团首长陪同，只安排几个基层的干部战士伴随。

胡耀邦来到几个连队，一路都是欢声笑语。一个多小时的走访，大家感受最多的是总书记浑身洋溢着亲情、友情，每到一处总是先给大家拜年，请大家向家中父母亲友转达他真诚的问候。

接见合影时，胡耀邦兴致勃勃地说："职务不分高低，地域不分南北，在军营照个合家欢吧。"

尽管胡耀邦那次走后已经20余年了，但"总书记和官兵合家欢"这张照片仍珍藏在干部战士传家的相册里，也深深铭刻在人们的心间。

1984年春节前几天，胡耀邦提出到广西自治区农村看看，了解边远山区的农民是如何准备过年的。自治区领导原来安排他去武鸣县，胡耀邦风趣地说："看来武鸣县你们早有所准备，我要来个'突然袭击'，到邕宁县去。"

来到邕宁县，他提出要到附近一个偏僻的小村走走，并说不要选最好的看。县里的同志就安排他到龙岗村，胡耀邦一行随意走进农民杨振怀家。在问了杨家的生活情况后，还亲自看看米缸的粮食满不满，用手摸摸床上的棉被厚不厚，打开立柜，数了数有多少件新衣服，然后来到猪圈，数了数猪栏里有多少头大肥猪。看后他说："你是个干部家庭，还不能代表一般农民家庭生活水平。"

他从龙岗村出来后,又驱车来到良庆公社玉洞大队新村坡,信步走进老农民王正萱家,详细地了解了他家的生活情况。察看了他的住房、床铺、衣服、米缸、牛栏、鸡舍,并在王正萱家吃了过年粽子。他还了解这一带饮水困难,荒山少林……

5年后的1989年,胡耀邦在南宁休养时,还没有忘记这两户农民,让县委书记陪同杨振怀、王正萱来西园饭店拉家常。当他们来到胡耀邦的住房时,胡耀邦请两位老人坐到自己身边,关心地问杨振怀:"你们村的饮水问题解决了没有?"杨振怀答:"县里拿了一点钱,农民拿一点钱,现在水井已经打好了,人畜饮水基本够用。"胡耀邦说:"这样就好,县里多办点实事,为群众解决些实际问题,群众就会拥护我们。"接着胡耀邦又问粮食生产情况、造林如何等等。会见结束时准备照个相,县委黎书记说,耀邦同志身体不太好,我们就照一张集体相算了。胡耀邦说:"民主一些嘛,征求大家意见,看看怎么照好。"杨振怀等说,除了合影外,还想和耀邦同志单独留影。胡耀邦愉快地答应了,与他们每个人都单独合影留念。

1984年除夕前夕,胡耀邦风尘仆仆,专程赶到广西边防视察和慰问部队,向驻守在法卡山阵地的指战员拜年。

农历腊月二十九日下午,几辆北京吉普停在法卡山部队驻地大门口,陪同胡耀邦的余秋里、张廷发、郝建秀、王兆国等一道从车上走下来。胡耀邦穿着一身灰色制服,带头拾级而上,视察法卡山阵地。接连几天的蒙蒙细雨刚停,山陡路滑。战士们抱出一捆自制的竹杖,但胡耀邦摆手谢绝了。他一边走一边询问法卡山地区的战备情况,在一个掩蔽部里,胡耀邦和一个手持冲锋枪正在值勤的战士合影留念。在会议室里,他笑容满面地问大家:"明天就是除夕了,你们打算怎样过年?"

"除了完成战备值勤任务外,还要安排晚会和游戏,让大家热热闹闹地过年。"教导员冯炳浩回答说。

当听到连队打算安排三次会餐时,胡耀邦特意问:"元宵节会不会餐?包饺子南方的同志吃得惯吗?"他还关切地问了连队的文娱生活情况:在边防前线能不能看到北京当天播出的电视,一个月能看上几场电影?

胡耀邦称赞指导员们提出的口号:"只要法卡战士在,敌人休想度关山",鼓励战士们多立功受奖,守卫好祖国的南疆。

除夕中午,胡耀邦与驻守法卡山的指战员一同吃年饭,欢声笑语,不绝于耳。酒量不大的胡耀邦,举起酒杯:"祝贺指战员新春快乐,为祖国为人民多立新功",说罢一饮而尽。席间,他发现师政委文子忠是湖南株洲县人,便乘着酒兴幽默诙谐地说:"啊,我们是湖南老乡,浏阳与株洲毗邻,老乡见老乡,满脸喜洋洋,来,同老乡再单独干一杯。"

文子忠霍地站起来,迅速举起酒杯,以军人的姿态向总书记敬酒:"向总书记拜年,祝耀邦健康长寿!"

离开法卡山后,胡耀邦一行来到南宁。除夕之夜,他又驱车东行30多公里到邕宁县农村,一连跑了两个村子,到好几户农民家里,向守岁的农民拜年。当他来到第二个村子的一家农民的大院时,已是深夜10点钟了。主人听说是党中央总书记来拜年,激动得不知说什么好,立即要自己的闺女、媳妇端来过年的粽子、果品,让总书记品尝。

春风秋雨又一年。1985年2月19日,正是农历除夕,这天中午,胡耀邦一行翻山越岭,来到一座偏僻的山村——云南滇西高原福台山腰密林深处的普家村。

这个一向与外界很少来往的僻静的彝家村寨,顿时沸腾起来。村头的打谷场上,噼噼啪啪的爆竹声响个不停;打扮得花枝招展的彝族姑娘和衣着整洁的彝族小伙子,手拉手、肩并肩地跳起优美的弓步舞,唱起欢快的彝家歌曲。

人们载歌载舞,尽情狂欢。他们怎么也没有想到此时此刻,总书记胡耀邦会出现在这座偏僻的山村,来到他们当中,向他们拜年、祝酒,同他们欢度除夕。

胡耀邦率领由中央机关27个部门的各级干部30人组成的考察访问团,于1986年2月4日离开北京,前往贵州、云南、广西的贫困地区考察,沿途听取了当地负责人的工作汇报。

2月6日,正是农历腊月三十除夕,贵州省布依族山寨乌拉村充满着欢乐的节日气氛,家家户户都贴上了春联,喜气洋洋地欢庆新春佳节。中午,布依族农民、省劳动模范黄维刚家里飞出了一片笑声。原来,总书记胡耀邦应邀在他家做客,胡耀邦按照布依族的风俗,同黄维刚全家8口人有说有笑地吃团圆年饭,亲如家人,共叙致富之道。

7日,大年初一下午,胡耀邦在云南罗平县视察时,参加了当地400多名苗族、布依族、彝族、汉族群众举行的春节联欢会。他高兴地同各族群众手拉手围成圆圈,在平铺着青翠松针的广场上,跳起了欢乐的《民族大团结》舞。随后,由云南的罗平县到达群山环抱的贵州省黔西南布依族苗族自治州首府兴义,同各族人民一起欢度春节。7日晚上,他在同自治州的干部和各族各界群众见面时,代表党中央向黔西南人民表示亲切问候。8日上午,他来到黔西南民族师范专科学校向师生们拜年,并同他们进行了座谈。接着,他兴致勃勃地到布依族山寨乌拉村看望了几户农民家庭,和农民共叙家常,共谋致富良策。

这是自1983年以来,胡耀邦第四次离开北京,到群众中间与群众一起欢度春节。

甘当公仆

胡耀邦出身于一个贫苦农民家庭,他深知农民疾苦,因而从投身革命第一天起，他就把关心人民群众疾苦，全心全意为人民服务，作为自己追求的人生价值。

1981年，记者耳宝君写了一组内参稿件，反映居民区建设中的问题。胡耀邦对这件事十分重视，他指示要在书记处会议上讨论解决。

出席这次会议的有书记处8位书记，列席的有中央办公厅和北京市委的负责同志。胡耀邦说："我看，中央部门的房子太多了，占那么多房子干什么呀？要多给人民群众一点嘛！"

"当官不为民做主，不如回家卖红薯！"万里打趣地插了一句。

胡耀邦指着中央机关和国务院机关的同志说："你们多余的房子到底有多少？要拿出来给老百姓住。我们要多为人民想一想，多为人民办一点好事情！"

赵鹏飞讲了房屋分配上存在的问题，对胡耀邦说，现在"僧多粥少"，很难办！建设上的问题，我可以向你打包票，可是分配上的问题，我没有办法。

胡耀邦在谈到分配时说："分配，首先要照顾困难户，不要先讲职务，要先讲困难。现在是尽照顾首长了，这样做是脱离群众的！"

在长达60年的革命生涯中，他时刻把人民的疾苦与利益放在第一位，留下了许许多多的动人故事。

人们都知道，胡耀邦曾经跑了全国两千多个县，但是大家也许不知道，这中间他跑得最多的是山区和边远贫困地区。这些地方山高、沙漠、人稀，生产落后，群众生活贫困。1982年，他来到四川凉山彝族自治州视察。早在红军长征期间，他曾路过这里，对彝族同胞住房条件的恶劣深有感受，当时这里生产力水平低下，人民生活非常痛苦。而今，胡耀邦旧地重访，看到这里发生了翻天覆地的变化，感到十分欣慰。但是，当看到这里农业生产和人民生活水平仍然不高，而住房问题仍是广大彝族群众尚未解决的大问题时，他晚上躺在床上，辗转反侧，难以成眠。他说，现在应该着手解决这个住房问题了，俗话说，"金窝银窝，不如自己有个穷窝窝"啊。

1983年12月，胡耀邦收到一封来信，反映我国儿童教育家孙敬修老人的困境。信中说这位受到广大青少年喜爱的"故事爷爷"，工资偏低，住房条件又比较差，给老人造成许多苦恼与不便等等。接到来信第二天，胡耀邦长长的一段批语便转到了中央信访部门，其中有一句："此老境遇也说明，我们的同志很不了解情况。"惜才之心，爱民之情，力透纸背。不久，孙老生活上的困难一一得到解决，搬进了新居，老人感慨万分，激动地说："旧社会，我是个穷教书匠，无地位，无欢乐，今天，胡耀邦同志亲自过问我在生活上的一点困难，令我敬佩。中国共产党是真正为人民谋福利的政党。胡耀邦以自己的行动，实现了共产党全心全意为人民服务的唯一宗旨。"

胡耀邦曾经说过，人总要一死，但是死在床上，死在地上，总要在人民心中有个形象。

关心人民疾苦，全心全意为人民服务，这是胡耀邦追求的在人民群众心目中的形象。

胡耀邦曾经说过，一名干部，一名共产党员，任何时候，都不能存在私心杂念，不能伸手向党要官，要想着为人民的利益多做一点事情，伸手要官、争官，是十分可耻、可卑的。

胡耀邦认为，作为一名共产党员，应该认真学习刘少奇同志的《论共产党员的修养》，从中汲取养分，无论干什么工作、做什么事，要从党的大局出发，在任何时候，都要摆正个人的位置，维护党的团结，忠诚党的事业，为共产主义奋斗终生。

他在长达60年的革命生涯中，真正做到了一切以党和人民的利益为重。强烈的革命事业心和政治责任感，促使他不计个人得失，不知疲倦地为党和人民工作。

他曾自豪地说，我十几岁参加革命，从来就没想当什么官。

1985年，《人民日报》刊载文章报道：胡耀邦自1979年1月至1985年7月在6年多的时间里，竟然在繁忙的日常工作之余，亲自批阅了2000多件人民来信！

6年多有两千多个日日夜夜。这就是说，胡耀邦作为党中央的一位主要领导人，在繁忙的日常工作中，平均每天都要批阅一封人民来信。

1983年5月，一封发自天津的群众来信向党中央反映天津内燃机研究所存在的严重问题。这个所自"文化大革命"以来，一直处于瘫痪状态，科研人员无事可做，设备损坏无人过问，在"文化大革命"中造反起家的人仍然把持领导权，连单位的牌子都还是"革委会"……来信要求中央尽快采取措施，结束这个新的混乱局面。

看着这封来信和有关部门的调查报告，胡耀邦在信上奋笔疾书："这个例子真是触目惊心，是否天津还有这样的单位？是否其他省、市、区还有这样的单位？我们拨乱反正几年，究竟下情如何？我们中央委员和一切高级干部是否都深思一下呢？中央常委总说过上百遍了：第一，要了解下情，做到心中有数；第二，要放手提拔一大批年富力强、有干劲、有闯劲的人上台。我看这两条是许多问题解决不好和今后怎么办的关键两条。"

胡耀邦的批语一针见血，对各级领导克服官僚主义、正确地估计自己的工作，是一服清醒剂。这个研究所的问题在党中央的督促下得到了妥善解决，并且也推动了一批类似问题的解决。

1984年10月，胡耀邦的案头放着20多封河北省农民要求帮助买汽车、办交通的来信。这些来信反映了农民们对勤劳致富的道路越来越宽广的喜悦，也反映了他们在办交通问题上遇到的困难和阻力。透过这些来信，可以看到中国经济变革时期农村向商品经济发展的不可遏止的趋势。

胡耀邦读了这些来信后写的批语中，不但就怎样解决农民办交通所遇到的困难提出了意见，而且深刻地指明了经济改革中党和国家工作人员所必须具有的一个重要工作方法。他写道："这里有两个问题：一个是一些基层干部和国营企业人员利用物资短缺情况搞囤积垄断，用高价敲诈勒索群众；一个是一批国营企业人员自己不会经营，利用国营招牌，排斥打击个人企业。这两个问题我认为中央有关部门要抓一抓。"

胡耀邦接着指出："我们有些同志要注意站在整个国家的立场上说话，要注意倾听非国家企业、非国营人员的呼声。"

不久，中央正式下达了关于鼓励和支持农民办交通的若干政策规定，农民办交通在各地兴盛起来。中央的这些规定，已经成为对内搞活经济总的决策的一个组成部分。

由于一些单位负责人的推诿作风，有些群众在来信中反映的问题长期没有得到解决，于是群众接连不断地向上级机关反映。胡耀邦尖锐地指出，领导机关这种严重的官僚主义作风，妨碍了落实政策，影响了党群关系，贻误了党的中心工作。他提出，共产党人要说实话，办实事，讲实效。

1984年，上海几名落实政策的对象致信中央，反映他们在"文化大革命"中遗留的一些问题长期得不到解决，其中有人来北京上访3个星期，走了8个单位，竟无一处受理，不得不失望而归。

胡耀邦阅读了他们的来信，写了这样一段批语："6年以来，我几乎每个礼拜都收到要求落实政策的信，大部分我都批了，可能不下一千件，批了的，大部分都有回报。为什么推一下，动一下，不推就不动？这几个人的问题，我主张有专人负责，查一个就解决一个，使官僚主义无法推脱。"

陕西省西安市有个叫吴金狮的油漆工，在多年的工作实践中创造了"油漆花纹新工艺"和"工笔画"，受到专家们的重视。可是吴金狮在工作上和生活上遇到了不少困难，有关方面虽然过问了，但问题一直没有得到落实。1984年底，他投书胡耀邦诉说苦衷。胡耀邦在信上批道："一切事情都要做得实事求是，合情合理。这样就能获得广大群众的同情和拥护。我们一些同志办具体事，往往不问是非曲直，而只是机械地根据某项规定，或去听从某几个人不正确的意见而拖着顶着不办，实在不好。"

胡耀邦一次又一次击中要害的分析，一回又一回深刻的教育，使很多干部对群众疾苦漠不关心、敷衍塞责的官僚主义作风得到了改进。

1984年10月，旅日华侨韩洪烈给胡耀邦写信，反映他在锦州市的弟弟韩仲元，因为父亲"文化大革命"期间被遣送农村，失去上学机会，走上犯罪道路而被判刑。释放后韩仲元没有工作，一家三口生活十分清苦，韩洪烈要求有关部门能为韩仲元安排适当工作。

这封普通的海外来信引起了胡耀邦的重视。他责成中央信访部门的同志到锦州去看看，过问这件事。11月初，中央信访部门的同志来到锦州，和锦州市的同志一起了解了韩仲元的近况，决定为他安排适当的工作。当中央信访部门的同志去看望韩仲元时，韩仲元痛哭流涕地表示要不辜负党的关怀，重新做人，努力工作。

中央信访部门的同志回到北京，向胡耀邦报告了对韩仲元的安排情况，胡耀邦赞扬中央信访部门的同志这件事办得好。在中央信访部门的报告上，他又写下了长长的一段话："我是希望各部门直接办事办案的。一切部门，第一要如实反映情况，第二是亲自解决问题。没有第一条，我们这些人可能变成瞎子聋子，但如果没有第二条，我们这些人还是'无兵司令'，受制于人。党内不干事和干坏事的人永远会有。如果我们事事都照转，坏人都要钻这个空子，欺负我们不办事而更加胡作非为。反过来说，如果我们每个星期办成一件事，一年就办成了50多件事，100个单位每年就能办成近6000件事。这样，正气就会吹遍全国各个角落，坏人就会大大收敛和减少，风气就会大大好转。"

秉公办事，敢于负责，一件一件落实，一抓到底。这就是胡耀邦一贯倡

胡耀邦在甘肃陇南山区视察时在地头与群众交谈

导的工作作风,也是共产党人应有的作风。

信访工作是党联系群众的纽带,了解民意的窗口。6年来,胡耀邦在到基层考察的过程中,在旅途的飞机、火车上,在党的重要会议的空隙,在繁忙的工作之余,都要挤出时间阅读群众来信。

胡耀邦曾这样说:"每个领导干部平均每天要看一两封有典型意义的群众来信,首长的秘书不能借口爱护首长而任意扣压。"阅读和处理人民来信,成了胡耀邦工作的一个重要组成部分。他从一封封来自基层的信件中,倾听着群众的呼声,了解着社会前进的脉搏。

1982年深秋,胡耀邦在四川视察时,一直和大家一起坐旅行车。他沿着雅砻江察看桐子林和二滩水电站的站址,在江边的一块石头上坐了下来,向筹建电站的干部和工程技术人员招呼说:"我们就在这里开个'神仙会',共商电站建设大计。"大家围着他席地而坐,你一言我一语地讨论起来。胡耀邦谈笑风生，其他同志也无拘束地发表意见或插话，气氛轻松活跃。

视察过程中，基层的同志比较拘谨，为了打破这种局面，使气氛活跃起来，胡耀邦有时说说笑话，开开玩笑。这年7月，胡耀邦等曾到内蒙古地区做调查，了解那里的能源基地和畜牧业基地的建设情况，看看牧民的生活。24日下午来到赤峰县一个公社的乳品厂，公社主任孙国荣见到胡耀邦后有些拘谨。胡耀邦亲切地问："你姓什么？"

"姓孙。"孙国荣轻声回答。

"噢，赵钱孙李的孙啊！哦，三支钢笔：你是侯宝林在相声里说的大学生啊！"

胡耀邦风趣幽默的一席话，逗得大家哄堂大笑。站在胡耀邦面前的孙国荣低头看了看自己上衣兜里果然别着三支钢笔，也不禁笑了，拘谨的情绪随之烟消云散。

胡耀邦作风民主，平易近人，时时刻刻把自己放在人民公仆这个位置上。他用自己的情，温暖着全国人民；他用自己的心关爱着遭遇疾苦的大众，他用自己全部的生命，默默奉献一片赤子之爱。

端正党风

胡耀邦认为，治国必须治党，执政党的党风，是关系党的生死存亡问题。

1980年5月，中共中央组织部召开的选拔优秀中青年干部工作座谈会上，胡耀邦着重谈了今后两年组织工作的几件大事，其中之一就是切实把党风党纪搞好，使党的威信有一个大幅度的提高。

他总结了十一届三中全会以来的3年时间里，我们抓党风党纪，经历了几个历程：开始提倡实事求是，然后提出解放思想，抓反对特殊化，中央发了83号文件，五中全会通过了《关于党内政治生活的若干准则》，印发了党章修改草案，这样一步步地走过来，我们的党风确实有比较显著的好转。但是，好作风，形成不容易，破坏很容易，所以抓紧搞好党风，是政治思想工作中头等重要的工作之一。

胡耀邦主张今后两年搞好党风党纪，要抓住4个环节：

第一，坚决、彻底、干净、全部地把一切冤假错案处理好、解决好。

第二，全部、妥善地把林彪、"四人帮"这两个案子的有关人员处理完毕，并且使处理结果经得起历史的检验。

第三，把群众最有意见的不正之风基本上克服下去，使它的市场缩得小而又小。

第四，更加广泛深入地进行《关于党内政治生活的若干准则》和党章修改草案的学习和教育，并在教育的基础上，考虑全党的整党问题。

同年11月26日，胡耀邦在中纪委召开的第三次贯彻《关于党内政治生活的若干准则》座谈会上，做了题为《搞好党风的几个问题》的报告。他从三个方面详细论述了搞好党风的重大意义：第一，从我们党几十年的历史来看，党的正确路线、政策，是同党的正常生活，同好的党风相依为命的，这两个方面结合起来才能把我们党搞好。第二，从我们执政党的地位来看，与战争年代相比，脱离群众的危险、犯错误的可能性更大了，甚至有可能蜕化变质，因此迫切需要搞好党风。第三，党风不正是我们现实工作搞得不好的一个原因。胡耀邦批评了把搞好党风的工作，看成是可有可无的甚至看成是同发展经济、搞好安定团结相对立的观点，指出这是完全错误的。

他具体论述了从我们党几十年的历史来看，党的路线、政策同我们党内生活、同党的作风的关系大体有4种情况：

第一，在党的路线、政策犯大错误的时期，党内生活是不正常的，叫做封建式的家长专断，因此导致革命遭到很大损失，遭到很大挫折。但是，即使在那个时候，只要党风很好，广大干部和党员英勇奋斗，前仆后继，流血牺牲，坚贞不屈，党仍然能够赢得人民的尊敬，使革命没有全部失败，而且在正确路线指导下，又生气勃勃地前进了。这主要是指1927年至1935年这一段时间。

第二，路线、政策是正确的，党内生活也是正常的，但是我们的党风不够好，或者说，相当多的一部分干部，风气不太好，因此思想不一致，矛盾很多，同群众的关系也不够好。这就是我们到延安以后的几年时间，大体上是1940年至1943年。当时党内主观主义、山头主义、党八股盛行。因此，党中央当时下决心，来了一次大规模的整风运动。经过整风提高了全党的思想觉悟，端正了作风，使我们党更加生气勃勃地前进了！

第三，就是路线、政策是完全正确的，党内生活很好，搞民主集中制，党的风气也很好。在这种情况下，我们党团结一致，生动活泼，党在人民群众中的威信很高。路线政策、党内生活和党风三个方面都很好，使我们的党，使我们的革命能够大踏步地前进。这主要是指抗日战争的大部分时期、解放战争的全部时期以及新中国成立初期。

第四，路线、政策是错误的，党内生活极不正常。党内生活极不正常，坏人就会钻空子，甚至好人也被拖下水，做些坏事。这就严重地败坏了我们的党风。投机钻营的分子吃得开，党内盲目性很大，党的威信急剧下降。这种情况是"文化大革命"的10年。这10年，党风遭到空前破坏，主要表现在两个问题上：一是个人崇拜登峰造极，达到荒谬绝伦的地步。二是"有了权就有一切"，一些人拿了权到处做坏事。

回顾党这60年的历史，胡耀邦得出一个结论：党的路线、政策是同党的正常生活、同好的党风相依为命的。只有一套正确的政治路线、政策是不够的，还需要有一套正确的组织路线和好的党的作风。这两个方面结合起来，才能把我们的党搞好。所以，只满足于路线、政策的正确，而忽视党的生活的建设，忽视党的作风的建设，这是站不住脚的，是错误的。这是从历史得出的教训。

胡耀邦接着从执政党的地位论述了党内建设的意义。执政以前，形势迫使我们党要有一个好的作风。搞什么主观主义、官僚主义、脱离群众，搞特权，就会被敌人打垮、消灭。而且环境本身就很艰苦，没有多少特权可以搞。在我们没有取得全国执政党的地位之前，环境迫使我们要搞唯物论的反映论。

可是，执政以后，若把我们的党看成高居于其他组织之上，由党包揽一切，事事发号施令，把党员看成是凌驾于人民之上的统治者，这是完全错误的，是十分危险的。所以我们的同志千万不能忽略，党从被压迫、被屠杀、被围剿的地位，转到了执政党的地位这个根本变化，搞得不好，就有蜕化的可能，有变质的可能。

胡耀邦最后还指出，有些同志忽略了党风不正是我们现实工作搞得不好的一个原因。经济稳步上升的工作搞不好，安定团结的工作还有不少问题，就客观来讲，有林彪、"四人帮"残余势力和其他敌对分子的存在；就主观来讲，则不但有思想路线的不够端正，"左"倾思想还没有完全克服，而且还有我们党风不正的问题。

不管从历史经验看也好，从执政党的地位来看也好，从现实情况来看也好，胡耀邦说他同意陈云同志提出的这么一个问题：执政党的党风问题，是关系到我们党的生存死亡的问题。

如何改善党的领导，需要研究一系列问题。如加强民主集中制，废除干部领导职务终身制等。还有一条，就是坚决克服不正之风。

胡耀邦很重视这个问题，他说克服不正之风，是个原则问题，是不能动摇的。他多次论述到这个问题。

1980年5月，他在总结当前群众最有意见的不正之风主要有几种表现：

一、利用职权，为非作歹，称王称霸，打击人，陷害人，敲诈人，等等；二、利用权势搞小圈子，垒山头，搞派性；三、到处闹个人主义，党的利益脑子里装得不多；四、亲属关系超过了革命关系，无原则的照顾；五、工作极不负责任，造成国家人力、物力、财力的严重浪费。

他主张，抓党风，就要抓住这几条，表扬好的，追究违法乱纪的。

同年11月23日，胡耀邦做了题为《做一个彻底的唯物主义者》的讲话。他说，鉴于不正之风在一个时期相当盛行，纠正不正之风，要注意一些问题：第一，《关于党内政治生活的若干准则》公布以前发生的问题从宽。除个别民愤极大的，不要再查。《准则》公布后，五中全会后，特别是现在发生的问题，要认真对待，要从严。第二，对于不正之风，不管查到谁的头上，都要核实。第三，要抓重点。克服不正之风，是人人有责、级级有责的。在克服不正之风方面，每个党员都要提高自觉性，提高坚定性。

《做一个彻底的唯物主义者》讲话三天后，胡耀邦又做了题为《搞好党风的几个问题》的报告，再次谈到怎样同不正之风作斗争的两条意见：

第一条，继续认真地、扎实地在全党进行党性、党规、党法的教育。任何时候都不能忘记思想教育。改造中国，是非常艰苦的。旧中国是个落后的半殖民地半封建社会，遗留下来的有封建思想，资产阶级、小资产阶级思想，有旧的不合乎历史发展要求的习惯势力，这些都不是短时间所能够消除的。所以，任何时候都不要放松思想教育。

第二条，要认真联系实际，同现在存在着的不正之风作坚决的斗争。这个不要含糊。胡耀邦主张先抓6个方面的问题：

第一，对党中央的路线、方针、政策采取阳奉阴违、两面三刀的态度。

第二，利用党和人民赋予的职权，谋取私利，拉帮结派，安插亲信。

第三，丧失原则或者说不顾党的原则去搞"关系学"、"关系户"，请客送礼，索礼受贿，损害党和国家的声誉，挥霍国家和集体的资产。

第四，有错误不承认，反而凭借权力、权势，诬陷和打击报复好人。

第五，有意弄虚作假，专爱抬轿子吹喇叭，欺上瞒下，骗取荣誉，投机钻营。

第六，工作极端不负责任，比如订计划，进行基本建设，或者搞经营管理，都极端不负责任，从而使国家和人民的利益遭受严重损失。

胡耀邦认为，一个时期内，集中抓以上几件事情，而不要太宽，先抓那些主要的、群众最不满意的问题。他认为，处理不正之风既要坚决，又要谨慎，对于犯错误的同志，应该诚心诚意去帮助。这样，不正之风便会被纠正，搞好党风的工作才会一步一个脚印地不断推向前进。

1982年9月，经党中央研究决定，胡耀邦宣布用三年的时间对党的作风和组织进行一次全面整顿，并亲自抓整党工作，兼任中共中央整党指导委员会主任。

在胡耀邦主持通过的《中共中央关于整党的决定》中明确指出：

目前党内仍然存在许多严重的问题。有些党员对拨乱反正的伟大意义缺乏认识，还没有转到马克思主义路线的立场上来，有些党员和党员干部个人主义严重，甚至恶性膨胀，为谋求个人和小团体的利益，不惜采取各种手段损害国家和人民的利益，走上了犯罪道路。

胡耀邦在9月1日至11日召开的中共十二大上，做了题为《全面开创社会主义现代化建设的新局面》的报告，在报告中，他又一次讲到了整党问题，他说，我们决不允许夸大但也决不害怕揭露党的这些阴暗面。因为我们党是坚强的，我们拥有足够的健康力量同这些阴暗面作不调和的斗争，并且相信必定能够在这一斗争中取得胜利。

胡耀邦还就如何开展整党，发表了重要的指导意见。他说，党风问题是关系到执政党生死存亡的问题。为了使党风根本好转，中央决定用三年时间分期分批对党风和党的组织进行一次全面整顿。这无疑是我们党的一件头等大事，必须十分慎重地对待，十分周到地准备，有计划、有步骤地进行。作为这次工作的中心一环，是在党内普遍地深入地进行一次思想教育。要结合学习和执行十二大报告和新党章，学习《关于建国以来党的若干历史问题的决议》和《关于党内政治生活的若干准则》，对全党进行马克思列宁主义、毛泽东思想基本理论的教育，共产主义理想和党的路线方针政策的教育，党的基本知识和共产党员标准的教育。要着重使每一个党员认清党的性质、地位和作用，认清一切党员都只有勤勤恳恳为人民服务的义务，而没有任何利用职权占国家的"便宜"和群众的"便宜"的权利。在组织领导方面，要由领导机关和领导干部带头，自上而下地整顿好各级领导班子，然后再领导下级组织和基层组织进行整顿。决不容许坏人利用机会诬陷好人和打击好人。

胡耀邦就整党的方针问题讲到，要继续和发扬延安整风的精神，本着"惩前毖后，治病救人"和"既要弄清思想又要团结同志"的方针，开展认真的批评和自我批评，并采取适当方式听取党外群众的意见。最后，要进行党员登记，严格按照新党章的规定，把那些经过教育仍然不合格的党员开除出党或者劝其退党。同时，还要切实改造各级党组织的领导状况，提出加强和改善党的领导的具体办法。

胡耀邦谈到整党的目的时，坚定地说，要通过这次整党，使党内政治生活进一步正常化，切实纠正不正之风，大大加强党同人民群众的密切联系。

这时，胡耀邦思虑最多的问题是，为了兴国、安邦、富民，如何把执政党建设好。他认为，共产党要在改革中前进，改革中发展，改革中巩固。要建立新的机制，彻底废除领导职务终身制，切实实行民主集中制，反对个人迷信、独断专行、以权谋私、官僚主义、脱离群众的坏作风，铲除官官相护、官官相携、以权谋私、贪赃枉法等腐败现象。为此，他主持制定的《关于党内政治生活的若干准则》，要求全体党员特别是领导干部、中央机关要做出表率。

轰轰烈烈的整顿工作在全国迅速展开。1984年11月20日下午，中央党校第一副校长蒋南翔和副校长陈维仁等几位领导，带领本校法学研究班的100多位学员到中南海怀仁堂参加胡耀邦的接见。胡耀邦以总书记和党校老领导的身份与学员接触，他身着日常穿的一套深蓝色的旧西装，未系领带，对人亲切而随和，他一出现，全场响起欢快的笑声和掌声。

当时，全国正在进行第一批整顿工作，胡耀邦的话题自然重点谈党风问题。他紧紧围绕经济发展和改革开放这个中心议题谈端正党风，时而激昂慷慨，语惊四座，时而妙语连珠，发人深省。他批评党风不正的现象时，霍然站立，充满激情地说："现在有两股不正之风，一是一些干部以权谋私；一是经济方面的违法乱纪，钻改革的空子，大发横财。"他要求大家先给各地党委负责同志捎个话回去，说中央对此十分重视，最近就要下发一个文件，要求各地认真对待。他激动而坚定地说："这些歪风，如不及早制止，会迅速蔓延，对改革开放很不利，不抓这种问题，群众很不满意，最终损害党的形象。"

胡耀邦谈到"钻空子"的歪风邪道，义愤填膺，厉声说："歪风邪道主要是两个方面，一是有些党政机关部门，甚至人民团体的工作人员，借改革、搞活经济之名，套购国家紧俏物资，倒买倒卖，搞'皮包公司'。有的人指使自己的子女出面，去请首长批个条，搞一些紧缺物资指标，一转手就赚几十万、几百万，谋取暴利，有些政府和经济部门的负责人，干这种事胆子可大哩！再加上两种人：一是退居二线的某些老同志，他的老部下找上门，请他们'帮忙'，不管合不合理，他都有求必应，显得有本事：'这好办嘛！'再就是某些毛病比较多、活动能力强的高干子女。这几种一结合，倒买倒卖之风就刮得很厉害。刮这股歪风的人，完全是为了个人或小团体利益，而不惜损害党和改革的名誉。"

胡耀邦还极其严厉地批评钻改革空子的另一股歪风，主要指有些企业单位，不是认真下功夫按党中央的方针、政策搞改革，而是靠投机取巧、乱涨价、谋私利等等。

1985年7月15日，是中央党校实行正规化培训年轻干部第一期学员结业典礼，胡耀邦应邀做长篇讲话。在热烈的掌声中，他即席侃侃而谈，就当前带有普遍意义的四个问题，"讲点个人意见"。他说："四个问题是：一、如何观察形势；二、如何宣传理想；三、如何加强纪律；四、如何改进作风。"

胡耀邦的长篇讲话，内容丰富，高屋建瓴。据中央党校聆听胡耀邦报告的副校长陈维仁回忆说："他很有针对性地提出和分析了摆在全党同志和全国人民面前的许多尖锐问题，提醒全党注意。特别是关于加强纪律和改进作风的问题，讲时情绪很激动。报告中，他对一些不守纪律和党内的不正之风深恶痛绝，他说：'一个党，一个民族，一个国家，没有坚强的纪律不行。所谓有纪律，就是按政策、党纪该怎么做，就怎么做；不该怎么做，就不准那样做；谁做了不准做的事，就一查到底，该批评的批评，该处分的处分，该撤职的撤职，该法办的法办，毫不姑息纵容。"他的激动人心的讲话，不时被热烈的掌声所打断。

胡耀邦越说越激愤，针对党内有些高级干部以权谋私，搞官倒，搞腐败，利用子女经商、倒卖批件，大发横财。他严肃地指出，古人有个经验之谈，不可忘记，叫做"上行下效"，"上梁不正下梁歪"！如果上层领导搞不正之风，搞亲疏关系，下边就会跟着学样，你搞我也搞，闹派性；上层讲情面，搞关系，下面就会搞对策，践踏原则；上层搞特殊，下边就会搞严重的违法乱纪，愈演愈烈。领导机关不严以律己，努力工作，下边就会自由散漫，放任自流。因此，领导干部不以身作则，腰杆不硬，你批评人家，人家就会不听，反唇相讥：用镜子照照自己。所以说正人先正己，严则威，你自己搞不正之风，就会威风扫地。

胡耀邦语重心长的讲话，铿锵有力，字字千钧，义正词严，掷地有声，不断激起听众雷鸣般的掌声。

面对党内的歪风邪气，胡耀邦怒不可遏，拍案而起。有一位高官的儿子，依仗父亲权高位显，有恃无恐，大肆诈骗，数额巨大，人们对此敢怒不敢言。情况反映到胡耀邦那里，他义正词严："中南海内，竟有高干子女无法无天，照样要严惩、法办！"

在胡耀邦的指示下，这位高干的儿子被抓，震惊了中南海。这时，有人向他讲情，请求把他放出来。他声色俱厉地予以拒绝："上梁不正下梁歪，不管是谁的子女，只要触犯刑律，都要依法办事，王子犯法与庶民同罪！"

这位高官的儿子被投入监狱，依法判刑。这时有更多的人们为他讲情，同样遭到胡耀邦的严词拒绝。

还有一位退居二线的老前辈，德高望重，通过其夫人的关系，引来大量资金，有关部门也给下拨巨款，在山西老家兴建了一个大型企业，由于当地既无原料，又无销路，连水电供应都成问题，不具备办厂的条件，工厂陷入瘫痪状态，迟迟不能运营生产。胡耀邦在"情况反映"上批道："像这样劳民伤财的事要严禁，下不为例！"

胡耀邦以一个无产阶级革命家的博大胸怀，坚持原则，捍卫真理，一身正气，疾恶如仇。为了维护党的纯洁，他置个人生死荣辱于不顾，与各种不正之风和邪恶现象作不屈不挠的斗争。

他说，在我们党内，堕落分子和违法分子是极少数。这些人如果不处理，会败坏党的声誉，破坏党和人民的关系，会像细菌、像瘟疫、像癌细胞一样扩散，扩大腐败面。但我们定将清除腐败现象，纠正一切不正之风。这只是个时间问题。

清正廉明

两袖清风，廉洁奉公，是胡耀邦的美德之一，也是他的人生信条。

他身教重于言教。他认为正人先正己，正己方能正人。

他常说，共产党人要清廉，廉则威，言必信，行必果。

胡耀邦自1952年调团中央任职，一直住在灯市口富强胡同团中央的宿舍院内，宿舍年久失修，陈旧不堪，一住就是30余年。他当选为总书记后，仍住在这里，期间仅稍加维修一次。有关领导建议为他分配一栋好房，配齐家具，都被他拒绝。直到1984年出于警卫安全的需要，才搬入紧挨中南海附近的北长街，只让人做了些室内简单的粉饰。由于这是所老房子，有的房间墙壁已经剥落，地板上翘，有的房间漏雨，只是趁胡耀邦出差时，才做了些维修。

这所住宅与中南海仅一墙之隔，为了工作方便，工作人员在中南海的红墙旁开了一扇门。胡耀邦便通过这道门步行到中南海办公。人们称赞说，这扇门既是广大群众和干部向党中央反映情况的"通天门"，又是胡耀邦密切联系老百姓的"方便门"。

在他任总书记的日日夜夜，全身心地处理党政大事。除了外出访问视察，他竟一直住在办公室里，只是在每个周末，他才回家与亲人团聚。有时周末晚饭后，又到办公室办公。7年多时间，他很少在家度过一个完整的夜晚，为党和国家大事殚精竭虑。

当今，人们注视着满街的进口汽车时，人们也许不曾想到，身为国家主要领导人的胡耀邦，直到逝世一直乘坐的是"红旗"牌国产老轿车。七届二次人代会召开时，这辆轿车停在会场门口时显得那么孤单，那么特别。外国朋友赠送给他好几辆轿车，他都原物转到了有关部门，而他依旧乘坐"红旗"。他逝世后，还是这辆"红旗"载着他的骨灰回到了家。

他的家规特别严格，不让子女使用生活用车，为避免这类事情发生，他甚至不让他的轿车停在家里。在他的要求下，他的子女很少召唤生活用车，自觉地不坐父母的轿车，夫人李昭办个私事，一般是步行或搭乘别人的顺路车。

作为党中央总书记，胡耀邦出访十分频繁。但是，无论他去哪里，无论国内、国外，他绝不私收任何礼品，轻装而去，轻装而归。

他访问日本时，日本朋友送给他大批礼品，他全部交公。归途中，他还召集会议做了布置，礼品要归公。外国朋友送的两套录像设备，他将一套送给了中国少年儿童活动中心，一套留在了勤政殿办公室。不少幼儿园、学校都收到过他转去的礼品。

外出视察，胡耀邦一贯轻车简从，提倡艰苦朴素，拒收任何礼品。

1985年，他带中央几个部门的同志去内蒙古视察，沿途不用小车，大家一起挤两辆面包车，一路上不让宴请，不许送礼。

他视察少数民族地区时，面对盛情接待，强调只吃当地出产的平常东西，不吃山珍海味，能说服节俭的尽量说服，说服不了的，就采取有意回避的办法。有时，他返回火车上吃便饭，更多的时候是自己单独吃平常的饭菜，不去参加宴请。

有一次，中国大百科全书出版社送给他一套《辞海》，他当即付了钱。并且一再告诉警卫秘书，人家送的东西不要往家里拿，这样会贻害子孙。

他家乡浏阳建了一个抽绣厂，职工们常常议论要为他绣一床被面，但因他从不接受家乡礼物，大家只好作罢。

1989年4月20日，胡耀邦逝世第五天，一位记者来到他的住宅，瞻仰主人的卧室，眼前的情景使他感慨不已：卧室只有14平方米，临窗写字台上，摆放着3台电话机、一只普通铁质台历、一副老花镜、十几支铅笔，主人生前所用的茶杯是一只原来装咖啡的玻璃瓶。

记者揭起卧室西北角卧床的床单，只见硬木板上铺的褥子打着补钉。当工作人员揭开枕巾让记者看枕头时，这枕头竟是用一件破旧的白色针织背心缝制的，里面填装着旧布。

记者注意到，卧室的床头柜上放着一只用了十几年的青瓷座台灯，碰裂的灯口处裹了厚厚的胶布。

胡耀邦生前住院时换下的最后一套衣物也摆放在卧室里：一套洗得已褪色的灰中山装，一件衣领已发黄的衬衫，一双白色的旧线袜子，一件已有破洞的毛背心，冬天穿的棉裤是由两只棉织裤缝在一起的。另外两件针织背心更令人心酸：一件留有汗迹，另一件已破了十几个小洞。他也舍不得丢弃，直到逝世前一个月要出席全国人大会议时才换下来。

胡耀邦的生活秘书指着衣架上的一套蓝色隐条纹西装伤感地说："这是首长生前最好的一套衣服，他会见外宾和开会、外出时才穿，首长的遗体我们准备让穿上这套西服，但在穿用衣物时，才发现这套最好的西服也已穿旧了，前天才从人民大会堂告别厅取回。"

那位记者感慨万分："这就是曾领导过4700万中共党员、堪称廉洁楷模的胡耀邦卧室；这就是一位两袖清风的共产党人向马克思递交了一份无愧的答卷的胡耀邦卧室。"

胡耀邦的廉洁在人民中传为美德，并深深感动了千千万万中国普通老百姓的心。

1983年，胡耀邦接见大连个体户姜维，鼓励他们"干光彩的企业"。他不负胡耀邦的期望办起了中国第一家私营合资企业，他成为腰缠万贯的老板。1989年，他惊悉胡耀邦逝世的消息后，赶到北京吊唁，并在留言簿上写道："是您指导我们干光彩的事业，我们富裕了，你却两袖清风。你忧国忧民，积劳成疾，英年早逝。耀邦啊，中国2000万个体户永远铭记您的恩德，我们永远听您的话，干光彩的事业，做光彩的人。"

胡耀邦在四川凉山彝族自治州喜德县调查时，当地百姓向他赠送一套木制餐具

他逝世后，举国哀思，11亿中国人民为他送行。正如一副挽联所写："一身正气深得人民敬爱，两袖清风堪称为人楷模"。

1986年4月25日，胡耀邦曾改写过河南南阳武侯祠一副古对联："心在人民原无论大事小事，利归天下何必争多得少得"。这正是他光辉一生的真实写照！

严以律己，严以家教，是胡耀邦的处世态度。

胡耀邦对家人、亲属严格要求，绝对不允许搞特殊化。

胡耀邦担任总书记后，对子女的教育和要求更为严格，他召开了家庭会议。他对家人说，谁要是利用他的招牌和地位，在外面做了错事，谁自己负责，他是不会讲情面的。并制定了家规、戒律，约法三章，共同遵守。

在改革开放的大潮中，国内出现了"经商热"、"出国潮"，不少高干子女依仗父母的权势，或倒卖文件，或大谋私利，大发横财，败坏了党的形

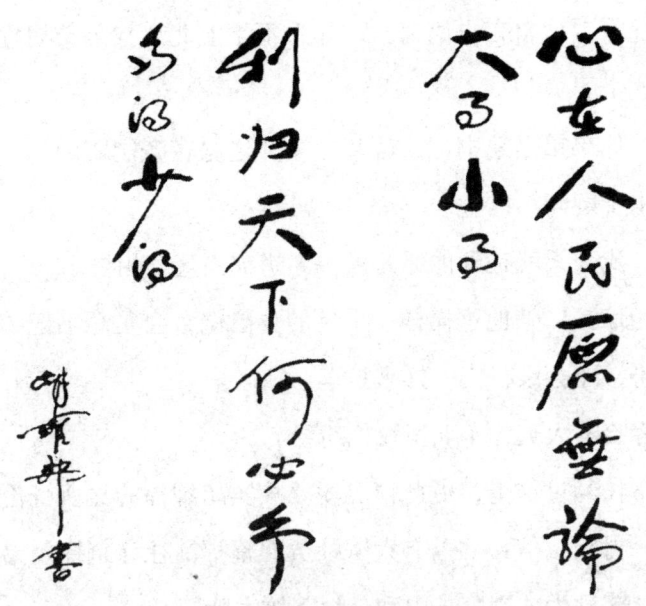
胡耀邦改联手迹

象。然而，身任中共中央总书记的胡耀邦，忧心忡忡地指出：谁要是利用我的牌子和地位，谋取私利，干错事、坏事，我将毫不留情，王子犯法，与庶民同罪！

他身体力行，在任总书记期间，没有让子女出国留学、经商发财。其长子胡德平的爱人安黎，是中共中央组织部原部长安子文的女儿，毕业于清华大学。她任厦门市副市长本来是中组部按正常秩序选拔任命的，却遭到从不搞任人唯亲、裙带关系的胡耀邦的坚决反对，胡耀邦得知后，立即让李昭赶往厦门，向有关领导反映，硬是让有关部门收回成命，免去安黎的厦门市副市长职务。现在，胡耀邦的三子一女，都在国内各自的岗位上，默默地作出应有的贡献，这与胡耀邦严于家教是分不开的。

1983年国庆前夕，亲哥哥胡耀福去北京看他，因上火车只买了一张普通火车票上车，车上旅客拥挤，根本找不到座位，他一直站在车厢走道上，毕竟70多岁的人了，体力不支，双腿发酸，谁也不给这位乡里老汉让座。在无可奈何的情况下,他自言自语道:"如果不是上北京找弟弟胡耀邦,我也不会在车上受这个罪!"

"什么?你弟弟是总书记胡耀邦?"旁边旅客齐刷刷的惊疑目光一齐向他投来,发出了疑问。

"是呀,我今天就是到他那儿去。"胡耀福直言相告。

有人不相信:"瞧他这模样,十足的乡巴佬,会是总书记的哥哥?他是总书记的哥哥,还会跟我们一样来挤车?"

不少旅客哈哈大笑,车厢里议论纷纷。

正好列车长经过这里,见此情况便要核实胡耀福的真实身份。于是,胡耀福拿出了一封介绍信:"兹有大队社员胡耀福前往北京探望弟弟胡耀邦,特此证明。"落款为"浏阳县中和公社苍坊大队"。

身份核实后,列车长便扶着胡耀福往卧铺车厢走。他连呼:"我没带钱,我没有那么多钱……"列车长微笑着,硬把他扶进了硬卧车厢。

到了北京,兄弟俩一见面,胡耀福就把车厢里的奇遇绘声绘色地全向弟弟说了。末了还特别高兴地说:"今天若不是'胡耀邦'三个字,我只怕要从长沙一直站到北京哩。"

谁知,胡耀邦越听越不高兴,待哥哥讲完便批评他:"你年老体弱在车上站不得,你可以在买票时或者在上车时跟乘务员打个招呼,请他们解决一个座位。你不应该在火车上当着大家的面拿我的名字吓唬人,这样会影响干群关系的!以后决不许再这样!"

胡耀福一听,觉得弟弟真是小题大做。就因这件小事,他把老远来京的哥哥训斥一顿。

胡耀福没有想到,更严厉的还在后头哩。胡耀邦声色俱厉地说:"哥哥,你在家尽搞些不正之风,败坏党的风气。你说,德资在家好好的,你把他搞出来干什么?"

胡耀福一听，火冒三丈："我没搞什么不正之风，是别人帮的忙，人家的儿子当得干部，我的儿子就当不得工人？他多少也是个中学生啊！"

1982年，岳阳县物资局经理胡政得知胡耀邦的侄儿胡德资在家务农，即向当时的岳阳县委书记许志农汇报，请求为中学毕业的胡德资在岳阳安排一份工作。还是胡耀邦兼任湘潭地委第一书记时，许志农便是湘潭毛田区委书记，两人关系很好。因此，许志农听完胡政讲的情况后，当即批示将胡德资安排到了洞庭氮肥厂当工人，将其爱人安排在岳阳县委招待所。后来，许志农的爱人去北京，无意中对胡耀邦提起此事。胡耀邦一听，非常生气，连声道："岂有此理！岂有此理！真是胡闹！"不久，中央召开全国组织部长会议，胡耀邦在会上讲话时说："现在在招工问题上也出现了不正之风，拉关系，走后门，这种歪风居然已刮到我家里来了。我的侄子胡德资是一个农民，不按政策规定，一下子就招了工，湖南的组织部长回去要马上把问题调查清楚。如不合法，要坚决清退回去！"会后，他又直接打电话给许志农："你这是拆我的台！"并要他立即办好退回手续。

差不多就在胡德资被清退回家的时候，胡耀福就到了北京。

听了弟弟的训斥，一向不多言语的胡耀福大发雷霆："你别在我面前摆架子！就国家讲，你是大得了不起的官，但就家里讲，我比你还是大些！其他人的伢子妹子都能参加工作，我胡耀福的子女就不能？难道就因为他是你胡耀邦的侄子？德资是老初中毕业生，有些文化，难道他就该种一辈子田？再说，我当年出生入死闹革命，现在两个儿子没有一个参加工作的，你不帮我解决我不怪你，如今别人好心帮我解决了，你还要给我退回去，真是太不近人情。"

容不得胡耀邦插话，胡耀福如数家珍地诉说着："你自己回忆一下，1930年，中共湘东特委来浏阳选调青年干部，原定是要我去，父亲给我做思想工作，说家庭困难，我要帮家里出力，你年纪小些，又有初中文化，对革命贡献将会大些。我听了父亲的话，让你选调入伍。要不是我的高姿态，你能有今天吗？你能当上总书记呀！恐怕支部书记都当不上！再说，你在浏阳中学读书时，每次开学，都是我给你担行李，爬山越岭步行几十里，将你送到学校，家庭困难，卖鸡卖羊，供你读书，难道你都忘记了？"

胡耀邦听着，记忆的闸门顿时洞开，心绪翻滚，连连点头："没有忘记，没有忘记，哥哥待我恩重如山，我怎能忘记？不过，兄弟情是兄弟情，国家规定是国家规定，谁重谁轻，我不说你也知道。现在我坐在总书记这个位子上可以将家属农转非、招工，几亿农民岂不会骂我为官不正？如果人人都不想留在农村，谁来种地？中国那么多人吃什么？我不反对德资招工，德资是有些文化，身强力壮，人也聪明，但要招工得从基层来，为什么要到岳阳去拉关系，走后门？"

胡耀福插话道："基层解决不了呀！"

"基层解决不了，那就说明他还不是按正常渠道招工进城，应该继续当农民！"胡耀邦语意坚定，不容含混。

胡耀福毫不示弱："你看看，人家当了官，可以让自己的兄弟、子侄当干部，出国留学。如今你当了总书记，就这样铁面无私？1960年我将德资送来北京，要求在北京落户，你不肯收留。后来接二连三给你写信，要求你给他安排个工作，你一再拒绝。你回到家乡时，要求你向县委写信搞个招工指标，你口口声声说不行。现在，别人给我帮了忙，你不但不支持，反而要阻拦，还去批评人家，你硬是要我的两个儿子都在家当一辈子农民，你到底还认不认兄弟叔侄？"

胡耀福越说越激动，全身颤抖，气急败坏地说："你讲讲！你到底还认不认兄弟叔侄？"

门外警卫员听到室内的争吵声，忙警觉地冲进来，双眼注视着胡耀福。

胡耀邦忙向警卫员挥手招呼："这是我们的家事，你可以出去。"

警卫员走后，兄弟间的争吵仍未平静，声音仍是一浪高过一浪。同胞兄弟，性格相似，互不相让。胡耀福说不过弟弟，一气之下，他离京返回浏阳，决定再不理这个弟弟了。

哥哥走后，胡耀邦心绪难平，他的言行不被哥哥理解，也觉得不是滋味。不久，他托夫人李昭专程去浏阳做哥哥的工作，说自己态度简单，要哥哥原谅。他让李昭告诉哥哥："现在已经出现了党风不正的现象，我是党的总书记，理应以身作则，如果德资开后门招了工，群众就会有意见，别人就会照着办，在纠正党风方面我这个总书记就讲不起硬话了。我们是同胞兄弟，你要维护我的威信，支持我的工作，要是兄弟之间都不能相互理解，我这个总书记还怎么当呢？"

次年，胡耀邦又主动邀哥哥到北京叙谈，兄弟俩终又重归于好。

笔者曾于1993年9月去胡耀邦家乡苍坊村访问，采访了胡德资和当地老乡。胡德资已在家乡办起了花炮厂，靠劳动致富，建起了数百平方米的红砖青瓦楼房。乡亲们最多的话题是胡耀邦廉洁自律，不谋私利，不搞特殊，全心全意为党为人民呕心沥血。

老乡们告诉笔者，胡耀邦有同胞兄弟姐妹多人，其中成年的有5人，他年纪最小。他唯一的哥哥胡耀福，早在大革命时期便参加了革命工作，在乡苏维埃政府担任过儿童团长、少先队长、团支部书记、工会委员等职，他是胡耀邦的革命引路人。胡耀邦赴湘东特委后，胡耀福担心家中无人照顾，经组织同意，回乡从事秘密斗争。期间，他以做缝纫为掩护，为党做了许多地下工作。后来，他还以要加入国民党为由，打进敌预备队，暗中支援苏区物资。1949年3月浏阳解放前夕，他又积极参加中共地下组织，加入了党领导的地方武装——湘赣边区人民解放队，并任乡大队长兼党支部书记，后又任支前主任，投入了轰轰烈烈的迎解放工作。新中国成立后他是浏阳县第二届政协委员、长沙市第八届人大代表。

就是这样一个为革命积极奔走的人，土改时他的家却被划为富裕中农，加上他曾在敌预备队里任过职，有过历史"污点"，复查时被定为富农，还被错判过5年徒刑。"文革"开始后，令胡耀福意想不到的是，他竟被扣上了"反革命富农分子"的帽子，受尽折磨。

党的十一届三中全会后，胡耀福向当地党委和政府写了报告，要求落实政策，同时把报告寄给了弟弟胡耀邦一份。胡耀邦看后，回信说："我是主持全党落实政策工作的，是人民的公仆，是专门为人民服务的，家里的问题，应由当地处理，我不能插手。"胡耀邦为平反冤假错案、落实党的政策处理过数千封人民来信，做过的批示数不胜数，却把哥哥的报告原封不动地退给了他，未批一个字。

胡耀福收信后，怎么也想不通，我一不要你的钱，二不要你的东西，这个工作本来就是你管的，我也是人民中的一员，我也曾为革命舍生忘死，这你也知道。难道我就不该落实政策吗？你这个老弟，自己当了大官，家里的事就不管了，这合情理吗？后来，当地政府及时按有关规定给他落实了政策。此后，胡耀福在乡村默默耕作，他由一个普通农民成为县政协委员、市人大代表，社会地位的改变并没有改变他勤劳俭朴的传统作风，他仍保持着一名普通劳动者的本色。他怀着对党和社会主义矢志不渝的信念，无私地将晚年的余热奉献给了家乡的建设事业。

他还协助乡村兴建了学校、卫生院等公益事业。然而，就在中和乡人民逐步向贫困告别的时候，1992年9月6日，发尽了光和热的胡耀福走完了他83岁的人生旅程。

浏阳和长沙的有关领导专程前往中和乡参加了悼念活动，当地政府为胡耀福举行了隆重而节俭的追悼仪式。灵堂中央，李昭率儿女献的花圈非常引人注目。

胡耀邦一生严于律己，走上领导岗位后，更是勤政廉政，堪称楷模。

1980年2月在中共十一届五中全会上,胡耀邦当选为中共中央总书记,为了防止家乡搞庆祝活动,他亲自嘱咐秘书直接打电话给中共浏阳县委和中和乡党委,提出三不准:不准家乡和家里人敲锣打鼓放鞭炮;不准家乡搞游行庆祝;不准哥哥外出做报告。

1982年9月,在党的十二届一中全会上,胡耀邦再次当选为中共中央总书记,他又立下了两不准:不准亲友上京找他办什么事;不准亲友打他的招牌出去办什么事。

他对家里去看望他的人说:"我是全党的而不是家乡的总书记,不能为家乡谋特殊利益。"

胡耀邦定下的"五不准",他和他的亲人们都一直遵循着。胡耀邦除自己子女以外的亲属几乎全都在农村务农。

胡耀邦担任总书记以后,曾专门给家里写信说:"这意味着我们要把尾巴夹得更紧了。"

有一次,他的侄子从家乡来看他,他热情地招呼他进屋,可是不一会儿,他便严肃地对侄儿说:"你来看我,我欢迎。但是,要打着我的旗号搞东西,我不同意。共产党人是给人民办事的,不是给一家一族办事的!"

本来,这位侄子进京是想请他这位总书记叔叔帮忙搞些紧俏物资的,听了这番话,也就没敢张口。

不仅如此,胡耀邦对家乡人也十分苛刻。他曾经给中央办公厅写过一份备忘录,不许他家乡的人向国家要物资、资金和特殊政策。

有一次,家乡浏阳派去一名同他交往甚深的干部请求他弄点化肥,他指着书架风趣地说:"如果你要马列主义,我这里有,但要我给你点什么东西,我这里一无所有。"

后来,县里一些同志去看望他,他向家乡人表示歉意。

家乡人说:"你心里想的是10亿人民,而浏阳130万人是包括在内的,我们理解。"

《澳门日报》曾刊登一篇称赞胡耀邦的文章说:"他严于律己,身体力行,实践了我国先哲梦寐以求的理想情操——先天下之忧而忧,后天下之乐而乐,人民永远爱戴他!"

知己知音

胡耀邦是位性情中人,对战友、对亲属、对百姓、对师友,怀着火一样的热情,大海一样的深情,尤其是对身处逆境,受到不公待遇的落难者,更是关爱备至,成为他们的知己和知音,给他们带来温暖,使他们重新燃起人生的希望,鼓起生命的风帆。

作为过去的团中央第一书记、现任党中央总书记的胡耀邦,对全国8000万上山下乡知识青年的命运极为关心,对他们的处境深表同情。

1982年10月,株洲南方动力机械公司女职工萧芸斗胆上书,请求把下乡知青的农龄改为工龄。时任中共中央总书记的胡耀邦对这封信做了重要批示。不久,知青农龄普查工作在全国展开,从此8000万知青的农龄全部变成了工龄。萧芸颇富传奇色彩的人生历程也开始广为人知。

1965年7月,萧芸与89名知青下放到湖南省湘潭县姜番镇知青茶场。知青茶场解散后,萧芸被分在湘潭县姜番乡老虎岩生产队落户。后来她嫁给了大队支书的弟弟李开彦,生下了女儿后,原打算就在农村度过一辈子,但知青大返城将这一平静打破了。

经过艰辛的努力和焦急的等待,终于在1979年7月传来了好消息:萧芸和女儿的农业户口转成了城市户口,萧芸被招工到株洲市湘江机器厂(现为南方航空动力机械公司)南华幼儿园当老师。

当时大部分回城知青虽然有了一份工作,但在工资级别、住房分配、福利待遇方面都得从头开始。特别是那些下乡插队10多年的老知青,有的在农村成了家,如今拖儿带女,身无长技,干的工种是最差的,拿的工资是最低的。难道知青在农村劳动的成果就这样轻易地被一笔勾销?

知青们聊天时,有人对萧芸说:"你有见识,文笔也好,你代表我们写一封信,要求把我们下乡的农龄改为工龄。我们都在信上签名,如果闯了祸,你坐了牢,你的孩子由我们大伙照看。"执笔写这样的信,萧芸不能不有所顾虑,但后来她还是同意了。1982年国庆节当晚,她几易其稿,终于写好了这封被后来人们称之为"知青福音书"的信。

信中写道:在国家机构几乎瘫痪、生产停顿的动乱时期,我们8000万知青在农村、在边疆,自食其力(不与城里同胞争饭吃、争穿用),身居茅棚(不与城里同胞争房住),荷锄担(不与城里同胞争饭碗),粮棉油里,我们曾经洒下了多少汗水?

令人费解的是:在城里,复员军人的军龄算工龄,家属、闲散劳动力转正前的合同期、临时期算工龄,而作为有组织、有号召、有计划的上山下乡运动的积极参加者——下乡知识青年的"农龄"却被一笔勾销了,这点我们无法理解……

信的落款本是"湖南省湘潭株洲部分老知青",但签名时,有人却露出了迟疑之态。萧芸看着绕了一圈一个名字也没签上的长达4页纸的信,一下子傻了眼。她知道,当时"文革"遗风尚存,大家担心惹祸遭殃。她决定就由自己冒一回险,她把信的落款改为"湖南省部分老知青",加上"执笔人:株洲市湘江机械厂南华幼儿园萧芸"。

萧芸决定将这封信寄给湖南人民出版社《美育》杂志社当编辑部主任的潘运告,他是萧芸当时认识的最大的一个官。寄信之前,她对丈夫坦言,如果出事了,由他提出离婚,以免受到株连。

潘运告接到信后,认为信中所提问题非常重要并带有普遍意义,遂转交湖南人民出版社有关领导,并建议以本社收集的一种社情民意的名义提交湖南省委。出版社党委附了呈辞,加盖印章,此信遂被转到湖南省委办公厅。当时正好湖南省有一批急件,派专人坐飞机到北京请胡耀邦总书记批示,于是这封信又加盖了湖南省委的大印,呈送胡耀邦总书记的案头,成了胡耀邦落实政策中的一件。胡耀邦接此信后,感慨万千,心潮极不平静:成千上万的知青,响应党和毛主席的号召满怀豪情壮志,上山下乡,历经磨炼,返城后却不能算工龄,岂有此理。他挥笔向有关部门批示道:"萧芸的信言之成理,我们应该着手解决。有利于安定团结的事就应果断处理,决不拖延。"

在胡耀邦的关注下,全国8000万知青终于改变了命运,他们上山下乡的时间全部算为工龄。

这封信也改变了萧芸的命运,她因此被调入南方航空动力机械公司党委任新闻干事。后来到《合肥晚报》任编辑,先后写出《疯狂铁汉流浪妻》、《沼泽天使》等长篇出版。

胡耀邦作为中组部长、中宣部长、中央主要领导人,在对知识分子问题上,他旗帜鲜明,又是制定文件,又是讲话、做批示,观点很明确,就是要解放知识分子,把知识分子吸收到工人阶级队伍里来,让他们在社会主义现代化建设中发挥才干。

胡耀邦1980年9月在一封要求为湖南一位眼科专家落实政策的来信上批道:"知识分子的政策落实得很不好。请中组部配合统战部、宣传部、教育部、卫生部、国家科委切实抓紧办。我们现在到处的通病是:讲大道理的多,写规定条文的多,漫无边际的多,发现问题的少,解决问题的少,深入检查督促的少。这个风气各部门一定要认真改过来。"

类似的批示,胡耀邦还做了很多,这里仅举一例,以说明胡耀邦对知识分子问题的重视,对恢复知识分子地位、解决历史遗留的知识分子问题的坚决态度和一片苦心。

早在1979年11月，胡耀邦就在新华社内部刊物登载的一个调查材料上批道：

> 现在，要重用科学技术干部，并且要以这种人才来从根本上改善厂矿企业的经营管理。这个问题，基本上还没有为我们各级组织部门、经济部门充分理解。这个问题之所以没有得到解决，甚至还没着手解决，我看原因有两条：一是习惯势力太大，我们用干部的标准还是老一套，了解干部、物色干部还是从老资格、老党员、老做党委书记的人中兜圈子。这也是干部工作中思想僵化的一种表现。二是对知识分子出身的科技干部的状况不了解，没有直接的考察，心中无数。
>
> 为了彻底解决这个问题，我主张中组部在半年之内，直接考察300个左右的名单直接把这些人提到厂长、总经理这样的工作岗位上去。

1980年，胡耀邦还在新华社一个关于选拔知识分子干部的材料上批示："用新眼睛新标准挑选提拔干部是一场斗争。全党组织部门不首先树立新观点，事情办不好。"

1980年2月，胡耀邦在剧本创作座谈会上，又提到了知识分子问题。他说，长期以来我们对知识分子的看法不对头。对这一部分劳动人民看错了，歪曲了他们的形象，说成是"臭老九"，使他们蒙受了冤屈。粉碎"四人帮"后，我们把这个观念改过来了。新中国的知识分子也是劳动人民，是脑力劳动者，是工人阶级的一部分。现在我们在纠正过去的错误看法和由此产生的错误做法，纠正得有成绩。但是，遗留问题还不少，还要继续纠正，彻底纠正过来才罢休。

落实知识分子政策，本来包括了让优秀知识分子入党的内容。但是，一些单位就是不发展知识分子，甚至有的单位出现了歧视、打击知识分子的怪事。1984年初，《中国日报》一位中年知识分子给党中央写信，反映他长期申请入党，但因对知识分子的种种偏见而无人过问。

这封信摆到了胡耀邦的办公桌上。胡耀邦阅后，在信的空白处写道："请中组部组织局向有关单位询问。入党问题你局要考察典型，加以指导。"

胡耀邦一批示，中组部先是数次去《中国日报》了解情况，帮助那里做好培养和发展优秀知识分子入党的工作，同时派出调查组到各地调查知识分子入党的情况，总结经验，以点带面。在调查掌握很多情况后，年底，中组部举办了"全国发展优秀知识分子入党工作座谈会"。会议表彰了典型，总结了经验，指出了问题。并提出，把发展优秀知识分子入党，作为新时期党的思想和组织建设的重大任务来抓。从此，发展优秀知识分子入党，在各级党委的议事日程上进一步受到重视，一批又一批知识分子不断加入了中国共产党。

胡耀邦还亲自关注一些知名人士的入党问题，解决著名评剧演员新凤霞"入党难"的问题，就是其中一例。

1996年，笔者赴北京中国评剧院采访曾任该院院长的新凤霞，遗憾的是她已半身不遂，不能行走。我只能在电话中采访，请她谈谈胡耀邦是如何关心她的入党问题。电话里传来新凤霞无限激动的声音："我入党的夙愿由于受'左'倾错误的干扰，我多次申请入党迟迟得不到实现。当时院党委负责人认为我爱人吴祖光有历史问题，曾被打成'右派'，说我与他划不清界线，不够入党条件。虽然粉碎'四人帮'已经多年，爱人的'右派'问题也得到了纠正，但持'左'倾观点的人仍然把我置诸党的大门之外。在受到无理阻挠、百般无奈的情况下，我写信问胡耀邦总书记，为何不能入党？他见信后，马上作了批复的同时，亲自找院党委领导谈话。当此人以各种理由刁难、阻止我入党，胡耀邦理直气壮地对他说，像新凤霞这样追求入党数十年的著名评剧演员，我就不相信她不够入党条件。这是一个观念问题，对知识分子的态度问题。最后，他用征询的口吻说：'你们不做新凤霞的入党介绍人，我以一个总书记的身份做她的入党介绍人，行吗？'"

胡耀邦这一"激将法"真灵，他感人肺腑的一席话，说得这位院党委领导人顿开茅塞，心悦诚服。新凤霞的入党问题很快得到解决。新凤霞在电话中深情地对笔者说："是胡耀邦总书记给了我的政治生命，使我永葆青春，为文艺事业贡献出自己全部的聪明才智。"

胡耀邦是科技人员的良师挚友。1983年，针对一些优秀中年科技人员因负担重，工资低，健康恶化，有的中年科技人员"壮志未酬身先亡"的状况，胡耀邦亲自主持召开中央书记处会议，在国家财力困难的情况下，以极大的决心和魄力，决定为贡献突出的从事科研、技术、管理工作的中青年专家优先提高待遇。根据这一决定，中央组织部等部门制订了具体实施意见，国家科委从1984年开始在全国选拔了1300多位拔尖的中青年科技人才，为他们破格提高了工资，改善他们住房、用车和医疗保健条件。这一措施，保护了我国一批一流的中青年科技专家，加速了我国尖子人才的成长和脱颖而出，促进了科技事业繁荣。

胡耀邦与科技人员的心息息相通，他对科技人员的意见和要求总是虚心倾听，切实办到。1985年，当他听到一些科学家希望能长期与中央领导同志会面，以对国家的科技事业发展提出意见和建议时，立即接受了这个建议，随即和中央其他领导一起，在中南海勤政殿接见了国家发明一等奖获得者、北京航空青年教师高歌等6位有重大贡献的科技人员，会见持续3个多少时，胡耀邦谈笑风生，与大家亲切交谈，谆谆勉励。合影时，胡耀邦对身边的高歌说："年轻人坐中间，你们对国家贡献大理应受到尊重。"说得大家一股暖流涌遍全身。

胡耀邦对著名数学家华罗庚的关爱，早已传为美谈。

20世纪60年代初，爱国之心驱使着华罗庚密切关注着国家的经济状况。他从数学的角度已经觉察到我国的经济管理制度中存在着某些弊端，如果不采取严密的科学方法改善管理，将会造成重大损失。为了推进社会主义建设，他日夜执笔，写下了一系列手稿。其中"统筹法"和"优选法"，付诸实践，取得不小成就。然而，老科学家耗费心血写下的这些手稿，在十年浩劫中荡然无存。他内心的痛楚是不言而喻的。

党的十一届三中全会的春风，吹暖了这位数学家的心。华罗庚觉得有责任把自己关心从数学的角度加速国民经济发展的一些想法，向党中央陈述。经过周密、认真的思考，他虽疾病缠身，住进了北京医院，但他不顾这一切，于1982年3月22日晚上，临纸命笔，给胡耀邦写了一封长信。收信仅仅过了3天，胡耀邦就给他复信。老科学家激动得念了一遍又一遍，感到自己又增添了新的力量。虽然医生要他闭门养病，但他的心却沉浸在四个现代化事业之中。

胡耀邦的信是用毛笔写的，苍劲有力，情真意切。信全文如下：

罗庚同志：

你3月28日给我的信，几天前我就看过了，因为忙于应付其他的事，没有及时回信，非常抱歉。

你信上谈到的许多看法是很对的，我已经把你的信转给了方毅、李昌、卢嘉锡同志，请他们重视你的这些见解。

至于你谈到你今后的打算，我倒有点不放心。几十年来，你给予人们认识自然界的东西，毕竟超过了自然界赋予你的东西。如果自然界能宽限你更多的日子，我希望你能把你一生为科学而奋斗的动人经历，以回忆录的形式写下来，留给年轻人。你那些被劫走失散的手稿中的一些最重要的观点和创见，能不能夹在其中叙述呢？完成了它，我认为就是你在科学上的超额贡献了。

科学的门路非常广阔，但科研功夫必须非常坚实。我们这些门外汉并不反对有些同志继续作纯理论性的研究，去探索还没有为人类认识的新领域、新原理。但我们希望更多的同志投身到新技术、新工艺攻关的行列中去，从而把我国的四个现代化推向前进。

我没有看过《圣经》。前些天偶然看到一本小册子上引用了它上面的一个故事：古代巴比伦决心建造一座通天塔。这件事触怒了上帝。上帝使这些梦想上天的人内部不和，在如何建造通天塔的问题上争吵不休。结果，使这件事成了泡影。

现在，中国人接过了巴比伦人没有实现的理想。那个愚弄巴比伦人的上帝又不存在了。中国的科学工作者们能不能齐心协力、团结一致地为这个工程而奋勇献身呢？如果能，我以为，它的成功，是可以计日而就的。

写长了，有机会再面谈。

祝你

研安！

胡耀邦

1982年4月1日

华罗庚一遍遍地捧读胡耀邦的复信，激动不已，暗暗下定决心，一定在有生之年按耀邦同志的要求集中力量干三件事：继续致力于为经济建设服务的应用数学；再做一些数学理论的研究；尽快把十年内乱中丢失的手稿重写出版，以期早些有益于经济建设。

科学家们深深感到中华民族大有希望，古代巴比伦人建造通天塔的理想一定会在中国人手中实现。

胡耀邦与作家们更是情深谊笃。他有一批作家朋友，他不仅关心他们的生活、身体，更关心他们的作品和写作，鼓励他们多写无愧于时代的精品力作。

按照目前中国人的习惯，称呼有一定官位的人物都得带上头衔。如果某人姓李，职务是副局长，那就得称之为"李局长"，"副"字绝不会念出来，以免对方不快。可是作家们称呼胡耀邦却不受这些陋习束缚，人人直呼其名"耀邦"。

著名作家梁信的电影剧本《赤壁大战》已经完成，国家准备投资1000万元人民币，由谢晋执导。这是中国有史以来规模最大的一部影片。梁信欣然地对人说："耀邦看了剧本，写信告诉我，他很欣赏。"

胡耀邦关心作家刘绍棠更是感人至深。1957年刘绍棠被打成"右派"，同时被开除党籍。当时他在团中央工作。在刘绍棠即将去老家大运河边的儒林村"接受改造"时，胡耀邦找他谈了一次话，对他进行精神鼓励，语重心长地说："刘绍棠，你要经住各种严峻的考验，在逆境中愈挫愈坚，20年后还是一条好汉！"刘绍棠从此在大运河边的农村安下了家。当初他对胡耀邦的临别赠言颇不以为然，他认为自己最多改造5年可改变厄运，重新开始他的写作生涯。可是他在农村整整20个春秋，果然被胡耀邦言中。

刘绍棠在儒林务农期间，他与曾彩美的婚事是在胡耀邦的直接关照下成功的。当时，刘绍棠请求结婚的报告，也是胡耀邦加改了字句才正式送上去的。1977年春天，刘绍棠在儒林村，得知胡耀邦任中央党校副校长的消息以后，萌生给他写一封信的念头。他写了信并寄了出去。6月中旬的一天，邮递员将一封黄色封面的信件交给了刘绍棠，里面是一封毛笔写成的信函，字迹正是他极为熟悉的胡耀邦字体。

十六 公仆本色

绍棠同志：

……

从你的信上，我似乎察觉到你想问问，对于你的那个长篇创作组织上将抱什么态度。我先来试着解答你的请求。我不清楚你写得怎么样，无非是三种情况：一是毒草，二是一般东西，三是很好看的香花。第一种我估计是不会的。但第二和第三种都有可能。怎么鉴别是第二种和第三种情况呢？这不能靠组织扶持、介绍，而是靠广大读者去鉴定。你自己的东西，千万不要请什么名人吹捧、介绍，而是要请普通读者、青年评定。如果评不上，就再加工，如果加工无望，索性重来。如果你决心要为后代留下一份或几份革命的精神食粮，你就要决心奋斗下去，直到人们公认你是真正创作了这种有时代意义的精神食粮才算数，否则，都是靠不住的批准。

……

胡耀邦
1977年6月8日

事隔一年以后，刘绍棠的命运终于出现了转机，胡耀邦的秘书专程到运河边来接他。作为当时的中组部部长，胡耀邦正负责着全国的平反冤假错案的工作。胡耀邦从百忙中抽出时间会见了刘绍棠，并亲自请他吃饭。吃饭时，胡耀邦为刘绍棠斟了一杯西凤酒，深情地说："绍棠同志，有希望了！中央正在考虑为1957年反右斗争中错划成右派的同志平反。你写个报告吧，千万不要写得太长，二三百字，最多不要超过500字……你哪里是什么右派呀！"刘绍棠当时听了这句话真想落泪。可是在胡耀邦面前他还是忍住了。吃了饭以后，他一个人站在大街上哭了起来。不久，刘绍棠等人平反并恢复党籍的消息公开发表在报纸上。也就是从那一年开始，刘绍棠回到了北京，任专职作家。由于20年的生活积累，刘绍棠一旦操起笔来，文如泉涌，一发而不可收。随着《地火》、《狼烟》、《春草》三部长篇作品的问世，他又用3年的时间，一口气写出了《瓜棚柳巷》、《渔火》和《蒲柳人家》等27部中篇小说。从1980年至1983年，刘绍棠每年都写出了7部中篇和1部长篇。

1984年盛夏，刘绍棠正在忙于为吉林人民出版社写一部以大运河为题材的长篇时，忽然传来了一个消息：在当年即将召开的全国人民代表大会上，将要任命一位新的文化部部长。有关部门考虑到刘绍棠具有多种优越条件：年富力强，当时只有48岁；党龄较长，31年，并且受过迫害，坚决拥护党的十一届三中全会精神；大学学历，有相当的文化创作成果；群众关系好，密切联系群众等等，符合选择干部的革命化、专业化、知识化和年轻化的标准，所以内定刘绍棠出任文化部长一职。可是刘绍棠却认为自己不适合于这样的安排。刘绍棠此时将他的全部身心都融化在他所神往的大运河上，那里有他人生中最为难得的感受。为了推辞掉这一可能发出的任命，刘绍棠想来想去，连夜给胡耀邦写了一封信。在这封长达3000字的信中，刘绍棠直言不讳地说："凡是带'员'的虚职，多大都敢当；凡是带'长'的实职，多小也当不了，哪怕是只管两个人的小组长。"

刘绍棠这封情深意真的"辞官信"送到正在北戴河的胡耀邦手中，他马上在刘绍棠的来信上做了认真的批示。他知道没有什么比能有充分的时间进行创作对刘绍棠更重要的了。他认为人各有志，人尽其才，发挥一个知名作家的才能，不比当部长的贡献小。于是他同意了刘绍棠的意见，并将刘绍棠的这封"辞官信"批复给有关部门处理。

胡耀邦在中共中央书记处会议上首先提出给予作家创作自由，他尖锐地指出，中央对文艺工作的领导存在"左"的偏向。胡耀邦的话，不知催落了多少作家的热泪！更使作家感到贴心的是，胡耀邦建议要改善作家的生活。

他对某些作家说:"要提高作家的生活水平,稿酬要高一些,工农的收入都翻番了,你们还是白衣秀才,既清高又清贫。"作家听到此言,无比欣喜,齐赞:"耀邦是我们的知己。"

1985年7月,中共中央总书记胡耀邦,得知诗坛泰斗臧克家身体不适,便托工作人员送去新鲜的荔枝,以表中央领导人对一位文坛巨子的深切关爱。臧老尝到甘甜可口的荔枝后,不禁浮想联翩,欣然命笔,挥就了一首七绝。此诗一直未发表,直到胡耀邦逝世才见到。他将谢诗寄去后不久,胡耀邦给他写了一封意味深长的复信,勉励他为党的文学事业发挥余热。笔者衷心感谢臧老夫人邓曼女士和其爱女郑苏伊同志,当笔者去采访她们时,母女俩将谢诗和复信分别复印给我。

臧老在《谢耀邦同志赠荔枝》一诗中云:

百颗荔枝到眼前,纷纭思绪绎无端。
胸怀大计知多少?眷顾情高记分甘。

胡耀邦很关心老作家柳青,两人经常坦诚交谈。有次胡耀邦与柳青约好会面的时间,但他突然病了,住院前还专门拜托胡克实代表他款待柳青。一次柳青和女儿专程到富强胡同去看望胡耀邦,两人畅谈了一个下午。胡耀邦谈到再不能发生"文化大革命"那样荒谬的倒行逆施,为此必须要为建立社会主义的民主与法制而斗争。胡耀邦的理想、气魄、胆识和追求,使柳青极为佩服。临别时,胡耀邦送柳青出门,关心地问道:"你怎么来的?"柳青答:"坐车来的?"胡耀邦又问:"车呢?"柳青指了指放在墙角里的自行车。原来是女儿可风用自行车把他推来的。胡耀邦感慨莫名,心想:作家多清苦。于是立即叫司机把自己的用车开出来,送柳青回家,还要柳青的女儿可风把自行车放在轿车后面。他交代司机:"把老作家父女平安送到家。"

他站在门口，目送轿车消失在暮色苍茫之中。

著名作家杜鹏程在北戴河团中央疗养所度假，恰遇胡耀邦在那里，两人交谈大半天，互吐旧情，胡耀邦用茅台酒招待杜鹏程。消息传到陕西，作家们深受鼓舞。

胡耀邦十分尊重作家的劳动，深知写作的甘苦。长篇历史小说《李自成》第三卷出版以后，引起强烈反响，广大读者都急待第四、五卷出版，催促作家姚雪垠尽快写出来。一次在北京新侨饭店的聚会上，胡耀邦见到了姚老，他紧握姚雪垠的手，问长问短，询问他的身体和写作情况。当得知他每日凌晨两点起床，开始构思、写作《李自成》时，胡耀邦深情地说："要保重身体，按你自己的规划进行。我虽然很着急，等着看《李自成》的下两部，但我还是希望你不要受外界的影响，不要急，不要赶，从容写作，质量第一，身体要紧，不要打疲劳战。"胡耀邦的肺腑之言，使姚雪垠感激莫名，连声说："谢谢，我会牢记耀邦的嘱咐。"

胡耀邦与世界围棋冠军聂卫平，算得上是忘年交，聂卫平深感胡耀邦是那种"先天下之忧而忧，后天下之乐而乐"的人，对他的人格佩服得五体投地。胡耀邦认为聂卫平为国争光，不仅是"棋圣"，而且是"酒仙"。两人交情甚笃，而且是围棋搭档，留下动人心弦的佳话。

1985年经著名画家范曾的介绍，聂卫平加入了民盟。时任总书记的胡耀邦从《人民日报》上看到这条消息，马上打电话把聂卫平叫去，一见面就开门见山地问："你怎么不入共产党而入民盟呢？"

聂卫平直截了当地回答："我多次写过入党申请书，可没人理我，而民盟对我非常热情主动。"

胡耀邦神色凝重，若有所思，沉吟片刻，对他说："按党章规定，加入民盟的同志也可以入党，共产党的大门随时向优秀分子敞开，你应该争取入党呀！"

胡耀邦在北京郊区同参加植树的解放军战士亲切交谈

不久，聂卫平向党组织再次写了申请书，很快成为共产党的一员。

聂卫平深情地回忆说，胡耀邦是位很重感情的人。他曾送给我一瓶茅台酒。聂卫平舍不得喝，便珍藏起来。他向足球界人士许愿，如果中国队冲出亚洲，在世界杯大赛中获奖，他就拿出这瓶国酒为中国队庆功。可惜多少年来，一次次冲击世界杯未果，这瓶酒一直保留着。有人要出100万元买下这瓶酒，聂卫平没有答应，感慨地说："这瓶酒的价值何止100万，它是无价之宝啊。但愿有一天，我能拿出这瓶酒，代表胡耀邦和自己为中国足球队庆功，了却我们这片心意！"

1988年8月，胡耀邦在烟台休养，聂卫平利用比赛的间隙，前后两次到烟台陪胡耀邦，一共住了两个多星期。此时胡耀邦的身体不太好，已明显消瘦，炎夏酷暑，他却说他有点怕凉，所以空调总是不开。

吃饭时，聂卫平和胡耀邦、杨勇的夫人林彬、耀邦夫人李昭相对而坐，因为空调不开，大家感觉热得难受，但也只能忍着，因为胡耀邦感到开空调就受不了。过去胡耀邦吃饭时喜欢和入席者谈谈话,从不提前离开。而这次他吃饭特别快,吃完后便走开。原来他考虑到他一离开,就可把空调打开。从这件小事上,可见胡耀邦时刻想着别人,怎不令人肃然起敬。

十七　高风亮节

为人风范

　　胡耀邦反对搞个人迷信，反对把人当成"神"，反对搞个人崇拜。他自己更是胸怀坦荡，虚怀若谷，从不喜欢宣传自己。作为党的总书记，他殚精竭虑，呕心沥血，为建设具有中国特色的社会主义作出了不可磨灭的贡献，深受党和人民爱戴。但他从不居功自傲，始终把自己看成是人民的儿子，始终把全心全意为人民谋幸福视为自己的神圣职责。

　　胡耀邦被选为党的总书记以后，强调反对个人崇拜，这不仅是出于个人的谦逊，而是他认为这是马克思主义的一个原则——领袖与群众的关系问题。他说到做到，身体力行，做出表率。

　　1981年6月，胡耀邦在十一届六中全会上当选为党的主席。闭幕以后，他立即找新闻单位的负责人开会，他希望各新闻单位特别注意，千万不要宣传他个人，要注意宣传党中央集体领导，要注意宣传邓小平、陈云等老一辈革命领袖。果然，在六中全会以后，他提出修改党章，取消了党的主席，设立党的总书记，他在一年以后被选为总书记。

　　胡耀邦审阅后批准刊登在《人民日报》1981年8月14日理论版上的《要

认真杜绝个人崇拜》一文，表明了他对这一理论认识和实践的决心。

这篇文章结合总结我党历史经验，从马克思主义的理论高度来阐明个人崇拜的严重危害。文章引用了马克思反对个人崇拜的论述和列宁反对个人崇拜的事迹，增加了此文在理论阐明和实践启示方面的说服力和感染力。文章认为要有效地反对个人崇拜，不仅应该强调我们党要有一个反对个人崇拜的马克思主义的唯物主义认识论，而且要强调："反对个人崇拜也不能仅限于宣传，必须改革党和国家的领导体制，改变个人集权制。"

落实到当前的政治体制改革，文章提出："为了改变突出个人的权力结构，首先废止干部领导职务实际上存在的终身制和指定接班人的做法；党政必须分开，在党内严格实行民主集中制，将权力集中于领导集体，而不是集中个人；在国家政治生活中，要健全人民代表大会制，切实保障人民行使选举、罢免、监督的权利，逐步实现马克思所说的'人民管理制'，即在共产党领导下，由人民群众直接参与经济、政治、文化的管理。"

文章提出的这些具体措施，都切中时弊。所以胡耀邦对这篇文章的评语是："总的说来写得不错，使人读了有启示。"

文章发表之前，作者将原稿送给胡耀邦征求意见，胡耀邦审阅了全文，又进行了修改删节。之后，他于1981年5月30日给作者写了一封回信。信的原文如下：

> 遵嘱，我把你要我看的文章，在主要之处"批改"了一番。
> 首先，我认为原来题目《不要搞新的个人崇拜》不很好，可能引起人们作一些不必要的猜测，当然，我改的也不一定好，还可再考虑。
> 其次，从第一页第三段到第三页的末段前，我通通砍掉了。这是我的主要意见。因为这一大段写的东西，去年我们在党的内部会

上都谈过了，解决了。如果现在再以个人名义在公开场合端出来，会使人感到势头很大，要搞什么运动，特别是向这么多人算过去了的帐，既不符合我们党的批评宗旨，也不利于团结起来向前看的目的。因此，不要写。同时，不写并不会使文章减色。这倒是我要坚持的看法。至于如何接下去作文章，我改的看来也不很顺当，请你自己再斟酌。

从第三页末段以下，总的说来写得不错，使人读了有启发。当然个别地方还可表达得更周全一点。请你自己或者再听听其他同志的意见后再修饰修饰。

修改后我赞成在哪一个报刊发表。但是否一定要争取在党的下一次全会之前，那倒不一定。因为我们的下次会，不但不会再突出清理这个问题，而且我们的整个指导思想，仍然是完全平心静气地总结经验，完全是为了更好地团结起来面向我们伟大的未来。这一点是应该向我们的同志反复说的，要求大家切实把握好的。

胡耀邦
1981年5月30日

胡耀邦在文中删去的一大段有1000字左右，主要内容是批评在"四人帮"倒台后，中央的某些领导人在"两个凡是"的思想指导下，大搞对华国锋主席个人崇拜的错误表现。胡耀邦谨言慎行，将这一段删去可见他从全局出发、善待同志的品格。

可是万万没有想到，这篇文章发表后，却受到一些人的严厉批评，从此埋下了祸根，这是后话。

全国解放以后，胡耀邦曾在川北集党、政、军权力于一身。他任总书记时，得知《川北日报》正在编报史，他专门批示说，讲川北历史不要突出我个人的作用，个人作用任何时候都是第二位的东西。他又说，如果只突出写某个人或几个人，并且夸大他们的作用，那就歪曲了那个时期的历史真实。

1986年7月在北戴河办公期间，胡耀邦主持拟定十二届六中全会《关于社会主义精神文明建设指导方针的决议》文件，几经修改后，他首先让秘书送呈邓小平审阅，听取小平同志的意见。在邓小平审阅期间，他非常焦急地期待邓小平同志的指示，几乎每天都打听小平同志看过了没有，有什么表示没有。在邓小平看完文件通过秘书王瑞林将意见转达胡耀邦之后，他立即召集起草小组开会，根据小平同志的意见对方针一一进行修改。

9月22日，田纪云、胡启立、朱厚泽（当时任中央宣传部部长）乘坐胡耀邦的专列从北戴河回北京，途中胡耀邦约田纪云、胡启立、朱厚泽聊天，在谈到邓小平的丰功伟绩时，他说：毛主席在民主革命时期，即在全国夺取政权之前，确实很伟大，不仅领导中国人民夺取了政权，而且写了许多马克思主义的光辉著作，像《实践论》、《矛盾论》等都是这个时期写出来的。但是，毛主席在新中国成立之后，特别是60年代之后，逐渐与实践、与群众脱离，毛主席很难再写出很系统的、很有深度的文章了，常常是三言两语，大家又都把它作为最高指示，因此工作上导致许多错误决策。相反，小平同志就有所不同，他虽然年过八十，但思想不僵化，适应形势的发展，提出了一系列新的指导方针，诸如拨乱反正、工作重点转移、改革开放、干部年轻化等等，都是小平同志在新形势下做出的重大决策。他又说，小平同志不愧为毛泽东事业的伟大继承者，他的思想是发展了的毛泽东思想。

围绕加强社会主义精神文明建设的问题，曾经展开了一场激烈争论，在此关键时刻，胡耀邦及时向邓小平汇报，两人配合默契，达成共识。

1986年9月28日，在讨论关于社会主义精神文明建设指导方针的决议草案时，对决议中要不要写"反对资产阶级自由化"，邓小平发表重要讲话，他指出："反对资产阶级自由化，我讲得最多，而且我最坚持。自由化实际

胡耀邦会见美籍华裔物理学家杨振宁

上就是要把我们中国现行的政策引导到走资本主义道路。这股思潮的代表人物是要把我们引导到资本主义方向上去。我们搞的四个现代化有个名字，就是社会主义四个现代化。我们实行开放政策，吸收资本主义社会的一些有益的东西，是作为发展社会主义生产力的一个补充。搞自由化，就会破坏我们安定团结的政治局面。没有一个安定团结的政治局面，就不可能搞建设。自由化本身就是资产阶级的，没有什么无产阶级的、社会主义的自由化，自由化本身就是对我们现行政策、现行制度的对抗，或者叫反对，或者叫修改。所以我们用反对资产阶级自由化这个提法。管什么这里用过、那里用过，无关重要，现实政治要求我们在决议中写这个。我主张用。"[1] 他还强调：反对自由化，不仅这次要讲，还要讲十年二十年。这个思潮不顶住，加上开放必然进来许多乌七八糟的东西，一结合起来，是一种不可忽视的、对我们社会主义四个现代化的冲击。

---

[1] 中共中央文献研究室编：《邓小平年谱（1975～1997）》（下），中央文献出版社2004年版，第1141～1142页。

其后,《中共中央关于社会主义精神文明建设指导方针的决议》获得通过。

胡耀邦当选为总书记以后,频繁露面的机会非常多,但是他一直不让舆论报道宣传自己。

1981年9月,《华北电力报》通讯员给《工人日报》寄来一篇题为《胡耀邦同志和我们一起打扫卫生》的稿件。文章记述13名通讯员去中南海参观,看到10位中央领导正在瀛台东岸打扫卫生,当中有胡耀邦,不由得也主动参加了劳动队伍。劳动结束后,胡耀邦还和他们亲切交谈。文章内容生动,《工人日报》的同志很想发表,但是胡耀邦得知后却说:"现在千万不要报道,等中南海在卫生方面真正成为全国表率时,同意作历史资料用。"结果,文章没有发表。

1986年,他与田纪云副总理视察甘肃。车子从兰州出发,一路颠簸,但是,每到一地,他总是不顾旅途疲劳,找来当地干部群众,亲切交谈,仔细询问生产生活情况。

甘肃省新闻单位想宣传他的视察活动,但被他拒绝。

甘肃省领导亲自替记者们说情,然而胡耀邦还是不松口。直到他临离开甘肃回北京的头天晚上,省委书记李子奇又向他反映,总书记到甘肃来过几次了,可田副总理还是第一次来,我们甘肃的报纸不报道不好嘛!再说总书记在我们甘肃跑了这么多地方,许多讲话精神不让群众知道也不行嘛!

经再三请求之后,胡耀邦总算同意了,但他一再叮咛说,报道尽量发简单些,千万不要突出我的活动。

1984年4月30日,胡耀邦主持召开政治局会议,就前不久中央书记处和国务院召开的沿海部分城市座谈会提出的关于开放沿海港口城市的建设,做了最后的决定。原先建议只提出13个城市,胡耀邦在会上建议再加上北海,获得政治局会议通过。后来胡耀邦到广西南宁视察,有一位领导对他说:

"广西北海人民非常感谢你,是你提出把北海列入开放城市。"胡耀邦谦虚地说:"这是中央集体决定的,不是我个人的功劳。"这位领导又说:"开始只有13个城市,是你把北海加上去的呀!"胡耀邦严肃地说:"是中央集体决定的,不能记在个人功劳簿上。"

胡耀邦的书法笔力雄健,字体潇洒豪放,书艺造诣很高,很有大家风范,但是他的题词并不多,有时即使题了词,他也不留姓名。他出任总书记后也是如此。

北京顺义共青林场成立时,胡耀邦与首都10万青少年一道栽下了一片林木,并特意为林场题写了不留姓名的场名。后来,林场更名,他的题字不幸丢失了。1984年,林场又请已任总书记的胡耀邦写场名,他再次欣然提笔。同样,这一次,他依旧没有留自己的名字。

1985年,他应邀为新建的"北京青年运动历史群雕"题了字,还是没留姓名,并且一再嘱咐身边的同志,不要过多宣传他题字的情况。

胡耀邦平易近人,宽厚待人,关心他人比关心自己为重,时刻为别人着想。

1984年1月8日至9日,胡耀邦一行莅临怀化地区麻阳县和溆浦县视察工作,总书记的一言一行给怀化人民留下了美好的印象,他严于律己的作风在怀化人民中间久久传颂。

视察中他轻装简从,他派专人交代当地党政领导不要专程迎接,可在招待所等待。胡耀邦对自己要求十分严格,无论就餐、购物,都要照价付款,丝毫无犯,表现了人民领袖的崇高品德。在麻阳视察工作时,麻阳县委的同志拿出麻阳特产"冰糖橙"给胡耀邦一行品尝。他开始说怕酸,吃了一个后,频频点头说:"很甜,不酸。"为了表达对胡耀邦的敬爱之情,也为了扩大"冰糖橙"的知名度,麻阳县委特意送他一点冰糖橙,请随行人员转送。胡耀邦到溆浦知道这件事后,他马上拿出现金,交给溆浦的同志,并一再叮嘱，一定要转交麻阳县委。在场的人无不为之感动。

从溆浦县城前往桥江机场的途中，前面的警卫车压死了一只鸡。按照交通规则，公路上压死鸡鸭等家禽是不负赔偿责任的。到机场后，胡耀邦听说了这件事，再三嘱咐溆浦县委的同志：一定要照价赔偿。经查实，被压死的鸡是麻阳水乡哑塘村村民舒清福的，当老舒收到县里送去的赔偿款时，十分惊奇地说："汽车压死鸡是不要赔的，今年我家的好几只鸡被汽车压死了，都没有赔偿，你们也不要赔偿。"前去送赔偿费的同志解释："我们是遵照胡耀邦总书记的指示给你们赔偿的。"舒清福激动得连声说道："感谢总书记，共产党的总书记真是人民的好领袖！"

1984年4月上旬，胡耀邦专程到鄂西土家族苗乡做了为期6天的考察访问。8日下午，他由来凤县北上到利川县后，由于连日的长途跋涉，随行者都感到十分困倦。若按原定计划，若继续东进，经野三关，出鄂西到当阳，还有500多公里路程，足足要走两天。考虑到总书记身体过于劳累，有的同志建议改变原计划，返回恩施，乘飞机去武汉。这样可以减少一多半的里程。州委的同志也一再劝说：野三关的住宿条件差，在那里住宿不方便。胡耀邦还是没有同意。他说，多走些地方，多做些调查没有什么不好，西藏我去过，西北高原我去过，为什么野三关不能住？鄂西是老、少、边、穷地区，要关心，要扶持，多看看有好处。

就这样，9日下午5点多钟，胡耀邦在当天乘车走了300多公里路程之后，住进了野三关区招待所。这时，大家又累又饿。省委、州委的同志建议，立即让总书记休息，不再安排活动。但胡耀邦却说：我不休息，明天就要离开鄂西了，还是抓紧时间谈谈。于是他就带头走向二楼会议室，听取巴东县委负责人的汇报。

区招待所是一栋二层楼的木板房，房屋陈旧，设备简陋，只要稍一走动，整个楼板就发出嘎嘎的响声。胡耀邦有步行锻炼的习惯，他向自己提出了一个严格的要求：每天步行一万步。他腰间系着一只计步表，准确地记录着步行的步数。他一天步行两次，有时三次，一万步一步不能少，只能超过。即使在外出视察工作时，也不放松步行锻炼。到青藏高原时，他仍然每天坚持步行一万步。有时在乘汽车途中，他也要下车步行一段。

那天晚上，胡耀邦为了减轻在楼板上散步发出的响声，不影

胡耀邦与恩师喻科盈合影

响住在左右房间和楼下同志的休息，他将习惯散步的时间提前，而且换上了布拖鞋。尽管他下脚起步都很轻、很慢，但楼板还是发出了嘎嘎的声响。他身边的工作人员提醒他："楼下有人住着，你散步走得楼板响，还是会影响别人休息。"他立刻停止走步，问道："这楼板不是夹层的吗？"当工作人员告诉他是单层楼板时，胡耀邦马上略带歉意地说："对，不能影响他们休息。"说着就立即停止了锻炼。作为一位总书记，为了不影响别人休息，宁愿改变自己的锻炼习惯。

胡耀邦作风民主，平等待人，凡是去过他家或与胡耀邦接触过的人，都十分感动地说："没想到耀邦那么大的官，却一点官架子也没有。"即使当

了总书记，人们还是称他"耀邦"、"耀邦同志"，大家觉得这样更亲切，彼此没有什么隔阂。

凡朋友到他家串门、拜访，不管是什么职务还是一般工作人员，每当到吃饭时他都要留下大家吃饭，而且和大家边吃边谈。有次来访的是一个普通工人，和胡耀邦同桌吃饭，开始显得有些拘束，胡耀邦就风趣地说："你们是工人阶级嘛，向工人阶级学习嘛，同工人阶级一起吃饭，我感到光荣！"紧张的气氛顿时消失，餐厅里洋溢着欢声笑语。

海纳百川

胡耀邦胸怀宽广，能虚心听取来自各方面的意见和呼声，从谏如流，真正做到闻过则喜，兼听则明，具有见善而从，从善如流的人格魅力。他认为，一个人的革命经历中，不可能事事正确，保险无误，"君子之过，如日月之蚀"，问题是能不能做到勇于认错，知错就改。他常说："我们不能将错就错，要正视错误，善于改正。"正因为这样，人们不论职务高低，都乐于和他交朋友，敢吐真言，坦诚相告，当面提出。

曾被错划为"右派"的新华社高级记者、《胡耀邦和平反冤假错案》一书的作者戴煌，在胡耀邦逝世10天后，无限感慨地回忆了10年前的一件往事：

1979年6月13日午夜，戴煌刚刚搁笔而眠，就听见一阵紧急叩门声。来人是新华社国内部政治组的赵永西。他急促而简短地转达社长办公室的电话说："耀邦同志约你明天早晨7点前往他家里去，磋商修改中纪委会议新闻的事，总编室要我陪你一道去。"

戴煌不禁一惊：耀邦看稿子竟看得这样快！

几个小时前，他在中纪委副书记魏文伯那里研究修改这篇稿件的时候，魏老的秘书说，耀邦来了电话，他也很想看看稿件，因为稿中也提到了他的讲话。当时已暮色苍茫，想来耀邦接到稿件是晚上八九点了。此时刚午夜，他不但细细地看了稿件，还给新华社来了电话，约他次日一早就去。这种夜以继日的工作干劲，以及对新闻工作的高度重视，真叫人叹服！

次日早上他们的车子按时开到胡耀邦的住宅前。

这是一栋陈旧的四合院，花砖地面，正中铺着一块长方形的褪了色而又有些小窟窿的灰黄色旧地毯，靠北墙的一边放着一套破旧的旧沙发和一张长茶几，靠玻璃窗下，搁着一把有窟窿的藤椅和一张掉了几块漆皮的黯赭色写字台。这就是当时中共中央政治局委员、中共中央秘书长和中纪委第三书记胡耀邦家的客厅。

出来接待他们的秘书告诉他们，耀邦同志正在加快速度喝稀粥，请他们稍候。

不一会儿，胡耀邦来到客厅，他与大家握手问好，随手掏出一包启了封的香烟，放在沙发前的茶几上，请大家随意抽。

当他坐在那把破藤椅上开始谈话时，首先说他8点15分就要去中南海，参加8点半的中央办公例会。所以要求谈话要简洁扼要，快刀斩乱麻。

在整个谈话中，他一会儿离开藤椅，一会儿坐下，一会儿在地毯上来回走动，丝毫没有那种故作经纶满腹、"运筹帷幄"的架式。

谈话的重心是关于党的当前中心工作问题。他说："把国民经济搞上去，是个很重大的中心任务。一切都要围绕这个中心转。这个中央的报告，面很宽，中心还不够突出，下面的很多同志又往往只看到自己眼前的任务，所作出的许许多多的规定就妨碍和冲击了总任务，可他们还自认为这是很正确的。"

"这就是分散主义！"胡耀邦离开了藤椅，用力地挥了一下手，加重语气说。

"不错,有许多确实是中央过去的规定;但也得要看看这些规定是哪一朝哪一代的嘛,不能刻舟求剑嘛!"他又笑了,"更何况,过去中央的许多规定,也有不少不是实事求是的,也有错误的哩。

"我们要革命,就得改革。不但经济体制、财政体制要改革,干部体制也要改革。各行各业的许多规章制度又适应不了这一形势,不改革还得了?

"我建议你们写有关评论和稿件的时候,最好能突出这一点,并希望整个新闻舆论界都协助中央解决这个大问题。"

他回到写字台旁,拿起了戴煌写的那篇送审稿,说:

"对于中纪委开会的消息,国内外的读者会十分注意的。有许多问题,在内部讲,实事求是,就事论事地讲,没有什么关系;如果发消息,公开于国内外,就要讲得完整一点。所以我建议你们把稿子充实充实,改一改,最好把会议上强调的两个中心,改成一个中心,改成整顿党风是为了使全党更

胡耀邦在长沙参观岳麓书院时,挥毫题写"尊重知识"四个大字

好地为四化大业齐心协力。另外，要着重讲对现在的问题从严，对过去的问题从宽，不知你们以为如何？"

他微微笑着，环视着在座者，等待大家的回答。

新闻记者毫不忌讳地提出："我们写的是中央纪委常委扩大会议的消息，在整个会议上，所有发言的同志，几乎都把整顿党风与大搞四化当作全党当前两个中心工作来提的。如果按照你所讲的这些重新改写，而且仍然以会议新闻发表，那么参加过会议和看过会议材料的同志，就会说当时的会议上并没有这许多内容，而是新华社记者加上去的。若如此，这不符合新闻真实性的要求。请你考虑考虑：是否可以，会议新闻归会议新闻，只是适当地修改一下，另外再加发一条你刚才对我们的谈话，你看行不行？"

胡耀邦没有立刻回答。他低着头，背着双手，在地毯上来回踱步沉思。大家担心刚才的话，会不会伤了这个中纪委书记的面子。他沉思片刻，突然停下脚步，转身向大家挥手，高兴地说："对，你们说得很对！干脆，连会议新闻也不发了。但是，我刚才讲的这些意见，也可供中纪委的同志们参考。可我一时来不及说，请你们帮我转达一下，怎么样？"

随后，他又谈到对经济调整、社会就业、思想工作等问题的许多见解，越谈兴致越浓。

当谈到思想工作问题时，他说："关于思想倾向，三中全会以后，理论务虚会以后，有些小小风波。依我看，'左'的思潮，右的思潮，都没有什么了不起，因为这都是难免的。人的思想哪能都一样？

"所以，当前，在下面的思想斗争比较激烈的时刻，我们要防止一种倾向掩盖着另一种倾向。讨论，弄清是非，我赞成；但不要重新出现搞得很紧张的局面。对'反对'什么思潮的提法要谨慎。

"所以，理论讨论要降调，不能不断升级，这也许不会再有了，但我要提请你们注意。

"过去许多人不自觉地搞极左。这不是单方面的,而是水涨船高,魔高道也高,互相争比上去的,越'左'越'革命'嘛!"

听到这里,大家会心地笑了起来。

"好了,我要去开会了。"他向大家伸出了手说,"以后有什么问题,我们随时可以再讨论。"

这时,墙上的挂钟正好指向8点1刻。

戴煌回忆说:"胡耀邦同志真正平易近人,平等待人,同志式的无拘无束商讨,而不是居高临下的发号施令;对我们的不同意见,他认真地做了思考,相当的尊重,最后收回了自己的意见,而不是神圣不可侵犯的'我说了算';他由于太忙碌,竟十分信赖地要我们帮他向中纪委转达他的新见解,而不像另一种人,凡事都要先看看对方头上有没有乌纱帽,这帽子的尺寸大小因人而异。

"如果所有日理万机的人都能像耀邦同志这样重视我们的新闻工作,又都能这样与人商讨问题,一时发现别人的见解正确,能立即收回自己的不尽妥善的意见,那该有多好啊!"

胡耀邦从善如流,知错即改,深得身边工作人员的称赞。

有一次,《新观察》杂志发表一篇文章,批评商业部某些领导借工作之便,到各大餐馆吃"工作餐",数百元一餐的酒席吃完了每人只付几角钱的"基本伙食费",批评者说此风不可长。这篇批评文章引起某领导不满,要中宣部先下通知,明文规定报刊批评部长一级干部要经书记处批准。身任中共中央秘书长兼中宣部长的胡耀邦在宣传口的会议上将此意见一说,引起轩然大波,大家纷纷提出意见,有的尖锐地提出:"干脆下个命令,不准批评上级干部。"

胡耀邦耐心听完大家的意见后,诚恳地说:"同志们提得对,我刚才说的话不是定论,现在就收回去。"

还有一次，中宣部文艺局的领导李英敏听说胡耀邦到广西钦州地区视察工作时，听了一些不实事求是的汇报，说该地区生活水平提高得很快，胡耀邦十分高兴，便兴奋地在一次会上说："千州万州比不上钦州，千海万海比不上北海。"李英敏便给胡耀邦写信，告诉他家乡的钦州某些地方生产搞得不好，生活水平还没有提高那么快。他的两句话传开后，当地干部和人民不太满意，认为他偏听偏信。胡耀邦接到这封措辞激烈的信后，他让秘书给李英敏打电话，表示接受他的意见，感谢他对领导的爱护，并鼓励他对李英敏的工作及时提出改进意见。

胡耀邦后来成为中共中央总书记，戴煌没有将他对人赤诚相待、乐听诤言的往事公布于世，直至他从政治生活的塔尖跌至低谷，戴煌才将此事披露出来，并在题记中写道："他在塔尖上我不敢写；他似乎默默无闻了，我却乐于把这沉睡多年的记录公布于世。"

胡耀邦关心统战人士裴昌会，并倾心听取他的意见，切实解决起义人员的困难和疾苦。

裴昌会原任国民党西安"绥靖"公署副主任兼第七兵团中将司令员，他率部队起义后，转业到胡耀邦任主任的川北行署，任副主任兼工业局长，后调重庆任西南纺织工业局长。他是一至六届全国人大代表，第五、第六届全国人大常委会委员。胡耀邦让其有职有权，两人肝胆相照，情深意笃。胡耀邦调北京工作后，裴昌会每次到北京开会、出差他都会接裴昌会到他家做客、聚谈，交换情况。

1984年冬，耄耋之年的裴昌会在家休息，听到有人敲门，孙女开门一看，见是重庆市委书记廖伯康陪同胡耀邦来了，胡耀邦提着一袋脐橙，风趣地对他孙女说："我是来看病号的，你们不能把橙子吃了呀！要留给爷爷吃。"

原来，日理万机的胡耀邦，得知裴昌会病了，便在百忙之中来看望老朋友，与他畅谈了一个多小时。交谈时，他对市委领导说："老裴这么大年龄，怎么连个能躺的沙发也没有。门上连门铃也没有，这不行啊，对裴老应该好好关照。"

他走后，重庆市委办公厅很快就为他配置了沙发和门铃。他为什么无微不至地关心他这个起义将领？1982年，他孙女在胡耀邦家吃饭时，胡耀邦对她说："无论何党何派，起码要讲究信用。你爷爷联系起义时我们是有保证的，共产党讲信用，我们对他负责到底。"

胡耀邦胸怀宽广，对国民党部队的其他起义人员，他同样关心爱护。裴昌会率领起义的第七兵团近10万人，在极"左"路线的影响下，在起义官兵中造成了大量的冤假错案，全国各地数以千计的人向他提出申诉，有的还千里迢迢来访。凡是根据政策可解决的，他都联系有关单位予以落实；不能解决的，他及时向胡耀邦汇报，胡耀邦总是在百忙之中，耐心听取他的陈述，并及时做出处理。如成都解放时，对西安"绥署"在成都的3000多名官兵，他是根据贺龙司令员的口头指示接收的，当时贺龙在大会上向这些人讲过按起义政策对待，但未建立这方面的档案，致使在落实政策中无据可查。1984年他向胡耀邦反映后，胡耀邦指示中央主管部门单独下了文件，使这些人落实政策的问题得到了圆满的解决。

第七兵团参谋长李竹亭，在"三反"运动中因"七兵团黄金流失案"的牵连，在落实政策时原单位只肯定了起义人员身份，未否定他与"黄金流失案"有关，仅发给他100元抚恤费。李竹亭的家属不服，向裴昌会反映。他向胡耀邦同志说明，当时兵团部不管各军经费，不存在"黄金流失案"的问题。胡耀邦当即根据裴昌会写的材料批交主管部门处理，很快由原处理单位复查，改变了原来的结论，并发给2000元抚恤费。胡耀邦担任最高领导人期间，对起义人员这样无微不至的关怀，使他们永生不忘。

作家苏叔阳参加了第四届文代会，开会之前，他应邀到胡耀邦家里参加部分代表座谈会。

参加座谈会的共11人,大家围坐在沙发上。胡耀邦穿一身朴素的纺绸衣服,脚穿一双布鞋,手摇一把蒲扇走来,对身边10来岁的孙女说:"走开走开,自己去玩,爷爷要开会。"他这样走进客厅,好像是大家的老朋友,使人有宾至如归之感。

接着,胡耀邦和大家依次握手,并说出每个人的作品和名字,他同每人都说几句话,长短不同,内容各异。他对每一个人的发言,都聚精会神地听着,他自己用小本子、钢笔做记录,不时提问。他不坐沙发,坐在椅子上,背靠着桌子,在膝盖上记录。

大家无拘无束地交谈起来,畅所欲言,有些肺腑之言还相当尖锐,其中一位说了一段"唐突"的话:"耀邦同志,我们都是老共青团员,都当过你的部下,我们今天拥护你,不是因为你是老书记,而是你复出以后的言行,假如你以后不这样,也许我们便不拥护了。"这话可谓直言不讳。

胡耀邦听了连连点头,用笔指点着:"这话讲得好!"然后,意味深长地说:"每个人都要写自己的历史,这历史人民会给你做评价,包括你们。"

这话发人深省,引起在座作家的强烈共鸣。是啊,历史是公正的,对人的功过是非将会做出正确的评价。

不计前嫌

胡耀邦对待曾经错误地批斗过他的人,即使对那些曾经受过他的关爱、反过来整他、"恩将仇报"的人,他都不计前隙,宽厚待人,宽容为怀,同样关心备至,令人感动莫名,传为佳话。

在共产党的历史上,由于"左"倾错误的影响,在历次运动中整错了不少人，有的人挨了批斗，受到错误处理，有委屈情绪。胡耀邦总是谆谆告诫他们："革命斗争是很复杂的，我们有时整人，有时挨整，常常身不由己。整了人的要总结教训，以后尽量实事求是；挨了整的也不必委屈，要向前看，更不能记仇。"他回忆自己在延安整风挨批判的情景时说："有人批斗我要凑几条'罪状'，实在凑不齐，因为我姓胡，就谈了一条'糊涂主义'。后来给我扣帽子的同志见到我不好意思，我对他说没关系，我们还是好朋友。"

胡耀邦对那些执行过"左"的路线而属于人民内部矛盾的人，总是胸怀宽广，从教育团结的目的出发，给他们安排适当的工作。"文革"中驻团中央的一位军代表，对胡耀邦无限上纲，无情打击，欲置之死地而后快，但胡耀邦不计前嫌，将他安排到适当岗位上。

"文化大革命"中，团中央机关不少人"紧跟"形势，造过他的反，对他进行无情批斗。粉碎"四人帮"后，胡耀邦身任要职之时，这些人中有人去看他，并有事相求，他都热情接待，同样为他们排忧解难。

一次，团中央的干部登门拜访，胡耀邦热情相待，并叫孩子喊来访者为叔叔，孩子有些想不通，此人是"追风派"，在"文革"中捕风捉影，揭发父亲所谓"罪行"，怎么父亲还对他如此热情？胡耀邦耐心解释道：当时他的日子也不好过，顶着很大的政治压力，"造反派"把他们当成"走资派"的知情人，千万百计从知情人身上挖所谓反党、反社会主义的材料，若不揭发，就扣上"保皇派"的帽子，"保皇派"也不好当啊，我们要设身处地想一想呀！

团中央一位领导干部，在"文革"中跟着迟群、谢静宜这些"四人帮"的爪牙转，走过一段弯路，做了一些错事。胡耀邦掌权后，他想见胡耀邦但又不好意思，心中有愧。胡耀邦得知后，派人捎信让他来见。此人诚惶诚恐见了胡耀邦，说了些愧疚的话。胡耀邦开导说："过去的事不要放在心上，改了就好。"还鼓励他振作精神,重新好好工作,后来这位同志在新的工作岗位上做出了成绩,他感动地说:"耀邦同志教诲我怎样做人,给了我重新工作的勇气和力量。他的广阔胸襟和待人以诚的美德,成为我的楷模,使我永志不忘。"

在中组部、中宣部、中央书记处的领导岗位上,胡耀邦都是以这种广阔的胸怀,强调党内的团结,民族的凝聚力,调动各方面的积极性,为振兴中华建设四化做不懈的努力。

胡耀邦海纳百川,能虚心听取来自各方面的意见的民主作风,凡与他接触过的人无不交口称赞。他让人说话,敢让人说话,动员人说话,"不戴帽子,不打棍子,不抓辫子,不装袋子"。这是胡耀邦身体力行的名言。凡是他主持的会议,与会的人都比较轻松,发言热烈,有时甚至争论得面红耳赤,胡耀邦全不在乎,从不计较,更不借机报复。

1985年6月,劳动人事部副部长严忠勤在向书记处汇报工资改革方案时,因与胡耀邦理解不一致争论起来,严忠勤措辞还比较激烈。但事后胡耀邦对国务院副总理田纪云说:"严忠勤这人不错,敢于直言。"

所以,在中央工作的人,包括一些老同志,都认为胡耀邦主持中央工作期间,是党内生活较为活跃的一个时期。

不徇私情

胡耀邦恪守"正人先正己"的信条。他不许亲属搞特殊化,对亲戚和身边工作人员也同样严格要求。他任党中央总书记后,对党内不正之风深恶痛绝,深感忧虑,他带头端正党风,率先垂范。

胡耀邦升任党的总书记后,北京市有几个单位考虑到胡耀邦的亲侄女胡素贞身体有病,长年当老师站讲台很吃力,打算将她从一所中学调到机关干

从红小鬼到总书记 >>> 胡耀邦

晚年胡耀邦

轻松一点的工作。胡素贞也将调动工作的想法告知叔叔胡耀邦。

胡耀邦严肃地对胡素贞说:"素贞,教书不是很好吗?为什么想去坐机关?难道你是我的侄女,就可离开教育战线,调个轻松的工作?那不行啊,正因为你是我的侄女,更应该严格要求自己,克服一切困难,尽职敬业,干一行爱一行。"

胡素贞是北师大中文系毕业的学生,聆听叔叔的教诲,打消了调动工作的念头,一直在一所中学执教,忠于职守,始终没有依仗叔叔的权势而去谋求自己的调动和升迁,直到退休,仍然是一名普通的中学教师。

胡素贞是在叔叔胡耀邦家长大的。师大毕业后,根据胡耀邦的教导,自愿到条件十分艰苦的河北省白洋淀老革命根据地的雄县工作3年后,才调到北京一所中学任教。

80年代初的一天中午,胡素贞在京与浏阳籍前辈王首道等一起聚餐。刚吃完饭,胡素贞便急忙起身与大家告辞:"今天约定午后有人给我家送蜂窝煤,对不起各位老前辈,我得先走一步。"

"直到如今你家还没烧煤气呀!怎么不烧呢?"王首道吃惊地问素贞。

胡素贞直言相告:"叔叔不肯。说是要等北京市民大多数都烧煤气了,我们才能烧。"

"这耀邦也真是——我回去后，叫我办公室的工作人员给你办好这事。"王老心直口快，关切地对胡素贞说。

胡素贞感到有些难为情，婉言谢绝说："这不行啊，叔叔晓得了，会狠狠批评我的。"

王首道有些疑惑不解："这是怎么回事呢？"

胡素贞进一步解释道："叔叔曾经说过，不能因为是我的亲戚，就可以提前烧煤气，一定要与北京人民同甘共苦。"

王首道这才恍然大悟："啊，原来如此！耀邦真是一位严于律己、率先垂范的好领导！"

胡素贞一家硬是等到北京市民都用上煤气，她家才结束烧煤的历史。

胡耀邦的哥哥胡耀福的大儿媳崔培华患肺病多年，先在家乡浏阳好几家医院看病都未痊愈，全家人都让她转院到北京治病。他们考虑到胡耀邦官大面子大，即使他本人不出面，医院的人员只要晓得是胡耀邦的亲戚来看病，说不定还会给予特殊治疗，甚至会减免医疗费用哩。

正在这时，胡耀邦的重外甥曾华英高中毕业后在村合作医疗室当卫生员，想借此机会到北京请老舅公安排个工作。于是，他陪崔培华在金秋十月赴京来到胡耀邦家。

胡耀邦见家乡的亲戚来了，既高兴，又有些生气，劈头盖脑地问：

"你们又跑到北京来干什么？我讲过好多回了，你们不要动不动就往我这里跑，不要动不动就来找我。这回又是公家出的路费吧？"

崔培华有些难为情地回答："我患了肺结核病，来北京治病，是我们自己出的路费，没沾公家的便宜哩！"

"没沾公家的便宜就好。患了病文家市医院可以治，浏阳的医院可以治，干吗偏偏要跑这么远来北京治呢？"胡耀邦心平气和地说。

崔培华腼腆地解释道:"下面的医疗条件不好,我久治不好啊!"

"全国10多亿人口,如果都以下面的医疗条件不好为理由,如果有病都往北京跑,那将会是怎样的情形呢?"胡耀邦又严肃起来。

坐在一旁的曾华英帮腔道:"我们有您在北京嘛,人家哪有这个条件?"

崔培华接过话茬:"家里也确实困难,我们想有您的面子,公家总能减免一些医药费吧!"

"哦,我晓得你们打我的牌子,想搞点特殊化!北京这么多高级干部,假如他们的亲戚都跑到北京来看病,公家都凭面子减免医药费用,那北京的医院岂不会挤破门槛,国家怎么负担得起?"

室内一阵沉默。胡耀邦点燃一支烟,吞云吐雾,在屋里踱来踱去。他深情地说:"好吧,你们既来之,则安之,先好好休息几天。"

胡耀邦既坚持原则,又不乏亲情,他叫夫人李昭对后辈做了妥善安排,

作者采访胡耀邦夫人李昭

便上班去了。

过了几天，上班前，他对她们说："我已经与医院联系好了，今天就让你叔婆（指李昭）带你去看病吧。"

李昭带着侄孙媳妇乘公共汽车到陆军医院看病，车费、医药费都如数照付。

不几日，曾华英将来意和盘托出："舅公公，请你给我安排个工作吧。"

胡耀邦严肃地说："现在北京还有好多青年没有事做，我怎能给你一个家住外地的亲戚安排工作呢？我不能开这后门。你还是回乡一面安心当卫生员，一面自学，以后按正常渠道考卫校吧。"

崔培华在京治疗了一个多月，病情有了好转，根据医生的意见，带了一些药品回到老家。临行，胡耀邦夫妇给侄孙媳妇和外孙女付了回乡的路费。胡耀邦对外孙女反复叮嘱："你回家以后，注意休养身体，不要去干重体力活，多养一些鸡，这是能做的嘛！多吃些鸡蛋，杀几只鸡吃了，营养营养身体，这比单纯服药更好！"他又要培华转告侄儿："要德安安心生产，当个好农民，千万别做违法的事。不要动不动找我，不要有优越感，我也是人民的勤务员啊！"

勇于自责

胡耀邦在长年的革命生涯中，敢于面对现实，知错即改，勇于自责，从不居功诿过，表现了一个革命家的坦荡胸襟。

1978年初，他在中央党校做演讲时，曾无限内疚地说："现在我感到很难过，在1957年的反右斗争中，当时团中央把一批很有才干的团干部划成了右派分子，我负有主要责任，我愿意真诚地向他们道歉！"

后来，在中央组织部的会议上，他多次讲到团中央机关的反右派斗争，他又做了类似的自我批评。

回顾过去，胡耀邦曾感慨地说："文化大革命之前我对待一些青年作家的态度也是错误的。这些同志中有一部分是很有才华的，虽然他们的作品在当时还不成熟，还需要帮助。但是我们对待他们的政策是错误的，现在他们回来了，并且已经成为卓越的作家。如果现在作为中年作家，他们说一些老家伙曾经冤枉了他们，那么我会表示同意的，因为这是事实。"

"在'左'的路线的风雨中当领导，领导参与和主持所属系统的政治工作，在运动中不可能保险无误，'君子之过，如日月之蚀'。问题在于能不能勇于自我批评。"

"我们不能将错就错，要正视错误，善于改正。"胡耀邦言行一致，他以自己的实际行动，实现了自己的人生诺言。

有一次，他去理发，无意间理发员向他反映一个情况：有的学校不让留长头发的青年男女进入校门，我们对此有意见。

胡耀邦不假思索地说："穿衣戴帽，发型选择，是人们的个性自由，不必要对他们进行干涉。我们对青年的着眼点应放在坚持党的基本路线、做有理想有道德的人上。群众对我们做的事若有意见，首先不能责难群众，而要检查一下我们自己。我就经常反省自己，'吾日三省吾身'。党的干部是鱼，人民群众是水，鱼怎么能离开水，责怪水不好呢？"

曾任湖南省教育厅厅长的朱尚同，怀着激动的心情，回忆了一件难忘的往事：

1988年11月胡耀邦来到湖南，下榻蓉园宾馆9所。朱尚同曾与胡耀邦相识相交。27日，冬阳艳丽，他特地到9所看望胡耀邦，两人一见面，就无拘无束地交谈起来。胡耀邦亲切而幽默地说："你当教育厅长，按前清官制，算四品官吧，经济要翻两番，教育家应是先行官。对于教育工作，解放初我们是清醒的,干部文化教育,扫盲,都下了很大功夫。比起当年,现在教育工作应该说是更重要了,但问题也更多了,党外同志意见也不少,你在第一线,惟楚有才,现在如何?"

朱尚同着重阐述了他对农村教育的看法。他说他对农村教育有危机感,这种危机,与其说是速度(当时上面一心要加快施行九年制义务教育),不如说是质量。现在一谈教育,就是急于加快速度,急于让90%以上的小学生进入初中,甚至以虚假的验收手段向下层层施压;而实际上各地经济发展极不平衡,一些边远地区许多人读了小学还是半文盲。

如果广大农村,现在就将有限的人力和物力,盲目转到普及初中上去,只能是得不偿失。他主张宁可放慢农村九年制义务教育速度,也要先保证小学的质量。

胡耀邦静静地抽着烟听着,沉思片刻说:"教育需要大量投资,而放慢经济建设的投资来办教育,难以行得通。你对农村教育的看法有道理,但还只是工作中的实际感受,恐怕说服不了大家,可以继续研究。既要说服一些对教育不够重视的人,又要说服那些不切实际追求速度的人。另外,增加教育经费在哪里,也要研究。"

后来将话题转到党风上,朱尚同说现在党在人民群众中的威信,正急剧下降。胡耀邦说,怎么讲呢?可以说,老百姓对党有些意见,也可以说是党在群众中的印象不如过去,或者就如你说的那样。据我了解,群众对我们的党风,确实是不满意的。

朱尚同继续说,上面热衷于加快九年制义务教育进度,下面就报假数字对付检查。可见讲真话也真不容易,还是小舟同志说过的"上有好者,下必甚焉"。对此,胡耀邦深有感慨地说,我也讲过违心的话。我这个人做过些工作,也犯过错误,就不说了。但回顾一生,有两件事是难以原谅自己的,提高来看,也是做人道德的问题。

一件是庐山会议批判彭老总，我明知彭老总是对的，心里很矛盾，但因为要相信党中央，也举了手。第二件是党的八届十二中全会，大多数中央委员都被打倒了，我被匆忙解放出来，出席会议，一看到说少奇同志是内奸的材料，根据我的政治经验，就知道是不可靠的，这时我已经并不以为上边说的一定正确了，而是抱着夫复何言和不得已的态度，勉强举了手。会议公报虽然说是"一致通过"，但是就有那么一个老大姐，敢于冒天下之大不韪，没有举手，她就是陈少敏同志。在表决前，她说自己心脏病又犯了，伏在桌上，拒绝举手，真是难能可贵。

胡耀邦无限感慨地说，为什么那么多人不得不举手，这当然是由于党内长期缺乏民主，容不得不同意见，加上"四人帮"实行顺我者昌、逆我者亡的高压手段，使党内普遍形成一种奴化思想意识的结果。我们党由于没有摆脱封建主义的影响，有相当一段时期，不能充分尊重不同意见，不能保护不同意见的同志，甚至有的自然科学专家，因为对修建黄河三门峡水库持不同意见，而被划了"右派"——政治上的"右派"啊！我过去讲过，也是从马列著作看来的，在奴隶社会中，大多数人是"奴隶"，极少数是"奴隶主"，也一定有少数"奴才"。任何时代这种情况都是有的，程度不同而已。

胡耀邦谈到这里，朱尚同深有同感。他说，省教育厅有一位在延安时就从事教育工作的老厅长，他在一次谈话中说，全党服从中央和全党监督中央，二者是相辅相成的。全党服从中央，我们大体上有了规矩，而全党监督中央，至今没有走出一条路。这位老厅长还说，回顾建党以来的历史，凡是全国、全局性大错误的形成，例如王明路线，例如反右扩大化，例如"大跃进"和人民公社运动，例如"文化大革命"，有哪一次是全党不服从中央或者不服从领袖造成的？我们不实行多党制，但不能因此而否定权力的制约，探索一条适合中国国情的有效监督机制和权力制约的办法，是全党的艰巨历史任务。我们一直认为党可以自我完善，以为仅靠批评和自我批评即足以保证党不犯错误。这违背了毛泽东自己当年在延安与黄炎培等人谈话的承诺。而实际上是连政治局委员彭老总都批评不得毛泽东，又用什么来保证自我完善？党在"文革"浩劫之后改正了自己的错误固然伟大，但从《五一六通知》的发布到十一届三中全会，用了12年。

朱尚同越说越激动，他继续说，如果有一种真的，而不是口头说说的，无人敢于否定的监督机制，及时纠正刚露头的错误，不是更伟大吗？没有能保证永远不犯错误的伟人，也没有能保证永远不会犯错误的政治局，没有不需要监督的人，也没有不需要监督的机构……

胡耀邦凝神听着，最后他对朱尚同说，你说的属于党的深一层次的改革意见，也是国家政治体制改革的深化问题，这种大事不能急，因为许多问题的解决，要有一个过程。10年、20年后这些问题总会提上会议桌的。他又说，从政治体制改革来说，党本身的改革是关键，也是难于起步的难点，不能操之过急。问题是当前怎么做，现在有中纪委、有人大，又成立了监察部，目前如何做为好。

胡耀邦接着说，民主是少数服从多数，而集中也该是集中大多数的意见。不是说没有真理掌握在少数人手里的时候，但多数情况下真理还是在大多数人的手里，大多数人的感受、心情、倾向，是我们决策的依据，因为群众对一项政策是好是坏，感受最深。你回忆一下，即使"文革"前，有一些事，诸如反"右"扩大化，批总理的马鞍形，说总理离"右派"只有50步；"大跃进"超英赶美，批邓子恢，批彭老总，许多同志内心并不通，但习惯是听主席的，因而反倒认为是自己"右"倾，跟不上。而后来的实践证明，凡是广大党员和群众不通的事，往往都是不该办或办得过头的事。可见集中一定要集中大多数的意见，而不能以集中为名，将自己的意见强加于大多数。

朱尚同说，要在党内培养一种少数服从多数，乐于执行多数决定的民主传统，不要追求虚假的"一致通过"。他还说邓小平在《党和国家领导制度的改革》中，尖锐指出了中国缺乏民主的传统，并指出了封建主义对我们党至今存在的影响，可惜远未形成全党特别是中央委员会的共识。继之，也未采取更有力的具体措施，真是可惜。学习小平同志文章，忽视这一篇，就不能完整准确地懂得小平同志的贡献。杜牧在《阿房宫赋》中说："秦人不暇自哀而后人哀之，后人哀之而不鉴之，亦使后人而复哀后人也。"讲得真好。党要永葆青春，对1958年以来特别是"文革"的教训既要哀之又得鉴之。"哀"什么，"鉴"什么？中心是党内民主。我们党内，民主往往是受集中支配的，这方面不改进，民主处于从属的地位，而集中处于支配地位的状况，无从解决。光是一个《建国以来若干历史问题的决议》，是远远不够的。

听到这里，胡耀邦问：你读过《哀江南赋》没有？朱尚同回答说：庾子山作的，我还背得出。胡耀邦高兴极了，叫他起个头。朱背诵道："粤以戊辰之年，建亥之月，大盗移国，金陵瓦解。"胡耀邦由于博览群书，学识渊博，对许多名诗名赋烂熟于心，背诵如流，便接着背诵，一直到"天道周星，物极不返"。胡耀邦突然问："这两句你怎么理解？"朱尚同一下怔住了。胡耀邦说，一般以为，庾信是说侯景火烧台城后，梁朝已矣，不可复兴。而就自然和人事规律来说，物极总是必反的。说"物极不返"，是庾信在梁亡后的悲愤之辞，是反其意而用之。这里断句也可不用句号而用问号或惊叹号。今天我听你讲了许多意见，你可以有更多的意见，但有一条你要记住，就是一定要保持民族自信心。你搞教育，更要教育年轻一代树立坚定的民族自信心，这一条千万不能丢！朱尚同深以为然，颔首称是。

当话题转到湖南师大校长林增平和台湾历史学家蒋廷黻对革命战争改良的看法及中国文化问题时，胡耀邦说，许多中国学者历来很欣赏大同思想，早期中国一些先进人物接受马列主义，有些人也就是从大同思想过渡来的，周佛海、戴季陶等人，也曾以大同思想为起点一度接受过马列主义。毛泽东同志在经济和政治上"左"的失误，也和他思想上浓厚的大同思想有关。一个以农民为主体的民族，容易将大同思想和平均主义等同起来，走向空想社会主义而且实行平均主义的结果，有时会以牺牲民族进步为代价。大同思想对我们党的影响，也像彭老总说的一句话，是有失有得，或者是有得有失吧！直到小平同志提出让一部分人先富起来，才迈出了新的一步。

在与朱尚同两个多小时的交谈中，胡耀邦始终充满着自责自省，多次谈到在党的各个历史时期，作为党的高级干部，特别是作为党的总书记，说过错话，做过错事，深省之，感到无比愧疚。他的肺腑之言，表现了一位伟大无产阶级革命家的坦荡胸怀！

心里装着百姓

胡耀邦在60年的革命生涯中，特别是担任党的最高领导职务之后，更是时刻心系人民，以人民的忧乐为忧乐。

1981年12月，湖南省溆浦县副食品公司营业员金佑生4岁的男孩金华武在外面玩耍时突然不见了。金佑生一家人悲痛万分，他们在报纸、电台刊登并广播了寻人启事，还跑到湖南、山东、河南、湖北、福建、河北、江苏、贵州、北京等省市的200多个县寻找，费时600多天，行程3万多里，可孩子仍然杳无音信。

1984年1月，胡耀邦到溆浦县考察。闻讯赶来的金佑生把一封请求党中央帮助他寻找孩子的信，交给了胡耀邦的随行人员。

"胡耀邦日理万机，能有时间过问我这个普通人的事吗？"金佑生疑虑重重。没想到，5天之后金佑生收到中央信访部门的一封来信。来信询问他丢失孩子的模样、特征和丢失时的情况。读着这封来信,金佑生夫妇的泪水簌簌而下。

经过有关部门的努力,被一个犯罪团伙拐走的金华武终于找到了!这喜人的消息传到了中南海,胡耀邦高兴地说,信访部门"为人民办了一件好事"。

无独有偶。1986年2月4日,这天是农历立春,按照浏阳农村的习俗,这是一个喜庆的日子,家家户户张灯结彩,燃放鞭炮,迎接春天的到来。凌晨5时许,启明星在天空闪烁,浏阳县城的千家万户,一齐燃放鞭炮,全城传出"噼里啪啦"的响声。

鞭炮一响,惊动了全城的人都起了早床。迎接立春节,是花炮之乡非常热闹的日子,从早上5点半燃放爆竹到7点半,才平静下来。爆竹声刚停,县城东西南北四方又响起了锣鼓唢呐声,农村进城"送春牛"迎春的春牛队,陆续涌进城来。孩子们蹦蹦跳跳高兴地跟随在春牛队后面,走东街跑西巷地凑兴看热闹。

居住在朝阳街人民路的钟表修理工甘玉琛,有个刚满6岁的儿子叫磊子,就在看"送春牛"时突然失踪。

磊子出生时因缺氧,引起讲话发音不清,仅能喊"爸爸"、"妈妈"、"姐姐"及城南、长沙等不超过3个字的简单词语。

失踪后,父亲甘玉琛心急如焚,找遍了全城大街小巷,始终不见磊子的踪影。他束手无策,在家坐立不安。

下午5时许,在花炮厂做工的磊子妈,听说磊子失踪,便慌慌张张跑回家来。进门就对丈夫说:"我们班里的寻美兰,下午一时左右,在汽车站门口,看见一个30岁左右、上身着黄大衣、下穿棕色长裤、操北乡口音的人,牵着磊子进了车站,定是将磊子拐走了。"

甘玉琛听后,更加慌了手脚,便邀请几个亲戚朋友分头寻找。甘玉琛单

十七 高风亮节

独一人,跑遍了整个浏阳各乡镇,没有找到。于是,又从浏阳往江西上栗市、萍乡,再转到醴陵、株洲、湘潭,找了10天,往返4000余里,花费3000余元,但毫无结果。

他已经找晕了头脑,身体一天比一天消瘦,实在无法可想了,只得向县公安局报案。公安局接到此案后,立即在全县十几个车站和派出所展开了查询。

甘玉琛寻子心切,还跑到《湖南日报》,登出了寻人广告。

从2月到5月,已经3个月了,磊子究竟在哪里?磊子的爸爸和妈妈急得日不思食,夜不入眠。

亲友纷纷来劝慰他们,要他们想开些,把磊子忘了,不要老是缠在心里。

有的说:"还是去求求菩萨保佑保佑吧。"

晚年胡耀邦

也有的说:"再去算个命,测个字看看,磊子还有不有人?"

还有的说:"已经耗钱花工名堂搞尽了,不要再去寻找了,免得竹篮打水一场空。"

甘玉琛夫妻听在耳里,痛在心头,终日里神魂颠倒,泪流满面,时刻牵挂着磊子这亲生骨肉。

一天深夜,甘玉琛辗转反侧难以入眠,突然他产生一个念头,给胡总书记写信求援。他取出纸笔,在书案上写了一封3页纸的信,信中写明磊子失踪经过,走失后寻找无着落,然后再三恳求胡耀邦总书记给他想法救回孩子。信封上写着:"北京,中共中央胡耀邦总书记收"。

磊子妈打岔地说:"写什么?你和胡耀邦一不是亲戚,二不是邻居,他是中共中央总书记,你是一个普通老百姓,他会理这种寻常百姓的事吗?"

甘玉琛抱着试试看的心理说:"人家都说耀邦最关心、体贴人民,他心里装的是老百姓,写个信试试,他不理也只花八分钱嘛!"

"全国这么大,事情这么多,10亿人,走失一个小孩,他能顾得到吗?"

"唉,我就是师公打烂法水碗,净法无门了,写个信给他,也是我一片寻子之心。"

这封信飞到了北京,胡耀邦看后,十分关心和重视,当即在信上批示:"要拯救儿童,速即寻找……"同时,他双管齐下,还在电话里进行了询问和指示。

6月3日,省、市公安部门接到批示后,非常重视,市公安局局长傅辉林和刑侦干警专程到浏阳传达了胡耀邦总书记的指示精神,具体研究了侦查方案。

次日,发现了线索,长沙市望麓园派出所收到了一个失踪的孩子,六七岁,口齿不清,与磊子的主要特征相似。于是,局长陪同甘玉琛驱车直往望麓园，甘玉琛满心欢喜去接磊子，在车上一再说，"找到磊子后，我一定重重感谢你们的关心。"傅局长回答说："这是总书记对人民群众的关心。"车在望麓园停住了，据派出所干警反映，该小孩已被领走了，领主是火车北站一铁路工人。

于是，他们又追寻到铁路工人家里，经查证，这个小孩不是磊子。一线希望化成泡影，甘玉琛失望而归。

第三天，公安干警日夜辛劳，四处查访，走进了长沙市社会福利院，翻阅查访了所有在院孤儿名单，没有甘磊这个名字。傅局长又将磊子的照片给服务员看，服务员拿着相片看来看去，说："我们这里有一个相貌相似的孩子，改名为赵保，据推测，他是被人贩子拐来长沙后，见孩子有病卖不出去，便将他抛弃在街头，居委会送到这里来的。"

福利院的赵保，果真是甘磊。随即，傅局长便将磊子带回浏阳，送他回家。甘玉琛夫妻一眼看到磊子，禁不住热泪盈眶，哽咽地喊着儿子的名字。磊子见到久别的爸妈，号啕大哭，父母与儿子的泪水交融在一起。甘玉琛抱着甘磊说："磊子，几个月不见，爸爸妈妈多想你，今天你能够见到爸妈，多亏胡耀邦爷爷，还有公安局的伯伯叔叔们。"

甘玉琛领着甘磊向公安干警深深地鞠了一躬。

傅局长说："这要感谢胡耀邦总书记对人民的关心。"

胡耀邦听到甘磊被找到的汇报后，高兴地说："好！浏阳县公安局为老百姓办了一件好事、实事。磊子与亲人团聚，我也放心了。"

从此，花炮之乡浏阳的甘磊，无论春夏秋冬，也不管穿什么衣服，一年到头，他左胸前衣上总是缝着一块四四方方的白布，上面绣着："多亏胡耀邦爷爷救了我。我住浏阳县城关朝阳街人民路106号，名叫甘磊。"

孝子情怀

忠和孝是中华民族的传统美德。自古以来，忠与孝常常不能两全。胡耀邦却把这两者和谐地统一起来。

胡耀邦忠于国家、忠于人民、忠于党，有口皆碑。然而他孝顺父母的故事却鲜为人知。

胡耀邦每当回忆父母艰难曲折的人生历程，不禁激起感情的波澜，感叹唏嘘。

胡耀邦的父亲胡祖仑，一生历尽艰辛，饱尝苦难。

他出生于1882年的一个夏天，字元圃，号伯龙，幼年时由于家道中兴，算是当地的富户，度过了8年天真烂漫的童年。8岁时，亲生母亲刘氏不幸去世，过早地失去了母爱的温暖，两年后继母陈氏又撒手人寰。14岁那年，继母邱氏、父亲胡成瀚先后离开了人世，前后相隔仅4个月。胡祖仑兄妹三人（妹妹11岁，弟弟祖淮才8岁）成了无依无靠的孤儿。于是，胡祖仑只好跟随叔父胡成槛一起生活，弟弟和妹妹则被伯父胡成构收养。直至婚配后，胡祖仑才独立门户。

胡祖仑与刘明伦结婚后，陆续生下了10个子女，先后夭折4个，留下6个孩子，苦度光阴，家庭负担极为沉重。加上当时社会动荡不安，苛捐杂税名目繁多，浏阳又屡屡遭受天灾，父亲留下的那份殷实的家产几乎耗尽，家道不断中落，最后仅剩下田租石半。为了养家糊口，胡祖仑不得不靠挑脚为生，每天挑上两只箩筐，爬几十里山路去挑煤，将100多斤煤从文家市挑到东乡的永和、古港一带，挣几个血汗钱来维持生计。尽管没日没夜地累死累活，仍然难以解决全家的温饱。

正是生活的磨难，道路的坎坷，养成了胡祖仑坚强豁达、勤劳节俭的性格和助人为乐的美德。虽然生活艰难，他仍时时牵挂着邻里乡亲，左邻右舍，若遇上什么困难，他总是鼎力相助。大壁山脚至种桃书屋，近两里路是孩子们经常行走的要道。遇到下雨天，沟里积满了泥沙，路上堆满了枯枝败叶。胡祖仑便扛着锄头去掏泥水，拿着竹扫把将路面清扫干净，从未间断过。直到如今，胡祖仑助人为乐的举动，仍在乡邻中传颂。

胡耀邦的母亲刘明伦，是一位勤劳俭朴、聪惠贤淑的农村妇女，为操持家务和照顾、教育子女吃了不少苦头，总是任劳任怨。是她深明大义，积极参加革命，曾任浏阳八区苏维埃妇联主席，并动员丈夫积极支持革命工作。在她的影响下，女儿建中，儿子耀福、耀邦先后走上了革命道路，成了一个典型的革命之家。胡耀邦怎么也忘不了父母对自己革命思想的熏陶和养育之恩。

苦难的生涯终于熬到了尽头。1949年10月，家乡浏阳获得了解放。这时，胡耀邦已任四川川北区党委书记、川北行署主任和军区政委，决定将父母接到川北，安度晚年。

1950年春节刚过，胡耀邦派林成汉秘书到家乡将父母接来川北。其时两老分别已到68岁和古稀之年。随同来的是刚满16岁的胡耀邦长兄胡耀福的女儿胡素贞。

胡耀邦对父母孝敬有加，尽管公务繁忙，只要他在家，总是陪双亲讲讲抚慰的心里话，安排好老人的生活，让他们享受天伦之乐，颐养天年。

胡耀邦家当时尽管不够宽裕，但还是尽量让父母吃好点、穿好点。父亲七十华诞时，他特意买了双皮鞋给他穿。老人喜出望外，但不懂皮鞋的性能，他以为像家乡用桐油浆布鞋可以耐穿，便买来桐油擦在皮鞋上，引得家人和邻里捧腹大笑。

胡耀邦工作忙，外出时间多，临别时总要到父母房里叮嘱几句："爹、娘你们好好保重，不要使自己生病，有什么事喊李昭就是。"

夫人李昭对公婆也极尽孝心，像对待亲爹娘一样照顾得无微不至，经常问寒问暖,唯恐有点闪失。有次婆婆感冒,她立即请来医师诊治,熬汤喂药服侍备至。

1952年胡耀邦调北京任团中央书记,父母也随同迁到北京生活。胡耀邦夫妇利用工作之余,陪伴父母游览了故宫、颐和园等名胜古迹,让父母饱览了京城的壮美风光,使他们感到心旷神怡,大开了眼界。

1954年5月1日,一生忠厚仁慈、勤劳俭朴的胡祖仑,走完他72个春秋的风雨人生道路,与世长辞安葬在北京朝阳门外东大桥公墓。父亲去世时,胡耀邦大哭了几场,流着悲痛的泪水说:"父亲劳作终生,尝尽了人间的辛酸苦辣,没过上几年好日子,就撒手人寰,怎不叫我悲伤?"1958年,胡耀福将父亲遗骨接回浏阳,老人家终于安息在中和乡苍坊故里栗山冲尾静谧的青山之中。

国民经济困难时期,人们过着难熬的苦日子。胡耀邦对家人说:"老母亲在旧社会受尽了人间的苦楚和折磨,好不容易熬到解放,现在又遇上过'苦日子'。我们要与全国人民同甘共苦,但不能亏待她老人家。全家每天只吃一顿细粮,要给老人家增加一顿大米稀饭。"

胡耀邦是中央委员,按有关规定可以吃细粮,多供应一点物资,他总是尽量留给老母亲享用,有时宁愿自己不吃肉,也要偷偷地夹在母亲的饭碗里,深情地说:"娘,我年轻顶得住,你不能缺少营养啊!"他教育孩子们说:"小孩有吃在后,要留给奶奶吃。"

岁月如梭,几度春秋,历史的车轮碾到了十年浩劫开始。胡耀邦和李昭夫妇在劫难逃,"文化大革命"初期,夫妇俩都被关押起来,受到无情的批斗。耄耋之年的刘明伦老人经受不住这种残酷打击,终于在1967年5月一个阴霾的下午,突然昏迷不醒,身边仅有一个15岁的孙女和年过古稀的亲家母。邻居们帮忙赶紧把她送往公安医院急救。

医务人员无回天之力。从下午6点到10点,老太太一直不省人事,她微闭双眼，唯有苍白的嘴唇在轻轻翕动。亲人把耳朵凑在老人的嘴前，才隐约听到她在呼唤着儿子的名字，声音越来越微弱，渐渐地化成一缕轻轻的气息。

这时，受审的胡耀邦，正关在团中央大楼里。长子胡德平心急如焚，骑着自行车将噩耗告诉父亲。胡耀邦坐着三轮车，与儿子胡德平急匆匆地来到医院太平间。夫人李昭已在这里等候多时，当亲人们正准备三鞠躬，与亡人作最后告别时，胡耀邦用浓重的家乡话撕心裂肺地喊着："娘老子，儿子送你来了！"一句未了，"哇"的一声竟然号啕痛哭，顿时，泪如泉涌，鞠躬之时，不禁全身颤抖。胡德平从旁凝望父亲的痛哭失态，泪水也夺眶而出。

胡耀邦唯恐惊动母亲，望着母亲那消瘦布满风霜的脸庞，深陷微闭的双眼，他让悲伤的泪水悄然流淌。

刘明伦老人带着对儿孙们的牵挂，带着满腔忧虑离开了人世。

仅仅几分钟，胡耀邦被"造反派"押走了，他一步一回头，和母亲告别。走出医院他轻轻地念着一句唐诗："上穷碧落下黄泉，两处茫茫皆不见。"

可怜的老母啊，你一生艰苦操劳，到临终还为儿子的前途和命运担忧，可儿子未能送母亲远行，不能不成为深深的遗憾。

刘明伦老人走过85个春秋的人生历程。1972年，她的骨灰安葬在故乡苍坊村的青山绿水之间，与丈夫合葬。

令胡耀邦深感愧疚的是，因为他一生为国为民操劳，对父母的合葬墓，他未及去瞻仰一眼，跪拜一次。这位人民的儿子，把全国人民作为自己的父母，始终赤胆忠心，鞠躬尽瘁，日理万机，他心系人民，体察民情，曾走遍全国两千多个县。在60年的革命生涯中，仅在1963年兼任湘潭地委第一书记（浏阳县属其管辖）时回故乡住过一个晚上，从此再没有回过家乡。他哪有时间去凭吊、祭奠安息在故乡的父母的英灵？

公正待人

胡耀邦在担任中共中央秘书长和总书记期间，曾兼任中共党史委员会领导成员之一。1980年3月29日，他亲自主持召开筹建中央党史研究室的会议，明确规定这个研究机构的职能、任务，特别强调在撰写党史事件和党史人物时，一定要坚持辩证唯物主义和历史唯物主义的原则，实事求是，正确评价历史人物，不溢美，不隐恶，公正待人，还历史本来面目。中央党校组织编写党史教材，中央组织班子起草《历史问题决议》，都根据他的指导原则和指导思想进行，得益于他的帮助和教诲。

1984年初春，陈独秀的一个后代向中央提出恢复陈独秀党籍的意见。中央书记处专门开会讨论了这个问题，认为不应当恢复陈独秀的党籍，但指示中央党史研究室写一篇评价陈独秀一生活动的文章，澄清过去的历史是非，使这个党的重要历史人物得以恢复其本来面目。当时，胡绳作为中央党史研究室主任，亲自指导并参加了这篇文章的写作。此文最初由党史研究室的同志起草，经过反复多次的大修改，形成两万多字的送审稿，上报胡耀邦。那时党的十一届三中全会倡导解放思想、实事求是精神已达6年之久，党中央对陈独秀的评价较之过去那种不谈或少谈陈独秀的历史功绩的缺点，破除了强加于陈独秀的"汉奸"、"特务"等十分荒谬的政治诬陷，但在几个重要历史是非功过问题上，一般的仍然是因袭旧说，很少重新根据历史事实改变不当的评价。起草这篇文章的人虽然想在评价上尽力做到客观公正，但受到当时材料和认识的限制，还是有责备过严过苛的地方。这种情况引起了胡耀邦的关注，他在阅读送审稿后不久就召集了一个会议，专门讨论这个问题。

会议于这年11月23日召开，胡耀邦在会上反复强调对重要历史人物的评价一定要非常慎重。他特别提到鲁迅临终前写的纪念章太炎的文章，叫大家从中吸取教益。鲁迅在《关于太炎先生二三事》一文中说："太炎先生虽先前也以革命家现身,后来却成为退居于宁静的学者,用自己所手造和别人所帮造的墙,和时代隔绝了。""既离民众,渐入颓唐,后来的参与投壶,接收馈赠,遂每为论者所不满,但这也不过白圭之玷,并非晚节不终。考其生平,以大勋章作扇坠,临总统府之门,大诟袁世凯包藏祸心者,并世无第二人;七被追捕,三入牢狱,而革命之志,终不屈挠者,并世亦无第二人;这才是先哲的精神,后生的楷范。"

胡耀邦在引述鲁迅的这些警策的文句时,很有感慨地说,要学习鲁迅的这种客观公正地评价历史人物的科学态度。他认为对陈独秀复杂的一生,应当根据详尽确实的材料进行深入细致的分析,得出正确的结论。过去很长时期对陈独秀予以全盘否定是不公正的,陈独秀在20世纪的最初二十几年为中国革命建立了很大的功劳,后来犯了错误,但也不能将大革命的失败完全归咎于陈独秀。当时敌强我弱的阶级力量对比形势十分悬殊,我们党又处在幼年时期,缺乏革命经验,即使是中央领导人在理论上政治上也很不成熟,加

1988年2月28日,本书作者采访胡耀邦后合影

上共产国际脱离实际的指导，在这种条件下，陈独秀是很难不犯错误的。

胡耀邦主张写陈独秀这种对革命有过很大贡献的历史人物，要像鲁迅写章太炎那样，有一种深远的历史眼光，深刻吸取历史教训，坚持马克思主义的实事求是精神，使后人受到教益。

胡耀邦的真知灼见，客观公允，高瞻远瞩，符合历史事实，为如何评价历史人物指明了方向。经过胡耀邦这样一番指点，文章的作者将这篇文章做了许多修改，以《关于陈独秀一生活动的评价》为题，在1985年9月出版的《中国社会科学》杂志上发表。文章相当细致地分析了陈独秀一生的思想和活动，就他几个时期对于革命的功过做了有褒有贬的评价，指出："陈独秀一度是中国近代史上的杰出人物和中国共产党的主要创建人之一，他在推动中国历史前进上作出了重要贡献，但他后来走上错误道路。他的错误是在中国复杂的历史条件下犯的，除了他主观的原因以外，也有当时历史条件的某种影响。"文章最后说，我们在深刻认识他犯过的严重错误的同时，还要回顾他在新文化运动、五四运动、建党初期和大革命前期、中期的功绩，"把这些作为历史财富继承下来"。这篇文章虽然还有许多不足，但在推动对陈独秀的科学研究和公正评价方面，起了首创作用。

胡耀邦当时处在日理万机的繁忙之中，居然抽出宝贵的时间来仔细阅读这篇历史长文，专门召集会议讨论改进文章的写作。就像他为了平反万千冤假错案而敢冒风险一样，为了恢复历史人物的本来面目，他排除重重阻力，勇往直前。这是一种什么精神？是一种对事业、对历史高度负责的精神，一种在重大原则问题上毫不含糊、坚持实事求是的精神。胡耀邦虽不是专业的历史学家，也不可能花很多时间去研究大量的历史材料，但是他有丰富的人生阅历和党内斗争经验，因而能够敏锐地察觉陈独秀评价上的问题。随着岁月流逝，历史沉淀，在大量新发现的材料包括苏联的档案材料翻译出版并经过学者专家的深入研究之后，充分证明过去党对陈独秀的评价有很大的片面性，有大加改正的必要。现在，回溯30年前再看胡耀邦在1984年的这一行动，不能不令人赞叹他胸怀的宽阔和眼光的远大。

胡耀邦之所以能公正地对待历史人物，还历史本来面目，这与他一贯书海行舟、博闻强记、有高深的马列主义理论造诣是密不可分的。

胡耀邦在《实践是检验真理的唯一标准》一文发表之后曾多次嘱咐：要针对尚未完全澄清的问题，从哲学和认识论高度，组织一系列文章给予理论的回答。早在1977年9月10日他和《理论动态》组的谈话中就强调："没有哲学就没有共同语言，不懂得唯物论和辩证法的教训是非常深刻的，《理论动态》每篇文章，都要讲哲学，要养成习惯，社会现象很复杂，任何观点都可以找到事实上的证明。"可以说《"一分为二"是普遍现象》一文就是在《实践是检验真理的唯一标准》一文之后，胡耀邦亲自组织、设计的重要系列文章之一。这篇由中央党校哲学教研室主任韩树英写的文章，从提出写作任务到成文发表都是在胡耀邦直接指导下进行的。

胡耀邦坚持"一分为二"的观点公正待人。有段时期，党史界、文艺界、哲学界出现对待历史人物不能"一分为二"的偏向，若前半生而有功、后半生有过，就被全盘否定；若前半生有过，后半生有功，就被全盘肯定，说成一贯正确，甚至出现歪曲历史人物的现象。据此，他多次强调要"一分为二"，客观公正。

1986年1月12日，胡耀邦对中共中央党史资料征集委员会主任冯文彬的一个报告做了重要批示。他指出："作家创作以党史为题材的文学作品，党允许作家在风格和艺术上的自由选择，不要干预，但在这类作品中，特别是在文学传记作品（包括小说、戏剧、电影、电视片）中，不应虚构重大的党史史实，对党的历史人物的描写，更不能歪曲。因为这不是什么艺术领域内的是非问题，而是政治领域的是非问题，也是作家的社会责任和职业道德问题。对此，党员作家必须模范遵行，不能含糊。"

胡耀邦生平大事年表（1915—1989）

1915年

11月20日午时，出生于湖南省浏阳县文家市区中和乡（南乡）苍坊村一个贫苦农民家庭。

1920年

进胡氏私塾"种桃书屋"启蒙。同时，又随蒙师胡祖仪之子胡耀清去长寿村琢玉私塾读书。

1922年

入苍坊村胡氏族学兴文小学读书，至1925年，兼做农活。

1926年

春，考入文家市立人学校（今里仁学校）读高小，深得该校中共地下党员陈世乔校长器重，担任少年先锋队队长和宣传组组长。与姨表兄杨世俊（杨勇）同学。

1927年

9月20日，毛泽东领导的秋收起义队伍在文家市会师，毛泽东集合部队在里仁学校操场上召开大会并讲话。胡耀邦、杨勇等同学旁听毛泽东讲话，这是他第一次见到毛泽东。

1929年

夏，在里仁学校高小毕业，并以优异成绩考入浏阳县立初级中学（今浏阳一中）。任校篮球队队长。学业成绩居全班（第八班）第一名。

冬，经本乡杨贵英介绍，秘密加入中国共产主义青年团，并投身土地革命斗争的洪流，任儿童团团长。

1930年

5月，中国工农红军红六军一部和红二纵队在浏阳赤卫军配合下攻占浏阳县城。

7月，红三军团攻打长沙前夕，浏阳县立初级中学停课，师生离校。受党组织派遣，从浏阳县中学回乡，担任乡团支部书记、团区委委员、少年先锋队队长兼儿童团长。与乡少共工作人员创办少共列宁学校，兼任政治和文化教员。

10月，调浏阳县第十八区区委（文家市区）做宣传工作。年底被中共湘东特委选调到特委所在地江西萍乡安源，任湘东儿童总局局长。

1931年

2月，任少共湘东南特委技术书记。

8月，湘东南特委并入湘赣临时省委（10月正式成立省委），任湘赣省儿童局书记。期间，在省委宣传部主办的《列宁青年》发表了《目前团在青年运动中的一件中心工作》等文章。

1932年

6月，参加苏区"反帝同盟"，任反帝拥苏总同盟青年部部长。

1933年

1月，到瑞金，由少共中央局派往福建省宁化县和清流县巡视工作。

5月，调中央苏区儿童局工作。

8月，任中央苏区反帝拥苏总同盟宣传部长兼青年部长。

9月，由共青团员转为中共党员。不久调任少共中央局秘书长。

1934年

年初，任共青团中央局书记。

9月底，准备撤离中央苏区，进行长征。

10月，随中央红军第二纵队开始震惊中外的二万五千里长征，任中央工作团党总支书记，从事青年团政治工作。

11月，随部队渡过湘江。

12月，根据黎平会议精神，随部队改变进军方向，向黔北进军。

1935年

1月，由中央工作团转入部队，任红三军团第五师第十三团党总支书记。

2月，二占遵义后，参加攻打娄山关的战斗，遭遇敌机轰炸负伤。负伤愈后，调红三军团政治部做民运和青年工作，任三军团直属总收容队队长。

11月，中央红军抵达陕北吴起镇，长征胜利结束。任少共中央局委员、秘书长。

1936年
1月，参加红军东征，任山西省石楼县征兵和给养工作队队长。由于成绩卓著，受到毛泽东的接见和表彰。

6月，任少共中央局组织部副部长、部长，宣传部长。

1937年
4月，首届西北民族救国大会在延安召开，他以青年代表身份出席大会。

5月，入延安抗大第二期学习，当选学员一队党支部书记。

8月，毕业后留在抗大高级班深造（2700多名学员中，留高级班深造的仅28人），仍任党支部书记，并按毛泽东指示创办抗大校报《思想战线》。在《思想战线》第2号上发表《自由主义与反自由主义》，结合抗大实际，强调了反对自由主义的重要性和必要性，受到毛泽东的赞赏。

10月，毕业后留校，经毛泽东亲自提议，担任抗大政治部副主任兼一大队党总支书记、政委。

1938年
4月，任抗大一分校（在绥德）政治部主任。

5月，担任抗日军政大学瓦窑堡第一大队政委。期间，学习当时苏联正在进行的"斯达汉诺夫运动"，开展中国式的"斯达汉诺夫运动"。这一经验在抗大推广。

1939年
年初，既联合又斗争，与国民党瓦窑堡县长田杰生展开反磨擦斗争，显露统战才华。

3月，傅钟率抗大第五期第五大队到瓦窑堡，他随一大队返回延安。任中央军委总政治部组织部副部长，不久，根据毛泽东提议，任总政组织部部长。期间，在极端困难的情况下坚持抗日，为加强我军政治思想建设和组织建设不懈工作，作出了重要贡献。

1941年

11月，与延安中国女子大学学员李昭结婚。

1942年

任中央军委整风领导委员会成员，并在5月13日《解放日报》发表整风学习谈话。

1945年

4月，当选为中共七大代表，出席在延安召开的中国共产党第七次全国代表大会。

10月，率部离开延安前往热河。

1946年

1月，派往冀热辽军区，担任军区代理政治部主任。

3月，边治病边参加北平军调处执行部工作。

4月，病重，转往张家口住院治疗。

1947年

6月，任新组建的晋察冀野战军第四纵队政委，与司令员陈正湘率部先后参与了大同集宁战役、张家口保卫战、易涞战役、张南战役、正太战役、青沧战役等。

9月，任新组建的晋察冀野战军第三纵队政委，与司令员郑维山率部参加了保北战役、清风店战役、石家庄战役、察南战役。

1948年

8月，任华北军区第一兵团政治部主任，参加领导了太原、宝鸡等战役。

11月，华北军区副司令员兼第一兵团司令员徐向前病重，中央书记处指示由周士第、陈漫远、胡耀邦三人接替徐向前的指挥，围困太原，直至徐病愈。

1949年

1月，任华北军区第十八兵团政治部主任。

3月，与徐向前、周士第、陈漫远、杨得志、罗瑞卿、杨成武、李天焕等组成太原战役总前委，参与领导解放太原战役。

4月22日，太原解放，兼任太原军管会副主任。

5月，十八兵团改为隶属第一野战军，仍任政治处主任。提出十八兵团太原战役结束后的善后工作，准备进军大西南。参加领导攻打扶郿、宝鸡等战役。

9月中旬，作为中国新民主主义青年团十名代表之一，进京参加中国人民政治协商会议第一次会议。

10月1日，参加中华人民共和国开国大典。

11月，回到十八兵团，召开团以上干部会议，传达全国政治协商会议精神。冬，率领十八兵团进军大西南。参加成都战役，不久，大西南解放。

12月18日，被中共中央西南局任命为中共川北区临时工委书记。

1950年

2月21日，任中共川北区党委书记、川北行政公署主任、川北军区政委和西南军政委员会委员。

3月，参加西南军政委员会召开的西南土地改革会议，参加起草《西南地区减租退押条例》。

1951年

5月，主持召开川北区党委扩大会议，制定《正确开展惩治不法地主斗争的几项规定》。

11月，出席西南军政委员会第二次会议。

12月，组织进行反对贪污、反对浪费、反对官僚主义的"三反"运动的学习。

1952年

7月，奉调进京。

8月25日至9月4日，参加新民主主义青年团一届三中全会，当选为中国新民主主义青年团中央委员会书记。

1953年

1月5日，出席青年团一届四中全会。会议通过青年团出席党的全国代表大会的代表人选和关于召开青年团二大的报告。

3月15日至31日，出席青年团中央第三次学校工作会议。

4月12日，由青年出版社与开明书店合并组成的中国青年出版社董事会第一次会议在北京召开，出席董事会（胡耀邦、邵力子、刘导生三人为常务董事）。

5月8日，在中国工会第七次全国代表大会上做了《在工业战线上前进的中国青年》的发言。

6月23日，出席青年团一届五中全会。

6月23日至7月2日，出席青年团第二次全国代表大会。这次大会是青年团在我国开始进入有计划经济建设时期的誓师大会。胡耀邦做了题为《团结全国青年在建设祖国伟大行列中奋勇前进》的工作报告。

6月30日，毛主席接见青年团二大主席团成员并做了重要指示。

7月，在青年团二届一中全会上继续当选为团中央书记。

同月，以中国青年代表团团长身份，率团参加在罗马尼亚布加勒斯特召开的世界青年代表大会和第四届世界青年与学生和平友谊联欢节。

8月，以中国代表团团长身份，出席在北京召开的世界民主主义联盟理事会。

1954年

4月13日至24日，出席青年团中央组织工作会议，做总结讲话。

9月，出席第一届全国人民代表大会，并当选为人大常委会委员。

10月21日至27日，出席青年团中央军体工作会议，做总结讲话。

12月，当选为第二届全国政治协商会议代表。

1955年

2月16日至26日，出席青年团第二届中央委员会第二次全体会议。会议中心议题为关于进一步加强对青年的共产主义教育问题，做了工作报告。

4月30日，出席青年团中央常委扩大会议。

8月1日至6日，出席中华全国学生第十六届代表大会。做了关于加强学生政治思想教育的报告。

8月1日至6日，在青年团中央宣传工作座谈会上讲话。

8月12日，出席北京市青年志愿垦荒队欢送会，并做了讲话，他亲自把"北京市青年志愿垦荒队"的锦旗授给了这个垦荒先锋队。

9月18日，出席青年团第二届中央委员会第三次全体会议。会议讨论并通过了《关于召开青年团第三次全国代表大会和建议更改中国新民主主义青年团名称为中国共产主义青年团的决议》。

9月20日至28日，出席全国青年社会主义建议积极分子大会。做了《中国青年为实现第一个五年计划而斗争的任务》的报告。

10月4日至15日，出席青年团第二届中央委员会第四次全体会议。

10月20日至29日，出席18个省、41个市的团委统战部长与青联秘书长会议并做了报告。

11月16日，在《中国青年》杂志第22期上发表文章，题为《积极组织青年参加农业合作化运动》。

1956年

1月3日，在《中国青年报》上发表向全国青年的广播讲话，题为《朝着提前实现社会主义的伟大目标前进》。

2月4日，在政协第二届全国委员会第二次全体会议上，做题为《青年们一定会在加速祖国社会主义建设的大道上跑步前进》的报告。

3月1日至11日，在延安出席陕西、甘肃、内蒙古、河南四省青年造林大会，并做《青年们！把绿化祖国的任务担当起来》的报告。

3月15日至31日，在全国青年文学创作会上发言。

4月30日至5月10日，出席全国先进生产者会议并做了发言。

5月7日至16日，出席团的省、市委书记会议并做了讲话。

6月7日，视察和访问黑龙江省萝北青年垦区。

6月18日，会见苏联青年代表团和南斯拉夫青年代表团。

8月26日，在青年团北京市第四次代表大会上对目前青年团工作中的问题发表意见。

9月15日至27日，出席中国共产党第八次全国代表大会，当选为八届中央委员。

9月24日，在八大上做《引导我国青年向最伟大的目标前进》的发言。

10月9日，接见来京参观的新疆、内蒙古、甘肃、延边等四个少数民族青年参观团的代表，并代表团中央书记处讲话。

10月，当选为中共中央青年工作委员会第一书记。

1957年

2月8日，出席青年团各省、市委书记会议，并做了会议总结讲话。

2月25日，接见出席全国农业劳动模范代表会议的青年劳模代表。

5月15日至25日，出席青年团三大，代表二届中央委员会做《团结全国青年建设社会主义的新中国》的报告，中国新民主主义青年团改称为中国共产主义青年团。

5月26日，出席青年团第三届中央委员会第一次全体会议，当选为团中央第一书记。

同日，应邀出席中国人民解放军直属机关青年为庆祝团的改名和三大闭幕而举行的晚会，并讲话。

6月26日，出席团中央常委会第五次会议，讨论大学生工作问题。

7月16日，作为中国青年代表团团长，率团启程去苏联莫斯科，参加第六届世界青年与学生和平友谊联欢节。

9月20日至10月9日，出席中国共产党第八届中央委员会第三次全体（扩大）会议。

10月6日，在《中国青年报》发表题为《中国青年坚定地沿着十月革命的伟大道路前进》的文章，庆祝俄国十月革命40周年。

10月9日，在大会上发言，报告了青年的状况和团的干部问题，并谈了三条教训。

11月下旬，在株洲主持召开了江西、广东、广西、湖南、湖北五省共青团省委书记座谈会。同月24日下午，向株洲市社会主义建设积极分子、共青团基层委员会负责人和一部分青年干部、工程技术人员做《眼光远大，坚决前进》的报告，号召青年人要眼光远大，充满信心向前看，到劳动的大熔炉里去锻炼自己。

1958年

1月7日至21日，出席共青团三届二中全会扩大会议，做工作报告和会议总结。

3月15日至23日，在江西瑞金参加四省百县团干部观摩学习会议，并做了《思想解放，勇敢前进》的报告，号召团干部做彻底的促进派。

4月5日至12日，在上海出席全国青工会议，并做了报告。

5月5日至23日，出席中共八大二次会议。

6月12日，做了关于少年儿童工作总结报告。

6月11日至18日，交流团的工作经验，做总结发言。

11月21日至12月2日，出席第二次全国青年社会主义建设积极分子大会，并做了报告，就劳动、学习、作风、思想四个问题，向全国青年提出努力方向。

1959年

2月23日至3月7日，出席共青团三届四中全会，做了会议总结。

3月6日，在"全国钢铁职工高产、优质竞赛广播大会"上发表讲话，号召钢铁战线上的团员和青年职工，争取在竞赛中为国立功。

3月22日，在团北京市委举办的大中学校团积极分子报告会上做了报告，向全国大中学生提出1959年的奋斗目标是：读书、劳动、思想三丰收。

4月17日至18日，参加全国人大二届一次会议，继续当选为人大常委会委员，并做了发言。

4月17日，担任纪念五四运动40周年筹委会副主任。

4月30日至5月6日，参加全国青联三届二次全体会议，并做了讲话。

5月3日，参加首都各界人民和青年举行的盛大集会，做《高举爱国主义和社会主义的旗帜前进》的讲话。

6月22日，在北京市徒工代表会上做了题为《自觉接受锻炼，越炼越加坚强》的讲话，教育青年徒工正确对待待遇和学习年限问题。

7月13日至18日，在山东青岛出席共青团三届五中全会，做工作报告，着重讨论发动青年投入增产节约运动和加强团的基层组织建设问题。

7月30日至8月16日，出席在庐山召开的中共八届八中全会。

9月6日，在石景山钢铁公司职工跃进誓师大会上做题为《思想是"解放牌"、干劲是"永久牌"、决心是"无敌牌"》的讲话。

9月11日，在全国人大二届常委会六次扩大会上发言。

9月22日，出席全国钢铁生产竞赛评比广播大会，并做了讲话。

10月1日，为庆祝中华人民共和国成立十周年，在《人民日报》发表文章，题为《中国青年的共产主义教育》。

10月19日，出席庆祝少先队建立十周年大会，并做了讲话，提出少先队的现时任务。

10月30日，在全国"群英大会"上发表讲话。

11月1日，全国青少年秋季造林日。参加顺义区造林活动并讲话，要求每个青少年秋季来一次造林，为祖国办一件有意义的事情。

1960年

2月27日至3月4日，出席共青团三届六中全会，讨论社会主义建设形势，做了题为《用毛泽东思想促进工作的全面跃进》的大会报告。

5月4日，在首都青年和世界人民支持土耳其人民爱国正义斗争大会上，发表《六亿中国人民是土耳其人民斗争的强大后盾》的讲话。

10月，代表共青团中央委员会与日本民主青年同盟代表团签署共同声明。

12月1日，在《人民日报》上发表《在农民战线的伟大斗争中造就一代新人》的文章，指出农业生产第一线是为社会主义贡献力量的广阔天地。

1961年

1月4日，出席团中央书记处常委扩大会，做了《对青年团1960年工作的看法和1961年工作意见》的报告。

3月，参加中共中央广州会议，赴河北唐县蹲点调查，制定了"田间管理包产到户"办法。

3月和12月，两次到湖南常德、益阳（当时属常德地区）调查研究共青团工作。

4月，率调查组赴辽宁海城调查，写出《商业工作要活一点》的调查报告，受到毛泽东称赞。

9月，到农村调查，写出《二十五天三千六百里的农村察看》调查报告，受到毛泽东称赞。

10月4日至26日，出席团中央工作会议，向大会传达邓小平同志的重要指示，并做了大会总结。

12月13日至30日，在南昌参加12省市团委书记座谈会，在座谈会上发言，着重讲了要密切联系群众的问题。

1962年

1月11日至2月7日，参加中央"七千人大会"，任工、青、妇组组长。会后，受中共中央书记处委托，率调查组赴安徽勘测灾情及调查安徽省委工作。

3月23日，在团中央机关第二期干部训练班上讲话：《谈谈我对中央扩大会议的体会和心得》。谈了三条：对路线不可动摇；对错误不可埋怨；对现实和前途不可迷糊。

4月27日，在全国青联四届一次委员会上讲话，提出要求与希望。

6月19日至7月9日，出席共青团三届七中全会，并做总结发言。

8月2日，就共青团三届七中全会情况向中央写了报告。共青团中央于8月30日将此报告下发各省、市团委，并通知说，这个报告，主席和中央领导同志已经看过，并且印发给了参加党中央工作会议的同志。

9月24日至27日，出席中共八届十中全会。

9月，以中阿友好协会代表团团长身份，率中国人民友好代表团访问阿尔巴尼亚。

11月10日，带职下放，任中共湖南省委书记处书记兼湘潭地委第一书记。

11月26日至29日，到醴陵县白兔潭、浦口、孙家湾、泗汾4个公社调查，29日晚在县扩大会议上做关于当前形势的报告。

12月5日，到鄮县视察。

1963年

1月，回到阔别32年的浏阳家乡。

2月15日，共青团中央发出《关于在全国青少年中广泛开展"学习雷锋"的教育活动的通知》。

2月，树立农林业先进典型，主持撰写了《可贵的革命干劲》的调查报告，在《湖南日报》、《红旗》杂志上发表，并配发了《贵在鼓劲》的社论。

3月4日，在湘潭地委扩大会议上做关于改进领导作风的报告。

4月上旬，在浏阳沿溪蹲点5天。

4月18日，在湘潭县石潭区干部会上做要团结大多数农民搞好生产的报告。

4月29日，在湘潭地区的全区县委书记会议上讲话，提出必须大张旗鼓地教育干部。

4月30日，发表了《把青年的无产阶级觉悟提到新的高度——谈学习雷锋运动的深远意义》一文，推动全国掀起学雷锋运动。

5月2日至12日，出席毛泽东主持召开的杭州会议。

5月22日至6月5日，出席中共湖南省委召开的三级干部会议，并传达了杭州会议精神。

6月上旬，在韶山滴水洞亲自动手写了向湖南省委和中央报告：《湘潭地区四查四帮初步总结》。

6月中旬，考察鄮县旱情。

8月，浏阳遭受旱灾，又一次回浏指导，并亲自参加青草等重灾区抗旱工作。

冬，出席湘潭专署全区文代会的开幕典礼，就文艺创作问题做了长篇报告。

1964年

4月22日，在湘潭县花石区大队以上干部会议上做《生产要上去，干部要下去，力争粮食大增产，多种经营大发展》的报告。

5月，第二次到郿县考察。发现田里功夫粗糙，田犁得不深，草和石头较多，对县委负责人提出：要教育群众，讲究精耕细作，才能获得丰收。

6月11日至29日，出席共青团第九次全国代表大会，代表上届中央委员会做《为我国青年革命化而斗争》的工作报告，总结了几年来共青团工作的基本经验，提出了共青团在引导我国青年革命化中的任务。

6月，根据中央和省委决定，主持将湘潭地区划分为湘潭、岳阳两个地区。

7月2日至3日，参加共青团九届一中全会，继续当选为共青团中央第一书记。

7月，离开湘潭回北京工作。

10月10日，出席北京庆祝少先队成立15周年大会。

10月20日，宴请来京参加建国15周年庆祝活动的西藏、新疆、内蒙古、云南少数民族学习参观团。宴会前，会见各参观团负责人和先进生产者、五好社员、五好民兵等各方面的青年积极分子。

12月，主持陕西省委工作，兼任中共中央西北局第二书记、陕西省委第一书记。

1965年

1月，中共中央正式免去其中共湖南省委书记处书记兼湘潭地委第一书记职务。

1月15日至27日，召开全国青联四届二次会议，与全体委员举行座谈。

12月9日，参加纪念"一二·九"运动30周年大会。

1966年

3月，重新主持共青团中央日常工作。

4月1日至20日，出席共青团九届三次会议，并在会议结束时讲话。全会一致通过了《关于在全国青年中更好地开展学习毛主席著作运动的决议》。

5月，"文化大革命"开始后，林彪、江青反革命集团出于篡党夺权的阴谋，全面否定团的工作，罗织罪名，对他进行残酷打击和迫害，他不顾个人荣辱安危，与之进行了不懈斗争。

8月13日，团中央书记处被错误改组，他被关"牛棚"，失去人身自由。

1967年

作为"刘邓路线"的"黑帮分子"被继续批判审查。

1968年

10月12日，被临时"解放"，出席中共八届十二中全会。

1969年

4月，出席中共九大，之后下放河南省潢川县黄湖农场团中央"五七干校"劳动。

1971年

10月，由"五七干校"回京休养。

1975年

5月，参加中央读书班。

6月，任中国科学院党的核心领导小组第一副组长、副院长，主持科学院的工作，认真贯彻中央全面整顿的方针，主持起草了《关于科技工作的几个问题》的汇报提纲。

9月26日，向邓小平等做关于科学院工作《汇报提纲》（即《关于科技工作的几个问题》）的说明，得到邓小平的肯定。

1976年

被"四人帮"诬为"右倾翻案风"四名黑干将之一和"死不改悔的走资本主义道路的当权派"，备受打击迫害。

1977年

3月，任中共中央党校常务副校长。

7月15日，创办的中央党校内部刊物《理论动态》第一期出版。

8月12日至18日，参加中共第十一次代表大会，当选为中央委员。

10月7日，指导中央党校写的《把"四人帮"颠倒了的干部路线是非纠正过来》一文在《人民日报》发表。

10月9日，出席中共中央党校开学典礼并讲话。

12月10日，被任命为中共中央组织部长。遵照党的实事求是，有错必纠的原则，率领组织部全体同志，经过大量切实的调查研究，打开了平反冤假错案、落实党的干部政策的新局面。

1978年

2月26日至3月5日,出席全国五届人大一次会议,当选为人大常委会委员。

5月10日,共青团第十次全国代表大会筹委会成立,受中共中央委托到会讲话。

同日,中共中央党校内部刊物《理论动态》发表了经他修改定稿的文章:《实践是检验真理的唯一标准》。

5月11日,《光明日报》以本报特约评论员的署名发表了《实践是检验真理的唯一标准》。当天由新华社转发。

5月12日,《人民日报》、《解放军报》同时转载,引起了全国范围的"真理标准"问题的大讨论,为重新确立党的马克思主义思想路线做了理论准备。

8月10日,出席中央团校举行复校开学典礼。

9月20日,在全国信访工作会议上讲话,提出"凡是不实之词,凡是不正确的结论和处理,不管是什么时候、什么情况下搞的,不管是哪一级组织、什么人定的批的,都要实事求是地改正过来。"

12月10日至15日,出席中共中央工作会议,并就彻底平反冤假错案、放手恢复老干部工作等问题,提出了重要意见。

12月18日至22日,出席中共十一届三中全会,被增选为中央政治局委员,当选为中央纪律检查委员会第三书记。十一届三中全会结束了党的工作连续两年徘徊不前的局面,开始全面、认真地纠正"文化大革命"中及其以前的"左"倾错误。

12月25日,中央政治局会议决定,任中共中央秘书长兼中共中央宣传部部长,同时免去其中共中央组织部部长职务。

12月16日至27日,第七次全国检察工作会议召开,到会做了重要讲话。

1979年

1月4日至22日，出席中共中央纪律检查委员会第一次全体会议，并在会上讲话。

1月7日至11日，主持召开各省、市、自治区党委宣传部长会议，并做重要讲话，提出全党工作重点转移后，党的宣传工作的根本任务。

1月18日，出席党的理论工作务虚会，并做了发言。

1月27日，出席首都各界3万人举行的盛大春节联欢晚会。

2月19日至24日，共青团中央召开团省、市、自治区委书记会议，到会做了重要讲话，指出团的干部要解放思想，转变作风，面向青年，面向基层，面向实际，到实践中找办法，在工作中长才干。

6月12日至17日，共青团中央召开12城市共青团负责人座谈会，到会与大家座谈，一起研究如何搞好青少年的政治思想工作。

6月，任五届全国人民代表大会补选代表资格审查委员会主任。

7月30日，出席全国纪律检查工作会议，并就搞好党风问题做重要讲话，对做好纪律检查工作提出六点要求。

8月27日，参加徐冰、张经武、吴溉之、邹大鹏、伍云甫五位同志追悼会，并致悼词。

9月5日至10月7日，出席全国组织工作座谈会，并做重要讲话。

9月6日，主持邓拓同志追悼会。

9月25日至28日，出席中共十一届四中全会。

10月31日至11月7日，出席中华全国总工会九届执委二次扩大会议并讲话。

12月6日至19日，会见全国教育工会工作会议的全体代表并讲话。

1980年

1月23日至28日，共青团第十届中央委员会第二次会议召开，到会并讲话。

1月29日，中共中央成立中央党史资料研究委员会，兼任中央党史委员会委员。

2月12日，在全国剧本创作座谈会上做长篇重要讲话。

2月23日至29日，出席中共十一届五中全会，会议决定恢复设立中央书记处，当选为中央政治局常委、中央委员会总书记。主持制定的《关于党内政治生活的若干准则》在全会通过。

3月7日，出席首都妇联举行的军民联欢大会，纪念三八妇女节70周年。

3月10日，出席首都植树造林动员大会。

3月14日，在全国省、市、自治区文化局长会议上做重要讲话。

3月15日至23日，出席中国科学技术协会第二次全国代表大会，并代表党中央讲话。

5月23日至30日，受中央委托，到西藏自治区考察，同西藏干部群众共商尽快提高西藏人民物质文化生活水平的大计。

6月10日，出席庆祝我国向太平洋发射运载火箭成功大会，并讲话。

6月16日至21日，出席中共中央纪律检查委员会座谈会，并讲话。

7月12日，参加安子文同志追悼会并致悼词。

7月24日，代表中央书记处邀请科学家们到中南海讲科学。

8月8日，接见西藏自治区政协参观团，勉励他们为建设团结、富裕、文明的新西藏贡献力量。

8月14日，在中南海听科学家讲能源科学。

8月18日至23日，出席中央政治局扩大会议。

10月15日，在中央和国家机关思想政治工作座谈会上做《关于思想政治工作的若干问题》的讲话。

11月10日至12月5日，出席中共中央政治局扩大会议，讨论华国锋同志在粉碎"四人帮"以来的重大错误，同意他辞去职务。邓小平推荐胡耀邦出任党中央主席，为其他政治局成员所接受。政治局会议通过决议，向六中全会建议，选举胡耀邦为中央委员会主席，并决定六中全会前即开始由胡耀邦主持中央政治局和中央政治局常委会的工作。

11月23日，在各省、市、自治区思想政治工作座谈会上讲话，题为《做一个彻底的唯物主义者》。

11月26日，在中央纪律检查委员会召开的第三次贯彻《关于党内政治生活的若干准则》座谈会上讲话，题为《搞好党风的几个问题》。

12月3日至8日，到湖南视察工作，8日上午在地市委书记会议上做冲破"两个凡是"拨乱反正的讲话。

12月24日，主持召开广东、福建实行特殊政策和灵活措施座谈会。

1981年

1月1日，中共中央举行的新年茶话会上，代表党中央向大家致以新年祝贺。

1月14日至2月1日，全军政治工作会议召开，在会上做重要讲话。希望大家，特别是政治工作干部，树立甘愿为人民的最大利益作出自我牺牲的精神。

1月31日至2月1日，在北京主持召开湖南工作座谈会。

5月3日，在济南部队讲话，号召中国人民解放军要成为保卫伟大祖国的钢铁长城，成为建设社会主义精神文明的光荣标兵。

5月22日至30日，参加全国侨务工作座谈会。

6月3日，主持宋庆龄同志追悼会。

6月27日至29日，出席中共十一届六中全会，当选为中央委员会主席。

7月1日，在首都各界群众庆祝中国共产党成立60周年大会上发表重要讲话。讲话在次日《人民日报》上发表。

8月18日，在河北保定地区视察工作。

8月30日，在思想战线座谈会上，就如何加强党对思想战线的领导，改变涣散软弱状态做了重要讲话。

9月13日至19日，观看华北某地军事演习，并检阅参加演习部队。

9月25日，参加鲁迅诞辰100周年纪念大会并讲话。

10月4日，会见全国少数民族参观团并同参观团负责人座谈。

10月9日，参加纪念辛亥革命70周年大会并做重要讲话，并邀请蒋经国等台湾党政及各界人士，亲自来大陆和故乡看一看。

11月4日，在辽宁进行经济工作调查时强调指出，所有领导部门的工作作风都应注重调查研究和检查督促。

12月18日至27日，全国故事片电影制作会议召开，到会并勉励电影工作者："坚持两分法，更上一层楼。"

1982年

1月5日，同参加全国统战工作会议的同志进行座谈，要求统战工作当前要抓好四件大事。

1月24日，主持中共中央、国务院春节团拜会。

1月，在中共中央书记处会议做《关于对外经济关系问题》的讲话。

3月21日，会见美籍华裔科学家李政道博士和夫人。

4月24日，约见邓力群和其他一些同志，就党的思想政治工作问题发表重要讲话。

4月，与邓小平访问朝鲜民主主义人民共和国。

5月7日至9日，美国副总统布什访华，向胡耀邦面交了里根总统的信。

8月23日，会见亨利·毕雅社长率领的法新社记者团。

9月1日至11日，出席中共十二大，并做《全面开创社会主义现代化建设的新局面》的报告。

9月12日至13日，出席中共十二届一中全会，当选为中央委员会总书记。

10月14日至26日，会见由乔治·马歇总书记率领的法国共产党代表团，并与之举行了三轮会谈。

10月22日，在陕西省委召开的干部大会上讲话。

1983年

1月2日，全国归侨、侨眷、侨务工作者先进集体表彰大会举行，到会热烈祝贺。

1月5日，参观中国科学院科研成果展览交流会，指出当前整个科研工作重点应放在加强应用研究上。

1月8日，会见墨西哥统一社会党代表团。

1月15日，主持杨勇同志追悼会。

1月24日，就新闻不能没有阶级性的问题，发表《关于思想政治工作问题》。

2月13日，同首都各界人士举行春节团拜会。

2月14日至17日，在全国职工思想政治工作会议上做题为《四化建设和改革问题》的讲话。

3月13日，在首都隆重纪念马克思逝世100周年大会上发表题为《马克思主义伟大真理的光芒照耀我们前进》的重要讲话，次日《人民日报》刊登了这一讲话。

4月24日，设宴欢迎印共（马）中央代表团，并与南布迪里巴德总书记举行会谈。

5月5日至15日，应邀访问罗马尼亚、阿尔巴尼亚。

5月20日，在乌鲁木齐的一次干部大会上讲话，勉励新疆各级各族干部加强团结，乘胜前进，把工作搞得更好。

5月23日至27日，比利时共产党主席范盖特访问中国，同他进行会晤。

5月31日至6月1日，主持中共中央举行的有人大、政协和各民主党派、各人民团体负责人和无党派人士代表参加的民主协商会，并在会上讲话。

6月6日至21日，出席全国人大六届一次会议。

6月10日，在《农村提留多，农民负担重》一文上批示："此事要严肃对待。要在广播和报刊上引导舆论，坚决制止这种严重损害人民利益的不法行为。"

6月22日，出席全国政协六届一次会议。

7月7日至17日，全国宣传工作会议召开，会见到会人员，并就思想作风和领导作风问题做了重要讲话。

7月21日，会见出席全国组织工作座谈会的各地党委组织部长和出度全国宣传会议的部分同志，并做重要讲话。

7月下旬，在青海各地进行了为期10天的考察访问。

7月31日，在青海党政领导干部会上发表长篇讲话，要求青海同志"立下愚公志，开拓青海省"，号召勇于进取的青年到青海参加青海的建设事业。

8月30日，会见出席全国发展集体和个体经济安置城镇青年就业先进表彰大会的代表，并做了《怎样划分光彩和不光彩》的重要讲话。

9月30日，出席谭震林同志追悼会，并致悼词。

10月10日，《半月谈》第19期刊登他在8月15日会见日本记者时的谈话。

10月11日至12日，出席中共十二届二中全会，当选为中央整党工作指导委员会主任。

10月15日至16日，出席中央顾问委员会第二次全体会议，并讲话。

10月21日至26日，中共中央邀请党外人士举行座谈会，在会议结束时发表重要讲话。

11月23日至30日，对日本进行友好访问。在日本期间，与中曾根首相举行了会谈，会见了裕仁天皇，并分别在日本国会和日本各界青年集会上发表演说，还到北海道、神户、长崎参观访问。访日期间，中日双方同意把两国关系"三原则"扩大为"四原则"。

12月26日，毛泽东诞辰90周年纪念日。前往毛主席纪念堂瞻仰毛泽东遗容，同时参观纪念堂内新开设的毛泽东、周恩来、刘少奇、朱德纪念室。

同日，在《人民日报》上发表纪念毛泽东诞辰90周年的文章《最好的怀念》。

12月30日，向中国在美国的留学人员发表录像讲话，向他们表示问候，并予以勉励。

1984年

1月9日，从贵阳抵湖南，考察了凤凰、麻阳、溆浦等地。

1月24日，接见法国记者并回答提出的有关问题。

2月15日，全国青联、全国学联、中日友好协会受胡耀邦委托，发出邀请信，邀请3000名日本各界青年来华，参加中日青年友好联欢活动。

3月22日至26日，日本内阁总理大臣中曾根康弘访华期间，会见了中曾根首相。

4月3日至13日，到河南、湖北考察工作。他在武昌说，今年全党要抓好两件事，一件是整党，一件是经济工作，切实做到整党和经济工作两不误。

4月9日，《瞭望》周刊第5期发表他在1982年4月1日写给华罗庚的信，信中希望更多同志投身到新技术、新工艺攻关的行列中去，齐心协力，团结一致为建设中国的"通天塔"——四个现代化而献身。

5月3日至10日，应邀访问朝鲜民主主义人民共和国。

5月15日，由沈阳军区司令员刘振华陪同，在长春检阅部队并讲话。

5月17日，会见驻东北地区陆海空三军领导干部，并就部队整党和积极参加四化建设等问题做重要讲话。

5月18日，宴请南共联盟代表团，阐述我国独立自主对外政策的实质和我党对各国共产党之间关系的主张。

5月23日至24日，视察广州、深圳和珠海经济特区。

6月8日，同西班牙共产党总书记伊格莱西亚斯举行第二次会谈。

6月18日，同北京市选民一起投票选举区人民代表。

6月19日，会见瑞士劳动党中央代表团，并与阿尔芒·马尼安总书记举行会谈。

6月27日，会见参加中日民间人士第二次会议的日方代表。

8月25日至9月4日，会见参加企业领导班子建设工作座谈会的代表并讲话。

9月10日至12日，中日友好21世纪委员会首次会议在东京召开，向会议致电祝贺。

9月30日，出席首都各界青年欢迎3000名日本青年大会。

10月1日，首都举行盛大阅兵式和群众游行，庆祝中华人民共和国成立35周年，检阅受阅部队和群众游行队伍，并登上天安门城楼，与万众共度国庆之夜。

10月2日，会见著名英籍女作家韩素音。

10月9日，会见由委员长竹入义胜率领的日本公明党访华代表团。

10月12日至19日，中共中央邀请党外人士举行座谈会，先后两次参加会议，听取意见并讲话。

10月16日，为纪念我国原子弹首次试验成功20周年题词："攀登新高峰"。

10月20日，出席中共十二届三中全会。

10月21日至27日，在山东视察工作。

10月27日，会见沂蒙山老党员，提出老根据地要下决心赶上经济发达地区。

11月3日，在徐州邀请7个企业的13个厂长、经理、党委书记，座谈经济体制改革问题，并在会上讲了自己的几点意见。

11月4日，在徐州召开苏、豫、鲁、皖四省负责人座谈会并讲话。

11月20日，会见香港环球航运集团主席包玉刚，并说："管理香港的人应爱国爱香港。"

12月29日，出席中国作家协会第四次会员代表大会开幕式。

1985年

1月4日至5日，听取河北保定地委和22个县的负责同志的工作汇报，并做重要讲话。

1月13日，会见出席科技体制改革座谈会的几十位著名科学家。

1月17日，主持遵义会议50周年纪念会。

2月4日，邀请在四化建设中作出突出贡献的6位科技人员到中南海做客。

2月8日，在中共中央书记处做了《关于党的新闻工作》的讲话，全文于4月14日在《人民日报》上发表。

2月18日，看望并视察云南边防部队。

3月4日，主持中央书记处会议，听取中央整党工作指导委员会办公室关于第二期整党情况的汇报。

3月7日，出席全国科技工作会议，会见与会同志和首都科技界代表并讲话。

4月9日，会见来京采访六届全国人大三次会议和全国政协六届三次会议的港澳记者。

4月12日至24日，应邀出访澳大利亚、新西兰、西萨摩亚、斐济和巴布亚新几内亚五国。

5月1日，会见参加全国新长征突击手（队）表彰大会的50年代青年志愿垦荒队代表和80年代新长征突击队（手）代表。

5月4日至6日，应金日成邀请，对朝鲜民主主义人民共和国进行非正式访问。

6月中旬，视察山西、陕西的部分偏远山区，勉励当地人民治穷致富，后来居上。

8月11日，出席欢送中直机关和国家机关培训中小学师资讲师团大会，并做了题为《当代青年知识分子的成长道路》的讲话。

8月28日至29日，会见日本社会党第二次访华团。

9月8日，新华社播发长篇通讯《六年两千件——记胡耀邦同志处理人民来信》。

9月15日，会见意大利社会党议员访华团。

9月16日，主持召开中共十二届四中全会。

9月18日至23日，出席中国共产党全国代表会议，并致开幕词《团结奋斗,再展宏图》。

9月24日,主持召开中共十二届五中全会。

11月20日,被授予"罗马尼亚社会主义共和国之星"一级勋章。

11月23日,出席美国友人斯特朗、史沫特莱和斯诺诞辰纪念大会并讲话。

11月30日,与参加共青团全国代表会议的新老干部进行座谈并讲话,他说,青年的主要任务是学习,努力为国家发展多做贡献。

1986年

1月6日,在人民大会堂出席中央书记处召开的中央国家机关干部大会。

1月9日,在书记处召开的中央机关干部大会上发表《中央机关要做全国的表率》的讲话。

4月9日,在端正党风工作座谈会上做《关于正确处理党内两种不同矛盾的问题》的讲话。

4月17日至20日,视察太行山区,并提出中青年干部应当学会两大本事,能够创造性地贯彻中央的方针政策与正确处理党内矛盾。

5月4日,周恩来全身铜像在天津南开中学落成,为铜像题词:"青年楷模"。

同日,在四川党政军老干部大会上做《干部退休制度化》问题讲话。

6月8日至23日,应邀访问英国、联邦德国、法国和意大利。

7月1日,《人民日报》发表他在4月9日端正党风工作座谈会上讲话要点的第二部分《关于正确处理党内两种不同的矛盾的问题》。

7月3日,听取法律知识讲座,带头学习法律知识,加强法制建设。

8月15日,在中直机关党委和国家机关党委联合举行的欢迎八五届、欢送八六届讲师团大会上做《再向年轻知识分子谈成长道路问题》的讲话。

9月28日，出席中共十二届六中全会，主持制定的《中共中央关于社会主义精神文明建设指导方针的决议》被全会通过。

9月29日，会见来访的波兰统一工人党第一书记、国务委员会主席雅鲁泽尔斯基。

10月14日，接受民主德国《新德意志报》和德通社记者采访。

10月16日，参加刘伯承同志追悼会，并致悼词。

10月21日，会见民主德国统一社会党总书记、国务委员会主席埃里希·昂纳克。

10月22日，主持红军长征胜利50周年大会。

10月25日至28日，到江苏省调查研究和考察工作。

10月29日，参加叶剑英同志追悼会，并致悼词。

11月8日，出席中日青年交流中心奠基典礼，并为基石培土。当晚在人民大会堂会见并宴请日本中曾根首相。

11月12日，参加纪念孙中山诞辰120周年大会。

12月1日，出席朱德诞辰100周年纪念大会，并讲话。

1987年

1月16日，出席中共中央政治局扩大会议，请求辞去中共中央总书记职务。会议同意接受辞呈，继续保留中央政治局委员、政治局常委职务。

10月22日，出席中共十二届七中全会，全会确认关于接受胡耀邦请求辞去总书记职务的决定。

10月25日至11月1日，出席中共十三大。

11月2日，出席中共十三届一中全会，当选为中央政治局委员。

11月4日，出席中共十三届中央政治局第一次全体会议。

1988年

3月4日，在七届人大一次会议上当选为全国人大常委会委员。

9月26日至30日，出席中共十三届三中全会。

11月11日，到湖南长沙休养，至1989年1月7日住在湖南省委接待处9所6号楼。其间于12日至16日游览了张家界、索溪谷。19日去湘潭。在长沙为岳麓书院题写了"尊重知识"条幅。

1989年

1月7日，离开长沙到广西休息。

3月13日返京，后参加七届人大二次会议。

4月8日，出席中央政治局会议，心脏病突发，被送往北京医院治疗。

4月15日晨7时53分，在北京医院逝世，享年73岁。

后 记

"文章千古事，得失寸心知。"从1988年2月开始，作者经历10余个春秋，不畏艰难险阻，劳碌奔波，体脑并用，终于写就了《胡耀邦传》初稿，计80余万字。斗转星移，岁月流逝，又经历近10年时光，在各级领导、专家的热忱指导、亲切关注下，经过反复修改，数易其稿，书稿即将付梓，由人民日报出版社出版发行。

至此，历经20余个酷暑严寒，苦心耕耘，作者终于见到自己辛勤劳作的成果，其欣喜之情难以言状。

半个多世纪前，即1957年11月24日上午，时任团中央第一书记的胡耀邦在株洲召开的中南5省（两广、两湖和江西）共青团书记会议（名曰"青年活动分子大会"）上，做了动人心魄的报告。我作为学生干部（班长、高中部班联主席）、共青团员，有幸分享了耀邦同志那生动感人、妙趣横生、富于鼓动性的演讲。他不用讲稿，出口成章，幽默风趣，出语惊人，接连讲了3个多小时，不时博得阵阵雷鸣般的掌声。报告结束时他双手一扬，言简意赅、振聋发聩地说："我今天讲的可归纳为八个字：'眼光远大，坚决前进'。"我衷心钦佩这位卓越的青年运动领袖的非凡才能和超人的演讲艺术。

后 记

  1983年，在实现干部"四化"的机构改革中，我从新闻单位调市委筹备党史办并任副主任，从此写人物传记成为我的本职工作之一。10年后我调市文联任职。30余年来，我在新闻、党史、文艺三条战线工作的经历，并获党史研究、文学创作两个高级职称，为文史结合的创作道路打下了良好的基础，我为具有得天独厚的条件而欣喜，立志为我所敬爱的胡耀邦同志立传。于是在做好日常行政工作的同时，结合征集有关党史、军史资料以及湖南籍的风云人物陈明仁、程潜、谭震林、耿飚、杨得志、王首道以及党的第一至五届总书记陈独秀等人物资料，为他们撰写长篇传记（陈明仁、程潜、谭震林、王首道、陈独秀、左景星等的传记已先后由解放军出版社、中国文史出版社、团结出版社出版发行）。采写胡耀邦，也成为我的强烈愿望和人生追求。

  我深知，写传记文学要达到人物的真实性和表现的艺术性的统一。作者必须花大力气、下苦功夫，搜集、采访大量丰富的文献资料和鲜活的口头材料，而后在详细占有材料的基础上，运用文艺的手法，注重人物性格和细节的刻划，精心写作。

  为了详细、全面地占有传主的材料，作者必须做到不怕苦、不怕累、不怕吃闭门羹，要多跑、多看、多问、多听、多想、多记，腿勤、口勤、眼勤、笔勤，以百折不挠的毅力和吃苦耐劳的精神，去努力完成征集、采访任务。为写好这个长篇，我采访了他的上级、战友、同事、部属、亲属不下百人次，不顾旅途劳顿，走遍大江南北、天涯海角。几十年来，我没有什么节假日，更不打扑克、搓麻将。虽然活得很累，但我乐此不疲。

  在采访过程中，作者受到许多单位和采访对象的热情支持，他们为作者提供了弥足珍贵的文献资料、胡耀邦照片和口头材料，对此，作者对他们表示衷心的感谢和崇高的敬意。

  在本书采写过程中，由于作者退休多年，出差经费全靠自理，因而经济拮据，受到有关领导同志和企业家的热忱支持，作者特表谢忱。

  在此，我要特别感谢夫人刘燕平，她是一名高中高级语文教师，数十年来，在繁重的教学工作之余，承担全部家务和培育子女的义务，解除了作者的后顾之忧。同时挤出时间为作者修正书稿，热心当第一读者，所以我的写作成就，有她的一半，其情可感，永不忘怀。

2013年10月28日于株洲潜心斋

主要参考书目

中共中央党史研究室著：《中国共产党历史（1949～1978）》第二卷（上下册），中共党史出版社2011年1月版。

中共中央文献研究室编：《邓小平年谱（1975～1997）》（上下），中央文献出版社2004年7月版。

《邓小平文选》第二卷，人民出版社1994年10月版。

《邓小平文选》第三卷，人民出版社1993年10月版。

满妹著：《思念依然无尽——回忆父亲胡耀邦》，北京出版社2011年8月第2版。

李济琛著：《千秋功过》，光明日报出版社1994年12月版。

杨继绳著：《邓小平时代》，中央编译出版社1998年12月版。

山椿著：《知情者说》，中国青年出版社。

李健编著：《红墙纪事》，中国言实出版社。

山岚编著：《红墙内外的子女们》，延安大学出版社。

刘发源主编：《浏阳人民革命史》、《胡耀邦与家乡浏阳》，湖南新华印刷厂一厂1999年4月印装。

吴江著：《十年的路——和胡耀邦相处的日子》，镜报文化企业有限公司1995年8月版。

张湛彬著：《石破天惊》，中国经济出版社1998年10月版。

杨洪、许良英著：《冲破"两个凡是"的前前后后》。

方宪玕、曾宪凯著：《全国冤假错案的复查与平反》。

李艳编著：《再生中国——中共十一届三中全会的前前后后》，中共党史出版社1998年3月版。

陈理、张骏编著：《伟大的转折》，四川人民出版社1998年11月版。

许人俊著：《中央五个农村"一号文件"诞生记》，载《炎黄春秋》。

朱培民著：《胡耀邦与新疆》，《湘潮》2000年第5期。

杨筱怀主编：《政坛风云人物》，中国青年出版社1997年2月版。

攸笛、郑吉萍主编：《名人的衰荣》，时代文艺出版社1999年6月版。

马志刚编：《大冤案与大平反》，团结出版社1993年4月版。

杨万福主编：《重大冤案实录》，档案出版社1994年1月版。

黄启亮著：《共和国十大冤案之谜》，河南人民出版社1993年12月版。

柏柳编著：《苏区风云》，百花洲文艺出版社1992年7月版。

谭启龙著：《谭启龙回忆录》，山东人民出版社1995年12月版。

晓音著：《一代名将彭雪枫》，华岳文艺出版社1987年12月版。

杨中美著：《胡耀邦评传》，奔马出版社1989年3月版。

柴红霞、石碧波、高庆著：《胡耀邦谋略》，红旗出版社1997年1月版。

张扬著：《第二次握手——文字狱》，中国社会出版社1999年1月版。

朱仲丽著：《王稼祥夫人朱仲丽自传三部曲》，北方妇女儿童出版社1995年2月版。

聂荣臻著：《聂荣臻回忆录》，解放军出版社。

高勇著：《胡耀邦主政团中央》、《中华儿女杂志社海外版》，香港中华儿女出版社2003年7月版。

李剑主编：《关键会议亲历实录》，中共中央党校出版社1998年3月版。

高原编：《胡耀邦在政坛的最后十年》，中国文史出版社1989年5月版。

马立诚、凌志军著：《交锋——当代中国三次思想解放实录》，今日中国出版社1998年3月版。

叶永烈著：《反右派始末》，青海人民出版社1995年12月版。

纪明编：《大地之子》，中国人民大学出版社1989年5月版。

邱石编：《共和国重大决策出台前后》，经济日报出版社。

杨筱怀主编：《政坛风云人物》，中国青年出版社1997年1月版。

曾志著：《红墙外的胡耀邦》，香港中华儿女出版社1999年11月版。

戴煌著：《胡耀邦与平反冤假错案》，新华出版社、中国文联出版公司1998年5月版。

中共湖南党史委编：《党和国家领导人到湖南》，湖南人民出版社1998年2月版。

中共岳阳市委党史办编：《党和国家领导人在岳阳》，中共党史出版社1993年10月版。

何载著：《冤假错案是这样平反的》，中共中央党校出版社1999年1月版。

叶永烈著：《1978年中国命运大转折》，广州出版社1997年12月版。

曾志著：《一个革命的幸存者》，广东人民出版社1999年12月版。

刘秉荣著：《苏区"肃反"大纪实》，花山文艺出版社1993年11月版。